人間の尊厳と法の役割
―― 民法・消費者法を超えて ――

廣瀬久和先生の古稀をお祝いし
謹んでこの論文集を捧げます

　　　　一　同

〈執筆者一覧〉（掲載順）

森田　修（もりた おさむ）	東京大学大学院法学政治学研究科教授
中田裕康（なかた ひろやす）	早稲田大学大学院法務研究科教授，東京大学名誉教授，一橋大学名誉教授
中原太郎（なかはら たろう）	東京大学大学院法学政治学研究科准教授
田中宏治（たなか こうじ）	千葉大学大学院社会科学研究院教授
道垣内弘人（どうがうち ひろと）	東京大学大学院法学政治学研究科教授
加毛　明（かも あきら）	東京大学大学院法学政治学研究科准教授
直井義典（なおい よしのり）	筑波大学ビジネスサイエンス系准教授
山口敬介（やまぐち けいすけ）	立教大学法学部准教授
建部　雅（たてべ みやび）	成蹊大学法学部教授
新堂明子（しんどう あきこ）	法政大学大学院法務研究科教授
大村敦志（おおむら あつし）	東京大学教授
金子敬明（かねこ よしあき）	名古屋大学大学院法学研究科教授
米村滋人（よねむら しげと）	東京大学大学院法学政治学研究科教授
宇賀克也（うが かつや）	東京大学大学院法学政治学研究科教授
大澤　彩（おおさわ あや）	法政大学法学部教授
河上正二（かわかみ しょうじ）	青山学院大学法務研究科教授，東北大学名誉教授，東京大学名誉教授
新井　剛（あらい つよし）	獨協大学国際教養学部教授
高橋義明（たかはし よしあき）	（公財）中曽根康弘世界平和研究所主任研究員
谷　みどり（たに みどり）	経済産業省消費者政策研究官
清水真希子（しみず まきこ）	大阪大学大学院法学研究科准教授
白石忠志（しらいし ただし）	東京大学大学院法学政治学研究科教授
滝澤紗矢子（たきざわ さやこ）	東北大学大学院法学研究科教授
加藤貴仁（かとう たかひと）	東京大学大学院法学政治学研究科教授
金子敏哉（かねこ としや）	明治大学法学部准教授
桑村裕美子（くわむら ゆみこ）	東北大学大学院法学研究科准教授
長沼建一郎（ながぬま けんいちろう）	法政大学 社会学部教授
畑中綾子（はたなか りょうこ）	日本学術振興会特別研究員（RPD），東京大学高齢社会総合研究機構客員研究員

廣瀬久和 先生

人間の尊厳と法の役割

―― 民法・消費者法を超えて ――

廣瀬久和先生古稀記念

河上正二
大澤 彩 編

信山社

はしがき

　廣瀬久和先生は，2017年8月5日に，めでたく古稀をお迎えになりました。そこで，このたび，私どもは，日頃敬愛する廣瀬先生の学恩に報いるべく，古稀をお祝いして記念論文集を刊行し，献呈することを企画いたしました。編者両名は，廣瀬先生から見ますと，河上が弟弟子，大澤が姪っ子弟子にあたりますが，我々にとっては，先生は約款論や不当条項論のかけがえのない大先達であり，最もその学恩に浴した者でもあることから，諸先生を差し置いて編集の任につかせていただきましたことを，廣瀬先生はじめ，諸先生にお許しいただければと思います。

　本書の書名は，廣瀬先生の主たるご研究にちなんで，契約法か消費者法，あるいは約款法に関係のあるものにしようかとも考えたのですが，廣瀬先生ご自身から「人間の尊厳」というお話が出たのを機に，「人間の尊厳と法の役割――民法・消費者法を超えて――」と致しました。結果的には，先生への献呈論文集に相応しい良い書名になったのではないかと考えております。先生のご研究の通奏低音となっている「人間」に対する深い愛情，その尊厳を如何にして守るかという強い問題意識が，最もよく現れていると思われるからです。

　幸い，先生にゆかりの深い多数の方々からの賛同を賜り，企画の趣旨にそって，優れたご論稿をお寄せいただき，ここに出版の運びとなり，編者として感慨ひとしおです。ご多忙の中，ご執筆いただいた諸先生に対して厚くお礼を申し上げます。また，編者の不手際から，古稀のお誕生日から1年以上の月日が経過してしまったことについて，この場を借りて，先生はじめ皆様にお詫び申し上げます。

　先生には，ささやかながら，心から本論文集を献呈させていただきます。今後とも，ますますお元気で，私たちをご教導賜りますことをお願いいたします。

　本書では，お寄せいただいた論文を，民法・消費者法・市場行動法等に分けて，比較的関連の深いテーマごとに順に配列しております。

はしがき

　本書は，一見すると，様々な法領域のテーマが雑然と並んでいるような印象を受ける方があるかもしれませんが，このことは廣瀬先生の学問スタイルや問題関心とも深く関わっております。先生は，その類い稀な学問的探究心をもって，民法や消費者法【の実定法比較法研究】のみならず，実に広い法分野，さらには法律以外の分野にも強い関心を寄せてこられました。そして，接する多分野の方々の問題関心を共有し，指導者と弟子の関係ではなく，つねに「研究仲間」として共に熱く語って下さいました。稿を寄せていただいた方々には，先生のもとで，あるいはその論稿を通じて，数多くの知的刺激を受け，民法以外の様々な法分野での研究に進んでおられる方が多いのも，その証左かと思われます。先生のお人柄に魅了され，とても懐かしそうな顔になって，先生から受けた知的刺激を今でもとても大切にしておられることがよく分かります。

　廣瀬先生の広範なご研究をここで整理して述べることはとてもできませんが，先生ご自身が，直近の勤務地である青山学院大学法学部を去られる際の記念論文集である紀要（青山法学論集第57巻4号）の最後の脚注（499頁）に書かれている文章を引用させていただくことで，その責めを塞ぎたいと思います。

　「筆者（廣瀬）の仕事の多くは，一対一の又抽象的な『契約』のみに注目する，ローマ法以来の民法契約法学への根底的な批判を試みたものであった。この間，民法の周りに広がる消費者法学，比較法学，経済学や脳科学，そして製品安全工学など，様々な領域で学問的展開が見られたが，それら各領域において一見バラバラに開拓されつつある研究成果の延長上には，捉え直される課題としての伝統的契約法学と並んで，一対多あるいは多対多の市場型契約法学の新たな体系が私法と公法を跨ぐ形で姿を現しつつあるのがはっきりと見て取れる。それだけではない，現実の個々の人間行動をよりダイレクトに把握しうる近時の諸科学の発展は，近代法が前提としてきた平等で画一的な人間の法的行動モデル自体にも根本的反省を迫るものがある。……筆者は，こうした認識を強めるとともに，新たに生成され始めた法規範を的確に把握・分析し得る新しい法律学の必要性を痛感するに至った。」

　この短い一文からも，廣瀬先生の学問に向けられた関心の一端は充分に読み取ることができ，「人間の尊厳と法の役割──民法・消費者法を超えて──」の書名が，如何に相応しいものであるかをご理解いただけるのではないかと思います。

はしがき

　なお，廣瀬先生ご自身から，自著解題ともいうべき文章「「これまで」と「ここから」」を頂戴し，本書末尾の業績一覧の前に付させていただきました。これによって，廣瀬先生のお仕事への理解がいっそう深まるものになるものと思われますので，是非ご参照ください。

　末筆ながら，青山学院大学の諸先生につきましては，同大学紀要の記念論文集にご寄稿賜りましたことから，お声掛けを控えさせていただきましたことを，お許しいただければ幸いです。

　なお本書の刊行にあたっては，出版事情の厳しい中にもかかわらず，信山社の袖山貴社長，稲葉文子氏に多大のご協力を頂戴しました。そのご尽力に心からお礼を申し上げます。

　2018 年 10 月

編者　河上正二
　　　大澤　彩

目　次

はしがき

I　民　法

1　スコトゥスにおける意思と理性
　　――意思自律の原理とキリスト教教義学史――……………〔森田　修〕…5

　　I　はじめに………………………………………………………………5
　　　1　星野英一の先行研究（6）
　　　2　本稿の関心（8）
　　II　「自由意思と理性」の問題設定 ……………………………………10
　　　1　キリスト教神学史における「自由意思論」の系譜（10）
　　　2　「自由意思論」の13世紀末における問題設定（10）
　　III　トマス・アクィナスにおける自由意思と理性 …………………13
　　　1　人間における意思と理性（13）
　　　2　神の意思と秩序（14）
　　　3　自然法と神の関係（15）
　　IV　スコトゥスにおける自由意思と理性 ……………………………17
　　　1　人間における意思と理性（17）
　　　2　神の意思と秩序（22）
　　　3　自然法と神の関係（26）
　　　4　契約の拘束力と意思（30）
　　V　おわりに……………………………………………………………34
　　　1　自由意思論史におけるスコトゥスの意義（34）
　　　2　契約法史におけるスコトゥスの意義（35）

2　永久契約の禁止 ……………………………………〔中田裕康〕…37
　　I　はじめに……………………………………………………………37

xiii

目　次

　　Ⅱ　日本法の現状………………………………………………………37
　　　1　検討の対象（37）
　　　2　典型契約等における問題（38）
　　　3　合意による不作為義務の期間の制限（43）
　　　4　問題の所在（46）
　　Ⅲ　フランスにおける永久契約の禁止…………………………………47
　　　1　概　　観（47）
　　　2　民法改正前の状況（47）
　　　3　民法改正（64）
　　Ⅳ　考　　察……………………………………………………………71

3　フランスにおける「組織型契約」論の動向 ……〔中原太郎〕…73
　　Ⅰ　はじめに……………………………………………………………73
　　Ⅱ　フランスにおける「組織型契約」論の紹介………………………74
　　　A　前　　史（75）
　　　　1　ディディエの「組織型契約」論（75）
　　　　2　組織型契約論の展開の兆し（77）
　　　B　近時の体系化の試み（83）
　　　　1　アムランの「結束型契約」論（83）
　　　　2　ルケットの「協働型契約」論（87）
　　Ⅲ　フランスにおける「組織型契約」論の分析………………………92
　　　A　契約法における「組織」の定位（92）
　　　　1　「組織」の把握（94）
　　　　2　「組織」の取込み（98）
　　　B　契約法理論上の意義（102）
　　　　1　フランス・タイプの「組織型契約」論と継続的契約論・
　　　　　　関係的契約論（102）
　　　　2　フランス・タイプの「組織型契約」論と性質決定論・
　　　　　　典型契約論（105）
　　Ⅳ　おわりに……………………………………………………………110

目　次

4 ドイツ新債務法の 2017 年瑕疵担保法改正 ………〔田中宏治〕…*113*

　Ⅰ　序　　文 …………………………………………………………*113*
　Ⅱ　前　　史 …………………………………………………………*115*
　　1　総　　説（*115*）
　　2　クヴェレ事件（*116*）
　　3　フローリングブロック事件（*119*）
　　4　タイル事件（*120*）
　　5　ゴム事件（*123*）
　　6　桟事件（*125*）
　Ⅲ　改　　正 …………………………………………………………*127*
　　1　総　　説（*127*）
　　2　取付け・取外し（*127*）
　　3　事業者の求償権の整備（*129*）
　　4　「不相当性」による履行拒絶（*130*）
　　5　使用利益の返還不要（*131*）
　Ⅳ　要　　約 …………………………………………………………*131*

5 債権譲渡における債務者による抗弁の放棄 …〔道垣内弘人〕…*133*

　Ⅰ　はじめに …………………………………………………………*133*
　　1　異議をとどめない承諾の制度の廃止（*133*）
　　2　「抗弁の放棄」によるときの規律（*134*）
　　3　本稿の構成（*135*）
　Ⅱ　各事由の検討 ……………………………………………………*135*
　　1　弁済，代物弁済，供託，債務の不成立，免除（*135*）
　　2　無　　効（*136*）
　　3　債権発生原因である契約の解除による債権の消滅
　　　（減額等を含め）（*137*）
　　4　相　　殺（*139*）
　　5　同時履行の抗弁（*140*）
　　6　限定承認の主張（*140*）

xv

目　次

　　Ⅲ　おわりに………………………………………………………… *141*
　　　1　禁反言の法理による解決（*141*）
　　　2　言　い　訳（*141*）

6　信託社債と倒産手続 ……………………………〔加毛　明〕… *143*

　　Ⅰ　はじめに………………………………………………………… *143*
　　　1　検討の対象と理由（*143*）
　　　2　信託の法的構造（*146*）
　　　3　行　　論（*150*）
　　Ⅱ　本件信託社債の法律関係……………………………………… *150*
　　　1　紹　　介（*150*）
　　　2　分　　析（*150*）
　　Ⅲ　受託者に対する倒産手続の開始……………………………… *151*
　　　1　倒産手続の開始と受託者の任務終了事由・信託の終了原因
　　　　の関係（*151*）
　　　2　受託者の倒産手続における本件信託社債の社債権者の地位（*153*）
　　　3　本件信託社債に係る債権と信託財産の関係（*154*）
　　Ⅳ　信託財産に対する破産手続の開始…………………………… *159*
　　　1　破産手続の開始と受託者の任務終了事由・信託の終了原因
　　　　の関係（*159*）
　　　2　信託財産の破産手続における本件信託社債の社債権者の地位（*160*）
　　　3　本件信託社債に係る債権と受託者の固有財産の関係（*161*）
　　Ⅴ　おわりに………………………………………………………… *163*

7　損害賠償請求権の実効性確保に向けた制度構築について
　　　　………………………………………………〔直井義典〕… *165*

　　Ⅰ　はじめに………………………………………………………… *165*
　　Ⅱ　各規定の内容…………………………………………………… *169*
　　　1　保険法 22 条（*169*）
　　　2　自賠法 16 条（*171*）

3　原賠法9条（*173*）
　　4　転　貸　借（*174*）
　　5　動産売買先取特権（*175*）
　　6　不動産売買先取特権（*175*）
　Ⅲ　各規定の比較 ……………………………………………*176*
　　1　保険法と原賠法の規定内容の相違（*176*）
　　2　先取特権構成と直接請求権構成（*177*）
　　3　債務者による第三債務者に対する権利行使（*179*）
　　4　債権者による第三債務者に対する権利行使（*181*）
　　5　債務者が第三債務者に対して有する債権の譲渡・担保化・
　　　差押え（*182*）
　　6　債務者の倒産手続開始時の効力（*182*）
　　7　小　　括（*183*）
　Ⅳ　おわりに ………………………………………………*184*

8　韓国保証法の近時の展開——日韓比較保証法序説——
　　　　………………………………………〔山口敬介〕…*185*
　Ⅰ　序 …………………………………………………………*185*
　Ⅱ　日本法の展開 ……………………………………………*186*
　　1　改　正　前　史（*186*）
　　2　近時の法改正（*186*）
　Ⅲ　韓国法の展開 ……………………………………………*189*
　　1　改　正　前　史（*189*）
　　2　近時の法改正（*193*）
　Ⅳ　日韓の異同と今後の検討課題 …………………………*202*
　　1　契約締結後の情報提供義務（通知義務）（*202*）
　　2　契約締結時の情報提供義務（*203*）
　　3　保証契約の類型化（*203*）
　　4　個人保証の情誼性に対する対応（*204*）
　　5　実務上の運用（*205*）

目　次

　　Ⅴ　結びに代えて ……………………………………………………………*206*

9　発言の捏造・歪曲からの保護の基礎となる権利
　　――最判平成 28 年 1 月 21 日判時 2305 号 13 頁を出発点として――
　　　　　　　　　　　　　　　　　　　　　　……………〔建部　雅〕…*207*
　　Ⅰ　はじめに：人格権保護と発言の捏造・歪曲からの保護との
　　　　関係 ……………………………………………………………………*207*
　　　1　人格権保護の前提――個別具体的な権利侵害の必要性（*207*）
　　　2　プライバシー保護の拡大と発言の捏造・歪曲からの保護に
　　　　関する課題（*208*）
　　Ⅱ　最判平成 28 年 1 月 21 日判時 2305 号 13 頁について
　　　　問題とされた権利 ……………………………………………………*209*
　　　1　本件事案の特徴と権利に関する判断（*209*）
　　　2　発言の引用方法に関する学説の主張（*211*）
　　　3　侵害された権利に関する問題（*212*）
　　Ⅲ　日本法におけるプライバシー侵害類型としての「誤認」に
　　　　対する反応 ……………………………………………………………*213*
　　　1　プライバシー侵害類型としての「誤認」
　　　　――知識としての定着・事例解決の手段としての不承認（*213*）
　　　2　「誤認」類型の不承認の理由（*215*）
　　Ⅳ　ドイツ法における「誤認」類型に対する反応 ……………………*219*
　　　1　「誤った光」類型の定着（*219*）
　　　2　「誤った光」類型の定着の背景（*221*）
　　　3　「誤った光」類型において問題となる権利：人格像・同一性・
　　　　自己決定（*223*）
　　Ⅴ　日本法におけるドイツ法上の「誤った光」類型に対する反応…*224*
　　　1　「同一性」等の権利に対する認識（*224*）
　　　2　「誤った」光類型の不継受と先行研究の視点：私生活の保護（*225*）
　　Ⅵ　おわりに：発言の捏造・歪曲に対処する権利の承認に向けて
　　　　 ……………………………………………………………………………*227*
　　　1　発言の捏造・歪曲に関する不法行為類型及び権利の不存在の原因（*227*）

2　発言の捏造・歪曲からの保護の必要性
　　　　——ドイツ法における「同一性」「自己決定」に関する議論を踏まえて (227)

10　社会保険給付と損害賠償との間の損益相殺的な調整
　　——最高裁判所大法廷判決の到達点・後編——　〔新堂明子〕…231
　Ⅰ　はじめに………………………………………………………………231
　Ⅱ　最大判平27・3・4以前の法状況………………………………232
　　1　調整の根拠，調整の要件 (232)
　　2　調整すべき損害の範囲 (233)
　　3　調整の方法 (239)
　Ⅲ　最大判平27・3・4………………………………………………257
　　1　事　案 (257)
　　2　調整すべき損害の範囲 (258)
　　3　調整の方法 (259)
　　4　射　程 (264)
　Ⅳ　おわりに……………………………………………………………269

11　家族の起源と変遷——問題状況——　〔大村敦志〕…273
　Ⅰ　はしがき……………………………………………………………273
　Ⅱ　家族研究の現状——フランス民法学から……………………276
　　1　総論的記述 (276)
　　2　個別テーマに関する記述 (277)
　Ⅲ　家族の起源——非法学の領域から・その1…………………279
　　1　人類学・歴史学 (279)
　　2　霊長類学・発達心理学 (280)
　　3　精神分析——父・母・家族 (281)
　Ⅳ　家族の変遷——非法学の領域から・その2…………………282
　　1　家族論とジェンダー論・フェミニズム (282)
　　2　社　会　学——理論と実証 (283)
　　3　権力・ケアと家族政策 (284)

    4　その他——アジアと住居（285）
  Ⅴ　おわりに……………………………………………………………285

12　Freeing order をめぐるイングランド養子法の経験
　………………………………………………〔金子敬明〕…289
  Ⅰ　はじめに……………………………………………………………289
  Ⅱ　Houghton 報告書……………………………………………………291
    1　当時の実務の問題点（291）
    2　提案その 1 ——実親の同意が得られる場合の手続（293）
    3　提案その 2 ——同意免除の要件を先に扱う手続（294）
  Ⅲ　Adoption Act 1976 における freeing order 制度………………295
    1　FO に関する規定の概略（295）
    2　想定された FO の利用法（297）
  Ⅳ　freeing order の利用の実際………………………………………298
    1　feasibility study の結果（298）
    2　Pathways study の結果（300）
  Ⅴ　freeing order の改正論議…………………………………………303
    1　1992 年の報告書とそれへの反応（303）
    2　1994 年の試案（305）
    3　1996 年の養子法改正草案（306）
    4　Adoption and Children Act 2002 の制定（308）
  Ⅵ　Adoption and Children Act 2002 における託置制度……………309
    1　概　要（310）
    2　託置制度の存在意義（311）
    3　FO 制度と託置制度との違い（313）
  Ⅶ　おわりに——日本法への示唆……………………………………315
    1　同意ルート（315）
    2　裁判ルート（318）

13 個人情報の取得・第三者提供に関する「同意」の私法的性質 〔米村滋人〕…321

 I はじめに …321
 II 従来の民法学説・判例と分析 …322
  1 総　説（322）
  2 平成15年最判出現以前の学説・判例（323）
  3 平成15年最判とその分析（325）
  4 平成15年最判以後の学説の展開と問題の整理（327）
 III 個人情報保護法の規律と分析 …328
  1 法令・ガイドラインの規定（328）
  2 個人情報保護法上の「同意」の性質（331）
 IV 「自己情報コントロール権」構成と「同意」の意義 …334
  1 序　説（334）
  2 私法上の「自己情報コントロール権」が及ぶと解する場合（335）
  3 私法上の「自己情報コントロール権」が及ばないと解する場合（336）
 V 結　び …338

II　消費者法

14 公益通報者保護制度の実効性の向上に向けて 〔宇賀克也〕…341

 I はじめに …341
 II 通報者の範囲 …344
  1 退職者（344）
  2 役員等（345）
  3 取引先事業者（346）
  4 家族（346）
  5 何人（347）
 III 通報対象事実 …347
  1 直罰または間接罰を定める法律への限定の是非（347）

目　次

  2　一定の目的の法律への限定の是非（*349*）

  3　別表列記方式の是非（*350*）

  4　条例が定める刑罰で最終的に担保された犯罪事実を含めることの是非（*351*）

 Ⅳ　不利益な取扱い ……………………………………………*351*

 Ⅴ　通報と不利益取扱いとの因果関係についての立証責任の緩和等 ……………………………………………………*352*

 Ⅵ　外部通報の要件 ……………………………………………*353*

  1　行政機関への外部通報の要件（*353*）

  2　行政機関があらかじめ定めた者（*354*）

  3　報道機関等への外部通報（*355*）

 Ⅶ　不利益取扱い等に対する行政措置 ………………………*355*

  1　行政措置を設ける必要性（*355*）

  2　勧告・公表（*356*）

  3　命　　令（*357*）

  4　あっせん，調停（*357*）

  5　刑　　罰（*358*）

 Ⅷ　秘密保持義務 ………………………………………………*358*

  1　民間事業者の1号通報先の秘密保持義務（*358*）

  2　3号通報先の秘密保持義務（*358*）

 Ⅸ　内部資料の持出しに係る責任の減免 ……………………*359*

 Ⅹ　リーニエンシー ……………………………………………*360*

 Ⅺ　行政機関の調査義務 ………………………………………*360*

 Ⅻ　内部通報制度の整備 ………………………………………*361*

15　年齢と取引──若年者をめぐる契約法・消費者法の立法的課題──
 ……………………………………………………〔大澤　彩〕…*363*

 Ⅰ　はじめに ……………………………………………………*363*

 Ⅱ　成年年齢引下げに伴う若年者の消費者問題をめぐる議論 ………*365*

  1　法制審議会成年年齢部会「民法の成年年齢の引下げについての

　　　　　最終報告書」(365)
　　　2　消費者委員会「成年年齢引下げ対応検討ワーキング・グループ」
　　　　　(365)
　　　3　消費者委員会消費者契約法専門調査会における議論 (368)
　　Ⅲ　年齢の直接的・間接的考慮……………………………………369
　　　1　年齢の「直接的」考慮 (370)
　　　2　年齢と「脆弱性」――年齢の間接的考慮 (378)
　　Ⅳ　取引における「年齢」の意味　…………………………………382
　　　1　若年者の「支援」の必要性 (382)
　　　2　一定の年齢（層）を対象とした保護の正当性 (383)
　　　3　「セーフティー・ネット」としての契約取消権？ (385)
　　Ⅴ　おわりに………………………………………………………386

16　終活サービスと消費者法（覚書）
　　――「日本ライフ協会預託金流用事件」を機に――………〔河上正二〕…389
　　Ⅰ　はじめに………………………………………………………389
　　Ⅱ　日本ライフ協会預託金流用事件………………………………391
　　Ⅲ　問題の背景……………………………………………………393
　　Ⅳ　内閣府消費者委員会の建議……………………………………394
　　Ⅴ　家族代行サービスの課題………………………………………397
　　Ⅵ　身元保証等高齢者サポート事業についての法的問題…………398
　　　1　複合的給付における透明度の低さ (398)
　　　2　「預かり金」(399)
　　　3　死後事務の処理 (400)
　　　4　任意後見制度の可能性 (404)
　　Ⅶ　小　　括………………………………………………………404

17　振り込め詐欺救済法の意義と課題 ………………〔新井　剛〕…411
　　Ⅰ　はじめに――法制定の背景……………………………………411
　　Ⅱ　法　の　構　造…………………………………………………415

目　次

　　Ⅲ　法の争点——裁判例の紹介と分析……………………………417
　　　1　法に基づく取引停止措置（417）
　　　2　法と預金規定の双方に基づく取引停止措置（419）
　　　3　分析と検討（423）
　　Ⅳ　法の機能と実態——振り込め詐欺等の件数の推移と債権消滅・
　　　　分配手続の割合——………………………………………………425
　　　1　認 知 件 数（425）
　　　2　被 害 総 額（427）
　　　3　検 挙 件 数（428）
　　　4　被　害　者（431）
　　　5　公　　　告（434）
　　Ⅴ　法 の 評 価……………………………………………………………435
　　Ⅵ　法の課題と改善提案…………………………………………………437

18　経済的不合理と消費者法——行動経済学からの検討——
……………………………………………………〔髙橋義明〕…441
　　Ⅰ　は じ め に……………………………………………………………441
　　Ⅱ　行動経済学の知見……………………………………………………442
　　　1　伝統的経済学と行動経済学の違い（442）
　　　2　行動経済学の主な知見（443）
　　Ⅲ　フレーミングと消費者政策…………………………………………446
　　　1　「無料」の魔力（446）
　　　2　おとり選択肢の罠（449）
　　　3　原産国表示の意義（451）
　　　4　思考プロセスからの振り込め詐欺防止策の検討（453）
　　　5　集団訴訟における訴訟参加（455）
　　Ⅳ　不確実性，せっかち度と消費者政策………………………………460
　　　1　消費者安全事故低減に向けた対応（461）
　　　2　放射線安全基準と消費者行動（464）
　　Ⅴ　お わ り に……………………………………………………………468

目 次

19 製品安全のソフトロー ………………………〔谷みどり〕…469
- Ⅰ はじめに ……………………………………………………469
- Ⅱ 規範の創設と遵守による対策の分類 ……………………470
- Ⅲ 圧力による遵守 ……………………………………………472
  - 1 法による圧力（472）
  - 2 任意規格（473）
  - 3 製品安全対策優良企業表彰（474）
- Ⅳ 内面化による遵守 …………………………………………475
  - 1 消費者基本法と教育・啓発（475）
  - 2 事故情報の周知（476）
  - 3 事業者団体の活動（478）
  - 4 マネジメント規格（478）
- Ⅴ 圧力や内面化の機能を活用した強制 ……………………479
  - 1 事業者名の表示義務（480）
  - 2 製品事故の報告義務（481）
  - 3 強制規格の性能規定化（481）
- Ⅵ 主体と対象による対策の分類 ……………………………483
- Ⅶ グローバル化した市場での対策主体と対象 ……………484
  - 1 国際規格の活用（484）
  - 2 インターネット・モール運営事業者と行政の協力（486）
- Ⅷ ま と め ……………………………………………………486

20 規範の形成とエンフォースメント
──ハードローとソフトローの相対化のための枠組み──
……………………………………………………〔清水真希子〕…489

- Ⅰ はじめに ……………………………………………………489
- Ⅱ 問題意識 ……………………………………………………490
  - 1 別稿からの示唆（490）
  - 2 問題意識（491）
- Ⅲ 規範の形成 …………………………………………………495

目　次

　　1　規範を形成する主体（495）
　　2　形成される規範（495）
　　3　正　統　性（498）
　　4　複数の規範の関係（499）
　　5　形成主体以外の関係主体（500）
　Ⅳ　規範のエンフォースメント……………………………………500
　　1　概　　説（500）
　　2　エンフォースメントのプロセス（501）
　　3　②のプロセス——規制主体による評価と反応（502）
　　4　③のプロセス——裁判所等による裁定（503）
　　5　①のプロセス——行為主体の行為（セルフ・エンフォースメント）（504）
　Ⅴ　ま　と　め…………………………………………………………507
　　1　本稿の提示する枠組み（507）
　　2　本稿の枠組みの意義（509）
　　3　ハードロー，ソフトロー（510）

━━━━━　Ⅲ　市場行動法等　━━━━━

21　競争法における搾取型濫用規制と優越的地位濫用規制
　　　　　　………………………………………〔白石忠志〕…515
　Ⅰ　本稿の課題……………………………………………………………515
　Ⅱ　米国とEUの状況……………………………………………………516
　　1　は じ め に（516）
　　2　司法省FTC貢献文書（517）
　　3　欧州委員会貢献文書（518）
　　4　米国における新たな潮流（521）
　Ⅲ　日本の状況……………………………………………………………524
　　1　は じ め に（524）
　　2　「優越的地位」と「a dominant position」の異同（524）
　　3　優越的地位濫用規制の目的（528）

xxvi

Ⅳ　結　　び ……………………………………………………………… *532*

22　景表法における課徴金の性質に関する再検討
　　――減額制度を中心に―― ……………………………………〔滝澤紗矢子〕… *535*
　Ⅰ　はじめに ……………………………………………………………… *535*
　Ⅱ　問題の所在 …………………………………………………………… *536*
　　1　景表法の課徴金制度の概要と特徴（*536*）
　　2　課徴金賦課事例の登場（*537*）
　　3　本稿の課題（*540*）
　Ⅲ　アメリカ合衆国における FTC 法規制の概要 …………………… *541*
　　1　不当表示規制制度の概要（*541*）
　　2　FTC 法 13 条(b)訴訟における disgorgement・restitution（*545*）
　Ⅳ　景表法の課徴金制度―減額制度―に関する若干の検討 ………… *547*
　　1　認定返金措置計画の実施に伴う減額と課徴金の性質（*547*）
　　2　自主申告による減額の性質（*550*）
　Ⅴ　おわりに ……………………………………………………………… *551*

23　企業活動の規律を目的とした訴訟手続が克服すべき課題
　　――株主訴訟からの示唆―― ………………………………………〔加藤貴仁〕… *553*
　Ⅰ　本稿の目的 …………………………………………………………… *553*
　Ⅱ　株主訴訟が抱えるジレンマ
　　　――原告側弁護士と株主及び会社の利益相反 ……………………… *555*
　Ⅲ　株主訴訟の手続に関する定款又は附属定款の是非 ……………… *557*
　　1　背　　景（*557*）
　　2　Forum-selection bylaw から fee-shifting bylaw へ（*560*）
　　3　ATP 判決から 2015 年のデラウエア州一般事業会社法の改正へ（*561*）
　　4　分　　析（*565*）
　Ⅳ　ジレンマを超えて …………………………………………………… *573*

24 商標法における需要者・取引者……………………………〔金子敏哉〕…575

Ⅰ はじめに………………………………………………………………575
 1 「耐克」と「Nike」(575)
 2 本稿の検討内容 (576)

Ⅱ 商標法における取引者・需要者………………………………………577
 1 商標法の概要 (577)
 2 商標法上の要件における需要者・取引者 (578)

Ⅲ ありのままの需要者・取引者と商標法 ………………………………590
 1 少数派の需要者と商標法の役割 (590)
 2 すべての需要者の利益の保護に向けて (591)

Ⅳ おわりに………………………………………………………………594

25 ドイツにおける団結権保障と協約単一法の合憲性
――連邦憲法裁判所 2017 年 7 月 11 日判決の理論的検討――
……………………………………〔桑村裕美子〕…595

Ⅰ はじめに………………………………………………………………595

Ⅱ 経　緯 ………………………………………………………………596
 1 協約単一法制定までの流れ (596)
 2 協約単一法の内容 (597)

Ⅲ 判　旨 ………………………………………………………………599
 概ね合憲・一部違憲 (599)

Ⅳ 少数意見………………………………………………………………604

Ⅴ 検　討 ………………………………………………………………606
 1 本判決の意義 (606)
 2 基本法 9 条 3 項の保護範囲と制約部分 (606)
 3 制約の正当性――違憲審査 (607)
 4 違憲の帰結 (613)
 5 「概ね合憲」判決の意義―― BAG 2010 年 7 月 7 日判決との違い (613)
 6 少数意見の論旨 (615)

Ⅵ 判決に対する反応 ……………………………………………………615

Ⅶ　ドイツ団結権保障の趣旨再考……………………………………616
　　　Ⅷ　おわりに……………………………………………………………617

26　社会保険と中間的条項論……………………〔長沼建一郎〕…619
　　　Ⅰ　はじめに……………………………………………………………619
　　　Ⅱ　契約の中間的条項論と現代的な契約……………………………619
　　　　1　廣瀬教授の中間的条項論（619）
　　　　2　具体的な事例（621）
　　　　3　価格と安全性をめぐって（622）
　　　Ⅲ　社会保険にかかるサービス契約…………………………………623
　　　　1　現代的契約としての特徴（623）
　　　　2　その固有の性格や特徴（624）
　　　　3　価格と安全性をめぐって（625）
　　　Ⅳ　保険契約における中間的な条項…………………………………626
　　　　1　保険契約の特性（626）
　　　　2　価格と安全性をめぐって（627）
　　　Ⅴ　社会保険における中間的な領域…………………………………628
　　　　1　民間保険と社会保険の対比（628）
　　　　2　中間的条項の共通化（630）
　　　　3　いわゆる金銭給付の場合との比較（632）
　　　　4　中間的な領域を通じた契約と保険の結節（633）
　　　Ⅵ　いわゆる牧人＝司祭型権力のもとでの社会保険………………634
　　　Ⅶ　むすびに代えて……………………………………………………635

27　医療安全に向けた医療事故調査制度の創設
　　　──医と法の協働──……………………………〔畑中綾子〕…639
　　　Ⅰ　日本における医療事故調査制度の発足…………………………639
　　　Ⅱ　医療事故調査制度の運用…………………………………………640
　　　　1　概　　要（640）
　　　　2　報告対象（641）

xxix

目 次

　　Ⅲ　刑事責任に対する医療者の反応 ……………………………………643
　　　1　刑事免責の要求（643）
　　　2　異状死届出（644）
　　　3　届出・立件数の推移（646）
　　Ⅳ　行政処分の強化 ………………………………………………………647
　　Ⅴ　医療事故調査の資料の訴訟利用 ……………………………………651
　　　1　刑事訴訟における利用（651）
　　　2　民 事 訴 訟（652）
　　　3　報告書のガイドライン整備（656）
　　　4　過失責任主義との調和（657）
　　Ⅵ　ま と め ………………………………………………………………658

＊　　＊　　＊

「これまで」と「ここから」………………………………〔廣瀬久和〕…661

　略　　歴（691）
　業績一覧（694）

執筆者紹介
(掲載順)

森田　修（もりた　おさむ）
東京大学大学院法学政治学研究科教授
1989 年東京大学大学院法学政治学研究科博士課程単位取得退学。法学博士（東京大学）
法政大学助教授，東京大学社会科学研究所助教授，同大学院法学政治学研究科教授を経て 2000 年より現職
〈主要著作〉『強制履行の法学的構造』（東京大学出版会，1995 年），『アメリカ倒産担保法』（商事法務，2005 年），『契約責任の法学的構造』（有斐閣，2006 年），『債権回収法講義〔第 2 版〕』（有斐閣，2011 年），『契約規範の法学的構造』（商事法務，2016 年）

中田裕康（なかた　ひろやす）
早稲田大学大学院法務研究科教授，東京大学名誉教授，一橋大学名誉教授
1989 年東京大学大学院法学政治学研究科博士課程修了。法学博士（東京大学）
〈主要著作〉『継続的売買の解消』（有斐閣，1994 年），『継続的取引の研究』（有斐閣，2000 年），『債権総論〔第 3 版〕』（岩波書店，2013 年），『契約法』（有斐閣，2017 年）

中原太郎（なかはら　たろう）
東京大学大学院法学政治学研究科准教授
2005 年東京大学大学院法学政治学研究科民法専攻修士課程修了
〈主要著作〉「事業遂行者の責任規範と責任原理——使用者責任とその周辺問題に関する再検討」法学協会雑誌 128 巻 1〜8 号（2011 年），129 巻 9・10 号（2012 年），「フランス民法典における『信託』について」水野紀子編著『信託の理論と現代的見解』（商事法務，2014 年），『判例 30！　民法 4 債権各論』〔共著〕（有斐閣，2017 年）

田中宏治（たなか　こうじ）
千葉大学大学院社会科学研究院教授
1991 年東京大学法学部卒，1997 年東京大学大学院博士課程中退
1997 年大阪大学法学部助手，1999 年同助教授，2009 年千葉大学大学院専門法務研究科教授を経て，2017 年より現職
〈主要著作〉『代償請求権と履行不能』（信山社，2018 年）

道垣内弘人（どうがうち　ひろと）
東京大学大学院法学政治学研究科教授
1982 年東京大学法学部卒。東京大学法学部助手，筑波大学社会科学系講師，神戸大学法学部助教授，東京大学教養学部助教授，同教授を経て，2004 年より現職
〈主要著作〉『信託法理と私法体系』（有斐閣，1996 年），『典型担保法の諸相』（有斐閣，2013 年），『非典型担保法の課題』（有斐閣，2015 年），『信託法』（有斐閣，2017 年），『担保物権法〔第 4 版〕』（有斐閣，2017 年）

執筆者紹介

加毛　明（かも　あきら）
東京大学大学院法学政治学研究科准教授
2003年東京大学法学部卒業
〈主要著作〉『条解 信託法』（共著，弘文堂，2017年），『解説 民法（債権法）改正のポイント』（共著，有斐閣，2017年），「信託と破産(1)～(3・完)」NBL1053号，1054号，1055号（2015年），「共和政初期アメリカにおける法学教育」東京大学法科大学院ローレビュー10号（2015年），「19世紀アメリカにおける大学附属ロー・スクール」東京大学法科大学院ローレビュー11号（2016年）

直井義典（なおい　よしのり）
筑波大学ビジネスサイエンス系准教授
2004年東京大学大学院法学政治学研究科博士課程単位取得退学。博士（法学，東京大学）
〈主要著作〉「フランスにおける金銭上の担保権の効力について」小田敬美ほか編『市民生活と現代法理論　三谷忠之先生古稀祝賀』（成文堂，2017年），「倒産手続における不法行為に基づく損害賠償請求権の処遇に関する序論的考察」筑波ロー・ジャーナル21号（2016年），「フランスにおける不分割財産分割」香川大学法学会編『現代における法と政治の探究』（成文堂，2012年），「添付の際の償金請求権に関する一考察㈠～㈣」徳島大学社会科学研究21号（2008年），22号（2009年），23号（2010年），24号（2011年）

山口敬介（やまぐち　けいすけ）
立教大学法学部准教授
東京大学大学院法学政治学研究科法曹養成専攻専門職学位課程修了
〈主要著作〉「非営利団体財産に対する離脱者の権利(1)～(7)」法学協会雑誌131巻5～10号（2014年），132巻9号（2015年），「非営利団体財産に対する離脱者の権利」私法78号（2016年），「法学部生による法教育実践の一例──現状の紹介と展開可能性」『法と教育 Vol.8』（2018年）

建部　雅（たてべ　みやび）
成蹊大学法学部教授
東京大学法学部卒，法学博士（成蹊大学）
〈主要著作〉『不法行為法における名誉概念の変遷』（有斐閣，2014年），「報道における責任──「配信サービスの抗弁」をめぐる議論から提示される問題」論究ジュリスト16号（2016年），「民法724条の消滅時効の起算点（昭和48.11.16最高二小判）」『民法判例百選Ⅰ総則・物権〔第8版〕』別冊ジュリスト237号

新堂明子（しんどう　あきこ）
法政大学大学院法務研究科教授
東京大学大学院法学政治学研究科修士課程修了
〈主要著作〉「社会保険給付と損害賠償との間の損益相殺的な調整──最高裁判所大法廷判決の到達点・前編」大塚龍児先生古稀記念論文集刊行委員会編『民商法の課題と展望──

執筆者紹介

大塚龍児先生古稀記念』（信山社，2018 年）575 頁以下，「判批（最大判平 27・3・4 民集 69 巻 2 号 178 頁）」民事判例 XII・2015 年後期 106 頁以下，「判批（東京地判平 28・7・14 判タ 1437 号 158 頁）」民事判例 16・2017 年後期 86 頁以下

大村敦志（おおむら　あつし）
東京大学教授
1982 年東京大学法学部卒業。同大学助手，助教授を経て 1998 年より現職
〈主要著作〉『新基本民法 1 ～ 8』（有斐閣，2014 年），『家族法〔第 3 版〕』（有斐閣，2010 年），『消費者法〔第 4 版〕』（有斐閣，2011 年），『民法読解総則編』（有斐閣，2009 年），『同親族編』（有斐閣，2014 年），『広がる民法 1 入門編』（有斐閣，2017 年）

金子敬明（かねこ　よしあき）
名古屋大学大学院法学研究科教授
1997 年東京大学法学部卒業
〈主要著作〉『民法⑤親族・相続　判例 30！』（青竹美佳・幡野弘樹と共著，有斐閣，2017 年），「相続財産の重層性をめぐって(1)～(5)」法学協会雑誌 118 巻 11 号（2001 年）～ 121 巻 6 号（2004 年），「共同所有住宅における居住と収益との関係──イングランド法を素材にして」社会科学研究 68 巻 2 号（2017 年），「組合」『債権法改正と民法学（安永先生＝鎌田先生＝能見先生古稀記念）　Ⅲ　契約(2)』（商事法務，2018 年）

米村滋人（よねむら　しげと）
東京大学大学院法学政治学研究科教授
2000 年東京大学医学部医学科卒。東京大学医学部附属病院，公立昭和病院勤務の後，2004 年東京大学大学院法学政治学研究科修士課程修了。
2004 年日本赤十字社医療センター第一循環器科医師，2005 年東北大学大学院法学研究科准教授，2013 年東京大学大学院法学政治学研究科准教授を経て，2017 年より現職
〈主要著作〉『医事法講義』（日本評論社，2016 年），『生命科学と法の近未来』（編者，信山社，2018 年），「人格権の権利構造と『一身専属性』(1)～（5 完）」法学協会雑誌 133 巻 9 号・12 号，同 134 巻 1 号・2 号・3 号（2016-2017 年），「法的評価としての因果関係と不法行為法の目的(1)(2 完)」法学協会雑誌 122 巻 4 号・5 号（2005 年）

宇賀克也（うが　かつや）
東京大学大学院法学政治学研究科教授（同大学公共政策大学院教授を兼担）
1978 年東京大学法学部卒業。同大学助手，助教授を経て，現職
〈主要著作〉『行政法概説Ⅰ〔第 6 版〕』（有斐閣，2017 年），『行政法概説Ⅱ〔第 6 版〕』（有斐閣，2018 年），『行政法概説Ⅲ〔第 4 版〕』（有斐閣，2015 年），『行政法〔第 2 版〕』（有斐閣，2018 年），『ブリッジブック行政法〔第 3 版〕』（信山社，2017 年），『国家賠償法〔昭和 22 年〕』（信山社，2015 年），『個人情報保護法の逐条解説〔第 6 版〕』（有斐閣，2018 年），『自治体のための解説個人情報保護制度』（第一法規，2018 年），『新・情報公開法の逐条解説〔第 8 版〕』（有斐閣，2018 年），『逐条解説　公文書等の管理に関する法律〔第 3 版〕』

執筆者紹介

(第一法規, 2015 年), 『番号法の逐条解説〔第 2 版〕』(有斐閣, 2016 年), 『行政手続三法の解説〔第 2 次改訂版〕』(学陽書房, 2016 年), 『行政不服審査法の逐条解説〔第 2 版〕』(有斐閣, 2017 年), 『解説 行政不服審査法関連三法』(弘文堂, 2015 年), 『情報法』(共編著, 有斐閣, 2012 年)

大澤　彩（おおさわ　あや）
法政大学法学部法律学科教授
2007 年東京大学大学院法学政治学研究科博士課程修了（法学博士）
2008 年法政大学法学部法律学科准教授, 2016 年法政大学法学部法律学科教授を経て現職
〈主要著作〉『不当条項規制の構造と展開』(有斐閣, 2010 年), 「消費者の『脆弱性』をめぐる立法論的課題・序論──『適合性原則』から『濫用』へ」柳明昌編著『金融商品取引法の新潮流』(法政大学出版局, 2016 年), 「不当条項規制と制裁に関する覚書」名古屋大学法政論集 270 号（2017 年), 「『定型約款』時代の不当条項規制」消費者法研究 3 号（信山社, 2017 年）

河上正二（かわかみ　しょうじ）
青山学院大学法務研究科教授, 東北大学名誉教授, 東京大学名誉教授
1953 年愛媛県生まれ。1982 年東京大学大学院法学政治学研究科博士課程修了。法学博士（東京大学）
〈主要著作〉『約款規制の法理』(有斐閣, 1998 年), 『民法学入門〔第 2 版増補判〕』(日本評論社, 2004 年, 2014 年), 『民法総則講義』(日本評論社, 2007 年), 『物権法講義』(日本評論社, 2012 年), 『担保物権法講義』(日本評論社, 2015 年), 『実践消費者相談』(編著, 商事法務, 2009 年), 『消費者契約法改正への論点整理』(編著, 信山社, 2013 年), 『消費者委員会の挑戦』(信山社, 2017 年), 『歴史の中の民法──ローマ法との対話』(訳著：オッコー・ベーレンツ著, 日本評論社, 2001 年）

新井　剛（あらい　つよし）
獨協大学国際教養学部教授
2000 年東京大学大学院法学政治学研究科博士課程単位取得退学
〈主要著作〉「ドイツ強制管理制度論㈠〜（二・完）──担保不動産収益執行制度のための比較法的考察」大阪学院大学法学研究 31 巻 1 号＝2 号, 32 巻 1 号（2005 年), 「ドイツ強制管理制度における管理人の報酬──担保不動産収益執行制度の実務運用のために」稲本洋之助先生古稀記念論文集『都市と土地利用』(日本評論社, 2006 年), 「売却のための保全処分に関する一考察㈠〜（二・完）」獨協法学 81 号, 82 号（2010 年), 「建物明渡猶予制度・売却のための保全処分・担保不動産収益執行と民法法理㈠〜（四・完）」民事研修 653 号, 654 号, 655 号, 659 号（2011 〜 2012 年）

高橋義明（たかはし　よしあき）
公益財団法人中曽根康弘世界平和研究所主任研究員
早稲田大学大学院アジア太平洋研究科博士後期課程修了。博士（学術）

執筆者紹介

OECD 科学技術産業局主査，内閣府国民生活局調査室長，筑波大学社会工学域准教授などを経て 2016 年より現職
〈主要著作〉『社会的排除状態の拘束性』（全労済協会，2016 年），*Promoting. Consumer Education-Trends, Policies and Good Practices*（共著，OECD Publishing，2009 年），『平成 20 年版国民生活白書：消費者市民社会への展望』（共著，時事画法社，2009 年），『消費者からみたコンプライアンス経営』（共著，商事法務，2007 年）

谷　みどり（たに　みどり）
経済産業省消費者政策研究官
1979 年東京大学経済学部卒業，1986 年スタンフォード大学政治学修了。経済産業省（消費経済部長等），環境省（環境計画課長等），国際エネルギー機関（国別審査課長），内閣官房（参事官），（独）経済産業研究所，東京大学公共政策大学院（客員教授）等
〈主要著作〉『日本の消費者問題』（共著，建帛社，2007 年），『消費者の信頼を築く』（新曜社，2012 年），「『弱い消費者』に関する海外の認識と対応」消費者法研究 2 号（信山社，2017 年），「クレジットカードの不正使用から身を守るために」（経済産業省サイト掲載，2018 年）

清水真希子（しみず　まきこ）
大阪大学大学院法学研究科准教授
東京大学法学部卒業。東京都立大学（首都大学東京）助教授，東北大学助教授（准教授）を経て現職
〈主要著作〉「モジュール化と『日本的取引慣行』——調査の仮説と分析(1)」商事法務 2142 号（2017 年），「ソフトロー——民事法のパースペクティブ」(1)～(3・完)」阪大法学 67 巻 6 号，68 巻 2 号，3 号（2018 年）

白石忠志（しらいし　ただし）
東京大学大学院法学政治学研究科教授
東京大学法学部卒業
〈主要著作〉『独占禁止法〔第 3 版〕』（有斐閣，2016 年），『独禁法講義〔第 8 版〕』（有斐閣，2018 年），『独禁法事例集』（有斐閣，2017 年）

滝澤紗矢子（たきざわ　さやこ）
東北大学大学院法学研究科教授
東京大学法学部卒業，ハーバード・ロースクール修了（LL. M.）。東京大学助手，東北大学准教授（助教授）を経て現職
〈主要著作〉『競争機会の確保をめぐる法構造』（有斐閣，2009 年），「再販売価格維持行為規制に関する一考察：Dr. Miles Medical Co. v. John D. Park & Sons Co., 220 U. S. 373 (1911) の再検討」(1)～(3・完) 法学 78 巻 6 号，79 巻 4 号（2015 年），80 巻 3 号（2016 年），「グロスター事件判決（1410 年）に見出される「競争」概念再考—— 15 世紀イングランドにおける damnum absque iniuria の展開の一側面」法学 71 巻 6 号（2008 年）

執筆者紹介

加藤貴仁（かとう　たかひと）
東京大学大学院法学政治学研究科教授
2001年東京大学法学部卒，神戸大学大学院法学研究科助教授，同准教授，東京大学大学院法学政治学研究科准教授を経て，2017年より現職
〈主要著作〉『株主間の議決権配分──一株一議決権原則の機能と限界』（商事法務，2007年），「高値取得損害／取得自体損害二分論の行方－判例法理における有価証券報告書等の虚偽記載等と投資者が被った損害の相当因果関係の判断枠組みの検討」落合誠一先生古稀記念論文集『商事法の新しい礎石』（有斐閣，2014年），「株主優待制度についての覚書」江頭憲治郎先生古稀記念論文集『企業法の進路』（有斐閣，2017年）

金子敏哉（かねこ　としや）
明治大学法学部准教授
2009年東京大学大学院法学政治学研究科総合法政博士課程修了。博士（法学）
〈主要著作〉『しなやかな著作権制度に向けて──コンテンツと著作権法の役割』中山信弘との共編著（信山社，2017年），「著作権侵害と刑事罰：現状と課題」法とコンピュータ31号（2013年），「知的財産権の準共有（特許権を中心に）」日本工業所有権法学会年報34号（2010年）

桑村裕美子（くわむら　ゆみこ）
東北大学大学院法学研究科准教授
東京大学法学部卒業，同大学院法学政治学研究科助手を経て，現職
〈主要著作〉『労働者保護法の基礎と構造──法規制の柔軟化を契機とした日独仏比較法研究』（有斐閣，2017年），「労働協約の規範的効力」日本労働法学会編『講座労働法の再生　第5巻　労使関係法の理論課題』（日本評論社，2017年），「労働時間の法政策の検討──2015年労働基準法改正案を中心として」日本労働研究雑誌679号（2017年），「団体交渉・労働協約の機能と新たな法的役割──非正規労働者および非雇用就業者をめぐる解釈問題の検討を通じて」法律時報1096号（2016年）

長沼 建一郎（ながぬま　けんいちろう）
法政大学社会学部教授
1984年東京大学法学部卒業，2007年早稲田大学大学院社会科学研究科博士課程単位取得退学。博士（学術）
〈主要著作〉『介護事故の法政策と保険政策』（法律文化社，2011年），『個人年金保険の研究』（法律文化社，2015年），『図解テキスト　社会保険の基礎』（弘文堂，2015年）

畑中綾子（はたなか　りょうこ）
日本学術振興会特別研究員（RPD），東京大学高齢社会総合研究機構客員研究員，香港大学SAU PO Center on Aging, Honorable Visiting Scholar。博士（社会科学）
2002年東京大学大学院法学政治学研究科修士課程修了
〈主要著作〉『医療事故の原因究明と責任追及をめぐる医療と司法の対立──被害者救済に

対する司法の積極的な役割の歴史と未来展望』（晃洋書房，2018 年），「医療技術の発展と司法の政策形成・法創造機能──日米比較を基に」お茶の水女子大学人間文化創成論叢 17 巻（2015 年），「医薬品の健康被害における国の賠償責任と政策の相互作用──国の「規制権限の不行使」が争われた事例に着目して」法学会雑誌 55 巻 1 号（2014 年）

人間の尊厳と法の役割
――民法・消費者法を超えて――

Ⅰ
民　法

1 スコトゥスにおける意思と理性
―― 意思自律の原理とキリスト教教義学史 ――

森 田　　修

Ⅰ　はじめに
Ⅱ　「自由意思と理性」の問題設定
Ⅲ　トマス・アクィナスにおける自由意思と理性
Ⅳ　スコトゥスにおける自由意思と理性
Ⅴ　おわりに

Ⅰ　はじめに

　本稿は，本論文集の企画趣旨にいう「『ありのままの人間』の尊厳と法の役割」という視角に関連させて，契約の法的拘束力の根拠としての意思自律の原理について，その人間学的前提がどのように形成されたかという問題を検討する。その際，契約法理論の学説史をキリスト教教義学史の展開と関連づける観点を採用し，具体的検討対象としてトマス・アクィナス[1]とヨハンネス・ドゥンス・スコトゥス[2]との論争を取り上げる。

---

[1]　トマス・アクィナス（1225?-1274。以下トマスと略す）は周知の通り中世哲学史上の巨人である。パリ大学教授を務めた。キリスト教神学のアリストテレス化を推し進め，その教説は，死後一時は異端とされかねない状況すらあったが，16世紀にトミスムとしてカソリックの主流派的イデオロギーとなった。その後一旦衰退したが19世紀以来，ネオ・トミスムとして再興され，近時はその思想が神学のみならず法律学にも大きな影響を与えている。主著に『神学大全』（Summa theologica（以下 S. th. と略す））がある。同書はトマス自身により1273年まで書き続けられたが完成せず，死後弟子達の編集によって公刊された。ヨリ立ち入ったトマスの全体像の紹介については，さしあたり稲垣良典『トマス・アクィナス』[1999] 参照。

[2]　ヨハンネス・ドゥンス・スコトゥス（1266?-1308。以下ではやや不適切だがスコトゥスと略す）は，トマスの教説を批判的に承継しつつ，これを論争的に発展させた。パリ大学講師も務めた。講義録として『パリ報告』（Reportata parisiensa），これを彫琢した主著『秩序論』（Ordinatio。「オクスフォード講義録」Opus oxoniense と呼ばれることもあるが，以下では Ord. と略す）がある。ヨリ立ち入ったスコトゥスの全体像の紹

I 民　　法

1　星野英一の先行研究

　この観点からの先行研究としては、いうまでもなく星野英一先生（以下では星野と略す）の一連の仕事がある⁽³⁾。この作業によって星野が、意思自律の原理・契約自由の原則の思想的淵源を訪ね、これらの契約法の基本原理についての経済主義的な理解を相対化したことは周知の通りである⁽⁴⁾。

　　介については、さしあたり八木雄二『聖母の博士と神の秩序―ヨハネス・ドゥンス・スコトゥスの世界』[2015]参照。
(3)　星野英一「現代における契約」（初出[1966]）同『民法論集第3巻』所収。以下星野[1966]と略す）「契約思想・契約法の歴史と比較法」（初出[1985]『民法論集第6巻』所収。以下星野[1985]と略す）「意思自治の原則, 私的自治の原則」（初出[1984]『民法論集第7巻』以下星野[1984]と略す）
(4)　以下本文(1)(2)に示した星野説の要約の典拠となる部分を引用しておこう。
　　引用1「何故人は人に対して義務づけられるか。この問題を因果関係の次元から経験科学的に追求するのではなく、根拠の問題（quaestio iuris）として実践哲学的に肉迫するとき、各地で古代以来いくつかの答えが為されてきたことは周知の通りである。しかし非常に多いのは。何らかの意味で客観的秩序（神, 自然, 天など）によって基礎づけるか、人間能力の中でもいわば静的な理性によって基礎づけるかの方法であった。これに対して、西欧近代において全く新しい基礎づけを提供するものが現れた。「自由意思」による基礎づけがこれである。その起源は、哲学的には、フランシスカン・スコラスティシズムに遡る。ドゥンス・スコトスとウィリアム・オッカムがこれである。彼らは、アリストテレス流の、理性の認識能力に基づく自然法論を批判し、自由意思の優位を説いた。」（星野[1966] 9頁）
　　引用2「それ〔＝フランシスカン・スコラスティシズム〕は、トマス・アクィナスに代表される盛期スコラスティシズムが人間精神における理性と意思のうち理性をより重視したのに対し、意思をより重視する傾向である。トマスによると『法は理性的なものである（Lex est aliquid rationis.）』とされるが、これに対して、それは〔＝「法律的個人主義」？〕、グローティウス、ホッブス、プーフェンドルフ、ロック、トマジウス等の近代自然法学派による法律による意思の重視の思想が法律家に影響したとされる。」（星野[1985] 213頁）。
　　引用3「以上のように、場合によって意思の占める役割は異なり、なお意思の尊重が大幅に認められる領域は残るが、ここに注意すべきは、このさいも、意思が意思なるが故に、理性の代わりに尊重されるのではなく、理性的に判断して意思の作用すべき領域が決められるということである。したがって最近クラマーは、フルーメを批判して、『理性に反して意思が立ってはならない』（non stat contra rationem voluntas）と述べたが、一歩を進め『意思の代わりに理性を』（stat ratio pro voluntate）、正確には『意思の上に理性を』（stat ratio super voluntatem）というべきではないだろうか。」（星野[1985] 268～269頁）。
　　引用4「哲学的に『意思の自律』を強調する立場について言えば、第一に、そこでいわれる意思が何を意味するのかがもう一つ明らかではないことに問題がある。西欧においては、『理性』と『意思』とのバランスを取っているトマスの哲学に対して、『意

〔森田　修〕　　　　　　　　　　　　　　　*1*　スコトゥスにおける意思と理性

(1)　星野の学説史認識

　私的自治の原則ないし意思自治の原則（以下ではこれらを区別せず意思自律の原理と呼ぶ）に関する星野の学説史認識は次のような命題群に要約できる。

(i)　人の人に対する義務づけの根拠は，歴史上，多くの場合に客観的秩序や人間の静的能力としての理性に求められてきたが，これを自由意思に求める考え方は，西欧近代における全く新しい考え方である（星野［1966］9 頁（本稿注(4)引用 1 参照））。

(ii)　この新しい考え方はスコトゥスおよびウィリアム・オッカムのフランシスカン・スコラスティシズムを淵源とする（星野［1966］前掲箇所）。

(iii)　人間精神における理性と意思のうち，トマスに代表される盛期スコラスティシズムは理性をヨリ重視したのに対し，フランシスカン・スコラスティシズムは，意思をヨリ重視した（星野［1985］213 頁（本稿注(4)引用 2 参照））。

(iv)　この意思重視の考え方は，グロティウス・プーフェンドルフらの近代自然法学に受け継がれ，ルソー・カントの影響を介して，19 世紀のドイツ・フランスの私法学者に大きな影響を与え，意思自律の原理として現れた（星野［1966］前掲箇所，同［1985］前掲箇所）。

(2)　星野の解釈態度

　また，そこから意思自律の原理についての次のような解釈態度が導かれる

(i)　現代契約法においては意思重視の考え方に対して「意思」から「理性」

　　思』に重点を置くフランシスカン・スコラスティシズム――ドゥンス・スコトス（Duns Scotus）等……が現れ，近代哲学の一つの傾向となった。その傾向は法律思想にも影響を与えたが，今日では契約の分野において『意思から理性へ』の方向が説かれているのであって，論者の『意思尊重』がそれらを考慮に入れた上で敢えて『理性でなく意思を（stat pro ratione voluntas）』の主張にコミットする趣旨であるのか，もう少し明らかにされる必要があろう」（星野［1984］161 頁）。

　引用 5　「第二に，このさい，個人の『自律』『自己決定』の価値を重視することには何人も異論はあるまい。問題は，その決定が何に基づくものであってもよいかにある。つまり，自己決定であれば，恣意でも，反倫理的な利益の追求でもよいのか。もちろん，フルーメ，そして彼を引用するわが学説においても，この点の配慮はなされている。しかし，そうだとすると，より重要なのは『理性』ではないか，が問題となるはずである。つまり voluntas と ratio の関係をつきつめるべきで，安易に『意思』を云々できないのではないか，こそが問題なのである」（星野［1984］161～162 頁）。

7

Ⅰ　民　　　法

へと重心を移す考え方が有力となってきている（星野［1984］161頁（本稿注(4)引用4参照））。

(ii)　これに対してフルーメに代表される「意思主義の復権」論は，「理性でなく意思を（stat pro ratione voluntas）」と主張するが，「意思」を「意思」なるが故に理性の代わりに安易に尊重すべきではなく，「意思」と「理性」との関係を突き詰めるべきである（星野［1984］161～162頁（本稿注(4)引用5参照），星野［1985］268～269頁（本稿注(4)引用3参照））。

(iii)　さらに，そこにおいてヨリ重要なのは「理性」であって[5]，「意思の上に理性を」（stat ratio super voluntatem）というべきである（星野［1985］前掲箇所）。

2　本稿の関心
(1)　星野説の評価
　このように，中世末から近代に至る契約規範の根拠づけをめぐる学説史を「意思」と「理性」という二項対立の下に整理した上で，そこから「意思の上に理性を」という主張を導出する星野の図式的立場は極めて明快であり，1つの抽象的な解釈態度としては説得的に成り立ちうるものでもある。しかし，1(1)の諸命題は学説史認識というには，あまりに明快すぎる嫌いがある。

(2)　課題設定
　本稿は1(2)に見た意思自律の原理に対する星野の「意思の上に理性を」という解釈態度の是非自体を検討の直接の対象とはしない。そうではなくて，その根拠として援用される，1(1)の学説史認識に焦点を当てる。
　検討の中心は，1(1)(ii)において示されたフランシスカン・スコラスティシズムがいかなる意味において意思自律の思想史的淵源であるといえるのか，である。

---

[5]　なお，1(2)(ii)と(iii)とを比較すると星野における解釈態度の重点が微妙に動いていることに気がつく。このことは，星野の学説史認識が，トマスのスタンスについて，「『理性』と『意思』とのバランスを取っている」という評価から（星野［1984］161頁参照），「意思の上に理性を」という立場を採った（星野［1985］213頁）ものと評価を変えたことと照応している。

〔森田　修〕　　　　　　　　　　　　　*1*　スコトゥスにおける意思と理性

　この点を明らかにするためには，第 1 に，(1)(ii) および(iii) において用いられる「意思」と「理性」との対置図式が，キリスト教教義学史の中でいかなる問いに答えるために用意されたものなのかを確認しなくてはならない。そもそもその上で第 2 に，それは 1(1)(i) で星野の立てた＜人の人に対する義務づけの根拠は何か＞という問い（私見の用語を用いればそれは「契約規範の形態原理」への問いに他ならない。この用語については森田修『契約規範の法学的構造』[2016] 8～9 頁参照）にそもそもそしてどのように関わっているのか，が明らかにされなければならない。

　ところで星野自身は，1(1)に示された(i)～(iv)の命題群について，学説史的な実証をおよそ示してはおらず，もっぱら Michel Villey, Essor et décadence du volontarisme juridique, Archives de Philosophie du Droit 1957 および Etienne Gilson. L'esprit de la philosophie médiévale [1932] を典拠として引用するのみである。そこで本稿では，第 3 に，キリスト教教義学史というレヴェルにおいて，トマスとスコトゥスとの間に(1)(iii)において星野が想定しているような対立が両者のテクストの中にそもそもそしてどのように検出できるかを検討してみたい。とはいえ，トマスの主著である『神学大全』にせよ，スコトゥスの主著である『秩序論』にせよ，膨大なものであるので，これらのテクストについては，先行研究である Günter Stratenwerth, Die Naturechtslehre des Johannes Duns Scotus [1951]（以下では Stratenwerth と略す）を参照しつつ，そこでの抜粋に依拠して紹介・検討していくこととしたい（S. th. および Ord. の引用箇所の後に付された S., Fn. は Stratenwerth 論文のどの註ないしその本文対応箇所に原文が掲載されているかを示す）[6]。

---

[6]　『秩序論』については，2 つの版が利用可能である。現在の研究上は Doctoris subtilis et Mariani Ioannis Duns Scoti ordinis fratrum minorum opera omnia（Civitas Vaticana : Typis Polyglottis Vaticanis。以下 Vatican 版全集と略す）が標準的テクストであるが，Ord. 全巻の校訂が完了したのは 2013 年であり，必ずしも利用は容易でない。本稿では，今日の研究水準に照らすと問題はあるが，Joannis Duns Scoti, doctoris subtilis, ordinis minorum, opera omnia（1891-1895, Wadding/Vivès 校訂））を用いることにしたい。インターネットで全文 PDF が公開されており（http://www.sydneypenner.ca/os/scotus.shtml）参照も容易であることのほか，本稿の依拠する Stratenwerth もこれに依拠しているからである。

I 民　　法

II 「自由意思と理性」の問題設定

1　キリスト教神学史における「自由意思論」の系譜

　キリスト教教義学史に限定した場合ですら，そこで「自由意思」がいかなる問いとの関係で論じられるかは多義的であって，また課題意識そのものに変遷がある。

　たとえば，人が神に向かう，ないし信仰を持つということは，人の「自由な意思決定」(libre arbitre, liberum arbitrium) によって自発的・主体的・能動的に可能なものであるか，それとも何らかの神の「恩寵」(grâce, gratia) の作用があってはじめて可能となる受動的なものであるか，が問題とされた。この問題について，アウグスティヌスは最終的には後者の立場をとり，前者の立場をとるペラギウス派と激しい論争を展開した（この論争についてはさしあたり金子晴勇『アウグスティヌスの恩恵論』[2006] 特に第四章参照）。

　この問題設定が，16 世紀の「宗教改革」の時期において，贖罪論・予定論として，新教・旧教の間の論争の焦点となったことは周知の通りであるが，他方でこれに対する反動として旧教内部に起こった「反宗教改革」においても，重要な論争点となる。例えば人の自由意思を重視するジェスイティスム，と恩寵を重視し自由意思の働きを否定するジャンセニスムとの間の論争がその好例である。そこではアウグスティヌスの理論が再発見され，理論的攻防の主戦場となる（この対立についてはさしあたり塩川徹也『パスカル考』[2003] 255 頁以下参照）。

　しかし，本稿が取り上げる 13 世紀末の「意思自由」(libertas voluntatis) をめぐる神学論争の課題意識は，「自由な意思決定」(liberum arbitrium) を恩寵との関係で問題にするこの文脈に直接には属さない次のようなものである。

2　「自由意思論」の 13 世紀末における問題設定

(1)　事物の倫理的価値の根拠

　本稿が主対象とするトマスとスコトゥスとの対立にとって，その起点となる問題設定は次のように整理できる (Stratenwerth, S. 5)。人間の行為をも含む意味での事物（存在者 Seiend）について，その倫理的価値，すなわち「善きこと」(Güte, bonitas 善性) は，事物への何らかの主体[7]の「意思による措定」

〔森田　修〕　　　　　　　　　　　　　　　　　*1*　スコトゥスにおける意思と理性

(Willenssetzung) があってはじめて生じるのか。それともあらゆる「意思による措定」に先行して，事物にそれとして客観的な質として帰属するものなのか？　前者の措定による場合に倫理的価値は，「実定性」(Positivität)[8]を帯びることになる。

(2)　神の意思と「自然の秩序」

(1)でみた倫理的価値の「意思による措定」の主体は，我々の取り上げる 13 世紀末の論争においては，まず万物の創造主としての神とされる。そこでは(1)で見た問題は＜神はその意思に従い存在者の善性を自由に措定しうるのか，それとも神の意思にもそれを拘束する事物の本質に適合した秩序が存在するのか＞という問題へと変わる。

このことは神による創造に先行して何らかの秩序が存在しており，神もまたこの秩序に従うのかを問うことでもある。神の創造行為に先行しこれを拘束すると想定される「自然の秩序」が，西欧思想史を貫く主旋律の 1 つである「自然法」概念の原基形態であるといえよう。

ギリシア的な精神においては，神は世界の創造者ではなく，また価値を世界に措定する意思の観念は成立していなかった。キリスト教はそこに神の意思による世界の創造の観念を持ち込んだ（Welzel, ibid. S. 49～50）。

アウグスティヌスは，一方でこの世界が神の意思によって創造されたとしつつ，なお新プラトン主義の影響のもとで，次のようなギリシア的な観念に忠実なままであった。すなわち事物の本質的態様は，従って本質に適合的な事物の善性は，神の理性において，イデアとして，いかなる「意思による措定」にも先行する[9]。イデアは「永遠法」(lex aeterna) として，神は宇宙をそれに従っ

---

(7) そのような主体について，13 世紀においては，上位に置かれた力としての神が想定されるが，それが近世においては国家へと世俗化され，さらに近代においては行為者自身へと転換されるという別の道筋が，論争史には併走している（cf. Hans Welzel, Naturrecht und materiale Gerechtigkeit, 4. Aufl.［1962］（以下では Welzel と略す）S. 107）。
(8) 前註に見た神・国家・個人という主体の別に対応して，倫理的価値の実定的根拠として，実定神法（lex positava divina），実定国家法，実定的根拠としての契約が想定される。
(9) アウグスティヌスのイデアの概念は，ギリシア的観念を神の精神に帰属させるものであり，プラトンのイデア論の中にプラトンの知らない主意主義を持ち込む折衷的な性格のものである（Welzel, S. 52～53）。

I 民　　法

て創造し，この「永遠法」の反照として，人間の心に「自然法」(Naturegesetz) が刻まれる。かくしてアウグスティヌスの神学および哲学には，非人格的な（ヨリ正確には「非位格的な」）核が，「永遠法」として存在し続ける (Stratenwerth, S. 6)。

　自然もまた神の創造物とされるならば，創造主が自然の秩序に拘束されるはずはない。しかし神もまた「永遠法」(lex aeterna) に従ってのみ宇宙を領導すると考えれば，神は絶対的な自由意思を以て万物の創造を行うわけではないことになる。自然の秩序がイデアについての「神の理性」として「神の意思」に先行すると考えれば，神の創造の意思もまた理性によって限界づけられているのか。一言にして言えば，神には理性的でない行為を行う自由はあるのかということが問題となる。

　このような問題設定において自由意思は，人についてではなく，神についてまずは問題とされ，その点で，「自由な意思決定」(librum arbitrium) と恩寵という上記II 1で見た文脈にはない。

(3)　自然法としての十戒の問題性格

　神の意思の絶対自由性の問題は，神が意思によって定立した法である「十戒」(decalogue)（出エジプト記20）に示される諸戒律が，規範としてどのように性格付けられるか，という問題へと展開する。

　13世紀の論争においては，モーゼの十戒は，次のように分類された。すなわち十戒第一表には「神を愛せ」「神を憎むなかれ」等が定められ，第二表には「殺すなかれ」「盗むなかれ」「姦淫するなかれ」等が定められる。第一表の戒律は，神と人との関係での戒律とされ，第二表の戒律は，人と人との関係での戒律であるとされるのが一般的である。

　キリスト教義学史においては，十戒がそもそもそしてどのように，創造主たる神をも拘束するかということが問題とされ，後に詳述するとおり，立場によっては，十戒の諸戒律のタイポロジーが組み立てられ，類型ごとに特に神に対する拘束力には違いがあることが認められていくことになる。

(4)　人間における意思と理性

　主体として神ではなく，人間に視点を移した場合に，自由意思と，秩

〔森田　修〕　　　　　　　　　　　　　　　1　スコトゥスにおける意思と理性

序，ないしその意思主体への反映としての理性との関係は，どのように問題設定されていたか。13世紀末の実践哲学の人間学的前提は，まず人間を獣と区別するものは，その振る舞いが「感覚に拘束された目的追求」（appetitus sensitivus, sinnegebundene Strebens）ではなく，「意思に従った振る舞い」（actus voluntarius, willensmäßiges Verhalten）であるというところにあるとされていた。その上で問題は，そこでの意思（voluntas, Wille）に，そもそもそしてどのように熟考（Überlegung）ないし理性的洞察（Vernunfteinsicht）が伴うかというところにあった（Stratenwerth, S. 8）。

III　トマス・アクィナスにおける自由意思と理性

1　人間における意思と理性

(1)　理性の意思に対する優位

トマスもまた，行為態様が人間的とされるのはそれが意思的（voluntarius）である限りであるとしつつ（S. th. II. 1, q. 7, a. 4 et passim (S., Fn. 5))，さらに，人間の行為が完全であるのはそれに理性による熟考（deliberatio rationis）が先行している場合だけである，とする（S. th. II. 1, q. 74, a. 3, ad. 3 (S., Fn. 2))。一方で，人間の行為を導く意思は最初から理性に従っており（S. th. I, q. 19, a. 1 (S., Fn. 11))，その限りで感覚からの拘束を免れる，とする（S. th. I, q. 111, a. 2, ad. 3 (S., Fn. 12))。理性は行為の善性について様々な構想（diversas conceptiones boni）を持つことができ，それらに意思が自由に向けられることを可能にする。その意味で意思は自由の主体（subiectum libertatis）であり，理性は自由の原因（causa）となる（S. th. II, 1, q. 17, a. 1, ad. 2[10] (S., Fn. 13))。

しかしトマスはさらに，アリストテレスに従い，理性は意思を目的因として動かすとし（S. th. I, q. 82, a. 4 (S., Fn. 83))，理性を意思の上位にあるより高貴な能力とする（S. th. I, q. 82, a. 3 (S., Fn. 82))。

(2)　人間の行為の倫理的価値

トマスによれば，人間はその理性と意思とによって自らの行為の支配者であ

---

[10] "Radix libertatis est voluntas sicut subiectum; sed sicut causa, est ratio; ex hoc enim voluntas libere potest ad diversa ferri, quia ratio potest habere diversa conceptiones boni."

り (S. th. II. 1, q. 1, a. 1 (S., Fn. 30))，行為者の支配下にある行為のみが倫理的評価の対象となり得る，とされる (S. th. II. 1, q. 21, a. 2 (S., Fn. 31))。トマスによれば，人間の善性は，理性に従って生きることのうちにあり，その悪性は理性に反して生きることのうちにあるから，行為態様の評価も「理性との比較対照に即して」(per comparationem ad rationem) 決まる，とされる (S. th. II. 1, q. 18, a. 5 (S., Fn. 29))。

(3) 罪を犯す自由

しかし，人間は，神と異なり罪を犯す。そのため，倫理的価値に背を向ける自由をも持つ点で，人間の自由は神の自由よりも大きいのか，が問題となる。この点につきトマスは人間が罪を犯しうること (posse peccare) は，自由の瑕疵 (defectum libertatis) であって (S. th. I, q. 62. a. 8, ad. 3 (S., Fn. 67))，自由がその分大きいわけではない (S. th. II. 2, q. 88, a. 4, ad. 1 (S., Fn. 67))，とする。

しかしそうすると，人間が理性を持つとし，かつ理性に優位を認めるトマスにおいては，罪の原因は理性の中にあることになってしまう。そこでトマスはこの矛盾から逃れるために，「駆動力として」(per modum agentis) 意思は理性を動かすと論じ (S. th, I, q. 82, a. 4 (S., Fn. 90))，意思の側に理性への何らかの影響の余地を認めようとする (S. th. II. 1, q. 9, a. 1, ad. 3 (S., Fn. 91))。

2 神の意思と秩序

(1) 神の「絶対的力能」と「秩序づけられた力能」

他方，トマスにおいても，神の意思はあれこれに必然性を以て固定されず，事物の秩序 (ordine quem statuit rebus) に決定されてはいない。神はその「絶対的力能」(potentia absoluta) に従ってすべてを為すことができる，とされる。しかし，神の力能は実行するものとして，意思は命じるものとして，理性と知識とは導くものとして理解され，神の力が「正しき意思の命令」(imperium voluntatis iustae) を実行する限り，神はその「秩序づけられた力能」(potentia ordinata) に従って為すことができる (S. th. I, q. 25, a. 5, ad. 1 (S., Fn. 196))。意思が理性に従うというトマスの考え方が，ここにいう神の「正しき意思の命令」の概念に再現される。神がその意思に従って為すことはすべて公正であるが，それは公正な規範についての神の認識の中にあるもの以外を，神が意欲す

ることができないからである (S. th, I, q. 21, a. 1, ad. 2 (S., Fn. 198))。

(2) 事物の倫理的価値の根拠

トマスにおいては，事物の善性は，「その物自体につまりその形態に基礎を有している」(super eandem rem fundantur, scilicet super formam, S. th, I., q. 5, a. 4, ad 1 (S., Fn. 260))。つまり善性 (bonitas) は或る対象にそのようなものとして，それ自身に由来して帰属するところの何かなのである (Stratenwerth は，これを「善性の，それ自身に由来する性格」perseitas boni と呼ぶ (Stratenwerth, S. 61))。

その上でトマスも，アウグスティヌスに倣い，全ての存在者の有り様，その形態を，イデアとして，「神の本質」(essentia divina) に根付いており，「神の本質」に等しく根源を持つもの (gleichursprünglich) とする (S. th, I, q. 15, a. 1 (S., Fn. 259))。しかしこの見方は，既述したとおりギリシャ的精神への折衷的譲歩であり，事物の倫理的価値を端的に神を主体とする「意思による措定」に基づくものとする見方ではない。

3 自然法と神の関係
(1) 自然法の出発点

トマスにおいて，全ての事物は，善性への目的追求の衝動を持っており (bonum est quod omnia apptunt)，この目的追求が，命令に置き換えられると，善は為されるべく，悪は避けられるべし，という自然法の第一原則 (primum praeceptum legis) が生じるとされる。この第一原則の上に，他の全ての自然法的規定 (omnis alia praecepta legis naturae) が基礎づけられるが，実践理性 (ratio practica) がこの自然法的規定を定める際の基準は，人間の自然的性向 (naturalem inclinationem) に求められる。理性は，人間が自然にそれに傾いていくものを，善なるものとして，実行すべきものとして捉え，反対に自然にそれから離れていくものを，悪として，避けるべきものとして捉える。このように「自然的性向の秩序上の位置」(ordo inclinationum naturalium) が，「自然法規定の秩序上の位置」(ordo praeceptorum legis naturae) とされる (S. th, II. 1, q. 94, a. 2, (S., Fn. 322))。

I 民　　法

(2) 永 遠 法

　かくして，人間理性が善性についての人間の意思の基準となるが，このことは，神の理性たる「永遠法」(lex aeterna) に基づいてのみそうなるとされる (S. th. II, 1, q. 19, a. 4 (S., Fn. 372))。人間も含め万物は，永遠法の刻印を受けているためにその本来的な目的に向かう傾向を持つが (S. th. II, 1, q. 91, a. 2 (S., Fn. 374))，人間はこの自然的傾向を越えて，永遠法についての認識を持っており (S. th. II, 1, q. 93, a. 6 (S., Fn. 375))，人間の永遠法へのそのような参与が自然法となる (S. th. II, 1, q. 91, a. 2, ad 3 (S., Fn. 376))。

(3) 十戒の性格

　トマスにおいて，神の意思は神の理性によって限定され，したがってまた神の力能は「秩序づけられた力能」であることから，神もまた十戒に含まれているような自然法の命じるところを免れることはできない。すなわち，神は自らの存在を否定することはできず，また人間が秩序適合的に振る舞うことや，神の正義の秩序に服することを否定する場合に，これを許可することはできない。また人間相互の秩序を構成している戒律の免除もできない (S. th. II, 1, q. 100, a. 8 (S., Fn. 379))。

(4) 自然法からの免除を示す聖書事例の説明

　ところが聖書には，神がこの自然法を免除しているように見える事例が示されている。第1は，神がアブラハムにその子イサクを生け贄にするように命じた事例であり（創世記22. 2.），そこでは「汝殺すなかれ」の戒律との抵触が問題となる。第2は，神がホセアに売春婦と婚姻し，その子らを受け容れるように命じた事例であり（ホセア書1. 2.），そこでは「姦淫するなかれ」の戒律との抵触が問題となる。第3は，神がユダヤ人達に，出エジプトに際してエジプト人の財産の略奪を命じた事例であり（出エジプト記12. 36），そこでは「盗むなかれ」の戒律との抵触が問題となる。

　トマスはこれらの事例において，十戒において命ぜられている戒律を神が免除したと論じることはできない。神は戒律自体を変更させることはできないが同じ戒律が適用されることを前提とした上で，戒律の禁じる要件にあたるかを適用にあたって決定する自体を個別事例毎に変更することは神の権威によっ

てできるとする（S. th. II. 1, q. 100, a. 8 ad 3（S., Fn. 383））。すなわち第1の事例（創世記22. 2.）においては，十戒の禁じる殺人を殺人一般ではなく不正義の殺人に限定することで，イサクを生け贄に供することは神の決定に基づく殺人であって，不正な殺人に当たらないとして，十戒との抵触を避けるのである。犯罪者の死刑や，敵の殺戮も同様に十戒の禁じる殺人にはあたらないとする。第2の事例（ホセア書1. 2.）においては十戒の禁じる姦淫を，婚姻制度の侵害に限定することで，神が売春婦との婚姻を命じている以上，そこには十戒の禁じる不義密通は存在しないとする。婚姻第3の事例（出エジプト記12. 36）においては，十戒の禁じる窃盗を他人の財の不正な持ち出しに限定することで，神の命令に基づくユダヤ人のエジプト人略奪は窃盗にあたらないとして十戒との抵触を退けた。

IV　スコトゥスにおける自由意思と理性

　トマス・アクィナスの上記の課題設定を共有した上で，いくつかの点で対照的な所説を展開しているのがドゥンス・スコトゥスである。

1　人間における意思と理性
(1)　意思と理性との関係についての前提

　スコトゥスが人間行動における意思と理性との関係について採用する前提は，トマスと一見ほぼ同一であるように思われる

　「目的追求」(appetitus) 自体は，人にも獣にも共通であり（Ord. II, d. 42, q. 1-5, n. 19（S., Fn. 7）），人の人たる所以は人の目的追求が，感覚に拘束されたものであるよりも，意思 (voluntas) に基づく程度が大きいところにある，とする（Ord. II. d. 33, q. un, n. 2（S., Fn. 6））。さらに人間の振る舞いが完全な態様を備えるためにはそれが十分な熟慮から（ex plena deliberatione）生じなければならず（Ord. III, d. 39, q. un, n. 4（S., Fn. 4）），人間は彼が理性的洞察を伴って行動する（agat intelligendo）場合にのみ人間として行動する，とする（Ord. III. d. 33, q. un, n. 23（S., Fn. 3））。

　つまりスコトゥスにおいても意思は，本来的意味においては理性に基づく目的追求であり（Ord. III. d. 33, q. un. n. 6（S., Fn. 21））。理性による洞察が，意思行為に先行する（Ord. IV. d. 46, q. 1, n. 10（S., Fn. 22））「意思は理性的な洞察を

I 民　　法

介して作用する」(Ord. II. d. 43, q. 2, n. 2 (S., Fn. 23))。「意思を持つということと理性的な本性であるということとは互換的である」とされ (Ord. IV, d. 49 q. 2, n. 20 (S., Fn. 24)) したがって理性と意思とは分かちがたく補完し合っている。それゆえ、人間を理性的な動物と呼ぶとき、それは人間の固有の特性 (ratio quidditativa propria) を言い当てている、とする (Ord. Prolog. q. 3, a. 4, n. 9 (S., Fn. 25))。

(2)　スコトゥスにおける意思の優位
(a)　スコトゥスの主意主義

しかし、スコトゥスによれば、意思は「その本質に即して言えば、自由な力能」(potentia libera per essentia) であり (Ord. I, d. 17, q. 3, a. 3, n. 5 (S., Fn. 14))、いかなる行為においても意思は自由であり、いかなる対象によっても必然性によって決定されることはない。意思はどのような対象であれ、追求することもしないこともできる、とされる (Ord. IV, d. 49, q. 10, n. 10 (S., Fn. 17))。また、「意思は知性を支配する」(voluntas imperat intellectui) から (Ord. IV, d. 49, q. 4, n. 16 (S., Fn. 76))、理性より高次の、従ってその意味でより高貴な能力であることになる。スコトゥスにとって意思は、理性の認識の後を追って為される目的追求ではなく、意思は理性の決定的影響力から自由である。「意思が意欲するのは、意思が意思であるということ以外に理由はない」(Ord. I, d. 8, q. 5, n. 24 (S., Fn. 98))。

(b)　従来のトマス・スコトゥスの対比

そこから、従来、次のような図式的な対置が為されてきた。すなわちトマスにおいては、知性が普遍的善を捕捉し、意思はそれに従う。それゆえ意思は、「感覚に拘束された目的追求」に対してはたしかに自由となるが、理性による洞察には拘束されている。これに対してスコトゥスにおいて意思は、その本質上自由であり、理性がそれに提示した普遍的善を志向することもしないこともできる、というのである (Stratenwerth, S. 11)。既述した星野の定式 (I 1(1)(iii)参照) もこれと軌を一にする。

(c)　「価値のための価値への愛」と意思自由

問題は、トマスの前提 (III 1(1)参照) とスコトゥスの前提 (IV 1(1)) とがほ

18

ぼ共通であるのに，なぜ理性に対する意思の自由がスコトゥスにおいて成立するか，ということになる。トマスにおいてもスコトゥスにおいても，「感覚に拘束された目的追求」がその瞬間その瞬間の善きものに向けられているのとは対照的に，意思は＜善きことそれ自体＞を対象とする。しかし，スコトゥスにおいては，さらにこの点は深化され，本来的な意味における意思自由は，単に善きことそれ自体を目指すのみならず，それをそれ自体のために愛することと関係付けられるのである。

スコトゥスによれば，或る事物を意欲すること，つまり意思とはその事物を愛すること (actum amandi) を内包しており，そこでいう愛には「友愛」(amor amicitiae) と「愛欲」(amor concupiscentiae) とがある (Ord. II. d. 6. q. 1, n. 2 (S., Fn. 33))。「友愛」は，意思の対象の善性それ自体に向けられているのに対して，「愛欲」は，当該対象を自分（あるいは或る他人）にとって善きものとして追求する (Ord. IV, d. 49, q. 5, n. 3 (S., Fn. 35))。スコトゥスによれば「愛欲」は「友愛」を前提としているが (Ord. II, d. 5, q. 1, n. 10 (S., Fn. 36))，或る対象それ自身において価値がある場合には，その価値が当該対象の帰属すべき何物かに関係づけられている場合に比べてヨリ高貴 (nobilius) である (Ord. IV, d. 49, q. 5, n. 3 (S., Fn. 37))。従って「友愛」は「愛欲」よりも完全である (Ord. III, d. 26, q. un, n. 17 (S., Fn. 38))。

Stratenwerthによれば，価値をそれ自体として視野に置くことができてはじめて人間は欲望や刺激との関係への捕らわれを脱しうるから，価値を価値自体として愛する「友愛」こそが，スコトゥスにおいて意思自由の必要条件として捉えられた，とされる (Stratenwerth, S. 14)。

このように理解すると，スコトゥスにおいて意思に自由を保障するものは，それを正しく領導する理性なのではなく，価値を欲求する意思自体の内部構造の中に求められているといえよう。事物へ向かう意思が，手段的な価値への欲求から，自己目的的な価値への追求へとヨリ高貴なもの (nobilius) となるとき，意思は，いわば自らの力で自由を獲得することになる。

(d) トマスにおける「友愛」

「友愛」と「愛欲」という概念対はスコラ哲学が古くから備える装備でありもちろんトマスも知っていた（たとえば S. th. I. q. 20, a. 2, ad 3 (S., Fn. 46)），し

I 民　　法

かしトマスの「友愛」の概念を特徴付けるのは，価値それ自体のための価値を愛するというスコトゥスの論理とは異なる，「報われる愛」(Gegenliebe) という互酬的な性格である。トマスにおいては神への愛ですら，それに対して神が恩寵を分かち与えることで報いるものとして捉えられる (S. th. I, q. 48, a. 1 (S., Fn. 49))。またトマスにとって，善性とは欲求の対象となるものとされるが (S. th. II. 2, q. 23, a. 1 (S., Fn. 47))，Stratenwerth は，そこからトマスにとって愛は，意欲の主体にとってその対象が持っている善性に向けられ，善性一般に向けられたものではあり得ないとする。これをもってトマスにおける愛は「自己関連的」(ichbezogen) であるとする論者もあるが，Stratenwerth は，すくなくとも，トマスにおける善性は，それを追求している者に対する見返りとしての性格 (Rückbezogenheit) から自由ではなく，人間もまた善性一般ではなく彼にとっての善性ないし，その完全性を目的追求の対象とするのであって，或る価値をその価値それ自身のために愛することはトマスの体系と抵触する，とする (Stratenwerth, S. 15～16)。

　言い換えれば，トマスにおいては，意思はその対象となる事物が意思主体にいかなる善性を見返りとして与えるかということから自由にはなり得なかった。これに対してスコトゥスにおいては，意思が価値を価値それ自体のために愛するという高みに立ったことによって，意思はこの自由を手に入れることになるのである。

(3) スコトゥスにおける意思と理性との関係

　スコトゥスによれば，意思は理性が命じるところに従うこともできれば従わないこともできるが (Ord. III, d. 36, q. un, n. 12 (S., Fn. 93))，意思が理性の命じるところを選択しなくても，反対に理性一般において正しきことについての言明は成立する (loc. cit. n. 14 (S., Fn. 94))。

　スコトゥスによれば，意思と理性とはいずれも意思行為の部分的原因となる。すなわち意思は先だって認識されていないことを何も意欲することはないから (Ord.I, d. 1, q. 4, n. 3 (S., Fn. 110))，その意味では理性が部分的原因となっているのであり，また意思は理性を認識対象に振り向けて固定したり，あるいはそこから背けたりするから (Ord. II, d. 42, q. 5, n. 11 (S., Fn. 111))，その意味では，意思が部分的原因となっているのである。意思と理性とはいずれも一定程度自

律している。意思は理性的洞察の正しさを左右することはできず、理性もまた意思を特定の意思行為に強いることはできない。しかし最終的には意思が理性に優越する能力である。というのは意思は行為において自由であるが、理性は認識した真理に必然的に一致しなくてはならないからである。

(4) 罪を犯す自由

　意思の優位を端的に認めるスコトゥスにおいては、人間が神と異なり罪を犯しうること（posse peccare）の説明は、トマスのそれ（Ⅲ 1 (3)参照）とは異なり容易となる。スコトゥスによればそれは、意思が理性に従わないこともできる一場面として端的に位置づけうるからである。

　人倫的な価値判断は、別様に振る舞いうる場合にのみ、可能となる（Ord. II, d. 37. a. 3, n. 15 (S., Fn. 61)）。つまり意思自由は、行為の道徳性の前提なのであって、たしかに自由がなければ罪もない、とされる。

　いかなる意思も、形式的な観点で一般的に考察すれば罪の原因になり得、それは神の意思についても同様になりかねないが、そのようなことはありえない（Ord. II, d. 37, q. 2, n. 10 (S., Fn. 68)）。人間は罪を犯しうるが、神は罪を犯し得ないということは、スコトゥスによれば人間の自由が神の自由に比してその範囲に即して、ヨリ大きいことを意味する。このことは、人間の自由に、被造物としてのその存在にふさわしい完全性の制限、つまり瑕疵があることを意味している。被造物としての不完全性においてのみ、意思は罪の原因となり得る。しかし、それは人間が善きことをそれ自身のために追い求めるという自由を越えて、それに背を向けるという自由をもまた持っている、ということである。その点において人間は罪を犯すことができ、その点で人間の自由は、それが不完全であるというまさにそのこと故に神の自由を超えている（Stratenwerth, S. 19）。

(5) 意思に内在する「正義への愛着」

　スコトゥスにおける人間の意思は、「罪を犯す自由」を内包するのと同時に、その自然的性向として逆に「正義への愛着」を内在させているものとしても捉えられていることに注意すべきである。スコトゥスによれば意思は、自分に有利となることへ向けた「利益への愛着」（affectio commodi）と同時に、価値そ

Ⅰ 民　法

れ自体のための価値に向けた「正義への愛着」(affectio iustitiae) とを，その本性として持つとされている。そして注意すべきは，スコトゥスにおいて，後者の「愛着」の対象となる正義は，外部から獲得され (acquisita) 注入された (infusa) もののみならず，意思に生来のもの (innata) があるとされている点である (Ord. III, d. 26, q. un., n. 17 (zit. von Wolter, Duns Scotus on the will and morality, 2. ed [1997] p. 153))。スコトゥスにおいて＜意思が価値それ自体のための価値を愛する＞という論理は，意思の理性に対する自由を一方で保障すると同時に，倫理的価値への志向を意思に内在させることを可能にしていることに注意すべきである。スコトゥスが，「生来の（中略）正義は，意思の自由そのものである iustitia...innata, quae est ipsa libertas voluntatis」というとき (Ord. II, d. 6, q. 2, n. 8 (S., Fn. 19))，このことが端的に表明されているとみるべきであろう。

2　神の意思と秩序
(1)　事物の倫理的価値の根拠
(a)　意思と正しき理性との適合

スコトゥスによれば，一般に行為の倫理的価値すなわち善性 (bonitas moralis actus) は，正しき理性と行為との適合 (convenientia actus ad rectam rationem) によって生じる (Ord. I, d. 17, q. 3, n. 3 (S., Fn. 116))。スコトゥスによれば意思は，相対立する複数の行為に対して自由であるから，それを憎むか愛するかは意思次第となる。意思がそれを愛した場合には価値ある対象が意思に適合し，意思がそれを憎んだ場合には価値ある対象は意思に不適合なものとなる。ここにいう適合性は，客観的な関係として意思的措定からは独立であるが，つまるところ，スコトゥスにおいては適合性は，それを認識しそれに合致する意思行為によってはじめて作り出されることになる (Stratenwerth, S. 34)。

(b)　「第一実践原理」と「神への愛」

理性は，行為の主観的側面である意思と客観的前提とを架橋して適合性を組成するために，どのようにして正しい認識を得るか。スコトゥスによれば，それは「第一実践原理」(prima principia practica) の理論によって可能になる。

まずは所与によって感覚が作動し，次いで感覚が理性を動かし，理性はま

ず単純な概念（simplicia）を認識する。単純概念の把握に続いて，理性は素朴な諸概念を組み立てる。その上で理性は，自然的洞察力（lumen naturale）に基づいて，組み立てられたものが第一原理（principium primum）を形成している場合には，この組み立てが真実であると同意することができる。理性のこの能力は，原理的性向（habitus principiorum）と呼ばれ，理性はこれによって第一原理に付き従うことになる（Questiones subtilissime Scoti in metaphysicam Aristotelis, II, q. 1, n. 2 (S., Fn. 157, 158))。

スコトゥスによれば，ここで理性を正しい認識に導く「第一実践原理」は，行為の「究極目的」（finis ultimus）から生じる。「究極目的」は「最高善」（summum bonum）として倫理的行為の基準となり，そこから「意思による措定」からは独立しているところの「実践原理（principia practica）」が出現する。「第一実践原理」は自明のものであり，何人もそれを誤り得ない（Ord. III, d. 36, q. un., n. 13 (S., Fn. 153))。この最上位の諸原理は，「第一の対象」（primum objectum）が目的となる前に，それとは独立して，この「第一の対象」から生じる。「第一の対象」は，自らの内に，すなわち，何らかのものに裏打ちされる関係なしに存在しているもの，すなわち神のみである（Ord. III, d. 28, q. un., n. 2 (S., Fn. 170))。

スコトゥスによれば，神への愛という行為の正しさは，必然的なものであって，神の本質の中に徳性として（virtualiter）内包されている（Ord. Prolog., q. 5, n. 15 (S., Fn. 172))。万物に冠たる神を愛することは，正しきものに向けた自然的理性の洞察に照応した行為である。というのも理性は，最上の価値が最も愛されるべしと命じるからである。それ故この行為は正しい。その正しさが，行為の最上位の原則の正しさであることは自明である（Ord. III, d. 27, q. un., n. 2 (S., Fn. 173))。スコトゥスにおいて「第一実践原理」とは神は愛さるべしという命令に他ならない（Ord. IV, d. 46, q. 1, n. 10 (S., Fn. 174))。

(c) 神の意思と事物の善性

神への愛を命じるスコトゥスの「第一実践原理」は，さしあたりは人と神との関係に関わる。それでは人と人との関係を対象とする行為の倫理的価値の規範，つまり社会規範について，スコトゥスはどう論じているか。

スコトゥスはいう「神以外のものが善きものであるのは，神がそれを望む

I 民　法

が故にである。逆にそれが善であるから神が望むのではない」[11]（Ord.III, d. 19, q.un., n. 7（S., Fn. 178））。

　この命題は，第1に神自体の価値は神の意思に先行するということを裏から示す。神は自らの価値をその意思によっても否定し得ない。神は愛されるべきであるという掟（Gesetz）は神の意思決定に先行し，従って神は自らを愛することに義務づけられる。

　この命題は，第2に神の価値すなわち最高善以外の価値は，すべて神の「意思による措定」に基づくことを示す。神以外の万物は，そもそもその存在が神の意思にかかっている（Ord. II, d. 34-37, a. 5, n. 16（S., Fn. 186））。神は全ての被造物に対しては自由に意思的に振る舞う（Ord. I, d. 2, q. 2, n. 35（S., Fn. 187））。万物は存在のみならずその価値も神の自由な「意思による措定」を前提とする（Ord. III, d. 19, q. un., n. 7（S., Fn. 178））スコトゥスは講義の中では，神が命じることはなんであれ正しいとまで言っている（Reportata parisiensa, IV, d. 46, q. 4, n. 8（S., Fn. 191））。ただ神の意思もまた矛盾律には服する（Ord. IV, d. 10, q. 2, n. 11（S., Fn. 195））。

　第2の帰結にはスコトゥスの主意主義が如実に示されているが，神が理性の秩序に反することを意欲した場合に，それに倫理的価値を認められるとすると善性を意思の理性への適合性に見いだすスコトゥス自身の立場（IV 2(1)(a)参照）と抵触を来すことになる。

(2)　神の「絶対的力能」と「秩序づけられた力能」
(a)　神の絶対的力能

　既述したとおりトマスは，意思に対する理性の優越という前提に忠実に，神にも「秩序づけられた力能」しか認めなかった。意思と理性とを以て正当なる掟に従って行動しうる者は，だからといって必ずしも，そう行動しなくてはならないということにはならない。正当なる掟に従って行動しうる者は，「秩序づけられた力能」を持っているが，そのような掟をやり過ごしたり，それに反してすら行為できる者は，「秩序づけられた力能」を越える「絶対的力能」を認められる。スコトゥスは「神の正義は神の絶対的力能と同様に広い」

[11] "Omnes aliud a deo ideo est bonum quia a deo volitum, et non e converso"

(Reportata parisiensa IV, d. 46, q. 4, n. 9 (S., Fn. 202)) とし，神に矛盾律にしか限界を持たない絶対的力能を認める (Ord. II, d. 7, q. un., n. 2 (S., Fn. 204))。神の知識は一つの世界の秩序に固定されたものではなく，或る世界秩序から事象の別な道行きが始まることがあり得ることは，トマスも認めており，神の絶対的力能を持ち出すまでもないが，トマスにおいて神がその為したところとは別様にもなし得たのは，あくまで神の知識，すなわち神の理性によるものであった (S. th. I. q. 25, a. 5 (S., Fn. 206))。これに対してスコトゥスは異を唱え，行為規範を確定するのは神の意思であって，神の理性ではないとする (Ord. I, d. 44, q. un., n. 2 (S., Fn. 208))。

(b) **イデア論と神の意思**

神の意思を理性のいかなる影響からも解放し，神の外部に有る万物に対する神の自由を守ろうとするスコトゥスが対決しなければならなかったのはイデア論である。スコトゥスもまたアウグスティヌスを引きつつ，「神の知識における永遠の理性」としてのイデアを承認し，「いかなるものも，神の理性に従って神の外部に，それ自身の理性に従い形成可能である」とする (Ord. I, d. 35, q. un., n. 12 (S., Fn. 209))。スコトゥスにおいてもイデアは，いかなる神の意思行為にも先行し，神の意思行為によらずに，神の理性の中に存在する (Ord. I, d. 39, q. un., n. 7 (S., Fn. 210))。

ただ，スコトゥスにおいては神の外部にある事物が，神と本質を共にすることはあり得ず，神の外にある事物は，神の創造行為の最後の段階として，神の理性がその事物を認識することによって，認識可能な存在として創り出されると捉えられる (Ord. I d. 3, q. 4, n. 19 (S., Fn. 212))。つまりスコトゥスにおいてはイデアもまた神の被造物であり，これを神の本質と同視するトマス (S. th.I, q. 15, a. 1, ad 3 (S., Fn. 224)) とは異なるのである。そして，この「認識された二次的対象」(obiecta secundaria cognita) としてのイデアは，作為・不作為を命じるなんらかの構想を含む実践知 (scientia practica) ではないから (Ord. I, d. 38, q. un., n. 5 (S., Fn. 215))，神の意思は，矛盾律以外の制約からは自由に，これら個々のイデアを組み合わせることができる。イデアは組み合わせのなんらの条件依存性も示すものではなく，それを認識するには，神の意思決定が先行しなければならない (Ord. II, d. 3, q. 11, n. 11 (S., Fn. 219))。

Ⅰ 民　法

(c)　スコトゥスにおける「秩序づけられた力能」

　しかし，スコトゥスもまた，神の意思はそれ自身において秩序づけられているとし，神の意欲は最高次の意味で理性的なものである，としている点には注意すべきである。「神は秩序に従って意欲する主体である」(Deus est volens ordinate) (Ord. II, d. 20, q. 2, n. 2 (S., Fn. 226))。

　ここで神の意思が従う秩序は，神の意思が向かう対象の善性によって基礎づけられるが，当のこの善性自体が，神の意思による受容に依存している。スコトゥスによれば，神の外部に有る全ての事物は，最高善への価値的参与によって善きものとなり (Ord. I, d. 3, q. 5, n. 14, (S., Fn. 230))，それぞれの善性は，最高善からそれが派生しているからこそ認められる (Ord. loc. cit (S., Fn. 231)。Stratenwerth によれば，この一節はただ善性の媒介の鍵が神の意志のみにあるといっているだけであり，価値の秩序を神の「意思による措定」という，実定的な定めの体系によって置き換えるものではない，という。創造の秩序はその根拠を神の自由な意思に有し，神は別の秩序を同じように善きものとして実現しようと思えばできたのである。しかしこのようにして一旦秩序が作り出されると，その中で事物は，神の意思がそれに割り振った位階に従い，その地位つまりその存在と善性とを有する。つまり神の意思は，存在者が神の存在と善性とを分有する尺度を決定する。神の意思の対象となる万物の善性自体は，最高善への価値的参与によって基礎づけられる (Stratenwerth, S. 56)。倫理的行為の諸規範は，その意味のある対応物を客観的価値の中に見いだすのであって，それは，神の無制限な力によってのみ正当化される単に実定的な規定であるばかりではない。最高善が被造物の中に表現され，存在者が創造の秩序を根拠に神の善性に参与している限り，その価値は尊重され愛されなければならない。その意味でスコトゥスの主意主義も，倫理的行為の基礎としての価値の客観的秩序を承認しうる (Stratenwerth, S. 57)。言い換えれば，スコトゥスの主意主義的な自然法には，なおアリストテレス＝トマス・アクィナス的な客観的秩序としての自然法との折衷的な枠組が検出できるのである。

3　自然法と神の関係

(1)　自然法の出発点

　スコトゥスの自然法の出発点は，人間の存在の本性とは何ら内的連関に立た

ない価値の序列秩序である。その最上位には最高善があり，既述したとおりそこから「神を愛せよ」という第一実践原理が導出されるが，これこそが（そして後述する通りそれのみが）狭義の自然法として承認される（Ord. III, d. 37, q. un., n. 2 (S., Fn. 325)）。この点で事物の客観的秩序が自然法へと転写されるトマスの自然法観とは対照的である。

(2) 永 遠 法

　トマスがアウグスティヌスから引きついだ「永遠法」の概念も，スコトゥスは用いていない。スコトゥスは神の外にある事物が神の意思にとっていかなる必然性を持つことも否定するし，上記の理解からは神の自然法に対する関係は，神の自己自身に対する関係に解消されるからである。

(3) 十戒の性格

　トマスにおいて十戒が自然法とされることは一般的に承認され，その諸戒律の性格を識別する必要は意識されていなかった。しかしスコトゥスにおいては，十戒の自然法的性格は一言で言えば限定される。一般に十戒は，その第一表に定められた人の神に対する関係における戒律と，第二表に定められた人の人に対する関係での戒律とに分けられる。

(a) 狭義の自然法たる戒律

　このうち十戒第一表に定められた2つの戒律，すなわち「異教の神を奉じてはならない」（以下第一戒[12]と呼ぶ）「汝の神の名を無益に唱えてはならない」（以下第二戒と呼ぶ）は，スコトゥスによれば「神を愛せよ」とする「第一実践原理」を消極的に表現したものとされ，狭義の自然法としての性格を認められる（Ord. III. d. 37, q. un., n. 6 (S., Fn. 326)）。さらに注意すべきはスコトゥスが「第一実践原理」を，「神を愛せよ」という命令的な部分と「神を憎悪するなかれ」という禁令的な部分とに分解し，後者のみが狭義の自然法に属するとし，前者の狭義自然法的性格については留保している点である（Ord. III. d. 37, q. un., n. 8 (S., Fn. 329)）。

---

[12] 十戒の戒律の列挙と戒律番号については宗派毎にズレがあるが，ここではStratenwerthのスタイルに従う。

Ⅰ 民　　法

(b) 広義の自然法たる戒律

これに対して第二表に定められた戒律は被造物的価値に関わるものであって，スコトゥスによれば「究極目的としての善性」(bonitas ultimi finis) に関わる「端的に不可欠の実践原理」(principia practica simpliciter necessaria) ではない (Ord. Ⅲ, d. 37, q. un., n. 5 (S., Fn. 343))。Stratenwerth は，スコトゥスがそれらを，神の「意思による措定」があってはじめて作り出されるにすぎないと捉えたとし，スコトゥスにおいては，人と人との関係の規律を人と神との関係の規律から論理必然的に導き出そうとする全ての試みが批判される，とする (Stratenwerth, S. 80)。

そのようなものとしてはまず「隣人を愛すべし」という戒律[13]が取り上げられる。スコトゥスによれば隣人愛の戒律の中核は，隣人が神を愛することを望むことにあり (Ord. Ⅲ, d. 37, q. un., n. 11 (S., Fn. 344))，神への愛から導出はされるが，神への憎悪の禁止からは出てこない従って，隣人愛の戒律には，その狭義の自然法としての性格は否定される (Ord. Ⅲ, d. 37, q. un., n. 10 (S., Fn. 345))。

また十戒第二表の「殺すなかれ」「姦淫するなかれ」「盗むなかれ」「隣人の妻を欲するなかれ」（以下ではそれぞれ第5戒，第6戒，第7戒，第9戒と呼ぶ）についても同様に狭義の自然法としての性格は否定される。

しかしスコトゥスは他方で，被造物的価値に関わるこれらの戒律が，単に実定的な定めであるともしない。これらの戒律は，狭義の自然法（神への憎悪の禁止）から原理的に導出されるものではないとしても，狭義の自然法と「大いに調和して」(mutum consona) おり，そのような意味で「十戒第二表のすべての戒律は自然法に属する」(omnia praecepta etiam secundae tabulae esse de lege naturae) とされる[14] (Ord. Ⅲ, d. 37, q. un., n. 8 (S., Fn. 356))。

---

[13] 但しこれは十戒そのものではなく，マタイ伝22. 39においてイエスによって「神を愛せよ」という第一の戒律に並ぶ第二の戒律として提示されている（レビ記19章18節も参照のこと）。カソリックの教義ではしばしばこのイエスの隣人愛の戒律に，十戒第二表の諸戒律が対応し，後者は前者を目的とするなどと説かれることがある。

[14] なお十戒第一表に定められた「安息日を聖なるものとせよ」とする戒律（以下第三戒と呼ぶ）は，神に敬意を示すこと一般でなく，それを決まった時に為すべきことに向けられている。敬神の形式に関する定め，すなわち典礼についての定めは，スコトゥスによれば，自然法には属さず実定的な定め (lex positiva) に属する，とされるが (Ord. Ⅳ, d. 17 q. un., n. 30 (S., Fn. 336))，第3戒はここでいう広義の自然法に属するとされ

(c) スコトゥスの規範体系と実定神法

以上からスコトゥスにおいては①狭義の自然法は,「第一実践原理」を禁止の形で起草したものであって,最高善に関係づけられて,そこから思考必然的に導出される結論も狭義の自然法に含まれることになる。スコトゥスにとっては具体的には「神を憎悪するなかれ」というもののみがこれにあたる。また,②広義の自然法は,この最上位の原理と調和し,神の創造の秩序に従い最高善を表象する諸価値に基づく全ての規範を指す。十戒第二表の戒律,隣人を愛せよという戒律,そして十戒第一表第三戒がこれに属する。

しかし③その外側に,純粋に実定的な戒律が存在し,「実定神法」(ius positivum divinum) と呼ばれる。例えば聖書に含まれた規定ではあるが,概念的・原理的に最高善から導出されるとも,調和しているともいえないものがこれにあたる (Ord. IV, d. 17, q. un., n. 4 (S., Fn. 368))。

(4) 十戒と神の意思
(a) 十戒の神への拘束力

トマスにおいて,十戒はそれ全体が神を拘束したが,スコトゥスにおいては神が拘束されるのは,そのうち狭義の自然法とされるものに限定される。そのため第一戒,第二戒は神もこれを免れない (Ord. III, d. 37, q. un., n. 6 (S., Fn. 386))。従って,神であることや神を愛すべきことを否定することは神とてもできない。しかし被造物的価値に関する広義の自然法は,神の自由な意思決定の下に置かれ,したがって神は自由に適用を除外することができる。さもなくば,神の外部にあるにも拘わらず,神が必然的に洞察し意欲しなければならない実践的な真実なるものが出現してしまうことになりかねないからである。神は別様の存在の秩序を創り出し別の価値を与えることができる。

(b) 自然法からの免除を示す聖書事例の説明

トマスにおいて説明が困難であった十戒第二表の諸戒律に抵触する事例は,スコトゥスにおいては従って端的に,神が広義の自然法を免除した事例として説明されうることになる (Ord. III, d. 37, q. un., n. 3 (S., Fn. 389))。神がアブラハムにイサクを生け贄に供せよと命じた聖書事例 (創世記 22. 2.) においては,

ている (Ord. III, d. 37, q. un., n. 8 (S., Fn. 359))。

I 民　　法

「殺すなかれ」という広義の自然法それ自体を神が免除したものなのであって，トマスについて既述したように「殺すなかれ」の戒律の妥当を維持した上で，神の求めに応じて生け贄に供することは十戒が禁じている「不法な殺人」に該当しないなどと構成する必要はなくなる。

　出エジプトの際に神がエジプト人の財貨の略奪をユダヤ人に命じた聖書事例（出エジプト記 12. 36），ホセアの売春婦との婚姻の聖書事例（ホセア書 1. 2.）についても同様に論じうるはずである[15]。

4　契約の拘束力と意思

　以上見たところからは，スコトゥスが人と人との関係を規律する場面について，事物の秩序やその理性による洞察に拘束されることのない，神の意思による社会規範の設定を可能としたと言い得るであろう。しかし，そこから理性ないし先行する秩序に拘束されない人間の意思が「契約の拘束力」の根拠となる，ということは推論できない。果たしてスコトゥスは星野がいうように「契約の拘束力」の根拠如何というレヴェルで「理性の上に意思が立つ」とする意思の優越を主張したのか，その意味でデカルト・ルソー，ひいてはフルーメの先駆と整理しうるのかについて一瞥しておこう。

　スコトゥスにはこのような法律問題についての関心は薄いとされているが（(Michel Villey, La formation de la pensée juridique moderne 4e éd.［2009 初出は 1975］p. 212）が，断片的に検出される「契約の拘束力」の根拠についての議論を紙幅の許す限りで分析してみよう。

(1)　告解の守秘義務の根拠付け

　告解において懺悔者から託された秘密について聴聞司祭は守秘義務を負う。スコトゥスはこの守秘義務の根拠として，懺悔者と懺悔聴聞司祭（sacerdos）との間の合意に着目して，次のように述べる「何人も，自然法によって，合

---

[15]　ただし出エジプト記 12. 36 の聖書事例に関してスコトゥスは実際には，略奪の対象となった財貨について神は所有権をエジプト人からユダヤ人に移すことができるという論理，あるいはエジプト人はこれらの財貨についてユダヤ人に借りがあったという論理によって説明しており（Ord. III, d. 37, q. un., n. 10 (S., Fn. 390)），「盗むなかれ」の戒律を広義の自然法としてその適用を除外しているわけではない。

〔森田　修〕　　　　　　　　　　　　　　*1*　スコトゥスにおける意思と理性

法的な約束を守る義務を負う Quilibet ex lege naturae tenetur servare promissum licitum」(Ord. IV, d. 21, q. 2, n. 10 (S., Fn. 404))。

　Villey は，この一節を引用しながらスコトゥスの議論の紹介として次のように述べる。「神の意思に発し，聖書の中で公示された秩序は，実定的な神の法文として法的ルールの第一の地位を占めるであろう。しかし，人間の自由もまた名誉を回復し，意思が理性の拘束を脱する以上，人定実定法も同じように至高のものとなる。合法的な約束は守らなければならない」(Villey [2009] p. 210) ここでスコトゥスの議論は，神の意思と理性との関係を人の意思と理性との関係に引き移した上で，合意を人定実定法として位置づけ，それに至高の位置づけを与えるものと捉えられている。

　上記引用箇所につき Villey が前提とする神の意思と神の理性との関係づけ，さらには聖書に示された戒律の構造と実定神法の位置づけの議論は，これまで跡づけたスコトゥスの叙述自体に照らすと，単純に過ぎるが，その点を度外視しても，この一節から，「契約の拘束力」に関する意思主義につながる文脈を取り出すのは難しい。

　そもそも第1に，スコトゥスの一節の文理自体が合意の拘束力の根拠を，合意が合意であることそれ自体に求めてはおらず，むしろ「合意は守らるべし」という自然法がその根拠とされている。

　第2に，この一節が置かれている告解の守秘義務の根拠付けについてのスコトゥスの議論全体を踏まえると，この一節には義務の根拠としての力点はなく，あくまで補助的，付け足し的なものであることがわかる。告解の守秘義務の根拠付けに関する節 (Ord, IV, d. 21, q. 2) においては，懺悔聴聞司祭のこの義務については，自然法上 (de lege naturae) の根拠，実定神法上 (de lege dei positiva) の根拠，および実定教会法上 (de lege positiva Ecclesias) の根拠という，3つの次元が問題とされる (Ord, IV, d. 21, q. 2, n. 4)。そして問題の合意による根拠付けは，このうちの自然法上の根拠についての議論の中で論じられる4つの論拠の内の3番目のものである。第1の論拠は「汝が他者から取り扱われることを望むように他者を取り扱え」という「同胞間の友愛の自然法」(lex naturae de charitate fraterna) によるものであり，マタイ伝 7, 12 が典拠として引かれている (ibid. n. 4)，第2の論拠は，隣人の信義を守る自然法によるものであり (ibid. n. 9)，箴言 11. 13 が典拠として引かれている。第4の論拠は，「キ

31

Ⅰ　民　　法

リストの神秘体」（corpus Christi mystici）すなわち信者の団体ないし教会組織が，構成員の幸福と上下秩序の団結とを守るために義務づける自然法であり（ibid. n. 10），パウロの喩え（ロマ書12. 4）が引かれている。第3の論拠はこれらの論拠と並んで比較的短い一節として語られているに過ぎず，その典拠としてゼカリヤ書8：16「何人も隣人に真実を告げよ」が引かれている。

　以上からこの一節に，星野が言うような「意思は意思なるが故に尊重さるべし」という思想の源流を求めることはできないように思われる。

　(2)　奴隷制批判と隷従契約

　奴隷制について批判的な言明が既に聖書に存在していたこともあり，13世紀当時奴隷制の根拠付けについては，キリスト教教義学上重要な論点となっていた。

　(a)　トマスの奴隷制理解

　トマスは，奴隷制を堕罪後の人間に対する罰として捉えつつ（S. th. II, 2. q. 189, a. 6 ad 2 (S., Fn. 441))，ヨリ賢い者によって支配されることは奴隷にとって益となり，奴隷によって支えられることは奴隷主にとっても有益である点で（S. th, II, 2, q. 57, a. 3 (S., Fn. 442))，それが人間の本性に叶う自然的なものであるとする。そこでは，十分な理性の使用ができない人間は人に使える定めであるというアリストテレスの見方が踏襲されている，とされる（Stratenwerth, S. 104)。

　(b)　スコトゥスの奴隷制批判

　これにたいしてスコトゥスは，「自然法上は万人が自由人として生まれる」（Ord. IV, d. 36, q. 1, n. 2 (S., Fn. 439))とし，人間は理性を与えられている点で他と区別される以上，たとえヨリ理性の乏しい者に対してであっても正当化されるのは「政治的従属」（seruvitus politica）のみであって，「魂のないものとしての」（sicut innanimatum）「極端な隷属」（servitus extrema）は認められないとして，アリストテレス的な立場を批判する。

　それゆえスコトゥスにおいて奴隷制は自然法上の制度ではなく，実定法によって導入されたものに過ぎない（non est inducta nisi aliqua lege positiva），とされる（Ord. loc. cit (S., Fn. 440))。

このようなスコトゥスの自然法理解は，トマスとは異なり奴隷制に対する原理的な批判を可能とする視点を備えていたということはできよう。

(c) **スコトゥスの例外的な奴隷制の容認**

しかし，農奴制の展開という当時の社会状況を踏まえるならば，スコトゥスもまた，奴隷制を例外的に許容する場面を認めざるを得なかったことは驚くに値しない。すなわちスコトゥスもそのような場面としてまた，①意思によって（voluntarie）自らを奴隷状態に置く場合と②自由がその者自身と国家とを害すると非難されて，刑罰として（poena）奴隷状態が命じられた場合を挙げる（Ord. IV, d. 36, q. 1, n. 2 (S., Fn. 445)）。

構成上は上述したとおりスコトゥスの奴隷制に対するスタンスはトマスのそれと顕著な対照を示すが，スコトゥスの例外的許容場面は相当に広く，実質的には大差ないとする評価もある（Villey, op. cit）。

しかし，この構成の差の持つ意味は小さくない。第1に，そもそも実際上も，奴隷制が正当化された場合に，奴隷に留保される権利（具体的には婚姻をする権利が問題となった）に差異を生じる。トマスにおいては，奴隷においても尊重されるべき人間の本性によって留保される権利が決まる（Stratenwerth, S. 106）。婚姻関係に入る権利がそのような意味で人間の本性に属するか否かが問題とされる。これに対してスコトゥスにおいては人間の自然本性を問題にするのではなく，当該権利の留保が奴隷の義務履行に抵触しないかを問題にする（Ord. IV, d. 36, q. 1, n. 9 (S., Fn. 450)）。具体的には婚姻による共同生活が奴隷としての役務を妨げないかが問題とされる。

第2に注目されるのは，スコトゥスにおいて①の隷従契約が奴隷制の例外的許容事由となる経緯である。そこには自然法上は正当化されないものであっても，合意によって許容されうることが示されており，この点で当事者間の合意に自然法に優越する効力を認める論理は検出できるからである。次の一節にはスコトゥスが隷従契約が理性的なものではない点についての批判意識がたしかに検出される「たしかにそのような隷属は愚かしく，人間がその自由を自ら放棄することは自然法に反しさえする。しかし，一旦そのようなことが為された以上，それが合法的であるのだから，守られなくてはならない」(Ord. IV, d. 36, q. 1, n. 2 (S., Fn. 446))[16]。ここには，「契約の拘束力」がその内容を離れて意

I 民　　法

思の万能によって基礎づけられるというスタンスにはなお距離があるとはいえ，意思は意思なるが故に尊重さるべしという論理の萌芽もまた胚胎していると言えよう。

　スコトゥスはまた，奴隷を家畜や金銭のように奴隷主に属することを認めるアリストテレスを批判して，奴隷制の残酷さ・粗暴さを，この制度によって，人間が「自由な意思決定」(liberum arbitrium) をもってその行為を支配しえなくなる点に見いだす (Ord. IV, d. 36, q. 1, n. 9 (S., Fn. 447))。この点にも遠く意思主義の復権につながる論理が検出されるように思われる。

V　おわりに

1　自由意思論史におけるスコトゥスの意義

　意思と理性との倫理的意義に関する学説の展開，一言で言えば自然法論史におけるスコトゥスの意義は，まず「神の意思」に着目して，倫理的価値を，神の「意思による措定」に由来させ（本稿Ⅳ2(1)(c)参照），従来のアリストテレス＝トマス的な，「神の意思」に先行しこれを拘束しさえする「理性の秩序」（本稿Ⅲ2(2)参照）から世界を解放した点である。

　その上でスコトゥスは人間の行為に眼を転じ，その行為の倫理的価値（善性）もまた，理性に背を向けることもできるという意味で自由な意思に基づくこととした（本稿Ⅳ1(3)参照）。

　ただし，スコトゥスの意思は理性の支配は受けないが，理性に対する意思の優越の基礎には，意思に組み込まれた「価値のための価値の愛」という論理があり，それを介して人間の自由意思には「正義への愛着」が内在している，とされる（本稿Ⅳ1(5)参照）。

　また神の意思も含め自由意思は，対象となる事物に内在する秩序（イデア）を前提としており，その限りで「理性の秩序」から離れるものではない（本稿Ⅳ2(2)(b)参照）。

　しかし，スコトゥスが「神の意思」について，「神への愛」という「第一実践原理」以外の自然法的価値（ex.「殺すなかれ」）を全て別様に措定しうるこ

───────

(16) "licet talis subiectio esset fatua, immo forte contra legem naturae, quod homo libertatem suam a se abdicet; postquam tamen facta est, necesse est servare, quia hoc iustum est"

とを認め（本稿Ⅳ 3 (4)(a)参照），「人間の意思」について，「罪を犯す自由」を原理的に承認した（本稿Ⅳ 1 (4)参照）ことは，スコトゥスにおける「意思の優越」の徹底の証左である。

2　契約法史におけるスコトゥスの意義

但し，スコトゥスの実践哲学上の主意主義が，法律論としての「契約の拘束力」の根拠付けにおける意思主義に，彼自身の教説の中で明示的に帰結していたわけではない。むしろそこには「契約の拘束力」の根拠を，「理性の秩序」としての自然法に求める議論が，素朴に援用されることも少なくない（本稿Ⅳ 4 (1)参照）。「意思は意思なるが故に尊重さるべし」という意味で意思主義を徹底する論理が断片的には検出されるのは事実だが（本稿Ⅳ (2)(c)参照），「契約の拘束力」という法律問題に関して，スコトゥスの立場を「理性の上に意思を」という標語にまとめ，これをルソー・カントを経て，19世紀ドイツ・フランスの契約法学上の意思主義に至る系譜に単純に直結することは難しい。

2 永久契約の禁止

中 田 裕 康

Ⅰ は じ め に
Ⅱ 日本法の現状
Ⅲ フランスにおける永久契約の禁止
Ⅳ 考　　　察

Ⅰ は じ め に

　当事者を永久に拘束する契約（永久契約）は，いかなる効力をもつのか。わが国では，いくつかの分野で，この問題が現れることがあるが，個別的な検討がされるにとどまっている。2016年に改正されたフランス民法は，「永久的な義務負担は，禁止される。」という一般的規定を新設した（1210条1項）。それはなぜ禁止されるのか。禁止に反するとどうなるのか。フランス民法は，なぜ一般的規定を置いたのか。本稿は，フランス法におけるこれらの問題を検討し（Ⅲ），日本法への示唆を得ること（Ⅳ）を目的とする。それに先立って，日本法の現状を確認することから始めたい（Ⅱ）。

Ⅱ 日本法の現状

1　検討の対象

　永久契約の禁止の問題は，典型契約等の規律に関連して現れる場合と，合意で設定される不作為義務の限界として現れる場合がある。以下，この2つを順次検討する。「永久」の概念を検討するため，存続期間を「終身」や「無期限」とする契約も対象とする。概観を得ることが目的であるので，文献引用はごく限られたものとなる。2017年改正前の民法を「改正前民法」と呼び，同改正後の規定及び改正のなかった規定は単に「民法」として表示する。

Ⅰ 民　　法

2　典型契約等における問題
(1)　賃　貸　借

　改正前民法は，賃貸借の最長期間を20年としていた（改正前民604条1項）。民法起草者は，その理由として，賃借権と永小作権・地上権との機能分担のほか，契約期間が長すぎると，賃貸人は目的物の改良をしなくなり，賃借人は他人の物に改良を施すことをしないから，結果として目的物の「頽敗，毀損」を招く，また，物の「融通」を妨げる，という「経済上大ニ不利益」が生じることをあげる[1]。2017年民法改正の際，この制限を撤廃することが検討されたが[2]，最終的には，最長期間を50年に伸長する改正となった。20年を超える賃貸借の社会的需要に応える必要はあるが，あまりにも長期にわたる賃貸借は目的物の所有権にとって過度な負担となるなどの弊害があり，それに対しては公序良俗等の一般原則では十分な対応ができないおそれがあることから，無制限にはせず，永小作権の存続期間の上限（民278条）などを参照して50年にしたということである[3]。

　裁判例では，建物賃貸借契約書にある「永久貸与」という文言は，長く貸そう，借りようという趣旨であり，賃貸借の存続期間を定めたものでない（したがって，解約申入れができる）との解釈を支持した判決（最判昭27・12・11民集6巻11号1139頁）がある。これに対し，単に期間の定めのない契約とするのではなく，相当期間内は解約申入れをしないなどの制約を定めたものと解すべきだという指摘がある[4]。

　土地の使用収益について賃借権と類似の機能をもつ地上権に関しては，永久

---

[1]　法務大臣官房司法法制調査部監修『日本近代立法資料叢書4　法典調査会民法議事速記録四』（商事法務研究会，1984年）337頁以下・343頁以下（梅謙次郎発言），梅謙次郎『民法要義巻之三債権編』（私立法政大学・有斐閣書房，1912年〔訂正増補33版〕〔初版1897年〕）635頁以下。

[2]　法務省民事局参事官室『民法（債権関係）の改正に関する中間試案の補足説明』第38，3（商事法務編『民法（債権関係）の改正に関する中間試案の補足説明』〔商事法務，2013年〕449頁以下。以下「中間試案説明」として，本書で引用する）。民法（債権法）改正検討委員会編『詳解債権法改正の基本方針Ⅳ各種の契約(1)』（商事法務，2010年）241頁以下参照。

[3]　法制審議会民法（債権関係）部会の部会資料（以下「部会資料」という）83-2，第33，3説明，筒井健夫＝村松秀樹『一問一答民法（債権関係）改正』（商事法務，2018年）315頁。

[4]　東京大学判例研究会編『判例民事法(28)』（有斐閣，1966年）332頁〔清水誠〕。

地上権の設定の可否について議論がある[5]。これを認める判例（大判明36・11・16民録9輯1244頁）・学説[6]と，否定する学説[7]がある。否定説は，①永久地上権は所有権とほとんど変わらず，設定された土地の所有権を虚有権化し，物に対する全面的支配権としての所有権の基本的性格を害する，②永久地上権の設定された土地の利用改良を妨げる，③地代制の永久地上権だと地代が不相当になることが予想される，④「存続期間」は始期と終期を備えるべきところ，「永久」はこれにあたらない，などを理由とする。肯定説は，①に対し，永久地上権は，所有権の観念との緊張関係はあるが，社会の実態としては土地所有権の分解的傾向がみられる，②に対し，永久地上権者は所有権者と同じく利用改良を図ると考えられる，③に対し，地代を変動制にする特約や事情の変更に応じた増減も認めうる，と反論し，④との関係では，永小作権についての制限（民278条1項，民施47条3項）が地上権にはないと指摘する。裁判例では，「無期限」という登記のある地上権について，反証のない限り存続期間の定めのないものと解すべきだとしたもの（大判昭15・6・26民集19巻1033頁〔建物等の所有目的〕），不確定期限付きの地上権としたもの（大判昭16・8・14民集20巻1074頁〔運炭車道用レール敷設のための土地使用。炭鉱の終了を終期とする〕）がある。

　このように，物権である地上権については，永久地上権の可否が議論されているが，賃貸借においては議論が乏しい。両者を通じて，長期の用益権のもたらす社会的・経済的不利益が考慮されている。また，存続期間の合意の解釈が

---

[5]　歴史的には，外国人居留地における永代借地権（明治34年法律第39号永代借地権ニ関スル法律）との対比が論じられることもあった。戸水寛人「永代借地権，永小作権，地上権」法協19巻11号（1901年）851頁参照。

[6]　舟橋諄一『物権法』（有斐閣，1960年）400頁，我妻栄（有泉亨補訂）『新訂物権法』（岩波書店，1983年）351頁以下，近江幸治『民法講義II物権法〈第3版〉』（成文堂，2006年）269頁，川島武宜＝川井健編『新版注釈民法(7)』（有斐閣，2007年）885頁〔鈴木禄弥〕など。

[7]　梅謙次郎『民法要義巻之二物権編』（私立法政大学・中外出版社・有斐閣書房，1911年〔訂正増補改版31版。初版は1896年〕）238頁，富井政章『民法原論第二巻』（有斐閣，1923年〔合冊。上冊初版は1906年〕）203頁以下，横田秀雄『改版増補物権法』（清水書店，1909年〔使用版は26刷1925年〕）464頁以下，末弘厳太郎『物権法下巻第一分冊』（有斐閣，1922年〔使用版は15刷1935年〕）486頁以下，加藤雅信『物権法〈第2版〉』（有斐閣，2005年）304頁以下，石田穣『物権法』（信山社，2008年）435頁など。

Ⅰ 民　　法

まず問題となるところ,「永久」とは認められない場合にどうなるのかは,一様ではない。

(2) 雇　用

　旧民法財産取得編261条は,雇傭期間の上限を使用人等については5年,職工等については1年と定めた。ボワソナードは,その理由を個人の自由と尊厳の尊重によって説明した[8]。これに対し,明治民法の起草者は,同条の規律の主な理由は上記の通りだが,改正前民法626条(雇用期間が5年〔原則〕を超え又は終身継続する雇用につき,当事者に5年〔原則〕経過後の解除権を付与する)は,主として「社会経済上ノ必要」によるものだという。すなわち,終身の契約は,通常,公序良俗に反し無効となりうるが,そうならないものであっても,長期の雇用期間中に労務の価格の変動や労務者の状況の変更があるにも関わらず契約に拘束することは,労務の利用を妨げ,一般経済上不利益を生じるからであるという[9]。ここでは,長期契約が事後の変動に対応できないという「賃貸借ト同ジ理由」が重視されている[10]。その後,学説は,改正前民法626条について,当事者の一方又は第三者の終身の間,継続すべき雇用も有効であることを前提に,当事者に解除権を与えることによって,あまりに長く拘束する不都合を避けたと説明した[11]。

　他方,1947年に制定された労働基準法は,最長期間を民法よりも短縮し,それを超える契約は,超過部分を無効とする(14条1項・13条)。これは,有期労働契約が封建的労働関係における人身拘束や身分的拘束関係の手段として利用されることを防止するためのものである。もっとも,最長期間は,当初の原則1年から原則3年に伸長され,一定の範囲では5年の期間も認められている[12]。

---

[8] Code civil de l'Empire du Japon accompagné d'un exposé des motifs, t. 3, 1891, p. 458.
[9] 廣中俊雄編著『民法修正案(前三編)の理由書』(有斐閣,1987年)599頁以下,土田道夫編『債権法改正と労働法』(商事法務,2012年)61頁以下〔奥田香子=篠原信貴〕。
[10] 法務大臣官房司法法制調査部監修・前掲注(1)474頁以下〔穂積陳重発言〕。
[11] 我妻栄『債権各論中巻2』(岩波書店,1962年)589頁。
[12] 菅野和夫『労働法〈第11版〉』(弘文堂,2016年)233頁以下,荒木尚志『労働法〈第3版〉』(有斐閣,2016年)480頁以下。

民法改正の過程では，労働基準法制定後も改正前民法626条の適用対象となる雇用契約が存在するという理解のもと，最長期間を5年に一本化するとともに，解除予告期間が改正されたが，その際，「当事者の一方若しくは第三者の終身の間継続すべきとき」という部分が「その終期が不確定であるとき」に改められた。この部分については，当事者の一方の終身の間継続する契約の有効性を認めるかのような規律は維持すべきでないので，削除することも検討されたが[13]，そのような合意が公序良俗に反しない場合もありうること，また，長期にわたり当事者を拘束する恐れがあるのは，この場合に限らず，終期が不確定である場合もあることから，上記の表現とされたものである[14]。

(3) 委　任

　委任は，当事者の死亡によって終了するが（民653条1号），当事者が反対の合意をすれば，死後も存続する[15]。また，解除権を放棄する特約も，一定の範囲で認められる[16]。そこで，死亡後も存続する委任又は死後の事務を処理する委任において，解除しない旨の合意がある場合，委任が永続するかどうかが問題となる。寺の出張所（道場）で仏事供養を行う「守護役」と地域の「区民」との間の「当守護役甲子孫ニ至ル迄永代勤務」するという合意につき，委任としたうえ，この合意は当事者の信任を基礎とする委任の性質に反するものとして，無効とした例がある[17]。他方，死後，永代供養をする合意について，委任者の地位の承継者が解除することを許さない合意を認めた下級審裁判例がある[18]。

---

[13]　中間試案説明507頁以下（第42，2）。

[14]　部会資料73A，2説明1(1)。公序良俗に反しない可能性のある例として，「極めて高齢な者の存命中という趣旨で本人や家族が家事使用人を雇う場合」が挙げられている。

[15]　最判平4・9・22金法1358号55頁（委任者死亡の例）。中田裕康『継続的取引の研究』（有斐閣，2000年）342頁以下。死後も存続する委任は，特定の事務を目的とするものに限られるのか，制約がないのかは，見解が分かれる。民法（債権法）改正検討委員会編『詳解債権法改正の基本方針V各種の契約(2)』（商事法務，2010年）128頁以下参照。

[16]　大判大4・5・12民録21輯687頁，中田裕康『契約法』（有斐閣，2017年）534頁，中田・前掲注[15] 331頁。

[17]　大判大6・7・14民録23輯1423頁。石神兼文「判批」別冊ジュリ37号宗教判例百選（1972年）54頁（任期を定めない契約として有効としたうえ，解除の効力を判断すべきだという）。

[18]　東京高判平21・12・21判時2073号32頁，判タ1328号134頁。吉政知広「判批」リマークス42号（2011年）22頁，浅井憲「判批」別冊判タ32号（平成22年主要判例解

I　民　　法

　ここでは，「永代」の解釈，相続法秩序との関係，死後に相続人を拘束することの可否・その限度が問題となる。

(4)　組　　合

　民法678条1項は，「組合契約で組合の存続期間を定めなかったとき，又はある組合員の終身の間組合が存続すべきことを定めたとき」に組合員がいつでも脱退できることを規定する。梅博士は，この規律について，ある組合員の終身の間，組合の存続すべきことを定めたときは，その組合員にとっては，終身その自由の束縛を受けることになり，存続期間を定めなかったときと同視しうること，存続期間を定めなかった場合は，永久に組合の存続すべきことを欲したもののようだが，そうすると組合員の束縛が甚大であることを指摘し，組合員の脱退権を認めたという[19]。また，存続期間の定めのある場合を含め，やむを得ない事由があれば組合員が脱退できるという規律は強行規定であり，同事由があっても任意脱退を許さない旨の組合契約は，「組合員の自由を著しく制限するものであり，公の秩序に反する」と解されている[20]。

　このように，組合契約においては，ある組合員の終身の間，存続する組合契約を有効としつつ，脱退を認めることによって組合員の自由を保護するという規律が形成されている。

(5)　信　　託

　最後に，契約によるものとは限らないが，信託について検討する[21]。信託期

　　説）（2011年）94頁は，相続人に対する拘束が認められる要件や相続法秩序との関係の問題を指摘する。

[19]　梅・前掲注(1)808頁以下。矢尾渉『最高裁判所判例解説民事篇平成11年度（上）』113頁参照。

[20]　最判平11・2・23民集53巻2号193頁（ヨットクラブ）。今回の民法改正に際して，この判例法理の明文化が検討されたが（中間試案説明538頁以下（第44，7）），一部の規定についてのみ強行規定だと明記すると，他の規定がすべて任意規定であるかのような反対解釈を招くおそれがあることなどから，見送られた（部会資料75A，第6，7説明3）。

[21]　旧信託法につき，四宮和夫『信託法〔新版〕』（有斐閣，1989年）152頁以下，現行信託法につき，新井誠『信託法〈第4版〉』（有斐閣，2014年）92頁以下・439頁以下，道垣内弘人『信託法』（有斐閣，2017年）309頁・321頁。

間があまりにも長期間である場合，信託財産が長期にわたって拘束され，物資の流通が阻害されることから，公序良俗に反し，相当期間を超える部分が無効となると解されている。相当期間については，後継ぎ遺贈型信託に関する規定（信託91条）が参照される。また，受益者の定めのない信託の存続期間は20年以下とされるが（信託259条），公益信託についてはこの制限は及ばない（公益信託2条2項）。その説明として，前者では，受益権がないために，物資の流通の阻害による弊害がより大きくなるが，後者では，受益権がないとしても公共の利益に資するものであるから，長期にわたる物資の拘束も是認されるといわれる。この問題については，英米法の永久拘束禁止則（rule against perpetuities）が参照される[22]。

ここでは，処分不能な財産が生じ，物資の流通が阻害されるという，社会経済的利益が禁止・制約の根拠であり，公益がこれを超えることがあるという説明となる。

3 合意による不作為義務の期間の制限

(1) 不動産を処分しない義務

贈与や売買により不動産を取得する際，取得者がその不動産を永久に又は終身の間，譲渡その他の処分をしないことを合意した場合，その効力が問題となる[23]。4件の大審院判決（①〜④）[24]がある。永久に処分を禁止する合意は無

---

[22] 永久拘束禁止則は，将来の一定期間以上にわたって権利の帰属を未確定のままにする財産処分を無効とする英米法の規律である。イギリスでは，その期間は，処分当時に生存する者の生存期間及びその死後21年間とされていたが，1964年法により緩和され，2009年法により，原則として証書の効力発生時から125年間と改正された。アメリカでも，州法による規定があったが，緩和又は廃止されつつある。同禁止則の趣旨は，時代による理解の変遷があるが，財産の市場流通性の確保，財産所有者が死後も長期にわたって財産を支配することの防止（財産の利用に関する世代間のバランス），富の過大な蓄積の防止が挙げられてきた。イギリスにおけるこのルールの生成につき，井上彰「近代的永久拘束禁止の原則の誕生とユース法」新報113巻11・12号（2007年）1頁，1964年改正につき，望月礼二郎「紹介（イギリス）」比較法研究27号（1966年）119頁，2009年改正につき，木村仁「イギリスにおける『2009年永久拘束及び永久蓄積に関する法律』の意義と課題」法と政治62巻1号Ⅱ（2011年）99頁。アメリカ法につき，木村仁「永久拘束禁止則・永久蓄積禁止則と信託の変更──アメリカ法を中心に」信託研究奨励金論集30号（2009年）105頁。

[23] 山本敬三『公序良俗論の再構成』（有斐閣，2000年）132頁以下，石綿はる美「遺言

効とするが（①②），取得者の終身の間，他に所有権を移転しない旨の合意について，当該事案において有効とした例がある（③④）。「永久」の場合に無効とする理由は，物の流通を阻害し，土地の改善を妨害してその生産力を減少し，国家の公益を害すること（①），所有者とその子孫をして所有者たるの実を失わせること，物の改良流通を阻害し社会経済上の利益を害し，公益に反すること（②）である。「終身」の場合に有効とする理由は，本件のように親族間で一方が他方にその終身を期して物の使用収益権を確保しようとする場合には，往々にして必要不可欠の約款であり，不法なものではないこと（③），買主の終身の間，他に移転しないという債権的な義務を負担させる合意にすぎず，不法なものではないこと（④）である。

このように，取得者が不動産を処分しない義務を負う合意は，「永久」については公益に反し無効とされ，「終身」については，それ自体は不法なものではないとされる。

(2) 競業避止義務

企業と労働者又は役員（以下「労働者等」という）との合意により，労働者等が退職後も企業と競合する業務を行わないという競業避止義務を負う場合，その合意の効力が争われることがある。ここでは，一方で，競争制限及び営業秘密についての企業の利益が，他方で，退職労働者等の職業選択の自由及び公正競争の秩序維持が問題となる[25]。フランチャイズ契約においても同様のことがあり，フランチャイザーのノウハウ及び商圏の保護と，フランチャイジーの職業選択・営業の自由，その所有する財産の自由な利用，投下資本回収の機会の保護及び公正競争の秩序維持が問題となる[26]。合意の効力の判断に際しては，

における受遺者の処分権の制限 —— 相続の秩序と物権の理念（七・完）」法協 131 巻 9 号（2014 年）45 頁・114 頁〜 118 頁。両者とも，処分禁止についての「正当な理由」が問題となるとするが，大審院自体は「正当な理由」を要件としているわけではない。

[24] ①大判明 32・3・15 民録 5 輯 20 頁（土地の贈与），②大判明 45・5・9 民録 18 輯 475 頁（不動産の負担付贈与。「負担契約」のみを無効とする），③大判大 6・10・10 民録 23 輯 1564 頁（不動産の売買），④大判大 15・7・6 法律評論 15 巻諸法 318 頁（土地建物の売買。民集 5 巻 608 頁登載だが，本稿関連部分は掲載されていない）。

[25] 菅野・前掲注[12] 153 頁以下，荒木・前掲注[12] 280 頁以下。

[26] 金井高志『フランチャイズ契約裁判例の理論分析』（判例タイムズ社，2005 年）526 頁参照。

競業制限の期間が考慮要素の1つとなるが、争われる期間はせいぜい数年程度のことであり[27]、「永久」ないし「終身」の制限は、およそ認められないことになるだろう。

(3) 秘密保持義務

営業秘密（不正競争2条1項7号・6項）その他の企業秘密について、企業が取引先又は労働者等との間で秘密保持契約（non-disclosure agreement）を締結することがある[28]。その効力は取引終了後又は退職後にも及ぶことが予定されるが、それがいつまでかが問題となる[29]。ここでは、情報を開示した企業の利益（情報が公知になるまでの間の優位性の保護）、情報の開示を受けた相手方の利益（残留している知識・経験まで利用できないことによる活動・転職の自由の制約の除去）、公共の利益のバランスが問題となる[30]。この合意を無効とすると、秘密情報を開示した者の利益に反するし、企業は情報開示をしなくなるので効率的な業務遂行が阻害されることになる。他方、情報が陳腐化した後まで、この合意に拘束されると、被開示者の自由の過度の制約になる。そこで、適切な合意のあり方が探求されるが、情報の種類によっても異なるし、情報が陳腐化する（秘密が公知になる）時期の予測にも困難があるうえ、相手方に開示される情報には様々のものがありうるので、具体的にはむずかしさがあるようである[31]。

企業秘密に限らず、国家秘密や個人秘密については、その公知化までの期間

---

[27] 期間5年の競業避止条項について、有効とした例（大阪地判平22・5・12判夕1331号139頁〔フランチャイズ。ただし、義務を課すことが信義則違反とした〕）と無効とした例（大阪地判平10・12・22知的裁集30巻4号1000頁〔退職労働者等〕）がある。

[28] 結城哲彦『営業秘密の管理と保護』（成文堂、2015年）が総合的研究である。平井宜雄『債権各論Ⅰ上 契約総論』（弘文堂、2008年）135頁、荒木・前掲注(12) 279頁以下参照。

[29] 結城・前掲注(28) 214頁以下（2008年～2014年に著者が接した150件の企業間契約の分析）によると、期間を「永久」とするものはわずかだが（1％）、期間を定めないもの又は「合理的な期間」などと抽象的に定めるものが多く（71％）、1年ないし10年の期間のみを定めるもの（22％）と期間の定めに加えて自動延長条項を置くもの（9％）がこれに次ぐとのことである

[30] 結城・前掲注(28) 240頁以下。

[31] 「永久」の合意が全部無効となったり、期間の定めのない契約として相手方からの解約の自由が認められたりすると、情報開示者の不利益が大きい。結城・前掲注(28) 244頁以下は、自動延長条項付きの有期契約を提言する。

Ⅰ 民　　法

が長い場合や公知化が予定されていないものもあり，また情報取得者の職業・職務に応じた公法上の守秘義務（医師，弁護士，公務員など）もあるので，契約によって秘密保持義務を定める場合には，相当長期間の合意であっても許容されることがありえよう。他方，ここでは，表現の自由や知る権利との対抗関係も生じることがある。

　このように秘密保持義務では，それによって保たれる利益は比較的明確だが，害される利益は多様かつやや抽象的なものである，という特徴がある。

4　問題の所在

　以上，ごく概括的な観察であるが，ここから次の指摘をすることができよう。
　第1に，永久契約の問題は，契約の存続期間の規律との関係で現れる場合と，契約によって設定された権利義務の時間的範囲の制限として現れる場合がある。前者においては，賃貸借，雇用，組合におけるように，契約の存続期間の上限の規律や契約の解消可能性が主な関心事であり，永久契約の可否という論点が意識されることは少ない。後者においては，永久地上権，永代供養，信託における永久拘束禁止則，合意による各種の不作為義務の永久性という形で，永久性の問題が意識される。
　第2に，永久の概念は多様である。当事者の死後に子孫にまで及ぶという意味，当事者の終身という意味，不確定だが相当の長期間という意味があり，契約の種類によって，異なる「永久」が問題となる。
　第3に，永久契約が禁じられる理由も多様である。物権法上の問題（所有権の完全性の侵害，物権法定主義），社会経済的利益の保護（物の流通・改善の阻害，公正競争秩序），契約条件の固定の弊害（対価の不均衡化），相続法秩序，死後に及ぶ支配の制限，当事者の自由の保護（職業選択・営業の自由）などがあげられる。他方，目的の公益性が禁止の理由を減殺することもある。
　第4に，永久契約の処遇も多様である。契約の全部無効，永久性をもたらす条項の無効，一定の期間への縮減，期間の定めのない契約としての性質決定などがある。
　第5に，永久契約を禁止する一般的規定としては，公序良俗（民90条）があるのみである。このため，契約の全部又は一部の無効以外の帰結を導くためには，契約の最長期間についての個別規定を参照し，契約解釈によることにな

る。関心は個別問題の解決に向かい，一般的原則としての永久契約の禁止が正面から論じられることは，ほとんどない。

Ⅲ　フランスにおける永久契約の禁止

1　概　観

冒頭で示した通り2016年民法改正で，永久的な義務負担（engagements perpétuels）[32]を禁止する一般原則が規定された。この原則が従来から実定法で存在していたのか否かについては，争いがある[33]。そこで，民法改正前の状況について，個別分野における問題（2(1)）と，永久契約禁止の一般原則化に関する議論（2(2)）を確認する。その後，民法改正に至る経緯（3(1)）と改正民法の評価（3(2)）を検討する。

2　民法改正前の状況

(1)　個別分野における問題

(i)　検討対象

2016年改正前の民法典には，永久契約を禁止する一般的な規定はなかった。ただ，各種の典型契約について，次のような規定があった。①最長期間を定める規定（法人に認められる用益権〔usufruit〕の最長期間を30年とする619条，営利組合〔société〕の最長期間を99年とする1838条），②当事者に契約解消権限を付与する規定（永久の不動産定期金〔rente foncière〕又は設定定期金〔rente constituée〕は本質的に買い戻すことができるとする530条1項・1911条1項，寄託

---

[32] フランスでは，contrat perpétuel（永久契約）のほか，engagement perpétuel の語がしばしば用いられる。engagement には，①約束（promesse），②（約束から生じる）義務（obligation）などの意味があるが（山口俊夫編『フランス法辞典』〔東京大学出版会，2002年〕，改正フランス民法1210条1項のそれは，③契約（contrat）と同義であるといわれる（Deshayes (O.), Genicon (Th.), Laithier (Y.-M.), Réforme du droit des contrats, du régime général et de la preuve des obligations, Commentaire article par article, LexisNexis, 2016, p. 448）。もっとも，以下で検討する判例・学説では②の用法もみられることや，同条2項には contrat の語も現れることから，一応，区別した方が便宜であると考え，engagement perpétuel には「永久的な義務負担」の語を当てることにした（実際には，③の用法，すなわち「永久契約」と同義であることが多い）。

[33] Chantepie (G.) et Latina (M.), La réforme du droit des obligations, Commentaire théorique et pratique dans l'ordre du Code civil, Dalloz, 2016, p. 496.

Ⅰ 民　　法

者の返還請求を認める1944条，委任の終了事由を定める2003条），③ある期間についてしか締結することができないと定める規定（物の賃貸借を一定の期間にわたる契約であるとする1709条，家事使用人等の役務の賃貸借をある期間についてのものとする1780条）である。永久契約禁止を一般原則として認める論者は，これらの規定は同原則の現れであるという[34]。

　以下では，典型契約のうち多く論じられてきた，物の賃貸借，役務の賃貸借，営利組合について検討する。このほか，信託と，取得した財産の譲渡を禁止する条項の効力について一言する。競業避止条項の効力等に関する議論[35]もあるが，ここでは割愛する。

　(ii)　物の賃貸借

　アンシャン・レジームにおいては永代賃貸借や二重所有権があり，それは当事者の一方の他方に対する世襲の従属関係を支えるものであった。これらは革命期に否定された。不動産定期金の買戻しに関する1790年12月18日＝29日のデクレ（Décret relatif au rachat des rentes foncières）1章1条は，すべての永久的な不動産定期金は買い戻すことができると規定した後，「不動産定期金支払債務で償還されえないものを設定することは，今後，禁じられる。ただし，不動産定期金契約（baux à rentes）又は永代不動産賃貸借契約（baux à emphytéoses）であって，永久的でなく，全期間にわたって履行され，将来99年以内についてされうるもの，及び，何人かに及ぶ終身賃貸借（baux à vie）であってもその数が3を超えないものは，妨げられない。」と定める。1804年の民法典は，永久的な不動産定期金の買戻しを定める（530条1項）とともに，永久の賃貸借に対する否定的表現をとった。すなわち，第3編（所有権取得の

---

[34]　Litty (O.), Inégalité des parties et durée du contrat, étude de quatre contrats d'adhésion usuels, th., LGDJ, préface Ghestin (J.), 1999, p. 21. 他方，Azéma (J.), La durée des contrats successifs, th., LGDJ, préface Nerson (R.), 1969, p. 14 et s. は，619条は用益権の終身性によるものであり，530条・1911条は，永久定期金を性質上，期間の定めのない契約とするものであるとし，検討対象から除外する。

[35]　Ghestin (J.), Jamin (Ch.) et Billiau (M.), Traité de droit civil, Les effets du contrat, 3e éd., LGDJ, 2001, p. 230, n. 6 は，競業避止条項（判例が多い）の問題の本質は，受益者の正当な利益と相手方の活動・労働の自由への侵害との均衡であり，制限期間の長さはその評価の一要素であるにすぎないという。また，秘密保持義務につき，後掲ペテル論文（(2)(ii)）参照。

諸態様）第 8 章（賃貸借契約）第 1 節（一般規定）の中で，「1709 条　物の賃貸借（louage des choses）は，当事者の一方が他方に，他方がその者に支払義務を負う一定の対価と引き換えに，物を，一定の期間にわたって（pendant un certain temps），収益させる義務を負う契約である。」と定め，賃貸借は「一定の期間」のものであるとする[36]。

　永久の賃貸借は，民法 1709 条と上記デクレにより禁止される[37]。禁止の根拠は，民法制定当時は，封建遺制の払拭とアンシャン・レジームへの回帰の阻止によって説明されたが，その後，この禁止は公序であり，所有権の構造（l'organisation de la propriété）と一般経済の利益（des intérêts d'économie générale）に基づくとする判例[38]や，経済的利益及び個人の自由の保護による説明を検討する学説[39]が現れた。禁止に違反する賃貸借は，絶対的無効とされる[40]。「永久」の意義については，当事者が直接的に永久と定める場合のほか，賃借人又はその相続人の意思のみで無制限に更新されうるものがこれに当たるが[41]，そうであっても何らかの期限が定まりうる場合や賃貸人が終了させるこ

---

[36] Azéma, op. cit., n. 34, p. 15 et s., Litty, op. cit., n. 34, p. 26 et s., Ghestin et al, op. cit., n. 35, p. 230 et s. 原田純孝『近代土地賃貸借法の研究』（東京大学出版会，1980 年）76 頁以下・311 頁以下・423 頁以下・432 頁，吉田克己「賃貸借契約」北村一郎編『フランス民法典の 200 年』（有斐閣，2006 年）399 頁・400 頁以下。

[37] 1790 年デクレは，なお効力を有すると解するのが一般的である（Azéma, op. cit., n. 34, p. 17 et s., Litty, op. cit., n. 34, p. 30, Ghestin et al, op. cit., n. 35, p. 234）。

[38] Cass. civ., 20 mars 1929, D. P. 1930. 1. 13, note Voirin (P.). ヴォアランの評釈は，所有権の構造という説明に対し，農地賃貸借や建物・動産の賃貸借は物権的性質がなく，立法趣旨で想定されておらず，理由とならないとし，一般経済の利益という説明に対し，物権と債権との区別にかかわらず，財産の流通を阻害するという機能面からみたものだが，立法者の意図とは異なると批判する。フランスにおける賃借権の物権説と債権説については，小柳春一郎『近代不動産賃貸借法の研究』（信山社，2001 年）17 頁以下。

[39] Azéma, op. cit., n. 34, p. 19 et s. は，これらの説明との関係では 99 年を基準とすることは正当化できず，主観的基準をとることになるという。

[40] Cass. civ., 20 mars 1929, précité; Cass. civ. 3e, 15 déc. 1999, JCP, 2000. 2. 10236（不存在ではなく絶対的無効であり，無効訴権は 30 年の時効にかかる）。絶対的無効であり，99 年又は当事者の終身に縮減されるものではない（Ghestin et al, op. cit., n. 35, p. 235）。

[41] Cass. civ. 1re, 7 mai 1951, Bull. civ. I，n° 136, p. 108（法人たる賃借人が無制限に更新できるが，賃貸人は終了させえない場合）; Cass. civ. 3e, 19 févr. 1992, Bull. civ. III, n° 46, p. 28（土地賃借人の請求のみで更新されうる場合）; Cass. civ. 3e, 27 mai 1998, Bull. civ. III, n° 110, p. 73（存続期間 99 年だが土地賃借人の意思のみで延長又は期間中解消が可能な場合）。

Ⅰ 民　　法

とができる場合は永久ではないとされる[42]。このように，客観的概念（99年以上存続する可能性があるか）のみならず，主観的概念（賃借人の意思のみで存続し続けるものか）が問題となる。

　本稿では，合意で設定される物権の問題には，立ち入らない[43]。近時の判例で，土地所有者が営利組合に特別の用益の利益を与える物権を認めた場合，期間が制限されていなかったとしても，永久ではありえず，民法619条・625条の規定により30年で消滅するとしたもの[44]が注目されていることを指摘するにとどめる。

　(iii)　役務の賃貸借

　永久契約の禁止について大きな意味をもつのは，役務の賃貸借（louage de service：労働契約の古称）に関する規定である。1804年の民法典は，第3編（所有権取得の諸態様）第8章（賃貸借契約）第3節（仕事及び勤労の賃貸借）第1款（家事使用人及び職人の賃貸借）の冒頭で，「1780条　役務は，ある期間について（à temps），又は特定の事業についてでなければ，約することができない。」と定めた。その後，1890年の改正により，この規定に5つの項が追加され，原始規定は同条第1項となった。第2項は，「期間の定めなくされた役務の賃貸借は，常に，契約当事者の一方の意思によって終了しうる。」と定め，第3項以下は，解約に伴う損害賠償について定める。これらの規定は，現在も維持されている（款見出しは，2009年改正で「役務の賃貸借」となった）。

　1780条1項は，個人の自由の保護のための規定であり，終身の隷属状態を認めないという考えに基づく[45]。ここでの「永久」は，一定の基準年数を超え

---

[42]　Cass. civ. 3e, 21 févr. 1969, Bull. civ. Ⅲ, n° 170, p. 129（アパルトマン賃借人の意思で更新可能だが，賃借人が「レンヌに滞在する限り」という制限がある場合）; Cass. civ. 3e, 4 avril 1968, Bull. civ. Ⅲ, n° 150, p. 120（賃借人の意思で更新されうるとしても，賃借人の死亡が期限となる場合）; Cass. civ. 3e, 30 nov. 1983, Bull. civ. Ⅲ, n° 249, p. 189（住居の賃借人又はその子の望む限り更新可能だが，賃借人又はその子の死亡を期限とする場合）; Cass. com., 3 avril 2002, n° 98-21813（会社間の布類・衛生備品のリース契約で，黙示更新条項及び在庫品増加の際の新契約期間条項があるが，当事者に解約し又は新契約期間の進行を拒絶できる権限がある場合）。

[43]　地役権設定契約に関するラルとアゼマの議論につき，後掲注(81)参照。

[44]　Cass. civ. 3e, 28 janv. 2015, n° 14-10.013. Revet (Th.), Le droit réel dit « de jouissance spéciale » et le temps, JCP G 2015, 252, p. 417.

[45]　民法典制定時以来の理解である。Discours de Jaubert au Corps Législatif, Fenet,

ること（客観的概念）ではなく，被用者の終身である（主観的概念）と理解されている。そのため，使用者と被用者のそれぞれの年齢との関係で，契約の有効性が左右されることがある[46]。本項に反する契約は無効であると解されている[47]。他方，一方的解消を認める2項は，契約が有効であることを前提とする。そこで，1項は無期限の（illimité）契約の無効を定め，2項以下は期間の定めのない（indéterminé）契約が一方的に解除されうること（ただし，損害賠償を伴うことがある）を定める，と区別して理解すべきだという指摘がある[48]。

(iv) 営利組合

民法典の原始規定には，営利組合の存続期間の上限を定める規定はなかった。しかし，存続期間が制限されていない（illimité）営利組合は，当事者の1人の意思によって，その請求が，善意であり，かつ，時宜に適さないものでない限り，解散する，という規定があった（1978年改正前民法1869条）。判例は，存続期間が非常に長期である組合は，存続期間の制限されていないものとみなし，組合員の解散請求を認めた[49]。更に，99年（物の賃貸借についての基準）を存続

Recueil complet des travaux préparatoires du Code civil, t. 14, 1827, p. 355 は，合意の尊重と個人の自由の尊重の調和に言及し，Maleville (J.), Analyse raisonnée de la discussion du Code civil au Conseil d'État, 2ᵉ éd., t. 3, 1807, p. 472 は，終身だと奴隷のようになるという。Azéma, op. cit., n. 34, p. 20. もっとも，Litty, op. cit., n. 34, p. 23 et s. は，民法制定後も奴隷制が残存していたことも指摘する。能見善久「人の権利能力」能見善久ほか編『民法学における法と政策』（有斐閣，2007年）69頁参照。Rouast (A.), La rupture abusive du contrat de travail, D. H. 1928, chr. 5 は，個人の自由の保護に加えて，使用者側にとっても，良好な産業活動のために，満足できない被用者や余剰となった被用者を解雇することができるという意味があるとしたうえで，濫用的解消について検討する。

(46) Azéma, op. cit., n. 34, p. 21, Litty, op. cit., n. 34, p. 25 et s.
(47) Cass. civ. 28 juin 1887, S. 1887. 1. 380（無効としたうえ，普通法と衡平による賃金の支払を命じる）. Azéma, op. cit., n. 34, p. 20.
(48) Libchaber (R.), Réflexions sur les engagements perpétuels et la durée des sociétés, Rev.Sociétés (3) juill.-sept. 1995, p. 437, p. 439 et s. は，1項は個人の自由の保護を目的とし，その違反は契約の無効だが，2項は，別の一般原則に基づくものであり，その効果は一方的解消（résiliation）であるという。Ghestin (J.), Existe-il en droit positif français un principe général de prohibition des contrats perpétuels ? in Mélanges en l'honneur de Denis Tallon, D'ici, d'ailleurs : Harmonisation et dynamique du droit, SLC, 1999, p. 251, p. 253 et s. 後掲(2)(ii)参照。
(49) Cass. civ. 1ʳᵉ, juin 1859, D. P. 1859. 1. 244（1400年以上も続きうる石炭鉱区の組合）. 否定例として，Cass. req., 13 juill. 1868, D. P. 1869. 1. 137（存続期間の定めはないが目

Ⅰ 民　　法

期間とする組合も，組合員の生涯を超えることを理由に，存続期間の制限のないものと判断する控訴院判決もあった[50]。

その後，1966年に商事組合についての法律により，存続期間が99年を超えることができないことが定められ[51]，1978年の民法改正により営利組合一般について99年が上限とされた（1838条）。他方，単独組合員の解散請求制度は廃止された。

このように，営利組合の存続期間の上限の規律は，その制限のない場合（判例では，長期間又は終身の場合も含む）における解散請求制度から，最長99年という客観的基準へと移行した[52]。

リブシャベールは，改正前1869条について次のように分析する[53]。同条には，組合設立契約における永久性の問題（その制裁は無効）と，期間の定めのない契約の一方的解消の問題が混在している。この曖昧さは，営利組合の契約当事者には，設立した組合の永続性を願いつつ，永久的な義務負担を望まないという両面性があることによる。2つの問題のいずれになるのは，組合員がどのような意思であったかによるが，終身の義務負担である場合，永久性の瑕疵（vice de perpétuité）ゆえに無効になるのではなく，当事者の望んだところにより，組合員が自由を回復する方法としての解散請求が認められるべきことになる。

(v) 信　　託

2007年の改正により，民法典第3編第14章「信託」が新設された。信託設定契約の必要的事項の規定の1つとして，財産移転の期間があり，それは契約署名から33年を超えることができないものとされた（改正前2018条2号）。この規定は，2008年に改正され，最長期間は99年となった（現2018条2号）。かくして，「信託的所有権」は，本来の所有権とは異なり，永久性がないとい

的たる漁船の期間によって限定される匿名組合は，存続期間の制限がないとはいえない）。
[50] Paris, 4 nov. 1964, D. S., 1965, Som. 55 など。
[51] Loi nº 66-537 du 24 juillet 1966 sur les sociétés commerciales, art. 2.
[52] Azéma, op. cit., n. 34, p. 21, Litty, op. cit., n. 34, p. 19.
[53] Libchaber, op. cit., n. 48, pp. 446-450. 著者は，改正前1869条の果たす微妙な機能を評価し，これを廃止する法改正は，営利組合の安定性を求める経済的要求に応えるためのものだが，組合員を（持分譲渡，脱退等の制度はあるものの）長期間拘束する結果をもたらすことがあると批判する（pp. 450-457）。

われる[54]。

(vi) 永久的譲渡禁止条項の禁止[55]

1971年の改正により，民法典第3編第2章「生存者間の贈与及び遺言」第1節「一般規定」に900-1条が新設され，贈与又は遺贈の目的とされた財産を受贈者又は受遺者が譲渡することを禁止する条項（譲渡禁止条項 clause d'inaliénabilité）の効力に関する規律が定められた。譲渡禁止条項は，それが一時的な（temporaire）ものであり，かつ，重大かつ正当な利益（intérêt sérieux et légitime）に基づくものである場合に限り，有効とされる（同条1項前段）。

譲渡禁止条項については，19世紀以来の判例法理[56]が確立しており，上記改正は，これを明文化したものである。「一時的」の要件について，判例は，贈与者又は遺贈者の生存中という期間は一時的であるが[57]，受贈者又は受遺者の生存中という期間は一時的とはいえない[58]という。

本条は無償行為に関するものであるが，学説は，有償行為における譲渡禁止条項についても，同条と同じ条件のもとで効力を認める。ただし，これは同条によるのではなく，財の自由流通の原則（le principe de la libre circulation des

---

[54] Mallet-Bricout (B.), Fiducie et Propriété, in Liber Amicorum Christian Larroumet, Economica, 2010, p. 297, p. 306 et s. 最長期間は，元老院の委員会の法律案では99年だったが，元老院で33年に短縮され，国民議会もそれで可決した。しかし，33年だと支障のある場合もあることから（Sénat, session ordinaire de 2007-2008, Rapport n° 413, t. 1），1年後に99年と改正された。元老院委員会における当初の趣旨説明で，マリニ議員は，イギリス信託法の期間制限を紹介した後，最長99年とする立法提案は，財の自由な流通を保つために，過大な期間に及ぶ権利の譲渡禁止を防ぐものであり，これは公序であること，その期間は営利組合の最長期間と同じであることを述べる（Sénat, session ordinaire de 2004-2005, Texte n° 178, Proposition de loi instituant la fiducie, présentée par M. Philippe Marini, Ⅱ. B. 6）。

[55] Ghestin et al., op. cit., n. 35, pp. 242-246; Corvest (H.), L'inaliénabilité conventionnelle, Defrénois, 1979, art. 32126, p. 1377. 石綿はる美「遺言における受遺者の処分権の制限——相続の秩序と物権の理念（六）」法協131巻8号（2014年）39頁・65頁以下・75頁以下，石綿・前掲注(23)78頁以下・105頁以下（処分権の行使の終身にわたる制限を認めない理由として，それが所有権に対する重大な例外であることを重視する）。

[56] Cass. civ., 20 avril 1858, D. P. 1858. 1. 154（父から子への不動産贈与。制限は一時的だという）; Cass. req., 12 juill. 1865, D. P. 1865. 1. 475（不動産の遺贈。期間の定めがあり，重大かつ正当な原因があるという）。

[57] Cass. civ., 20 avril 1858, précité.

[58] Cass. civ., 24 janv. 1899, D. P. 1900. 1. 533, 1er arrêt（受遺者の終身にわたる禁止）。

Ⅰ 民　　法

biens) によって根拠づけられる。

　このように永久的譲渡禁止条項の効力は認められないが，判例は，公益的な財団や市町村に対する贈与又は遺贈における同条項については，その例外を認める[59]。公共的利益（l'intérêt public）は，財の自由流通の原則による不可譲渡性の無効という原則を基礎づけるとともに，一般的有用性ある財団施設のための目的財産の収益の割当ての帰結である不可譲渡性の承認という例外をも基礎づけるという分析がある[60]。

　1984年の民法改正により，贈与・遺贈に伴う負担又は条件の改定に関する規律が追加された（900-2条～900-8条）。受贈者・受遺者は，事情の変化のあった場合，一定の要件のもとで，裁判所に負担・条件の改定を請求することができる。この場合に判事のなしうる措置の1つとして，目的財産の譲渡の許可があり（900-4条2項），これにより譲渡禁止条項はその限りで排除されることになる。これについても，社会的有用性の観点から説明できるという指摘がある[61]。

(2)　一般的原則の存否に関する議論

(i)　概　　観

　2016年改正民法は，永久的義務負担の禁止を「契約の期間」の款の冒頭で規定した。このような位置づけは，それほど古いものではない。フランスでは，19世紀前半以降，継続的契約について，いくつかの問題が論じられてきたが[62]，20世紀半ばには，継続的契約を期間の定めの有無に分けて検討する学説が発達した[63]。その状況のもとで，カルボニエの1957年の概説書は，「契約の期間」という項目を設けて，継続的契約に関する問題を簡潔ではあるが体系的に整理し，その末尾の「問題状況」という欄で「永久契約の禁止」に関する議論の状

---

[59]　Cass. civ. 1re, 19 oct. 1965, D. 1966, p. 245, note Defrénois (J.)（病院の建設・維持のための市町村への不動産等の贈与）.

[60]　Corvest, op. cit., n. 55, p. 1388. Ghestin et al., op. cit., n. 35, p. 245 は，これは社会的有用性（utilité sociale）によって正当化されるとき，永久的義務負担が無効でないとされる一例であるという。

[61]　Ghestin et al., op. cit., n. 35, p. 246.

[62]　解除・無効の効果，事情変更時の帰趨，期間の定めのない契約の一方的解除などの問題である。中田裕康『継続的売買の解消』（有斐閣，1994年）113頁以下参照。

[63]　中田・前掲注[62] 173頁以下。

況を提示した[64]。以来，永久契約禁止の原則の存否・内容については，契約の期間に関する問題の一環として論じられることが一般的になった。「存否」というのは，永久契約の禁止を条文にない一般的原則として認めるか否かについて争いがあるからである。多数の学説は，これを肯定するが，一部に有力な否定論もある。以下，学説の流れを紹介する。

(ⅱ) 肯　定　論

　カルボニエ以前にも，永久的義務負担が禁止されるという見解は存在した。たとえば，20世紀半ばの代表的な体系書であるリペールとブランジェの著作は，債権債務関係の消滅に関する章で，「債務の一時的性質」という項目のもと，契約によって永久的な債務を創出することはできないとし，債務が人的な性質をもつとすれば，人間の寿命がその限界の役目を果たすのであり，それでは決まらないときは99年が最長になると述べた[65]。

　カルボニエは，上記著作の「契約の期間」の項の末尾で，「フランス法における書かれざる原則として，条文の規定がなくとも，すべての永久契約の禁止を認めるべきか？」という問題を提起し，リペールとブランジェの上記著作を引用して，これを認めるのが一般的であると述べる。次のように説明する。リペールとブランジェのいう99年の最長期間とは，100年が永久となるということではなく，1790年12月18日＝29日のデクレ（前掲(1)(ⅱ)参照）にいう3世代という法的な一団のことであり，家族は互いに知り合うことのできる世代間でしか存在しないとすると，孫を超えてはすべて妨げられるということである。これは経済的自由主義の倫理に合致する見解であり，現代では通貨の変動リスクも永久契約における軽率さを新たに示すものとなる。この禁止が法律による場合（物の賃貸借など），違反に対する制裁は，最長期間までの縮減ではなく，契約の絶対的無効である（Cass. civ., 20 mars 1929 前掲注(38)などを引用）。このように，カルボニエは，自説として永久契約の禁止の原則を提唱するというより，含みのある説明をするにとどめるが，この問題を「契約の期間」に位置づけたことにより，その後の議論の場を形成した[66]。

---

[64]　Carbonnier (J.), Droit civil, t. 2, 2e partie, P. U. F., 1957, p. 489.

[65]　Ripert (G.) et Boulanger (J.), Traité de droit civil d'après le traité de Planiol, t. 2, LGDJ, 1957, p. 690. それ以前に，Pinlon (Pierre), Essai sur la notion de perpétuité en droit civil, th., Poitiers, dactyl., 1952 があるようだが，未見。

I 民　　法

　永久的義務負担の禁止の一般化について本格的に論じたのは，1967年に公刊されたアゼマの博士論文「継続的契約の期間」[67]である。物の賃貸借，役務の賃貸借，営利組合について検討し，①「永久」には，客観的概念（物の賃貸借における99年）と主観的概念（役務の賃貸借・営利組合における終身）があるが，後者に移りつつあること，②永久的義務負担禁止の根拠は，ⓐ一般利益の保護とⓑ個人の自由の保護があるが，後者に移りつつあること，③永久性の瑕疵に対する制裁としては，絶対的無効（②ⓐに適合的）と相対的無効（②ⓑに適合的）があることを指摘する。そのうえで，永久的義務負担禁止を一般原則と認める見解（リペールとブランジェ）と，すべての永久契約が禁止されるものではないという見解[68]を紹介する。アゼマは，消極説の指摘する永久性が認められた諸事例を検討し，結論として，公法人又は公的有用性の認められた法人については，永久的義務負担は有効であるが，私人については，一般的に永久的義務負担の禁止が認められるという。アゼマの議論は，個別領域の検討に基づいて永久契約禁止の原則をその根拠及び制裁とともに提示し，永久契約が認められた例があるといういわば反証を吟味したうえ，同原則の適用範囲を画定するものである。この問題に本格的に取り組んだ論文として大きな意義をもつが，帰納論ゆえの不鮮明さは残る。

　永久的義務負担の禁止の範囲と効果を具体的に検討したものとして，ペテルの1987年の博士論文「契約の効力期間」（未公刊）[69]がある。ここでは，契約の効力消滅時期を当事者が選択する際の制約として，永久的義務負担の禁止が検討される。まず，学説は，当事者の自由を配慮し，永久的義務負担の禁止をすべての契約に適用される一般的制約とするという。次に，永久には，主観的

---

(66)　この記述は，最終版（Carbonnier (J.), Droit civil, Les biens, Les obligations, P. U. F., Quadrige, 2004, p. 2167, texte de la 22ᵉ éd. refondue, 2000）まで基本的に維持されているが，最終版では，同じ体系書を引用しつつ，一般的な永久契約禁止の原則を認める見解は「伝統的（classique）」なものだと述べ，また，経済的自由主義の倫理や通貨変動リスクを考慮すると，99年より遥かに短い期間が問題となるという。

(67)　Azéma, op. cit., n. 34, pp. 23-30. アゼマ論文については，中田・前掲注(62)180頁以下。

(68)　Lalou (H.), note sous Montpellier, 5 juin 1944, D. P. 1945. 137. ボーキサイト鉱床の無期限の採掘権許与契約を永久的な権利を設定するものとして無効とした本判決を批判し，永久契約が認められる具体例を掲げる。後掲(iii)参照。

(69)　Pétel (Isabelle), Les durées d'efficacité du contrat, th., Montpellier I, dactyl., 1984, pp. 585-597.

概念（当事者の終身）と客観的概念（99年など）があること，永久性の瑕疵に対する制裁には無効と縮減があることを述べる（労働契約，賃貸借，営利組合を検討）。そのうえで，永久的義務負担の禁止が及ばない例を検討し，契約による債務として，①労働契約やノウハウ伝達契約における秘密保持義務（債務者が秘密を移転しえた場合には相続人も含め，永久性を肯定。必要性と債務者の自由の侵害の小ささが理由），②地役権設定契約における承役地所有者の付随的債務（地役権の存続する限り永久的に存続しうる），③労働契約における使用者の債務（被用者と違い，終身の拘束はありうる）をあげる。ペテル論文は，合意の諸効果がすべて同時に発生・消滅するのではなく，複数の効力期間を観念すべきことを論じるものであり[70]，永久的義務負担の禁止も，契約ごとにではなく，契約から生じる個々の債務ごとに検討すべきであるという主張との関係で論じるものである。永久的義務負担の禁止そのものよりも，それによる無効を回避するための一方的解消権の承認に関心を示し[71]，永久的義務負担の禁止の原則自体については，ごく簡単に承認するにとどまっている[72]。しかし，その概念を精錬したという意義がある。

　永久契約の禁止の根拠について，後に影響を及ぼしたものとして，ヴォジェルらの1990年の判例批評[73]がある。著者は，それを経済的観点から論じる。すなわち，従来，その根拠は，個人の自由の保護に求められてきた。しかし，弱者を保護するための契約の存続保障という法政策により，使用者や賃貸人からは自由に解消できないので，この根拠は貫徹されていない。もっとも，この存続保護の法政策は，企業間取引に当然に及ぶものではない。そこで，改めて永久契約の禁止が問題となる。その説明としては，現在では，競争理論が考えられる。永久契約により契約関係の解消ができなくなると，競争者となりうべき契約経済主体の市場への新規参入が困難になる。これは，先に市場に参入し

---

[70]　Pétel, op. cit., n. 69, p. 708 et s.

[71]　Pétel, op. cit., n. 69, p. 355 et s.

[72]　「合意による奴隷制」に対する懸念を示す判例評釈，アゼマ論文，民法の関連諸規定を掲げる程度である（Pétel, op. cit., n. 69, pp. 355 et 585）。

[73]　Vogel (L. et J.), Vers un retour des contrats perpétuels ? Évolution récente du droit de la distribution, CCC août-sept. 1991, p. 1. 破産法との関係で解除された流通契約の継続を認める破棄院判決（Cass. com., 11 déc. 1990, JCP1991. 2. 21712）を批判するものである。

Ⅰ 民　　法

た者の既得権を保護するものだが，重要な経済的非効率を生じさせる。これが永久契約の禁止の補充的根拠である。

　禁止の根拠に関するものとしては，リティの「当事者間の不平等と契約期間——4つの日常的な附合契約の研究」という1999年に公刊された博士論文もある。これは，居住用賃貸借・労働契約・保険契約・消費貸借の4つの契約について，弱い当事者の観点から，契約期間の当初の設定，契約の中途終了，契約の延長の規律を検討するものだが，当初の設定に関して，永久的義務負担の禁止を取り上げる。役務の賃貸借と物の賃貸借について沿革・判例・学説を分析した後[74]，一般的範囲に及ぶ禁止について，次のように論じる[75]。永久的義務負担の禁止の一般原則は存在する。禁止には歴史的・経済的・社会的・法的根拠があるが，共通する目的は個人の自由の保護である。①歴史的根拠としては，アンシャン・レジームのもとで人が土地や他の人に束縛されている状態からの解放は，1789年の人権宣言における自由の尊重に取り込まれたが，永久的義務負担はこの理念に抵触すること，②経済的根拠としては，永久的義務負担は財の交換と自由な流通を妨げること，③社会的根拠としては，永久契約は新たな取引の成立や財の創造・流通を阻害し，契約の社会的有用性を損なうことがある。更に，④法的根拠としては，民法6条（公序良俗）があげられる。自らの自由を放棄する自由を否定すべきことは，公序である。公序には，条文上のもののほか，条文に書かれていないものもある。個別の具体的規定がない場合でも，民法6条により，契約の一方当事者である個人の自由の侵害があることにより，永久契約は無効とされる[76]。リティは，続けて，永久には主観的概念と客観的概念があること，アゼマは物の賃貸借について判例が主観的概念に向かっているというが，そうではなく依然として客観的概念が重視されていることを指摘した後，判例は契約の当事者によって異なる評価をしている（賃借人の終身に及ぶ賃貸借は効力が認められないが，賃貸人の終身に及ぶことは許容され，客観的基準が上限となる。労働契約についても使用者でなく労働者の終身が

---

(74)　Litty, op. cit., n. 34, pp. 19-32.

(75)　Litty, op. cit., n. 34, pp. 32-51.

(76)　Cass. civ., 19 déc. 1860, S. 1861. 1. 504 は，宝飾品関係の職人間の営利組合の条項（30年の存続期間中，脱退者は持分の払戻しを請求できず競業避止義務を負う）を無効とする根拠条文として，1131条・1138条（コーズ），1780条とともに，6条をあげる。

問題となる）と指摘し，本論文の主題に結びつける。リティ論文は，永久契約が禁止される根拠を立ち入って検討し，法的根拠として民法6条を提示した点が注目される。

　永久契約の禁止に反した場合の効果論を進展させたものとして，リゾの2000年の雑誌論文「永久的義務負担の禁止についての考察」がある[77]。リゾは，永久契約と期間の定めのない契約との関係を検討する。永久的義務負担をもたらす契約について，契約全体を無効とするのではなく，永久性をもたらす条項（clause de perpétuité）を無効とし，それによって当該契約を期間の定めのない契約として再法性決定し，当事者の一方的解除権を認めることを提唱する。この結論に至る過程で，次のように論を進める。①永久的義務負担が禁止される理由は，民法典起草者の意思である封建的制度との決定的断絶，自由競争理論による経済システムの硬直化要因の排除もあるが，債務を負う契約締結者の個人の自由の保護が本質的なものである。②永久契約の禁止の強さは，個人の自由を侵害する程度と相関的であり，一様ではない。③永久契約に対する制裁には，無効と，許容される最長期間への縮減とがあるところ，客観的永久概念をとるといずれもありうるが，主観的永久概念をとると無効のみとなる。④判例は，主観的永久概念に向かっている。これは債務者の個人の自由を保護しようという判事の意思によるものであり，それにより債務者のより迅速な解放が可能になる（営利組合，賃貸借，労働契約，受贈者等の譲渡禁止条項，使用貸借，委任等に関する判例分析による）。⑤主観的永久概念をとると，永久的義務負担の合意に対する制裁は無効となる。禁止の根拠によれば，それは相対的無効である。無効の範囲については議論があり，判例も分かれる。契約全体を無効とすることは，詐害的行為（フロード）の危険が大きい。永久性の瑕疵は多くの場合，直接的に期間を永久とするのではなく，更新条項又は解除条項によってもたらされるので，その条項を書かれざるものとみなすことで瑕疵は除去される（一部無効[78]）。⑥ただし，制定法及び判例により，客観的永久概念がとられる場合（賃貸借，営利組合，使用貸借）には，期間縮減の制裁もある。⑦実定法に

---

[77] Rizzo (F.), Regards sur la prohibition des engagements perpétuels, Dr. et patr. n° 78, 2000, p. 60.

[78] Simler (Ph.), La nullité partielle des actes juridiques, th., LGDJ, préface Weill (A.), 1969, p. 209 et s.

I 民　　法

おける主観的永久概念の増大に鑑みると，条項無効と期間の定めのない契約への再法性決定は，実際的解決として推奨されるべきである。それにより，両当事者の利益を尊重し，裁判官の恣意的判断の危険を回避しうる。リゾの論文は，永久契約の禁止の制裁を契約全体の絶対的無効とする伝統的な理解に対し，判例や先行学説を丁寧に検討したうえ，禁止の根拠や永久概念を分析しつつ，制裁の内容を具体的に検討したものである。特に，⑦の部分（条項無効論・再法性決定論）は，後に影響を及ぼした[79]。

(iii)　否　定　論

このように，永久的義務負担の禁止を一般原則として認める見解が多い。他方，禁止はあくまでも個別の規定に基づくものであり，一般原則として認められるものではないという否定論も，少数だが存在する。

ラルは，1945年の判例評釈[80]において，本判決が掲げる民法の諸条文（530条・619条・1709条・1780条・1869条・1911条）その他の諸規定から，すべての永久契約が禁じられているとの結論を導くことは絶対的にすぎると批判し，現に永久契約が認められた例をあげる。すなわち，①地役権設定契約（建物を建てない地役権など），②個人の自由の保護にも封建制廃止にも反しない契約（財産拠出者が相手方である施設等に一定の義務を負わせるなど），③私法の領域外の契約（市町村が目的の制約のある不動産を財団形式で保有するなど）である[81]。

[79]　Cass. civ. 1re, 19 mars 2002, n° 99-21.209, RTDciv. 2002, p. 510, obs. Mestre (J.) et Fages (B.) ; JCP G 2003. 1. 122, note Constantin (A.). 医師と病院を経営する営利組合との契約のうち，永久条項のみを無効とし，期間の定めのない契約が締結されたとみなして，一方的解除を認めた原判決を，その点は破毀申立事由になかったとして維持した判決だが，メストルらは原判決の方法を評価し，コンスタンタンはこれを批判する。

[80]　Lalou, op. cit., n. 68, p. 137 et s.

[81]　これに対し，アゼマは次の応答をする（Azéma, op. cit., n. 34, pp. 27-29）。①に対しては，物権である地役権が永久的であるからといって，それを設定する契約が永久的とはいえない，設定契約で所有者に義務を負わせることがあるとしても，それは地役権の付随的な物的負担であるし，所有者は土地を放棄すれば解放される，と反論する。②については，ラルが引用する２つの判例（Cass. civ., 25 juin 1907, D. P. 1907. 1. 337, note Berthélemy (H.) 〔市の施療院運営機関が修道会の医療教育施設のために一定数の病床を供する契約を有効とした〕; Caen, 3 juill. 1901, D. P. 1903. 2. 211 〔礼拝堂を建立寄進し維持義務を負う者及びその家族にそこでの列席権を与える契約を有効とした〕）について，債務者が公共の又は公益性が認められた法人であることを指摘する。③に対しては，債務者が公共団体である場合について②と同様の指摘をするほか，永久性のある行政契

リブシャベールは，組合に関する 1995 年の雑誌論文のなかで，永久的義務負担の禁止の原則がフランス法で存在するという理解に対し，疑問を投じる[82]。フランス法が永久性の観念に敵対的であるわけではないこと，重要なのは個人の自由であり，それが問題とならない場合や当事者が法人である場合は，永久性の問題は緩和されること，封建制度の復活という危険はもはや消滅していることを指摘する。

最も本格的な否定論は，ゲスタンの「フランス実定法に，永久契約の禁止の一般原理は存在するか？」という 1999 年の論文[83]で展開された。次の通りである。①実定法（制定法と判例）は，永久契約と期間の定めのない契約とを区別している。両者を同視する学説もあるが[84]，前者は無効な契約であり，後者は一方的解除の対象となるものであって，異なる[85]。役務の賃貸借に関する 1780 条についてもそのように理解しうる。すなわち，同条 1 項は，個人の自由の保護という民法制定時の理念に基づいて，「永久」という期間の定めのある契約を無効とする規律であるのに対し，2 項以下は，期間の定めのない役務の賃貸借の一方的解除を認める判例[86]の 1890 年改正による明文化である（解消者の損害賠償の要否が異なる）。②実定法上，永久契約禁止の一般原理は示されておらず，現に，長期又は無期限の契約を有効と認めた判例がある[87]。③結論として，

約の相手方がいつでも放棄しうることを指摘する。

[82] Libchaber, op. cit., n. 48, pp. 6-7.

[83] Ghestin, op. cit., n. 48, pp. 247-257.

[84] フルール＝オベールとベナバンの著作を紹介する。後の版だが，Flour (J.), Aubert (J.-L.) et Savaux (É.), Droit civil, Les obligations, 1. L'acte juridique, 9e éd., Armand Colin, 2000, p. 280; Bénabent (A.), Droit civil, Les obligations, 12e éd., LGDJ, 2010, p. 245 et s.

[85] この点に関し，Etienney (A.), La durée de la prestation, essai sur le temps dans l'obligation, th., LGDJ, préface Revet (Th.), 2008, pp. 100-101 et 296-300 は，期間の定めのない契約における一方的解除権の付与を永久契約禁止のコロラリーだという多数の学説に対し，無効である永久契約について一方的解除権が付与されれば無効でなくなるという論法の矛盾を批判し，一方的解除権は，永久契約の禁止の帰結ではなく，禁止を中和する技法だという。

[86] Cass. civ., 4 août 1879, D. P. 1880. 1. 272（鉄道会社とその職員の契約）など。

[87] Cass. civ., 25 juin 1907, précité.（アゼマは本判決の射程は公共の又は公益性の認定された法人に限るというが〔前掲注[81]参照〕，ゲスタンは本判決はそのような限定をしていないと指摘する〔Ghestin, op. cit., n. 48, p. 258〕）; Cass. civ., 6 mars 1876, D. P. 1876. 1. 193（クラポン運河事件。1567 年に締結された灌漑用運河使用契約の有効性を前提と

Ⅰ 民　　法

永久契約の無効を実定法の規律として認めることはできない。④もっとも，立法論としては，自然人の行動の自由を永久的に放棄する合意は，人間の尊厳ゆえに認められないことは，フランス革命を受け継ぐ伝統に沿うものであって，広く同意が得られるであろう。しかし，法人については，公法人か私法人かを問わず，この解決はとりにくい。結局，永久契約の有効性は，契約正義（とりわけ契約当事者の平等）と取引の社会的有用性に照らして評価されるべきである。

ゲスタンらの概説書では，この論文に少し加筆されている[88]。実定法のもとで永久契約禁止の一般原則が認められないことは論文と同様だが，立法論について，上記④の結論に至る過程で，規定を設ける論拠を2つ提示する。1つは，物権との対比である。物権の設定は，個人の自由を奪うものではないから，永久的でありうる。約定地役権の設定に関する民法686条が，地役は土地相互間のみで課されるものであって，人に対して，又は，人のために，課せられるものではないと規定するのは，個人の自由と尊厳の表明であり，ここから永久契約の無効を導くことができる。ここでの永久は，相対的な概念であり，終身という観点で評価されるべきである。第2は，社会的有用性の観点からの説明である。ヴォジェルらの指摘する通り，永久契約は，新規取引や財の創出・流通を阻害する。他方，その禁止は，もはや，アンシャン・レジームへの回帰の恐れによっては正当化されえない。長期間の契約が公的有用性，一般利益に適合することもある。このように，立法論としては，個人の自由の保護を中心としつつ，取引の社会的有用性の観点も取り入れることを強調する。

(iv)　小　　括

このような否定論もあるものの，概説書等では永久契約ないし永久的義務負

して，使用料増額を認めなかった。不予見理論を認めなかった破毀院判決として著名。中田・前掲注(62)138頁参照）；Cass. civ. 1ʳᵉ, 5 mars 1968, Bull. civ. Ⅰ, n° 85, p. 68（画家と画廊所有者の絵画販売の排他的委任契約について，契約書では期間無制限〔durée illimitée〕とあるのに期間の定めのない〔durée indéterminée〕と解し，無効としなかった原判決を，合意の明確な文言の変質化として破毀）。なお，「職業的人生の平均期間」を超える場合に無効とする基準を法人にも及ぼした例（Cass. civ. 1ʳᵉ, 8 juill. 1986, Bull. civ. Ⅰ, n° 206, p. 198〔農業協同組合とその加盟していた連合の争い〕）もあるが，これを一般化することはできないという。

[88]　Ghestin et al, op. cit., n. 35, pp. 247-257. 使用貸借に関する諸判例の検討が追加されている（pp. 253-254）。

担の禁止を一般原則として認める見解が一般的である[89]。否定論も，立法論としては，永久契約禁止の原則を掲げることは許容している。簡単にまとめておこう。

第1に，一般原則としての永久契約禁止原則が認められるかどうか。制定法に規定がないこと，また，非常に長期間の契約の効力を認めた判例もあることは，事実である。そこで，これは，書かれざる原則を認めたうえで例外が存在するというのか，そのような原則はないというのかの認識の違いということになる。

第2に，禁止の根拠は何か。個人の自由の保護が中核にあることは，広く認められている。1990年頃からは，市場への新規参入の阻害の防止，財の創造・流通の阻害の防止という経済的根拠があげられることが多い。他方，封建遺制の復活の防止という歴史的根拠は，現在では後景に退いている。また，物権（特に地役権）との対比で，契約及び債権の非永久性が指摘されることもある。

第3に，永久とは何か。客観的概念と主観的概念があることは，一般に認められている。前者が一定の最長期間を超えることを意味することは問題ない。後者は，契約当事者について判断するということだが，通常，その終身に及ぶことを意味し，その該当性判断にあたって，両当事者の年齢比較，契約の更新可能性などが考慮される（職業的活動の可能な期間が基準とされることもある）。両概念のどちらを中心に考えるのかは，対立がある。

第4に，違反に対する制裁としては，かつては絶対的無効と考えられていたが，相対的無効，期間縮減（客観的永久概念をとる場合），更には，一方的解除の可能性を認めることが提唱されている。一方的解除の可能性という効果を導く方法としては，永久契約のうち永久条項のみを無効とすることにより期間の定めのない契約となるという構成や，永久契約を期間の定めのない契約と再法性決定することが提示されている。この効果を認めるか否かについては，永久契約と期間の定めのない契約を同質のものとみて，後者における一方的解除権付与を前者の禁止のコロラリーだと理解するのか，両者を峻別するのかという

---

[89] Terré (Fr.), Simler (Ph.) et Lequette (Y.), Droit civil, Les obligations, 11e éd., Dalloz, 2013, pp. 334-335（永久契約は絶対無効としつつ，期間の定めのない契約への再法性決定が望ましいという）. Flour et al., op. cit., n. 84, p. 280; Bénabent, op. cit., n. 84, p. 246.

Ⅰ 民　　法

基本的対立がある。なお，期間の定めのない契約については，1999年憲法院が一方的解除権の付与は，人権宣言4条に由来する自由に基づくと判断した[90]。永久契約と期間の定めのない契約の同質性を認める立場からは，この判断は永久契約禁止の根拠である個人の自由の保護と重なるものとなる。

　全体を通じて，永久契約禁止を厳格な原則として狭く理解したうえ，従来の実定法のもとでその存在を否定し，立法論としても契約当事者が個人である場合に限定するのか，これをより柔軟な原則として機能的にとらえるのか，という対立であることがわかる。このような状況のもとで，民法改正作業が始まった。

3　民法改正
(1)　規定新設の経緯
(ⅰ)　フランス民法改正の経緯[91]

　フランス民法（債権債務関係法）の改正論は，19世紀末以来あったが，民法典制定200周年である2004年以降，本格化した。① 2006年にカタラ名誉教授のグループの債権債務関係法・時効法改正草案，② 2009年にテレ名誉教授のグループの契約法改正草案がそれぞれ公刊され，③ 2008年・2009年に司法省の契約法改正草案が作成された。その後，2015年に制定された授権法律に基づき，④同年2月，「契約，債権債務関係の一般制度及びその証明の法の改正を定めるオルドナンス草案」が公表された。パブリック・コメントを経て，⑤翌2016年2月10日に同名のオルドナンス[92]が発令されて民法が改正され，同

---

[90]　Cons. Const., 9 nov. 1999, DC n° 99-419（人権宣言4条に由来する自由により，期間の定めのない私契約を一方当事者が解消できることが正当化されるとしたうえ，相手方保護のため，立法者は，いくつかの契約については，解約ができる理由及び解約の態様〔特に予告の尊重〕を明確にすることができるという。民事連帯規約〔PACS〕に関する判断）．

[91]　全体につき，中田裕康「2016年フランス民法（債権法）改正」日仏法学29号（2017年）97頁，継続的契約につき，同「フランス民法改正草案における継続的契約」『社会の発展と権利の創造　淡路剛久先生古稀祝賀』（有斐閣，2012年）191頁，同「継続的契約――日仏民法改正の対照」『債権法改正と民法学　第2巻　安永正昭・鎌田薫・能見善久先生古稀記念』（商事法務，2018年）473頁．文献引用はこれらに委ねる．本文には，契約法に関連する動きを記載したが，債権法の他の部分に関する草案もある．

[92]　Ordonnance n° 2016-131 du 10 février 2016 portant réforme du droit des contrats, du régime général et de la preuve des obligations.

年10月1日に効力が生じた。⑥2018年4月21日,このオルドナンスを一部修正のうえ追認する法律[93]が公布され,同年10月1日に効力が生じた。このうち,①には継続的契約に関する諸規定があり,②には期間の定めのない契約の解消に関する規定があり,③には継続的契約及び契約期間に関するまとまった規定があるが,いずれにも永久契約禁止の一般原則の規定はない。これが初めて現れるのは④であり,それが補充されて⑤となった。これに関しては,⑥での修正はない。以下,④と⑤を検討する。

(ⅱ) オルドナンス草案

2015年の授権法律が列挙した13項目の授権事項のなかに,「契約の期間に関する諸規律を明確にすること」があった(8条7号)。オルドナンス草案は,これを受け,民法典第3編のうち「第3章 債権債務関係の発生原因」「第1小章 契約」「第4節 契約の効力」に「第3款 契約の期間」を新設し,6か条の規定を提示した。その冒頭に,永久的義務負担を禁ずる次の規定が置かれた[94]。ただし,違反に対する制裁は,示されていない。

「1211条 永久的な義務負担は,禁止される。」

この提案については,改正前民法のもとで永久契約禁止の一般原則が存在すると理解するか否かにより,評価が分かれる。肯定論をとるシャントピ[95]は,上記原則は学説・判例によって広く認められてきたとし,憲法院判決(Cons. const., 9 nov. 1999 前掲注[90])を重視する。違反に対する制裁については,判例は一様ではなく,永久条項の無効,期間の定めのない契約制度の適用,法定最長期間への縮減があるが,期間の定めのない契約と同様に取り扱うこと(assimilation)がよいという。やはり肯定論をとるショヴィレ[96]は,違反に対す

---

[93] Loi n° 2018-287 du 20 avril 2018 ratifiant l'ordonnance n° 2016-131 du 10 février 2016 portant réforme du droit des contrats, du régime général et de la preuve des obligations.

[94] その後,期間の定めのない契約の終了,期間の定めのある契約の期限までの履行義務,契約の延長,更新,黙示更新に関する5か条が続く。

[95] Chantepie (G.), La durée du contrat (1re partie – Projet, art. 1211 à 1213), Blog Réforme du droit des obligations, Dalloz, 2015.

[96] Chauviré (Ph.), Les dispositions relatives aux effets du contrat, in Chauviré (Ph.) (sous la dir. de), La réforme du droit des contrats : du projet à l'ordonnance, Dalloz, 2016, p. 43, p. 52.

Ⅰ 民　　法

る制裁としては，単純な無効と，法定最長期間までの縮減がありうるが，当事者の合意を存続させ，効力を持たせることを可能にする後者がよいという（期間の定めのない契約への再法性決定も認める）。肯定論をとりつつ，contrat でなく engagement の語を選択したこと伴う適用範囲の不明確さ，perpétuité の多義性，違反に対する制裁の不提示について，主として公証人実務との関係で批判するものもある[97]。これに対し，否定論の主導者であるゲスタン[98]は，従来の主張（2(2)(iii)）を繰り返したうえ，法人については難しい問題があるので，禁止の対象を自然人の義務負担に限るべきであるという。ディソとジャマン[99]は，この提案は，肯定論からは実定法の確認にすぎないが，否定論からは正真正銘の変化となると述べ，後者の立場から，判例には永久契約を認めるものもあるし，永久の概念や禁止の根拠に鑑みると，個人と法人とでは異なるはずだが，本提案が何らの区別もせず，一律に禁止の対象としていることを指摘する。そのうえで，違反に対する制裁について，無効とすることは，本規定が契約の成立ではなく，契約の効力の部分で規定されていることと整合しないし，相対的無効か絶対的無効かなどの争いを引き起こすと指摘し，むしろ期間の定めのない契約への転換（conversion）がよいという（リゾ論文を引用する）。

　このように，修正提案はあるものの，永久契約禁止の一般原則の規定を新設すること自体は，受け入れられている。また，違反に対する制裁の内容の明示を求める意見が多い。

(iii)　オルドナンス

草案に対するパブリックコメントを経て，1 年後に提示されたオルドナンスは，永久契約の禁止（1210 条 1 項）に加え，違反した場合の帰結を明示した（同条 2 項）。それは，契約の無効ではなく，契約当事者に一方的解除権を付与することである。

「1210 条　永久的な義務負担は，禁止される。

---

[97] Etienney-de Sainte Marie (A.) et Paquin (J.-Ph.), La durée du contrat, JCP N 2015. 1213.

[98] Ghestin (J.), Observations générales, LPA n°s 176-177, 2015, pp. 49-50.

[99] Dissaux (N.) et Jamin (Ch.), Projet de réforme du droit des contrats, du régime général et de la preuve des obligations rendu public le 25 février 2015, Commentaire article par article, Dalloz, 2015, pp. 112-113.

契約の各当事者は，期間の定めのない契約について規定された条件で，これを終了させることができる。」

期間の定めのない契約に関する規定は，次の通りである。

「1211条　契約が期間を定めずに締結された場合，各当事者は，契約により規定された予告期間を，又は，それがないときは合理的な期間を，尊重することを条件として，いつでもこれを終了させることができる。」

オルドナンスの公式説明である司法大臣の大統領に対する報告書[100]は，1210条について，各種の契約について判例が認めてきた永久的義務負担の禁止を一般化する規定を置くとともに，その違反の効果を期間の定めのない契約と同様にするものであると説明する。なお，1211条については，期間の定めのない契約は十分な予告を条件として一方的に終了させうるとすることは，永久的義務負担の禁止の論理的帰結であって，契約自由に呼応するものであり，憲法院の判例（Cons. const., 9 nov. 1999 前掲注[90]）により，憲法的価値をもつ原則として認められているという。

(2)　改正民法の評価

(i)　概　観

改正民法の注釈書や改正後の概説書では，永久的な義務負担の禁止について，1210条1項を従来の実定法の確認とみるか，新たな規律の創設とみるかの違いはあるが[101]，同条2項が創設的規定であると解することは一致している。1項については射程が，2項については一方的解除権の理論的位置づけが，問題となる。

---

[100] Rapport au Président de la République relatif à l'ordonnance n° 2016-131 du 10 février 2016 portant réforme du droit des contrats, du régime général et de la preuve des obligations, JORF n° 0035 du 11 février 2016.

[101] 確認説は，Simler (Ph.), Commentaire de la réforme du droit des contrats et des obligations, LexisNexis, 2016, p. 38 ; Mercadal (B.), Réforme du droit des contrats, Francis Lefebvre, 2016, p. 188, Malinvaud (Ph.), Fenouillet (D.) et Mekki (M.), Droit des obligations, 14e éd., LexisNexis, 2017, p. 266，創設説は，Dissaux (N.) et Jamin (Ch.), Réforme du droit des contrats, du régime général et de la preuve des obligations, Commentaire des articles 1100 à 1386-1 du code civil, Dalloz, 2016, p. 111。Chantepie et Latina, op. cit., n. 33, p. 496 は，従来の肯定説と否定説の対立の紹介をしたうえ，改正法が前者をとったという。

I 民　　法

(ⅱ) 射　　程

　射程とは,「永久的な義務負担」とは何かという問題であるが,永久性の瑕疵を合意によって解消できるかという意味では公序の範囲の問題でもある。アプローチの仕方は様々である。

　禁止の根拠を重視するものとして,シャントピらの注釈書[102]がある。この規律の対象となるのは物権ではなく,契約によって生じる対人的義務負担であるので,永久性は契約当事者である人に関わるという。永久かどうかは禁止の根拠に依存するのであり,その目的が個人の自由の保護である場合は,人の寿命,又は,経済的活動をする期間が基準となり,その目的がもっぱら経済的なものである場合は,当該契約の期間が一般に認められる慣行を超えるかどうかが基準となる（期間の定めがあっても該当することがある）という。他方,競業避止条項における過大な期間の縮減や,停止条件の存在は,本規定とは別の問題だとする。なお,一方的解除権を排除する条項は無効とされるという。

　「永久」の概念の分析によるものとして,デエらの注釈書[103]がある。「永久的な」は,「期間の定めのない」という意味ではなく,「過度に長い期間（確定又は不確定の終期）が定められた」という意味であること,また,「永遠」ではなく,「法的に永久とみなされた」という意味だと整理する。この永久性は,相対的な概念であり,一方当事者の意思のみで更新又は延長されるものが含まれるほか,裁判例では,各当事者の平均余命,職業的人生の平均期間,法人の存続期間,給付対象物の陳腐化が考慮されるという。また,禁止の強度も問題であり,条文の文言からは強行規定であるようにみえるが,禁止の根拠である個人の自由の保護や取引の自由の保護に照らして考えるべきであり,永久的義務負担であっても,その社会的・経済的有用性が確実で自由の侵害が僅少である場合には有効とされる可能性があるという（債務者が法人であることや債務内容が単なる避止義務であることなどは考慮事由となる）。それは,禁止に対する適用除外というより,永久性の概念を状況に応じて評価するということである。メキの論文[104]は,裁判実務において「永久」とされるかどうかは,従来の判

---

[102] Chantepie et Latina, op. cit., n. 33, pp. 496-499.
[103] Deshayes et al., op. cit., n. 32, pp. 448-449.
[104] Mekki (M.), Réforme du droit des obligations : engagements perpétuels, contrats à durée indéterminée et à durée déterminée, JCP N, 2016. 1323.

例が引き続き指針となるだろうという。

　永久的義務負担の一般原則性を希薄化し，個別契約の問題とする方向を示すものとして，ディソらの注釈書[105]がある。「永久」は，法人については 99 年に近い契約期間である場合が問題となりそうだが，自然人については，個人の自由の過度の侵害かどうかが基準になるとすると，それは当事者の年齢によっても異なりうるなど，更に不確定であるという。そこで，契約の性質にもよる（寄託と委任と賃貸借では異なる）と指摘する。なお，テレ[106]も，本規定が諸契約についての様々な条文（一般的には最長期間という形をとる）の存在を排除しないことを指摘する。

　一方的解除権の付与という効果を重視するものとして，ベナバンの概説書[107]がある。永久的義務負担と期間の定めのない契約を同質のものとしてとらえ，その一方的解除権は個人の自由の保護という憲法的価値を認められたものであって，公序によるものだと位置づける。この規律の潜脱を防止するため，あまりにも長い期間の定めのある契約は，期間の定めのない契約と同視される (assimilé) のであり，この観点から，長期性が評価されるという。それは，契約の種類（賃貸借か労働契約か），契約の態様（当事者の死亡を期限とする契約において，債権者の死亡か債務者の死亡か），反復更新の態様などによるという。

　このように，具体的な結論は論者によってそれほど違わないし，永久性が，契約の期間の内容（長い年数か，当事者の終身か），契約の種類（賃貸借か，労働契約か，特約店契約か），契約当事者の種類（個人か，法人か），その立場（債権者か，債務者か）などによって評価されることも共通している。ただ，永久的義務負担の禁止の一般原則性や，期間の定めのない契約との関係についての理解の相違が，説明の仕方の相違をもたらしている。

(ⅲ)　期間の定めのない契約との関係

　永久的義務負担において当事者に一方的解除権を付与するという 1210 条 2 項については，契約当事者の自由を保護しつつ，契約の遡及的無効化を避けるという実質において妥当であると評価するものが多いが，その説明の仕方は分

---

(105)　Dissaux et Jamin, op. cit., n. 101, p. 112.
(106)　Terré (Fr.), La réforme du droit des obligations, Dalloz, 2016, p. 47.
(107)　Bénabent (A.), Droit des obligations, 15e éd., LGDJ, 2016, pp. 264-265.

I　民　　法

かれる。

　一方で，永久契約と期間の定めのない契約とを区別せず，一方的解除権の説明をするものがある(108)。個人の自由の保護による一方的解除権の付与が重要なのであり，永久か期間の定めがないかという区別には重きを置かない。

　これに対し，永久契約と期間の定めのない契約は，本来，異質であるという立場からは，両者を区別しないのなら1210条と1211条を併存させる意味がなくなるという指摘がある。もっとも，異質論は，本来は，無効であるはずの永久契約について，当事者に一方的解除権を付与するという1210条2項の説明には難渋している(109)。すなわち，シャントピら(110)は，禁止という文言からは，違反すると無効になりそうだが，判例は，①最長期間への縮減をするもの，②契約を無効とするもの，③期間の定めのない契約の制度を適用するもの（期間に関する条項を無効とし，期間の定めのない契約とみなす）があり，1210条2項は，③をとったという。その説明としては，②のもとで学説が提唱していた永久条項のみの一部無効論，期間の定めのない契約への再法性決定論が示される。また，端的に1210条2項が法定したというものもある。永久契約は無効だと考えられてきたが，同項は，事実上（de facto），それを一方的に解除が可能な期間の定めのない契約として，適切に性質決定し直す（disqualifier judicieusement）というもの(111)，期間の定めのない契約の制度の適用による転換（conversion）というもの(112)である。同項の規律は，「衡平かつ当を得たものであり，それは永久性の効果を和らげる」というにとどまるもの(113)もある。

　1210条の規律に批判的な学説もある。メキ(114)は，立法者は再法性決定の方法を選んだが，それのみとしたことは遺憾だという。マランヴォら(115)は，永

---

(108) Bénabent, loc. cit. ; Malaurie (Ph.), Aynès (L.) et Stoffel-Munck (Ph.), Droit des obligations, 9e éd., LGDJ, 2017, p. 522.
(109) Cass. civ. 1re, 19 mars 2002, précité に言及するものが多いが（シャントピ，マランヴォら，ディソラ，デエら），破毀院自身がそれを述べたわけではない（前掲注(79)参照）。
(110) Chantepie et Latina, op. cit., n. 33, pp. 497-499.
(111) Simler, op. cit., n. 101, p. 39.
(112) Dissaux et Jamin, op. cit., n. 101, p. 112. 草案について，Dissaux et Jamin, op. cit., n. 99, p. 112 et s. で提示していたところである。
(113) Deshayes et al., op. cit., n. 32, p. 449.
(114) Mekki, op. cit., n. 104.
(115) Malinvaud et al., op. cit., n. 101, pp. 266-267, 419.

久的義務負担の禁止に違反する契約は無効となるのが原則だが，1210条は，再法性決定又は永久条項のみの一部無効により期間の定めのない契約とし，当事者に一方的解除権を与えたと説明したうえ，契約の拘束力の観点から疑義を投じる。

IV 考 察

日仏において，論じられる具体的問題も，そこで考慮される判断要素も，おおむね共通しているが，若干の違いもある。次の通りである。

第1に，永久契約の禁止への言及は，フランスにおける方が多い。日本では，存続期間の上限の規律（賃貸借，雇用）や契約からの離脱を保障する規律（組合）に反する合意は，各規律自体の強行法規性という観点から評価され，永久契約の禁止という概念が前面に出てくることは少ない。

第2に，永久の概念については，日仏とも多様である。すなわち，①永遠（未来永劫），②法定の最長存続期間を超える期間，③契約当事者の相続人にも及ぶ期間，④契約当事者の終身，⑤一方当事者の意思により更新又は延長が無制限に可能であることなどである。日本では，各個別問題において，いずれかが論じられるが，②⑤が「永久」の問題と意識されることは少ない。フランスでは，客観的永久概念と主観的永久概念という区別が一般的である。後者については，「終身」を基本としつつ，その認定に関する問題が論じられる。

第3に，禁止の根拠も，日仏とも多様である。①個人の自由の保護，②封建遺制の復活の防止，③経済的効率性（財の自由な流通・創設の保護，取引への新規参入の保障），④社会経済的利益（目的物の劣化の防止），⑤時の経過の中での契約条件の硬直化の弊害防止，⑥物権法秩序（所有権の本質との抵触，物権法定主義），⑦相続法秩序，⑧契約当事者の死後に及ぶ支配の制限などである。日本では，各個別問題において，いずれかが言及されるが，②は稀である。フランスでは，一般的原則としての永久契約の禁止について，根拠が階層化されるようである。すなわち，①が根本的理由である。②は歴史的理由にすぎない。③が現代的理由として追加されるが，これは当該契約の公益性・社会的有用性によって減殺されることがある。④以下は，一般的原則の理由付けとしては，言及されることが少ない。

第4に，規律に反する契約の効力（禁止違反に対する制裁）も，多様である。

Ⅰ　民　　法

契約全体の無効，永久性を生じさせる契約条項の無効，法定最長期間又は相当な期間への縮減，当事者への解除権の付与である。日本では，個別問題ごとに検討される。フランスでは，永久契約の禁止は公序によるものであり違反に対する制裁は絶対的無効であるというかつての理解から，その違反に対して一方的解除権を付与するという改正民法の構成への流れがあり，それゆえに永久契約と期間の定めのない契約との関係についての議論が深化した。

　第5に，永久契約への対応として，日本では，一方で，個別領域における強行規定の適用が，他方で，契約の解釈の手法が用いられ，個別的解決がされてきた。フランスでは，憲法的価値によって支えられる一般的原則を定立し，それを適用するという大きな流れとともに，各論的問題（一部無効，期間の定めのない契約との関係，再法性決定など）が検討されている。

　以上のことから，日仏での最大の違いは，永久契約の禁止という一般的原則を定立することに関する議論の存否にあるといえよう。フランスにおける一般的原則への志向は，ついに民法1210条という規定にまで到達した。そこに至る日仏の法文化的比較は，まことに興味深いことであるが，本稿の範囲を超える[116]。ここでは，一般的原則に関するフランスでの議論において登場した，永久契約の概念，その禁止の根拠，違反に対する制裁，問題解決の方法が，日本においても，個別の強行規定に依拠できず，公序良俗則に頼らざるをえない領域における問題（たとえば，合意による不作為義務の期間の制限）の解決に役立ちうるであろうという機能的意義と，フランスにおいて，契約が個人の自由の保護という，より高次の理念の制約に服するものであることを重視する見方が広く共有されているという基本的意義を指摘するにとどめる。

---

(116)　継続的契約ないし契約期間に関する規律の民法への導入に関する日仏の比較とその背景については，中田・前掲注(91)第3論文参照。

3 フランスにおける「組織型契約」論の動向

中 原 太 郎

Ⅰ　はじめに
Ⅱ　フランスにおける「組織型契約」論の紹介
Ⅲ　フランスにおける「組織型契約」論の分析
Ⅳ　おわりに

Ⅰ　はじめに

　平井宜雄により「『組織型』契約」（以下，単に「組織型契約」とする）の概念が提唱されてから久しい。平井は，1996 年の論文[1]（及びその前後の著作[2]）において，「市場と組織」の法理論を標榜し，人が財を入手するための社会関係には「市場」と「組織」とがあるとしたうえで，それらの中間に観念される社会関係（「中間組織」）で行われる契約を「組織型契約」と呼び，代理店・特約店契約，フランチャイズ契約，下請契約等をその例として挙げるとともに，「市場原理」及び「組織原理」の共同作用という観点からその具体的規律を構築すべきことを説いた（以下，「平井理論」とする）。平井理論には直ちに，その発想源たる経済学的議論に関する理解の当否，鍵となる様々な概念の曖昧さ，解決基準としての不明確さ等について批判が加えられた[3]。その一方で，古典

---

[1]　平井宜雄「いわゆる継続的契約に関する一考察──「『市場と組織』の法理論」の観点から」星野英一先生古稀祝賀『日本民法学の形成と課題（下）』（有斐閣，1996 年）697 頁以下（同『民法学雑纂──平井宜雄著作集Ⅲ』（有斐閣，2011 年）387 頁以下所収（本稿における引用はこちらに拠る））。

[2]　①平井宜雄『法政策学（第 2 版）』（有斐閣，1995 年），②同「契約法学の再構築(1)～(3)・完」ジュリ 1158～1160 号（1999 年），③同「内田貴教授著「契約法学の『再構築』」をめぐる覚書」を読んで（上）（下）」NBL689・690 号（2000 年），④同『債権各論Ⅰ上　契約総論』（弘文堂，2008 年）。以下の注における引用は丸数字に拠る。

[3]　内田貴「平井宜雄教授著「契約法学の『再構築』」をめぐる覚書（上）（下）」NBL684・

的・標準的なタイプの契約（平井のいう「『市場型』契約」。以下，単に「市場型契約」とする）の論理では妥当な分析ができないものがあること，そしてそれらは何らかの意味で「組織」性を備えたものであることという平井理論の出発点自体は，否定されていないように思われる。

たしかに，平井が「組織型契約」に分類した様々な個別的契約類型に関しては，実態分析も含めた考察が進んでいる。しかし，契約法の一般理論の中にそれらをどう位置付けるかについては，平井の問題提起以降，必ずしも進展を見ておらず，「組織型契約」概念自体を承認すべきかどうかすら民法学上定まっていないのが現状である（むしろ潜在的には懐疑的な見方が多いだろう）。他方，フランス学説においては，古典的・標準的なタイプの契約としての「交換型契約」と対置される「組織型契約」を観念し，その概念の精緻化・細分化を行いつつ，自国の契約法体系に位置付ける試みが続けられている。このようなフランスの経験・成果は，そもそも契約において「組織」を語るというのはどういうことなのか，そしてそれはどのように契約法の理論体系に受容されうるのかという民法学上の問いを考えるにあたり，参照価値が高いものと思われる。

以下では，フランスにおける「組織型契約」論を紹介（Ⅱ）・分析（Ⅲ）する。素材は学説にとどまり，判例は扱うことができない。また，特に各種契約の具体的規律への言及はミニマムなものにならざるを得ず，日本の実定法状況との対照・接合は現時点では望むべくもない。このように不十分なものであることを，予め断っておく[4]。

Ⅱ　フランスにおける「組織型契約」論の紹介

フランスにおける「組織型契約」論は，平井理論とほぼ同時期に登場した萌芽的分析により考察の基礎が提供され（A），近時の本格的な体系化の試みに結実する（B）という展開をたどっている。予め注意点を挙げると，①フラン

685号（2000年），中田裕康『継続的取引の研究』（有斐閣，2000年）11-12頁等。他方，好意的なものとして，吉田克己『現代市民社会と民法学』（日本評論社，1999年）151-160頁。

[4]　さらに，紹介するのは2016年オルドナンスによる改正前の学説（引用する条文も旧条文に拠る）であるところ，改正の影響に関する分析も欠ける（注(132)で簡単に言及するにとどまる）。なお，2016年改正全般につき，中田裕康「2016年フランス民法（債権法）改正（立法紹介）」日仏29号（2017年）97頁以下。

スにおいても「組織型契約」は講学上の概念でしかなく、また縷々見ていくように、「組織型契約」の概念は後続の学説により更新され（一定のニュアンスに拘束された「組織」の語に代わる（各論者が考える）より適切な語に置き換えられ）ていく(5)。また、②本稿は「組織」ないしそれに代わる語で把握される諸契約についてフランス学説が示す考察を紹介するものであるゆえ、「組織型契約」ないしそれに代わる呼称は平井理論がいう「組織型契約」と一致しない。フランスの諸学説（及び平井理論）の対応関係は複雑ゆえ、（細かな点の対比までは表現できないものの）視覚的整理として別表を参照していただければ幸いである。

A 前　史

フランスにおいて議論の出発点を形成したのは対象が限定された小稿にすぎないが（1）、その登場後、実際的な関心も相まって、早くも契約法のより一般的な文脈との関連付けが始動したことが特筆される（2）。

1　ディディエの「組織型契約」論

口火を切ったのは、商法学者ポール・ディディエである。ディディエは、「交換なき同意——組合契約」（1995年）(6)と「組織型契約についての覚書」（1999年）(7)という2つの小稿で、組合契約を念頭に「組織型契約」の概念を提示し（(1)）、当該の呼称により組合以外の様々な類型の契約を把握する可能性をも示唆した（(2)）。

(1)　「組織型契約」の概念と内容

ディディエは、民法典が標準的なタイプのものとして想定する①売買・賃貸

---

(5) 以下で相次いで登場する「○○型契約」の語は «contrat-○○» の訳語であるところ、「○○」に入る語の選択に各論者の主張の一端が表れる。予め列挙すれば、先駆的学説（ディディエ）は「○○」に「組織（organisation）」の語をあてたが、その後の諸学説は、「分配（partage）」（シェヌデ）・「結束（alliance）」（アムラン）・「凝縮（concentration）」（ルケット）や、これらとは区別すべきタイプの契約につき「協働（coopération）」（ルケット）の語を提示する。

(6) P. Didier, «Le consentement sans l'échange : contrat de société», *RJ com.* novembre 1995, n° spéc., p. 74 et s.

(7) P. Didier, «Brèves notes sur le contrat-organisation», *in Mélanges F. Terré*, Dalloz-PUF-Juris-classeur, 1999, p. 635 et s.

Ⅰ 民　　法

借等の「交換型契約（contrat-échange）」の傍らで，②組合等の「組織型契約（contrat-organisation）」が現に存在することを指摘する[8]。①はAの財がBに交付され，Bの財がAに交付されるという置換を目的とするのに対し，②はAとBがそれまで各自に属していた財を共同化して共同の事業を行い，損益を分配することを目的とする。①は利益の反目構造のもとで交換的正義が妥当するのに対し，②では当事者の利益が収斂し配分的正義が妥当する。

　そのうえで，具体的規律面での②の独自性を整理する[9]。すなわち，「組織」性の表れとして，（ⅰ)当事者間の関係につき，①では契約が当事者の債権債務を定めるのに対し，②では契約により債権債務のみならず活動目的や機関も定められ，当事者はそれらにも拘束される。また，(ⅱ)第三者との関係につき，①では契約の相対効の原則が妥当するのに対し，②において法人格の獲得により実現される資産分離は当該原則からの逸脱をなす。他方，「契約」性の問題として，(ⅰ)①の模範的成立形態たる意思表示の合致は②の分析には不適切であり，むしろ定款への同意が競合して成立する。一般法上の無効・取消しの適用も不適切であり，独自の規律が定められる。また，(ⅱ)①では契約の修正に当事者全員の同意が必要なのに対し，②では（地位の譲渡性との相関にせよ）多数決等の緩和された方法で行いうる。

(2)　「組織型契約」の射程と問題点

　上記議論の射程は，2点において広い。第1に，ディディエの議論は「組合契約（contrat de société）」を対象とするところ，«société»の語は日本法の「組合」のみならず「会社」をも含むゆえ，そこでは民法上の組合（民法典1832条以下）のみならず有限責任会社や株式会社等も念頭に置かれ，また，組合と法人が連続的である（組合のうち法人格を取得したものが法人である）ことも前提とされている。第2に，具体論にはあまり登場しないが，組合のほか，非営利社団たるアソシアシオン（1901年7月1日の法律），不分割財産（民法典815条

---

[8]　P. Didier, supra note 6, p. 75 ; du même auteur, supra note 7, p. 636.「交換型契約」はゼロ和（一方当事者の損失のもとに他方当事者が利得する），「組織型契約」は非ゼロ和（事業の成否に応じて全当事者が持分に応じた損益を得る）であるとの説明も行う。

[9]　P. Didier, supra note 7, pp. 637-642. 他方，P. Didier, supra note 6, p. 75では，当初当事者に閉じられた①とは異なり新加入者に開かれたものであること，約定の給付により終了する①とは異なり給付（出資）により始まり継続することが指摘される。

以下），夫婦財産共同体（同1400条以下），企業間協働契約（後述）等も「組織型契約」の例とされる[10]。

他方，「組織（organisation）」の語で指示されるものが何かは議論の要の意義を有するはずだが，共通活動の実施への言及が見られる一方[11]，「機関（organe）」の語の派生とする説明もあり[12]判然とせず，この点での明確化の必要性を残した。

2 組織型契約論の展開の兆し

ディディエの議論は簡潔ながら反響を呼び，さらなる展開を促す動きが生じた。一方で「組織型契約」に含まれる一定の要素に着目した議論対象の拡張の兆し（(1)）が，他方で「組織型契約」それ自体の分析の深化の兆し（(2)）が見られた。

(1) 対象の拡張──「協働」への注目

古典的・標準的な「交換型契約」と対置される別のタイプの契約の特質は何か。学説では，ディディエ論文に触発され，それを「協働」に見出す分析が示されるようになった（(b)）。その背景には，実定法上，標準的な契約との偏差が問われる新種の契約の存在が知覚され，その分析枠組みが求められたという事情がある（(a)）。

(a) リブシャベールは，環境変化に適応させつつ，機関の決定により共通計画が具体化・前進されるという点に「組織型契約」の特質を見出した上で，共通計画の実施のためには組合のように定型化された組織が備えられるとは限らず，よりインフォーマルな態様もあるとして，いわゆる「共通利益契約（contrat d'intérêt commun）」（当事者に共通する利益の実現を目的とする契約）との連続性を指摘する[13]。

共通利益契約[14]の範型は「共通利益委任（mandat d'intérêt commun）」（委任

---

[10] P. Didier, supra note 6, p. 75 ; du même auteur, supra note 7, p. 636.
[11] P. Didier, supra note 7, p. 637.
[12] P. Didier, supra note 7, p. 638.
[13] R. Libchaber, «Réflexions sur les effets du contrat», in Mélanges J.-L. Aubert, Dalloz, 2005, p. 211 et s., n°21, pp. 228-230.
[14] 邦語文献として，力丸祥子「フランスにおける『共同の利益を有する委任契約の理

Ⅰ 民　　法

者のみならず受任者も利益を有する委任）であり，委任者による自由な撤回（民法典 2004 条）を制限するべく判例上展開してきた概念であるところ[15]，その射程は「共通利益」の緩やかな解釈（受任者が報酬を得ることのみでは足りないが，委任事項の実現それ自体についての利益を受ける必要はなく，顧客・得意先関係の創出・発展への期待でよい）により拡大してきた。これを前提に，有力学説は委任を超えて流通契約（供給契約（工業・商業製品の段階的な購入・販売の調整を行う契約の総称），フランチャイズ）等の他の契約をも含める形で「共通利益契約」の概念を措定する。共通利益委任，流通契約のほか，出版契約（著作者が複製権を出版者に譲渡し出版者が出版・頒布する旨の契約。知財法典 L. 132-1 条以下）や諸々の特殊賃貸借（家畜賃貸借（当事者の一方が他方に対して家畜資産を保管・飼養・世話するために貸与する契約。民法典 1800 条以下），収益分割農地賃貸借（賃貸人・賃借人が賃貸借目的物の産物を分割することを約束する農地賃貸借。農事法典 L. 417-1 条以下），長期不動産賃貸借（18 年から 99 年までの期間で不動産を少額の賃貸料で貸す代わりに当該不動産の耕作・改良を義務付ける契約。農事法典 L. 451-1 条以下），建築用地賃貸借（建物建築のための長期の土地賃貸借であり長期不動産賃貸借に類似。建築居住法典 L. 251-1 条以下））等が，共通利益契約の例として挙げられる。

　同じく関心が注がれたのが，「企業間協働契約（contrat de coopération inter-entreprises）」である。法律規定がなく必ずしも明確な外縁が定まっているわけではないが，共通計画のもとに複数の企業が一時的に協働する諸契約を指し，①ジョイント・ベンチャー（新製品の共同開発等のために，実施主体たる企業が作られたうえで，参加企業が従業員派遣，知的財産供与，資金協力等を行い，事業実施による利益・リスクを分配するもの）及び②コンソーシアム（第三者に対する同一の給付のために企業が協働するものであり，公共工事や保険・金融の局面で多用される）が主要類型として挙げられる。ディディエはこれらを「組織型契約」の範疇に含めたが，後の議論では 1 つの焦点をなすことになる。

　(b)　共通利益契約・企業間協働契約に共通するのは，契約当事者が一定の共

　　　論』とその展開(1)〜(2)・完」新報 101 巻 7 号，8 号（1995 年），森田・後掲注(129)(4)
　　　1655-1731 頁等。
[15]　法律により共通利益委任とされるものとして，不動産開発契約（民法典 1831-1 条以
　　　下。1978 年 1 月 4 日の法律第 12 号）や代理商契約（商法典 L. 134-4 条）がある。

通の計画・利益の実現のために一定の「協働」関係を形成する点である。こうした「協働」の要素にはいかなる意義があるか。断片的にだが，以下の2つの分析が見られた。

第1に，継続的契約論との接続である。前述のリブシャベールの分析は，当事者の当初意思がすべてを定め「期間」の要素が意味を持たない古典的な契約像と異なり，「組織型契約」や共通利益契約は，当事者間で共有された目的のもと，債権債務が時間の経過とともに具体化されていく契約であると見る[16]。ここでは，当初の想定問題（任意解除の制限）を超える事柄（契約内容の調整等）も含め，自律的な契約類型として共通利益契約の具体的規律を描く構想が表れてもいる。

第2に，契約一般の基礎との接続である。20世紀末以降，契約一般の基礎を連帯（solidarité）に求める考え方（連帯主義）が有力化していたところ[17]，実定法における連帯主義の表れとして「組織型契約」ないし共通利益契約を指摘するものが見られた。もっとも，このような論調に対しては，当事者間の協働が要請される契約類型は限られており連帯主義を支えることにはならないとの批判（連帯主義自体を契約一般の基礎と見ることへの懐疑が前提）が強く示された[18]。

(2) 議論の深化――アンセルとシェヌデ

「組織型契約」ないし関連諸契約（共通利益契約・企業間協働契約）それ自体を掘り下げる本格的研究も現れ始める。『契約の特徴的給付』と題するマリ＝エロディ・アンセルのテーズ（2002年）[19]（(a)）と『私法における交換性』と題

---

[16] R. Libchaber, supra note 13, n°21, p. 230.

[17] 連帯主義に関する文献として，Ch. Jamin et D. Mazeaud (dir.), *La nouvelle crise du contrat*, Dalloz, 2003 ; L. Grynbaum et M. Nicod (dir.), *Le solidarisme contractuel*, Economica, 2004 等。邦語文献として，金山直樹「フランス契約法の最前線――連帯主義の動向をめぐって――」野村豊弘先生還暦記念論文集『21世紀判例契約法の最前線』（判例タイムズ社，2006年）547頁以下，森田修『契約規範の法学的構造』（商事法務，2016年）541-583頁等。

[18] L. Leveneur, «Le solidarisme contractuel : un mythe», *in* L. Grynbaum et M. Nicod (dir.), supra note 17, p. 173 et s., n°5, pp. 177-179 ; Y. Lequette, «Bilan des solidarismes contractuels», *in Mélanges P. Didier*, Economica, 2008, p. 247 et s., n°14, pp. 259-261.

[19] M. -E. Ancel, *La prestation caractéristique du contrat*, Economica, 2002.

Ⅰ 民　　法

するフランソワ・シェヌデのテーズ（2008 年）[20]（(b)）である。いずれもテーマ上一定の限界を抱えるが，その後の学説（B）に与えた影響は無視できない。

　(a)　アンセルのテーゼは，契約上の債権債務の準拠法に関する欧州経済委員会のローマ条約[21]において（当事者による選択が欠ける場合の）準拠法決定基準に据えられた，「特徴的給付（prestation caractéristique）」の概念の意義を探求するものである。アンセルは，ある種の「交換型契約」を念頭に定立される「金銭給付（rémunération）と引換えになされる現実給付（prestation réelle）」という指標[22]が適用上の困難を生じる場合の例として，（無償契約や交換契約と並んで）(ⅰ)共通利益契約及び(ⅱ)「組織型契約」（結合関係を形成する契約）を挙げて論じる。いずれも各当事者により現実給付がなされるところ，(ⅰ)は，両当事者の給付が手段・目的の関係にある，すなわち一方当事者による「手段的給付（prestation instrumentale）」を前提に他方当事者がなす「目的的給付（prestation finale）」によって当事者が意図した最終目標が実現されるという関係が存在する点に特色があるところ，後者を特徴的給付と見るべきである[23]。他方，(ⅱ)（組合，アソシアシオン，不分割のほか企業間協働契約も含む）は，各当事者による現実給付（出資等）が共同化される点に特色があるところ，いずれかの給付が決定的意義を有するわけではなく，特徴的給付という基準自体が適

---

[20]　F. Chénedé, *Les commutations en droit privé. Contribution à la théorie générale des obligations*, Economica, 2008.

[21]　同条約（1980 年 7 月 19 日署名）は，当事者が準拠法を選択しなかった場合は当該契約と最も緊密な関係を有する国の法律が準拠法となるとしたうえで（4.1 条），契約は「特徴的給付」を行う当事者が契約締結時に居住し又は中心的管理機関を置く国と最も緊密な関係を有するものと推定する（4.2 条。ただし，不動産の物権・利用権を対象とする契約（4.3 条）及び運送契約（4.4 条）に関して特則が定められているほか，4.5 条により，特徴的給付を定めることができない場合及び諸事情に照らし当該契約が他の国と最も緊密な関係を有すると認められる場合には推定が排除される（4.5 条））。なお，アンセルのテーゼの出版後，同条約は欧州委員会のローマⅠ規則（2008 年 6 月 17 日署名）に取って代わられたところ，「特徴的給付」はなお一般的基準の地位を保持しているものの，その意義は若干後退した（一定種の契約の準拠法決定基準が個別に定められた上で（4.1 条），「特徴的給付」はそれ以外の契約についての準拠法決定基準となった（4.2 条））。

[22]　M. -E. Ancel, supra note 19, n[os]159-167, pp. 112-118.

[23]　M. -E. Ancel, supra note 19, n[os]175-192, pp. 123-140. 実際，ローマⅠ規則は，フランチャイズ契約・供給契約につき，目的的給付者（フランチャイジー・販売者）が居住する国の法律を準拠法とする（4.1 条 e)・f)）。

切でない⁽²⁴⁾。

　アンセルは，特徴的給付概念が国内法に与えるインパクトも論じる。その契約法一般における意義につき成立・効力・終了のレベルで様々な事柄が指摘されるが，(i)に関する限りでいえば，特徴的給付たる目的的給付が実効的になされることを確保するための契約締結前の情報提供義務や契約締結後の協働義務（情報提供義務，援助義務，契約内容調整義務等）が語られる⁽²⁵⁾。ここには，衡平・信義・誠実・均衡といった抽象的概念に依拠するのではなく，契約の構造に即して判事による介入指針を方向付けるのが望ましいとの認識が看取される⁽²⁶⁾。

　「特徴的給付」の概念は各種契約の構造的解明を要請するものであり，その意味でアンセルの分析（特に(i)について）の意義は大きい。もっとも，国際私法由来の概念から出発するゆえに，国内法の問題点を先鋭化させる意義はある一方で，国内法体系との接続は不十分である。フランス契約法体系との接続という観点からは，いわゆる「オブジェ（objet）」（目的）及び「コーズ（cause）」（原因）の概念が重要であるところ，後続の学説はこれらを駆使した検討に精力を注ぎ込むこととなる。

　(b)　国内法体系に即した分析を実際に試みたのが，シェヌデである。ディディエ同様，①「交換型契約」は交換的正義に立脚するとしたうえで，②配分的正義に立脚するタイプの契約（そこに含まれるのは組合，アソシアシオン，不分割，夫婦財産共同体等でありディディエの想定と異ならない⁽²⁷⁾）に，（ディディエが用いた「組織型契約」ではなく）「分配型契約（contrat-partage）」の呼称を与える。「分配（partage）」の語の選択理由は，契約目的自体を表す語を用いるべきである（「機関」の語から派生する「組織」（1(2)参照）は契約目的達成の手段の1つでしかない）という点に求められる⁽²⁸⁾。すなわち，①は契約当事者間での価値の移転（transfert）を実現するのに対し，②は共通利益の追求を前提とした価値の分配を実現する⁽²⁹⁾。そのうえで，シェヌデは，オブジェとコーズの

---

(24)　M. -E. Ancel, supra note 19, n°ˢ193-194, pp. 140-143.
(25)　M. -E. Ancel, supra note 19, n° 312, pp.233-234 et n°ˢ343-347, pp. 261-267.
(26)　M. -E. Ancel, supra note 19, n° 348, p. 267.
(27)　F. Chénedé, supra note 20, n°ˢ72-79, pp. 73-81 を参照。
(28)　F. Chénedé, supra note 20, n°123, pp. 114-115.
(29)　①（価値の移転）につき F. Chénedé, supra note 20, n°ˢ22-38, pp. 29-46，②（価値の

I 民　　法

概念を用いて①と②を対比し，一定の帰結を導く。

　第1に，オブジェの概念は(i)当事者が意図した契約取引全体（契約のオブジェ）と(ii)当事者がなすべき給付内容（債務のオブジェ）の両義で用いられるところ，(i)は①では価値の移転，②では価値の分配に求められる[30]。このことから，「分配型契約」という呼称選択（上述）のみならず，様々な契約の性質決定が導かれる。共通利益契約は結局のところ当事者間で価値を交換するものであり①に属するが，利益の反目構造の弛緩ゆえ特別な扱い（信義則に基づく協力義務等）が求められる特殊類型（「共通利益に基づく交換型契約」）である[31]。それに対し，企業間協働契約は多様ゆえ一義的に論じられないが，各企業が手段を給付し損益を分配するジョイント・ベンチャーやコンソーシアムは②に属する。他方，(ii)は①では他方当事者への財の譲渡に，②では共同体への財の割当てに求められる[32]。

　第2に，当事者が債務を負うに至った直接的・抽象的な理由という意味でのコーズの概念は，①では反対給付に，②では（他の当事者の出資ではなく）共通活動の成果の分配に求められる[33]。②につきコーズに関する諸規制もこの観点から把握され，(i)コーズの不存在による無効（民法典1131条）はある当事者が成果の分配から排除されることに[34]，(ii)コーズの消滅による履行拒絶や解除の正当化原因は（反対債務の不履行ではなく）共通目標の不達成に[35]，(iii)コーズ（レジオン）の不足による取消しは出資と分配利益の不均衡に[36]，それぞれ接続される。

　シェヌデの分析は，国内法的な道具立てを用いて「分配型契約」（「組織型契約」）の構造解明を試みるものであり，特に名称選択や性質決定の問題に，「組織型契約」論の多面性や分化の方向性が表れている点が重要である。もっとも，

　　　分配）につき n°s 39-47, pp. 47-56.
(30)　F. Chénedé, supra note 20, n° 126, p. 117.
(31)　F. Chénedé, supra note 20, n°s 146-158, pp. 134-146（ただし，共通利益契約の例として挙げられることの多い収益分割農地賃貸借や単純家畜賃貸借は，「分配型契約」であるとする（n°s 136-138, pp. 126-128））.
(32)　F. Chénedé, supra note 20, n°s 131-134, pp. 120-125.
(33)　F. Chénedé, supra note 20, n°s 297-300, pp. 278-283.
(34)　F. Chénedé, supra note 20, n°s 302-309, pp. 283-293.
(35)　F. Chénedé, supra note 20, n°s 310-323, pp. 293-305.
(36)　F. Chénedé, supra note 20, n°s 324-335, pp. 305-314.

テーゼのタイトルが示すように主な検討対象は「交換型契約」であって「分配型契約」は補足的に分析されるにとどまり，その具体的規律の包括的提示は意図されていないという限界があった。

B　近時の体系化の試み

　以上の議論状況下で登場したのが，ともに 2010 年に提出され，2012 年に商業出版された 2 つのテーゼである。ジャン＝フランソワ・アムランの『結束型契約（contrat-alliance）』[37]（1）とスザンヌ・ルケットの『協働型契約（contrat-coopération）』[38]（2）であり，いずれも「組織型契約」ないし関連諸契約の概念的整序と構造分析，さらには具体的規律の包括的提示を試みる。

1　アムランの「結束型契約」論

　アムランの「結束型契約」論は，ディディエ及びシェヌデの後に続く形で，「組織型契約」ないし「分配型契約」の精緻化・具体化を目指すものである。それらに代わってアムランが提示する「結束型契約」の概念と構造について見た上で（(1)），その具体的規律として示されるところを整理しよう（(2)）。

(1)　「結束型契約」の概念と構造

　「結束型契約」として想定される具体的契約類型は「組織型契約」ないし「分配型契約」と異ならず（組合，アソシアシオン，不分割，夫婦財産共同体等）[39]，またそれが配分的正義を体現する契約カテゴリーであるとの認識もアムランは

---

[37]　J. -F. Hamelin, *Le contrat-alliance*, Economica, 2012.

[38]　S. Lequette, *Le contrat-coopération. Contribution à la théorie générale du contrat*, Economica, 2012. 書評として，R. Libchaber, *RTD civ.* 2012, p. 588. 現在では，ルケットの「協働型契約」論を取り込む（「交換型契約」と「組織型契約」を契約分類の1つとして示しつつ，「協働型契約」ないし共通利益契約をそれらの中間に位置付ける）体系書が多く見られる。F. Collart Dutilleul et Ph. Delebecque, *Contrats civils et commerciaux*, 10e éd., Dalloz, 2015, n°23, p. 29 ; Ph. Malaurie, L. Aynès et Ph, Stoffel-Munck, *Droit civil. Les obligations*, 9e éd., LGDJ, 2017, n°420, p. 217; F. Terré, Ph. Simler et Y. Lequette, *Droit civil. Les obligations*, 11e éd., Dalloz, 2013, n°78, pp. 102-105 等。最後に挙げたものは，信義則（n°43, pp. 50-52），オブジェ（n°302, pp. 336-340），コーズ（n°347, pp. 395-397），不確定期限付契約の解消（n°481-2, pp. 536-539）の箇所でもルケットの分析に好意的に言及する。

[39]　J. -F. Hamelin, supra note 37, n^{os}1-2, pp. 1-2 et n°21, p. 17.

Ⅰ 民　　法

共有する[40]。しかし，アムランは，「結束（alliance）」の語を選好し（(a)），そこに含まれる2つの本質的要素を軸に「結束型契約」の構造化を図る（(b)）。

(a)　上記諸契約の本質は財の共同化・凝集にあるところ，「機関」から派生する「組織」の語（ディディエ）は，こうした「交換型契約」との相違を十分に記述しえない（「交換型契約」でも「組織」化はありうる，匿名組合のように「機関」は必須でない場合がある等）。「分配」の語（シェヌデ）は配分的正義をよりよく示唆するが，財の共同化終了の帰結を示すニュアンスがあり共同化自体を体現しない。それゆえアムランは，端的に財の共同化・凝集を表現する「結束」（ただし感情的結合ではないことが強調される）の語が最適であるとする（各当事者が給付する財を共同化する契約が「結束型契約」であり，当事者は「結束者（allié）」と表現される）[41]。

(b)　財の共同化・凝集の基礎にあるのは，①「共通目的（objet commun）」及び②「共通利益（intérêt commun）」であり，それぞれオブジェとコーズに結び付くとともに，「結束型契約」であるとの性質決定の指標もこれらに求められる。

①は各結束者がその実施につき寄与を約するところの活動（共通活動）を意味し，継続的なものでも一回的なものでもよく，また現実の活動ではなく実施されるべき活動を指す[42]。「結束型契約」における(i)契約のオブジェは結束そのものを，(ii)債務のオブジェは当該活動に対する当該の財の割当てを意味するところ，共通目的の概念はより限定的である。売買や和解等は，①の欠如ゆえ「結束型契約」ではない[43]。他方，企業間協働契約は，第三者との契約（それ自体は「交換型契約」）の締結を目的としないジョイント・ベンチャーにせよ目的とするコンソーシアム等にせよ，①を肯定することに障害はなく，②が肯定される限りで「結束型契約」である[44]。

---

(40)　J.-F. Hamelin, supra note 37, n°s 4-6, pp. 2-4.

(41)　J.-F. Hamelin, supra note 37, n°s 8-14, pp. 5-10. 「結束型契約」の語をすでに用いていたものとして，A. Sériaux, *Le droit. Une introduction*, Ellipses, 1997, n° 125, p. 110 ; du même auteur, *Contrats civils*, PUF, 2001, n° 3, p. 15 (Du même auteur, « La notion de contrat synallagmatique », *in Études J. Ghestin*, LGDJ, 2001, n° 5, pp. 786-788 も参照).

(42)　J.-F. Hamelin, supra note 37, n°s 99-111, pp. 77-85.

(43)　J.-F. Hamelin, supra note 37, n°s 139-143, pp. 97-98.

(44)　J.-F. Hamelin, supra note 37, n°s 144-146, pp. 98-103.

対して，②はコーズ（当事者が自己の債務負担により得ることを期待する利益）に結び付けられる。各結束者の債務のコーズは（他の結束者による給付や全結束者による給付の総体等ではなく）共通活動の実施にあり，②は共通活動が各結束者のために実施され各結束者を満足させることを意味する[45]。和解等は，②の欠如ゆえにおいても「結束型契約」ではない[46]。他方，共通利益契約の一部（収益分割農地賃貸借，家畜賃貸借）は②（及び①）の存在ゆえ「結束型契約」である一方，共通利益委任・出版契約・フランチャイズ等は②が欠如する「交換型契約」である（「結束型契約」であるためには債務のコーズが共通活動の実施にあることが必要だが，これらにおいては他方当事者及び自身の給付という複数の給付に債務のコーズがあるにすぎない）[47]。

(2) 「結束型契約」の具体的規律

アムランは「結束型契約」の具体的規律の包括的提示にも挑む。共通目的や共通利益の概念に関わる規律（(a)）が指摘される一方で，「結束型契約」の本質的効果（(b)）及び自然的効果（(c)）が詳論される。

(a) アムランによれば，オブジェにつき一般に要求される特定性・可能性・適法性は，「結束型契約」の場合，共通目的についても要求される[48]。また，共通目的は，創設された法人の行為能力や執行機関の権限の範囲を画する意義もある[49]。

他方，共通利益は，コーズの規制に関わる一定の規律を実現する一方，それ自体として当事者間の信頼を基礎付けるものではなく，特別の協力義務等を導くわけではないことが指摘される[50]。

(b) 共通活動の実施という「結束型契約」の本質から必然的に生じる効果（本質的効果）として，①「凝集（agrégation）」と②「配分（distribution）」が挙げられる。①は共通活動の実施のために当事者による給付（結束者の出資）が共同化されることを意味するところ，第1に，それは「交換型契約」における

---

[45] J. -F. Hamelin, supra note 37, n°s 151-166, pp. 105-118.
[46] J. -F. Hamelin, supra note 37, n°s 168-175, pp. 118-125.
[47] J. -F. Hamelin, supra note 37, n°s 176-198, pp. 125-142.
[48] J. -F. Hamelin, supra note 37, n°s 127-132, pp. 91-94.
[49] J. -F. Hamelin, supra note 37, n°s 133-137, pp. 94-97.
[50] J. -F. Hamelin, supra note 37, n°s 199-236, pp. 143-166.

Ⅰ 民　　法

給付と異なり可変的である。一方で，新結束者の加入は（他の結束者の債務のコーズたる）共通活動に影響を及ぼさず，(i)法律上・性質上の制限がない限り，また(ii)他の全結束者の同意（法律・契約による緩和も可能）が得られる限りで凝集の拡大を実現する[51]。他方で，凝集の縮小もありうるが，既存の結束者の「排除」については(i)排除条項の有効性（有効だが持分の清算を要する），(ii)一結束者に関する無効・失効原因の存在の影響（一部無効・失効にとどまる），(iii)不履行結束者の排除の可否（一部解除として認められる）が[52]，「脱退」については任意脱退の可否（脱退条項に基づかない場合でも期間の定めがない場合は原則として認められ，ある場合でも期間が過剰に長い場合は認められる）が問われる[53]。第2に，凝集の停止・解消にも特殊性が表れる。(i)一結束者による不履行を理由とする他の結束者の履行拒絶・解除がありうるだけでなく，(ii)共通目的達成の危殆化を理由とする履行拒絶・解除も認められること，また(iii)共通目的の不能・違法による解消も認められることが指摘される[54]。

②は結束者間における共通活動の実施による損益の分配を意味することを意味するところ，2点が問題となる。第1に，配分の時期（共通活動の結果の帰属メカニズム）であり，法人格の存否（法人格がない場合は執行機関の存否も関わる）により異なる[55]。第2に，配分の割合であり，(i)各結束者がした出資の価値により決まるのが原則であり，(ii)異なる合意（条項）は妨げられないがレジオン（出資と配分の不均衡）やコーズ（獅子条項は禁止）による制約がかかる[56]。

(c) 共通活動の実施に資する①「組織（organisation）」と②「法人（格）（personne morale）」は，必然的に生じるわけではないが「結束型契約」でなければ生じえない効果（自然的効果）である。①は機関，具体的には(i)議決機関と(ii)執行機関を意味するところ，(i)については，ⅰ各結束者には出資に応じた議決権が認められること（ただし合意による変更は可能）を前提に，ⅱ合意した以上の給付を結束者に強いる議決は許されないこと，ⅲ議決権は共通利益に適うように行使されなければならないことが論じられる[57]。(ii)については，業務

---

[51]　J. -F. Hamelin, supra note 37, n°s 305-319, pp. 216-222.
[52]　J. -F. Hamelin, supra note 37, n°s 321-369, pp. 224-260.
[53]　J. -F. Hamelin, supra note 37, n°s 370-394, pp. 261-277.
[54]　J. -F. Hamelin, supra note 37, n°s 395-440, pp. 277-312.
[55]　J. -F. Hamelin, supra note 37, n°s 448-478, pp. 320-336.
[56]　J. -F. Hamelin, supra note 37, n°s 479-508, pp. 336-357.

執行者のⅰ選任・辞職・解任やⅱ共通利益に適合した権限行使・職務遂行について，委任の規律との関係で論じられる[58]。

②の意義は(i)外部関係と(ii)内部関係に分ける必要があるところ，(i)については，法人格の存否によりⅰ「結束型契約」の第三者効が変わるわけではなく，ⅱ第三者との関係での業務執行者の地位・責任も変わるわけではなく，法人格の意義は強調に値しない[59]。(ii)でも法人格の意義は乏しいが，ⅰ解散・履行請求・契約責任追及の局面やⅱ業務執行者に対する責任追及等のように第三者保護が必要となる文脈で残る[60]。

2　ルケットの「協働型契約」論

他方，ルケットの「協働型契約」論は，リブシャベールが示唆しアンセル等が暫定的な理論化を試みた関連諸契約（共通利益契約・企業間協働契約）を，新たな契約カテゴリーの創出により受け止めるものである。これにより第3の契約カテゴリーが観念されるに至るところ，これは契約の現代的多様性を類型論で把握するものであって，一般的な契約思想としての連帯主義に依拠するものではないことが特に強調される[61]。ルケットが新たに提示する「協働型契約」の概念と構造について見た上で（(1)），その具体的規律として示されるところを整理しよう（(2)）。

(1)　「協働型契約」の概念と構造

ルケットのいう③「協働型契約（contrat-coopération）」は，これまでの議論に現れていた①「置換型契約（contrat-permutation）」（「交換型契約」に対応）及び②「凝縮型契約（contrat-concentration）」（「組織型契約」＝「分配型契約」＝「結束型契約」に対応）の中間形態であり（なお，「置換（permutation）」及び「凝縮（concentration）」の語の選択理由は無償・非営利のものを除外し経済的利益の実現に考察を限定することにある[62]），(i)共通利益契約や(ii)企業間協働契約は③に

---

(57)　J. -F. Hamelin, supra note 37, n^{os}513-575, pp. 365-412.
(58)　J. -F. Hamelin, supra note 37, n^{os}576-633, pp. 412-444.
(59)　J. -F. Hamelin, supra note 37, n^{os}636-676, pp. 448-488.
(60)　J. -F. Hamelin, supra note 37, n^{os}677-713, pp. 488-517.
(61)　S. Lequette, supra note 38, n°3, pp. 4-6.
(62)　S. Lequette, supra note 38, n^{os}19-20, pp. 24-26.

Ⅰ 民　　法

あたる（(a)）。ルケットにおいても，その構造の説明は，やはりオブジェとコーズの概念を通じてなされる（(b)）。

　(a)　前提として，①及び②の分析がなされる。①は価値の双方向的移転（オブジェ）により当事者の反目する利益の妥協を実現するものであり，反対給付を求める権利を獲得するために各当事者は債務を負担する（コーズ）ゆえ各当事者の債務が相互依存の関係にあるという構造を採るのに対し[63]，②は共通計画への価値の割当て（オブジェ）により当事者の利益の統合を実現するものであり，利潤の一部を求める権利を獲得するために各当事者は債務を負担する（コーズ）ゆえ各当事者の債務が同一の利益のための結合関係にあるという構造を採る[64]。②については，法人格の付与は組合契約の第三者対抗を実現するほか，組合内部の規範を表現する意義を有するものであって，組合の契約性を失わせるものではないことも言及される[65]。

　問題は(i)や(ii)が①・②に還元されるかであるが，ルケットはこれらの混合的性格を例証する。(i)（たとえば出版契約）は，当事者双方が互いに給付義務（出版者は投資・労務提供，著作者は複製権譲渡）を負う点で①の構造に近い一方，当事者双方の目する利益は異なりつつ（出版者は売上げによる利潤獲得，著作者はそれに応じた対価取得），出版という共通計画に収斂する点で②にも似る[66]。他方，(ii)は複数の企業が共通計画のために結合する点では②の構造に近い一方，各当事者が様々な契約上の債権債務で結ばれる点で①にも似る[67]。これらの本質は，契約当事者が各々の独自の経済的利益を追求するために「協働（coopération）」する点にある。

　(b)　ルケットは，③の構造をより仔細に分析する。(i)につきアンセルと同様，両当事者からなされる給付は①におけるように単に交錯するのではなく，一方の給付（出版契約でいえば著作者の複製権譲渡）を前提とする他方の給付（同じく出版の実施）により最終目標（共通計画の実現による両当事者の利益獲得）が達成されるという手段・目的の関係があるとみる。これによれば，第１に，オブジェ（当事者が意図した契約取引全体）は手段的給付と目的的給付の連鎖にあり，

[63]　S. Lequette, supra note 38, n^{os}47-67, pp. 44-56.
[64]　S. Lequette, supra note 38, n^{os}96-110, pp. 78-86.
[65]　S. Lequette, supra note 38, n^{os}90-95, pp. 72-77.
[66]　S. Lequette, supra note 38, n^{os}116-144, pp. 90-105.
[67]　S. Lequette, supra note 38, n^{os}145-179, pp. 105-126.

それにより，異なりはするが収斂する当事者の経済的利益の連携が実現される[68]。第2に，各当事者の債務のコーズは他方当事者の給付にあるが，それは自己の給付を補完するもの（手段的給付者の債務のコーズは目的的給付，目的的給付者の債務のコーズは手段的給付）であり，各当事者の債務は補完的配列関係にある[69]。債務の履行が他方当事者のみならず自己も含む両当事者の利益を実現する点で①と相違し，また単一の集合的利益ではなく各当事者の異なる利益を実現する点で②と相違する[70]。

ルケットは，より複雑ではあるが(ⅱ)も同様の構造で把握できるとする。(ⅱ)は協働の内容・対象等をアレンジする枠契約（たとえば新製品開発・販売のためのジョイント・ベンチャー）であり，それを前提に様々な個別的契約が締結されるところ，そうした個別的契約はⅰ各当事者の協働義務の具体化に向けられた契約（知的財産の供与等）とⅱ共通計画自体の実施に向けられた契約（開発された製品の販売等）とに大別され，ここでもⅰ（手段的契約）とⅱ（目的的契約）の補完的配列関係が存在する[71]。一種の「契約複合（complexe contractuel）」であるが，「協働型契約」ネットワーク（ある者が同一種の「協働型契約」を様々な者との間で締結すること）とは区別される（こちらは「契約の集合（groupe de contrats）」の概念の問題である）[72]。

以上の構造規定のもと，ルケットは，現代における様々な契約類型の中に③を見出し，(ⅰ)としてすでに列挙したもの（A2(1)(a)）のほか，立法者により創出されたものとして管理目的フィデュシ（信託）及び死後委任（ともに財産管理を共通計画とするところ，受託者・受任者への報酬が管理の成果に応じて支払われる場合は「協働型契約」と見うる）等を挙げる[73]。他方で，③とは性質決定されるべきでないものにも注意が払われ，協働の要素を含みつつも②であるもの（匿名組合等）が指摘されるほか，「協力（collaboration）」の側面はあるが①に

---

[68] S. Lequette, supra note 38, nos186-193, pp. 132-137.
[69] S. Lequette, supra note 38, nos194-198, pp. 137-141.
[70] S. Lequette, supra note 38, nos199-214, pp. 141-155.
[71] S. Lequette, supra note 38, nos218-233, pp. 157-166.
[72] S. Lequette, supra note 38, nos234-254, pp. 166-177.
[73] S. Lequette, supra note 38, nos257-288, pp. 179-206. 管理目的フィデュシ及び死後委任については，拙稿「フランス民法典における『信託』について」水野紀子編著『信託の理論と現代的展開』（商事法務，2014年）253頁以下を参照。

Ⅰ 民　　法

とどまるものの例として労働契約（そこで見出される経済的依存関係は共通利益の追求や給付の補完性を基礎付けるわけではなく，労務と賃金の置換を実現するにすぎない）等が指摘される[74]。

(2) 「協働型契約」の具体的規律

ルケットは，「協働型契約」の具体的規律を論じる前提として，その本質的特徴を整理する。各当事者の給付が手段・目的の関係を形成して共通計画の実施に向かうという取引構造上，「協働型契約」は展開性（事態の推移に従って給付を調整することを予定する）及び射倖性（共通計画の実施がもたらす成果は不確定である）を帯びる一方[75]，別々だが収斂する利益のための連携が求められるゆえ契約相手方はいわばパートナーであることから，人的考慮の重要性（相手方への信頼が必須である）及び対等的関係の必要性（交換的正義と配分的正義の中間たる「協働的正義」として相互的給付及び共通計画への対等な権限が要請される）という特徴があるとする[76]。そのうえで，契約の成立（(a)）・効力（(b)）・終了（(c)）の各局面を詳論する。

(a) 「協働型契約」は（申込み・承諾の合致という即時的態様ではなく）交渉の蓄積を通じて成立するのが通常であるところ，共通計画の実施のための各々の給付のあり方及び各当事者の権限を定めることを目的とする当該交渉においては，その開始・継続・破棄の各局面で信義則の要請が他の型の契約等にも増して要求され，不適切な交渉態様は当事者の不法行為責任を正当化する[77]。また，同じく信義則の要請から，合意の瑕疵に関わる規律として，契約締結前の情報提供義務（錯誤・詐欺）や経済的拘束（強迫）の規律が重要な意義を果たす[78]。

契約内容に関しては，①オブジェ及びコーズが本質的債務（各当事者の給付義務）に関する規制を司る。(i)オブジェについては給付の特定性・存否・可能性が要求されるところ，手段的給付に関する判断には「協働型契約」の独自性はないが，手段的給付を前提に共通計画を具体化するところの目的的給付に関しては，特定性の強い要請，手段的給付の不能がその不能をもたらすこと，

---

[74]　S. Lequette, supra note 38, n^{os}289-319, pp. 207-231.
[75]　S. Lequette, supra note 38, n^{os}329-336, pp. 243-252.
[76]　S. Lequette, supra note 38, n^{os}337-348, pp. 252-265.
[77]　S. Lequette, supra note 38, n^{os}354-361, pp. 270-278.
[78]　S. Lequette, supra note 38, n^{os}362-381, pp. 278-299.

手段的給付者が売上げの一定割合（部分的報酬）を取得する旨の条項の効力といった問題を生じる(79)。(ii)コーズについても給付の補完性に即した判断が必要であり，目的的給付者の債務のコーズに関しては手段的給付が共通計画実施に適したものか・手段的給付に対応した市場が存在するかが問われ，手段的給付者の債務のコーズに関しては同様の事柄のほか部分的報酬が僅少でないかが問われる(80)。また，②これらの本質的債務について，協働の条件（一定の売り上げ達成を促す条項，排他的取引を求める条項）や範囲（物的・時間的範囲を限定する条項）が付随的に約定されることが多いことも指摘される(81)。

(b)「協働型契約」では「置換型契約」と同様に当事者間に相互的な給付義務が発生するだけでなく，共通利益の追求に向けた要請，具体的には①債務の協働的履行と②権限の協働的行使の要請が生じる。①として想定されるのは(i)協働義務（devoir de coopération）であり，「置換型契約」で要請される協力（契約に対する相手方の期待を阻害しない義務）や「凝縮型契約」で要請される協力（団体の秩序に従う義務）とは異なり，「協働型契約」では（それらのみならず）共通計画の実施に積極的に貢献する義務（協働義務）が観念される。手段的給付者が負う援助義務（契約締結後の情報提供義務，競業避止義務も含む），目的的給付者が負う手段的給付者の利益に配慮した経営を行う義務（報告義務等を含む）等である(82)。(ii)調整義務（devoir d'adaptation）は協働義務の延長線上にあり，展開性を備える「協働型契約」では，事情変更の原則の許否が議論される「置換型契約」とは大いに異なり，契約内容の調整は共通計画の実施という目的達成に必須のものであり，それゆえ調整条項があらかじめ約定されることが多いが，そうでない場合でも一定の要件で調整義務が認められる(83)。

②については，一方当事者に契約の内容変更・解消等の一方的権限を与える条項の扱いが近時注目を集めるが，「協働型契約」でも企業間協働契約におけるブロック条項（事態の推移に応じた決定を行うべく設置された議決機関における各企業の拒絶権限）等が見られるところ，その規制（理由提示義務の賦課の是非

---

(79) S. Lequette, supra note 38, n°s 385-390, pp. 300-307.
(80) S. Lequette, supra note 38, n°s 391-393, pp. 307-310.
(81) S. Lequette, supra note 38, n°s 403-418, pp. 317-330.
(82) S. Lequette, supra note 38, n°s 425-450, pp. 337-362.
(83) S. Lequette, supra note 38, n°s 451-464, pp. 362-377.

Ⅰ 民　　法

等）が問われる[84]。

　(c)　「協働型契約」の終了原因には①期間満了と②一方当事者の債務不履行とがあるところ，①の規律は契約が(i)不確定期限付か(ii)確定期限付かで異なる。(i)では予告期間の確保，濫用的解約の規制が，(ii)では黙示の更新や濫用的更新拒絶，再交渉・延長・更新条項の効力，期限前解約条項の効力（理由提示義務を課すべきこと等）が論じられる[85]。②については，共通計画実施のために給付が補完的配列関係をなすという「協働型契約」では，共通計画実施に障害を及ぼす不履行についてのみ不履行の抗弁（相手方の債務不履行を理由に自己の債務の履行を拒むこと）が許され，また各当事者の経済的利益に沿う共通計画実施の可能性が阻害される場合に解除が正当化される（これを推し進めれば，不履行がなくとも，共通計画実施が経済的意義を失ったり，不和や当事者変更により信頼関係が喪失したりすることによる解除が認められる）ことが指摘される[86]。

　契約終了の効果については，手段的給付・目的的給付の返還のあり方や，終了後の当事者利益の保護手段としての競業避止義務や秘密保持義務等が論じられる[87]。

Ⅲ　フランスにおける「組織型契約」論の分析

　以上で紹介したフランスにおける「組織型契約」論にはどのような特徴があり，どのような意義があるか。契約法における「組織」の定位のあり方という観点から整理を行ったうえで（A），その契約法理論上の意義について考えよう（B）。

A　契約法における「組織」の定位

　「組織型契約」論ないし「組織型契約」概念の難しさの根本は，そこに含まれる「組織」が厳密な意味での法律用語ではなく（あるいは少なくとも一義的な用語として固まっているわけではなく），（法的な分析を必要とする）社会実態を捉えた事実的概念である点に存する。どのように「組織」を把握し（1），契約

---

[84]　S. Lequette, supra note 38, n°ˢ 465-483, pp. 377-397.
[85]　S. Lequette, supra note 38, n°ˢ 490-508, pp. 403-421.
[86]　S. Lequette, supra note 38, n°ˢ 509-535, pp. 422-444.
[87]　S. Lequette, supra note 38, n°ˢ 536-568, pp. 445-469.

〔中原太郎〕　　　　　　　3　フランスにおける「組織型契約」論の動向

別　表

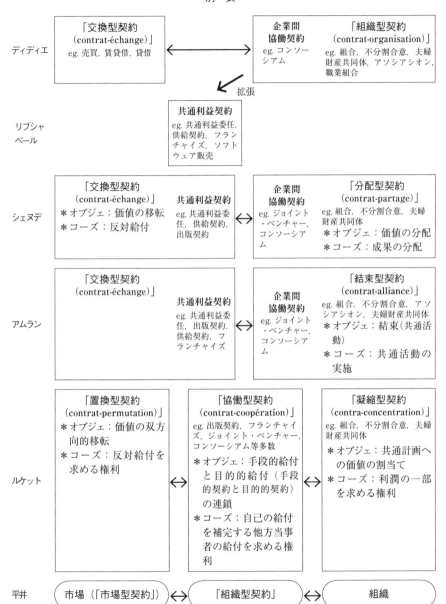

I 民　　法

法体系の中に取り込むか (2)。フランスの議論を平井理論と対照して分析しよう。

1 「組織」の把握

平井理論とフランスの「組織型契約」論とでは，「組織型契約」を語る必要性を認識する端緒は類似するものの ((1))，その把握の具体的態様 (結論として導かれる「組織」の概念規定) に顕著な相違が見られる ((2))。

(1) 把握の端緒

「組織型契約」という概念が新規に提唱される背景には，古典的・標準的な契約とは異なるタイプの契約が現に存在し，それらの適切な位置付けが必要であるという認識がある。こうした実践的関心は平井理論にもフランスの議論にも強く表れており，いずれにおいても諸々の流通契約 (特約店・代理店契約，フランチャイズ) が特に関心の的となっていることがうかがわれる。フランスにおいてはさらに「共通利益契約」「企業間協働契約」という緩やかなグルーピングのもと様々な契約が念頭に置かれるが，これらに含まれる諸契約の多くは日本でも問題となりうるだろう。他方で，フランスでは組合という民法典上の典型契約も視野に入れられ，むしろ議論の出発点を構成したのに対し，平井理論ではほぼ等閑視されているという点は，「組織」の概念規定 ((2)参照) との関係で重要な事実である。

理論的な背景にも目を向ける必要があろう (ただし，継続的契約論・関係的契約論・典型契約論との関係はBで扱う)。「組織」を「市場」と対置しそれらの中間形態を見出す経済学的知見 (平井における「市場と組織」の法理論の発想源) への言及はフランスの議論でも見られ，「協働型契約」(平井の「組織型契約」に対応) を提唱するルケットはこれを明示的に参照する[88]。もっとも，それを指導原理に据える (そこから導かれる「市場原理」「組織原理」をもとに具体的規律の構築を説く) 平井理論 (この点への批判は強い[89]) とは異なり，ルケットに

---

[88] S. Lequette, supra note 38, n°7, pp. 10-12.
[89] 内田・前掲注(3)(上) 21頁は，取引費用経済学 (平井の依拠するウィリアムソンの理論) は実証的理論であって規範的言明を導くことはできないとする。また，中田・前掲注(3) 26頁(28)は，平井・前掲注(2)③ 32-33頁の反論を踏まえ，平井が法的議論との結節点とする「契約の規範的解釈」との関係説明を求める。

おいては「協働型契約」を観念することの補足的正当化（経済学ではすでにそうした契約の存在が知られており，その法的定式化が期待されていることの指摘）として援用されているにすぎず，経済学的知見（取引費用経済学）に規範理論としての価値は見出されていない。

　フランスの議論でより強い正当化の論理として援用されているのが正義論であり，「交換型（置換型）契約」は交換的正義（人は同等の財と引換えにでなければ財を奪われない）を，「組織型（分配型・結束型・凝縮型）契約」は配分的正義（同一の共同体に属する者はその貢献に応じて平等に利益・負担を分配される）を体現するとの認識が，主要学説に共通して見られる（ディディエ，シェヌデ，アムラン，ルケット（さらに「協働型契約」に対応する中間的な「協働的正義」を説く））。さらなる比較を要するものの，類似の分析は平井にも見られる[90]。ただし，平井が時としてそれを前面に押し出すのと異なり[91]，フランスの議論では，正義の観念から演繹的に具体的規律が導かれるというよりは，実定法状況を前提とする契約法理論の構築という事実志向的なアプローチが議論の要をなし，正義論はこうした作業の緩やかな前提ないし後ろ盾として機能するにとどまっている点に注意する必要があろう。

(2) 把握の態様

　実定法状況を前提とする契約法理論の構築の前提として，フランスの議論が平井理論と大いに様相を異にするのは，「組織」の捉え方である。平井は，①「組織」を，「他人と財を交換する関係」[92]と定義される「市場」と対置する。ここでは，交換による財の取得は契約という法的枠組みによって行われる

---

[90] 平井は，正義論に関する詳細な分析（平井・前掲注(2)①93-117頁）を前提に，契約における正義は交換的正義であって（同・前掲注(2)④105頁も参照。なお，「組織」は契約法の守備範囲外であるとの理解（(2)参照）が前提とされている），「市場」及び「中間組織」の設計はそれ（後者ではさらに手続的正義が加わる）を基準とすべきであるとする（同・前掲注(2)②(1)103-104頁。同・前掲注(2)①131-136頁，161-163頁）。他方，「組織」でなされる権威的決定については，正義性基準と効率性基準とがトレードオフの関係に立ち，分配の不平等の問題が生じやすいことを指摘する（144-151頁，153-156頁）。

[91] 平井・前掲注(2)②104頁は，契約においては契約という法技術それ自体に効率性基準の要件への考慮が含まれており，むしろ正義性基準が重要であるとする。

[92] 平井・前掲注(1)395頁。同・前掲注(2)①62-63頁，同・前掲注(2)④29頁も参照。

Ⅰ 民　　法

のに対し，「組織」を通じての財の取得はそうではないとの（「組織」を契約法の射程外に置く）見方が示されている[93]。また，こうした見方を前提とする以上，平井がいう「組織型契約」は，「組織」そのものではなく，契約でありつつも「組織」の色彩を帯びたもの（中間形態）を把握する概念であることになる[94]。そのうえで，②「組織」には，「支配・服従の関係を通じて財を得る関係」[95]との定義が与えられ，「権威的決定」と結び付けられる[96]。もっとも，その含意は明確でなく，（i）「組織」の定義としては官僚制をモデルにした説明がなされる（国家と国民，官公庁の長と勤務する職員，企業のオーナーと従業員の関係等が具体例として挙げられる）一方[97]，（ii）「組織」の基本的な法的枠組みは「法人」であるとしており[98]，「組織」の定義に含まれる支配・服従には様々なものが想定されている（「組織型契約」が成立する中間組織は「弱いヒエラルヒー」であるとする[99]）。注意すべきは，（ii）において組合も一応は「組織」の一例に挙げられる一方，「組織」の内部関係は各法分野で異なり，基本的要素の抽出は不可能であるとの理由で重要視されていない点であり[100]，結果として「組織」に契約関係を見出さない①の分析とも（奇妙な）一致を見せる。

　他方，フランスの議論は，そもそも組合契約（及びそれに類似する契約）を出発点とするものであった。「組織（organisation）」，すなわち「機関（organe）」（決定機関・執行機関）に契約当事者が拘束される点にその本質を見出す初期の学説（ディディエ）と平井における「組織」理解（ただし上記(ii)）の距離は，「組織」でも契約たりうるという点を捨象すればそう遠くない。しかし，その後の学説では，損益の「分配」（シェヌデ），共通計画実施のための「結束」（アムラン），財の「凝縮」（ルケット）といった点が重視され，②'「組織」たるゆえんは，共通利益の追求という当事者の利益追求態様に求められている[101]。

---

[93]　平井・前掲注(1) 399-400 頁。同・前掲注(2)① 125-127 頁，139-141 頁，同・前掲注(2)② 104 頁も参照。
[94]　平井・前掲注(1) 401 頁。同・前掲注(2)② 104 頁，同・前掲注(2)④ 64-65 頁も参照。
[95]　平井・前掲注(1) 395 頁。同・前掲注(2)① 63 頁，同・前掲注(2)④ 29 頁も参照。
[96]　平井・前掲注(2)① 63 頁，136-138 頁。
[97]　平井・前掲注(2)① 63 頁，137-138 頁。同・前掲注(1) 401 頁も参照。
[98]　平井・前掲注(2)① 139 頁。
[99]　平井・前掲注(2)① 155-163 頁（28-33 頁も参照）。
[100]　平井・前掲注(2)① 139 頁。
[101]　「凝集」「配分」は「結束型契約」の本質的効果である一方，「組織」「法人」は自然

このことは①'「市場」との対比の意義ともリンクしており，財の「交換」は契約による利益追求の一態様と位置付けられるにすぎず（「交換（置換）型契約」），契約法の守備範囲は別の態様（「組織（分配・結束・凝集）型契約」）にも開かれる。また，ルケットの分析を踏まえるならば，各タイプの契約は，(i)当事者が異なる利益を各々独自に追求する場合（「交換型契約」），(ii)当事者が異なる利益を協働して追求する場合（以下「協働型契約」），(iii)当事者が共通の利益を追求する場合（以下「結束型契約」で代表させる）に分類され，(ii)（平井の「組織型契約」に対応）が「中間」たるゆえんの説明も明快なものとなる。このように利益追求態様の観点から「組織」が細分化して把握されるのであり（(ii)・(iii)），このことはまた，契約はそれ自体１つの「組織」であるとの極端な考え方（連帯主義から導かれうるもの）を排斥する意義をも有する。他方で，ルケットが断るように，同一種の契約をある者が複数の者と締結することにより形成される「契約の集団」という意味での「組織」[102]の把握は別法理に委ねられる。

　フランスにおける「組織型契約」論は，①「人は自己の利益の追求のために契約を締結する」という契約の１つの本質に忠実な形で理論構成を行うものであり[103]，また②（平井理論は等閑視するが）現に民法典上存在する契約類型たる組合を射程に収め，既存のものも含めた様々な契約の全体的配置を描く点で否定しがたい魅力がある[104]。実際，②'平井以降の日本の学説では，組合に

　　　的効果にすぎないとするアムランの分析（ⅡB１(2)(b)・(c)）は，端的にこのことを示す。
(102)　日本で「ハブ＝スポーク型契約」などと呼ばれるものに対応する。民法（債権法）改正検討委員会編『詳解債権法改正の基本方針Ⅴ』（商事法務，2010年）418-427頁（団体性のある継続的契約の１類型たる「多数当事者型継続的契約」と位置付け，不当な差別的取扱いの禁止に関する条文を提案する）参照。
(103)　このような観点への着目は，対象たる財の「取引特殊性」を中心的指標として「組織型契約」を「市場型契約」と区別する平井理論と大きく異なる。もっとも，「取引特殊性」の概念及び指標としての適切性に対しては強い異論があるほか（内田・前掲注(3)（上）20-21頁。同『契約の時代』（岩波書店，2000年）280-304頁も参照），2(1)で見るように平井理論の戦略が契約の「規範的解釈」にあることからすると，対象たる財の性質に着目して推定的意思を語るのは迂遠であるように思われる。
(104)　ただし，会社・法人をどう位置付けるかという難問もあり，日本法の文脈では，組合と社団の関係という古典的議論と接続し，「組織」の経済学的分析等にも関連する。立ち入ることはできないが，ⅡA１(2)で見たように会社を組合の延長線上に位置付けるフランスでさえも，組合・会社の契約性に対する疑問（制度ないし合同行為と捉えるべきでないか）は存在する（J.-F. Hamelin, supra note 37, n^{os}55-94, pp. 39-70 ; S. Lequette, supra note 38, n^{os}71-87, pp. 58-71）。

Ⅰ 民　　法

「組織型契約」性ないし「組織」性を見出すものがある[105]。そこでは①'「組織」をどのような観点から捉えるかが問題となるところ，少なくとも利益追求態様への着目はきわめて重要な1観点を提供するだろう（もちろん，別観点からの「組織」把握は排除されない。重要なのはどの観点から「組織」を語るかであり，その明確化こそが議論の精緻化に資するだろう）。もっとも，フランス・タイプの議論の価値を吟味するには，さらにより技術的な側面（B）に踏み込む必要がある。

2　「組織」の取込み

平井理論とフランスの「組織型契約」論は，「組織」を契約法理論に取り込むにあたっての戦略（(1)）とその帰結（(2)）の面でも相違が看取されるが，その実質的な意図や目指されている方向性は同様であるといえる。

(1)　取込みの戦略

平井が「組織」的要素を契約法に取り込むにあたって依拠するのが，契約の解釈というルートである。①それこそが当事者の権利義務関係を明らかにするものであるという認識がこの戦略を支え，②またこれを前提に「組織型契約」では「市場原理」[106]のみならず「組織原理」[107]を解釈基準に据えた様々な解決が実現されるべきことを主張する。それに対し，フランスの議論では，こうした立論は少なくとも表には出てこない。これはどういうことなのだろうか。

平井理論にもう少し注釈を加えよう。第1に，契約の解釈により契約当事者

---

[105] 大村敦志『新基本民法5』（有斐閣，2016年）181頁は，組合を「組織型」の契約，通常の売買を「取引型」の契約とし，フランチャイズを（保険や継続的売買等とともに）「中間型」の契約と整理する。中田裕康『契約法』（有斐閣，2017年）560頁も，組合の「組織」性を指摘する。

[106] 具体的には，①一回的・単発的であること，②市場への参入又は脱退は自由であること，③取引によって生じる利益及び損失のリスクは，すべて取引当事者自身に帰属すること，④市場では，より大きな利益を得られる取引相手を求めて競争が繰り広げられる（「淘汰圧」にさらされる）ことである（平井・前掲注(1)401-402頁）。

[107] 具体的には，①少なくとも一定の期間は存続すること，②上位者からの指揮命令を受けることにより自由な決定の許される範囲は限定され，また参入と脱退は市場におけるほど自由ではないこと，③組織の中の者は，自らの決定のために自ら利益を得，損失を受けることはないこと，④組織の中の人間は「淘汰圧」にさらされることはないことである（平井・前掲注(1)402頁）。平井・前掲注(2)117-118頁も参照。

間の権利義務関係が明らかになるという上記①の前提自体は正当であるとしても，その作業の実質は何か。平井は，当初の論文では当事者の「意思」の探求を標榜したが，そこでなされているのは，当事者の現実の意思というよりは，当該種類の契約を締結する当事者ならば有するのが通常であると評価すべき意思（当該契約の締結を「合理的」たらしめる客観的事情から導かれる意思）の探求である[108]。後の著作では，平井はこれが（「本来的解釈」に対置される）「規範的解釈」，すなわち「契約当事者の意思如何に関わりなく行われる契約上の権利義務を創造する作業」[109]を多く含むことを強調しているところ[110]，「組織原理」なるものの措定・演繹を試みる平井理論が実質的に目指したのは，「組織型契約」というタイプの契約の範型の導出にほかならない。第2に，上記②により導かれる諸解決もこのことを反映する。平井は，(i)「組織型契約」では長期にわたる存続を保障すべきこと[111]，(ii)「組織型契約」は本来的に複雑な内容を持つものと考えるべきこと[112]，(iii)明示の合意がなくても「組織原理」の根本的性質に関わる諸義務が課され，その不履行は直ちに当事者の一方に解約権を発生させること[113]を挙げる。このうち((ii)はそもそも「組織型契約」に特有のものか疑わしいゆえ措くとして，)(iii)は「組織型契約」における当事者の

---

[108] 「当事者はなぜ『継続的』であることを欲する『意思』をもつに至るのか」が問われなければならないとし，これは，「人が『合理的に（つまり欲求を満足させる程度を最も大きくするように首尾一貫して）』行動する，という仮定をおき，当事者が『合理的』に行動すれば『継続的』とならざるをえないような（つまりそのほうがより大きな満足を得られる）状況とは何か」を問わなければならないことを意味するとする（平井・前掲注(1) 394頁）。

[109] 平井・前掲注(2)④ 102頁。

[110] 平井・前掲注(2)④ 117頁。

[111] 具体的には，期間中の存続を強く保障すべきこと，期間の定めがない場合でも少なくとも合理的な期間内は存続するという解釈を基本とすべきこと，期間満了に際しては定めがなくても更新されるのが原則と解すべきこと，解約にあたって特別の要件を課すべきことである（平井・前掲注(1) 404頁。同・前掲注(2)④ 120頁も参照）。

[112] 具体的には，契約書の各条項を総合的に解釈すべきこと，契約書外の明示・黙示の合意や取引慣行をすべて調査し考慮すべきこと，契約書の名称にとらわれるべきでないことである（平井・前掲注(1) 404-405頁。同・前掲注(2)④ 120頁も参照）。

[113] 具体的には，(i)当事者たる地位の同一性保持義務，(ii)一方当事者の負う商品の供給義務，一手販売権の付与義務，情報・ノウハウの提供義務・実施許諾義務，設計図・金型・機械設備の提供義務，従業員に対する訓練・助言義務等，(iii)他方当事者の負う一手販売義務・営業専念義務・秘密保持義務・競業避止義務等を挙げる（平井・前掲注(1) 405頁。同・前掲注(2)④ 121-122頁も参照）。

I 民　　法

本質的な義務を定めるものにほかならず，また(i)も「組織型契約」の終了に関する原則的なルールを提示するものといえる。もっとも，これらの導出に「組織原理」がどう作用しているかは明確でなく（当該原理から直接に導かれるのはせいぜい(i)のみだろう），そもそも「組織原理」から法的結論を導出することに対する懐疑も強く示されている(114)。

フランスの議論は，平井理論が実質的に目指した「組織型契約」の範型の抽出に，正面から取り組むものといえる。そこでなされているのは，②'各タイプの契約における利益追求態様から導かれる契約構造の分析であり，「組織原理」の措定という一般化を挟むことなく当該契約の構造・性質から直接に，(2)で整理するような具体的規律が描かれる。問題は①'そのようにして抽出される各タイプの契約の範型の法技術的な意味である。ルケット（「協働型契約」）はこの点につき何も述べないが，アムラン（「結束型契約」）は，具体的規律の包括的提示の作業には，ⅰ詳細な規定を欠く契約類型につき判事が依拠しうる一般法を提供し，ⅱ様々な契約類型における解決（一定の条項の効力等）に正当化根拠を与え，さらにはⅲ契約類型相互間の解決の相互参照を促す意味があるとする(115)。導出される具体的規律に，時に半強行的な効力（ⅱ），さらには契約類型間の解決の平準化を促す機能（ⅲ）を見出す可能性をも想定しつつ，原則として任意的規律としての性質（ⅰ）を与えるものといえよう。もっとも，実践的には，提示される具体的規律が意味を持つのは当事者間で約定・条項がなく（ただし，ⅱは約定・条項の効力に作用する），かつ法律条文も存在しない場合であるところ，少なくとも日本法に関する限り，「任意的・標準的」な規律（ⅰ）を契約規範に取り込むには，「規範的解釈」ないし「補充的解釈」というロジックないし操作を挟む必要があり，その根拠は信義則に求めることになろう。

(2) 取込みの帰結

「組織型契約」の具体的規律はどう整序されるか。①平井理論の当初からの

(114) 内田・前掲注(3)（上）21頁は，実証的理論であるウィリアムソンの理論（平井が依拠）からどのようにして規範的言明が導かれるのかが明確でないとする。また，中田・前掲注(3)11頁，26頁注㉘は，内田批判に対する平井・前掲注(2)③（下）32-33頁の応答を踏まえ，規範的解釈の中心的基準たる信義則との関係説明を求める。
(115) J.-F. Hamelin, supra note 37, n^{os}16-18, pp. 11-13.

意図は，標準的なタイプの契約（「市場型契約」）との対比で特徴的な規律を示すことであったといえる。もっとも，②平井は「組織原理」の一方で「市場原理」も措定し，「組織型契約」は両原理の交錯の場と捉えるために(116)，両者の使い分けという問題を残した(117)。さらに，③平井は後の著作で，①の観点から，契約の成立（成立態様の相違，交渉過程における権利義務関係の重要性）・効力（同時履行の抗弁権の不適用，危険負担の不適用）・終了（解除や告知の規律の特殊性）に関する諸事項を挙げ(118)，網羅性を高めるが，これらと②「組織原理」（ないし「市場原理」）との関係は明確でない。他方，フランスの議論は，①'同じく標準的なタイプ（「交換型契約」）との対比で特徴的な規律を示すことを目的とし，②'当該契約における利益追求態様を基点として様々な具体的規律を描き，③'契約の成立・効力・終了の全局面を網羅することを目論むものであり，(1)で述べたことも踏まえると，平井理論にも表れている視点を貫徹した場合の姿をより周到に示すものと評することができる。

　問題は上記②'が描く姿が具体的にどのようなものかである。本稿は具体的規律面に十分に踏み込むものではなく，また「結束型契約」「協働型契約」の分類に応じた整理・検討を必要とするが，誤りを恐れずに非常に大まかにまとめるならば，少なくとも以下の諸相が観察される。第1に，各タイプの契約における利益追求態様は，オブジェやコーズという道具立てを媒介として，契約の基本的な存立（成立レベルでは契約の有効性，効力レベルでは不履行の抗弁権，終了レベルでは一方的解消の要件等）を直接左右する。当該契約の本質的要素が欠如・危殆化することにより無効，効力停止，解除等が正当化される。第2に，利益追求態様の観点は，契約当事者の義務にも表れる。各当事者は当該契約により一定の財産・役務の給付義務を負うところ，そうした主たる給付義務にとどまらず，信義則上，当該タイプの契約における利益追求の実現に必要な，あるいはそれに資する様々な付随的な義務を負う（不法行為規範を媒介として，契約締結前の義務も正当化される）。第3に，以上のようにして導かれる諸規律を含む，各タイプの契約における利益追求態様から生じる要請は，契約当事者が

---

(116) 平井・前掲注(1) 405-407頁。同・前掲注(2)④ 122-123頁も参照。
(117) 中田・前掲注(3) 11-12頁，26頁注(29)。
(118) 平井・前掲注(2)④ 66-67頁，136-144頁，163-166頁，213-214頁，251-254頁。このうち契約成立の態様については，村井武＝平井宜雄「交渉に基づく契約の成立（上）（中）（下）」NBL702～704号（2000～2001年）も参照。

I 民　法

締結する様々な条項の効力を判断するうえでも基礎となる。

　特に注目すべきは，上記の第2点であり，「協働型契約」（平井の「組織型契約」に対応）に関するルケットの分析が目をひく。当事者が他の当事者への協力や事態の推移に応じた契約内容の改訂交渉を義務付けられるかという問題は現代的に注目を集めるところ，契約そのものが当事者間の協働を予定する「協働型契約」においては，協働義務・調整義務がむしろ当事者の本質的義務として観念され，履行における信義則（民法典1134条3項）というよりは契約の拘束力（同条1項）によって導かれるというのが適切であり，この点で「交換型契約」や「結束型契約」とは異なるとされる[119]。同じく「協力」「協働」といっても，当該タイプの契約が予定する利益追求態様に応じて位置付けに差異があることが示されている。

B　契約法理論上の意義

　以上のようなフランス・タイプの「組織型契約」論は一定の一般理論を志向するものであるところ，その意義を測るには，一方で継続的契約論・関係的契約論（1），他方で性質決定論・典型契約論（2）との対照が有益である。

1　フランス・タイプの「組織型契約」論と継続的契約論・関係的契約論

　フランス・タイプの「組織型契約」論は，継続的契約論（(1)）や関係的契約論（(2)）と接点を有しつつ，そこに含まれる視点を摂取しながら理論的により適切な方向性を目指すものといえる。

(1)　継続的契約論との関係

　平井理論は，当初の論文のタイトルが示すように，「組織型契約」の概念を継続的契約の1類型として提示する（継続的契約の分類を示す）ことを目論むものであった。もっとも，平井のその後の著作では「組織型契約」はより積極的な一般的分類に昇華されているような印象を受ける[120]。対するフランスの

---

(119)　S. Lequette, supra note 38, n°426, pp. 338-339.
(120)　平井・前掲注(2)④ 61-62 頁は，一時的契約・継続的契約という分類を説明する中で，後者につき「組織型契約」は別扱いする一方，同 64 頁以下は，当該分類とは別立てで「市場型契約」「組織型契約」の分類を立てる。理論的にも，平井理論が「組織型契約」

議論でも，その萌芽期には，「期間 (durée)」の要素が重要な意味を持つ契約として「組織型契約」に着目する分析（リブシャベール）が見られた。しかし，その後の学説ではこうした視点は強調されない。特に，（平井の「組織型契約」に対応する）「協働型契約」を提示するルケットは，「期間」の要素（契約関係の継続性）は当該タイプの契約の1つの特徴にすぎないとし，継続的契約としてのみ語ることを拒絶する[121]。

　フランスの議論は利益追求態様に従って契約の分類を行うところ，共通利益の追求を目的とするにせよ（「結束型契約」）異なる利益の協働的追求を目的とするにせよ（「協働型契約」），当事者が各自の給付義務を履行するのみで契約がその目的を達するのではなく，各当事者による給付を元手にした共通計画の実施が控えている。そのことに伴う継続性が必然的に予定されている点では継続的契約であるが，その長短は様々であるほか（共通計画は単発的なものでもよい），そもそも継続性は当該の利益追求態様の帰結にすぎない。以上の意味において，「結束型契約」や「協働型契約」を単に継続的契約の1類型と見ない傾向は首肯できる。

　もっとも，このことは，継続的契約論と完全に決別することを意味するわけではない。たとえば，「協働型契約」に関し，期間の定めがない場合の解消の規律や期間の定めがある場合の更新の規律等は，継続的契約に関する従来からの議論が下敷きとされる。また，その調整義務に関する規律は，事情変更をめぐる議論を前提としている。しかし，「継続的契約」の概念自体一義的な定義が難しく，種々の下位概念が措定されたうえで様々な問題が論じられる傾向がフランスでも見られるところ[122]，「結束型契約」論ないし「協働型契約」論は，

の指標とするのは取引の対象の「資産特殊性」であるところ，継続的契約であるかどうかは副次的な意義を有するにすぎない。なお，「継続」性への着目の法技術性の欠如を指摘するものとして，白石忠志「契約法の競争政策的な一断面」ジュリ1126号（1998年）128頁，田村善之「市場と組織と法をめぐる一考察(2)・完」民商121巻6号（2000年）800-803頁等。

[121]　S. Lequette, supra note 38, n°4, pp. 6-7.
[122]　フランスの継続的契約論（の多様性）については，中田裕康『継続的売買の解消』（有斐閣，1994年）115-219頁，224-284頁，402-414頁，同『継続的取引の研究』（有斐閣，2000年）32-95頁，同「フランス民法改正案における継続的契約」淡路剛久先生古稀祝賀『社会の発展と権利の創造——民法・環境法学の最前線』（有斐閣，2012年）191頁以下等。

I 民　　法

「期間」よりも前段階の視点（利益追求態様に基づく契約構造の相違）に依拠して一定のタイプの契約を括り出すものであり，統一性を欠きがちな継続的契約論の問題郡の一部をより有意な形で切り出す意義があるといえよう。

(2) 関係的契約論との関係

「組織型契約」論は，関係的契約論とも深く関わる。内田貴は，平井理論に対して周到な批判を加える一方，平井が「組織型契約」として把握する諸々の契約類型をも対象とし，裁判例等に即して自身の関係的契約論の具体的論証を行うとともに[123]，(平井の説く指揮命令関係ではなく)「信頼」という当事者の「関係」がこの種の契約において重要である（特に契約関係の解消の場面に表れる）ことを指摘する[124]。なお，平井も，当初の論文後の著作では，関係的契約論にこそ言及しないが，「組織型契約」における「信頼」の要素の重要性を指摘する[125]。それに対し，フランスの議論においても，特に共通利益契約（シェヌデ等においては「交換型契約」に止められたのに対し，ルケットは「協働型契約」として括り出す）に関し，関係的契約論による把握可能性が指摘されるものの，結論としては排斥される点が注目される[126]。

フランスでは，他国におけるのと異なり，関係的契約論が積極的に紹介・検討されてきたわけではない[127]。ルケットは，当該理論を，①即時的・一回的な交換を実現し，当事者が誰であるかが重要な意味を持たず，債務の内容・態様が明確に定められる「単発的契約（contrats discrets）」の一方で，②継続的契約であって，当事者間の密な関係を前提とし，契約の内容が履行の段階に応

---

[123] 内田貴『契約の再生』238-243頁（下請契約），同・前掲注(103)11頁・14頁・23-24頁・75頁・77-78頁・246-247頁・291頁（フランチャイズ契約・代理店契約）。

[124] 内田貴『制度的契約論――民営化と契約』（羽鳥書店，2010年）92-94頁。

[125] 平井・前掲注(2)②(1) 104頁，同・前掲注(2)④ 61頁。

[126] ただし，R. Libchaber, supra note 13, n°s 22-23, pp. 231-232 は，関係的契約は社会経済学的概念であり契約の分類としては採用できないとしつつ，(後注(126)の見解とともに) 現代における契約の実態を表現するものとして好意的な評価を示す。

[127] ただし，M. Cabrillac, «Remarques sur la théorie générale du contrat et les créations récentes de la pratique commerciale», *in Mélanges G. Marty*, Université des sciences sociales de Toulouse, 1978, p. 235 et s., n°s 8-14, pp. 238-244 は，類似の契約の分類（「偶発的契約（contrats d'occasion）」と「状況的契約（contrats de situation）」）を示していた。なお，関係的契約論に関する稀少なテーズ（連帯主義との類似性を説く）として，C. Boismain, *Les contrats relationnels*, PUAM, 2005 がある。

じて明確化・修正されていく「関係的契約（contrats relationnels）」があるとするものであると理解したうえで，①は「交換型契約」に対応するものの，②は経済的に意味の異なる雑多なものを含んでおり精緻化を要するとする[128]。そして，当事者間の「信頼」の要素を，「期間」（継続性）の要素と同様，「協働型契約」の1つの特徴と位置付けるにとどめる。実際，ルケットが「信頼」の要素から導く「協働型契約」の具体的規律は，信頼関係の破壊を理由とする契約の解消等にとどまる。

　関係的契約論は，古典的な単発的契約の範疇に収まらない契約実態が存することを説得的に指摘するものである反面，「関係的契約」自体の精緻化を要する。フランスの議論は，利益追求態様の観点からそのような契約実態を細分化・具体化することを意図したものといえよう。たとえば，協働義務・調整義務を関係的契約論から説明することは可能であろうが，「協働型契約」においては（他のタイプの契約とは異なり）契約構造上それが本質的要素の1つをなす（信義則上の義務であるにせよランクが高い）という点を強調することに，フランス学説（ルケット）の分析の意義がある。フランス・タイプの「組織型契約」論（中でも「協働型契約」論）の意義は，当事者の「関係」の考慮という関係的契約論の問題意識を取り込みつつ，その適切な理論的位置付けを図る点にあるといえる。

2　フランス・タイプの「組織型契約」論と性質決定論・典型契約論

　契約構造に着目するフランス・タイプの「組織型契約」論は，日本でも注目されている彼の地の性質決定論の一環と位置付けうる（(1)）。他方，性質決定論と密接に関わる典型契約論との関係では，一定の特質を含む（(2)）。

(1)　性質決定論の一環としての性格

　日本でも大きな注目を集めているように，フランス契約法においては，各契約類型を特徴付ける要素を抽出し，それが満たされるかどうかにより当該契約

---

[128]　S. Lequette, supra note 38, n°s 325-327, pp. 240-242. 他方，F. Chénedé, supra note 20, n°s 142-145, pp. 130-134 は，「交換型契約」と「分配型契約」の2分論（第3のタイプは観念していない）の採用を反映して，②が後者と符合しないこと，①と②の区別が曖昧であることを批判する。

I 民　　法

類型に該当するか否かの判断,すなわち性質決定（法性決定）を行うという思考方法が定着している。「組織型契約」をめぐるフランスの議論の深化（シェヌデ,アムラン,ルケット）もこうした類型的思考方法に依拠するものであり,「交換型契約」「協働型契約」「結束型契約」の3分類（当初の「組織型契約」を出発点とする後2者の提示）は,その成果として導出された類型にほかならない。そして,オブジェ及びコーズの概念が,そもそも民法典上予定されていた役割（契約の有効要件）のみならず,個別の契約を類別する役割をも担わされ,これらのタイプの契約であるという性質決定に活用されていることは,本稿で縷々紹介した通りである

　コーズの概念が性質決定の要に位置付けられること（類別コーズの概念）については,すでに多くの紹介がある[129]。契約上当事者が負う債務につき,それを負うに至った理由を問うことにより,当該契約類型を他の契約類型から識別する指標を得る。他方,オブジェの概念は,元来個々の債務の対象（給付内容）を指し示すもの（債務のオブジェ）であるところ,近時では当事者が意図した契約取引全体を指し示すもの（契約のオブジェ）として再定位される（前述の3論者ともこの理解に立つ）[130]。こうした概念構成の背景には,オブジェに直接結び付けられた規律（特定性・可能性・適法性）を適切に把握する意図があるほか（シェヌデやアムランに顕著）,特に「協働型契約」（ルケット）においては,コーズ概念のみでは十分でないという認識があるだろう。すなわち,組合等の「結束型契約」では,コーズを共通利益の実現（共通活動の実施）に求めることにより,それが反対給付に求められる「交換型契約」との区別が可能であるのに対し,共通利益契約等の「協働型契約」は契約相手方の反対給付が

(129) 典型契約論との関係で先鞭をつけた大村敦志『典型契約と性質決定』（有斐閣,1997年）170-179頁,193-202頁のほか,近時のものとして,竹中悟人「契約の成立とコーズ(1)～(8)・完」法協126巻12号～127巻7号（2009～2010年）,森田修「フランスにおける『契約の法性決定』(1)～(6)・完」法協131巻12号,132巻1号,4号,9号,11号,12号（2014～2015年）,山代忠邦「契約の性質決定と内容調整(1)～(5)・完」論叢177巻3号,5号,178巻3号,178巻4号,179巻5号（2015～2016年）等。
(130) オブジェに関する近時のテーズとして,A. -S. Lucas-Puget, *Essai sur la notion d'objet du contrat*, LGDJ, 2005（「結束型契約」「協働型契約」に含まれる諸々の契約類型の位置付けにも強い意を払う。共通利益契約につき n°403, pp. 213-215（ルケット同様,アンセルの分析の影響の大きさが看取される）,企業間協働契約・組合等につき n[os]419-435, pp. 226-238 を参照）。

なされるからこそ自己の給付を行うのであってコーズ概念のみでは「交換型契約」と適切に区別できず，契約のオブジェを援用し，共通活動の実施による利益追求という側面を反映させる必要がある。オブジェの概念については日本での紹介が少ないが[131]，その分析は重要な課題だろう。またオブジェにせよコーズにせよ2016年オルドナンスによる改正で民法典上の存否ないし概念規定が変容を被っているが[132]，それが性質決定論に及ぼす影響も注視される。

　オブジェやコーズを媒介とする性質決定の思考は一見明快に映るが，古典的・標準的な「交換型契約」から外れる別タイプの契約においてそれらの概念規定が争われる（それらの措定の巧拙につき学説は覇を競う）様子が本稿で紹介した諸見解には表れている。アムランとルケットはそれぞれ説得的な議論（それぞれ「結束型契約」「協働型契約」の一応の到達点）を示すように見えるが，なお①「交換（置換）型契約」及び「結束（凝縮）型契約」につき無償性ないし非営利性を考慮するか否かで相違が見られる。また，（①も関わる可能性はあるが）②各タイプ内部で細分類の要否は検討に値しよう。さらに，③すでに述べたように，利益追求態様に着目した契約の分類を体現するオブジェやコーズの概念は，その他の観点からの「組織」性を把握しない（A2(2)）。このように一定の課題・限界があることにも注意を要する。

(2)　典型契約論の中での特質

　フランスの性質決定論は日本の典型契約論と接続して紹介されることが多いが，そのように捉える場合，性質決定の帰着点としては①法定かつ②個別の契約類型が想定される。しかし，本稿で紹介した「組織型契約」論の文脈で展開される性質決定論は，①' 企業間協働契約の諸類型のように法定の契約類型ではないものや，また共通利益契約や「結束型契約」の中の一部類型のように

---

[131]　ただし，契約のオブジェと密接に関係する（論者によってはそこからの発展を標榜する）「契約のエコノミー」論に関しては，石川博康『「契約の本性」の法理論』（有斐閣，2010年）438-442頁，森田・前掲注(17) 332-623頁が強い関心を寄せる。

[132]　2016年オルドナンスによる改正前を経て，契約の有効要件としてのオブジェは「給付」に置き換えられる一方，コーズは消失し直接に契約の「内容」が問題とされている。これによりもはや本稿で紹介したフランス学説の議論の前提が失われることになりそうだが，（慎重な検討が必要であるにせよ，）おそらくは，）契約の性質決定や契約類型・契約カテゴリーの定立という作業領域自体は普遍的に存在するのであり，少なくとも旧法下の議論が意義を喪失することはないものと思われる。

I 民　　法

法定の契約類型だが民法典上の典型契約類型ではないものも議論の対象に含む。その意味では，日本法に引き直していえば，「非典型契約論」に属するものにほかならない。しかも，性質決定の帰着点は，そもそも個別の契約類型ではなく，②'複数の個別の契約類型を包摂した契約の分類（契約カテゴリー。本稿でこれまで「タイプ」と表現してきたもの）であり，あるカテゴリーに属すると性質決定された場合に適用されるのは，当該カテゴリーの契約構造（利益追求態様）から独自に導き出される規律である。(i)「当該契約がある契約カテゴリーに属するとの性質決定→当該契約カテゴリーに関する規律の適用」という筋道をたどるものであり，(ii)「当該契約がある典型契約類型に属するとの性質決定→当該典型契約類型に関する規定の適用」とは異なる。

　フランスにおける性質決定論のこのような側面（多様性）については，すでに共通利益委任から共通利益契約への展開に即した紹介・分析が示されている[133]。そもそも，日本の典型契約論自体，上記(i)の方向での法発展を消極的に評価するものではない。典型契約類型は，分析基準機能・内容形成機能を果たす一方，「当事者が直面した事態が既存の契約類型による処理に適さない場合には，当事者は新たな類型の模索を行」い，「裁判官もまた，自分が解決を与えるべき契約が既存の類型に収まらないという場合には，新たな類型の構成を試みる」（創造補助機能）[134]。古典的・標準的な「交換型契約」と対置される「結束型契約」「協働型契約」のカテゴリーを観念するフランスの議論は，典型契約論の側から見れば，まさに創造補助機能の発現ということができよう。契約の「類型」でなく「カテゴリー」を創造することが可能かという問題は残るが，債権法改正論議で示された「受け皿的」な契約類型としての「『役務提供』契約」導入の構想や[135]，個別交渉排除原則，締約強制・平等原則・差別

(133)　森田・前掲注(129)(4) 1721-1724 頁。
(134)　大村・前掲注(129) 351-352 頁。典型契約類型の機能・役割に関する分析として，河上正二「契約の法的性質決定と典型契約」加藤一郎先生古稀記念『現代社会と民法学の動向（下）』（有斐閣，1992年）275頁以下，山本敬三「契約法の改正と典型契約の役割」同ほか『債権法改正の課題と方向——民法100周年を契機として——（別冊NBL 51号）』（商事法務，1998年）4頁以下，潮見佳男『契約各論Ⅰ』（信山社，2002年）3頁以下，石川博康「典型契約と契約内容の確定」内田貴ほか編『民法の争点（ジュリスト増刊）』（有斐閣，2007年）236頁以下等。
(135)　「請負・委任・寄託・雇用を包摂する上位のカテゴリー」であり，「役務提供契約に関する一般規定」として債権法改正の基本方針（【3.2.8.01】以下）で導入が提案され

禁止原則，参加原則，透明性原則といった特質を有する「制度的契約」論の主張は(136)，新たな契約カテゴリーの創造という思考・作業が日本においても存在し，かつ必要とされていることの証左であろう。

最後に，日本法の素材を1つ挙げよう。事案・判旨の詳細は省略するが，コンビニ・フランチャイズにおいてチェーン運営者（Y）が加盟店経営者（Xら）に対し提供していた商品発注システムにつき，その利用に係る情報についてYがXらに対し報告義務を負うとの結論を導くにあたり，最判平成20年7月4日判時2028号32頁は，当該システムの利用による支払委託の部分は準委任（民法656条）に当たるとして民法645条に根拠を求めた。フランチャイズを混合契約と見ているであろう点で上記(ii)に近い立論といえるが，本件報告義務は本件フランチャイズ契約自体から導くのが事態適合的であるとの指摘が有力である(137)。上記(i)に基づく「協働型契約」論（ルケット）によるならば，当該事案における報告義務は，手段的給付者たるフランチャイザーに課される協働義務として位置付けられ(138)，典型契約類型からの解放を示唆する上記指摘と

たものである（民法（債権法）改正検討委員会編・前掲注(102) 3頁以下）。導入断念の経緯については，吉永一行「役務提供型契約法改正の挫折──法制審議会民法（債権関係）部会の議論の分析」産法48巻3・4号（2015年）419頁以下。
(136) 内田・前掲注(124) 1-110頁。
(137) 沖野眞已「判批」判タ1298号（2009年）51-52頁（本件報告義務は，仕入れ・決済・会計のシステムの構築者たるチェーン運営者が，加盟店経営者に付与された他の選択肢（自ら仕入先・仕入れ商品を選んでもよい）を実質的に保障するとともに，システム利用の対価に関してブラックボックス化を防止し透明性を確保するために要請される義務として，本件フランチャイズ契約全体から導くことが可能であり，また，本判決のようにYによる代金支払事務を無償と言い切る点は実態に合わず，オープンアカウントをも取り込んだ全体的なシステムが有償で提供されていると見るのが事態適合的である）。高田淳「判批」セレクト2008・21頁も参照。
(138) フランチャイズのような「協働型契約」は，各当事者が自己の利益を追求しつつも，互いに補完的な給付（フランチャイザーによる商標使用の許可やノウハウ等の提供，フランチャイジーによる当該商標・ノウハウ等を用いた営業の実施）を行うことで共通計画実施のために協働するという構造を採る。手段給付者たるフランチャイザーには，目的的給付者たるフランチャイジーによる共通計画実施のために適切な手段的給付を行う義務があり，また共通計画実施に積極的に協力する義務（協働義務）があるところ，本判決の事案では，発注システムの提供により前者は果たされると評価されうるとしても，少なくとも，後者の履行として具体的な支払内容に関する情報提供が要求される。この観点からは，本判決が本件基本契約の解釈として指摘する諸事情（(i)商品の仕入れは加盟店経営の根幹をなすこと，報告につきYに大きな困難はないこと，(ii)一見Yに不利益

I 民　法

親和的な構成が可能となろう。いささか技巧的に準委任部分が切り出された背景には，条文上の拠り所を求める実務感覚があるように感じられるが（「規範的解釈」の肯否の問題（A 2(1)）に連なる），典型契約論の狭い理解（創造補助機能の等閑視）によりこの種のタイプの契約の本質が見失われる危険性が表れているように思われてならない。

Ⅳ　おわりに

「組織型契約」の概念は，適切な細分化と理論的構成を施して契約法に取り込めば（ただし，適切な把握がなされる限り，もはや「組織」という呼称にこだわる必要はない），一定の契約類型を適切に位置付け，その具体的規律を論じるための有用な分析道具たりうるのではないか。本稿はフランスにおける議論（それは現代的事象の取込みについて彼の地の民法体系がしばしば示す懐の深さを改めて実証するものである[139]）を紹介したにとどまるが，利益追求態様に着目した分類（「交換型契約」と対置される「協働型契約」や「結束型契約」[140]）は，（他の観点からの「組織」把握との組み合わせは必要かもしれないが，いずれにせよ）停滞傾向にあった日本の議論に一定の活力を与えうるように感じられる。今後の課題として2点を挙げよう。

第1に，「組織型契約」ないし「協働型契約」「結束型契約」の概念の日本法における有用性を論証するには，個別具体的な問題に関する日本の実定法状況の分析や日本法の道具立てとの整合性の検証を要することはいうまでもない。これらの契約カテゴリーの具体的規律が（「市場型契約」ないし「交換型契

　　に見える本件支払委託の特性（費用前払請求権，支出費用の利息償還請求権，報酬請求権の不存在等）には本件フランチャイズ契約全体から見て合理性があること）は，協働義務の賦課を基礎付ける（補足的）事情（(i)）及び本件発注システムが協働の範囲に含まれる（本件フランチャイズ契約から切り離すことはできない）ことを示す事情（(ii)）として位置付けられることになる。

(139)　拙稿・前掲注(73)論文は，「信託」についてこのことを論じたものである。なお，ルケットの「協働型契約」論は，信託の契約法的分析の観点からも興味深い。

(140)　本稿で十分な言及はできなかったが，組合等の団体を形成する契約は近時様々な角度から検討される。「組織」の契約法的な分析に定位するものとして，河上正二「定款・規約・約款――契約法から見た組織――」竹内昭夫編著『特別講義商法Ⅱ』（有斐閣，1995年）34頁以下，山田誠一「団体的契約」山本敬三ほか・前掲注(134)250頁以下，民法（債権法）改正検討委員会編・前掲注(102)261頁以下等。

約」を念頭におく）契約法の一般理論との関係でどのような特徴があるかを改めて整理する必要があるのはもちろん，個別問題に関する日仏比較は有益だろう（特に「協働型契約」に関しアンセルやルケットが示す「給付の補完的配列関係」という分析枠組みがどの程度有用かは興味を引く）。

第2に，「組織型契約」論は，「組織」という事実現象をどう捉え民法体系に受容するかに関する1素材であるところ，民法各分野における把握・受容のあり方の横断的考察は，各分野の構成原理の理解を深めるのに資する。特に，民事責任法の文脈における使用者責任・履行補助者責任や法人自体の不法行為責任[141]，さらに共同不法行為等は，「組織」が語られる・語られうる他の（1つの）重要な問題群をなし，その民事責任法体系上の定位が大きな課題となっていることはいうまでもない。

*　*　*

廣瀬久和先生は，筆者にとって，民法研究者の進路を勧めてくださった恩人である（学部生時代に受講した先生の消費者法ゼミに遡る）。ご期待に沿う成果は今なお挙げることができていないが，先生のように関心・視野を広く持ち続けることは心がけたいと思う。本稿もまた不完全であり申し訳が立たないものの，現時点での筆者の実力と精一杯の努力を示すものとして，謹んで先生の古稀に捧げたい。

* 本稿は，科学研究費補助金・基盤研究(A)「現代独仏民事責任法の融合研究——日本法の再定位を目指して」の研究成果の一部である。

* 本稿の執筆にあたり，「人の法」研究会（大村敦志教授主宰）及び名古屋大学民事法判例研究会において報告の機会をいただき，参加者の方々から多くの有益なご助言を賜った。記して感謝申し上げる。

---

(141) 筆者自身による使用者責任の分析として，拙稿「『代位責任』の意義と諸相——監督義務者責任・使用者責任・国家賠償責任」論ジュリ16号（2016年）41頁以下。他方，組織過失責任に関しては，さしあたり，同「事業遂行者の責任規範と責任原理(10)・完」法協129巻10号（2012年）2473-2478頁。フランス法との比較の観点からは，「所為（fait）」の概念が重要であると考えている。

4 ドイツ新債務法の 2017 年瑕疵担保法改正

田中宏治

Ⅰ 序　文　　　　　Ⅲ 改　正
Ⅱ 前　史　　　　　Ⅳ 要　約

Ⅰ 序　文

　ドイツにおいては，わが国とは異なり，国内法の他に，ヨーロッパ法という別次元の法が存在する。そして，国内法のドイツ民法の制定においてヨーロッパ法が影響力を有することは，2001 年に公布されて 2002 年に施行されたドイツ新債務法において既に顕著である。ドイツ新債務法は，形式的にはドイツ民法の一部改正であるものの，実質的には欧州共同体指令の強制的な国内法化であったためである。

　しかし，その当時，ドイツ民法学界では，新債務法制定後も継続的にヨーロッパ法から立法上・司法上の強制を受け続けることは余り意識されなかったようである。

　そのような安閑としたドイツ民法学界に対し，ヨーロッパ法からの「押し付け」が現実になされ，ショックを与えたのは，いわゆるクヴェレ事件であった[1]。2006 年から 2009 年にかけて司法，立法および学問上において扱われた問題である。さらにその後，いわゆるフローリングブロック事件とタイル事件において同様に，ヨーロッパ法の「押し付け」が問題となった[2]。そして，ゴ

---

(1) 拙稿「ドイツ新債務法における目的論的縮小——クヴェレ事件——」千葉 24 巻 3 号（平 22）175-207 頁参照。
(2) 拙稿「ドイツ新債務法における代物請求権の範囲——タイル事件——」千葉 27 巻 2 号（平 24）87-115 頁参照。

I 民　　法

ム事件と桟(さん)事件において,「押し付け」によって判例を変更したことによる国内法の「分裂」が問題となる。そして,それを解決する目的のドイツ民法改正法案が 2016 年に連邦議会に提出されていたところ[3], 2017 年 3 月 31 日に改正法が成立し[4], 同年 4 月 28 日に公布され, 2018 年 1 月 1 日に施行された[5]。

　本稿は, 上記 2017 年改正を主たる題材とし[6], そこに至るまでの上記一連の事件を含めた司法・立法・学問上の動向をまとめて紹介することを目的とする。

　その際, ①廣瀬先生への献呈を強く意識し, ありのままの人としての関係者にとっての法改正の意義を主とし, ②民法および消費者法の具体的な解釈および立法を従として論じる。

　以下では, まず, 2017 年改正に至る経緯を前史として紹介し（Ⅱ）, それを前提とする 2017 年改正を説明し（Ⅲ）, 最後に要約をしよう（Ⅳ）。このうち, Ⅱ 4 タイル事件までは, 拙稿を含めた既存の諸研究と重なるところが多く, Ⅱ 5 ゴム事件以降が新規の研究である。

　なお, 本稿も, ドイツ新債務法に関する従来の拙稿と同様, ドイツ人研究者の協力を仰いだ。この題材を直接に推薦してくださったフライブルク大学の

---

[3] Deutscher Bundestag: 18. Wahlperiode, Gesetzentwurf der Bundesregierung, Entwurf eines Gesetzes zur Reform des Bauvertragsrechts und zur Änderung der kaufrechtlichen Mängelhaftung, Drucksache 18/8486 vom 18. 5. 2016 (zit.: BT-Drucks. 18/8486).

[4] Bundesrat: Beschluss des Bundesrates, Gesetzes zur Reform des Bauvertragsrechts, zur Änderung der kaufrechtlichen Mängelhaftung, zur Stärkung des zivilprozessualen Rechtsschutzes und zum maschinellen Siegel im Grundbuch- und Schiffsregisterverfahren, Drucksache 199/17 vom 31. 3. 2017 (zit.: BR-Drucks. 199/17B).

[5] Bundesrat: Gesetzesbeschluss des deutschen Bundestages, Gesetzes zur Reform des Bauvertragsrechts, zur Änderung der kaufrechtlichen Mängelhaftung, zur Stärkung des zivilprozessualen Rechtsschutzes und zum maschinellen Siegel im Grundbuch- und Schiffsregisterverfahren, Drucksache 199/17 vom 10. 3. 2017 (zit.: BR-Drucks. 199/17), S. 18; BGBl. I S. 969. 校正の際に施行を確認した。

[6] BT-Drucks. 18/8486; ders.: 18. Wahlperiode, Beschlussempfehlung und Bericht des Ausschusses für Recht und Verbraucherschutz (6. Ausschuss) zu dem Gesetzentwurf der Bundesregierung – Drucksache 18/8486 –, Entwurf eines Gesetzes zur Reform des Bauvertragsrechts und zur Änderung der kaufrechtlichen Mängelhaftung, Drucksache 18/11437 vom 8. 3. 2017 (Vorabfassung) (zit.: BT-Drucks. 18/11437); BR-Drucks. 199/17.

ディーター・ライポルト教授[7]ならびに助言と資料をいただいたフランクフルト大学のフェーリックス・マウルチュ教授[8]およびボーフム大学のペーター・ヴィンデル教授[9]に厚くお礼を申し上げたい。

こうして私が在外研究を繰り返し，その度に新しい題材を授けられ，多少なりとも成果を公表できていることは，20年前初めて在外研究をする私に対し，繰り返し渡航することこそが重要だと力説してくださった廣瀬先生のお蔭である。生き筋を教えていただいた先生に足を向けては寝られない。

II 前　　　史

1 総　説

まず，クヴェレ事件の概略を説明しよう。クヴェレ事件とは，代物給付における使用利益返還の要否が争われる中で，ドイツ民法学上初めてヨーロッパ法の拘束が強く意識された事件であった。クヴェレ事件において司法上の重要な判断となったのは，第1に連邦通常裁判所の先決判決手続申立決定（2006年8月16日）[10]，第2に欧州裁判所（欧州司法裁判所）の先決判決（2008年4月17日）[11]，第3に連邦通常裁判所判決（2008年11月26日）[12]である。そして，この最後の連邦通常裁判所判決と同内容の立法府における法改正も実現した（2008年12月10日公布，同月16日施行）[13]。

その次がフローリングブロック事件であり，これは，連邦通常裁判所判決（2008年7月15日）[14]である。これを受けた別事件がタイル事件で，それにはやはり3つの判決がある。第1に連邦通常裁判所の先決判決手続申立決定（2009年1月14日）[15]，第2に欧州裁判所の先決判決（2011年6月16日）[16]，第3に連

---

[7] Dieter Leipold, Dr. Jur., Dres. h.c., o. Professor (em.) für Bürgerliches Recht und Zivilprozessrecht an der Universität Freiburg i. Br.
[8] Felix Maultzsch, Dr. Jur., o. Professor für Zivilrecht, Zivilprozessrecht, Internationales Privatrecht und Rechtsvergleichung an der Universität Frankfurt am Main.
[9] Peter A. Windel, Dr. Jur., o. Professor für Prozessrecht und Bürgerliches Recht an der Universität Bochum.
[10] BGH, Vorlagebeschluß vom 16. 8. 2006 – VIII ZR 200/05, NJW 2006, 3200.
[11] EuGH, Urteil vom 17. 4. 2008 – C-404/06, NJW 2008, 1433.
[12] BGH, Urteil vom 26. 11. 2008 – VIII ZR 200/05, NJW 2009, 427.
[13] BGBl. I S. 2399.
[14] BGH, Urteil vom 15. 7. 2008 – VIII ZR 211/07, NJW 2008, 2837.

I 民　　法

邦通常裁判所判決（2011年12月21日）[17]，である。

さらに，ゴム事件の連邦通常裁判所判決（2012年10月17日）[18]があり，最後に，桟事件の連邦通常裁判所判決（2014年4月2日）[19]が来る。

2　クヴェレ事件
(1) 事　　実

2002年夏に，主婦A（買主）は，被告大手通信販売業者「クヴェレ（Quelle AG）[20]」（以下，Yという）（売主）に対し，電気レンジセットを524.90ユーロ（当時の為替レートでは邦貨6万円余り）で注文し，2002年8月に引渡しを受けた。翌々2004年1月に，Aは，電気オーブン内部のホウロウが剥がれ落ちていることを知った。同月中にYは，代物を給付した（ド民437条1号，同439条1項）。その際，Aは，Yに対し，使用していた元のレンジセットを返還したが（ド民439条4項，同346条1項），Yは，Aに対し，1年5カ月分の使用利益相当額119.97ユーロ（後に，Y自ら67.86ユーロに減額した）を請求した（ド民346条1項）。そのため，Aは，Yの求めに応じて請求金額をいったん支払ったが，後に，消費者団体Xは，Yに対し，Aからの授権に基づき，支払義務が無いにもかかわらずAが支払った金額を不当利得として返還請求した（ド民812条1項）。

(2) 第一審と控訴審

第一審においては，請求が認容された[21]。原状回復を定めるド民346条1項は，ド民439条4項の規定によって準用されているけれども，使用利益の返還に関する法律上の根拠規定となるかは一義的には定まらない，と判断し，使用利益返還否定説を採用した。

---

[15] BGH, Beschluss vom 14. 1. 2009 – VIII ZR 70/08, NJW 2009, 1660.
[16] EuGH, Urteil vom 16. 6. 2011 – C-65/09 u. C-87/09, NJW 2011, 2269.
[17] BGH, Urteil vom 21. 12. 2011 – VIII ZR 70/08, NJW 2012, 1073.
[18] BGH, Urteil vom 17. 10. 2012 – VIII ZR 226/11, NJW 2013, 220.
[19] BGH, Urteil vom 2. 4. 2014 – VIII ZR 46/13, NJW 2014, 2183.
[20] クヴェレは，当時ヨーロッパ最大の通信販売業者であったが，経営不振のために2009年に破産手続を経て解散した。しかし，「クヴェレ」の商標は第三者オットーグループ（Otto Group）に譲渡され，クヴェレの通信販売業自体は存続している。拙稿・前掲千葉24巻3号200頁注(6)参照。
[21] LG Nürnberg-Fürth NJW 2005, 2560.

控訴審も，第一審と同様の理由で，控訴を棄却し，請求を認容した[22]。

(3) 連邦通常裁判所先決判決手続申立決定

ドイツ新債務法は，欧州共同体法の消費財売買指令（EG-Verbrauchsgüter-richtlinie）の国内法化の側面を持っている。したがって，新債務法の解釈は，消費財売買指令の解釈に一致しなければならない[23]。それを担保するための手続が先決判決手続（Vorabentscheidungsverfahren）である（欧州共同体条約234条）[24]。

連邦通常裁判所は，ド民439条4項の文理解釈による使用利益返還肯定説が一義的な立法者意思による学界の多数説であると説明し[25]，そうするとド民439条4項の規定が消費財売買指令の解釈と両立するかどうかに疑いがある，と表明し，欧州裁判所に先決判決手続を申し立てた[26]。

そして，この先決判決手続申立決定こそが，このクヴェレ事件に，欧州共同体法と国内法の関係についての根本的な論争を巻き起こす役目を与えた。すなわち，ドイツの国内裁判所は，指令の目的を達成するために，国内法の解釈をできるだけ指令の文言および趣旨に合わせる義務を負うけれども[27]，それは裁判所の「管轄の限度において（im Rahmen ihrer Zuständigkeit）」[28]に過ぎず，国内法としてのドイツ民法に拘束されるので（基本法20条3項），その明文の規定に反する（contra legem）解釈までは要請されない[29]。したがって，ド民439条4項が一義的であれば，それ以外の解釈は許されない[30]。しかし，もしこの段階で先決判決手続を申し立ててその「一義的」に解される規定が欧州裁判所によって指令不適合と判断されれば，連邦通常裁判所は，欧州裁判所に忠実に

---

[22] OLG Nürnberg NJW 2005, 3000. 第一審とは若干違う。詳しくは，拙稿・前掲千葉24巻3号185頁以下。
[23] 拙稿・前掲千葉24巻3号186頁以下参照。
[24] 拙稿「ドイツ新債務法における特定物売買の今日的課題」民商133巻1号（平17）5頁以下参照。
[25] BGH NJW 2006, 3200.
[26] BGH NJW 2006, 3201f.
[27] EuGH NJW 2004, 3547.
[28] EuGH NJW 1984, 2202 (EuGH, Slg. 1984, 1891).
[29] EuGH NJW 2006, 2465, 2467.
[30] *Lorenz*, DAR 2008, 331.

Ⅰ　民　法

「一義的」な解釈を捨てるのか，国内裁判所として「一義的」な解釈を採るのか，という板挟み（Zwickmühle）[31]に陥ることが想定された[32]。

(4)　欧州裁判所先決判決

果たして，欧州裁判所の先決判決（2008年4月17日）は，消費財売買指令3条の2項から4項までに繰り返し表れる「無償の（unentgeltlich）」という文言を根拠に，ドイツ民法の使用利益返還肯定説が指令不適合であると判断した[33]。これによって，連邦通常裁判所は，無用にも板挟みに陥ってしまったのである。

(5)　上告審判決（連邦通常裁判所）

連邦通常裁判所判決（2008年11月26日）は[34]，結局，欧州裁判所に従った[35]。もっとも，ド民439条4項が「一義的」という自らの判断を変更せずに維持しつつ，目的論的縮小（teleologische Reduktion）の手段を通じて，国内法の明文の規定に反する形で使用利益返還否定説を採った[36]。つまり，隠れた法の欠缺（eine verdeckte Regelungslücke）が存在し，それを埋めるために，目的論的縮小をする，という論理であり[37]，この判示部分が，クヴェレ事件の最重要箇所である。

ここで，目的論的縮小の要件が類推解釈の要件とパラレルなものであることが目を引く。つまり，一般に類推解釈とは，類似性を根拠に，明文の規定の適用領域を文言の解釈によって拡大可能な範囲（すなわち拡大解釈の範囲）を超えて解釈することを意味する。その意味で，類推解釈は，文言を無視した解釈であり，①法律に規定の欠缺がある，②その欠缺を立法者が埋めると仮定した場合の法規範と類推解釈による法規範が一致する，という2つの要件を満たすときにのみ許される[38]。目的論的縮小は，これを逆方向に敷衍したものであり，

---

(31)　*Faust*, JuS 2008, 652, 653.
(32)　*Lorenz*, NJW 2006, 3203.
(33)　EuGH NJW 2008, 1433.
(34)　BGH, Urteil vom 26. 11. 2008 – VIII ZR 200/05, NJW 2009, 427.
(35)　*Lorenz*, DAR 2008, 331. 詳しくは，拙稿・前掲千葉24巻3号193頁以下。
(36)　BGH, NJW 2009, 427.
(37)　*Lorenz*, LMK 2009, 273611.
(38)　BGH NJW 2007, 992; *Leipold*, BGB I, 8. Aufl. §5 Rdnr 12-13, 15. 拙稿・判評602号17頁参照。

明文の規定の適用領域を文言の解釈によって縮小可能な範囲（すなわち縮小解釈）を超えて解釈することであり，①法律に隠れた規定の欠缺がある，②その欠缺を立法者が埋めると仮定した場合の法規範と，目的論的縮小による法規範が一致する，という２つの要件を満たすときにのみ許される。

なお，この事件の結論の妥当性について，「ありのままの人」としての関係者の視点から言及しておきたい。結局，本件では審級を通じて，買主側つまり消費者側が勝訴したのであるが，その社会的妥当性には疑問がある。たしかに，新債務法は，消費者保護を目的とする消費財売買指令に基づく法律であり，消費者の勝訴という結論は，その目的に適う。しかし，ホウロウが剥がれた程度で１年５カ月使用した安売りの商品を新品に交換できるのは買主に余りに有利である。消費者に有利な解釈と事業者の経営不振は，多少なりとも関係する。実際に被告クヴェレが本件を争う一方で倒産し，それに伴う雇用不安が社会問題となった事実は明記するべきであろう。

(6) ドイツ民法474条改正

欧州裁判所の先決判決を受けて，上告審の裁判と平行して，立法府における法改正も実現した（2008年12月10日公布，同月16日施行）[39]。すなわち——

> ド民474条【消費財の概念】⑤本款の売買契約には，利益を返還し又はその価値を償還することを除き，ド民439条第4項の規定は適用される。ド民445条及びド民447条第2項の規定は，適用されない。

この改正は，明文の規定のとおり，消費財売買についてのみ妥当し，その反対解釈として，それ以外の売買においては，使用利益返還請求は肯定される。

3 フローリングブロック事件

(1) 事　実

2004年11月4日，原告Ｘ（買主）は，被告Ｙ材木店（売主）から，Ａの製造によるブナ材の寄木張りフローリングブロック37.83平方メートルほかを1,514.22ユーロ（当時の為替レートでは邦貨20万円余り）で購入した。Ｘは，

---

[39] 2008年当時は第2項とされていたところ，2013年に内容の変更を伴わない改正を経て（BGBl. I S. 3642 vom 20. 9. 2013），現在では第5項となっている。

Ⅰ 民　　法

B工務店にブロックを居間と食堂の床に敷き詰めさせた。ところが，その後，敷き詰めたブロックの半数について，表面のブナ材部分の剥離が判明し，それはブロック自体の表面と土台が十分に接着されていないという修補不能な欠陥であった。翌2005年4月26日，Xは，Yに対し，ブロックの交換を求めたところ，Yがこれに応じなかったため，Xは，Yに対し，3,666.56ユーロ（当時の為替レートでは邦貨50万円足らず）の撤去・敷設費用の支払を請求したところ，Yは，（瑕疵あるブロックの撤去費用相当額として）569.29ユーロだけ支払ったが残金3,097.27ユーロの支払を拒んだため，Xが売買代金から自らの未払代金1,514.22ユーロを控除した1,583.05ユーロの支払を求めて訴えを提起した。すなわち，ド民439条1項の「瑕疵のない代物給付」には，①瑕疵のあるブロックを撤去して②瑕疵のないブロックを敷き直すための工事費用全部の相当額支払が含まれる，というのがXの解釈であり，Yが②を争うものであった[40]。

(2)　連邦通常裁判所判決

　第一審（2007年3月20日）[41]，控訴審（2007年6月27日）[42]および上告審（2008年7月15日）[43]を通じて上記②が否定され，Xの請求は棄却された。

　すなわち，代物の取付費用は，ド民439条2項の規定にしたがって売主が負担すべき追完費用には含まれない[44]。したがって，取付費用相当額の支払請求は，追完請求（ド民437条1号，同439条1項）としてではなく，損害賠償請求（ド民437条3号，同280条，同281条）または費用賠償請求（ド民437条3号，同284条）としてのみなされるところ，売主Yに帰責事由（ド民280条1項後段）が欠けるため，賠償請求もすることができない，と言うのであった[45]。

4　タイル事件
(1)　事　　実

　2005年1月24日，原告X（買主）は，被告Y建材商（売主）から，イタ

---

[40]　拙稿・前掲千葉27巻2号89頁以下参照。
[41]　AG Lingen, Urteil vom 20. 3. 2007 – 12 C 1004/06.
[42]　LG Osnabrück, Urteil vom 27. 6. 2007 – 1 S 217/07.
[43]　BGH, Urteil vom 15. 7. 2008 – VIII ZR 211/07, NJW 2008, 2837.
[44]　BGH, NJW 2008, 2837, 2838.
[45]　BGH, NJW 2008, 2837, 2837.

リア製(すなわちYの製造によらない)艶有り床タイル45.36平方メートルを1,382.27ユーロ(当時の為替レートでは邦貨約19万円)で購入した。Xは,購入したタイルの約3分の2に当たる33平方メートルを自宅の廊下・浴室・台所・玄関口に敷き詰めさせた。ところが,その後,敷き詰めたタイルの表面に濃淡が生じた。それは,微細な摩擦痕によるものであるため修補不能な欠陥であった。Xは,Yに対し,期間を定めて新品のタイルとの交換(取外し・取付け)を求めたところ,Yがこれに応じなかったため,あらためて,瑕疵のないタイルおよび取外しと取付けの費用5,830.57ユーロ(当時の為替レートでは邦貨80万円弱)の支払を求めて訴えを提起した。

このタイル事件は,フローリングブロック事件と比較すると,目的物がタイルに代わっているが,いずれにしても買主が建材を購入し,その敷設を目的物の売買代金よりも高額な請負代金で第三者に請け負わせ,さらにその取外し・取付けの費用負担が問題になった点で共通する。ただし,前者では売主が取外費用を任意に支払っているという違いがある。したがって,フローリングブロック事件では問題とはならなかった取外費用もタイル事件では問題となった。

(2) 第一審・控訴審

第一審(2006年11月24日)[46]においては,Xの請求は,一部認容されたが,本稿の問題に関する限りでは棄却された。これに対し,控訴審(2008年2月14日)は[47],第一審判決を一部変更し,Yに対し,瑕疵のないタイルの給付および瑕疵のある物を取り外して廃棄する費用として2,122.37ユーロの支払を命じた。

すなわち,控訴審判決は,一方で,取付費用については,フローリングブロック事件の連邦通常裁判所判決を忠実に踏襲し,損害賠償としてでなければ認められないとして請求を棄却し,他方で,フローリングブロック事件では問題にならなかった取外費用については,これを追完費用(ド民439条2項)に含める,という新しい解釈を示して償還請求を追完請求として認容した[48]。

---

[46] LG Kassel, Urteil v. 24. 11. 2006 – 4 O 1248/06.
[47] OLG Frankfurt, Urteil v. 14. 2. 2008 – 15 U 5/07.
[48] OLG Frankfurt, Urteil v. 14. 2. 2008, ZGS 2008, 315.

Ⅰ 民　　法

(3)　連邦通常裁判所先決判決手続申立決定

　売主Ｙは，控訴審判決のうち，取外費用償還請求を肯定した部分を不服として上告した⑷⑼。上告審は，控訴審のド民439条1項についての取外費用償還否定説が消費財売買指令3条2項および3項の解釈と両立するかどうかに疑いがあると考え，また，ド民439条1項について，費用償還肯定説を採ったとしても，今度は，追完の費用が掛かりすぎる場合，すなわち費用の不相当性（Unverhältnismäßigkeit）がある場合に追完を拒絶する権利を売主に認める規定（ド民439条3項）が存在し，それが消費財売買指令3条3項の規定に抵触する可能性があると判断し，欧州裁判所に先決判決手続を申し立てる決定を下した⑸⓪。

(4)　欧州裁判所先決判決

　欧州裁判所は，その先決判決（2011年6月16日）⑸⑴において，売主に取外費用を負担させないというドイツ国内法の解釈の指令適合性を否定し，取外しだけでなく取付けについても売主が費用を全面的に負担すべきものと判断した（全面肯定説）⑸⑵。その理由は，それが指令の文理に適い，指令の起草理由からも，売主が消費財の約定の給付を「無償」でもたらすべきことが立法者意思であるからだ，と説いた⑸⑶。

　さらに，ド民439条3項の「不相当性」を理由にそのような費用負担を拒絶することの指令適合性も否定した⑸⑷。

　こうして，欧州裁判所は，取外しと取付けの費用償還が追完に含まれることを肯定し，かつ，例外としての追完拒絶権も否定した。これは，フローリングブロック事件の判例の指令適合性を否定するものであり，しかも，理由らしい理由も添えられていない「愕然とさせる（erschreckend）」判決であって，ドイ

⑷⑼　なお，取付費用負担は，原告Ｘが上告審で争わなかったために争点とはならなかったが，連邦通常裁判所は，控訴審判決と同様，明確に否定した（BGH, NJW 2009, 1660, 1663）。請負契約ではないから，と言う。

⑸⓪　BGH, Beschluss v. 14. 1. 2009, NJW 2009, 1660, 1661f.

⑸⑴　EuGH, Urteil v. 16. 6. 2011 – C-65/09, C-87/09, NJW 2011, 2269.

⑸⑵　EuGH, NJW 2011, 2269, 2271.

⑸⑶　EuGH, NJW 2011, 2269, 2271f.

⑸⑷　EuGH, NJW 2011, 2269, 2274.

ツ人にとっては「ティンパニーの響き（Paukenschlag）」[55]であった。すなわち，欧州裁判所は，文理の他には，さもなければ買主が「無償」で追完を得られない，と言うだけで結論を導いたからである[56]。むしろ，消費財売買指令3条は，当事者の意思を補充・推定する役割を担う任意規定に関する指令であるから，その規定の解釈の実質は，当事者の意思を補充・推定する（仮定的）意思解釈に他ならない。したがって，取付・取外費用の償還請求を肯定するならば，その旨の仮定的な意思が解釈されなければならない。しかし，欧州裁判所は，そのような視点からの説明を一切加えなかったのである。

また，この欧州裁判所判決は，いわゆる「クレーマー」を含む特殊な消費者に有利であるけれども，一般の消費者には不利な帰結を導くことになる。なぜならば，売主の負担は，最終的には一般の価格に転嫁されるからである[57]。

(5) 上告審判決（連邦通常裁判所）

この欧州裁判所の判決を受けて，ドイツ連邦通常裁判所は，判決を下し（2011年12月21日）[58]，取付けと取外しを区別せずに，かつ売主の帰責事由も全く要件とせずに，費用償還請求をド民439条1項の追完請求として肯定した（全面肯定説）。ドイツ連邦通常裁判所のフローリングブロック事件の判例は，取外しと取付けを区別していた点においても，取付費用について売主の帰責事由を要件としていた点においても否定された[59]。

他方，「不相当性」を理由に追完拒絶権を売主に認めるド民439条3項の規定についても，クヴェレ事件と同様に規定の目的論的縮小によって規定の適用を否定することで，指令適合的解釈を示した[60]。

5 ゴム事件

(1) 総説

こうして，消費財売買指令3条が適用される消費財売買については，欧州裁

---

[55] *Lorenz*, NJW 2011, 2241, 2241.
[56] *Lorenz*, NJW 2011, 2241, 2242.
[57] *Lorenz*, NJW 2011, 2241, 2243.
[58] BGH, Urteil vom 21. 12. 2011 – VIII ZR 70/08, NJW 2012, 1073.
[59] *Jaensch*, NJW 2012, 1025, 1026f.; *Faust*, JuS 2012, 456, 459.
[60] BGH NJW 2012, 1073, 1076ff.

Ⅰ　民　　法

判所の同指令の解釈に従い，ドイツ国内においても，ド民439条1項の追完請求として，取付・取外費用が売主の負担になることが明らかになった。次の問題は，上記のド民439条1項の消費財売買についての解釈が，消費財売買以外にも及ぶか否かであった。

　この問題は，2つの事件の連邦通常裁判所判決によって否定に解され，判例上は解決した。ゴム事件（2012年10月17日判決）[61]と桟事件（2014年4月2日判決）[62]である。

(2)　事　　実

　2006年から2007年にかけて，スポーツ施設建設業者の原告Xが被告Yから，自治体Aを施主とする人工芝運動場建設の材料としてポーランド製粒状エチレンプロピレンゴムを購入した。ところが，Xがエチレンプロピレンゴムを設置したのちに，それに瑕疵があることが判明した。しかし，Yは，安価な粒状スチレンブタジエンゴムを代物として提供したものの，瑕疵ある目的物の撤去と代物の設置は拒絶した。そこで，Xは，第三者に撤去と設置の作業をさせ，その費用（25,424.65ユーロ），瑕疵ある目的物の廃棄費用（4,541.40ユーロ）および目的物と代物との差額（42,160ユーロ）の合計72,126.05ユーロの支払をYに対して請求した。

(3)　連邦通常裁判所判決

　第一審では，廃棄費用の請求だけが認容され，控訴審も，原告の控訴を棄却したため，原告が上告した。

　上告審では，瑕疵ある目的物の納入がYの責めに帰することができない事由によるものであることを前提に，売買目的物に瑕疵があるための追完請求権については，Yが代物を納入したことによって履行されている，と判断された。問題の撤去と設置については，次のとおり判示された。すなわち——

　　「被告は，それ以上に，瑕疵あるエチレンプロピレンゴムを撤去し，〔代物の〕スチレンブタジエンゴムを設置する義務を負わない。なぜならば，そのような給

---

[61]　BGH, Urteil vom 17. 10. 2012 – VIII ZR 226/11, NJW 2013, 220.
[62]　BGH, Urteil vom 2. 4. 2014 – VIII ZR 46/13, NJW 2014, 2183.

付は，契約がド民474条1項の規定する消費財売買に当たらずに事業者間取引の売買契約である又は消費者間の私的な売買である限り，瑕疵のない物の引渡しを目的とする追完請求権（ド民439条1項）〔の目的〕に含まれないからである。本件はそのような事案である。それは，当事者双方が事業者だからである（ド民14条）」[63]。

消費財売買以外においては，追完は，瑕疵ある目的物の撤去（取外し）も代物の設置（取付け）も含まない，と判断された。当時の学説は肯定説[64]と否定説[65]に分かれていたところ，前者に従うものであった[66]。

こうして，売買が消費財売買かそれ以外かで，ド民439条1項の解釈に「分裂の（gespalten）」状態が生じたのであった[67]。

6 桟事件

(1) 事　実

原告Xは，アルミニウムで外装を施した木製窓を製造する建具業者であり，被告Yは，建材の卸売業者であった。2005年にXは，Aから住宅新築用の19個の窓を納入して取り付ける注文を受け，Yに対し，アルミニウム外装に必要な，グレーメタリックの桟を注文した。Yは，Bに委託して，棒状の桟に塗装を施させ，それをXに納入した。Xはそれを用いて窓枠を製作した。しかし，Bの塗装方法が不適切であったため，XがAを宅に取り付けた後，アルミニウム塗装が剥げ落ちた。しかし，修補不能であるため，Xは，Yに対し，すべての窓の外装をやり直して瑕疵を除去することを請求し，外装の交換，そのために部分的に必要となる暖房設備の撤去と再設置およびすべての塗装等の費用を計43,209.46ユーロ（当時の為替レートでは邦貨約600万円）と見積もり，支払済の20,000ユーロを除く23,209.46ユーロの支払を求めた。

---

(63) BGH, NJW 2013, 220, 221, Rn 14.
(64) *Lorenz*, NJW 2011, 2241, 2244; *Maultzsch*, GPR 2011, 253, 257.
(65) *Faust*, JuS 2011, 744, 748. 統一して解すべきと言う。
(66) BGH, NJW 2013, 220, 221, Rn 17.
(67) *Lorenz*, NJW 2011, 2241, 2244; *Faust*, JuS 2011, 744, 748.

Ⅰ 民　法

(2)　連邦通常裁判所判決

　第一審が請求を認容したため，被告が控訴したところ，これも棄却された。そこで被告は上告し，これが認容された。

　上告審は，契約が請負（ド民631条）ではなく売買（ド民433条）であることを前提に[68]，売主の義務を否定した[69]。すなわち——

>　「瑕疵ある外装の取外しは，瑕疵のない外装の取付けと同様，ここで成立している事業者間の売買契約においては，控訴審の解釈に反し，代物請求権（ド民439条1項）には含まれない。『瑕疵のない代物給付』は瑕疵ある目的物の取外しと搬出に加えて代物の取付けも含むという，ド民439条1項の指令適合的解釈は，消費財売買（ド民474条）に限定され，事業者間または消費者間の売買契約には適用されない（連邦通常裁判所2012年10月17日判決〔ゴム事件〕）。したがって，代物給付が拒絶されたことによる給付に代わる損害賠償もまた取外し・取付けの費用を含まない。」[70]

　その際，損害賠償に関しても，売主には取付け・取外しの義務がないことを判示した。すなわち——

>　「拒絶され期待することができない追完による給付に代わる損害賠償請求権は，桟の瑕疵ある塗装によって必要となったアルミ外装の交換のための取外・取付費用を含まない。というのは，追完の拒絶と取外・取付費用との間に因果関係が存在しないからである。その費用は，被告が瑕疵ある桟の代物で追完していたとしても生じていたはずである。」[71]

>　「事業者間取引において取付けおよび取外しの費用償還を損害賠償として請求することができるのは，売主が瑕疵のない物を給付する義務に違反しかつその責めに帰すべき事由があるときに限られる（ド民437条3号，280条，433条1項後段，連邦通常裁判所2012年10月17日判決〔ゴム事件〕）。」[72]

　このように述べた上で，Yには義務違反があったものの帰責事由がないことから，その損害賠償義務を否定した[73]。

---

[68]　BGH, NJW 2014, 2183, 2183, Rn 16.
[69]　BGH, NJW 2014, 2183, 2184, Rn 21.
[70]　BGH, NJW 2014, 2183, 2184, Rn 27.
[71]　BGH, NJW 2014, 2183, 2184, Rn 25.
[72]　BGH, NJW 2014, 2183, 2184, Rn 29.

こうして，ゴム事件と桟事件により，取付・取外費用の売主負担についての判例が消費財売買以外へは拡張しないことが判例上確定したのである。

Ⅲ 改 正

1 総 説

このように，2014年までには，売買が消費財売買か否かで，取付・取外費用が追完請求権の範囲に含まれるか否かの判例上の「分裂」が生じることになった。そこで，2016年，その分裂を解消して消費財売買側に合わせる内容の改正法案が連邦政府から連邦議会に提出された[74]。

まず，改正法案は，連邦議会において審議の上，2017年3月9日に可決された[75]。この改正法は，連邦参議院の同意を必要としない法律であるため，連邦参議院での手続が簡単で，連邦参議院は異議を述べることが許されていたが，それは述べられず，そのまま改正法が成立した[76]。

2 取付け・取外し

2017年改正前の段階では，取付・取外費用が追完請求権の範囲に含まれるか否かについて，売買が消費財売買であれば肯定し，そうでなければ否定する，という「分裂」した判例が確定していた。その「分裂」を解消することが改正法案の目的である。具体的には，ド民439条に新3項が挿入され，従来の第3項と第4項がそれぞれ新4項と新5項に変更されることが提案された[77]。すなわち——

連邦議会提出法案439条【追完】 ③¹ 買主が瑕疵ある目的物をその種類と用法に従って他の物に作り付けた（eingebaut）ときは，売主は，追完として，その選択に従い，瑕疵ある物の必要な取外しと瑕疵のない修補された目的物又は代物の取付けを自らなし，又は買主がそのために要した費用を償還する義務を負う。² 次の各号に掲げる場合には，売主は，費用償還請求のみをすることができる。

---

[73] BGH, NJW 2014, 2183, 2184, Rn 30. 売主への納入者や目的物の製造者は履行補助者ではないとして，Bの履行補助者の過失（ド民278条）も否定した（aaO, Rn 31）。

[74] BT-Drucks. 18/8486.

[75] BR-Drucks. 199/17, S. 1.

[76] Bundesrat – 956. Sitzung – 31. März 2017, S. 174.

[77] BT-Drucks. 18/8486, S. 9.

Ⅰ　民　　法
　　一　売主による瑕疵ある物の取外しおよび修補された目的物の若しくは代物の取付けが買主の正当な利益を害するとき又は
　　二　売主が買主によって設定された相当な期間内に取外し又は取付けを自らなすことを表示しなかったとき
　　³第442条第1項の規定は，買主の悪意については，契約成立に代えて買主による瑕疵ある目的物の取付けが基準となって適用される。

　この法案によれば，取外し・取付けに関する追完請求権の範囲は，売買が消費財売買か否かを問わず，統一される。つまり，消費者だけでなく，事業者もまた，追完として取外し・取付けまたはその費用を請求することができる。もっとも，その取付けは，目的物の種類と用法に従ったものでなければならない（法案3項前段）。
　そして，取付時点で買主が目的物の瑕疵について悪意であったときは，本項の追完請求をすることができない（法案3項後段・ド民442条1項）。
　また，取外し・取付けを売主自身が行うか買主側に行わせてその費用を償還するかは，売主の選択に委ねられるということが明示される（法案3項前段）。しかし，買主の利益のために，次の2つの場合には，その選択に制限が加えられ，前者を選択することができないことも明示される（法案3項中段）。第1に，売主による取外し・取付けが買主の正当な利益を害する場合，たとえば，売主の手に余るほど取付け・取外しが非常に複雑である場合である（法案3項中段1号）[78]。第2に，買主が設定した相当な期間内に，どちらを選択するか売主が表示しなかったときである（法案3項中段2号）。
　この連邦議会提出法案は，連邦議会での修正を経て[79]，2017年3月9日連邦議会で採決され，連邦参議院の異議を受けることなく成立したので，3月9日の採決時点の内容が最終的な法文である[80]。しかし，成立したばかりであるため，詳細な審議過程を明らかにする文献は2017年4月末の脱稿時点では現れていない。第439条は，次のとおりである[81]。すなわち——

　　ド民新439条【追完】　③¹買主が瑕疵ある目的物をその種類と用法に従って他

---

[78] *Ulber*, JuS 2016, 584, 585.
[79] BT-Drucks. 18/11437, S. 7.
[80] BR-Drucks. 199/17.
[81] BR-Drucks. 199/17, S. 2f.

の物に作り付けた（eingebaut）又は他の物に取り付けた（angebracht）ときは，売主は，買主が瑕疵ある目的物の取外しと瑕疵のない修補された目的物又は代物の取付けのために要した費用を償還する義務を負う。
² 第442条第1項の規定は，買主の悪意については，契約成立に代えて買主による瑕疵ある目的物の作付け又は取付けが基準となって適用される。

　第1に，前段および後段で，作付けに取付けも加えられている点，第2に，中段が削除され，後段が中段に繰り上げられた点，の2点で修正が加えられた。双方とも内容の修正ではないと思われる。つまり，前者は，単に説明を丁寧にしただけであり，後者は，売主自身が取外し・取付け自体を行うこともできるのは自明として削除されたものと推測される[82]。

3　事業者の求償権の整備

　上記のように，取付け・取外しの追完が消費財売買以外にも拡張されたことから，事業者による取付け・取外しの追完請求の場合に備えて，瑕疵ある目的物を納入した供給元への償還請求権が整備された。こちらの方は，連邦議会提出法案は[83]，修正されずに成立したので[84]，成立した法文だけを示す[85]。すなわち――

> ド民新445条 a 【売主の償還請求】　①売主は，新たに製造された物の売買においては，その物を売却した〔前の〕売主（納入者（Lieferant））に対し，買主から主張された瑕疵が売主への引渡時に既に存在していたときは，買主との関係でド民439条2項及び3項並びにド民475条4項及び6項の規定に従って負担しなければならなかった費用を償還請求することができる。
> ②売主が新たに製造された物を瑕疵のために返品された又は買主が代金減額請求をしたときは，ド民437条に規定された売主の納入者に対する権利のために，買主から主張された瑕疵に関して本来必要とされる期間設定を要しない。
> ③債務者が事業者であるときは，第1項及び第2項の規定は，納入者及び他の買主がそれぞれの売主に対して取得する請求権について準用する。

---

[82]　Vgl. *Oetker/ Maultzsch*, Vertragliche Schuldverhältnisse, 4. Aufl., S. 99.
[83]　BT-Drucks. 18/8486, S. 9.
[84]　BT-Drucks. 18/11437, S. 8.
[85]　BR-Drucks. 199/17, S. 3.

Ⅰ 民　　法

④第1項から第3項までの規定は，〔買主による目的物の検査通知義務を定める[86]〕商法第377条の規定の適用を妨げない。

4 「不相当性」による履行拒絶

Ⅲ 2で述べたド民439条3項の新規定が挿入されることによって，旧3項の規定が新4項となる。旧3項は，不相当性を要件に売主が拒絶権を取得する規定であったところ，それが追完請求をすべて拒絶する可能性を売主に与えていたため，指令適合性を担保するためには同項の目的論的縮小が必要であったことは，Ⅱ 4(5)でも述べた。そのため，連邦議会提出法案では，次のようなド民475条4項の新設が提案された[87]。すなわち──

連邦議会提出法案475条【適用規定】　④¹追完の方法の1つが第275条第1項の規定に従って求めることができないとき又は第275条第2項若しくは第3項の規定に従って若しくは第439条第4項前段の規定に従って拒絶することができるときは，第439条第4項前段の規定に従って費用の不相当性を理由に残った追完方法を拒絶することができない。²第439条第2項又は第3項前段第2号の規定に従ってなすべき費用償還の金額を理由に残った追完方法が不相当となるときは，事業者は，費用償還を相当な金額に限ることができる。³この金額の算定においては，瑕疵のない状態の目的物の価値及び瑕疵の重要性が考慮されなければならない。

連邦議会提出法案475条4項は，同439条3項中段が削除されたことに関連して，「2号」という文言が削られただけで[88]，次のように成立した[89]。すなわち──

ド民新475条【適用規定】　④¹追完の方法の1つが第275条第1項の規定に従って求めることができないとき又は第275第2項若しくは第3項の規定に従って若しくは第439条第4項前段の規定に従って拒絶することができるときは，第439条第4項前段の規定に従って費用の不相当性を理由に残った追完方法を拒絶することができない。²第439条第2項又は第3項前段の規定に従ってなすべき

---

[86]　わが国の商法526条に相当する規定である。
[87]　BT-Drucks. 18/8486, S. 9.
[88]　BT-Drucks. 18/11437, S. 11.
[89]　BR-Drucks. 199/17, S. 3.

費用償還の金額を理由に残った追完方法が不相当となるときは，事業者は，費用償還を相当な金額に限ることができる。3 この金額の算定においては，瑕疵のない状態の目的物の価値及び瑕疵の重要性が考慮されなければならない。

こうして，ド民新475条4項によって，ド民旧439条3項の規定の目的論的縮小が不要となった。

5 使用利益の返還不要

上記規定を含むド民新475条が新設されるに際して，Ⅱ2(6)で述べたド民474条5項の規定もその位置が移され，ド民475条3項となったが，内容の変更はない[90]。

> ド民新475条【適用規定】 ③本款の売買契約には，利益を返還し又はその価値を償還することを除き，ド民439条第5項の規定は適用される。ド民445条及びド民447条第2項の規定は，適用されない。

第475条に移ったことにより条文の表題が変更され，Ⅲ2に述べたド民新439条3項の新設によりド民439条4項がド民新439条5項に移ることが反映されただけである。

Ⅳ 要 約

ドイツ新債務法の共同体指令適合性の問題は，2006年のクヴェレ事件から始まり，2008年のフローリングブロック事件と2009年から2011年までのタイル事件，さらには2012年のゴム事件と2014年の桟事件を経て，2017年の法改正によって最終的に決着した。

第1に，ドイツ国内法に対するヨーロッパ法の「押し付け」が顕在化した点が重要である。さほど優れているとは思われない欧州裁判所の判断に国内の立法・司法が服従しなければならない苦い現実は，誇り高きドイツ人の胸に無力感と諦念を刻み込んだ。

第2に，具体的な修正としては，クヴェレ事件2008年判決，それを受けたドイツ民法2008年改正，タイル事件2011年判決，それを受けたドイツ民法

---

[90] BR-Drucks. 199/17, S. 4.

Ⅰ 民　　法

2017年改正である。本稿では，2017年改正がタイル事件とゴム事件及び桟事件の判例の「分裂」を解消したことを主に紹介した。すなわち，2018年1月1日施行の新規定によれば，売買が消費財売買であるか否かにかかわらず，瑕疵ある物を給付した売主は，目的物を他の物に取り付けた買主が追完を請求するときは，追完に必要な瑕疵ある物の取外しと瑕疵のない物の取付けの費用を負担しなければならない。具体的紛争に陥る買主には有利な法改正であるが，売主の負担が結局は価格に転嫁されることからすると，一般の消費者には不利な改正である。

5　債権譲渡における債務者による抗弁の放棄

道垣内弘人

　　I　はじめに　　　　III　おわりに
　　II　各事由の検討

I　はじめに

1　異議をとどめない承諾の制度の廃止

　2017年に，民法（債権関係）の改正案が国会において成立し，同年6月2日に公布された。改正点は多岐に亘るが，大部分は，これまでの判例等で異論のないところを明文化したものである。しかし，実質的な改正がされた箇所もある。

　その1つが，債権譲渡における異議をとどめない承諾の制度の廃止である（改正前民法468条1項）。もっとも，このことは，債権譲渡の対抗要件具備の時点までに譲渡人に対して生じた事由を，債務者が譲受人に必ず対抗できるようになったということは意味しない。債務者が「抗弁の放棄」をしたときには，放棄された抗弁は譲渡人に対して主張することができないと理解されている[1]。改正にあたっては，抗弁は放棄できるものであることを前提に，譲渡人に対して生じた抗弁を譲受人に主張できるか，という問題は，抗弁の放棄の一般

---

[1]　法制審議会民法（債権関係）部会資料74A・11-12頁（商事法務編『民法（債権関係）部会資料集第3集〔第4巻〕』（商事法務，2017年）500-501頁）。改正後に公表された文献でも一致して説かれている（潮見佳男『民法（債権関係）改正法の概要』（きんざい，2017年）160頁，大阪弁護士会民法改正問題特別委員会編『実務解説民法改正』（民事法研究会，2017年）181頁，日本弁護士連合会編『実務解説改正債権法』（弘文堂，2017年）271頁，山野目章夫『新しい債権法を読みとく』（商事法務，2017年）133頁など）。

Ⅰ 民　　法

論に委ねよう，としたわけである[(2)]。

　そして，この改正は，異議をとどめない承諾の制度が，しばしば，その意味を十分に理解しないままに，「異議をとどめないで承諾します」という文言の記載された譲受人の準備した書面に安易に署名・捺印した債務者が，譲渡人に対して有していた抗弁を失ってしまうという不利益を被る，という事態を招来するものであったことに鑑みれば，妥当なものと評価できる。

2　「抗弁の放棄」によるときの規律

　しかし，ここでいう「抗弁の放棄の一般論」に委ねられた結果は，必ずしも明確ではない。

　まず，「抗弁の放棄」とは，どのような行為なのであろうか。所有権の放棄については，相手方のない単独行為とされるが，ここでも同じであろうか。これは，「抗弁の放棄」の効果をどのようにとらえるかにも関係している。

　「異議をとどめない承諾」については，その理屈を説明するための学説として，公信力説，二重法定効果説などがあるが，これらは，「異議をとどめない承諾」の有する効果が改正前民法468条1項に定められていることを前提に，その特殊性をいかに説明するか，という観点から議論されてきたものである。しかるに，「抗弁の放棄」という一般論によるのであれば，特殊な効果を前提にすることはできず，「抗弁の放棄」ということの意味内容が問われることになるのである。

　また，異議をとどめない承諾に与えられる抗弁喪失の効果は，抽象論としては，大判昭和6年11月21日民集10巻1081頁が，「民法第四百六十八条第一項ニ所謂対抗スルコトヲ得ヘカリシ事由トアルハ狭義ノ抗弁権ニ止マラス広ク債権ノ成立，存続若クハ行使ヲ阻止排斥スル事由ノ意ナル」とするものの，比較的近時の判例（最判平成9年11月11日民集51巻10号4077頁）は，債務者は譲受人に対し債権発生原因が公序良俗違反であることを主張して，その履行を拒むことができる，としている。つまり，事由ごとにていねいな判断が要求されるわけである。そして，その具体的な事由について，教科書類で詳細な検討

---

(2)　中間試案では，第18−3(1)イとして，「抗弁を放棄する旨の債務者の意思表示は，書面でしなければ，その効力を生じないものとする。」という規定が存在していた。法制審議会民法（債権関係）部会資料74A・12頁（商事法務編・前掲注(1)501頁）。

がされる対象は限定されていることが多いが，最も具体的かつ詳細に挙げる見解は，「弁済，代物弁済，供託，免除，相殺，混同等による債権の全部ないし一部の消滅」，および，「債権の不成立，無効または解除による債権の消滅，さらに同時履行の抗弁，限定承認の主張など」としている[3]。そこで，これらの事由につき，「抗弁の放棄」という構成をとるとき，どのように考えるべきか，が問題となる。

3 本稿の構成

以上のような問題意識のもと，本稿は，まず，Ⅱにおいて，これまで，異議をとどめない承諾によって，譲受人に対抗し得なくなる事由として挙げられてきたものにつき，「抗弁の放棄」という構成において，どのように考えるべきか，を検討し，Ⅲにおいて，簡単なまとめを付したい。

Ⅱ 各事由の検討

1 弁済，代物弁済，供託，債権の不成立，免除

債権者からの履行請求に対して，弁済は抗弁事由として位置づけられており，この抗弁を放棄することは，一応は可能なように思われる。

しかし，まず，通常の債権者－債務者間で考えるとき，「抗弁事由として弁済を主張することをしないことにする」という意思表示は，抗弁の放棄ではなく，債務の存在の承認であるというべきであろう。そうすると，譲受人に対して「弁済の抗弁を放棄する」という意思表示を行うことも，債務が存在していることの承認にほかならず，それを「抗弁の放棄」と構成するのは不自然である。

そうなると，消滅している債務の存在を承認することによって，はたして，その債務を弁済しなければならないことになるのか，ということが問題になる。まず，譲受人に対する関係ではなく，債権者－債務者間で考えてみよう。このとき，弁済したにもかかわらず債務の存続を承認することは，それが両当事者の合意によってされるのであれば，贈与契約にしかなりえず，贈与の意思がない限り，債務は発生しない。弁済後に重ねて実際に弁済がされたとしても，不

---

[3] 池田真朗『債権譲渡の研究〔増補2版〕』440頁（弘文堂，2004年）。

Ⅰ 民　　法

当利得が生じる。有効な債務の弁済とはなり得ない[4]。譲受人との間の合意による場合も同じである。債務者の一方的意思表示によりされるときは，そのような一方的債務負担の意思表示に効力が認められるか，という問題になり，すでに弁済を受領している債権者に対する意思表示あれ，譲受人に対する意思表示であれ，一般的にはこれを肯定することはできないのではないか，という疑問が生じる[5]。

代物弁済，供託も，これと異なるところはない。債権の不成立，さらには，免除があったときについても同様である。

2　無　　効

(1)　無効に関しては，異議をとどめない承諾に関するものであるが，すでにあげた平成9年判決が，「抗弁の放棄」についても参照されるべきであろう。この判決は，賭博によって生じた債権の譲渡について，それを債務者が異議をとどめずに承諾したときであっても，債務者に信義則に反する行為があるなどの特段の事情のない限り，債務者は無効を主張して履行を拒むことができる，としたものである。そして，この判決は，その理由として，「賭博行為は公の秩序及び善良の風俗に反すること甚だしく，賭博債権が直接的にせよ間接的にせよ満足を受けることを禁止すべきことは法の強い要請であああって，この要請は，債務者の異議なき承諾による抗弁喪失制度の基礎にある債権譲受人の利益保護の要請を上回る」としているが，その論理は，「抗弁の放棄」についてもそのまま当てはまるというべきである[6]。

同判決は，同じく公序良俗違反による無効といっても，不法性が低い場合については別に考える余地を残していると理解されている。実際，大判昭和9年7月11日民集11巻1516頁は，取引所法違反による取引から生じた債権の譲渡について債務者が異議をとどめないで承諾した場合については，債務者は善

---

[4]　過払い金問題は，これを前提とする。

[5]　周知のように，石坂音四郎は，異議をとどめない承諾の意味について，いわゆる債務承認説をとり，異議をとどめない承諾という一方的な債務負担行為によって，譲受人に対する新たな債権が発生すると説いていた（同『日本民法第3巻（債権総論）（中間）〔合本〕』（有斐閣，1919年）1158-1159頁。このような一方的債務負担行為が，異議をとどめない承諾という特別の制度がなくても認められるのか，が問題となる。

[6]　潮見佳男『新債権総論Ⅱ』（信山社，2017年）453-454頁。

意の譲受人に対しては「不法ノ目的ニ因ル債権不発生ノ抗弁事由」を主張し得ないとしている。

(2) しかし，公序良俗という一般条項を理由とする無効判断において当事者が主張すべきなのは，その評価を基礎づける具体的事実にすぎず，「無効」という判断は，法律効果の問題であるから，直接に当事者が主張する必要はない[7]。さらには，裁判所は，他の事実から主要事実を推認し，公序良俗違反を認定しうると解されている[8]。債務者の主張をまたないで判断できることについて，「その抗弁を放棄する」というのは，理解がしにくい[9]。

そうなると，仮に昭和9年判決が妥当な結論を示しており，その結論が維持されるべきであっても，「抗弁の放棄」とは異なる，別の法理によるべきように思われる。後に述べる禁反言の法理によるか，あるいは，そもそも不法性の低い公序良俗違反による無効は，第三者には対抗できない，という一般論を考えるべきであろう。

3 債権発生原因である契約の解除による債権の消滅（減額等を含め）

(1) 解除の時期に応じて2つに分けて考える必要がある。

まず，債権譲渡時にすでに解除がされている場合である。このときは，譲渡時には債権が消滅しているのであるから，1と同様に考えるべきである。

次に，債権譲渡後に解除がされた場合についてはどうか。この場合は，さらに2つに分かれる。

第1は，債権譲渡時に解除事由が存在しなかったときである。このときについて，奥田昌道は，「双務契約上の債権では，同時履行の抗弁権や債務不履行による解除の可能性のあることは当然のことであり」，そして，発生原因を知らないで譲渡を受けたとしても，過失があるというべきであるから，「債務者は常にこれらを主張しうると解すべきではなかろうか。いいかえれば，承諾当時に債務者として主張することができた抗弁事由だけが，異議をとどめない承

---

[7] もっとも，公序良俗違反と評価される事実が主張されていることを裁判所が指摘し，不意打ちを避けるべきだと考えられうることは別問題である（高橋宏志『重点講義民事訴訟法（上）〔第2版補訂版〕』（有斐閣，2013年）457-459頁参照）。

[8] 伊藤眞『民事訴訟法〔第3版〕』（有斐閣，2004年）264頁。

[9] なお，これらの点につき，三間地光宏「無効の主張制限について」山口経済学雑誌49巻6号（2001年）1097頁以下が参考になった。

I 民　法

諾によって遮断される」という見解を示しており(10)，支持を集めていた(11)。同様に，債務者が「将来，債権者（譲渡人）の債務不履行があっても契約を解除したとは主張しない」というかたちで抗弁を放棄することは不自然であり，抗弁の放棄の対象とはならないと考えるべきであろう。

(2)　第2は，債権譲渡時にすでに解除事由が発生していたが，まだ解除の意思表示がされていなかったときである。

この点では，上記の奥田の見解のうち，前半部分，すなわち，「双務契約上の債権では，同時履行の抗弁権や債務不履行による解除の可能性のあることは当然のこと」であり，譲受人は解除の危険を常に引き受けるべきである，ということからすると，抗弁の放棄の対象とはならないと考えることができる。しかし，その後半部分，すなわち，「承諾当時に債務者として主張することができた抗弁事由だけが，異議をとどめない承諾によって遮断される」ということからすると，抗弁の放棄の意思表示をした段階では，すでに解除権が発生していたのだから，それは放棄の対象となる，ということになりそうである。

しかし，この点では，全部解除，一部解除，代金減額請求，さらには一部不発生の連続性を考慮しなければならない。

たとえば，50台の機械の売買契約において，40台しか引き渡されないとする。このとき，たとえば無催告解除特約があり，買主は契約全部についての解除権を有していても，代金の減額を請求することを選択できる（改正民法563条1項・2項）。この代金減額請求について注意すべきなのは，代価が50台分であるとき，10台分については，売買代金債権が発生しない，と考えることが可能なことである。そして，債権の一部不発生ととらえるときは，抗弁の放棄によって，不発生の債権が発生するとは考えられない。1と同じである。そうすると，代金減額請求についても，たとえば，「債権の減額があったことを債権譲受人に対して主張しない」という「抗弁の放棄」があっても，減額された分の債権しか発生しておらず，譲受人は減額された債権しか取得しないと考えるべきことは十分に可能である。

さらには，買主は，売買契約を10台分について一部解除することも可能で

---

(10)　奥田昌道『債権総論〔増補版〕』（悠々社，1992年）446頁。
(11)　池田・前掲注(3) 441-442頁，林良平ほか『債権総論〔第3版〕』（青林書院，1996年）508頁〔高木多喜男〕，潮見佳男『債権総論II〔第3版〕』（信山社，2005年）643-644頁。

ある。このとき、「解除を債権譲受人に対してその旨を主張しない」という「抗弁の放棄」があれば、その一部解除を債権譲受人に対して主張できず、譲受人は50台分の売買代金債権を取得すると考えることもできそうである。しかし、その結論は、代金減額請求や一部不発生について上記のように考える限り、不均衡である。

(3) そして、改正民法は、このように、一部解除、代金減額請求、一部不発生の連続性を肯定する考え方をとっているというべきである。それは、改正民法469条2項2号に表われている。同号は、債権譲渡の対抗要件具備後に債務者が取得した債権を自働債権とする相殺を、当該自働債権が「譲受人の取得した債権の発生原因である契約に基づいて生じた債権」であるときには認めるという規律を定めている。これは、このような場合には、譲渡された債権に内在する事由による減額と区別できず、そして、譲渡された債権に内在する事由による減額があれば、譲受人は減額された債権しか取得しないことを前提としている。したがって、それが形式的には相殺であっても、債務者は相殺ができ、譲受人は相殺後の額の債権しか取得しないとしたわけである[12]。

以上からすると、債権譲渡にあたって債務者が個別的に抗弁を放棄した場合でも、現実に債権額の減額が生じるとき、一部不発生・減額・一部解除は明確な区別がつかないのであり、改正民法469条2項2号に規定されているような場合については、債務者はなお一部不発生・減額・一部解除を主張しうるというべきである。

そして、以上のように考えると、バランス上、全部解除であっても、債権に内在するする事由の発現に他ならず、そもそも抗弁の放棄になじまないと考えるべきではないであろうか[13]。

4 相　殺

相殺についても、まず、3(3)で述べたところに注意すべきである。改正民法469条2項2号に規定されているような場合については、いくら抗弁を放棄していても、債権内在的な減額であって、なお相殺が可能であるというべきであ

---

[12] 中田裕康ほか『講義債権法改正』（商事法務、2017年）259-260頁〔道垣内弘人〕。
[13] ここで抗弁の放棄を認めるのは、立替払いと抗弁の切断に関する立法等を潜脱する手段にもなりかねないことを付言しておく。

る(14)。

　これに対して，債権内在的な相殺以外の相殺については，「相殺の期待の保護」というポリシーがなければ，本来，債権譲渡後には認められないものである。もはや，債権者－債務者間に同種の債権が対立してはいないからである。したがって，ここで「抗弁の放棄」とは，改正民法469条1項・2項2号に基づく相殺の期待の保護を放棄する，ということであり，その意思表示には効力が認められるというべきである。

5　同時履行の抗弁

　すでにあげた（3(1)）奥田昌道の見解では，同時履行の抗弁権も，異議をとどめない承諾があっても，債務者は譲受人に対して主張できると解されていた。しかし，同時履行の抗弁権自体は，契約当事者間において特約により排除することも可能であり，譲受人に対し，それを主張しない旨を言明することには，そのままの効果を認めてよいと考える。履行期あるいは履行の先後についての約定にすぎないのである。

　これを「同時履行の抗弁権の放棄」と呼称することは差し支えない。

　ただし，このときでも，原債権者（＝譲渡人）と債務者との間には同時履行関係が残存するはずである。原債権者が売主，債務者が買主である例を考えると，原債権者の目的物の引渡しがない限り，遅延損害金は発生しないというべきではないだろうか。そして，譲受人も，遅延損害金の支払いを債務者に対して請求できないことになる。そもそも発生していないのだからである。

6　限定承認の主張

　限定承認がされた場合には，その時点で，当該債権は責任財産が限定された債権となっている。にもかかわらず，債務者である相続人が自己の固有財産からも支払う，ということは，保証契約を締結することにほかならない。抗弁の放棄によってそのような効果を生じさせることはできないというべきである。

---

(14)　牽連性のある債権債務間の相殺について，山田八千子「相殺」ジュリ1551号（2017年）31-33頁も参照。

III おわりに

1 禁反言の法理による解決

以上からすると、「抗弁の放棄」によって直接的に効果が生じるのは、せいぜい債権内在的な相殺以外の相殺の抗弁と同時履行の抗弁についてのみだと思われる。そして、このときは、債務者の相殺権や同時履行の抗弁権の存在について、債権譲受人が善意あるいは善意無過失である必要はないと考える。債務者の「抗弁の放棄」の意思表示は、債権譲受人に対しては、相殺を主張しない、あるいは、同時履行の抗弁を主張しない、というものであり、その意思表示は譲受人が悪意であっても、逆に、悪意である場合こそ、その意味が明瞭なものだからである。たんなる承認とは異なるのである[15]。

これに対して、たとえば、弁済しているにもかかわらず、「債務の消滅の抗弁を放棄する」と債権譲受人に対して債務者が言明したからといって、その意思表示の直接の効果として、債務者は支払義務を負うことにはならない。

ただ、だからといって、債務者に何らの責任も発生しないわけではない。そのような意思表示をした債務者は、譲受人との関係では、なお信義則（禁反言の法理）により、弁済の主張ができないと考える余地はあるように思われる。

このとき、債務者が、原債権者（＝譲渡人）に対して不当利得の返還請求ができるのは当然である。

2 言い訳

とはいえ、本稿で示した分析には、まったく自信がない[16]。ただ、これをきっかけに、「抗弁の放棄」ということの意味について、積極的な議論がされることを望むばかりである。唯一言えるのは、「抗弁の放棄」ということの意味はさほど明らかではない、ということである[17]。

---

[15] 債権譲受人が悪意の場合には、やはり抗弁の放棄の効果は生じないが、単純な承諾ではなく、抗弁放棄の意思表示が存在することによって、過失は問われなくなったと解すべきであるとするものとして、和田勝行「債権譲渡の承諾と債務者の抗弁」潮見佳男ほか編『Before/After 民法改正』（弘文堂、2017 年）273 頁。

[16] このように言うことは、他の論文については、私が自信を持っていることを意味していない。

[17] 本論文集の共通テーマは「ありのままの人間」であり、私も、当初、アナ雪の法律問

I 民　　法

題でも書こうかと思っていたが，うまく行かず，現在，考えあぐねている問題をそのまま原稿にすることとなってしまった。考えがまとまらず，「このままじゃダメなんだ」と，「とまどい傷つき，誰にも打ち明けずに，悩んでた」のだが，それはもうやめて，「ありのままの姿」を見せたが故に，テーマに若干かすっている，と勝手に考え，掲載をお願いした次第である（でも，出版時には，アナ雪自体が古くなってしまった）。廣瀬久和先生，および，編者のみなさまには心からお詫び申し上げる。

6 信託社債と倒産手続*

加 毛　　明

　I　はじめに
　II　本件信託社債の法律関係
　III　受託者に対する倒産手続の開始
　IV　信託財産に対する破産手続の開始
　V　おわりに

I　はじめに

1　検討の対象と理由

(1)　信託と倒産に関する解釈論の要請

　2018年10月，株式会社三井住友銀行（以下，「SMBC」とする）は，ルクセンブルク証券取引所に信託社債（以下，「本件信託社債」とする）の発行プログラムを上場した[1]。本稿は，本件信託社債に関する倒産法上の法律問題につい

---

*廣瀬久和教授の学問が後進を惹きつける所以の1つは，廣瀬教授が「法学」の在り方を絶えず問い続けてきたことにあるように思われる。それゆえ，筆者は，廣瀬教授の古稀を祝賀するにあたり，当初，19世紀末から20世紀初頭のアメリカ合衆国における大学像の転換と，それに伴う法学研究・教育の転回に関する小論を献呈するつもりでいた。しかし，非才の故に完成に至らず，他日を期して，廣瀬教授のご批判を仰がざるを得なくなった。

　そこで，本稿では，廣瀬教授の学問の1つの特色というべき Problemdenken（具体的問題を志向する思考態度）にならい，「信託と倒産」に関するケース・スタディとして，近時，邦銀が欧州市場において発行した信託社債に関する法律問題を検討することとした。空理・空論に流れがちな筆者に対し，常々具体的な問題の重要性を喚起して下さった廣瀬教授の学恩に，多少とも報いることができれば幸いである。

　本稿の執筆に際し，三井住友銀行の本多知則弁護士・今出尚孝弁護士から情報提供を受けたことに謝意を表したい。本稿に残された誤りは全て筆者に帰するものである。

(1)　本件信託社債の発行は，邦銀による外貨調達の有力な一手段として，新聞報道でも紹介されている（日本経済新聞2018年11月3日朝刊3面「邦銀，外貨調達難に備え」）。

Ⅰ 民　　法

て検討するものである。このような検討対象を設定する理由として，まず挙げられるのが，信託と倒産について，解釈による法的規律の明確化が要請されているという事情が存在することである。

　信託と倒産の関係については，平成18年制定の信託法及び信託法の施行に伴う関係法律の整備等に関する法律（以下，「整備法」とする）により，規律の明確化が図られた。信託財産の破産については，整備法68条に基づき，破産法に第10章の2「信託財産の破産に関する特則」が設けられ，信託財産の破産手続が創設された。しかし，信託財産の破産手続に関する破産法の規定は必ずしも網羅的ではなく，解釈による補充の必要性が残されている[2]。他方，受託者の倒産については，信託法がいくつかの規定を新設した。その結果，それらの規定の存在を前提として，破産法・民事再生法・会社更生法等の規定の読替えが必要になる。また，信託法に規定が存在しない場合であっても，信託の法的構造を前提とした解釈による規律の補充が必要とされることがある。

　以上の問題意識に基づいて，筆者は，かつて，信託と破産の関係に関する一般的な分析を試みたことがある[3]。本稿では，この前稿で示した分析枠組みに基づき，本件信託社債を具体的な素材として──前稿で取り上げなかった法的論点を含めて──検討を行うこととする。そして，以上の観点からみた場合に，本件信託社債は，恰好の検討対象となる特徴を備えているのである。

(2)　**本件信託社債の特徴**──カバード・ボンド

　信託社債とは「信託の受託者が発行する社債であって，信託財産（……）のために発行するもの」（会社法施行規則2条3項17号）を意味する。信託社債は，信託財産と受託者の固有財産の双方を責任財産とするのが原則であるが，わが国の実務では，信託財産に責任を限定する特約が付されるのが通常であるとされる[4]。信託社債は，受託者（信託銀行など）が発行主体であるものの，受託

　　また，本件信託社債の目論見書は，ルクセンブルク証券取引所のウェブサイト上で公開されている（https://www.bourse.lu/programme/Programme-SumitMitsuBking/14507）。
[2]　山本克己＝小久保孝雄＝中井康之編『新基本法コンメンタール破産法』（日本評論社，2014年）554頁〔沖野眞已〕。
[3]　加毛明「信託と破産(1)～(3・完)──信託財産の破産と受託者の破産に関する解釈論上の諸問題」NBL1053号4頁，1054号45頁，1055号43頁（2015年）。
[4]　三菱UFJ信託銀行編著『信託の法務と実務〔6訂版〕』（金融財政事情研究会，2015

者自身の資金調達のために発行されない場合が多いので[5]，受託者の固有財産を信託社債の責任財産から除外することには合理性があると考えられる[6]。

これに対して，本件信託社債は，SMBCが外貨調達のために発行する，いわゆるカバード・ボンド（債権担保付き社債）であり[7]，通常の信託社債と比較して，2つの特徴を有する（Ⅱ1参照）。まず，受託者であるSMBCが信託設定後に固有財産から信託財産に一定の財産（住宅ローン債権等）を移転し，それに社債権者のための担保権を設定する。また，本件信託社債について責任財産限定特約が付されることはなく，原則通り，信託財産と受託者の固有財産の双方が本件信託社債の責任財産となる。この意味で，本件信託社債はデュアル・リコース性——発行会社と発行会社から隔離された資産の双方の信用を引き当てにできるという性質——を有するのであり，欧州における起債スキームを前提とするものということができる。

このように本件信託社債においては，信託財産と受託者の固有財産の双方が責任財産となることから，倒産との関係について，信託財産に対して破産手続が開始した場合と，受託者に対して破産手続・民事再生手続・会社更生手続[8]（以下，「倒産手続」と総称する）が開始した場合の双方が問題となる。それゆえ，本件信託社債は，筆者が前稿において提示した分析枠組みを実地に適用する恰好の素材といえるのである。

(3) 検討の前提——受託者の固有財産からの信託財産の独立性

本稿の検討においては，有効な信託の設定に基づき，信託財産が受託者の固

年）557頁〔本間賢行〕。
(5) 三菱UFJ信託銀行編著・前掲注(4)561頁〔本間賢行〕参照。
(6) なお，受託者が取締役会設置会社である場合，信託社債を引き受ける者の募集に関する重要な事項（会社法676条，会社法施行規則99条1項）について，取締役会は取締役に決定を委任することができないのが原則である（会社法362条4項5号）。しかし，信託社債の責任財産が信託財産に限定される場合には，当該事項の決定を取締役に委任することが許容される（会社法施行規則99条2項）。信託社債の発行が受託者の経営に重大な影響をもたらすわけではないからである（三菱UFJ信託銀行編著・前掲注(4)558頁〔本間賢行〕）。
(7) カバード・ボンドに関する全般的な解説として，西村あさひ法律事務所編『資産・債権の流動化・証券化〔第3版〕』（金融財政事情研究会，2016年）336頁〔齋藤崇〕。
(8) 金融機関等の更生手続の特例等に関する法律に基づく更生手続を含む。

Ⅰ 民　　法

有財産から独立性を有すること——信託財産の範囲の明確性やいわゆる真正譲渡性などが肯定されること——を前提とする。この前提の充足はそれ自体として検討を要する重要な問題であるものの[9]，本稿では，当該前提を置いたうえで，信託と倒産に関する法的規律について検討を行う。有効に設定された信託について倒産手続における法的規律を明確にすることが，資金調達目的での信託制度の利用のために，実務上要請されていると考えられるからである。

そこで，以下ではまず，信託と倒産に関する分析枠組みを確認するため，信託の法的構造を説明することから始めることにしたい。

2　信託の法的構造
(1)　法人格と責任財産

信託は，受託者という1つの法人格の中に，信託財産（信託法2条3項）と固有財産（信託法2条8項）という複数の責任財産を作り出す法技術である[10]。信託法の存在によって，固有財産と信託財産には，あたかも別個独立の法主体であるかのような法的効果が付与される。倒産についていえば，受託者に対する倒産手続とは，受託者の固有財産に対する倒産手続を意味することになる。また，整備法68条に基づき，信託財産の破産に関する特則が設けられた結果として，破産法は，受託者の固有財産と信託財産という2つの責任財産について，それぞれ別個の破産手続を用意することになったのである。

もっとも受託者の固有財産も信託財産も法人格を有するわけではない。法人格を有するのは受託者であり，受託者という法人格の中に複数の責任財産が存在するにすぎない。それゆえ破産法及び信託法は，独立性を有しつつも法人格を持たない複数の責任財産の間の関係を規律するために，特別の規定を設けるのである。

(2)　受託者に対する債権の分類

次に，受託者に対する債権についても，受託者の固有財産と信託財産のいず

---

[9]　自己信託を利用したカバード・ボンドのスキームについて，真正譲渡性の問題を指摘するものとして，西村あさひ法律事務所編『ファイナンス法大全（下）〔全訂版〕』（商事法務，2017年）593頁〔齋藤崇〕。

[10]　加毛・前掲注(3) (1) 4〜5頁。

れを責任財産とするか，あるいはその双方を責任財産とするかに応じて，区別して考える必要がある[11]。すなわち，①固有財産のみを引き当てとする債権（以下，「固有債権」とする），②固有財産と信託財産の双方を引き当てとする債権（以下，「信託債権α」とする），③信託財産のみを引き当てとする債権である。このうち，③については，受益債権（「信託行為に基づいて受託者が受益者に対し負う債務であって信託財産に属する財産の引渡しその他の信託財産に係る給付をすべきものに係る債権」〔信託法2条7項〕）とそれ以外の債権（以下，「信託債権β」とする）を区別することができる。信託財産の破産手続における優先劣後関係などに関連して[12]，両者を区別する実益が存在する。

(3) 信託債権αと最終的な弁済責任の所在
(a) 信託財産が最終的な弁済責任を負担する場合

さらに，信託債権αについては，最終的な弁済責任を固有財産と信託財産のいずれが負担するかに応じて，2つの区別を設けることができる。第1は，信託財産が最終的な弁済責任を負う場合である（以下，「信託債権α1」とする）。その典型例は，「信託財産のためにした行為であって受託者の権限に属するものによって生じた権利」（信託法21条1項5号）である。

信託債権α1の弁済は，信託事務の処理に該当するものと考えられる。それゆえ，まず，受託者は信託財産から信託債権α1の弁済を行うことができる。また，受託者が固有財産から信託債権α1の弁済をした場合には，受託者は信託財産から補償を受けることができる。この法的帰結を実現するのが信託法48条1項である。同項本文は「受託者は，信託事務を処理するのに必要と認められる費用を固有財産から支出した場合には，信託財産から当該費用及び支出の日以後におけるその利息（以下「費用等」という。）の償還を受けることができる」と規定する[13]。受託者は，費用等の償還を受ける権利[14]の行使を通じ

---

[11] 以下の叙述について，詳しくは，加毛・前掲注(3) (1) 6-7頁。
[12] 信託債権は，一般に受益債権に優先し（破産法244条の7第2項），約定劣後破産債権となる場合であっても，受益債権と同順位であるか，又はこれに優先するものとされる（破産法244条の7第3項）。
[13] さらに受託者は，信託事務の処理の費用について信託財産から前払いを受ける権利も有する（信託法48条2項本文）。費用の前払いを受ける権利については，過大な費用の前払いなどの危険性があることから，受託者は，受益者に対し，前払いを受ける額及び

Ⅰ 民　　法

て，信託財産から固有財産への補償を実現できるのである[15]。

　また，信託債権 $a1$ を固有財産から弁済した場合，受託者は，当該債権の債権者に代位することができる（信託法50条1項前段）。債権に担保権が設定されていた場合には，代位の結果として担保権者と担保権設定者が一致する（ともに受託者となる）が，混同の例外として，当該担保権は消滅しないと解される[16]。

　以上のように，信託債権 $a1$ については，受託者が固有財産から弁済を行った場合，信託財産から補償を受けることができる。旧法下の学説において，受託者が「『負担部分のない連帯債務』に類似した債務[17]」を負うものと説明されていたのは，信託債権 $a1$ を念頭に置いたものということができる。

(b)　固有財産が最終的な弁済責任を負担する場合

　以上に対して，信託債権 a に関する最終的な弁済責任を，受託者の固有財産が負担すべき場合も存在する（以下，「信託債権 $a2$」とする）。その典型例は「受託者が信託事務を処理するについてした不法行為によって生じた権利」（信託法21条1項8号）である[18]。現行信託法は，不法行為債権が信託財産を責任財産とすることを明示的に認めたが[19]，立案担当者の説明には，不法行為債権

　　　　その算定根拠を通知する義務を負う（信託法48条3項本文）。
(14)　費用等の償還を受ける権利の法的性質は（請求権でなく）形成権とされる。その理由については，加毛・前掲注(3) (1) 9頁参照。
(15)　なお，信託法は，費用等の償還を受ける権利について，一定の場合に，信託財産を責任財産とする債権（信託債権 a，信託債権 β 及び受益債権）に優先する効力を認める。まず，信託法49条6項は，債権者の共同の利益のためにされた信託財産に属する財産の保存，清算又は配当に関する費用等について，一般先取特権と同順位の優先権を認める。また，信託法49条7項は，信託財産に属する財産の価値を維持するのに必要な費用，又はその価値の増加に有益な費用について優先権を認める。その趣旨について，立案担当者は，「特定の財産についてのみ，あらゆる権利に（……）優先することとした」と説明する（寺本昌広『逐条解説新しい信託法〔補訂版〕』（商事法務，2008年）182頁）。特定の財産に対する最優先の権利であることからすれば，この場合の受託者の権利は，特別先取特権と同様の内実を有するものと考えられる（沖野眞已「信託と破産」山本克己＝山本和彦＝瀬戸英雄編『新破産法の理論と実務』（判例タイムズ社，2008年）53頁注17）。
(16)　村松秀樹ほか『概説新信託法』（金融財政事情研究会，2008年）159頁注14。
(17)　四宮和夫『信託法〔新版〕』（有斐閣，1989年）73頁。
(18)　寺本・前掲注(15) 86-87頁。
(19)　旧法下の学説では，信託事務処理について受託者の犯した不法行為について信託財産

の最終的な弁済責任を負担するのが受託者の固有財産であるとの理解が示されている[20]。

そこで，不法行為債権について受託者が信託財産から弁済を行った場合や不法行為債権者が信託財産に権利行使した場合には，受託者の固有財産から信託財産への補償が必要となる。このことを実現するのが，信託法40条1項である。同項本文は「受託者がその任務を怠ったことによって次の各号に掲げる場合に該当するに至ったときは，受益者は，当該受託者に対し，当該各号に定める措置を請求することができる」と規定する。受託者の任務懈怠によって信託財産に損失や変更が生じた場合，受益者等[21]は，受託者に対して，損失のてん補（1号）又は原状の回復（2号）を請求できる。前述のように，信託においては，信託財産も固有財産も法人格を有しないので，法人格を有する受益者等を請求権の主体とし，同じく法人格を有する受託者の損失てん補責任等を追及させることとしたのである[22]。そこで，受託者の犯した不法行為が受託者の任務懈怠に該当する場合には，当該不法行為債権について信託財産から弁済が行われ，又は当該不法行為債権に基づいて信託財産に対する権利行使がなされることによって，信託財産に損失・変更が生じたといえるので，受託者は損失てん補責任等を負うことになる[23]。この場合には——旧法下の学説の表現を借りれば——受託者は「『負担部分10割の連帯債務』に類似した債務」を負うものと考えられるのである。

　が責任を負うことはなく，受託者が個人責任を負うとする見解が有力であった（四宮・前掲注[17] 67頁，74頁，205-206頁）。
[20]　寺本・前掲注[15] 87頁。詳細については，加毛・前掲注(3) (1) 10頁参照。
[21]　受益者のほか，受託者が複数である場合の他の受託者（信託法85条2項），信託行為に定めがある場合の委託者（信託法145条2項7号），受益者の定めがない信託の委託者（信託法260条1項・145条2項7号）が，請求権の主体となる。
[22]　加毛・前掲注(3) (1) 11頁。
[23]　同様のことは，「信託財産のためにした行為であって受託者の権限に属しないもの」で取り消すことができない行為又は取り消すことができても取り消されていない行為から生じた権利（信託法21条1項6号）や，受託者の利益相反行為のうちで取り消すことができない行為又は取り消すことができても取り消されていない行為によって生じた権利（信託法21条1項7号）にも妥当すると考えられる。

I 民　法

3　行　論

　以上の信託の法的構造を前提として，以下では，まず，本件信託社債の法律関係を分析する（II）。受託者が（平時において）本件信託社債の弁済（社債に係る元本及び利息その他金員の支払いなど）を行った場合の法律関係を明らかにすることが，その目的である。次に，受託者に対する倒産手続が開始した場合（III）及び信託財産に対する破産手続が開始した場合（IV）について検討する。本件信託社債が倒産手続において，いかなる取扱いを受けるのかを明らかにすることが，その目的である。

II　本件信託社債の法律関係

1　紹　介

　本件信託社債の仕組みは，本稿の検討対象との関係で必要とされる限りで単純化すると，次のようなものである。

　まず，SMBC 日興証券株式会社が委託者兼受益者，SMBC が受託者となる信託を設定する。次に，SMBC が信託財産を引き当てとする本件信託社債を発行する。その際に，社債権者による債権回収を確実なものとするため，2つの対処を講じる。第1に，本件信託社債について，責任財産を信託財産に限定する特約（責任財産限定特約）を付さない。これにより，信託財産のみならず，受託者の固有財産も，本件信託社債に係る債権の責任財産となる。第2に，SMBC の固有財産に属する一定の財産（以下，「財産 A」とする）を信託財産に移転し，財産 A について本件信託社債の担保権を設定するとともに，当該担保権を信託財産とする信託（セキュリティ・トラスト）を設定する。

2　分　析

　以上の本件信託社債の法律関係について，前述した信託の法的構造に即して（I 2参照），分析を加えよう。

　まず——本件信託社債には責任財産限定特約が付されないので——本件信託社債に係る債権は，信託財産と固有財産の双方を責任財産とする信託債権 a に該当する（I 2(2)参照）。また，本件信託社債が信託財産を主たる引き当てとして発行されるものであることからすれば，本件信託社債について最終的な弁済責任を負うのは，信託財産であると考えられる。その意味で，本件信託社債に係

る債権は，信託債権$a2$ではなく，信託債権$a1$に該当するものといえる（Ⅰ2(3)(a)参照）。

　そのことを前提として，まず，SMBCは，信託財産から社債権者への弁済をすることができる。そして，本件信託社債の弁済をすることは，受託者としての信託事務処理の一環であるので——受託者の任務懈怠（信託法40条1項本文）に該当するという例外的な事情がない限り（Ⅰ2(3)(b)参照）——信託財産から弁済をしたとしても，受託者の固有財産から信託財産に対して補償を行う必要は生じないものと解される。実務上は，社債権者との契約において，この点を確認する明示の条項を定めておくことが考えられる。

　次に，SMBCが固有財産から本件信託社債の弁済を行った場合には，「信託事務を処理するのに必要と認められる費用を固有財産から支出した場合」（信託法48条1項本文）に該当し，SMBCは，費用等の償還を受ける権利を取得するものと解される。また，SMBCは，社債権者に代位し（信託法50条1項前段），当該社債権者の債権及び当該債権を被担保債権とする担保権を取得することになる。SMBCは，これらの権利行使を通じて，信託財産から固有財産への補償を実現できるのである（Ⅰ2(3)(a)参照）。

Ⅲ　受託者に対する倒産手続の開始

1　倒産手続の開始と受託者の任務終了事由・信託の終了原因の関係

　次に，受託者（の固有財産）に対して倒産手続が開始した場合における，本件信託社債の取扱いについてみていこう。受託者に対する倒産手続の開始は，信託をめぐる法律関係に，一定の影響を及ぼす。まず確認しておくべきなのが，倒産手続の開始と，受託者の任務終了事由及び信託の終了原因の関係である。破産手続と民事再生手続・会社更生手続を区別して検討する必要がある。

(1)　破産手続

　法人である受託者に対して破産手続が開始した場合，通常，受託者は解散することになるので（一般社団法人及び一般財団法人に関する法律148条6号，202条1項5号，会社法471条5号，641条6号等），受託者としての任務も終了する（信託法56条1項3号かっこ書，4号）。そして，受託者の破産管財人は，新受託者又は信託財産管理者（信託法64条1項）が信託事務を処理できるようになる

I 民　　法

まで，信託財産に属する財産を保管し，信託事務の引継ぎに必要な行為をする義務を負う（信託法60条4項）。新受託者が就任すると，前受託者の任務終了時（破産手続の開始時）から，新受託者が信託に関する権利義務を承継していたものとみなされる（信託法75条1項）。

　以上から明らかなように，受託者に対する破産手続の開始は，信託の終了原因に該当しない。この点で，後述する信託財産に対する破産手続の開始が信託の終了原因（信託法163条7号）に該当するのと異なる（Ⅳ1参照）。破産手続の開始後も，信託は，新受託者のもとで継続することが予定されるのである。

　本件信託社債についても，受託者であるSMBCに対して破産手続が開始した場合には，信託をめぐる法律関係は，新受託者に引き継がれ，新受託者のもとで，本件信託社債の弁済がなされることになる。

(2) 民事再生手続・会社更生手続

　次に，受託者に対する民事再生手続・会社更生手続の開始は，信託行為に別段の定めがある場合を除き，受託者の任務終了事由には該当しない（信託法56条5項，7項）。受託者は，再生債務者・更生会社となった後も，受託者としての地位にとどまるのである。そして管財人・保全管理人（以下，「管財人等」とする）が存在する場合には，受託者の職務の遂行・信託財産に属する財産の管理・処分権限は管財人等に専属することになる（信託法56条6項，7項）。

　このように，民事再生手続・会社更生手続の開始も，信託の終了原因には該当しない。再建型の倒産手続は債務者の事業の再生等を目的とするので，信託が受託者の事業を構成する場合には，信託を含めて事業の再生等を行うべきものと考えられるからである[24]。

　本件信託社債についていえば，SMBCに対して民事再生手続・会社更生手続が開始した場合であっても，信託行為に受託者の任務終了に関する定めがないため，SMBCが受託者としての地位にとどまり——管財人等がある場合には管財人等による管理のもとで——信託が継続するのである。

---

[24] 寺本・前掲注(15) 196頁。さらに，現行法上，再建型倒産手続の開始をもって契約終了事由とする例は見当たらないことも理由とされる。

2 受託者の倒産手続における本件信託社債の社債権者の地位

次に、受託者の倒産手続における本件信託社債の社債権者の地位についてみていこう。

本件信託社債に係る債権は、受託者の破産手続・民事再生手続・会社更生手続において、それぞれ、破産債権（破産法2条5項）・再生債権（民事再生法84条1項）・更生債権（会社更生法2条8項）（以下、「倒産債権」と総称する）に該当する[25]。その理由は、次のように、2段階で説明される。

第1に、本件信託社債に係る債権は、破産者・再生債務者・更生会社である受託者に対して、破産手続・民事再生手続・会社更生手続開始前の原因に基づいて生じた財産上の請求権である。それゆえ、当該債権は倒産債権の定義に該当することになる。

第2に、本件信託社債に係る債権は、信託債権 α であり、信託財産のみならず、受託者の固有財産をも責任財産とする（Ⅱ2参照）。それゆえ、本件信託社債の社債権者は、受託者の固有財産に対する倒産手続に参加する法的地位を有する。

この第2点を裏側から明らかにするのが、信託法25条2項、5項及び7項である。信託法25条2項は、受益債権（同項前段）及び信託債権であって受託者が信託財産に属する財産のみをもってその履行の責任を負うもの——すなわち、信託債権 β ——（同項後段）が、受託者の破産手続において、破産債権とならないことを規定する。受託者の破産手続における破産財団は受託者の固有財産に属する財産のみによって構成される（信託法25条1項）。それゆえ、受託者の債権者であっても、受託者の固有財産を責任財産としない債権を有するに過ぎない者は、当該債権を破産債権として破産手続に参加できないことになる[26]。同様に、信託法25条5項は民事再生手続について、また同条7項は——信託法25条5項を準用することで——会社更生手続について、信託財産のみを責任財産とする債権（受益債権及び信託債権 β）が、再生債権・更生債権に該当しない（さらには更生担保権にも該当しない）ことを明らかにするのである。

---

[25] なお、本件信託社債に係る債権が更生担保権（会社更生法2条10項）に該当しないことについては、3(4)参照。

[26] 寺本・前掲注(15)100頁、村松ほか・前掲注(16)68頁。

Ⅰ 民　　法

　以上に対して，本件信託社債に係る債権は，受̇託̇者̇の̇固̇有̇財̇産̇を̇責̇任̇財̇産̇と̇す̇る̇の̇で̇，倒産債権に該当する。その結果，社債権者は，受託者の破産手続において，自らの債権を破産債権として届け出ること（破産法111条1項）ができ，破産配当を受けること（破産法193条1項）ができる。また，民事再生手続・会社更生手続では，再生計画の遂行（民事再生法186条1項）・更生計画の遂行（会社更生法209条1項）により，債権の満足を受ける地位を有することになるのである。

3　本件信託社債に係る債権と信託財産の関係

　以上のように，本件信託社債の社債権者は，受託者（の固有財産）に対する倒産手続において倒産債権を有する者として処遇される。しかし，信託の法的構造——受託者という1つの法人格の中に，信託財産と固有財産という独立の責任財産が作り出されること（Ⅰ2(1)参照）——を前提とすれば，信̇託̇財̇産̇と̇の̇関̇係̇が̇，別途問題となる。

　信託については，既に旧信託法の時代から，判例[27]・学説[28]において，倒産隔離——受託者の倒産リスクからの隔離——の効果が認められてきた。そのことが，受託者に対する倒産手続が開始した場合に，いかなる法的帰結をもたらすのかについて，以下では，いくつかの問題を取り上げて検討することにしよう。

(1)　倒産手続開始後における信託財産からの弁済の有効性

　まず，受託者に対する倒̇産̇手̇続̇開̇始̇後̇に̇，信̇託̇財̇産̇から信託債権 α を̇弁̇済̇す̇ることが許容される。その理由は，破産手続及び民事再生手続・会社更生手続について，それぞれ次のように説明される。

(a)　破　産　手　続

　破産手続について，信託法25条1項は「受託者が破産手続開始の決定を受けた場合であっても，信託財産に属する財産は，破̇産̇財̇団̇に̇属̇し̇な̇い̇」（傍点・執筆者）と規定する。破産管財人は破産財団に属する財産について管理処分権を有するので（破産法78条1項），破産財団に属しない信託財産は破産管財人

---

[27]　最判平成14年1月17日民集56巻1号20頁参照。
[28]　学説の状況については，寺本・前掲注(15)100～101頁注1。

の管理処分権の対象とならず，受託者の破産手続の対象外に置かれるのである。それゆえ，破産手続開始後に，信託財産から信託債権 a を弁済することは妨げられないことになる。前述のように，信託債権 a は，受託者の破産手続において破産債権として取り扱われるものの（2参照），信託財産との関係では，その権利行使に関する制約（破産法100条1項）を受けないものと解されるのである。

本件信託社債についても，SMBCに対する破産手続開始後に，信託財産から弁済をすることは妨げられない。もっとも，SMBCは破産手続の開始によって解散するので（信託法56条1項3号かっこ書，4号），受託者としての任務も終了する。そのため，SMBCは，本件信託社債の弁済が「信託財産に属する財産を保管し，かつ，信託事務の引継ぎに必要な行為」（信託法59条3項本文）に該当する場合を除き，もはや信託財産から本件信託社債の弁済をすることができなくなる。また，法人である受託者が破産手続開始の決定を受けて解散した場合における破産管財人の職務についても，信託法60条4項に基づき「信託財産に属する財産を保管し，かつ，信託事務の引継ぎに必要な行為」をすることに限られるものと解されている[29]。それゆえ，かかる行為に該当する場合を除き，SMBCの破産管財人が信託財産から本件信託社債の弁済をすることもできない。信託財産からの本件信託社債の弁済は，新たに選任された受託者によってなされるのである（1(1)参照）[30]。

(b) 民事再生手続・会社更生手続

次に，民事再生手続については，信託法25条4項が「受託者が再生手続開始の決定を受けた場合であっても，信託財産に属する財産は，再生債務者財産に属しない」と規定し，信託財産を再生債務者財産から除外する。信託財産は再生計画の対象とはならないのである。それゆえ，信託財産から信託債権 a を弁済することについて，再生債権に関する弁済禁止効（民事再生法85条1項）

---

[29] 村松ほか・前掲注(16) 192頁注16。
[30] 新受託者が選任される以前においても，利害関係人は，裁判所に対し，信託財産管理者による管理を命ずる処分を申し立てることができる（信託法63条1項）。信託財産管理者が選任された場合，信託財産管理者は「受託者の職務の遂行並びに信託財産に属する財産の管理及び処分をする権限」（信託法66条1項）を有するので，信託財産から本件信託社債の弁済をすることができる。

Ⅰ 民　　法

は及ばないことになる。

　同様に，会社更生手続についても，信託法25条7項が信託法25条4項を準用し，更生会社財産から信託財産を除外する。信託財産は更生計画の対象とならないのであり，信託財産からの信託債権の弁済について，更生債権に関する弁済禁止効（会社更生法47条1項）は及ばないと解される。

　これを本件信託社債についてみてみると，SMBCに民事再生手続又は会社更生手続が開始した場合であっても——本件信託社債について信託行為に別段の定めはないので——SMBCは受託者としての地位にとどまり（信託法56条5項本文，7項），信託財産から本件信託社債の弁済をすることができる。ただし，管財人等が選任された場合には，管財人等が受託者の職務を遂行し，信託財産の管理・処分権限を有するので（信託法56条6項，7項），管財人等が本件信託社債の弁済を行うことになるのである（1(2)参照）。

(2)　受託者の破産手続における債権の現在化の影響

　以上に関連して，特に受託者の破産手続との関係では，破産債権の現在化が問題となる。破産手続は破産債権者に対する配当を行うことを目的とする手続であるので，手続開始時に弁済期が到来していない破産債権については，手続開始時に弁済期が到来したものとみなされる（破産法103条3項）。本件信託社債に係る債権も，受託者の破産手続において弁済期（社債の償還期限）が到来したものとして扱われる。

　しかし，破産債権の現在化の効力が生じるのは，受託者の破産手続との関係においてのみであり，信託財産との関係では，本件信託社債に係る債権について弁済期（社債の償還期限）が到来するわけではないものと解される。その理由は，次のように説明される。

　まず，破産債権の現在化は，資産と負債の迅速な清算を目的とする破産手続の性格を根拠として認められる効果であり，破産手続外の第三者——連帯債務者，保証人，物上保証人など——に対しては，その効力が生じない[31]。破産債権の現在化は破産手続上の効果であり，実体法上の期限の利益の喪失とは異な

---

[31]　伊藤眞『破産法・民事再生法〔第3版〕』（有斐閣，2014年）264頁，伊藤眞ほか『条解破産法〔第2版〕』（弘文堂，2014年）758頁，竹下守夫編集代表『大コンメンタール破産法』（青林書院，2007年）435頁〔堂薗幹一郎〕。

るのである。

　このことを前提として，受託者の破産手続における破産債権の現在化の効果は，信託財産との関係では生じないものと解される。その根拠は，信託の法的構造に基づき，信託財産が受託者の固有財産と区別された責任財産としての性格を有することに求められる。受託者に対する破産手続は受託者の固有財産に対する破産手続であって（Ⅰ2(1)参照），当該手続との関係で，信託財産は手続外の第三者に類似した処遇を受けるものと解される。それゆえ，信託財産との関係では，信託債権 a の現在化の効果が生じないことになるのである[32]。

　これを本件信託社債についてみれば，SMBC に破産手続が開始した場合，受託者の任務は終了し，信託に関する権利関係は新受託者に承継されるので（(1)(a)参照），新受託者が当初の契約内容に従って本件信託社債の弁済などを行うことになるのである。

(3)　倒産手続開始前における信託財産からの弁済と否認

　次に，受託者に対する倒産手続開始前に，受託者が信託財産から信託債権 a を弁済していたとしても，当該弁済行為は，受託者の倒産手続において否認（破産法162条，民事再生法127条の3，会社更生法86条の3）の対象とならないものと解される。否認は，責任財産回復のための制度であるところ，信託財産からの弁済を否認の対象としても，財産が回復されるのは信託財産であるため，破産財団の充実につながらないからである。信託の法的構造を前提として，受託者に対する破産手続における否認の対象は，受託者が「固有財産に関してした行為[33]」に限られるとする解釈論が要請されるのである[34]。

　SMBC が倒産手続の開始前に，信託財産から本件信託社債の弁済をしていた場合についても，SMBC の倒産手続において，当該弁済が否認の対象とさ

---

[32]　受託者の破産手続上の効果が信託財産との関係では効力を生じないという点については，信託法25条3項にも類似の発想が現れている。同項は，受託者の破産手続における免責許可決定に関して，信託債権 a の免責の効力を，信託財産との関係で主張できないことを定める。同項の趣旨については，加毛・前掲注(3) (3・完) 48-49頁，道垣内弘人編『条解信託法』（弘文堂，2017年）132-134頁〔加毛明〕参照。

[33]　信託財産の破産手続における否認の対象については，受託者が「信託財産に関してした行為」に限定されることが，破産法244条の10第1項によって明示されている（Ⅳ3(2)参照）。

[34]　加毛・前掲注(3) (2) 51頁。

Ⅰ 民　　法

れることはないものと解される。

(4)　本件信託社債の担保権の処遇

　最後に，本件信託社債に係る債権を被担保債権とする担保権（財産 A を客体する担保権）の処遇についてみていこう。前述のように，受託者の倒産手続において，本件信託社債に係る債権は倒産債権として扱われる（1参照）。それゆえ，本件信託社債の担保権は，破産法上の別除権（破産法2条9項）・民事再生法上の別除権（民事再生法53条1項）に該当し，また本件信託社債に係る債権は，当該担保権の被担保債権として，会社更生法上の更生担保権（会社更生法2条10項）に該当するようにも思われる。しかし，信託の法的構造を前提とすれば，そのような理解は適切でないことになる。その理由は，次のように説明される。

　まず，本件信託社債の担保権の客体である財産 A は，信託財産に属する財産である（Ⅱ1参照）。そして信託法は，信託財産に属する財産が，受託者の破産財団（破産法2条14項），再生債務者財産（民事再生法12条1項1号），更生会社財産（会社更生法2条14項）に属しないことを定める（信託法25条1項，4項，7項）。これに対して，破産法上の別除権は，破産手続開始時に破産財団に属する財産について一定の担保物権を有する者の権利（破産法2条9項）を，民事再生法上の別除権は，再生手続開始時に再生債務者財産について存する一定の担保権を有する者の権利（民事再生法53条1項）を，それぞれ意味する。また，会社更生法上の更生担保権は，更生手続開始時に更生会社財産について存する一定の担保権の被担保債権などを意味する（会社更生法2条10項）。それゆえ，担保権の客体である財産が破産財団・再生債務者財産・更生会社財産に属しない以上，本件信託社債の担保権は別除権に該当せず，また本件信託社債に係る債権は更生担保権に該当しないことになるのである。

　その結果，本件信託社債の担保権は受託者の倒産手続による制約を受けることなく行使できることになる。その実務上の重要な帰結としては，本件信託社債の担保権が，受託者である SMBC の民事再生手続及び会社更生手続において担保権消滅許可請求（民事再生法148条，会社更生法104条）の対象とならないこと[35]，及び SMBC に会社更生手続が開始した場合に手続外での行使が許容されることを挙げることができる。

Ⅳ 信託財産に対する破産手続の開始

1 破産手続の開始と受託者の任務終了事由・信託の終了原因の関係

続いて，信託財産に対して破産手続が開始した場合における，本件信託社債の取扱いについてみていこう。受託者に対する倒産手続の開始と同様に，信託財産に対する破産手続の開始も，信託をめぐる法律関係に一定の影響を及ぼすが，その内容は異なる。両者を対比する観点から，ここでもまず，破産手続の開始と，受託者の任務終了事由及び信託の終了原因の関係からみていくことにしよう。

まず，信託財産に対して破産手続が開始した場合であっても，受託者の任務が終了するわけではない。しかし，受託者が有していた信託財産に属する財産の管理処分権は破産手続の開始によって破産管財人に専属する（破産法2条14項，78条1項）。また，信託法が受託者の行為の監督・受託者の責任追及のために受益者に与えた各種の権限についても，破産管財人に専属することになる（破産法244条の11第1項[36]）。

次に，信託財産に対する破産手続開始の決定は，信託の終了事由に該当する（信託法163条7号）。信託の終了原因が生じた場合には，信託は清算されることとなり（信託法175条），清算の結了まで，信託の存続が擬制される（信託法176条）。しかし，信託財産に対する破産手続が開始した場合には，破産手続が係属する限り，信託法上の信託の清算は行われず，破産手続による清算が行われる（信託法175条かっこ書）。そして，最終配当によって信託財産がなくなれば信託財産の破産手続は終結するので，清算受託者は，信託事務に関する最終の計算を行い，信託が終了した時における受益者等に承認を求める（信託法184条1項）。これに対して，信託財産に対する破産手続による清算の結果として残余財産があることが判明した場合には，信託の清算手続が行われることになり，清算受託者が残余財産受益者又は帰属権利者に対して残余財産を給付する（信託法177条4号，182条1項）[37]。破産財団の不足によって，信託財産の破

---

[35] 寺本昌・前掲注(15) 101頁注3参照。
[36] 破産法244条の11第1項の「破産管財人がする」という文言は，同項各号の権限が破産管財人に専属することを意味する（竹下編代・前掲注(31) 1037頁〔村松秀樹〕，伊藤ほか・前掲注(31) 1577頁，山本ほか編・前掲注(2) 582頁〔沖野眞已〕）。

Ⅰ 民　　法

産手続が廃止されたときも，同様に信託法上の信託の清算手続に移行する。ただし，債権者の同意による廃止の場合には，申立てに先立って，信託の変更の手続に従い，終了した信託を継続する手続をとらなければならない（破産法244条の13第3項）。その結果，継続する信託について清算受託者の管理処分権が復活することになる[38]。

　本件信託社債に関しても，信託財産に対する破産手続が開始した場合には，信託は終了し，破産管財人（又は清算受託者）による清算が行われ，その中で，本件信託社債に係る債権の弁済がなされるのである。

2　信託財産の破産手続における本件信託社債の社債権者の地位

　次に，信託財産の破産手続における本件信託社債の社債権者の地位についてみていこう。

　まず，本件信託社債に係る債権は，信託財産の破産手続において，破産債権（破産法2条5項）に該当する。破産法244条の9は「信託財産について破産手続開始の決定があったときは，固有財産等責任負担債務（……）に係る債権を有する者は，破産債権者としてその権利を行使することができない」と規定する。受託者の固有財産のみを責任財産とする固有債権を有する者は信託財産の破産手続に参加できないのに対して，信託財産を責任財産とする債権（信託債権α，信託債権β及び受益債権）を有する者には，破産債権者としての地位が与えられる。本件信託社債に係る債権は，受託者の固有財産と信託財産の双方を責任財産とする信託債権αであるので，信託財産の破産手続において破産債権に該当するのである。

　このことを前提として，本件信託社債には信託財産に属する財産Ａを客体とする担保権が設定されているので（Ⅱ1参照），社債権者は，信託財産の破産手続において別除権者（破産法2条9項，10項）としての地位を有する。その結果，社債権者は，破産手続によらないで，別除権を行使できる（破産法65条1項）。破産手続外において財産Ａからの優先的な債権回収を図ることができるのである。

　また，社債権者が，別除権の行使によって破産債権全額の満足を受けること

---

[37] 竹下編代・前掲注[31] 1016頁〔村松秀樹〕。
[38] 山本ほか編・前掲注[2] 554頁〔沖野眞已〕。

ができない場合には，その不足額について，破産債権を行使できる（不足額責任主義。破産法108条1項本文）。不足額を破産債権として行使するために，社債権者は，被担保債権額の届出（破産法111条1項）に加えて，別除権の目的である財産，及び別除権の行使によって弁済を受けることができないと見込まれる債権の額を届け出なければならないことになる（破産法111条2項）。

3　本件信託社債に係る債権と受託者の固有財産の関係

以上のように，本件信託社債に係る債権は，信託財産に対する破産手続において破産債権に該当する。しかしここでも——Ⅲ 3 において検討したところと同様に——信託の法的構造を前提として，受託者の固有財産との関係が問題となる。

(1)　破産手続開始後における固有財産からの弁済の有効性

まず，受託者の固有財産（に属する財産）は信託財産の破産手続における破産財団を構成しない[39]。それゆえ，破産管財人は受託者の固有財産に関する管理処分権を有さないことになる。その結果，信託財産に対して破産手続が開始した後も，固有財産との関係では，信託債権 a の権利行使が破産手続による制約（破産法100条1項）に服することはなく，受託者が固有財産から信託債権 a の弁済をすることも妨げられないのである。

また——受託者の倒産手続について説明したところと同様に（Ⅲ 3(2)参照）——破産債権の現在化（破産法103条3項）の効力が生じるのは，信託財産の破産手続との関係においてのみであると解される。それゆえ，信託財産に対する破産手続が開始したとしても，固有財産との関係において，信託債権 a について弁済期が到来するわけではないのである。

もっとも，このことは，信託財産に対する破産手続の開始を，信託債権 a に係る期限の利益の喪失事由（失期事由）と定めることを妨げるものではない。当該失期事由の定めがある場合には——破産債権の現在化とは関係なく——信託

---

[39] この点を明示する規定は存在しないものの，破産法が，信託財産に対する破産手続の開始原因である支払不能及び債務超過の判断に際して，受託者の固有財産を積極財産の算定から除外することは（破産法2条11項かっこ書，244条の3），破産財団に受託者の固有財産が含まれないことを前提とするものと考えられる。

I 民　　法

財産に対する破産手続の開始によって，受託者の固有財産との関係でも，信託債権 a の弁済期が到来することになる。

本件信託社債についていえば，信託財産に対する破産手続開始後に，SMBC は，固有財産から本件信託社債の弁済を行うことができ，また，社債権者は，SMBC との契約内容に従って固有財産からの弁済を求める権利を有する。信託財産に対する破産手続開始により，固有財産との関係で，本件信託社債に係る債権が現在化する（償還期限が到来する）ことはなく，本件信託社債の社債権者の SMBC の固有財産に対する権利行使の可否は本件信託社債の契約内容（失期事由の有無等）に基づいて判断されことになる。以上のように，本件信託社債においては，受託者の固有財産が責任財産に含まれることにより，責任財産が信託財産に限定される信託社債の場合と比較して，社債権者の債権回収が確実なものとされているのである。

(2) 破産手続開始前における固有財産からの弁済と否認

次に，信託財産の破産手続開始前に，受託者が固有財産から信託債権 a を弁済していたとしても，当該弁済は，信託財産の破産手続において否認の対象とならない。破産法 244 条の 10 第 1 項は，否認の対象を「受託者等が信託財産に関してした行為」に限定し，受託者が固有財産に関してした行為を除外する。その前提には，固有財産からの弁済を否認の対象としたとしても，財産が回復されるのは固有財産であり，破産財団の充実にはつながらないという考慮があるものといえる[40]。

本件信託社債についても，信託財産の破産手続開始前に，SMBC が固有財産から社債権者に対する弁済を行っていた場合，信託財産の破産管財人は否認権の行使によって，当該弁済の効果を否定することはできないことになる。

(3) 破産手続における受託者の地位

他方，受託者が固有財産から弁済を行ったのが信託債権 a 1 である場合には，受託者は費用等の償還を受ける権利（信託法 49 条 1 項）を取得する[41]。ま

---

[40] 山本ほか編・前掲注(2) 579 頁〔沖野眞已〕。
[41] なお，本件信託社債の弁済を原因とする費用等の償還を受ける権利については，信託法 49 条 6 項及び 7 項に基づく優先権（前掲注(15)参照）は認められないものと解される。

た，受託者は，弁済をした信託債権α1の債権者に代位することができ（信託法50条1項前段），当該社債権者の債権，及び当該債権を被担保債権とする担保権を取得することになる（Ⅰ2(3)(a)参照）。

本件信託社債についても，受託者であるSMBCは，固有財産による本件信託社債の弁済により，信託財産から費用等の償還を受ける権利を取得する。信託財産の破産手続開始前に，SMBCが費用等の償還を受ける権利を取得していた場合には，当該権利は金銭債権とみなされ（破産法244条の8），破産債権として届け出ることができる[42]。また，破産手続開始時に，費用等の償還を受ける権利を取得していない場合でも，SMBCは将来生ずべき費用等の償還を受ける権利を破産債権として届け出ることができる（破産法103条4項）[43]。

さらに，SMBCが，信託財産の破産手続開始までに，固有財産から本件信託社債の弁済をしていた場合には，代位により，本件信託社債に係る債権，及び当該債権を被担保債権とする担保権を取得する。その結果，SMBCは別除権者としての地位を有し，信託財産の破産手続によらずに別除権を行使できる（破産法65条1項）。また，別除権の行使によって完全な満足を受けられない，不足額について破産債権を行使できることになる（破産法108条1項本文）。

SMBCは，いずれかの方法をとることにより，本件信託社債の弁済に伴う，信託財産から固有財産への補償を実現するのである。

Ⅴ　おわりに

本稿では，本件信託社債を素材として，信託と倒産の関係について検討をした。受託者に対する倒産手続の開始及び信託財産に対する破産手続の開始が与える影響を明らかにしておくことは，カバード・ボンドを含む信託社債を発行する前提として，実務上，重要な意義を有するものと考えられる。資金調達目的での信託制度の十全な活用には，信託法・破産法の解釈を通じた法的規律の

---

[42] その反面として，信託財産に対する破産手続開始後，受託者は，費用等の償還を受ける権利を行使できなくなるものと解される（伊藤ほか・前掲注(31)1572頁，山本ほか編・前掲注(2)575頁〔沖野眞已〕）。

[43] SMBCは，将来生ずべき費用等の償還を受ける権利の全額について，破産債権の届出をすることができるが（破産法104条3項本文），本件信託社債に係る債権について，社債権者が破産手続に参加した場合には，費用等の償還を受ける権利の破産債権の届出ができないことになる（破産法104条3項ただし書）。

Ⅰ　民　　法

明確化が求められる。本稿が，この点に関する議論の深化の一助となれば幸いである。

7 損害賠償請求権の実効性確保に向けた制度構築について

直 井 義 典

I はじめに　　　　III 各規定の比較
II 各規定の内容　　　IV おわりに

I はじめに

　不法行為の被害者が加害者に対して損害賠償請求権を有する場合において，損害が現実に填補されるためには加害者の資力が損害の賠償に十分なものでなければならない。もっとも，加害者自身の資力が十分ではなくても加害者が損害保険に加入している場合には，被害者としては保険給付からの損害填補に期待を寄せることになり，保険給付の目的からしても保険給付によって被害者の損害が填補されることが望まれる[1][2]。また，不法行為によって損害賠償請求権が発生した場合，取引行為のリスクが発現した場合とは異なり，被害者は加害者に信用を供与したわけではないから，加害者無資力のリスクを引き受けた

---

[1]　すでに野田良之「フランスの責任保険法(二)」法協56巻2号（昭和13年）347-348頁において，被害者に保険金に対する優先権を付与して初めて責任保険は被害者救済の手段たる機能を営みうるとの指摘がなされていた。中西正明「責任保険における「第三者」の地位」香川大学経済論叢29巻4号（昭和31年）19頁も同様。
　　沖野眞已「保険関係者の破産，保険金給付の履行」商事法務1808号26頁（平成19年）31頁も，破産手続開始時に限らず，被害者が責任保険金から優先的な満足を受けることが要請されるとする。
[2]　不法行為とは異なる局面であるが，森田宏樹「振込取引の法的構造」中田裕康＝道垣内弘人編『金融取引と民法法理』（有斐閣，平成12年）197頁も，誤振込における望ましい解決は，立法論又は振込取引を構成する契約に新たな規定をおくことによって，受取人の預金債権に対し振込依頼人に先取特権に類似した優先権を付与することによるべきである，とする。

I 民　法

ものではない[3]ことも，保険給付による被害者の救済が望ましいものと感じさせる。

しかし保険給付から被害者が優先的に損害塡補を受けるためには，先取特権の付与[4]や直接請求権の付与といった方法による必要がある。ところが，他の債権者の得るべき分配の部分が減少することを理由に[5]旧民法（債権担保編131条2項）以来一貫して先取特権法定主義が採られており[6]，直接請求権についても法定外のものは認められないものと解されているために，必ずしも被害者の実効的救済は実現されていない。

この問題が改めて注目されるきっかけとなったのが東京地判平成14年3月13日判時1792号78頁である。この判決の事案は，Aが原材料を製造した菓子によってサルモネラ菌による食中毒に感染して大腿骨頭壊死の傷害を負ったXが，Aに代位して，Aとの間で生産物賠償責任保険（PL保険）契約を締結しているYに対して契約に基づく保険金の支払を求めたというものである。Aが破産したため，保険金請求権が破産財団に属さずXによる債権者代位の対象となるかが問題とされた。本判決は，XがAに対して有する債権は破産債権であると判示した上で，PL保険とは不測の損害賠償義務を負担することによる企業の経営上のリスクを回避する目的で締結されるものであるから，被害者の救済はその反射的な利益に止まるとして，Xの請求を棄却した[7]。

---

(3) ただし，このことは事実的不法行為の場合には妥当するものの，取引的不法行為の場合には必ずしも妥当するとは言い切れないことには注意を要する。

(4) M Dagot, La notion de privilège, Mélanges Christian Mouly, 1998, p. 335 は，先取特権を支払段階で債権に優先的な順位を与える制度とする。また，林良平編『注釈民法(8)』（有斐閣，昭和40年）84頁〔林良平〕も，国家が当事者間の自由な競争にまかせ，あるいは，自然の推移にまかせることをよしとせず，特殊な社会関係や経済関係に干渉介入を必要とするときに，特定の債権者の保護という形態をとろうとするときには，先取特権が技術的方法として最適のものとする。

(5) 井上操『民法詳解　債権担保編之部下巻』（岡村宝文館，明治25年）8頁。

(6) 先取特権については民法典の起草過程で穂積陳重が旧民法典と比較してもその付与に対して消極的な態度を示していた（穂積は『法典調査会民法議事速記録二』（商事法務研究会，昭和59年）469頁では運輸の先取特権を運送人が荷物を引き渡した後も一定期間存続させる旧民法債権担保編160条2項を削除するに際してなるべく先取特権の範囲を簡単にして広げないようにすると述べ，同498頁では先取特権は極めて特別の保護であるとして不動産交換の際にも先取特権を付与していた旧民法債権担保編165条1号を削除した理由は理論上のものではないと述べていた。）。

この判決に対しては，現行法の下での解決としてはやむを得ないとしつつも不法行為の被害者の有する損害賠償請求権と他の破産債権者の有する債権とが按分で弁済されるという結論を疑問視する見解も見られた[8]。こうした疑問が生じる原因としては，消費者の身体に被害が生じており被害者を救済する必要性が高い事案であったことと並んで，責任保険金は被害者の損害塡補に充てられるのが適当と考えられることが挙げられよう。

　もっとも責任保険金については，この判決後に制定された保険法22条によって被害者に先取特権を付与する形で問題が解決された。また，同法以外にも債務者が第三者に対して有する請求権等に優先弁済を認めることで被害者を保護する特別法が見られるところであり[9]，債務者が第三者に対して有する請求権も保険給付請求権に限定されていない[10]。

　不法行為の被害者を加害者の倒産手続内で一般債権者に先がけて救済する方法については前稿[11]で検討したところであるが，その中で直接請求権の付与と先取特権の付与が比較的多く用いられており，先取特権構成が立法論として適切であるとの結論に至った[12]。ところが，先取特権についてはそのすべてのものを単一の理論によって説明するのは適切ではないとの主張もなされており[13]，

---

(7) この判決と同様に加害者が破産手続開始決定を受けた場合において被害者が債権者代位権行使によって一般債権者に優先して保険金支払いを受けられるかが問題となった事例としては東京高判平成20年4月30日金商1304号38頁がある。
(8) 土田亮「判批」ジュリスト1297号（平成17年）154頁。
(9) 川井健＝清水堪編『逐条民法特別法講座　第3巻　担保物権Ⅰ』（ぎょうせい，平成4年）238頁も，公吏保証金の先取特権について定めていた民法旧320条に関連して，各種業法中の規定において「先取特権」とは銘打っていないが，旧320条が呼び水となって，債務者となる者に供託・預託・積立を義務づけた「保証金」等の上に先取特権に類似した先取特権・優先弁済権を債権者に与えている例がかなりの数に上っていると指摘していた。
(10) 消費者保護の領域における近時の立法としては，振り込め詐欺の場合の被害者救済について定めた，犯罪利用預金口座等に係る資金による被害回復分配金の支払等に関する法律を挙げることができる。同法では口座取引の停止（3条1項），預金等に係る債権の消滅手続（4条以下）と並んで，消滅した預金債権額を原資とした被害回復分配金の支払手続（8条1項）が定められている。
(11) 直井義典「倒産手続における不法行為に基づく損害賠償請求権の処遇に関する序論的考察」筑波ロー・ジャーナル21号（平成28年）153頁以下。
(12) 直井・前掲168頁。
(13) Dagot, op. cit, p. 342は，先取特権は原則として債権間の順位付けのルールに止まるが，不動産先取特権においては特定の債権者のために不動産が充当されており，その結果と

Ⅰ 民　　法

　ただ単に先取特権を付与するというのみでは被害者保護には十分なものとは言えず，先取特権の有する効果にまで踏み込んだ検討を要する。先取特権の効力を不十分なものとする要因としては，第1に，第三債務者が加害者に弁済してしまうこと，第2に，加害者の一般債権者が第三債務者に対する請求権を差押えてしまうこと，第3に，加害者に倒産手続が開始されること，が考えられる[14]。

　そこで本稿では，上記の3つの要因に対応するためにどのような制度設定をするのが適切であるかを明らかにすべく，債務者が第三者に対して債権を有する場合に限定して，先取特権構成の事例と直接請求権構成の事例とを取り上げる[15]。そしてそれぞれの事例につき，債権者に与えられた権利内容，債務者から第三債務者への請求を認めるための要件，債務者が第三債務者に対して有する債権の譲渡・担保化・差押えの可否，債務者倒産時の債権者の地位という4つの観点から分析を加える。なお，議論が複雑となることから，被害者が複数の場合は本稿では取り上げない。

　本稿が分析対象とするのは，保険法22条のほか，保険金への被害者の優先権を定める規定である自賠法16条，原賠法9条，さらに，転貸借（民法613条），ならびに，動産売買先取特権・不動産売買先取特権に関する民法規定である。

　民法上は様々な局面で先取特権が付与されているが，本稿がその中でも動産売買先取特権と不動産売買先取特権を取り上げるのは以下の理由による。まず，先取特権の目的となるのは債務者の有する財産一般ではなく，物上代位を介して債務者が第三債務者に対して有する請求権が目的となりうることである。また，先取特権が認められる理由が保険法22条の場合と類似していることにもよる。すなわち，一般に動産先取特権の被担保債権と先取特権の目的となる動産との間には何らかの牽連関係が存し[16]，動産売買先取特権は，動産の修繕・

　　　して追及効が認められる点で，原則的な先取特権の類型とは全く異なるものであると指摘する。
[14]　上松公孝『新保険法（損害保険・傷害疾病保険）逐条改正ポイント解説』（保険毎日新聞社，平成20年）75頁，田爪浩信「責任保険契約における被害者の先取特権」日本法学75巻3号（平成22年）631頁も同様の指摘をする。
[15]　直接請求権構成が認められる諸事例について利益衡量の観点から債権者への強い優位付与の可否を検討するものとして，すでに鈴木禄弥「いわゆる直接請求権の承認をめぐる利益衡量」『法と権利1』民商法雑誌78巻臨時増刊号(1)（昭和53年）322頁以下がある。

保存による先取特権と並んで、債権者が債務者の財産を増加・保存したことによって先取特権を付与するという当事者意思が推測されるために認められると説明される[17]。不動産先取特権は、債務者にその不動産を取得せしめまたは債務者所有の不動産の経済的価値を維持ないし増加せしめるものであるから、先取特権を与えるのが公平にかなうと説明される[18]。保険法22条が先取特権を認めた理由も、責任保険金は被害者の有する損害賠償請求権を基礎として支払われるものであり、その保険給付は本来被保険者の被害者に対する損害賠償に充てられるべきものであって[19]被保険者に対する他の債権者が責任保険金から自己の債権の弁済を受けることを期待すべきものではない[20]のであり、ここでも保険金請求権の発生原因と被害者の被保険者に対する損害賠償請求権との牽連関係が指摘されるのである。

以下Ⅱでは、本稿で取り上げる各規定の内容を前述の4つの視点から説明し、Ⅲでそれぞれの比較を通じて被害者に優先弁済権を付与するにあたって考慮されるべき要素を抽出することとする。

Ⅱ 各規定の内容

1 保険法22条

保険法22条1項によれば、被害者は被保険者が保険者に対して有する保険給付請求権上に先取特権を有する。この規定はあらゆる責任保険について適用されるものであり、責任保険の種類等による適用範囲の限定はない[21]。また

---

[16] 林良平編『注釈民法(8)』(有斐閣、昭和40年)118頁〔甲斐道太郎〕。
[17] 井上・前掲4頁、『法典調査会民法議事速記録二』369頁〔穂積陳重発言〕、林編・前掲152頁〔甲斐道太郎〕。
[18] 林編・前掲159頁〔甲斐道太郎〕。井上・前掲206-207頁も同様。
[19] このことは責任保険が直接的には被保険者の利益のための保険であることを否定するものではないが、究極において被害者の賠償請求を可能とする機能を有するものであることは否定できない(大串淳子=日本生命保険生命保険研究会編『解説保険法』(弘文堂、平成20年)237頁〔大串淳子〕)。
[20] 萩本修編著『一問一答保険法』(商事法務、平成21年)133頁、山下友信=竹濵修=洲崎博史=山本哲夫『保険法〔第3版補訂版〕』(有斐閣、平成27年)203頁〔山本哲夫〕。
[21] 責任保険給付への先取特権を付与する範囲については、強制保険や個人の生命・身体侵害の場合のように政策的に特に保護の必要がある場合に限定するという考え方と責任保険給付金がおよそ被保険者の一般債権者が共同担保として期待すべきものではないという責任財産の性質に着目するのであれば、問屋の破産の場合の顧客の取戻権に類する

Ⅰ 民　　法

　この規定は創設的規定であり，保険契約の当事者ではない被害者の権利義務を含む規律であることから強行規定と解されている[22]。保険者から任意の弁済が受けられない場合の先取特権の実行は，民執法193条により「担保権の存在を証する文書」を執行裁判所に提出することにより開始される。しかしながら，「担保権の存在を証する文書」にあたる文書にはどのようなものがあるかは必ずしも明確ではなく[23]，先取特権行使の障害となる[24]。被害者が保険者に対してこうした手続を取ることなく直接に支払いを請求しても，保険者は請求に応じる義務はない。もっとも，被保険者の指図により，代理受領や振込指定の方法で，保険者が被害者に対して直接に保険金を支払うことが多い[25]。

　保険法22条2項は，被保険者の保険者に対する保険給付請求権行使を，損害賠償請求権に係る債務を弁済した金額又は被害者の承諾があった金額の限度においてのみ認める[26]。被害者が損害賠償を受けない限り被保険者は保険金請

　　　　状況として，ビジネスリスクの問題であっても責任財産への組み込みは否定されるべきこととなるとの考え方がある（沖野・前掲31頁。土田・前掲156頁は第1の見解，遠山聡「責任保険契約」甘利公人＝山本哲生編『保険法の論点と展望』（商事法務，平成21年）184頁は第2の見解に立つ。）。前者は前掲東京地判平成14年3月13日の問題点を被害者救済が不十分となった点に求めるもの，後者は民法上の先取特権付与の理由を強調するものと言えよう。

[22]　落合誠一「新しい保険法の意義と展望」落合誠一＝山下典孝編『新しい保険法の理論と実務』（経済法令研究会，平成20年）9頁，萩本修「保険法現代化の概要」落合＝山下・前掲書20頁，大串ほか編・前掲243頁〔大串淳子〕，上松・前掲75頁・79頁。とりわけ，落合・前掲9頁，上松・前掲75頁は被害者保護の確保を挙げる。

[23]　保険法22条における「担保権の存在を証する文書」については，大串ほか編・前掲240-242頁〔大串淳子〕。

[24]　大串ほか編・前掲243頁〔大串淳子〕は本条によって先取特権が行使されるのは限られた場面であるとし，古笛恵子「責任保険における被害者の特別先取特権」落合＝山下・前掲230頁は「担保権の存在を証する証書」による損害賠償請求権の存在の証明は困難とする。落合・前掲10頁も，被害者が先取特権を用意・迅速・適切に行使できる環境の整備が必要とする。

[25]　山下友信『保険法』（有斐閣，平成17年）425頁，上松公孝＝北沢利文監『改正保険法早わかり』（大蔵財務協会，平成20年）99頁，落合誠一監修・編著『保険法コンメンタール（損害保険・傷害疾病保険）〔第2版〕』（損害保険事業総合研究所，平成26年）78頁〔中島弘雅〕。

[26]　保険法の起草段階においても，先取特権構成をとる場合，被保険者の権利に基づき被保険者の破産管財人が保険金請求権を行使する事態に対処するため，①破産管財人が損害賠償を先履行しない限り保険金請求権を行使しえないものとすること，②破産管財人が保険金を受領することを認めつつも寄託（破産法214条・70条）や信託的保管を要

求権を行使しえないということであり，これによって被保険者が保険者から保険金を受領しながらその保険金を被害者に引き渡さないために被害者が損害の塡補を受けられないという事態は回避される。

同条3項は，保険給付請求権の譲渡・質入・差押えを原則として禁止する。これらの行為が例外的に認められるのは，被害者への譲渡・被害者による差押えと，被保険者が保険給付請求権を行使しうる場合に限られており，いずれにおいても被害者は損害の塡補を受けることができる。

被保険者が倒産した場合，被害者は先取特権を有することから，破産手続・再生手続開始時には倒産手続外で別除権を行使することができ（破産法2条9項・65条，民再法53条1項・2項），更生手続開始時には更生担保権（会更法2条10項）として扱われることとなる。

2　自賠法16条

自賠法16条1項は被害者に保険者に対する直接請求権を付与する[27]。直接請求権を付与したのは，被害者が加害者から賠償を受けた後に加害者が保険者から保険金の支払を受けるのは迂遠であること，加害者に賠償資力や賠償意思がない場合にも被害者が損害賠償を迅速に受けられるようにすることを目的とする[28]。したがって，被害者は保険者に対して保険金の支払請求権を有し，保険者は被害者による支払請求に応じなければならない。このことは，損害の発生が被保険者の悪意による場合であっても変わりはない（自賠法16条4項・72条2項）。ただし，直接請求権は「保有者の損害賠償の責任が発生したとき」に認められるものであるから，被害者は自賠法施行令3条1項に基づき，請求者の氏名・住所，死亡した者についての請求にあっては請求者と死亡した者との続柄，加害者・被害者の氏名・住所，加害行為のなされた日時・場所，当該

求することも考えられてよいとの指摘がなされており（沖野・前掲30頁），保険法22条2項はこのうちの①の方法を取り入れたものといえる。

[27]　ただし現実にはほとんど用いられないことについては，浅湫聖志「賠償責任保険において保険金から優先的な被害の回復を行う方法について」保険学雑誌599号（平成19年）240頁。

[28]　木宮高彦＝羽成守＝坂東司朗＝青木莊太郎『注釈自動車損害賠償保障法〔新版〕』（有斐閣，平成15年）183頁〔坂東司朗〕，国土交通省自動車交通局保障課監『改訂　逐条解説自動車損害賠償保障法』（ぎょうせい，平成17年）124頁。

Ⅰ 民　　法

自動車の自動車登録番号等，保険契約者の氏名・住所，請求する金額・算定基礎を記載した書面によって損害賠償額の支払い請求をなし，診断書等を添付することが求められる（自賠法施行令3条2項）。また，被害者への二重支払いを防止するために，自賠法施行令4条は，保険会社は損害賠償額の支払いをしようとするときには被保険者の意見を求め，損害賠償額の支払いをしたときは遅滞なくその旨を被保険者に通知するものと定める[29]。

同法15条は被保険者の保険者に対する保険給付請求権行使を，被害者に対して損害を賠償した限度においてのみ認めている。同条の趣旨も，被保険者による保険金の着服等により被害者に保険金が支払われない事態の発生することを回避して，被害者を保護・救済する点にある[30]。同条の問題点としては，加害者側と保険会社との損害賠償額の認定について差異が生じた場合，加害者が被害者に支払った額の全額が塡補されない点にある[31]。平成13年に支払い基準が法定化（自賠法16条の3第1項）されたことによりこの問題は多少は解決されたとも言えようが[32]，加害者としては自らが被害者に弁済するよりは被害者に保険者に対する直接請求権を行使させた方が無難であると言えよう。

保険金請求権の譲渡・質入・差押えについては，直接請求権の差押えを禁じる自賠法18条を除き規定がないが，自賠責保険も損害保険の一種であることから一般法である保険法22条[33]が適用されることによって，これらはいずれも禁じられているものと解される。もっとも，最判平成12年3月9日判時1716号54頁は，交通事故の被害者の保有者に対する損害賠償請求権が第三者に転付された後においては，被害者は転付された債権額の限度において自賠法

---

[29] さらに，特に必要があると認める場合には，保険会社の費用負担の下で，保険会社の指定する医師の診断書の提出を求めることもできる（自賠法施行令7条）。

[30] 木宮ほか・前掲177頁〔坂東司朗〕。北河隆之＝中西茂＝小賀野晶一＝八島宏平『逐条解説　自動車損害賠償保障法』（弘文堂，平成26年）125頁〔八島宏平〕も同様。

[31] 木宮ほか・前掲177-178頁〔坂東司朗〕。

[32] ただし，最判平成18年3月30日民集60巻3号1242頁，最判平成24年10月11日判時2169号3頁は，被害者が保険者に対して直接請求権を行使して損害賠償額の支払いを請求する訴訟ならびに自賠法15条に基づいて保険の支払いを請求する訴訟のいずれにおいても，裁判所は自賠法16条の3第1項に定める支払い基準によることなく損害賠償額を算定して支払いを命じることができると判示している。

[33] 保険法22条によっては自賠法16条の直接請求権行使が妨げられないとの文脈におけるものであるが，萩本・前掲134頁注3。

16条1項に基づく責任賠償金の支払請求権を失うものと解するのが相当であるとしており，加害者の一般債権者との関係では被害者の損害賠償請求権は優先弁済を受けられるが被害者自身との一般債権者との関係では損害の塡補は保証されていない[34]。

被保険者が倒産した場合においても被害者の保険者に対する直接請求権は倒産手続とは無関係であるから，倒産手続の影響を受けない[35]。

3 原賠法9条

原賠法9条は，責任保険契約の保険金が被害者に確実に渡ることを担保するための規定とされる[36]。

同条1項は，責任保険金について被害者に優先弁済権を与える。明記はされていないが，これは先取特権を付与したものと解されている[37]。そして，その効力は動産先取特権に準ずるものと解され，この権利を実現するためには，304条に基づき，保険金が原子力事業者に支払われる以前に差し押さえることを要するものとされる[38]。もっとも，同項は起草過程の当初から先取特権を付与するものとして構想されたものではなかった。昭和35年4月2日案13条では現行法と同様に特別先取特権構成が採られていたが，それ以前の昭和35年1月28日案16条1項までは直接請求権構成が採られていたのである[39]。このように直接請求権構成が先取特権構成に変更された理由は明らかではないが，昭和30年に制定された自賠法の影響を受けて直接請求権構成で構想が開始されたものと考えられる。直接請求権構成には何らかの不都合があると考えられたものと思われるが，この点は明らかではない。

同条2項は，被保険者の保険者に対する保険給付請求権行使を，被害者に対して損害を賠償した限度又は被害者の承諾があった限度においてのみ認めてい

---

[34] ただし，12年判決の事案は被害者が死亡したというものであったため，被害者の身体的損害の塡補は問題とならなかった。
[35] 大串ほか編・前掲239頁〔大串淳子〕。
[36] 科学技術庁原子力局編『原子力損害賠償制度』（通商産業研究社，昭和37年）67頁。
[37] 科学技術庁原子力局編・前掲67頁，川井＝清水・前掲398頁，潘阿憲『保険法概説〔第2版〕』（中央経済グループパブリッシング，平成30年）164頁。
[38] 科学技術庁原子力局編・前掲67頁。
[39] これらの法案は，小柳春一郎『原子力損害賠償制度の成立と展開』（日本評論社，平成27年）255頁以下に掲載されている。

Ⅰ 民　　法

る。これは同条1項の先取特権が支払い後の保険金に及ばないことに鑑みたものである[40]。

同条3項は，保険金請求権の譲渡・担保化・差押えを禁じる。これも動産先取特権には追及効がないことから定められたものである[41]。

被保険者倒産時の損害賠償請求権の効力については規定がないが，被害者には先取特権が認められている以上，保険法22条の場合と同様に解される。

4　転　貸　借

613条1項は適法賃貸借がなされた場合につき，賃貸人の転借人に対する直接請求権を定める。

他方で，転貸人が転借人に対して転貸料を請求することは禁じられておらず，転借人は賃貸人・転貸人のいずれからも転貸料の支払請求を受ける可能性があり，いずれに弁済しても有効な弁済として扱われる。

転貸料債権の譲渡・担保化・差押えは禁じられておらず，ただ賃料前払いを賃貸人に対抗し得ない（613条1項）にとどまる。

賃借人倒産時であっても，賃貸人は転借人に対して直接請求権を行使することは妨げられない。ところが管財人が賃貸人よりも先に転貸料債権を回収してしまうと，賃貸人は賃借人の倒産手続に取り込まれることとなる。そして，賃貸人は転貸料債権上に担保権を有しているわけではないから，賃貸人の一般債権者を排して転貸料債権から優先的な弁済を受けることはできず倒産手続開始前に発生した賃料債権は破産債権（破産法2条1項5号）・再生債権（民事再生法84条1項）・更生債権（会社更生法2条1項8号）となるにとどまる[42]。

---

[40]　科学技術庁原子力局編・前掲67頁。
[41]　科学技術庁原子力局編・前掲68頁。
[42]　もっとも，直接請求権の存在が賃借人倒産時の賃貸人の地位に全く影響を与えないわけではない。
　　転貸人の支払停止後は，転借人が賃貸人への弁済により転貸人に対する求償権を取得した〔第三者弁済に当たるから〕としても，これと転貸人の転借人に対する転貸料債権との相殺は許されず（破産法72条1項1号・3号），転借人は転貸人に対する債務を負う一方で，転貸人に対する求償権は破産債権でしかなくなるゆえに，賃貸人は直接支払いを期待しがたい。ところが直接請求権が認められれば，転借人が賃貸人に支払ってくれる可能性が生じる（鈴木・前掲327頁・328頁註3）。

5 動産売買先取特権

動産売主は，動産の代価及び利息に関し，売却した動産について先取特権を有する（321条）が，買主によって目的動産が転売されて第三取得者に引渡された場合には動産上の先取特権は消滅する（333条）[43]。すなわち，動産売買先取特権には追及効がない[44]。こうして動産上の先取特権が失われた代わりに認められるのが転売代金債権上への物上代位であり，転売代金の払渡し又は引渡し前に差し押さえれば動産売主は買主の他の債権者に先駆けて債権を回収することができる（304条1項）。他方で，動産売主は第三取得者に対して売却代金・利息の直接請求をすることはできない。

動産買主の第三取得者に対する代金請求には制約はなく，また，転売代金債権の譲渡・担保化・差押えも禁じられていない。

動産買主に倒産手続が開始された場合，保険法22条の場合と同様に先取特権は別除権または更生担保権として扱われることとなる。そこで，目的動産が買主の下に止まっている場合は動産担保権の実行としての競売（民執法190条1項）により，物上代位によって転売代金債権に先取特権を行使する場合は担保権の存在を証する文書を執行裁判所に提出することにより（民執法193条1項後段），動産売主は先取特権を行使する。

6 不動産売買先取特権

不動産売主は，不動産の代価及び利息に関し，売却した不動産について先取特権を有する（328条）。登記が第三者対抗要件である（177条・340条[45]）から，

---

[43] 公示の欠如によるものであるが，それは先取特権の目的物が原則として価値の低い動産であって債務者の一般債権者に与える損害が比較的小さく，また，追及効がないから第三者を害することもないことによって説明されている（林編・前掲119頁〔甲斐道太郎〕）。

[44] これは一般先取特権においても同様である。一般先取特権について Dagot, op. cit., p. 341 は，充当があるのならば債務者の責任財産から流出した場合に追及効が認められるはずであるから，ここでは先取特権の目的財産は被担保債権に充当されているとは言えないのだとする。これを動産売買先取特権について言えば，転売代金債権は動産の売却代金債権に充当されていない，すなわち，転売代金債権を動産売却代金の弁済以外の目的に用いることが許されるということになる。

[45] もっとも，340条が要求する登記を効力要件と見るか対抗要件と見るかについては見解が分かれる（我妻栄『新訂担保物権法』（岩波書店，昭和43年）98頁）。

I 民　　法

先取特権の成立後に目的不動産が譲渡されても追及効が認められる。

　目的不動産が転売された場合において，転売主は転買主に対して転売代金債権を行使することができる。しかし不動産売買先取特権には追及効があることから，転買主は転売主に対して先取特権の登記抹消を求めるのが通例であろう。この場合，転売主が売主に対して被担保債権全額を弁済するか，転買主が売主に対して被担保債権額を弁済することによって先取特権の登記を抹消することとなる。そのため，転売主は転買主に対して売買代金債権を請求できるといっても，売主の有する代金債権が回収されて初めて請求できることとなる。すなわち，売買代金債権と転売代金債権とが併存するという事態の生じることはあまり多くないものと考えられる。

　転売主が転買主に対して有する転売代金債権の譲渡・担保化・差押えも認められる。しかし，前述のように売買代金債権と転売代金債権との併存が考えにくいことから，転売代金債権の処分が売主に影響を与える事態も想定しにくい。

　不動産買主に倒産手続が開始された場合，保険法22条の場合と同様に先取特権は別除権または更生担保権として扱われることとなる。そこで先取特権の登記に関する登記事項証明書を執行裁判所に提出して担保不動産競売又は担保不動産収益執行を行うこととなる（民執法181条1項3号・180条）。

III　各規定の比較

1　保険法と原賠法の規定内容の相違

　以上に取り上げた各規定のうち，保険法22条は原賠法9条を踏襲したものとされる[46]。しかし文言に差異がある以上は解釈に影響が生じる可能性も否定できないことから，改めて検討を加える必要がある。

　原賠法9条3項が保険金請求権を担保に供することを禁じるのに対して，保険法22条3項は担保化のうち質権の目的とすることのみを禁じる。このことに実質的な差異はあるのか。債権を担保に供する方法として考えられるのは質権の設定と譲渡担保権の設定である。このうち質権設定はいずれの規定においても明文で禁止されている。また，譲渡担保権の設定については保険法22条3項が譲渡もまた禁止していることによって，保険法上も禁じられているもの

---

[46]　大串ほか編・前掲242頁〔大串淳子〕。

と解することができる。したがって，この点に関する文言の相違は実質的な相違をもたらすものではない。

また，譲渡・担保化・差押えが例外的に認められる事情については，原賠法9条3項ただし書が被害者による差押えのみを挙げるのに対して，保険法22条3項はこれに加えて被害者への譲渡と被保険者が保険給付請求権を行使し得る場合とを挙げる。原賠法では被害者への譲渡が挙げられていないが，原賠法も先取特権構成を採ると考えられることから，保険法は原賠法にはない規定を付加したものと評価できる[47]。

それではこの付加は必要なものと言えるか。先取特権構成の下で被害者への保険給付請求権譲渡を否定すると，被害者は先取特権を行使するほかに保険給付から損害の填補を受ける方法を有しない。しかし前述のように先取特権行使のためには民事執行法の定める手続による必要があり，直接請求権行使に比べると簡便性に欠ける。したがって，被害者への保険給付請求権譲渡を認めることが，被害者の実効的な救済には不可欠のものと評価できる。

被保険者が保険給付請求権を行使できるのはいかなる場合であるかについては保険法のみが規定を置くが，この場合はすでに被害者の損害への填補はなされているのであるから，保険給付請求権を被害者のために確保しておく必要性はない。したがって，この点に関しても保険法の規定は正当なものであると言える。

以上のように，保険法の規定と原賠法の規定には類似する点が多いのは事実であるものの細部には相違があり，先取特権構成を明確なものとした点を含めて保険法は原賠法の不備を補ったものと評価できる。

2 先取特権構成と直接請求権構成

先取特権構成を採るのが，保険法・原賠法・動産売買先取特権・不動産売買先取特権の場合であり，直接請求権構成を採るのが，自賠法・転貸借の場合である。

---

[47] これに対して原賠法では直接請求権構成も否定されていないと解するのであれば，保険給付請求権を被害者に譲渡する必要性は全くないから，明文規定が置かれなかったのは自然なことである。したがって，保険法との文言の相違は保険法が先取特権構成を採用したことに伴うものであって，内容面での実質的な違いはないことになる。

Ⅰ 民　　法

　保険法が自賠法ではなく原賠法を参照して先取特権構成を採用した理由については起草過程を通じて説明がなされてきている[48]が、その中でも特に、先取特権構成が採られる理由を不特定多数人に生じる被害の範囲・程度が自動車事故のそれをはるかに凌駕することが想定されることから、被害者を救済するにしても被害者に直接請求権を認めることが保険者の被害者に対する関係を想定した場合に立法政策上妥当ではない、すなわち保険者が被害者に直接対峙することとなるから、保険者のコスト増大につながる[49]との指摘が重要である。確かに、責任保険のうちにはPL保険における場合のように被害者が不特定多数となりうるケースが含まれる。これに対して、自賠法が適用される自動車事故の領域では被害者の数ならびに保険事故の類型が限定的であり、直接請求権行使にあたって所定の書面の提出が求められていることから、自賠法においては直接請求権構成を採用しても保険者のコスト増大の問題は大きくないものと考えられる[50]。

　また、直接請求権構成を採る場合には、第三債務者の存否が債権者に明らかとなっているのでなければ、第三債務者に対する直接請求権が付与されていてもそれを行使することはできない。債務者と第三債務者との間の契約関係の存在についての情報提供義務や照会への対応義務を第三債務者に課すことによって第三債務者を明らかにすることも考えられるが、これは第三債務者に過大な負担を課すものであるから適当ではない[51]。しかしながら、自賠法の場合は自賠責保険が法定の保険であることから被害者も保険の存在そのものについては認識可能であり、転貸借の場合は賃貸人の承諾が得られていることから賃貸人は転借人の存在を知りうることから、直接請求権構成を導入することに伴う問題は少ない。

---

[48]　「保険法の見直しに関する中間試案の補足説明」第2・6、特に63頁・66頁、法制審議会保険法部会第17回議事録36-49頁。

[49]　肥塚肇雄「責任保険契約における特別先取特権と第三者保護措置」竹濱修＝木下孝治＝新井修司『保険法改正の論点』（法律文化社、平成21年）215頁、遠山・前掲180頁。沖野・前掲29-30頁も、被害者多数の場合の対応を考慮すると保険者には供託が認められるものと指摘する。

[50]　遠山・前掲180頁は、自動車保険のように、損害調査システムが構築され、大量かつ定型的な処理ができるのならば、保険者のコスト増大の問題が生じないとする。

[51]　沖野・前掲29-30頁。

3 債務者による第三債務者に対する権利行使

債務者による第三債務者に対する権利行使は，保険法・自賠法・原賠法では原則として禁じられている[52]。これによって第三債務者である保険者は被害者に保険給付をなすことを義務付けられることとなる。また，これらの場合においては保険給付請求権の譲渡・担保化・差押えは認められておらず，被害者以外の債権者が保険給付請求権を行使する可能性も排除されている。このようにして，保険給付が被害者に帰属せしめられている。

これに対して，転貸人は転借人に対して転貸料債権を行使することを妨げられておらず，また，動産買主・不動産買主も第三取得者に対する転売代金債権を行使することは妨げられていない。そのため，転貸人や動産買主・不動産買主が直接請求権や物上代位権の行使よりも先に自己の債権を回収してしまうと，賃貸人の直接請求権や動産売主の先取特権は実効性を失うこととなる[53][54]。このように，直接請求権や先取特権を付与したのみでは債権の確実な回収には十分ではない。ただし，動産売主は転売代金債権を払渡し・引渡し前に差し押さえて物上代位権を行使することによって動産買主への弁済を阻止することができるし，不動産売主は先取特権を登記しているから事実上転買主から弁済を受けうる。

このように，第三債務者が弁済すべき相手方は先取特権構成・直接請求権構成といった構成の違いによってではなく，弁済請求権限がいかなる範囲で認められているかによって決定される。本稿で分析を加えた規定のうちでは賃貸借の場合のみ転借人に弁済相手方選択の自由が与えられており，それが直接請求権の脆弱性をもたらしていた[55]。

---

[52] 自賠法制定直後の中西・前掲23頁は，被害者は自己の名で直接保険者に保険金を請求し得るべきものであるがこれは契約法の一般理論に反すると指摘し，同43頁では，被保険者が被害者に対して損害を賠償しない間は，保険者は被保険者に対して保険金を支払いえないことを解釈論として確定すべきであるとしていた。

[53] 鈴木・前掲326-327頁。
服部敬「承諾転貸における賃貸人と転借人の関係」田原睦夫先生古稀・最高裁判事退官記念論文集『現代民事法の実務と理論 上巻』（きんざい，平成25年）503頁以下も，613条について，弁済相手方の決定が転借人の意思に依存する脆弱な直接請求権の合理性は疑わしいとする。

[54] 314条後段によって賃貸人は転貸料債権に対して先取特権を行使できるが，弁済されてしまえば行使しえない点では，613条の問題点は回避できない。

I 民　　法

　それでは,なぜこのように債務者による第三債務者への請求を認める制度と認めない制度とが併存しているのか。それは債務者が第三債務者に対して有する債権の性質と第三債務者の保護とを理由とするものと考えられる。保険給付請求権が問題となっている場合には,先取特権構成と直接請求権構成のいずれの構成によるかとは無関係に,債務者による請求権行使に制約を加え,被害者の損害が塡補されたときに限って債務者が保険給付請求権を行使できるという仕組みが採られている[56]。これは保険給付が究極的には被害者の損害塡補を目的としていることによるものと考えられる。そして保険給付請求権は保険事故の発生を原因として生じるものであるから請求権を行使するためには保険事故の発生を証明する必要がある。これによって第三債務者である保険者は誰が被害者であるかを知ることができる[57]ことから,債務者による保険給付請求権行使を否定して被害者のみが行使できるものとしても保険者に過大な負担を課すことにはならない。それでは,転貸借や動産の転売の場合はどうか。これらの場合においては,事実上の問題としてはともかく法的には,転貸料が賃料支払いのために用いられる,あるいは,転売代金が売買代金支払いのために用いられるという関係に立つわけではない[58]。したがって,転貸料の支払時にすでに賃料債権は弁済済みである,転売代金支払時にすでに売買代金は支払済みであるという事態も想定できる[59]。そのため,保険法・自賠法・原賠法と同様に,

[55]　それゆえ,服部・前掲503頁以下は賃貸人の弁済相手方を1人に限定すべく,①賃貸人の直接請求権の成立要件を制限して,例えば賃借人に倒産手続が開始されたことにより賃借人に対して権利行使できない場合には直接請求権を行使できるものとする,②賃貸人は賃借人と転借人のいずれに対しても賃料債権を請求できるとするのではなく,自賠法と同様に直接請求権による賃貸人の優位を確固たるものとすることのいずれかを志向することになるとする。

[56]　鈴木・前掲327頁は,自賠法16条について,被害者の優先的地位の維持の必要がなくなってはじめて被保険者が保険者に対して保険給付を請求できるものとされていることによって被害者の優位が終局的に確保されているとする。

[57]　もっとも,保険給付が請求された後に他に被害者が存することが判明する可能性は否定できないが本稿の対象外である。

[58]　ダゴの表現に従えば,先取特権の目的債権が被担保債権に充当されていないということである。

[59]　もちろんこうした事態は保険の領域でも生じ得るが,加害者から賠償を受けた被害者がそれを隠して保険者に保険給付を請求するという事態は本文に示した事態に比べると発生可能性が低く,また,前述のように自賠法施行令は保険金の二重支払い防止策を導入している。

債権者が債務者から弁済を受けていない限り第三債務者は債権者に対して弁済をしなければならないとすると，第三債務者は債権者が弁済を受けたか否かを調査しなければならなくなる[60]。これは第三債務者に無用の負担を課すものである[61]。

4 債権者による第三債務者に対する権利行使

これは直接請求権構成を採用しているか否かという問題であり，自賠法と転貸借において認められている。これに対して保険法・原賠法と動産売買・不動産売買では認められていない。先取特権構成では第三債務者は債務者に対して有する抗弁を債権者に対して主張できるのに対して，直接請求権構成では主張することができない点が最も大きく異なる[62][63]。

それでは，債権者による債権回収の確実性という観点では差異があるのか。結論としては何らの差異も生じさせないものと考えられる。なぜなら，直接請求権構成によっても第三債務者から債務者への弁済が禁じられるのでなければ債権者は債権を確実に回収できることにならないことは転貸借の場合に見られるところであるし，先取特権を有していても物上代位権の行使に成功しなければ債権者は債権を確実に回収できることにならない[64]ことは動産売買の場合に見られるところだからである。

---

[60] 先取特権行使の場合は法定の方法によるほかないので実際には裁判所の判断に従えば足りる。これに対して転貸借の場合は転借人が調査をしなければならない。債権の準占有者に対する弁済（478条）として扱われる可能性もあるが，調査をしていないことは過失に該当することになるのではないだろうか。

[61] 自賠法施行令の場合は被保険者の意見を求めるという負担を課されるのは保険者であるのに対し，転借人は法を知らない消費者である可能性もあることから，第三債務者の負担になる制度構築は極力避けるべきである。

[62] ただし，船舶油濁損害賠償保障法15条2項は直接請求権構成をとりつつ，抗弁事由も，タンカー所有者が被害者に対して主張できるものに限定する。また沖野・前掲29-30頁は，任意保険である責任保険の場合，「直接請求権」の意味は，被保険者が保険者に対して有する債権を被害者が債権者の地位に立って排他的・優先的に行使できるものと解すべきであり，保険者は保険契約上の免責事由や抗弁を主張することが認められるべきであるとする。

[63] これらの構成のもたらすその他の相違点については，沖野・前掲30頁，古笛・前掲231頁。

[64] 浅湫・前掲252頁も，直接請求権の方が被害回復の迂遠さを解消でき，特別先取特権では担保権の実行が個人の被害者から見たときの高いハードルとなるとの懸念を示す。

5 債務者が第三債務者に対して有する債権の譲渡・担保化・差押え

債務者が第三債務者に対して有する保険給付請求権は保険法・自賠法・原賠法のいずれにおいても，譲渡・担保化・差押えができない。これに対して転貸借・動産売買のいずれにおいても譲渡・担保化・差押えは可能である。これらを妨げるためには，譲渡・担保化・差押え以前に転借人に対して直接請求権を行使するか，転売代金債権に対する物上代位権行使として先取特権者が差し押さえるほかない。この点に関しては，先取特権構成と直接請求権構成の違いは無関係であり，譲渡・担保化・差押えを禁じる規定の有無によって結論が異なっている。

それではなぜ保険給付請求権の場合にのみ譲渡・担保化・差押えを禁じる明文規定が置かれるのか。それは保険給付が被害者保護を目的とするものであるのに対して，転貸料債権や転売代金債権が賃貸人や売主の有する債権の弁済に充てられることを必ずしも目的としていないことによるものと考えられる。

6 債務者の倒産手続開始時の効力

債務者に倒産手続が開始された場合の効力について，先取特権構成が取られる保険法・原賠法・動産売買においては，当然のことながら債権者は担保権者として扱われることとなる。したがって，破産手続・再生手続による制約を受けることなく別除権を行使することができる。ただ，会社更生手続が開始された場合は更生担保権となる[65]から更生計画認可決定に基づく権利変更や免責の対象となる（会更法167条1項1号・168条1項1号・204条1項）[66]。

これに対して直接請求権構成が採られる自賠法の場合は，債権者が第三債務者に対して直接に請求権を有するわけであるから，債務者についての倒産手続開始の影響を受けない[67]。転貸借の場合についても同様である。しかしながら，

---

[65] 動産売買先取特権者が転売代金債権に物上代位権を行使する場合，更生手続が開始される以前に転売代金債権を差押えていなければならないかについては見解が分かれるが，破産手続に関する判例（最判昭和59年2月2日民集38巻3号431頁）は手続開始後であっても差押を行って物上代位権を行使できるとしており，更生手続についても同様に考えられる。詳しくは伊藤眞『会社更生法』（有斐閣，平成24年）202頁以下参照。

[66] このほか，担保権消滅許可申立て（破産法186条以下，民再法148条以下，会更法104条以下）の対象となる。

[67] 大串ほか編・前掲239頁〔大串淳子〕。

同じく直接請求権構成が採られているこれらのケースであるが，債務者が第三債務者に対して有する請求権の有無には違いがある。自賠法においては損害の塡補がなされていない限りは被害者のみが保険者に対して請求権を行使である。そのため，債務者の倒産手続開始の影響は一切ないものと言える。これに対して転貸借の場合は，転貸人も転借人に対して転貸料債権を行使できる。この請求権は倒産財団を形成することから，賃貸人の直接請求権との間に競合関係が生じるのである。そのため，自賠法の場合とは異なり，転貸借の場合においては先に管財人が転貸料債権を回収してしまうと，賃貸人は破産債権者・再生債権者・更生債権者として扱われることとなり，倒産手続開始の影響を受けることとなる。

　倒産隔離を完全なものとするためには，債務者による第三債務者に対する債権行使を停止しておく必要があるのである。

7　小　括

　以上のように，類似の理由に基づいて先取特権を付与したとしても債権の現実の回収における有用性という意味でその効果には大きな差異があり，逆に先取特権構成と直接請求権構成という構成の相違があってもそのことは効果に必ずしも直結するものではない。

　第三債務者に対して権利行使をなしうる者は債権者に限定することが債権者の債権回収を実効的なものとするためには有用である。とはいえ，目的債権が債権者の有する債権のために充当されているわけではない場合には，債務者にも権利行使を認める必要がある。しかし，転貸借の場合のように債権者も債務者も自由に第三債務者に対する取立てができるという制度は，弁済における第三債務者の恣意を許すことにもなるから適切ではない。そこで債務者による債権取り立てを差し止めることが必要となるが，そのためには動産売買先取特権におけるように裁判上の手続を要するものとするのが，第三債務者保護の観点からは適切である。

　動産売買先取特権の場合，不動産売買先取特権との対比からも，追及効が認められていないこと，すなわち充当が認められないこと[68]が効力の弱さの原因

---

(68) Dagot, op. cit., p. 336 も，先取特権は債権間の順位付けのルールであり，担保物権とは異なり債務の弁済のために物が充当されないのが通例であるという。

Ⅰ 民　　法

であると言える。その点を補うべく物上代位が認められているものの，そのためには払渡し又は引渡し前の差押えが要求される。これは転売代金債権を売買代金債権に充当するための要件として位置付けられる。

　直接請求権構成では第三債務者が債権者と直接に対峙しなければならず，第三債務者が債務者に対して有する抗弁を債権者には対抗できないために，債務弁済のためのコストが高くなる点で，先取特権構成の方が優れるとされる。しかし先取特権構成もその行使のために要求される文書が厳格に過ぎ債権者の負担が大きいという欠点を有する。そこで，自賠法におけるように第三債務者の存在が明らかな場合には，第三債務者の抗弁事由を債権者に対抗できると定めた上で直接請求権構成を活用することも検討されてよい[69]。これは結局のところ，債務者が第三債務者に対する請求権を債権者に譲渡したのと同じこととなる。

　また，債務者の倒産リスクからの隔離のためには，第三債務者による債務者への弁済を止めることが重要である。しかし，第三債務者に負担を掛けることとなるわけであるから，第三債務者が自己の負う債務の使途を理解できることが要請される。その意味で，転貸借・動産売買先取特権・不動産売買先取特権のように第三債務者の債務が被担保債権に充当されているとは言えないケースでは，債務者への弁済を止めるためには裁判上の手続を要するものと解すべきである。

Ⅳ　おわりに

　以上，いくつかの制度の比較を通じて，損害賠償請求権の実効性を確保するための要素を抽出してみた。先取特権構成の保険法も直接請求権構成も自賠法も，総じてそれぞれの保険の特性を反映した適切な方法で被害者の救済を図っているものと評価できるのであり，一般に言われるほど直接請求権構成が先取特権構成に比べて問題が多いというわけではないのである。

　＊本稿は，平成28年度科学研究費補助金・基盤研究(c)による研究成果の一部である。

---

[69]　浅湫・前掲246頁は，直接請求権導入に際しては，保険者の抗弁事由は被害者にも対抗できることが求められるとする。しかしこれでは直接請求権構成によるメリットがかなりの程度減殺されることは否めないが，自賠法14条のように債権者に主張できる抗弁事由を限定するという制度設計も考えられる。

8 韓国保証法の近時の展開
―日韓比較保証法序説―

山 口 敬 介

I 序
II 日本法の展開
III 韓国法の展開
IV 日韓の異同と今後の検討課題
V 結びに代えて

I 序

　日本では，2017年，契約に関する規定を中心とする民法の大改正が実現した。この改正の中で，保証法は，とりわけ重要な改正がなされた分野の一つである。特に，個人保証人の保護に関して，先立つ2004年の改正に引き続き，新たな規定が複数設けられた。

　他方，隣国の韓国でも，1999年頃から民法の大改正に向けた作業が始まった。結局，現時点では民法の全体的改正は実現していないものの，保証法の部分については，（特別法の制定も含め）一定の改正が実現した。

　このように，（改正前の民法の規定内容の類似性も含め）日韓の保証法の展開には，大きな共通点がある。しかし，改正の内容は必ずしも同じではない。保証法の近時の展開は，日韓双方において，法が，保証人をどのような「人」と捉えているかを示す。本稿では，粗雑なスケッチにとどまるが，近時の日韓保証法の展開を概観し，その異同を指摘し，今後のより精密な比較研究のための足掛かりとしたい。紙幅の関係上，韓国法の展開の紹介と分析を中心にするが（下記III），それに先立ち，日本法の展開についてもごく簡単に触れる（下記II）。その上で，日韓の共通点と相違点をまとめ，今後の検討課題を指摘する（下記IV）。

Ⅰ 民　　法

Ⅱ　日本法の展開

1　改正前史

　日本の民法学説は，1950年代頃から，未必性や情誼性といった保証契約の特殊性と，それに基づく保証人保護の必要性を指摘してきた[1]。

　そして，1990年代頃，バブル経済が崩壊した頃からは，このような保証契約に基づく弊害が，社会で一層注目されるようになった。すなわち，過大な責任により，経済生活が破たんし，時には自殺にまで至ってしまう個人保証人が，社会で注目を集めたのである。

　判例も，根保証の事例を中心に，錯誤や契約解釈，公序良俗，解約権の認定，信義則による責任制限等の手法によって，保証人の保護を図ってきた。

2　近時の法改正

(1)　2004年改正

　まず，2004年改正から見ていく。この改正が必要とされた理由は，中小企業への融資に際し，経営者，役員，その親族，知人等が保証人になる融資慣行の下で，生活が破たんするほどの過大な責任を追及される保証人の保護が求められたことや，保証人への責任追及を恐れるあまり，倒産手続や再生手続等への着手が遅れがちであり，その結果，企業再生や再挑戦の機会を失ってしまう状況を改善すること等であった[2]。

　具体的には，保証契約を要式契約とする規定（446条2項）に加え，根保証に関する規制として，極度額の定めを義務付ける規定（465条の2），根保証期間に上限を設ける規定（465条の3），一定の事由を元本確定事由とする規定が設けられた（465条の4）。なお，根保証に関する規定は，法人が保証人となる場合は適用されず，かつ，個人が保証人である場合も，主たる債務の範囲に貸金等債務を含む契約に限定された。

---

[1]　代表的な研究として，西村信雄『継続的保証の研究』（有斐閣，1952年）がある。
[2]　吉田徹＝筒井健夫『改正民法の解説――保証制度・現代語化』（商事法務，2005年）3頁。

(2) 行政規制・ガイドライン

続いて，実務上の運用として，個人保証に制限を設ける動きも見られた。

まず，2006年3月，中小企業庁は，信用保証協会が行う保証について，原則，第三者の保証を求めることを禁じるという運用方針を公表した。もっとも，経営者本人，経営者本人の配偶者や事業承継予定者等に，例外の余地が認められた。

続いて，金融庁は，2011年，金融機関に対する監督指針を改正し，経営者以外の第三者の個人連帯保証を求めないことを原則とすること等を求めた[3]。もっとも，上記の信用保証協会の運用方針と同様の例外の余地は認められた。

さらに，2013年12月，全国銀行協会と日本商工会議所は，「経営者保証に関するガイドライン」を策定し，経営者保証に依存しない融資の促進や，保証を求める場合にも履行範囲を制限すること等を提案した[4]。

(3) 2017年民法改正

2017年の民法改正の審議過程では，（個人）保証人の保護に関する様々な提案がなされた。その結果，上記の根保証規定の一部の適用範囲を広げる改正等の他に，下記のような規定が新設された。他方で，議論されながらも最終的には立法に至らなかった提案もあった。

(i) 改正点

① 公正証書による保証意思の確認

第1に，保証契約の締結に先立ち，保証人となろうとする者が保証意思をもっていることを公正証書によって確認することを義務付けた（465条の6）。対象は，個人が，事業のために負担した貸金等債務について保証する場合である。保証のリスクについて十分認識させること等を狙いとする規定であり，保証のリスクについて理解していると考えられる，主債務者の取締役等は，この規定の適用対象から除外されている（465条の9）。もっとも，「主たる債務者が行う事業に現に従事している主たる債務者の配偶者」（同条3号）まで除外対象に含んでいる点については，配偶者は情誼により保証契約を締結する典型

---

[3] 笹尾一洋「個人連帯保証に係る監督指針の改正」金法1926号76頁（2011年）。
[4] 小林信明「『経営者保証に関するガイドライン』の概要」金法1986号44頁（2014年）。

I 民　法

例であるとして，反対論が強い(5)。

②　契約締結時の情報提供義務

次に，契約締結時に保証人に対して情報提供する義務を主債務者に課す規定が設けられた（465条の10）。提供すべき情報は，財産及び収支の状況，他の債務負担の有無，額やその履行状況，主債務の担保の内容といった，主債務が履行されるか，保証人が現実に責任を負うことになるかに関係する情報である。債務者がこの義務を履行せず，それにより保証人が誤認し，それによって保証契約の意思表示をした場合で，その情報提供義務違反を債権者が知っていた又は知ることができたときは，保証人は契約を取り消すことができる（同条2項）。適用範囲は，事業のために負担した債務を，主債務者の委託を受けた個人が保証する場合である。

③　契約締結後の情報提供義務

さらに，契約締結後の情報提供義務に関する規定も設けられた。

まず，保証人から請求があった場合には，債権者は，主債務者の履行状況に関する情報を提供しなければいけない（458条の2）。この規定は，債権者を主債務者に対する守秘義務から解放する意味もあり，債権者にも資するため，（法人保証を含む）委託を受けた保証全てを適用対象としている(6)。

次に，主債務者が期限の利益を喪失した場合は，債権者は，それを知った時から2か月以内に保証人に通知しなければいけない（458条の3）。主債務者の期限の利益喪失により，多額の遅延損害金を負担する保証人の不利益を防ぐための規定である。この義務を債権者が怠ったときは，期限の利益を喪失した時から通知までの間の遅延損害金を請求することができない（同2項）。この規定は，個人保証一般に適用される（同3項）。

(ii)　改正に至らなかった点

他方で，審議会で議論されながらも最終的には，成立しなかった提案もある。すなわち，①個人保証を（一部）禁止する，②身元保証法の規定を参考に，裁判官は，一切の事情を考慮して，債務額の減免をすることができるとする，③

---

(5) 潮見佳男『新債権総論II』（信山社，2017年）774頁注337，中田裕康等『講義 債権法改正』（商事法務，2017年）197-198頁［沖野眞巳］等。

(6) 潮見・前掲注(5)672頁注97。

保証契約の内容が保証人の財産・収入に照らして過大であるときは、債権者は過大部分を請求できないとする、④保証債務の責任財産の範囲を限定し、生活の破綻の回避に必要な財産は、保証債務の責任財産にならないとする等の提案がなされた。しかし、いずれも、理論的根拠が十分でない、あるいは、法技術上の難点がある等の理由で、採用されなかった。

もっとも、以上の提案に反対する論者の中にも、保証人保護の方策を全く不必要と考えるのではなく、暴利行為禁止のルールにより対処することを説く見解もあった[7]。しかし、暴利行為については、2017年改正の審議過程で当初は新たに規定を置くことが検討されていたものの、最終的には実現に至らなかった。

III 韓国法の展開

1 改正前史

(1) 1970年代頃までの展開

1958年に成立した韓国民法の保証に関する規定は、日本の明治民法典の保証規定とほぼ同じであった。すなわち、担保保存義務（485条）や、事前求償権（442、443条）等を除き、特段、保証人の保護に関する規定を有していなかった。保証契約は、単なる諾成契約とされており、根保証に関する規定もなかった。

学説も、1970年代初頭までは、民法の規定の基本的な内容を記述するにとどまり、民法に規定のない継続的保証についても、日本の議論を整理したものにとどまっていた[8]。しかし、1970年代中盤ころから、継続的保証を中心に大法院判例が多く登場し、学説での議論も本格化したと言われる[9]。

そこで、以下では、1970年代後半以降の主要な判例を取り上げ、民法改正作業前の法状況を概観する。

---

(7) 法制審議会民法（債権関係）部会第44回会議（2012.4.3）議事録41頁、第61回会議（2012.11.6）議事録44頁［山本敬三発言］等。
(8) 박영복, "보증채무", 한국민법이론의 발전(II), 1999. 697 면 (특히 주2).
(9) 박영복, 주8, 697-698 면.

Ⅰ 民　　法

(2) 1970年代頃からの大法院判例の展開

(ⅰ) 継続的保証における保証人の解約権

まず，継続的保証における，保証人の解約権に関する判例が存在する。大法院1978年3月28日判決（77다2298，집26-1, 237）は，期間の定めのない継続的保証契約において，保証契約を解約するに値する理由がある場合，特段の事情がないかぎり，保証人は解約権を有する，と判断し，保証人の解約権行使を認めた(10)。この判決を契機に，以後，会社の役職員が会社の取引債務についてやむを得ず保証人となった後に退職したケースなどで，契約締結後の事情の著しい変更を重視して，保証人の解約権行使を認める大法院判例が現れた(11)。学説には，これらの判例は，契約締結後の事情の変更「だけ」を重視しているのではなく，保証契約締結の経緯や，保証人と主債務者との関係等，多様な要素を考慮して解約権の行使を認めている，との指摘がある(12)。

(ⅱ) 保証人の責任制限

次に，保証人の責任制限の可否が争点となった判例が多数存在する。もっとも，その事実関係は多様である。以下では，契約締結後の債権者の行為態様を（1つの）根拠として保証人の責任制限が認められるかが争われた事例を紹介する。

① 責任制限否定例

一方で，保証人の責任制限を認めなかった著名な判例として，以下のものがある。

まず，大法院1987. 1. 20判決（86다카1262，공보87, 305）は，債務者から提供された担保を過大評価して貸付を継続した債権者が保証人に保証債務の履行を求めるのは，信義則に反し権利濫用にあたると判断した原審判決を，「保証人の利益を考慮して貸出を慎重にすることにより債権回収不能状態に至らないよう措置すべき信義則上の義務が（債権者である：筆者注）銀行にあるとはいえ

---

(10) 事案としては，自分の兄が債務者にケガを負わせたと思って債務者の入院費について保証人となったが，実はそれは真実ではなかった，というやや特殊な事案であり，その後の多くの裁判例で問題になった契約締結後の事情変更に関する事案ではなかった。

(11) 例えば，大判1990. 2. 27, 89다카1381，집38-1, 78.

(12) 양창수, "계속적 보증에서 보증인의 해지권과 책임제한", 민법연구, 제6권 (2001), 427-434면.

ない」等という理由をあげて，破棄した。また，大法院2002. 6. 14判決（2002다14853, 공보2002, 1662）は，信用保証基金が，求償債務の保証人に履行を求めた事案において，信用保証基金には，主債務者に不渡があった事実や，自らが代位弁済した事実を，求償債務の保証人に通知する義務はなく，したがって，通知があってすぐに弁済できれば負担しなかったであろう遅延損害金部分の免責を受けることはできない，と判断した。

② 責任制限肯定例

他方で，一般論として，債権者の契約締結後の行為態様を一つの理由として保証人の責任を制限する可能性を認める判例も存在する。さらに，結論としても，責任制限を認める判例も存在する。これらの判例は，全て継続的保証に関する。

まず，大法院1984. 10. 10判決（84다카453, 집32-4, 54）は，保証人に対する請求額が，「保証人が契約当時に予想した保証責任額を明らかに上回り，そのような主債務過多発生の原因が，債権者が主債務者の資産状態が著しく悪化した事実をよく知りながら（重大な過失によって知らない場合も同じ）これを知らない保証人に何の通報や意思打診もなく，故意に取引規模を拡大することに由来するなど，信義則に反する事情が認められる場合に限って，保証人の責任を合理的範囲内に制限できるというべき」と判示し，一般論として，継続的保証における責任制限の余地を認めた。しかしながら，この判決も，当該事案においては，保証責任額は保証人の予想の範囲内だったとして，責任制限を認めなかった。その後の判例でも，結論としては責任制限を認めなかった例が多い。

しかし，大法院1998. 6. 12判決（98다8776, 공보98하, 1884）は，販売契約における代金債務の保証の事案において，債務者がすでに販売代金を延滞しているにもかかわらず，債権者が急激に取引規模を拡大し，連帯保証人にその事実を通知することもなかったこと等を重視して，結論としても，債務者の責任制限を認めた[13]。さらに，信用カードによる借入金債務の保証については，債務者の支払遅延にもかかわらず債権者が取引を続けたなど，債権者が適切な統制

---

[13] その他にも，大法院1992. 9. 22判決（92다17334, 공보1992, 2970）は，知らない救急患者の治療費支払債務について，その病院の医師が，「家族が来たら保証人を交代する」という意思で保証したというやや特異な事案において，家族が来るべき時までの治療費に保証金額を限定した。

Ⅰ 民 法

を怠ったといえるような事情がある場合に責任制限を認めた大法院判例が複数存在する⑷。もっとも,全体として,判例の判断基準が明確であるとまでは言い難い⒂。

(ⅲ) 契約締結時の情報提供義務

上記(ⅱ)で扱った契約締結後の債権者の義務の問題とは異なり,契約締結時の債権者の情報提供義務,具体的には,債務者の信用状況等に関する情報を保証人となろうとする者に提供する義務があるかという問題については,大法院1998. 7. 24 判決 (97 다 35276, 공 1998, 2197) が,保証人になろうとする者は自分で債務者の資力を調査すべきであり,債権者には保証人に債務者の信用状態を告知する信義則上の義務はない旨の判断を下した。以後,この判例が,契約締結時の情報提供義務を認めないという大法院の考え方を示す先例と位置づけられてきた⒃。

(3) 保証をめぐる社会状況の変化

このように重要な判例も多く登場するようになった保証に関する紛争は,1997 年のいわゆる IMF 危機により,いっそう増加したといわれている⒄。こうした社会状況が,韓国の保証法改正を促す一因となったと見られる⒅。

⑷ 大判 1986. 2. 25, 84 다카 1587, 공보 1986, 523, 大判 1989. 5. 9, 88 다카 8330, 집 37-2, 66, 大判 1989. 11. 28, 89 다카 8252, 공보 1990, 136 등.

⒂ これら信用カードによる債務保証に関する事案の大法院判決は,先例として上述の大法院 1984. 10. 10 判決に言及していないため,大法院は一般の継続的保証に関する判例と信用カード保証に関する判例を別の類型と捉えている,との指摘がある (양창수, 주 12, 442 면.)

⒃ 例えば,김용담 편집대표,주석 민법 채권총칙(3),제 4 판,2014, 292 면 (박영복). もっとも,この事案では保証人が債務者である会社の役員であった点に注目し,この判決を一般化すべきでないとの指摘もある。이상영,"보증계약상 채권자의 정보제공의무",민사법학 제 46 호 (2009), 535-536 면.

⒄ 이상영,주16, 519 면.

⒅ 梁彰洙「最近の韓国民法典改正作業」民商法雑誌 127 巻 4 = 5 号 667 頁 (2003 年) は,IMF 危機がなかったならば,「保証規定について,このような大幅な改正は提案されなかっただろう。」と評している。

2 近時の法改正

(1) 2004年民法改正案

(i) 改正案作成の経緯

韓国では，1999年2月に，法務部に「民法改正特別分科委員会（以下，単に「委員会」という）」が設置され，改正に向けた作業が始まった。この作業は，民法典の財産法部分を全般的に対象とするものであった。委員会は，2001年11月に民法改正案をいったんまとめ，その後，公聴会での意見聴取などを経た後，2004年6月に最終的な改正案（以下，この案を，「2004年改正案」あるいは単に「改正案」という）を確定した。しかし，国会に上程された改正案は，審議されないまま国会が閉会したことにより，廃案になった[19]。もっとも，本稿の対象である保証人保護に関する部分については，改正案は，後述する「保証人保護法」や，2015年の民法改正に大きな影響を与えた。そこで，まず，2004年改正案の内容を見ていくことにしよう。

(ii) 改正案の内容

改正作業では，上述のIMF危機に伴う債務不履行や倒産の増大という社会的背景のもとに，保証の成立を厳格にする提案や，責任内容を緩和する提案が多くなされた。最終的に改正案として結実した提案の他にも，保証人の責任範囲を制限するという提案，連帯保証を廃止するという提案もなされた。しかし，委員会は，契約自由の原則や，保証が韓国の信用取引において果たしている機能を考慮したとき，（連帯）保証の撤廃等の「過激な」提案は採用できない，と判断した[20]。他方で，それらに代わる保証人の保護の規定として，次のような規定の新設が提案された[21]。

① 保証の要式化

第1に，保証の要式化に関する規定である。保証契約も諾成契約としていた

---

[19] 1999年民法改正委員会の2004年改正案に至るまでの活動等については，徐熙錫「韓国における民法改正作業の最新動向（上）——2009年民法改正員会会（債権法分野）を中心に」NBL1016号（2014年）69頁脚注2に挙げられている諸文献参照。

[20] 양창수, "민법개정안의 보증조항에 대하여", 서울대학교 법학, 제45권 제3호 (2004) 38-40면.

[21] その他，取り消しうる債務の保証に関する民法436条の削除も提案されたが，本稿では，省略する。

I 民　　法

従来の民法の規定を，保証契約を締結する意思が，保証人の記名捺印又は署名がある書面によって表示されることによって保証の効力が発生すると改め（改正案428条の2, 1項），また，いったん成立した保証債務を保証人の不利に変更する場合も同様とすることが提案された（同2項）[22]。保証人の意思表示が軽率になされることを防ぎ，真摯に責任内容を認識できるようにすることが狙いである[23]。

②　契約締結後の通知義務

第2に，保証契約締結後の債権者による通知義務に関する規定である。この規定の提案理由としては，次のような説明がなされている[24]。すなわち，保証契約において，債権者が保証人の利益に対して配慮する義務を負うかという問題について，諸国の立法態度はさまざまである。例えば，ドイツのように債権者の担保保存義務しか明文で認めていない国もある一方で，オーストリアのように債権者の保証人に対する「一般的・包括的な注意義務」を認めている国もあり，その中間として，特定の個別的な場合について債権者の義務を法定しているスイスのような国もある[25]。このような諸国の立法状況を概観すると，結局，問題の所在は，保証人の利益と，債権の保全・管理・行使上の負担からの解放等という債権者の利益について，どのようにバランスを取るかというところにあり，その考察の結果，スイス民法にならって，債権者の通知義務を個別的に定めるべき，との結論に至ったという。

具体的には，改正案436条の2, 1項として，「債権者は，主債務者が元本，

---

[22] さらに，改正案428条の2, 3項として，「保証人が保証債務を履行した場合には，その限度で第1項及び第2項が定めた方式の瑕疵を理由に保証の無効を主張できない」とする提案がなされた。これは，ドイツ民法やオランダ民法の同種の規定を参照したほか，すでに履行した者が方式の瑕疵を主張するのは，衡平の原則に反するとの考えによるという。양창수，주20, 42 면。日本でも，2004年改正で保証の要式化が実現したが，この際，書面要件を満たさない保証契約は，履行後であっても，それを有効にすると過酷な債権取立てを促してしまうので，無効とすべきと考えられていたこと（吉田＝筒井，前掲注(2) 14頁）と，対照的である。

[23] 양창수，주20, 42 면.

[24] 양창수，주20, 47-48 면.

[25] これらの国を含む各国の立法状況については，양창수, "채권자의 보증인에 대한 배려의 무에 관한 서설——독일민법을 중심으로 한 입법예의 검토——", 서울대학교 법학 41권 1호 (2000), 97 면이하 (민법연구 제6권 (2001) 385 면이하에 재록) で詳しく検討されている。

利子，その他の債務を3か月以上履行しない場合，または主債務者が履行期に履行できないことをあらかじめ知っていた場合には保証人に遅滞なくこれを知らせなければならない」との規定が，2項として，「債権者は保証人の請求があれば主債務の内容およびその履行の有無を知らせなければならない」との規定の新設が提案された。そして，3項として，これらの義務に違反した場合の効果について，「保証人はそれによって損害を受けた限度で債務を免ずる」とする規定の新設が提案された。

本条の趣旨は，保証人に債権者や主債務者に対する合理的な措置をとる機会を与えることにあり，具体的には，第1に，保証人に（主債務者の財産を差し押さえること等により）求償権の実現の機会を与えること，第2に，保証人の責任が（利子や遅延損害金により）増えることを防ぐ機会を与えることにあるという[26]。第3項は，これらの義務違反と因果関係ある損害を免除する趣旨であり，例えば，迅速に差押えができなかったことにより回収できなかった求償金債権相当額や，通知が遅れたことによって生じた遅延損害金などが，免除の対象となると考えられる。なお，これら通知義務の規定は，片面的強行規定とすることが提案された（改正案448条の5）。

これらの提案は，上記の大法院2002年判決（上記1(2)(ii)①参照）等，従来の判例では必ずしも認められてこなかった債権者の契約締結後の通知義務を，一定の具体的場合に限って肯定したものといえる。

③ 根 保 証

最後に，根保証に関する規定の新設も提案された。第1に，不確定多数の債務についての保証（＝根保証）は，最高額を書面で特定しなければならないこと（改正案448条の2，1項），第2に，根保証の対象となる債権債務は，特定の取引等に基づいて発生するものに限定される（発生原因が不特定の根保証債務は許容されない）こと（同2項），第3に，根保証期間は最大3年とすること（448条の3）[27]，第4に，契約締結時の事情が著しく変更するなど，やむを得ない事由がある場合には，根保証人に解約権を認めること（448条の4）。第5に，これらの規定を片面的強行規定とすることが提案された（448条の5）。こ

---

[26] 양창수, 주 20, 48-49면.
[27] 期間の定めがない場合は3年とみなすこと（2項），更新は可能だが，更新後の期間も3年を超えることができないこと（3項）も提案された。

Ⅰ 民　　法

のうち，根保証の解約に関する規定は，上記の継続的保証の解約に関する判例（上記1⑵(ⅰ)）を立法化したものとされている。2004年改正案の中では，事情変更の原則についての一般規定の創設も提案されたが，その規定と異なり，本条は，「予期できなかった」「契約を維持するのが明白に不当」という要件を設けなかった。この点が，改正案448条の4の特徴だとされている(28)。

　なお，これら改正案のルールの適用範囲については特段の規定はなく，保証一般に適用される規定として提案されている。また，継続的保証における責任制限の法理（上記1⑵(ⅱ)②参照）については，明確なルールとして確立していないとして，提案はなされなかった。

　(ⅲ)　2004年改正案に対する評価

　以上の2004年改正案に対しては，保証人の類型を問わずに，好意保証の保証人とその他の保証人の区別等をすることなく一律に規制を課す点に疑念を呈し，今回の提案内容は特別法の制定によって（好意保証等に限定する形で）実現すべきとの意見が表明された(29)。また，改正案の内容に加えて，契約締結時の情報提供義務の検討の必要性を説く見解もあった(30)。

⑵　保証人保護法

　以上の2004年改正案が国会で廃案となった後も，過酷な責任を負い，時には家庭破綻にまで至る保証人保護の問題は，何らかの解決を図るべき社会的課題と受け止められてきた。法務部は，2006年3月，「庶民のための法制整備」事業の一環として，保証人保護に関する立法に向けた準備を進める旨を明らかにし，2008年，「保証人保護のための特別法（以下，単に「保証人保護法」という）」が制定，公布された(31)。

　以下では，保証人保護法の概要を確認する。なお，同法は，制定後，数回の改正を重ねているが，以下では，現行規定を中心に紹介する。

---

(28)　양창수，주20　57-58면．

(29)　박영복，"채권법개정안에 관한 비판적 고찰―― 보증채무의 내용을 중심으로 ――"，인권과 정의 320호 (2003) 15면이하．

(30)　김상철，"인적 담보에 있어서의 새로운 과제――보증을 중심으로――"，민사판례연구 제26권 (2004) 616면이하．(특히 630-631면)．

(31)　立法に至るまでの詳しい経緯については，최봉경，"「보증인보호를 위한 특별법」에 관한 소고"，BFL제33호 (2009) 27면 참조．

(i) 適 用 対 象

　冒頭の1条には,「この法は……対価なく好意でなされた保証による保証人の経済的・精神的被害を防止し,金銭債務に対する合理的な保証契約慣行を確立することをもって信用社会定着に貢献することを目的とする。」との目的規定が置かれており,保証人保護法の目的が,対価のない好意保証の規制であることが明らかにされている。この目的規定に基づき,2条1項は,本法の適用対象(保護対象)である「保証人」から外れる者の範囲を定めている。会社,会社の代表者,理事,寡占株主,債務者と同業関係にある者,企業の経営の事実的支配者等に加えて,これらの者の「配偶者,直系尊属・卑属など特殊な関係にある者が企業と経済的利益を共有し,あるいは,企業の債務に対してその経営に直接・間接的に影響を及ぼしながら,企業の債務について」保証する場合(1項다号)も,保証人保護法の適用対象となる「保証人」から除外される。

　このような目的をもつ保証人保護法は,一方で,2004年改正案の内容を承継する規律を設けており,他方で,新たな規律も設けている。

(ii) 2004年改正案に基づく規定

　2004年改正案の契約締結後の債権者の通知義務や根保証に関する規律が,一部はそのままに,一部は部分的に変更を加えて,採用された。

　すなわち,契約締結後の通知義務(5条)については,義務の内容,義務違反の効果のいずれも2004年改正案と同内容の規定が設けられた(なお,義務違反の効果(同4項)については,制定時には規定がなく,2010年の改正により設けられた)。ただし,主債務者が元本等を3か月以上履行しない場合に債権者に通知義務を課す規定については,債権者が「金融機関(同法2条3項に定義がある)」である場合には,期間を「3か月以上」ではなく,「1か月以上」とする特則が設けられた(同2項)。

　次に,根保証に関する規定も,おおむね,2004年改正案の内容を承継している(4,6,7条)。もっとも,保証期間の最高を3年とする規律や,解約権に関する規律は採用されなかった。この点で,2004年改正案に比べて根保証に対する規律は多少緩和されている[32]。

---

[32] 根保証に関しては,さらに更新等に関する規定(7条2〜4項)もあるが,本稿では省略する。

Ⅰ 民　　法

(ⅲ)　2004年改正案に含まれない新たな規律

　次に，2004年改正案に含まれない規律を見てみよう。8条は，契約締結時に債務者の信用状況に関する情報を保証人に提供する義務を，債権者に課している。この規定は，「金融機関」が債権者の場合にのみ適用される特則規定となっている。具体的には，金融機関である債権者に，債務者の債務関連信用情報を保証人に提示し，その書面に保証人の記名捺印または署名を受ける義務を課している。この義務に違反する場合，保証人は債権者に上記情報の提示を求めることができ，これに応じて債権者が7日以内に提供しない場合は，保証人に保証契約の解約権が認められる（8条3，4項）。韓国の金融機関は，総合信用情報集中機関である銀行連合会から，「債務関連信用情報」を得ることができる。そこで，金融機関が保証契約の債権者になろうとする場合は，債務者についてのこの情報を取得し，保証人に提示すべき，というわけである[33]。「債務関連信用情報」については，同法に定義規定があり，「貸出情報，債務保証情報，延滞情報，代位弁済・代支払情報，不渡情報」とされている（2条4号）。なお，この情報は，債務者のプライバシーに関わる情報であるため，金融機関が保証人に提示するときには債務者の同意を得なければならない，とされている（8条2項）。

(3)　2015年民法改正

(ⅰ)　改正に至る経緯

　2004年の民法改正作業が頓挫した後，2009年になると，法務部は再び「2009年民法改正委員会」を立ち上げ，民法改正に向けた作業を開始した。2009年民法改正委員会も財産法部分を全般的に対象とし，毎年，改正委員の変更などをしながら，2013年まで活動を続けた[34]。2009年民法改正員会は，5つの分科委員会をつくったが，保証については担保法分野を担当した第5分科委員会が担当し，2009年中に改正案をまとめた[35]。全体の目標であった民法の財産法

---

[33]　최성경，"「보증인 보호를 위한 특별법 (안)」에 관한 소고"，단국대학교，법학논총 30권 2호（2006）198-199면．

[34]　2009年民法改正委員会の発足までの経緯および以後の活動については，徐・前掲注(19)67-68頁．

[35]　以上の経緯については，윤진수，"보증에 관한 민법개정안 해설"，여행자권리보호 및 보증제도 개선을 위한 민법 개정 공청회 자료집（2013）57-58면．

部分の全面改正はまたも実現しなかったが，保証人保護に関する部分は，2015年に国会を通過した。

(ⅱ) 改正法の内容

2015年に成立した保証法の改正内容は，次の4点にわたる。

まず，保証契約の要式化について，2004年改正案428条の2と同内容の規定が設けられた（428条の2）[36]。

次に，契約締結時の債権者の情報提供義務の規定が設けられた。すなわち，債権者に，保証契約締結時，保証契約を締結するかどうか，またはその内容に影響を及ぼしうる主債務者の債務関連信用情報を保有している場合等に，保証人にその情報を知らせる義務を課す規定が設けられた（436条の2，1項）。なお，保証人保護法と異なり，「債務関連信用情報」の定義は設けられていないが，保証人保護法の定義に従うと解する見解がある[37]。

この規定は，好意保証に適用される保証人保護法8条を一般化しようというものである。改正委員会においては，情報提供義務が認められる範囲を保証契約一般に拡大することに対しては異論も出たが，最終的には賛成派が多数となったようである。反対派からは，そのように広く情報提供義務を認めると，保証が取引社会で利用されなくなってしまう等の反論があったが，これに対しては，保証制度は本来債権者が負うべきリスクを保証人に負担させる制度であり，終局的には，利用が制限されるべき制度であって，保証を利用する不合理な取引慣行は改善されるべきである，との再反論があったようである[38]。

契約締結後の通知義務については，保証人保護法5条と同様の義務を課す規定が設けられ（436条の2，2項1，2号，3項）[39]，これらの義務を課される範囲が，「好意保証」から保証一般に広がった。この規定については，審議過程

---

[36] ただし，国会での審議過程で，「保証の意思が電子的形態で表示される場合には効力がない」との規定が加わった（1項但書）。

[37] 윤진수，주35，68면.

[38] 윤진수，주35，66면. 이상영，주16，539-540면. 第5分科会のメンバーであった，이상영 教授は，保証が「保証人に無償の無制限的な責任を付加する点で，債権者のための前近代的な制度であり，このような制度は，新しい信用社会にあうように変化しなければならない，と説く（이상영，주16，548-549면）。

[39] ただし，債権者が金融機関の場合の特則（保証人保護法5条2項）に相応する規定は，設けられていない。

Ⅰ 民　　法

で異論はあまり出なかった。

　それに対して，議論になったのは，契約締結後に，債務者の債務関連信用情報に変更があった場合に債権者に通知義務が生じるか，という問題であった。結論としては，債務者の債務関連信用情報に重大な変更が生じたことを知った場合にそれを保証人に知らせる義務が，債権者に課されることとなった（同2項3号）。

　以上の契約締結時の情報提供義務や契約締結後の通知義務の違反の効果としては，義務違反によって保証人に損害を与えた場合，裁判所は，その内容と程度などを考慮して保証債務を減軽または免除できる（436条の2，4項）との規定が設けられた。これは，契約締結時の情報提供義務については義務違反の効果として保証人の解約権を認めていた保証人保護法とは，異なっている。損害の減額免責を効果とする点では，2004年改正案や契約締結後の通知義務に関する保証人保護法5条と同じだが，「裁判所はその内容と程度を考慮して」との文言により，減軽・免責の判断において裁判所の裁量が認められている点が特徴的である。これは，債権者が情報提供義務を履行したとしても，保証人が契約を締結しなかったといえるか，債権者が通知義務をおこたったとしても，通知を受ければ保証人が直ちに保証債務を履行して，主債務者に求償できるかは必ずしも明確ではないため，このような場合に柔軟に減軽・免責を可能にするために，上記の規定が導入されたと説明されている[40]。

　さらに，以上の情報提供義務・通知義務の規定を片面的強行規定にすべきかどうかも争点となったようだが，好意保証を対象とする保証人保護法とは異なり，片面的強行規定にまでする必要はない，との結論に至ったようである[41]。

　最後に，根保証については，根保証も有効であること，そして，最高額を書面で特定することを有効要件とすることが，定められた（428条の3）。保証期間や解約権についての規定は設けられなかった点，包括根保証も有効とされた点が，2004年民法改正案や保証人保護法との違いである。

(ⅲ)　改正に対する評価

　改正法中，債権者が，契約締結前あるいは契約締結後に（重大な変更があっ

---

[40]　윤진수，주35，67면．
[41]　윤진수，주35，67-68면．

た場合に）信用情報を提供する義務を負うという規定については，立法後にも，批判的見解が存在する。すなわち，民法が適用対象とする保証契約一般において，常に，債権者と比べて保証人の要保護性が高いとみるのは妥当ではなく，特に，保証人が保証を業とする法人や，債権者が金融機関でない一般人の場合に，債権者に情報提供義務を課すのは妥当ではないという意見がある[42]。もっとも，民法の規定は任意規定なので，保証人保護法の適用を受けない法人が保証人になる場合等は，これらの義務を否定する特約を結ぶことで対処することも考えられる。さらに，保証人がすでにこれらの情報を有している場合には，債権者の情報提供義務は発生しない等と解することによって[43]，提供義務が認められる範囲を限定することは可能である。しかし，それでも，債権者が一般人である場合等には，規律が厳格にすぎないか検討する余地はありうるだろう。

また，改正法には規定されなかったが，主債務者に情報提供義務を課すことを検討すべきとの意見もある[44]。

(4) 行政上の規制

さらに，韓国でも，金融行政上の規制のレベルで，連帯保証を禁ずる動きがある。

まず，2012年5月に，金融委員会は，銀行や保証機関について，連帯保証を原則的に廃止する方針を出した。もっとも，この際には，実質的な経営者を例外とするなど，廃止の方針は徹底されていなかった。しかし，2013年5月には，このような例外も廃止する方針を発表した[45]。さらに，銀行，保証機関だけでなく，貯蓄銀行，相互金融，与信専門会社（カード，キャピタル，割賦，リース），保険（生命・損害保険，保証保険）から成る第2金融圏が連帯保証をとることについても原則的に廃止の方針を示した[46]。さらに，2017年に入ると，これまでの規制対象には含まれていなかった（金融委員会に登録された）貸付業者について，連帯保証を廃止する方針が示された[47]。そして，注目すべき

---

[42] 최성경，"민법개정안을 계기로 한 보증제도 연구"，이화여대 법학논집 제18권 제2호，(2013)，193-198면 참조．
[43] 윤진수，주35，68면．
[44] 최성경，주42，201-203면．
[45] 금융위원회，은행권 및 보증기관의 연대보증 폐지 성과 및 보완방안，보도자료，2013. 5.
[46] 금융위원회，제2 금융권 연대보증 폐지 방안，보도자료，2013. 4.

Ⅰ 民　　法

は，これらの規制では，（保証人保護法が適用除外としているのとは異なり）配偶者等の家族を，連帯保証規制の例外としている，といった事情は見られないことである。

Ⅳ　日韓の異同と今後の検討課題

　以上をふまえて，日韓の保証法の共通点と相違点，及び今後の検討課題を，5つに分けて述べる。

1　契約締結後の情報提供義務（通知義務）

　第1に，契約締結後の情報提供義務（韓国では通知義務と呼ぶ）について比較してみよう。

　近時の法改正により，初めて民法に（韓国の場合は保証人保護法にも）契約締結後の情報提供義務（通知義務）に関する規定が導入された点では，日韓は共通している。

　しかし，新規定の内容には違いがある。特に，保証人の請求に基づかない情報提供義務（通知義務）については，提供すべき情報の内容，規定の目的，義務違反の効果等に違いがある（適用範囲の違いについては，後述する）。すなわち，日本（458条の3）では，期限の利益喪失の事実が情報提供の対象とされており，その目的は，期限の利益喪失による遅延損害金の著しい増加を防ぐことであって，効果は，義務違反によって増加した遅延損害金の免除となっている。他方，韓国では，一定期間の債務者の不履行の他（436条の2，2項1，2号），信用情報の重大な変更（同3号）も対象となっている。そして，前者の類型（1，2号）については，遅延損害金の増加防止だけでなく，求償権の実現可能性の確保も規定目的となっている。後者（3号）の目的は，必ずしも明確ではないが，求償権を迅速に実現する機会を確保することや，根保証の場合に解約権の行使を可能にすることなどであろうか。効果については，遅延損害金の増加部分に限らず，義務違反によって保証人が受けた損害の免除が一般的に認められ，かつ，その認定にあたっては，裁判所に裁量が認められている。

　こうしてみると，韓国の規定は，日本に比べ，債権者により厳しい規律に

---

(47) 금융위원회, 대부업 감독 강화 방안 발표, 보도자료, 2017. 12.

なっているといえる。少なくとも，契約締結後の情報提供義務のあり方について（契約締結時の情報提供義務や，内容統制の議論に比べ）従来それほど議論が蓄積してきたわけではない日本法の状況をふまえると，韓国法の現況は，規律のあり方に多様な選択可能性があることを示してくれている。その上で，今後は，日韓双方において，規定の実効性（保証人の保護に十分か），弊害（債権者のコストを過度に増加させていないか）についての検討とともに，契約締結後の情報提供義務の理論的根拠についての更なる検討が必要となるだろう。

2 契約締結時の情報提供義務

第2に，契約締結時の情報提供義務についても，近時，日韓で新たな規定が設けられたが，規定内容は異なる。

違いはさまざまあるが（適用範囲については後述する），最も大きな違いは，義務の主体である。韓国は，保証人保護法及び民法で，債務者の信用情報に関する情報提供義務を，債権者に課している。他方，日本の民法は，主債務者の財産状況についての提供義務を，保証を委託した債務者に課している。もっとも，日本法でも，解釈論によって債権者の情報提供義務を認める余地は否定されておらず，また，韓国でも，主債務者による情報提供義務を解釈論によって認める可能性が否定されているわけではない。この意味で，日韓の違いは多少相対化される[48]。なお，提供義務の対象となる情報の範囲をめぐる解釈論は，日韓双方において，今後の検討課題として残るだろう[49]。

3 保証契約の類型化

第3に，保証契約の類型化についても違いがある。日本の改正民法は，個人保証人にのみ適用される規定（458条の3），個人保証の中でも事業に関する債務についてのみ適用される規定（465条の10），事業のために負担した貸金等債務に関する規定（465条の6）を設けるなど，複雑な類型化を行っている。他方，

---

[48] もっとも，例えば，日本民法のように，主債務者の情報提供義務違反を理由に，保証契約の取消しを認める（465条の10，2項）ことは（第三者による詐欺によってカバーされる範囲を除いて），解釈論では困難と考えられ，やはり違いは残る。

[49] この点に関する日本の近時の議論として，潮見佳男＝岡正晶＝黒木和彰「連載／債権法改正と実務上の課題――第5回 保証」ジュリスト1519号90頁以下（2018年）参照。

Ⅰ 民 法

　韓国では，保証人保護法によって，いったん，好意保証とそれ以外の保証の規律の違いが明確となったが，その違いは，2015年民法改正によって，かなり相対化したようにみえる。もっとも，強行規定性の有無や，根保証に関する規律内容など，看過できない違いはなおある。しかし，法人保証も含め，保証一般に対して保証人保護に関する規定を設けようとしている点は，日本法との違いとして指摘できる。今後は，保証人保護に関するルールのそれぞれで，その規制理由（例えば，両当事者の情報の格差を埋めようとするものなのか，保証契約の構造上当然に求められる規制なのか，等）に応じた適用範囲を理論的に説明する努力が，なお求められよう[50]。

　さらに，類型化の程度だけでなく，類型化の方式にも差異はある。すなわち，日本は，民法の中で類型化を図っているが，韓国では，民法はあくまで保証契約一般に適用される規定で，好意保証に限定する規律は特別法である保証人保護法に，という形で，民法の保証規定の一般性をより重視している。これは，民法典のあり方にも関わる問題である[51]。

4　個人保証の情誼性に対する対応

　第4に，個人保証契約の特性，特に情誼性に対する対応という観点から比較してみよう。

　個人保証の性格として，日韓両国とも，未必性や情誼性という特徴があることがかつてから指摘されてきた。このうち，日韓において近時新設された，保証契約の書面化，契約締結前の情報提供義務は，保証契約の未必性に対応すること，つまり，保証人に保証契約のリスクを十分に認識させることを目指したものといえる。日本の公正証書による保証意思の宣明手続（465条の6）も同じ性格を持つだろう。他方，情誼性に対する対応はどうか。この点，日本の公正証書による保証意思の宣明手続は，公証人という第三者が介在して，情によらない冷静な判断を促し，本当は嫌なのにやむをえず保証することを防ごうとする点で[52]，一定程度情誼性の問題にも対処しようとするものであったといえ

---

[50]　韓国における保証の類型化に関する議論として，박영복, "보증의 유형화", 민사법학, 제46권 3호（2009）49면참조.

[51]　小粥太郎『民法の世界』（有斐閣，2007年）26頁（初出2004年）参照。

[52]　法制審議会民法（債権関係）部会第80回会議（2013. 11. 19）議事録15頁［山本敬三発言］参照。

る。しかし，この規定だけでは十分な対応ではないとの考えも強い[53]。そのような事情が，契約締結時の情報提供義務等と並んで，上記のように（Ⅱ2(3)(ii)参照），暴利行為禁止のルールの活用等の提案がなされてきた一因ではないかと考えられる。

　他方，韓国では，（日本と同様に）ドイツの良俗違反に関する議論（あるいはイギリスの不当威圧に関する議論）が多少紹介されてはいるものの[54]，韓国法の解釈論として取り上げられることは少ないように見える。この違いは何に由来するのかを現時点で明らかにすることはできないが，公序良俗や暴利行為に対する理解や，従来の（継続的保証における）保証人の責任制限法理が果たしてきた役割に対する評価の面で，両国に違いがあるかといった点が，検討課題となる。

5　実務上の運用

　第5に，金融機関における保証実務上の運用について，比較してみよう。上記のように（Ⅱ2(2)参照），現在，日本では，金融機関は，実務上，第三者の保証を取らないことを原則とする運用をしている。しかし，融資を受ける中小企業の経営者の配偶者などに例外の余地が認められ，信用取引の場合にこれらの者が実際に保証人になることは珍しくなかった。そして，このような実務の状況は，2017年改正で新設された465条の9において，配偶者が一定の範囲内で公正証書による保証意思確認の手続の適用対象外となったことに，一定の影響を与えたと見ることができる[55]。このように，配偶者等を保証人とする実務慣行がなお存在することは，保証契約の禁止論や，暴利行為の活用といった意見がなお活発である一つの理由になっているように思われる。

　他方，韓国では，上記のように，金融行政による連帯保証の禁止という規制において，配偶者等の例外は設けられていない。そうすると，この方針が順守されている限り，現在の韓国では，情誼性の問題が最も現れる配偶者等の家族の保証という問題が，実務上，（相対的に）少なくなっているといえるかもしれない[56]。いわば，（民事上ではなく）金融行政上の規律による保証人保護がよ

---

[53] 白石大「保証──保証意思の明確性の確保」ジュリスト1511号39頁（2017年）。
[54] 김상철，주30，633-640면。
[55] 筒井健夫＝村松秀樹『一問一答　民法（債権関係）改正』（商事法務，2018年）155頁。

I 民　法

り広く実現している可能性がある。このような実情と，個人保証人の責任に関する公序良俗論や暴利行為論に対する注目が薄いことに，関係性があるのかどうかは，今後の検討課題となる。

V　結びに代えて

以上の比較は，日韓の保証人保護の問題，いわば，日韓の法が保証契約の関係者をどのような「人」と捉えて規律を用意しているのかという問題に関する，粗雑なスケッチにすぎない。しかし，日韓の法状況に関するいくつかの異同や，今後の検討課題を見出すことができた。本稿が，より精密な比較に向けた検討のための第一歩となれば幸いである。

　＊本稿は，平成30年度学術研究助成基金助成金（若手研究）・課題番号18K12687
　　による研究成果の一部である。

---

(56)　なお，韓国では，実務において，保証保険が広く利用されているようであり，従来，配偶者や親族が保証人となっていたケースは，現在ではこの保証保険によってカバーされている可能性がある。しかし，社会事情の正確な認識にはさらなる検証を要する。

9 発言の捏造・歪曲からの保護の基礎となる権利
――最判平成 28 年 1 月 21 日判時 2305 号 13 頁を出発点として――

建 部   雅

I はじめに:人格権保護と発言の捏造・歪曲からの保護との関係	対する反応
II 最判平成 28 年 1 月 21 日判時 2305 号 13 頁について問題とされた権利	IV ドイツ法における「誤認」類型に対する反応
III 日本法におけるプライバシー侵害類型としての「誤認」に	V 日本法におけるドイツ法上の「誤った光」類型に対する反応
	VI おわりに:発言の捏造・歪曲に対処する権利の承認に向けて

I はじめに:人格権保護と発言の捏造・歪曲からの保護との関係

1 人格権保護の前提――個別具体的な権利侵害の必要性

　人格権保護の基礎にあると理解されているのが,人間の尊厳の保護である。たしかに,日本法において人間の尊厳の保護を目的として人格権が提示されたわけではない[(1)]。しかし,人間の尊厳と一般的人格権とを結び付けて問題とするようになった第二次世界大戦後のドイツ法の影響を受けて,日本法においても人間の尊厳と人格権とが密接に関連するものであることが前提とされるようになったのである[(2)]。

　もちろん,人格権ひいては人間の尊厳の保護は,漠然と人格権保護の必要性

---

(1) 鳩山秀夫『増訂日本債権法各論下巻』(岩波書店,1924 年) 869 頁以下,栗生武夫『人格権法の発達』(弘文堂,1929 年) 1 頁以下。
(2) ドイツにおける人間の尊厳と一般的人格権との関係について五十嵐清＝松田昌士「西ドイツにおける私生活の私法的保護――一般的人格権理論の発展」戒能通孝＝伊藤正己編『プライヴァシー研究』(日本評論新社,1962 年) 158-159 頁,三島宗彦『人格権の保護』(有斐閣,1965 年) 19 頁以下,斉藤博『人格権法の研究』(一粒社,1979 年) 99 頁以下。

Ⅰ 民　　法

を主張したり人格権侵害があったことを主張したりするだけでは実現しない。なぜならば，一般論としては人格権侵害を理由とした金銭賠償や人格権に基づく差止め等の民法上の救済が認められてはいるが，実際に救済されるためには，人格権の具体的類型としての個別の権利や利益（権利と利益との区別に関する議論はあるが，本稿はその議論に立ち入らず両者を合わせて漠然と権利と呼ぶ）に対する侵害又は侵害のおそれが認められなくてはならないからである。そして学説は新たに問題となる事例に対処するために新たな権利を提唱してきた。その代表例がプライバシーである。

2　プライバシー保護の拡大と発言の捏造・歪曲からの保護に関する課題

プライバシーの定義やその侵害事例の内容についての議論が進展した結果，現在では多様な事例がプライバシー侵害と構成されることによって解決されている[3]。しかしプライバシー侵害事例が拡大・多様化したことに伴い，きわめて奇妙な現象が生じている。それは，ある者について虚偽の情報が公表されることからの保護よりも，真実の情報が収集・伝達されることからの保護の方が容易に認められるという現象である。

ある者に関する情報が本人の同意なく収集・伝達された場合には，当然にプライバシー侵害が問題となる[4]。それでは，発言が捏造されたり，実際とは異なる文脈で自己の発言が使用されて発言に本来の意味とは異なる意味が付与されるなどの方法で発言が歪曲されたりした者は，いかなる権利の侵害を主張できるのだろうか。このとき問題となりうる権利について学説及び裁判例に一致した理解が存在しないことを具体的に示すのが，最判平成28年1月21日判時2305号13頁である。本稿は同判決を出発点として，発言が捏造されたり歪曲されたりした場合に問題となる権利が人格権保護をめぐる議論の中で一般的な

---

[3]　潮見佳男『不法行為法Ⅰ』第2版（信山社，2009年）196頁以下，藤岡康宏『民法講義Ⅴ不法行為法』（信山社，2013年）230頁以下，窪田充見編『新注釈民法(15)』〔水野謙〕（有斐閣，2017年）526頁以下。

[4]　最判平成15年9月12日民集57巻8号973頁は，学生の学籍番号，氏名，住所，電話番号が警察に開示された事例についてプライバシー侵害を認めたものである（ただし東京地判平成26年3月7日労経速2207号17頁など，同判決の射程を限定する例が裁判例には現れている）。また仙台高判平成28年2月2日判時2293号18頁は，自衛隊の情報保全隊がライブ活動を行っている者の本名及び勤務先に関する情報を収集・保有した事例について，プライバシー侵害を認めている。

ものとなってはいないことを確認し，その理由について検討する。その検討の後，ドイツ法学説を参照し発言の捏造及び歪曲からの保護の重要性及びその保護を基礎づける権利を提示したうえで，現在の日本法にドイツ法上のその権利を受容し得ることを明らかにしていくことにする。

II 最判平成28年1月21日判時2305号13頁について問題とされた権利

1 本件事案の特徴と権利に関する判断

(1) 事　　実

本件の事案は次のとおりである。日本放送協会Y（被告，被控訴人，上告人）は，平成21年4月5日に台湾に対する日本の植民地統治を批判的に扱うテレビ番組（以下，「本件番組」という）を放送した。本件番組でYは，明治43年にロンドンで行われた日英博覧会において，台湾に居住するパイワン族の人々を日本が見世物としたこと，及びその中の一人の娘であるX（原告，控訴人，被上告人，その他の原告も多数存在するが，本稿では省略する）がそれについて「かなしい」と述べていることを取り上げた。このときYによるXの発言の引用方法は，Yの番組制作の意図に合わせてXの発言をそれがなされた文脈から切断するというものであり，Xの発言の状況及びその意味を正確に再現するというものではなかった。それを具体的に示すと次のとおりである。

Yは日英博覧会当時のパイワン族の人々の写真の映像を流した際に，その下部に「人間動物園」と表示したほか，日本の行動は，当時のイギリスやフランスが「人間動物園」と称して行った植民地の人々を見せ物にすることの真似だと説明する学者の見解を取り上げた。しかし，この学者の見解は日英博覧会当時の状況を正確に反映したものでもなければ，その後のパイワン族の人々の認識と一致するものでもなかった。そもそもこの「人間動物園」という表現は，日英博覧会当時存在していたものではなく，後世の一部の研究者により提唱されたに過ぎないものであり，かつ日英博覧会当時の新聞報道等によれば，それに参加したパイワン族の人々は，むしろ民族の誇りをもって自発的にロンドンに行ったと考える見解も有力であった。また，Xの認識も同様のものであったほか，パイワン族の間では日英博覧会が良い思い出になっているともいえる状況が存在していた。それにもかかわらず，Yの担当者はXに対する取材時にこの表現を本件番組で用いることを知らせなかった。このような歴史認識に関す

Ⅰ 民　　法

る状況及び当事者の認識のもとで，YはXの発言を「人間動物園」と結び付けて放送したのである。

(2)　異なる文脈での発言の使用とそれにより侵害された権利

本件で第一審から最高裁まで一貫して問題とされた権利は，名誉及び名誉感情である。これは本件番組内でXの父親等との関連で「人間動物園」という侮辱的な表現が使用されたことに着目するならば当然のことだといえる。ただし，本件事案には通常の名誉毀損事例とは異なる次のような特徴があった。すなわち，テレビ番組内で単に侮辱的な表現が用いられたということだけではなく，YがXの発言をそれがなされた文脈から切断して使用したという，YによるXの発言の使用方法も問題となったという特徴である。具体的には，日本の台湾統治により台湾の人々に深い傷が残ったことを伝える番組にするというYの編集意図のもとで，取材時には説明されていなかった「人間動物園」という表現にXの発言が結び付けられ，Xの発言に本来の意味とは異なる意味が付与されたことも問題となる事案だったのである。

ところが，YによるXの発言の使用方法に対して，名誉及び名誉感情以外の具体的な権利に関する判断が第一審から最高裁判決に至るまで示されることはなかった。最高裁は「人間動物園」という表現が使用されたことによる名誉毀損の成否を正面から問題とするが，その他の事情及び権利については「前記事実関係によれば，本件番組によりXの名誉感情等が侵害されたことを理由とする不法行為が成立するともいえない」と判示したのみである。たしかにこれにより名誉感情以外についても判断されているのだが，ここから具体的に問題とされた権利及びその侵害の有無に関する判断基準を読みとることは不可能である。

これに対して第一審（東京地判平成24年12月14日判時2216号61頁）及び原審（東京高判平成25年11月28日判時2216号52頁）はYによるXの発言の引用方法等についても具体的に検討している。しかし第一審は，真意とは異なる意味でXの発言が使用されたことに対しては「Xが侵害されたと主張する権利の内容は明らかでな」いと評価する。また第一審はYによるXの発言の引用方法については，YがXの発言を「恣意的に編集して，Xの人格権を侵害したとまでは認められない」と判示するのみであり，そこで具体的な「人格権」の内容

は明らかにされなかった。

　Yの態様をより詳細に検討したのが原審であり，そこでは名誉毀損の成否の判断に際して，Yの番組制作者が好意で取材に応じたXを困惑させ「本来の気持ちと違う言葉を引き出し，『人間動物園』と一体のものとしてそれを放送」したことにより，Xの思いを踏みにじり侮辱したということも考慮されている。ところがこれは，社会的評価の低下とは無関係の要素を混入させて名誉毀損の成否を判断したことを意味するものである。このように名誉毀損の成否の判断過程で異質な要素まで考慮されたことは，発言が不適切・不正確に引用されたという問題が生じた場合，現在の議論のもとでは名誉以外の明確かつ一般に受容される権利を検討の対象とすることはできない状況の存在することを示すものだといえる[5]。この結論は，名誉毀損による不法行為の成否に関して原審が提示した判断枠組みからも導くことができる。このとき原審は既存の名誉毀損法理とは完全に別個の，「放送事業者が取材対象者の名誉に係る事項等について放送しようとするときは，取材対象者の真意に基づく同意がなければ免責されない」という立場を示している。ここからも，原審は実質的には名誉とは異なる権利侵害を問題としていることを読みとることはできるが[6]，原審が前提としていた名誉以外の具体的な権利を明らかにすることはできないのである。

2　発言の引用方法に関する学説の主張

　学説によっても本判決に関して問題とされている権利は主に名誉や名誉感情である[7]。ただし例外的ではあるが，YによるXの発言の引用方法を正面から問題とする立場が存在する。この立場によれば，報道番組に関しては「番組制作者が一定の先入観を抱いて自己の見解に適合する情報のみを選択・取材し，

---

[5]　ジョン・ミドルトン『報道被害者の法的・倫理的救済論——誤報・虚報へのイギリス・オーストラリアの対応を中心として』（有斐閣，2010年）は，ねつ造された引用やインタビューなどを含む虚報が問題となった場合に現在の日本法のもとでは，それが「名誉毀損に当たらない限り，訴訟を提起することはできないだろう」ということを指摘し（154頁），そのような状況には問題があることを明示する。

[6]　この点について原判決の評釈である大塚直「判批」リマークス50号（2015年）46頁は，「取材対象者への説明及び同意は取材対象者の自己決定権に関連」するものであり，名誉毀損とは区別されるべきものだと指摘する（49頁）。

[7]　水野謙「判批」平成28年度重判解（ジュリ1505号）（2017年）79，80頁，池端忠司「判批」判評701号（判時2330号）（2017年）17頁，19-20頁。

Ⅰ 民　　法

取材対象者の発言についても，その真意を故意に歪曲する」場合が問題となるとされる[8]。そのために本件については，「Xの父親が日本政府によってロンドンに連れて行かれて博覧会で見せ物にされたとの先入観」を抱いていたYが，Xの発言を「真意とは異なる『人間動物園』と一体のものとして放送した」ことが，プライバシー侵害にあたると解されている[9]。つまり，本件番組の放送が「プライバシーの権利侵害形態のうちの『誤解を生ずる表現の公表』に該当」し，かつ「自己情報コントロール権」としてのプライバシー侵害を意味するというのである[10]。このように発言が歪曲されたり捏造されたりすることからの保護を，名誉保護から区別して社会的評価の低下の有無とは無関係に考えることは現代社会において重要性を増している。なぜならば現在のように過去の情報が容易に取得できる状況にあっては，当然にある個人の過去の発言・行動も容易に参照されるのであり，かりに発言が捏造された場合には，その対象となった者は自分が行ってもいない発言に長期間拘束されることになるからである。

3　侵害された権利に関する問題

ところが現在のプライバシーに関する議論のもとでは，YによるXの発言の引用方法についてプライバシー権としての自己情報コントロール権侵害を問題とする，特に発言の捏造や歪曲をプライバシー権侵害の一類型としての「誤解を生ずる表現の公表」と結びつける見解が直ちに支持される可能性はない。たしかに，この「誤解を生ずる表現の公表」という類型は，アメリカ法においてプライバシー侵害にあたると解されていた事例を分析・整理したプロッサーが提示した類型を前提とするものであり[11]，その類型は日本法においても伊藤正

---

(8)　高乗正臣「放送番組編集の自由とプライバシー権── NHK 集団訴訟控訴審判決（東京高判平成 25 年 11 月 28 日）に関連して──」平成法政研究 18 巻 2 号（2014 年）1 頁, 22 頁。

(9)　高乗・前掲注(8) 22 頁。

(10)　高乗・前掲注(8) 22-23 頁。YによるXの発言の引用方法に関して自己情報コントロール権の侵害を問題とする可能性があるとするものとして，石橋秀起「判批」民商 152 巻 3 号（2016 年）310 頁, 314 頁, 廣峰正子「判批」リマークス 54 号（2017 年）50 頁, 52 頁。加藤新太郎「判批」民事判例 13（2016 年）100 頁は，本件で「自己情報コントロール権」が問題とされるべきだったとする立場に正面から同意してはいないが，名誉毀損とは異質な要素が考慮されていたことは肯定する（103 頁）。

己『プライバシーの権利』（岩波書店，1963 年）（以下，伊藤「プライバシー」と表記する）による紹介以来，知識としては広く定着している。しかし現在の日本法においてプライバシーの定義がなされる際にプロッサーの立場が支持されることもなければ，プライバシー侵害類型として「誤認」[12]類型が提示されることもない[13]。

そのため，「誤認」類型をプライバシー侵害又はその他の権利侵害だと構成するためには，次の 2 つの作業が必要である。第一にプライバシーに関するこれまでの議論の中で「誤認」類型が支持されてこなかった理由を明らかにすることである。第二に，「誤認」類型に対する保護についてプロッサーが提唱しているということを超えたより積極的な正当化が可能であることを示し，さらにそれを支える権利を提示することである。

Ⅲ 日本法におけるプライバシー侵害類型としての「誤認」に対する反応

1 プライバシー侵害類型としての「誤認」
——知識としての定着・事例解決の手段としての不承認

プロッサーによって提示されたプライバシー侵害の一類型としての「誤認」について伊藤「プライバシー」により次のような紹介がなされている。まず，「誤認」とは，「ある表現行為がなされたことによって，原告について世人に誤った印象を与えられ，誤解または誤認を生ずる場合」[14]を意味するとされる。そしてその具体例としては「原告自身の意見，発言，作品でないものを，偽って原告のものとして表示すること」や，「原告の写真を雑誌その他が利用する

---

[11] 高乗・前掲注(8) 15-16 頁。
[12] 以下では，「誤解を生じさせる表現の公表」を伊藤正己『プライバシーの権利』（岩波書店，1963 年）113 頁に示された「誤認を生ずる表現」という表題に従って「誤認」と表記する。
[13] 佃克彦『プライバシー権・肖像権の法律実務』第 2 版（弘文堂，2010 年）は，プロッサーの「誤認」類型にあたる事例全てをプライバシー侵害から外すことは否定するが，その一方で，「一般人の感受性を基準にして当該私人の立場に立った場合公開を欲しないであろうと認められることがら」について虚偽の事実が摘示された場合に限定してプライバシーによる保護が及ぶべきだと主張する（9 頁）。ただし，この主張からは発言の捏造・歪曲に関する保護が欠落することになる。
[14] 伊藤・前掲注(12) 113 頁。

I 民　法

ものであるが，それの利用が，その写真が実際にとられた状況ときりはなされて，無関係な記事の挿入写真とされる場合」などが挙げられている[15]。まさにそこで問題とされる事例には，発言の捏造も含まれている。そして「誤認」を含めてプロッサーにより提示されたプライバシー侵害類型は，プライバシーについて問題とする一時期の日本法学説においても参照されるものとなった[16]。また現在の日本法学説では，アメリカ法におけるプロッサーの位置付けとして「不法行為法上のプライバシーの権利が確立した一つの到達点となっている」[17]と評価する論者や，「プロッサーの分類した4類型は，不法行為法上のプライバシー権を論じる際には，必ずといってよいほど引き合いに出される」[18]と評価する論者も存在する[19]。

　その一方でこの「誤認」をプライバシー侵害の具体的類型として認める見解は，現在の日本法では一般的に支持されているものではない[20]。どのような事例をプライバシー侵害に含めるかについては学説で多様な立場が示されている。例えば，「私生活への侵入」，「他人に知られたくない私生活上の事実の公開」及び「他人に知られたくない自己に関する情報の公開」を挙げる立場[21]や，この立場を基本的に支持するが，第三の類型に開示を追加する立場[22]，「私生活への侵入」，「私生活上の情報の公表」及び「自己情報の違法な取得・提供」[23]を挙げる立場などが存在する。しかし，行ってもいない発言を押し付けることなど発言の捏造・歪曲といった「誤認」類型に明確に対応する類型が提示され

[15] 伊藤・前掲注[12] 114頁，117頁。
[16] 三島・前掲注[2] 328頁以下，藤岡康宏『損害賠償法の構造』（成文堂，2002年〔初出1985年〕）156頁。
[17] 新保史生『プライバシーの権利の生成と展開』（成文堂，2000年）27頁。
[18] 石井夏生利『個人情報保護法の理念と現代的課題――プライバシー権の歴史と国際的視点――』（勁草書房，2008年）150頁。
[19] 阪本昌成『表現権理論』（信山社，2011年〔初出2009年〕）もプロッサーの提示した類型の不法行為法への影響について言及する（119頁）。アメリカ法上の「誤認」類型に関する議論の状況についてはミドルトン・前掲注[5] 141頁以下。
[20] この点について，曽我部真裕『反論権と表現の自由』（有斐閣，2013年〔初出2005年〕）169頁。
[21] 竹田稔『増補改訂版　プライバシー侵害と民事責任』（判例時報社，1998年）178頁以下。
[22] 前田陽一「名誉毀損・人格権侵害」能見善久＝加藤新太郎編『論点大系判例民法7 不法行為I』第2版（第一法規，2013年）323頁以下。
[23] 平野裕之『民法総合6 不法行為法』第3版（信山社，2013年）118頁。

ることはない。もちろん、問題となった情報の真偽を重視する立場も存在する。しかし、そこで問題となっているのは行政機関や団体による個人に関する情報の収集・利用であって、捏造や歪曲された発言及び虚偽の事実の公表ではないのである[24]。さらに、プライバシー侵害については「公表された事実の真実性は不法行為の成立を阻却しない」[25]ということが明示されることもある[26]。ところが「誤認」類型に関してはまさに公表された事実の真偽が訴訟において重視されるのである[27]。そのため、プライバシー侵害に関して真偽が問題とされない場合には、「誤認」類型がプライバシー侵害類型に含まれないことは当然の前提とされているといえる。

2 「誤認」類型の不承認の理由
(1) プライバシー概念の放棄としてのプロッサーの類型

日本法に「誤認」類型が知識としては定着しながらも、実際の事例解決の際に問題となるプライバシー侵害類型として定着しなかった一因と考えられるのが、プライバシー概念の定義に関する議論の状況である。

プロッサーはアメリカ法においてプライバシー侵害として問題とされていた事例を4類型に分けて提示したが、広く認識されているとおり、「原告の異なる4つの利益に対する個別の4種類の侵害」[28]を問題としていたのであり、それらに対して統一的なルールが適用されると主張することも[29]、4類型を統合

---

[24] 阪本昌成『プライヴァシー権論』（日本評論社、1986年〔初出1985年〕）は、公権力による情報収集・管理が問題となる場面について次のように主張する。「つまり、公権力対プライヴァシーの対立関係とは、個人情報システムの最大保有者たる公権力が、不適切な個人情報によって個人を評価したり、また、断片的な情報から全体的イメージにより当該個人を評価したりすることの憲法的統制を意味する。換言すれば、公権力による個人情報の保有・利用におけるプライヴァシー問題とは、公権力が当該個人を真実情報に基づき、正当に評価しているか否か、である。」(197頁)。

[25] 内田貴『民法Ⅱ債権各論』第3版（東京大学出版会、2011年）375頁。

[26] 棟居快行『人権論の新構成』第1版改版新装（信山社、2008年〔初出1986年〕）は、新たなプライバシー概念を提示するが、「これに対して異なる社会関係を横断するような役割イメージの侵害は、役割イメージがコンテクストから切り離して論じられない以上、その『真偽』を問うことはナンセンスであ」り、「名誉侵害の場合にのみ、『真実の証明』による免責が制度上可能となるのである」とする (192頁)。

[27] *See,* William L. Prosser, *Privacy*, 48 Cal. L. Rev. 383, 419 (1960).

[28] *Id.* at 389.

[29] *See, id.* at 407.

Ⅰ 民　　法

する新たなプライバシーの定義を提示することもなかった[30]。このようなプロッサーの立場を日本法に受容することを明確に否定したのが，佐藤幸治「プライヴァシーの権利（その公法的側面）の憲法論的考察――比較法的検討(1)(2)」論叢86巻5号（1970年），87巻6号（1970年）を出発点とする一連の論文である。周知のとおり，まず同論文によって「自己に対する情報をコントロールする権利」[31]（後に「自己情報コントロール権」[32]と表記される）というプライバシーの定義が提示された。それに加えて，プライバシー侵害を相互に異なる利益の侵害に分解するプロッサーの立場も明確に否定されている。そこにおいてはプロッサーを批判するブルーステインの立場，すなわち「（プロッサーの見解とは――引用者注）反対に，プライバシーに関連する不法行為の諸事例は一つの部分から成り立つものであり，単一の不法行為であると信ずる」と主張し，「人間の尊厳に対する侮辱として」プライバシー侵害を位置付ける立場[33]が参照されたうえで，「プライヴァシーの権利によって保護しようとするもの」は「『人間の尊厳』あるいは『個人の尊厳』」だということが主張されるのである[34]。そして後の論文においては，プライバシーを個別の利益に分解するプロッサーの立場を「『還元主義』のアプローチ」[35]を採るものだとして，それに対して「個々の断片に解体したままに，ありうる全体をみようとしないのは学問的とはいえないであろうのみならず，何故にプライヴァシーに対する要求が強まってきたのかという問題を洞察する道をとざすものであろう」[36]という明確な批判が示されているのである。

　その後の学説によって「自己情報コントロール権」は広く受容されるところ

---

(30)　詳細については新保・前掲注(17) 27-28 頁。
(31)　佐藤幸治『現代国家と人権』（有斐閣，2008 年〔初出 1970 年〕）284 頁。
(32)　佐藤・前掲注(31) 422 頁。
(33)　Edward J. Bloustein, *Privacy as an Aspect of Human Dignity : An Answer to Dean Prosser*, 39 N. Y. U. L. Rev. 962, 1000 (1964).
(34)　佐藤・前掲注(31) 273-274 頁。ただし，阪本・前掲注(19)は，プライバシーに関する複数の立場の中でも，人間の尊厳とプライバシーとを結びつける「主張の影響力は，アメリカにおいては最小である」と評価する（94 頁）。プロッサーとブルーステインとの間の対立については，宮下紘『プライバシー権の復権――自由と尊厳の衝突』（中央大学出版部，2015 年）128 頁以下も参照。
(35)　佐藤・前掲注(31)〔初出 1981 年〕440 頁。
(36)　佐藤・前掲注(35) 457 頁。

となり,現在の公法上の議論では通説という位置づけがなされることもある[37]。それと同時に,プライバシーの定義に関する学説史の展開を示す際にプロッサーを取り上げない論者も現れるようになったのである[38]。

(2) 「誤認」類型の前提となる権利に対する理解

ただし,プライバシー権を「自己情報コントロール権」と解する立場によっても,「誤認」類型をプライバシー侵害と構成することが当然に排除されるわけではない[39]。それにもかかわらず「誤認」類型がプライバシー侵害類型から

---

[37] 山本龍彦『プライバシーの権利を考える』(信山社,2017年〔初出2010年〕)5頁。このような状況に対して水野謙「プライバシーの意義に関する序論的考察——人は自分の姿とどのように向き合うのか——」学習院大学法学会雑誌45巻2号(2010年)1頁は,自己情報コントロール権に対して「私人間の紛争に当然に適用することには慎重でなければならないだろう」という評価をするとともに,その権利の行き過ぎが「かえって自由な社会・経済活動を制約する危険を伴っている」と指摘する (2-3頁)。

[38] 種谷春洋「プライバシーの権利」芦部信喜編『憲法Ⅱ人権(1)』(有斐閣,1978年)は,アメリカ法上のプライバシー概念の定義について,当初は「主として,『ひとりで居らせてもらいたいという権利』(The right to be let alone) の意に用いられ」ていたが,後に「『自己についての情報をコントロールする権利』として定義する見解が主張されている」ことを紹介する (163頁)。また,山本・前掲注[37]は「アメリカの代表的なプライバシー論」を取り上げる際にプロッサーについて言及しない (24-27頁)。また,アメリカ法上の概念を日本法に取りこむ見解においてもプロッサーが完全に無視されていることを示すのが宇賀克也「個人情報保護」宇賀克也=長谷部恭男編『情報法』(有斐閣,2012年)である。そこにおいては,「プライバシー権は,当初,『一人にしてもらう権利 (right to be let alone)』として理解されていた」が,その後「自己決定権の意味をも含めてこの言葉が用いられるようになり,さらにコンピュータの登場等,高度情報化社会において個人情報が瞬時に広範に伝播し,容易に個人情報の収集・利用が行われる危険の高まりとともに,自己情報をコントロールする権利(自己情報コントロール権)として理解する立場が有力になっている」と指摘される (94頁)。ただし,アメリカ法において自己情報コントロール権のみが支持されているわけではなく,プライバシーの多義性を主張する見解も存在することについては阪本・前掲注[19]118頁。

[39] 佐藤・前掲注[31]に示された自己情報コントロール権としてのプライバシー権と人格権との関係についての主張に鑑みるならば,発言の歪曲や捏造を自己情報コントロール権侵害と構成することも可能だと考えられる。なぜならばそこにおいては,プライバシー権に関する今日の関心が「高度に複雑な相互依存的社会にあって個人が自己に関する情報をコントロールする自由を確保することによって現代社会にみあった人間の行動についての合理的なルールを確立し,もって人格の自由なる発展の道を確立しようとする努力から生じている点に注意しなければならない」とされ,プライバシー権は「むしろこのような『人格権』(ドイツで形成された人格権を指す——引用者注) に相当するものとみて差支えないように思われる」という理解が示されるからである (271頁)。

I 民　　法

　排除されただけでなく，その他の権利侵害類型としての固有の位置付けも認められなかった背景には，「誤認」類型で実際に問題となる権利に対する理解があるといえる。

　まずプロッサーは，「誤認」類型で問題となる表現について「名誉毀損的（defamatory）なものである必要はない」が，しばしばそのような性格が認められ，「名誉毀損訴訟（defamation action）も提起されうる」とする(40)。さらに「誤認」類型によって保護される利益は「名声（reputation）」であり，それは名誉毀損におけるのと同様の意味合いを有する精神的苦痛を伴う」ものだとするのである(41)。また伊藤「プライバシー」により，「誤認」類型については多くの場合「名誉毀損法をもっても救済し得る場合にもなる」ということが明確に日本法に紹介されていた(42)。

　このようにプロッサー自身によって「誤認」類型が名誉に関するものだとされていたことに加えてプロッサーの類型が紹介された時点でそのような理解も同時に提示されたことから(43)，日本法においても「誤認」類型に対してはプライバシー侵害ではなく，名誉毀損との関係が問題とされ，名誉毀損から独立した類型として認めない見解が一般的なものとなった。例えば，日本法のもとでは「誤認」類型を「名誉毀損で扱うことができる」(44)といった理解や，「虚偽事実の公表により個人の社会的評価が低下するならば，名誉侵害として保護でき，それで十分といえる」(45)といった理解がなされるようになったのである。その他に「誤認」類型が否定された背景には表現の自由に対する考慮がある。すなわち，表現の自由を重視する論者は，「名誉毀損的言辞が存在せず，公衆に対

---

(40)　Prosser, *supra* note 27, at 400.

(41)　*Ibid*. ブルースティンも「誤認」類型が「名声」に関するものである点ではプロッサーに同意する（Bloustein, *supra* note 33, at 991）。

(42)　伊藤・前掲注(12) 125頁。ただし，「社会的評価を低下させないやり方で，人を誤認せしめるような表現」が問題となる場合もあり得るとして，「誤認」類型を直ちにプライバシー侵害類型から排除することは「早計」と評価する（同・126頁）。

(43)　プロッサーは，「私事の公開」によっても保護される利益は「名声（reputation）」であるとし，さらにそれが「名誉毀損の延長」であるという理解を示していた（Prosser, *supra* note 27, at 398）。しかし，「誤認」とは対照的に伊藤「プライバシー」において，「私事の公開」と名誉との関係が明示されることはなかったのである（伊藤・前掲注(12) 92-113頁）。

(44)　五十嵐清『人格権論』（一粒社，1989年）81頁。

(45)　竹田・前掲注(21) 162頁。

して誤った印象を与える表現が存在するだけで不法行為が成立するのであれば，表現の自由への委縮効果となることも考えられる」ことを根拠として「『誤認を生ずる表現』としての不法行為については，名誉毀損法の枠組みにおいて考えていくべきであろう」と主張する[46]。

　また，アメリカ法においては「誤認」類型を「名声」に対する侵害と構成しない理解も存在するが，そこにおいては「感情」の侵害が問題とされている[47]。しかし感情に着目するだけでは，既に日本法において一定の保護が認められている「名誉感情」を超えた保護の必要性を積極的に基礎づけるには足りないといえる[48]。

Ⅳ　ドイツ法における「誤認」類型に対する反応

1　「誤った光」類型の定着
(1)　名誉毀損とは別個の類型としての承認

　このように日本法においては「誤認」類型で具体的に問題とされる権利が名誉だと理解され，そのような類型を名誉毀損から独立した類型と位置付けることは一般的に否定されてきた。ところがドイツ法においては「誤認」類型に対して異なる態度が採られている。日本法では「誤認」と訳されるこのプロッサーの類型は直訳すれば，「公衆の目前で原告を誤った光（false light）のもとに置くような公表行為がなされた場合」[49]，「公衆の目前である者を誤った，名誉毀損的なものである必要はなくとも，光（ein falsches, wenn auch

---

[46]　新保・前掲注(17) 51頁。

[47]　Charles J. Glasser, Jr., International Libel and Privacy Handbook, §6.01 [15][d] (Matthew Bender 2016-2017 Ed.). ここにおいては「名誉毀損は共同体における名声に対する侵害に着目したものである」のに対して，「誤った光は，その言明の対象となった者の傷ついた感情に着目したものである」という説明がなされる。「誤認」類型を提示する際にプロッサーが参照した John H. Wigmore, *The Right Against False Attribution of Belief or Utterance*, 4 Ky. L. J. 3, 8 (1916) は，ある者に有していない信念や行っていない発言を押し付けることが「自尊心」に対する侵害になると指摘していた。

[48]　ミドルトン・前掲注(5)は，「誤認」類型により「名誉毀損に当たらない虚報の被害者の権利」が保護されると指摘するが（158頁），現在の日本の不法行為法のもとでは「虚報の被害者の権利」が名誉以外に明示されない限り，「誤認」類型が受容される余地は無い。

[49]　Prosser, *supra* note 27, at 398.

Ⅰ 民　　法

nicht notwendig entehrendes Licht）のもとに置く」[50]場合である。そしてドイツ法においては「ある者を誤った光のもとに置くこと（Placing a person in false light）」[51]，又は「アメリカ法が『何者かを誤った光のもとに置くこと』として理解しているもの」としての「公然とある者の像を歪曲すること」[52]が名誉侵害とは別個の類型として提示されたり，「個人が『誤った光（falsches Licht）のもとに押し出され』てはならない」[53]ということが名誉毀損とは別に明示されたりしているのである[54]。

(2)　「誤った光」類型の内容

この「誤った光」が問題となる事例の具体例として挙げられるのが，義歯の洗浄及び固定剤の広告に著名な歌手の氏名を無断で使用した場合[55]，強壮剤の広告に民族法及び教会法の教授の氏名を無断で使用した場合[56]，ある書簡にその書き手の同意なく変更を加えて公開した場合[57]などである。また，発言についても，「何人も自分自身が発言していないことを発言したかのようにされることがあってはならない（娯楽誌は著名人に対するインタビューを捏造してはならない──原注）」，「何人も自分自身が行ってもいない『行為を押し付けられて』はならない」，「何人も『誤って引用されて』はならない」，「何人の作品も歪曲されてはならない」ということが明示されている[58]。まさに，「誤った光」類型において，発言の捏造や歪曲も問題とされていることは明らかである。

---

[50]　Prosser, Das Recht auf die Privatshäre in Amerika, RabelsZ 21（1956）, S. 405.

[51]　Larenz/Canaris, Lerhbuch des Schuldrechts, Zweiter Band, Besonderer Teil, 2. Halbband, 13. Aufl., 1994, S. 499.

[52]　Kötz/Wagner, Deliktsrecht, 13. Aufl., 2016, Rn. 393.

[53]　Wandt, Gesetzliche Schuldverhältnisse, 7. Aufl., 2015, S. 296.

[54]　現在のドイツ法において名誉毀損とは独立した類型として，虚偽の事実の公表や発言の捏造・歪曲などが問題とされていることについて，拙著『不法行為法における名誉概念の変遷』（有斐閣，2014 年）190 頁以下。

[55]　Kötz/Wagner, a. a. O., Rn. 393.

[56]　Kötz/Wagner, a. a. O., Rn. 394.

[57]　Wandt, a. a. O., S. 296.

[58]　Ehmann, Lehrbuch Deliktsrecht mit Gefährdungshaftung, 2014, S. 267.

2 「誤った光」類型の定着の背景
(1) 「誤った光」類型に関する代表的な判例
a BGH1954 年 5 月 25 日判決（BGHZ 13, 334）：人格像

日本法とは異なりドイツ法において「誤った光」類型が名誉侵害から独立した類型として定着した背景にあるのが，それを基礎づけるための名誉以外の権利が判例及び学説により提示された，つまり発言の捏造・歪曲などが問題となる場合に，名誉以外にもその侵害の有無を問いうる権利が明示されたという事情である[59]。

そのような権利を提示したのが，戦後のドイツ法における人格権保護の起点となった判決であり[60]，「誤った光」類型の典型例と位置付けられる[61]連邦通常裁判所（BGH）1954 年 5 月 25 日判決（BGHZ 13, 334）（以下，BGH1954 年判決と表記する）である。ここで問題となったのは，ナチス体制に深く関わった者の立場を職務上擁護したに過ぎない弁護士の書簡に変更が加えられ，さらにそれが，単なる読者の投書として週刊誌に掲載されたことにより，あたかもその弁護士が個人的な見解からその者を擁護するかのような印象を与える記事が公表されたという事例である。この事例についてまず BGH は，「自身の作成した文書を公開するかどうか，公開するとすればいかなる形式によってかということについて決定する権限は原則としてその著者にのみ認められる」[62]と明示する。そのうえで，「文書に変更を加えて再現することは，書き手の承認を得ずにそのような変更を加えることが誤った人格像（ein falsches Persönlichkeitsbild）を伝えることになるために，その書き手が有する人格権的な固有の領域を侵害することになる」[63]という結論が導かれる[64]。

---

[59] フランス法でも名誉とは別の権利が問題とされ，「誤認」類型と同様の事例に対応されうる状況が存在することについて，曽我部・前掲注(20)〔初出 2011 年〕203 頁以下。

[60] 五十嵐＝松田・前掲注(2) 160 頁，斉藤・前掲注(2) 109 頁。

[61] Larenz/Canaris, a. a. O., S. 499, Erman/Ehmann, BGB, 12. Aufl., 2008, Anhang zu §12, Das Allgemeine Persönlichkeitsrecht, Rn. 106, Götting in: Götting/Schertz/Seitz, Handbuch des Persönlichkeitsrechts, §2 Rn. 17, Wandt, a. a. O., S. 296, MüKo/Rixecker, BGB, 7. Aufl, 2015, §12 Anh. Das Allgemeine Persönlichketisrecht, Rn. 105, Fn. 383.

[62] BGHZ 13, 334, 338-339.

[63] BGHZ 13, 334, 339.

[64] 「人格像」については，人間が社会的存在として他者とのコミュニケーション及び相互作用を行い，その意思の表明や社会的な行動が他者にある印象を与えることから問

Ⅰ 民　　法

b　BVerfG1980 年 6 月 3 日決定（BVerfGE 54, 148）：自己決定

　BGH1954 年判決のほかに「誤った光」類型に関して判断した代表例として現在の学説によって位置付けられているものの一つが[65]、連邦憲法裁判所（BVerfG）1980 年 6 月 3 日決定（以下、BVerfG1980 年決定と表記する）である。ここではある政治家が行ってもいない発言を行ったとして示されたことが問題となった[66]。これについて BVerfG は「行ってもいない表現が押し付けられることからの保護も、基本法 2 条 1 項により保障される一般的人格権に基づいて認められる」[67]と判示し、それが「一般的人格権保護の基礎をなす自己決定という思想からの帰結」だとしたのである[68]。

(2)　学説による新たな権利の提示：同一性

　また学説では発言の捏造・歪曲等からの保護を正当化する、名誉とは異なる更に明確な権利が提示された。それがフープマンによる「同一性に関する権利（das Recht auf Identität）」[69]である。フープマンは BGH 判例において「ある個人についての事実に反する報道がなされた場合、口頭若しくは書面による表現が誤って及び歪曲されて再現された場合」[70]が問題とされてきたと指摘し、そのような場合に問題とされるべき権利として「同一性に関する権利」を提示したのである。フープマンはまず、それまでの BGH 判例において自己決定権、名誉、私的領域（Privatsphäre）、人格像の歪曲が問題とされてきたことを確認するが、それらの既存の権利では問題となった事例が違法であることを明確に説明できないとする[71]。そのうえでフープマンは「重要なのは個人に関

　　　題となるものであり、ある者の人格に対して他者が有する印象が凝縮されて形成されるものだと説明されることがある（Beuthien in: Götting/Schertz/Seitz, Handbuch des Persönlichkeitsrechts, §17 Rn. 3)。
[65]　MüKo/Rixecker, a. a. O., Rn. 104, Fn. 373, Staudinger/Hager (2017) §823 Rn. C124, Fn. 1419.
[66]　本決定の詳細については、押久保倫夫「一般的人格権の性質と保護領域——エップラー事件——」ドイツ憲法判例研究会編『ドイツの憲法判例』第 2 版（信山社、2003 年）54 頁。
[67]　BVerfGE 54, 148, 155.
[68]　BVerfGE 54, 148, 155.
[69]　Hubmann, Das Recht auf Identität, GS für Rudolf Schmidt, 1966, S. 165.
[70]　Hubmann, a. a. O., S. 161-162.
[71]　Hubmann, a. a. O., S. 163-164.

して述べられたことが真実か，当該個人の行ったことと一致する (identisch) かということ」であり，「したがって問題となる人格的利益 (das berührte Persönlichkeitsgut) は，同一性 (Identität) という利益である」と主張した[72]。フープマンは，この「同一性」が重要なものだと解されるべきだとして次のように主張した。すなわち，フープマンによれば「各個人は，人間との共同生活を送る中で，自分自身と一致しかつ他人から区別される統一体として，まさに個人として，評価されるもので」あり，「各人は，固有の運命，固有の性格，固有の価値を有し，自分自身が責任を負わなくてはならない行動をとるものである」ため，「人間同士が互いに交流する中で，同一性は保護に値する法益 (Rechtsgut) に転化する」というのである[73]。ここから，「個人は自分の人格が周囲の目の中で歪曲されないこと，虚偽の発言，行動又は人生の状況が押し付けられないよう求めることができなくてはならない」[74]ということが導かれる。

たしかに，フープマンによっても「同一性」が問題となる多くの事例において名誉毀損が認められることは肯定されている[75]。しかし，フープマンは発言の捏造等，らの保護を名誉毀損によってのみ図れば足りるとはしない。フープマンによれば，問題となった表現が人の評価を下げるようなものでない場合にも，「同一性」は問題となるというのである[76]。

3 「誤った光」類型において問題となる権利：人格像・同一性・自己決定

このように発言の捏造や歪曲に関して名誉以外の権利を問題とするという立場は，現在のドイツ法学説により支持されているものである[77]。また，

---

[72] Hubmann, a. a. O., S. 164.
[73] Hubmann, a. a. O., S. 165.
[74] Hubmann, a. a. O., S. 165.
[75] Hubmann, Das Persönlichkeitsrecht, 2. Aufl., 1967, S. 272.
[76] Hubmann, a. a. O., S. 272.
[77] Ehmann, Informationsschutz und Informationsverkehr im Zivilrecht, AcP 198 (1988) は BGH 判決を類型化するに際して，フープマンの立場を引用しつつ，「名誉を侵害するものではないが，公衆の面前で人格を実際とは異なるようにあらわす」場合を「人格像の歪曲」が問題となる場合に分類する (S. 246)。また，「人格を形作る人生に関する存在しないデータを捏造すること」が「人格像」に関わるものであるとされ，その典型例として BGH1954 年判決が挙げられることもある (Beuthien, a. a. O., Rn. 22)。

I 民　法

BGH1954年判決，BVerfG1980年決定及びフープマンはいずれも「誤った光」類型に直接言及するものではないが，そこで提示された「人格像」や「同一性」，「自己決定」が直接に「誤った光」が問題となる事例と結び付けられることもある[78]。ここからは，プロッサーによっては「名声（reputation）」と関連付けられていた「誤った光」類型について，ドイツ法学説においては名誉以外の権利による積極的な正当化がなされているということができるのである。その結果，ドイツ法においては発言の捏造・歪曲の当否そのものを名誉毀損とは別に論ずることが可能となっているのである。

V　日本法におけるドイツ法上の「誤った光」類型に対する反応

1　「同一性」等の権利に対する認識

これらの「同一性」，「人格像」，「自己決定」に関するドイツ法上の議論が日本法に紹介されてこなかったわけではない。たとえばドイツ法における反論権及び反論請求権に関する論稿においては，フープマンの提示した「同一性」が反論請求権の保護の対象であるとして次のような紹介がなされる。まず，「（不真実なあるいは不完全な）事実の報道によって影響を受ける領域は，一般的人格権の一部である『同一性（Identität）の権利』であ」り，「そのような事実の報道による『人格像の変造』に対抗するためにこの請求権（反論請求権——引用者注）が与えられている」とされる[79]。それに加えて，社会的評価の低下が問題とならず名誉毀損が成立し得ない場合でも，「同一性の権利」は問題となることが明示されるのである[80]。

また，基本法上の人格権に関して，「自己決定の権利の中には自己表現の範囲と内容を自ら決定する権利（アメリカ法にいう『誤認される表現から保護される権利』に該当する概念）も含まれると考えられるようになり」，その権利を

　Gauß in: Götting/Schertz/Seitz, Handbuch des Persönlichkeitsrechts, §18は，「捏造されたインタビューを公表すること，又は捏造された引用文を再現することにより，個人の同一性が歪曲されることからの保護が問題となる」という理解を示す（Rn. 12）。

(78)　Erman/Ehmann, a. a. O., Rn. 104, MüKo/Rixecker, a. a. O., Rn. 104.

(79)　安次富哲雄「ドイツ法における反論請求権（一）」琉大法学28号（1981年）189頁，208頁。反論権及び反論請求権の意味については同190-191頁を参照。基本法上の人格権に関連して同一性に言及するものとして，小山剛「放送による犯罪報道と人格権——レーバッハ事件」ドイツ憲法判例研究会・前掲注(66)183頁，187-188頁。

(80)　安次富・前掲注(79)208-209頁。

「自己表現権」と呼ぶようになったという理解が示されることもある[81]。

ところがすでに確認したとおり，これまで日本法において「誤った光」類型について一般的に問題とされてきた権利は名誉のみであり，その他の権利が学説で広く認識されてきた形跡はない。そこで問題となるのが，人格権に関する議論を進展させる中でドイツ法学説を参照してきた日本法において，「誤った光」類型に関して問題となる権利についての議論は参照されて積極的に排除されたのかという点である。

2 「誤った」光類型の不継受と先行研究の視点：私生活の保護

しかし，人格権としてドイツ民法において具体的に保護される権利の内容を明らかにした先行研究の内容に立ち入ってみるならば，そこでは「誤った光」類型に関して問題となる権利について明確な言及がなされていないこと，それは先行研究と同時代のドイツ法学説の状況に起因することが明らかになる。

ドイツ法上の人格権に関する先行研究は多数存在するが，具体的な権利の内容を網羅的に取り上げているのが五十嵐清＝松田昌士「西ドイツにおける私生活の私法的保護——一般的人格権理論の発展」戒能通孝＝伊藤正己編『プライヴァシー研究』（日本評論新社，1962年）（以下，五十嵐＝松田「私生活」と表記する），三島宗彦『人格権の保護』（有斐閣，1965年）（以下，三島「人格権」と表記する），及び斉藤博『人格権法の研究』（一粒社，1979年）（以下，斉藤「人格権」と表記する）である。そして五十嵐＝松田「私生活」及び三島「人格権」は，フープマンにより「同一性」が提示される以前の論稿であり，それに対する検討をすることなど当然に不可能である。また両者ではともに，BGH1954年判決を「私生活の保護」[82]又は「私生活の尊重」[83]に関する判決と位置付ける理解がなされており，そこでは「誤った人格像」が重視されることもなかったのである。ただしこの理解は，両論稿と同時代のドイツ法学説によるBGH1954年判決の位置付けに即したものである。なぜならば同判決を「誤った光」類型に関する判決と位置付ける理解は現在のドイツ法学説を踏まえて生ずる理解であり，同判決と同時代の学説を参照して生ずる理解ではないからである。すなわ

---

(81) 平松毅『個人情報保護——理論と運用』（有信堂，2009年）21頁。
(82) 五十嵐＝松田・前掲注(2) 175頁。
(83) 三島・前掲注(2) 48頁。

Ⅰ 民　　法

ち，ドイツにおいて人格権保護が重要な課題とされるようになった時期の問題関心は「秘密暴露による私的領域に対する侵害からの保護」[84]にあったのであり，その時代にあっては BGH1954 年判決も「私的な書簡の秘密を保持する利益」に関する具体例として位置付けられていたのである[85]。また，その時代のドイツ法学説では発言に関して「話された言葉に対する権利（das Recht am gesprochenen Wort）」という権利が明示されていたが，これは同意の無い発言の録音・公開について問題とされたものである[86]。そのため，人格権保護が重視され始めた時期のドイツ法上の具体的な権利に関する議論を参照しても発言の歪曲・捏造に関する問題意識やそれに対処するための権利を明確に認識し[87]，その受容の可否を論ずることは不可能だったということができる。

同様のことは斉藤「人格権」についても妥当する。たしかに同書は「同一性」を人格権の具体的類型に含めたフープマンの論稿を踏まえたものではあるが，そこにおいて「同一性」について言及されることはなかった[88]。言及されなかった理由を確定することは不可能だが，少なくともドイツ法学説の状況について，次のことを確認することは有用である。すなわち，「同一性」はフープマンが判例及び学説に示された実質的な価値判断を分析し，既存の権利では対処しえない事例が生じていると主張して提示した新たな権利である。そのために，斉藤「人格権」と同時代のドイツ法学説を参照するならば，フープマンによる「同一性」という権利を確立された又は一般的に承認されている権利として取り上げるのは不適切だった状況の存在したことを理解できるということである[89]。

---

[84]　Bussmann, Reichen die geltenden gesetzlichen Bestimmungen insbesondere im Hinblick auf die modernen Nachrichtenmittel aus, um das Privatleben gegen Indiskretion zu schützen?, Gutachten für den 42. Deutschen Juristentag, Verhandlungen des 42. Deutschen Juristentages, Bd. I., I. Teil, 1957, S. 37.

[85]　Lehmann, Allgemeiner Teil des Bürgerlichen Gesetzbuches, 11. Aufl., 1958, S. 404-405.

[86]　Enneccerus/Nipperdey, Allgemeiner Teil des Bürgerlichen Rechts, 1. Halbb., 15. Aufl., 1959, S. 587f.

[87]　舞台や映画上でなされた描写が，その対象となった者の現実の生活像（Lebensbild）に即したものではない場合が問題とされることもあったが（Enneccerus/Nipperdey, a. a. O., S. 586 Fn. 31），この点を強調することは当時の問題関心に照らせば不適切である。

[88]　斉藤・前掲注(2) 222-223 頁。

[89]　Esser, Schuldrecnt Band II Besonderer Teil, 4. Aufl., 1971, S. 402, Fikentscher, Schuldrecht, 3. Aufl., 1971, S. 628 及び Larenz, Lehrbuch des Schuldrechts zweiter

以上のようなドイツ法上の人格権の具体的類型に関する先行研究の状況を踏まえるならば、「誤った光」類型を支えるドイツ法上の権利が日本法に受容されなかった最大の原因は、先行研究の時的限界にあったといえる。すなわち、ドイツ法学説においてそれらの権利を重視する立場及び「誤った光」類型を名誉毀損とは異なる類型として承認する立場が確立される以前に各論稿は公表されたものであるために、そこにおいてはそのような権利を日本法に受容することの可否を論ずる必要性が認識されることはそもそもなかったといえるのである。

VI おわりに：発言の捏造・歪曲に対処する権利の承認に向けて

1 発言の捏造・歪曲に関する不法行為類型及び権利の不存在の原因

発言の捏造・歪曲を具体例に含む「誤認」類型に関して本稿で明らかにしたのは次の3つである。第一に、その類型が固有の権利侵害類型として日本法には受容されなかった主な原因は、それを正面から問題とし得る名誉以外の権利の不存在に求められるということである。第二に、その類型を基礎づける名誉以外の権利が日本法とは対照的にドイツ法では確立されたことである。第三にドイツ法上の「誤認」類型すなわち「誤った光」類型を基礎づける権利は、日本法において広く認識されたうえで積極的に否定されたわけではないということである。このような日本法の状況に鑑みるならば、発言の捏造や歪曲からの保護を名誉毀損とは別に認めることの当否や、それを基礎づける権利を受容することの可否を検討しても、これまでの学説の展開に何ら矛盾するものではないということができる。

2 発言の捏造・歪曲からの保護の必要性
——ドイツ法における「同一性」「自己決定」に関する議論を踏まえて

(1) 発言の捏造・歪曲からの保護の正当化：「同一性」・「自己決定」

それでは、発言の捏造や歪曲からの保護を名誉から独立させて問題とするこ

Band Besonderer Teil, 11. Aufl., 1977, S. 551 では、同意の無い又は同意されていない形式での書簡の複製を問題とした具体例として BGH1954 年判決が取り上げられているが、それらの記述から発言の捏造・歪曲が独立した人格権侵害類型として重視されていたことを読みとることは不可能である。また、いずれにおいても「同一性」や「誤った光」について言及されることはなかった。

Ⅰ 民　　法

とはどのように正当化できるのだろうか。フープマンにより示された「同一性」保護の根拠から，発言の捏造や歪曲を名誉毀損から区別して問題とすることの重要性は明らかである。他者との関わりにおいて自己の発言や行動を基礎とする固有の存在として扱われることに対する保障や，自身のものではない発言や行動によって自分自身の姿が歪曲されることからの保護は，社会生活を営むにあたり必須の要素であり，それらを名誉毀損が成立する場合に限定して認める必然性は存在しないのである。また，発言の捏造・歪曲からの保護を「誤った光」類型に含め，さらに「同一性」及び「自己決定」という観点から正当化する論者[90]により次のような認識が示されている。そこにおいてはまず，引用の意義やそれが捏造・歪曲によるものである場合の問題が次のように示される。「引用がなされることによってその対象となった者について客観的な事実が主張されたことになり，それゆえに例えば批判の論拠として利用された引用は，論争の場における特に強力な武器となるのである。その引用が不正確であったり，歪曲されたり，捏造されたりしたものであるならば，批判の対象となった者自身がいわば自己に反する証人として持ち出されることになるために，一層その者の人格権が深刻に侵害されることになる」[91]というのである。ここから，「不正確な引用を行うことは，自己によって決定された描写に対する個人の権限を侵害するもの」[92]だという結論が導かれるとともに，「ある者の固有の社会に通用する姿を具体的に形成しうるものは，その者自身に即したもののみであり，それゆえに一般的人格権の内容はその限りにおいて，その姿を有する者自身の自己認識及び自己定義によって決定的に具体化される」[93]という主張が示されるのである。ただし，どのような姿で社会に現れるかという点についての自己決定に対しては，「一般的人格権は個人が自己について有する像（Selbstbild）に対応するようにのみ，又は自分の気に入るようにのみ表現されるという権利を個人に保障しているわけではない」[94]という理解がなされていることも同時に認識しておかなくてはならない。

---

[90]　Erman/Klass, BGB, 15. Aufl., 2017, Anhang zu §12, Das Allgemeine Persönlichkeitsrecht, Rn. 193f.

[91]　Erman/Klass, a. a. O., Rn. 196.

[92]　Erman/Klass, a. a. O., Rn. 196.

[93]　Erman/Klass, a.. a. O., Rn. 196.

[94]　Erman/Klass, a. a. O., Rn. 132.

(2) 発言の捏造・歪曲からの保護の必要性とその基礎となる権利

　以上のとおりドイツ法学説を参照すると，ある者の発言を捏造又は歪曲することは，その者の名誉を毀損するものであろうがなかろうが，その者自身が主体的に形成する社会との関係に他者が不当に介入することを意味するものであることを明確に理解できる。また，過去の発言が容易に参照されうる現代社会において，ひとたび捏造・歪曲された発言が公表されたならば，その対象となった者は他者の行為によって形成されたイメージにほぼ永久的に拘束されることになる。したがって，個人が自らの意思に基づいて社会との関係を形成していくためには，発言の捏造や歪曲からの保護が必要不可欠であることは明らかである。それに加えて，社会における価値判断の基準が変化することにより，たとえ捏造又は歪曲された発言が，その公表時点ではその対象となった者の社会的評価を低下させるものでなかったとしても，将来のある時点でその者の社会的評価を低下させる効果を発揮することも十分に考えられる。そのため仮に名誉保護を重視する立場を採ろうとも，問題が生じた時点で名誉毀損が成立しないという一事をもって発言の捏造及び歪曲からの保護を否定することは不当なのである。

　現在の日本の不法行為法においては自己決定権の重要性が認識され，多様な場面で認められているが[95]，それはドイツ法学説において発言の捏造・歪曲からの保護を基礎づける権利として挙げられている自己決定を受容する基礎となり得るものである。また，自己決定権の保護の定着は，発言の捏造・歪曲を含む「誤認」類型について正面から問題としうる権利が名誉しか存在しなかった時代から議論の前提が変化したことを意味するものでもある。ただし自己決定権というのみでは抽象的であるため，具体的に保護を認めるためにはフープマンの提示した「同一性」のように，発言の捏造・歪曲に対処し得る，自己決定権よりも内容及び射程の明確な権利を受容することができるかという点も問題となる。この点については，現在ではそれほど秘匿性の高くない真実の情報についてもその開示からの保護が認められていることに鑑みるならば[96]，発言の捏造や歪曲を含め虚偽の事実摘示からの保護を可能とする「同一性」を拒絶す

---

[95] 潮見・前掲注(3) 206頁以下，藤岡・前掲注(3) 239頁。
[96] 最判平成15年9月12日・前掲注(4)。

Ⅰ　民　　法

べき理由はないといえるのである。

　＊本研究はJSPS科研費JP16K21375の助成を受けたものです。

10 社会保険給付と損害賠償との間の損益相殺的な調整
——最高裁判所大法廷判決の到達点・後編

新 堂 明 子

Ⅰ はじめに
Ⅱ 最大判平 27・3・4 以前の法状況
Ⅲ 最大判平 27・3・4
Ⅳ おわりに

Ⅰ は じ め に

　社会保険給付と損害賠償との間の損益相殺的な調整に関して，2つの最高裁判所大法廷判決——最大判平5・3・24民集47巻4号3039頁（以下「最大判平5・3・24」という），最大判平27・3・4民集69巻2号178頁（以下「最大判平27・3・4」という）——がでそろい，この領域をめぐって争われていた問題は細部にわたって解消されたということができる。そこで，この2つの大法廷判決を含む最高裁判決およびその調査官解説を中心に検討し，その内容を確認することとする。さらに，判例の分析に必要な範囲で，行政実務もみておくこととする。

　前編において，社会保険給付の目的および種類を概説したうえで，最大判平5・3・24の到達点を探り，後編において，最大判平27・3・4の到達点を探ることとしたので，まずはここで，前編を要約し，そのうえで，後編に進むこととする。

　最大判平5・3・24は，これまで判例および学説において対立していた論点について決着をつけた。その論点と解決とは，つぎのとおりである。第1に，退職年金の逸失利益性について肯定し，第2に，控除（損益相殺的な調整）の要件として同質性を挙げ，第3に，控除の根拠について公平および損害の補塡を挙げ，第4に，控除すべき利益の範囲について確定分控除説を採用した。

　本事案は，死亡事案，公的年金給付事案，退職年金から遺族年金への切替え

Ⅰ 民　　法

支給の事案，すなわち，代位規定が適用不能の事案であるが，本判決は，こうした事案に限らず，より広い射程をもつ。すなわち，確定分控除説をとる本判決の射程は，第1に，死亡事案，障害事案[1]に関係なく，第2に，公的年金給付事案，労災保険給付事案に関係なく，第3に，労働者災害補償保険法（以下「労災保険法」という）上の第三者行為災害事案，使用者行為災害事案[2]に関係なく，第4に，代位規定の存否またはその適用の可否に関係なく，及ぶと解することができる。それでは，本判決の射程を検証するところから始めよう。

Ⅱ　最大判平27・3・4以前の法状況[3]

1　調整の根拠，調整の要件

最大判平5・3・24は，死亡事案，公的年金給付事案，退職年金から遺族年金への切替え支給の事案，すなわち，代位規定が適用不能の事案において，

「被害者が不法行為によって損害を被ると同時に，同一の原因によって利益を受ける場合には，損害と利益との間に同質性がある限り，公平の見地から，その利益の額を被害者が加害者に対して賠償を求める損害額から控除することによって損益相殺的な調整を図る必要があり，また，被害者が不法行為によって死亡し，その損害賠償請求権を取得した相続人が不法行為と同一の原因によって利益を受ける場合にも，右の損益相殺的な調整を図ることが必要なときがあり得る。」

---

[1]　死亡事案とは，被害者が死亡し，被害者の遺族が社会保険給付を受ける事案である。障害事案とは，被害者が負傷し，治癒することなく後遺障害を負い，この障害に関して社会保険給付を受ける事案である。公的年金給付と労災保険給付の両方で問題となる分類である。拙稿「社会保険給付と損害賠償との間の損益相殺的な調整——最高裁判所大法廷判決の到達点・前編」大塚龍児先生古稀記念論文集刊行委員会編『民商法の課題と展望』大塚龍児先生古稀記念（信山社，2018年）（以下「拙稿・前編」という）575頁以下，578頁（Ⅱ2(a)「障害事案と死亡事案」）。

[2]　第三者行為災害事案とは，第三者の行為によって事故が生じた事案である。使用者行為災害事案とは，使用者の行為によって事故が生じた事案である。労災保険法が採用し，労災保険給付において問題となる分類であり，公的年金給付においては問題とならない。しかし，判例は，労災保険給付と公的年金給付の両方を控除する事例であったがために，公的年金給付においても便宜上この分類に従って説示している。ここでも，この分類に従って説明することがある。拙稿・前編578頁（Ⅱ2(b)「第三者行為災害事案と使用者行為災害事案」），578-579頁（Ⅲ1(a)「公的年金給付」冒頭）。

[3]　実務家による解説として，髙取真理子（東京地方裁判所判事（当時））「公的年金による損益相殺——最高裁平成16年12月20日第二小法廷判決を契機として——」判タ1183号65頁以下（2005年）。

とした。

損益相殺的な調整の根拠として，公平を挙げ，損益相殺的な調整の要件として，損害と利益との間の同質性を挙げたこの一般論は，広い射程をもつと説かれるが[4]，これ以後の判決は最大判平5・3・24を引いて，損益相殺的な調整を行う旨を確認している（本稿の最後に掲げた表を参照。以下同様）。

(a) 労災保険給付
(i) 使用者行為災害事案
最大判平27・3・4（死亡事案）は，最大判平5・3・24の上記一般論部分を参照している。
(ii) 第三者行為災害事案
最二判平16・12・20判時1886号46頁（死亡事案。以下「①最二判平16・12・20」という），最一判平22・9・13民集64巻6号1626頁（障害事案。以下「②最一判平22・9・13」という），最二判平22・10・15裁時1517号4頁（障害事案。以下「③最二判平22・10・15」という）は，代位規定が適用可能な事案に対して，最大判平5・3・24の上記一般論部分を参照している。

(b) 公的年金給付
最大判平5・3・24は代位規定が適用不能の事案についてのものであったが，①最二判平16・12・20，②最一判平22・9・13は，代位規定が適用可能な事案に対して，最大判平5・3・24の上記一般論部分を参照している。

2 調整すべき損害の範囲

最大判平5・3・24は，損益相殺的な調整において，調整すべき利益の範囲につき確定分控除説を採用したが，最大判平27・3・4は，逆に，調整すべき損害の範囲を示すとともに，調整の方法を示した。調整すべき損害の範囲の問題とは，社会保険給付は，損害の元本との間で損益相殺的な調整をすべきか，それとも，まず，損害の元本に対する遅延損害金との間で，その残りを，損害の元本との間で，損益相殺的な調整をすべきか，というものである。元本にまず充

---
(4) 滝澤孝臣「判解」最判解民事篇平成5年度（上）454頁以下，496頁（注40）。

I 民　　法

当するほうが，遅延損害金にまず充当するよりも，損害賠償額が少なくなるのは明らかであろう。

　最大判平27・3・4以前，判例は2つの流れに分かれていた。

(a) ①最二判平16・12・20

　本件は，死亡事案，かつ，第三者行為災害事案であり，交通事故（以下「本件事故」という）により死亡した被害者Aの遺族Xらが加害車両の運転者および保有者であるYらに対し，民法709条および自動車損害賠償保障法3条に基づき，損害賠償請求をした事案である。

　Aは，本件事故当時，会社員であり，本件事故により逸失利益等の財産的損害および精神的損害を被った。他方，Xらは，後日，自動車損害賠償責任保険金（本判決は「本件自賠責保険金」とする）の支払を受けるとともに，労災保険法に基づく遺族年金および厚生年金保険法に基づく遺族厚生年金（本判決は「本件遺族年金」とくくる）の支給を受けた（本判決はこれらをあわせて「本件自賠責保険金等」とくくる）。そこで，この損害と利益との間の損益相殺的な調整が問題となった。

　本判決は，本件自賠責保険金等が支払時における損害金の元本および遅延損害金の全部を消滅させるに足りないときは，遅延損害金の支払債務にまず充当されるべきものであることは明らかであるとして，民法491条を参照した。

　本判決は，上記判旨の前提として，つぎの3点を示した。

　第1に，本判決は，最大判平5・3・24の上記一般論を参照している。最大判平5・3・24は，死亡事案であり，また，地方公務員等共済組合法に基づく退職年金から遺族年金への切替え支給の事案，すなわち，代位規定が適用不能の事案であり，公的年金給付のみを対象とする。他方，本判決は，死亡事案，かつ，第三者行為災害であるが，代位規定が適用可能な事案であり，また，労災保険給付と公的年金給付の両方を対象とする。本判決は，これらの差異を捨象して，最大判平5・3・24の射程が及ぶことを明らかにした。このことにより，代位規定が適用可能な事案であっても，調整の根拠を公平に置いた上で損益相殺的な調整を図ること，調整の要件を損害と利益との間の同質性に求めること，また，労災保険給付の事案であっても，損益相殺的な調整を図ることが確立したといえる。なお，自賠責保険金については，最大判平27・3・4の射程のところで検

討するので（下記Ⅲ4(c)），ここではひとまずおく。

　第2に，本判決は，最二判平11・10・22民集53巻7号1211頁を参照している。同判決は，死亡事案であり，また，国民年金法に基づく障害基礎年金および厚生年金保険法に基づく障害厚生年金（あわせて「障害年金」という）から国民年金法に基づく遺族基礎年金および厚生年金保険法に基づく遺族厚生年金（あわせて「遺族年金」という）への切替え支給の事案，すなわち，代位規定が適用不能の事案であり，公的年金給付のみを対象とする。他方，本判決は，前段落のとおりである。

　損益相殺的な調整をする場合，利益を，どの損害から控除すべきか，すなわち，控除すべき損害の範囲（損害項目ないし損害費目）については，第1に，全損害から控除できる，第2に，逸失利益全般から控除できる，第3に，年金相当部分の逸失利益のみから控除できるにとどまる，との見解が対立する。前掲最二判平11・10・22は，得べかりし障害年金から支給を受けることが確定した遺族年金を控除する事案で，遺族年金をもって損益相殺的な調整を図ることのできる損害は，財産的損害のうちの逸失利益に限られるとした。これによって第1の見解を否定したことになるが，前掲最二判平11・10・22が第2の見解をとったか第3の見解をとったかについては，事案との関係から不明であった[5]。他方，①最二判平16・12・20は，得べかりし給与収入等から支給を受けることが確定した遺族年金を控除する事案で，Xが上告理由で遺族厚生年金につき第3の見解を主張したのに対して，年金相当部分の「逸失利益だけでなく，給与収入等を含めた逸失利益全般との関係で，支給を受けることが確定した遺族厚生年金を控除すべき」であるとした。これによって第3の見解を否定し，第2の見解をとったことになる。

　なお，上記判旨とその前提である第2の点を組み合わせると，本判決は，本件遺族年金は，損害全体に対する遅延損害金にまず充当されると判示したのではなく，逸失利益全般に対する遅延損害金にまず充当されると判示したことになる。

　第3に，本判決は，最二判昭50・10・24民集29巻9号1379頁を参照している。すなわち，不法行為の被害者の相続人が受給権を取得した遺族厚生年金等

---

[5] 河邉義典「判解（最二判平11・10・22民集53巻7号1211頁）」最判解民事篇平成11年度（下）594頁以下，619-623頁。

Ⅰ 民　　法

を損害賠償の額から控除するに当たっては，現にその支給を受ける受給権者についてのみこれを行うべきであるとした(6)。

(b)　②最一判平 22・9・13，③最二判平 22・10・15
　両判決は，障害事案，かつ，第三者行為災害事案についてのものである。①最二判平 16・12・20 が，社会保険給付は逸失利益に対する遅延損害金に充当されるべきであるとしたのに対して，両判決は，社会保険給付は逸失利益の元本との間で損益相殺的な調整を行うべきであるとした。それぞれの事案と判旨をみていく。

(i)　②最一判平 22・9・13
　本件は，通勤途上における交通事故の事案で，被害者Xが加害車両の運転者兼保有者であるYに対し，民法 709 条または自動車損害賠償保障法 3 条に基づき，損害賠償を求める事案である。
　Xは，後日，自動車損害賠償責任保険契約に基づく損害賠償額，Yが締結していた自家用自動車保険契約に基づく保険金（本判決は「任意保険金」とする）の支払を受け，また，労災保険法に基づく療養給付および休業給付（本判決は「本件各保険給付」とくくる）の支給を受けた。さらに，Xは，原審口頭弁論終結の日までに，労災保険法に基づく障害年金の支給を受けるとともに，国民年金法に基づく障害基礎年金および厚生年金保険法に基づく障害厚生年金の支給を受け，またはその支給を受けることが確定していた（本判決はこれらをあわせて「本件各年金給付」とくくる）。そこで，この損害と利益との間の損益相殺的な調整が問題となった。なお，自賠責保険金と任意保険金については，最大判平 27・3・4 の射程のところで検討する（下記Ⅲ 4 (c)(d)）。
　本判決は，社会保険給付については，塡補の対象となる特定の損害と同性質であり，かつ，相互補完性を有する損害の元本との間で，損益相殺的な調整を行うべきであるとした。つまり，社会保険給付は，その利益と同性質の損害の元本とは同質性があるといえても，その利益と同性質の損害に対する遅延損害金（債務不履行に基づく損害）とは同性質であるとはいえない。そして，本件各保険給付のうち，労災保険法に基づく療養給付は，これが塡補する損害と同性

(6)　本判決の論点を網羅的に検討したものとして，松浦以津子「判批」判評 567 号 13 頁（判時 1921 号 175 頁）。

質であり、かつ相互補完性を有する関係にある治療費等の療養に要する費用の元本との間で損益相殺的な調整を行い、また、同じく労災保険法に基づく休業給付は、これが塡補する損害と同性質であり、かつ相互補完性を有する関係にある休業損害の元本との間で損益相殺的な調整を行うべきであるとした。そして、本件各年金給付は、これが塡補する損害と同性質であり、かつ相互補完性を有する関係にある後遺障害による逸失利益の元本との間で損益相殺的な調整を行うべきであり、この後遺障害による逸失利益に対する遅延損害金との間で調整を行うべきではないとした。

そして、①最二判平 16・12・20 は、事案を異にし、本件に適切でないとした。

(ii) ③最二判平 22・10・15

本件は、通勤途上における交通事故の事案で、被害者Xが、加害車両の運転者Y1に対し民法 709 条に基づき、加害車両の保有者Y2に対し自動車損害賠償保障法 3 条に基づき、損害賠償を求める事案である。

Xは、後日、自動車損害賠償責任保険契約に基づく損害賠償額（本判決は「自賠責保険金」とする）、Y2が締結していた自動車保険契約に基づく保険金（本判決は「任意保険金」とする）の支払を受け、また、労災保険法に基づく療養給付の支給を受けた。さらに、Xは、労災保険法に基づく休業給付および障害一時金の支給を受けた（本判決はこれらをあわせて「休業給付等」とくくる）。なお、自賠責保険金と任意保険金については、最大判平 27・3・4 の射程のところで検討する（下記Ⅲ 4 (c)(d)）。

本判決は、②最一判平 22・9・13 と同じ判断をした。すなわち、社会保険給付については、塡補の対象となる特定の損害と同性質であり、かつ、相互補完性を有する損害の元本との間で、損益相殺的な調整を行うべきであるとした。つまり、社会保険給付は、その利益と同性質の損害の元本とは同質性があるといえても、その利益と同性質の損害に対する遅延損害金（債務不履行に基づく損害）とは同性質であるとはいえない。そして、本件休業給付等のうち、労災保険法に基づく休業給付は、これが塡補する損害と同性質であり、かつ相互補完性を有する関係にある休業損害の元本との間で損益相殺的な調整を行い、また、同じく労災保険法に基づく障害一時金は、これが塡補する損害と同性質であり、かつ相互補完性を有する関係にある後遺障害による逸失利益の元本との間で損益相殺的な調整を行うべきであり、この休業損害および後遺障害による

Ⅰ 民　　法

逸失利益に対する遅延損害金との間で調整を行うべきではないとした。

そして，①最二判平 16・12・20 は，事案を異にし，本件に適切でないとした。なお，千葉勝美裁判官補足意見があるが，つぎにこれを検討する。

(c)　上記(a)と(b)との関係

上記(a)と(b)は，(b)の両判決がいうように，事案を異にするだけか，それとも，どちらかが判例変更されるべきかについて，議論されることとなった。

③最二判平 22・10・15 の千葉勝美裁判官補足意見は，上記(a)と(b)との関係について，次のように述べている。まず，事案の違いについて，第 1 に，①最二判平 16・12・20 は死亡事案，③最二判平 22・10・15 は障害事案についてのもので，事実関係に違いがある。この違いに応じて，第 2 に，①最二判平 16・12・20 の事案において，被害者の逸失利益との間で損益相殺的な調整をすべきであるとされた，労災保険法に基づく遺族年金給付および厚生年金保険法に基づく遺族厚生年金給付は，「被害者の死亡の当時その者が直接扶養する者のその後における適当な生活の維持を図ることを目的として給付されるものであり（最高裁……平成 5 年 3 月 24 日大法廷判決……），被害者の逸失利益そのもののてん補を目的とするのではなく，それに生活保障的な政策目的が加味されたものとなって」(傍点は新堂)いる。これに対し，③最二判平 22・10・15 の事案において，被害者の逸失利益との間で損益相殺的な調整をすべきであるとされた，労災保険法に基づく休業給付および障害一時金給付は，被害者の逸失利益そのものの填補を目的とするものである。つまり，③最二判平 22・10・15 の事案における休業給付等は，逸失利益の填補を目的とするものであるが，①最二判平 16・12・20 の事案における遺族年金給付は，そこまでの費目拘束があるとはいえない。

しかし，これに続けて，上記補足意見は，判例変更の可能性について，次のように述べている。「遺族年金給付によるてん補の対象となる損害は，被害者が被った損害すべてではなく，基本的には給与収入等を含めた逸失利益全般であるから，損益相殺的な調整の対象となる損害も遺族年金給付の趣旨目的に照らし，これと同性質で，かつ，相互補完性を有する損害の範囲に限られるものというべきであり，その点では，」①最二判平 16・12・20 の場合も，③最二判平 22・10・15 の考え方をとる余地がある。

上記補足意見を私なりに解すれば，こういうことであろうか。③最二判平22・10・15の事案における休業給付等は，被害者の逸失利益を塡補するものだが，①最二判平16・12・20の事案における遺族年金給付は，被害者の逸失利益そのものの塡補を目的とするものではないので，損害（の元本）と利益との間に完全な同質性はなく，損害（の元本）と利益との間に完全な費目拘束はない。なので，損害に対する遅延損害金（債務不履行に基づく損害）にまず利益を充当してもよい。しかし，判例も結局は遺族年金給付と被害者の逸失利益との間の損益相殺的な調整を認めるように[7]，遺族年金給付が，被害者の逸失利益を塡補する性質は否定しえず（上記傍点参照），損害（の元本）と利益との間の同質性をゆるやかに認め，損害（の元本）と利益との間の費目拘束をゆるやかに認めることもできるのではなかろうか。

3　調整の方法

②最一判平22・9・13，③最二判平22・10・15がいうとおり，社会保険給付が塡補する損害と同性質の損害の元本との間で損益相殺的な調整を行うべきであるとすると，つぎにくる問題として，不法行為の時点から社会保険給付の時点までに，社会保険給付によって塡補される不法行為による損害に対して遅延損害金が生ずると考えるのが自然だが，そう考えるべきか，検討しておく必要があろう[8]。

不法行為による損害賠償債務は，不法行為の時に発生し，かつ，何らの催告

---

[7]　拙稿・前編605-606頁（Ⅳ 3 (a)(iii)「若干の検討」）（一方で，逸失利益は遺族の扶養にあてられると考え，他方で，遺族年金は遺族の生活保障，すなわち，扶養にあてられる。したがって，逸失利益と遺族年金とでは，ゆるやかな同質性，塡補性を認めることもできる。）。

[8]　この問題の解決について影響力のあった実務家の論文として，大島眞一（大阪地方裁判所判事（当時））「交通損害賠償訴訟における虚構性と精緻性」判タ1197号27頁以下（2006年）（同判事の主張は，つぎのとおりである。傷害・後遺障害事案，かつ，治療費や通院交通費，休業損害等を念頭に置く場合，慰謝料を除けば，具体的な損害は後日発生するものである。それにもかかわらず，事故日から支払日（具体的な損害の発生日）までの中間利息を控除することは煩雑であるため，これをしないでおいて，事故日からの遅延損害金を認めている。そうすると，具体的な損害が発生し，それにつき加害者が遅滞なく支払をした場合には，元本に充当されると解してよく，かつ，その部分については，被害者に発生した具体的な損害は発生と同時に支払がされたと擬制し，事故日から支払日までの遅延損害金を認める必要はない）。

I 民　　法

を要することなく遅滞に陥るものと解されている（最三判昭37・9・4民集16巻9号1834頁）。大島眞一大阪地裁判事（当時）は，要するに，最高裁の考え方は，事故時に全損害が発生し，遅滞に陥ると擬制するというものである，とする[9]。ただし，抽象的に事故時に全損害が発生すると擬制しても，具体的な損害は，消極損害（逸失利益）については，将来における収入を取得すべき時点で，積極損害（治療費，葬祭費など）については，その支払の時点で発生するというしかあるまい。そこで，消極損害については，将来取得すべき収入から中間利息を控除して，事故時の損害額を算定し，事故時から賠償時までの間の遅延利息を加算することとなる。しかし，積極損害については，中間利息を控除しないにもかかわらず，事故時から支払時までの遅延利息は利得することになる[10]。慰謝料，弁護士費用についても，また，しかりである。

たとえば，不法行為時から5年後に100万円の具体的な損害が発生した場合は，つぎのとおりとなる。

	不法行為時 （抽象的） 損害発生時		その5年後 （具体的） 損害発生時
消極損害額	80万円	←中間利息の控除― ―遅延利息の加算→	100万円
積極損害額	100万円	←中間利息の控除―	100万円
	100万円	―遅延利息の加算→	125万円

消極損害については，つぎのとおり。

$$100万円 \div (1 + 0.05 \times 5年) = 80万円$$
中間利息の控除あり

そのほか，黒田有志弥（国立社会保障・人口問題研究所　社会保障応用分析研究部研究員（当時））「判批（②最一判平22・9・13）」季刊社会保障研究47巻1号81頁以下，85頁（大島判事が積極損害を中心に論じたのに対して，黒田研究員は消極損害を中心に論じた。すなわち，中間利息が控除される損害費目については，むしろ遅延損害金を生じさせる根拠になりうるとする。）。

[9]　大島・前掲注[8]33頁。
[10]　大島・前掲注[8]36頁。

$$80万円 \times (1 + 0.05 \times 5年) = 100万円$$
遅延利息の加算あり

積極損害については,つぎのとおり。

$$100万円 \div \cancel{(1 + 0.05 \times 5年)} = 100万円$$
中間利息の控除なし

$$100万円 \times (1 + 0.05 \times 5年) = 125万円$$
遅延利息の加算あり

他方,社会保険給付は,②最一判平22・9・13,③最二判平22・10・15のいうとおり,それぞれの制度の趣旨目的に従い,特定の損害について必要額を塡補するために,塡補の対象となる損害が現実化する都度ないし現実化するのに対応して定期的に支給されることが予定されているものである。つまり,社会保険給付は,現実に損害が発生した時に発生した分(のうちの必要額)だけ支給されるものである。

たとえば,不法行為時から5年後に100万円の具体的な損害が発生し,それに対して67万円の保険給付がなされた教室設例においては,中間利息の控除と遅延利息の加算をきちんと行うとすると,つぎのとおりとなる。

	不法行為時 (抽象的) 損害発生時		保険給付時 (具体的) 損害発生時
保険給付額	54万円	←中間利息の控除— —遅延利息の加算→	67万円

$$67万円 \div (1 + 0.05 \times 5年) = 54万円$$
中間利息の控除あり

$$54万円 \times (1 + 0.05 \times 5年) = 67万円$$
遅延利息の加算あり

このように,損害賠償制度においては,抽象的に事故時に全損害が発生すると考えるのに対して,社会保険給付制度においては,具体的に損害が発生した時に発生した分(のうちの必要額)が支給されると考えるのである。そこで,

Ⅰ 民　　法

この2つの異なる制度をどのように調整するかが問題となる。

その調整の方法には2つがある。

その1つは，②最一判平22・9・13，③最二判平22・10・15が判示した方法である。

もう1つは，行政実務による調整方法である。これについては，労災保険給付についてのそれのみをとりあげ，公的年金給付についてはとりあげない。なぜなら，労災保険給付は公的年金給付と比較してより厳密に調整する要請が強いと考えるからである。そもそも，労働基準法上の災害補償および労災保険法上の保険給付は，労働者の業務上の負傷，疾病，障害に関する補償を行い，必要な保険給付を行うことを目的とする（労基75条以下，労災1条等）。また，労災保険法12条の4第2項の支給停止限度期間が3年から7年に延長されたのに対し，国民年金法22条2項，厚生年金保険法40条2項の支給停止限度期間は2年から3年に延長された（3年にしか延長されなかった）ことがその証左である[11]。とりわけ，使用者行為災害事案では，使用者の保険利益を考慮する必要があり，より厳密に調整する要請が強いと考える（労災附則64条2項）。そこで，まず，労災保険法を概説し，その後，両判決を検討する。

(a) **消極損害（逸失利益）**
(i) 第三者行為災害事案
① 保険給付が損害賠償に先行する場合（労災12条の4第1項）

保険給付が損害賠償に先行する場合について規定するものであり，政府は，事故が第三者の行為によって生じた場合において，保険給付をしたときは，その給付の価額の限度で，保険給付を受けた者が第三者に対して有する損害賠償請求権（実務上求償権ということがある）を代位取得すると定める。

そして，政府が取得する損害賠償請求権の範囲は，受給権者が第三者に対し

---

[11]　拙稿・前編590-592頁（Ⅲ3(a)(iii)「行政実務」），593-594頁（Ⅲ3(b)(ii)「第三者行為災害事案についての行政実務」），595-597頁（Ⅲ3(b)(iv)「使用者行為災害事案についての行政実務」）（労災保険法12条の4第2項は，7年超で重複塡補を許すのに対して，国民年金法22条2項，厚生年金保険法40条2項は，3年超のみで重複塡補を許す。社会保険給付には，損害塡補と生活保障の目的があるといわれるが，労災保険給付はどちらかといえば損害塡補の目的が重視され，公的年金給付はどちらかといえば生活保障の目的が重視されることの証左である）。

て請求することができる損害賠償額（慰謝料の額および物的損害に対する損害賠償の額を除く）のうち，保険給付をした価額の限度に限られる[12]。

たとえば，不法行為時から5年後に100万円の具体的な損害が発生し，それに対して67万円の保険給付がなされた教室設例においては，つぎのとおりとなる。

まず，保険給付額67万円について，判例をみると，損益相殺的な調整の際に，中間利息を控除して損害賠償から控除していない。

そして，保険給付額67万円について，不法行為時から保険給付時までの遅延利息を加算するのが自然であろう。そして，この67万円の元本については，保険者の損害賠償額＝代位取得額となり，この67万円の遅延利息については，かりに被害者が請求すれば，被害者の損害賠償額に計上されることとなる。

表1 （労災12条の4第1項，消極損害）

第三者行為災害事案	不法行為時 （抽象的） 損害発生時		保険給付時 （具体的） 損害発生時
消極損害額	80万円	←中間利息の控除— —遅延利息の加算→	100万円
保険給付額	67万円	←中間利息の控除—	67万円
損害賠償額＝代位取得額			
損害賠償額	0万円	—遅延利息の加算→	17万円
	13万円	—遅延利息の加算→	16万円
			合計100万円

67万円÷(1＋0.05×5年)＝67万円 …保険給付額 …損害賠償額＝代位取得額
　　　中間利息の控除なし

67万円×(0＋0.05×5年)＝17万円 …損害賠償額
　　　遅延利息の加算あり

---

[12] 厚生労働省労働基準局労災補償部労災管理課編『七訂新版　労働者災害補償保険法——労働法コンメンタール5——』（2008年）（以下「『労働者災害補償保険法』」という）299頁以下。
　労働省労働基準局補償課編『労災保険と民事賠償調整の手引』（1999年）112頁以下，労務行政編『労災保険と自賠責保険調整の手引』（2005年）44頁以下。

I 民　　法

(80万円 - (67万円 ÷ ~~(1 + 0.05 × 5年)~~) × (1 + 0.05 × 5年) = 16万円
　　　　　　　　中間利息の控除なし　遅延利息の加算あり　　…損害賠償額

67万円 + 17万円 + 16万円 = 100万円　…被害者が5年後に取得する合計額

② 損害賠償が保険給付に先行する場合（労災12条の4第2項）

損害賠償が保険給付に先行する場合について規定するものであり，保険給付を受けるべき者が第三者から同一の事由について損害賠償を受けたときは，政府は，その価額の限度で保険給付をしないことができると定める。

たとえば，不法行為時から5年後に100万円の具体的な損害が発生し，それに対して67万円の保険給付がなされるべき教室設例においては，つぎのとおりとなる。

表2（労災12条の4第2項，消極損害）

第三者行為災害事案	不法行為時 （抽象的） 損害発生時		保険給付時 （具体的） 損害発生時
消極損害額	80万円	←中間利息の控除— —遅延利息の加算→	100万円
（保険給付不支給額）	(54万円)	←中間利息の控除— —遅延利息の加算→	(67万円)
損害賠償額	80万円	—遅延利息の加算→	100万円
			合計100万円

80万円 × (1 + 0.05 × 5年) = 100万円　…損害賠償額
　　　　遅延利息の加算あり　　　　　　　…被害者が5年後に取得する合計額

(ii) 使用者行為災害事案

前編で概説したとおり，労災保険法附則64条1項は，最三判昭52・10・25民集31巻6号836頁が既払分控除説を採用した結果，将来分について損害賠償と年金給付の重複塡補を解消すべく新設された規定である[13]。したがって，

---

[13] 拙稿・前編594-595頁（Ⅲ3(b)(iii)「使用者行為災害事案についての判例法理」），595-597頁（Ⅲ3(b)(iv)「使用者行為災害についての行政実務」）。

損害賠償訴訟において，損害賠償と年金給付の既払分（前掲最三判昭52・10・25）と確定分（最大判平5・3・24）との間で損益相殺的な調整を行う局面を規定するものではなく，損害賠償判決が出た後で，損害賠償と年金給付の将来分との間で調整を行う局面を規定するものである。しかし，調整の一方法として参照することは許されよう。本条項は複雑な規定であるが，本稿に必要な範囲で概説しておく。

① 年金給付が損害賠償に先行する場合（労災附則64条1項）

年金給付が損害賠償に先行する場合について規定するものであり，労働者またはその遺族が年金給付を受けるべき場合であって，同一の事由について，事業主から損害賠償を受けることができるときは，つぎに定めるところによる（労災附則64条1項柱書）。なお，本条項にいう年金給付とは，業務災害に関する障害補償年金もしくは遺族補償年金，または，通勤災害に関する障害年金もしくは遺族年金をいい，これらの年金給付が塡補する損害と同性質の損害は消極損害（逸失利益）である。

事業主は，ある一定期間[14]，ある一定限度で[15]，損害賠償の履行をしないことができ（労災附則64条1項1号。履行猶予），これにより損害賠償の履行が猶予されている場合において，年金給付の支給が行われたときは，事業主は，当該年金給付（から中間利息を控除したもの）の額の限度で，損害賠償の責めを免れる（同項2号。免責）。損害賠償の判決が出た後，損害賠償の履行を猶予しておいて（同項1号），現実に年金給付の支給が行われた時，行われた分（から中間利息を控除したもの），損害賠償の責めを免れることとなる（同項2号）（下線は新堂。以下同様）。

この免責額とは，つぎのとおりである[16]。

$$\text{免責額} = \text{年金の支給額} \div \left(1 + 0.05 \times \begin{array}{l}\text{損害発生時から当該年金等の}\\\text{支給が行われた時までの期間}\end{array}\right)$$

たとえば，不法行為時から5年後に100万円の具体的な損害が発生し，それに対して67万円の保険給付がなされた教室設例においては，つぎのとおりと

---

[14] 労働者またはその遺族の年金給付を受ける権利が消滅するまでの間。
[15] 当該年金給付が当該年金給付にかかる前払一時金給付の最高限度額（から中間利息を控除したもの）に達するまで。
[16] 『労働者災害補償保険法』前掲注[12] 742-743頁。

I 民　　法

なる。

表3（労災附則64条1項，消極損害）

使用者行為災害事案	不法行為時 （抽象的） 損害発生時		保険給付時 （具体的） 損害発生時
消極損害額	80万円	←中間利息の控除— —遅延利息の加算→	100万円
保険給付額	54万円	←中間利息の控除— —遅延利息の加算→	67万円
損害賠償額	26万円	—遅延利息の加算→	33万円
			合計100万円

67万円　…保険給付額

$\left(\begin{array}{l} 67万円 \div (1 + 0.05 \times 5年) = 54万円 \quad …免責額 \\ \quad\quad 中間利息の控除あり \end{array} \right)$

(80万円 − (67万円 ÷ (1 + 0.05 × 5年)) × (1 + 0.05 × 5年) = 33万円
　　　　　　　中間利息の控除あり　　遅延利息の加算あり　　…損害賠償額

67万円 + 33万円 = 100万円　…被害者が5年後に取得する合計額

② 損害賠償が保険給付に先行する場合（労災附則64条2項）

　損害賠償が保険給付に先行する場合について規定するものであり，労働者またはその遺族が，事業主から損害賠償を受けることができる場合であって，保険給付を受けるべきときに，同一の事由について，損害賠償を受けたときは，政府は，労働政策審議会の議を経て厚生労働大臣が定める基準（以下「支給調整基準」という）により，その価額の限度で，保険給付をしないことができる（保険給付をしないことを支給調整という）。

　この支給調整基準の内容を必要な範囲で概説する。

　まず，この支給調整基準では，支給調整の対象となる民事損害賠償は労災保険給付によって塡補される損害を塡補するものに限られると定められている。すなわち，次表の左欄に掲げる民事損害賠償を受けたときは，それぞれの損害項目に対応して右欄に掲げる保険給付の支給調整を行うものと定められている

（昭56・6・12発基(17)60)(18)。たとえば，逸失利益（民事損害賠償）を受けたときは，障害補償給付もしくは障害給付，遺族補償給付もしくは遺族給付，傷病補償年金もしくは傷病年金または休業補償給付もしくは休業給付（労災保険給付）の支給調整を行うと定められている。

民事損害賠償の損害項目	支給調整を行う労災保険給付	
	業務災害に関する	通勤災害に関する
逸失利益	障害補償給付 遺族補償給付 傷病補償年金 休業補償給付	障害給付 遺族給付 傷病年金 休業給付
療養費	療養補償給付	療養給付
葬祭費用	葬祭料	葬祭給付

　この支給調整基準には，逸失利益と労災保険給付との支給調整について，つぎの規定がある（昭56・10・30基発(19)696)(20)。本稿に必要な範囲で概説しておく(21)。

　第1に，「逸失利益に対する民事損害賠償の賠償額のうち労災保険給付の支給水準相当分（以下「比較対象逸失利益額」という）のみを労災保険給付との比較の対象とする額とする。」

　逸失利益に0.67＝2/3（給付相当率(22)）を乗じた分が保険給付として支給される。そこで，逸失利益の全額に満つるまで保険給付をしないとすると，受給者に不利である。そこで，逸失利益に0.67を乗じた分に満つるまで保険給付をしないとするのである。

　第2に，「比較対象逸失利益額には，災害発生時から支給調整時までの利息分を加えない。」

　その額に満つるまで保険給付をしないこととなる比較対象逸失利益額には，

---

(17)　労働省事務次官通達。
(18)　『労働者災害補償保険法』前掲注(12) 748頁。
(19)　労働省労働基準局長通達。
(20)　『労働者災害補償保険法』前掲注(12) 754頁以下。
(21)　支給調整されない前払一時金最高限度額については説明を省略している。
(22)　逸失利益の中で保険給付に相当すると考えられる額の割合。

I 民　　法

災害発生時＝損害発生時から支給調整時までの遅延利息を加えないで支給調整を行うと定める。すなわち，比較対象逸失利益額（中間利息を控除したもの，かつ，遅延利息を加算しないもの）と保険給付額＝支給調整額（中間利息を控除したもの）とを比較して，この2つが同額になるまで，保険給付を支給調整する（支給しない）こととなる。これはつまり，不法行為の時点の価額によって支給調整するということである。

たとえば，不法行為時から5年後に100万円の具体的な損害が発生し，それに対して67万円の保険給付がなされるべき教室設例においては，つぎのとおりとなる。

表4（労災附則64条2項，消極損害）

使用者行為災害事案	不法行為時 （抽象的） 損害発生時		保険給付時 （具体的） 損害発生時
消極損害額	80万円	←中間利息の控除— —遅延利息の加算→	100万円
（保険給付支給調整額）	（54万円）	←中間利息の控除— —遅延利息の加算→	（67万円）
損害賠償額	80万円	—遅延利息の加算→	100万円
			合計100万円

（80万円 × 0.67 ＝ 54万円　…比較対象逸失利益額　…保険給付支給調整額）

80万円 × <u>（1 ＋ 0.05 × 5年）</u> ＝ 100万円　…損害賠償額
　　　　　　遅延利息の加算あり　　　　　　　　…被害者が5年後に取得する合計額

このように，労災保険法12条の4第1項（表1），第2項（表2），附則64条1項（表3），2項（表4）は同じ結果となり，同じ方法をとっていることがわかる。まとめると，損害賠償と保険給付とを調整する場合，各制度は，いつ損害が発生し，いつそれが填補されるかに違いがあるので，常に，中間利息の控除によって，不法行為時の価額に戻りつつ，遅延利息の加算によって，保険給付時の価額に行きつつ，計算をしなければならない。

第3に，遺族補償給付および遺族給付「の支給調整に係る比較対象逸失利益額は，受給権者本人の受けた民事損害賠償に係るものに限る。」

これは，①最二判平16・12・20の第3と同じことを定めたものである（上記2 (a)）。

第4に，労災保険給付の支給調整は，調整対象給付期間の範囲で行う。この調整対象給付期間とは，ある特定の時点[23]から9年間である。

これは，前編で概説したとおりである[24]。

(iii) ②最一判平22・9・13，③最二判平22・10・15

両判決は，第三者行為災害事案，かつ，障害事案で，労災保険法12条の4第1項が適用される事案についてのものである。ここでは，両判決の結論のみ，みておく。

両判決は，第1に，不法行為の時点から社会保険給付の時点までに遅延利息が生じるのを許すかについて，社会保険「制度の予定するところと異なってその支給が著しく遅滞するなどの特段の事情のない限り，これらが支給され，又は支給されることが確定することにより，そのてん補の対象となる損害は不法行為の時にてん補されたものと法的に評価して損益相殺的な調整をすることが，公平の見地からみて相当というべきである」とした。つまり，遅延利息が生じるのを許さなかった。

第2に，両判決は明示していないが，実際の計算では，損害賠償から社会保険給付を控除する場合，社会保険給付から中間利息を控除していない。

この2つの点を合わせると，両判決は，社会保険給付について，中間利息を控除しておらず，遅延利息も加算していない，という処理をする。

たとえば，不法行為時から5年後に100万円の具体的な損害が発生し，それに対して67万円の保険給付がなされた教室設例においては，つぎのとおりとなる。

---

[23] 障害補償給付もしくは障害給付，または，遺族補償給付もしくは遺族給付については，保障給付分についての支給調整後（前払一時金最高限度額相当期間）から。休業補償給付または休業給付については災害発生日から。

[24] 拙稿・前編596-597頁（Ⅲ 3 (b)(iv)②「損害賠償が保険給付に先行する場合（労災附則64条2項）」）。

I 民　　法

表1'（②最二判平 22・9・13，③最二判平 22・10・15，消極損害）

第三者行為災害事案	不法行為時 （抽象的） 損害発生時		保険給付時 （具体的） 損害発生時
消極損害額	80万円	←中間利息の控除― ―遅延利息の加算→	100万円
保険給付額	67万円	←中間利息の控除―	67万円
損害賠償額＝代位取得額			
損害賠償額	0万円	―遅延利息の加算→	0万円
	13万円	―遅延利息の加算→	16万円
			合計83万円

　　67万円÷~~(1＋0.05×5年)~~ ＝ 67万円　…保険給付額　…損害賠償額＝代位取得額
　　　　中間利息の控除なし

　　67万円×~~(0＋0.05×5年)~~ ＝ 0万円　…損害賠償額
　　　　遅延利息の加算なし

　　(80万円 − (67万円÷~~(1＋0.05×5年)~~)) × (1＋0.05×5年) ＝ 16万円
　　　　　中間利息の控除なし　遅延利息の加算あり　　…損害賠償額

　　67万円＋0万円＋16万円 ＝ 83万円　…被害者が5年後に取得する合計額

　両事案は第三者行為災害事案なので，上記(i)①「労災12条の4第1項」（表1）と比較してほしい。被害者は，保険給付分の遅延損害金を加算する方法（以下「労災保険法方式」という。かりに被害者が請求し，裁判所がこれを認めた場合に限られる）によれば，保険給付額67万円＋損害賠償額（17万円＋16万円）＝合計100万円を5年後に取得するのに対して，保険給付分の遅延損害金を加算しない方法（以下「最高裁判例方式」という。）によれば，保険給付額67万円＋損害賠償額（0万円＋16万円）＝合計83万円を5年後に取得するだけである（表1'）[25]。

(iv) ま　と　め

消極損害（逸失利益）の元本と社会保険給付との間の損益相殺的な調整の方

---

[25] 黒田・前掲注(8) 85頁。

法には，上記のとおり，労災保険法方式と最高裁判例方式とがある。

　労災保険法方式は，損害賠償と保険給付との間の調整の方法としては，損害賠償（消極損害＝逸失利益。中間利息を控除したもの）から保険給付（から中間利息を控除したもの）を引いた上で，この引いたものに対して遅延利息を加えるものである。

　最高裁判例方式は，損害賠償と保険給付との間の調整の方法としては，損害賠償（消極損害＝逸失利益。中間利息を控除したもの）から保険給付（から中間利息を控除しないもの）を引いた上で，この引いたものに対して遅延利息を加えるものである。

　つまり，最高裁判例方式は，労災保険法方式と比べて，保険給付の中間利息を余分に控除していることになる。そこで，最高裁判例方式に，この引き過ぎた中間利息分に対して遅延損害金を足した額を加えて初めて，労災保険法方式と同じ額を得ることができる。

　(v)　①最二判平16・12・20と，②最一判平22・9・13，③最二判平22・10・15との比較

　①最二判平16・12・20は，不法行為の時点から社会保険給付の時点まで，損害の元本にかかる遅延利息が発生することを前提として，社会保険給付を，まず，遅延利息に充当してよいとした（上記2「調整すべき損害の範囲」の問題）。他方，②最一判平22・9・13，③最二判平22・10・15は，社会保険給付を，まず，元本に充当しなければならず（上記2「調整すべき損害の範囲」の問題），しかも，充当するのは不法行為の時点であり，充当したから不法行為の時点以降，遅延利息は発生しないとした（上記3「調整の方法」の問題）。

　②最一判平22・9・13の調査官は，①最二判平16・12・20との関係について，つぎのように分析する。

　第1に，一方で，①最二判平16・12・20は死亡事案についての判断であり，他方で，②最一判平22・9・13は障害事案についての判断であり，事実関係の違いがある[26]。すなわち，「死亡事案については，死亡時において，被害者の逸失利益，慰謝料等の全損害が具体的にも発生しており，事故日から被害者の全損害につき遅延損害金が発生している（……被害者側が中間利息分を余分に利

---

[26]　綿引万里子＝岡田伸太「判解」最判解民事篇平成22年度（下）553頁以下，580頁。

Ⅰ 民　　法

得するという関係にはない。）から，後に加害者（保険会社）が賠償金を支払ったり，社会保険給付がされたりした場合に，遅延損害金から充当されると解しても問題はない。これに対し，傷害・後遺障害事案においては，慰謝料を除けば，具体的な損害は後日発生するものであり，実損害額〔積極損害のことか？〕について，〔事故日までの中間利息の控除を行わずに？〕事故日からの遅延損害金の発生を認めると，被害者側が中間利息相当額を余計に利得する結果となる。上記最二小判〔①最二判平 16・12・20〕は，死亡事案を前提として社会保険給付の充当関係を判示したものであって，傷害・後遺障害事案について別異の解釈をしても，上記判例〔①最二判平 16・12・20〕に反しないと思われる[27]。」

　第 2 に，同調査官は，③最二判平 22・10・15 の千葉勝美裁判官補足意見を参照する。すなわち，②最一判平 22・9・13 の事案においては，被害者の逸失利益を社会保険給付が塡補する関係にあり，損害と利益との間に完全な同質性および費目拘束性が認められる。つまり，被害者の逸失利益にかかる遅延損害金を社会保険給付が塡補する関係になく，損害と利益との間に同質性等が認められない。これに対し，①最二判平 16・12・20 の事案においては，社会保険給付が被害者の逸失利益そのものの塡補を目的とするものではなく，損害と利益との間に完全な同質性および費目拘束性が認められない。つまり，被害者の逸失利益にかかる遅延損害金に社会保険給付を充当しても構わない。

　同調査官は，この 2 つを挙げて，「その意味で，上記最二小判平成 16 年 12 月 20 日と本判決〔②最一判平 22・9・13〕とは，事案を異にするものとはいえる。そのため，本判決は，上記最二小判は，事案を異にし，本件に適切でないとして，同判決との間に形式的な判例抵触はないことのみを説示したものと思われる。」（傍点は新堂。以下同様）

　しかし，これに続けて，同調査官は，①最二判平 16・12・20 と②最一判平 22・9・13 は「基本的な考え方を異にすると理解するのが自然であろう。」とする。同調査官は，①最二判平 16・12・20 について，「不法行為による損害は不法行為の時に発生し，かつ，これと同時に損害賠償債務は何らの催告を要することなく遅滞に陥るという判例理論」と，「民法 491 条 1 項に従い，まず遅延損害金の支払債務に充当されるとの解釈」とを「いわば形式的に組み合わ

---

(27)　綿引＝岡田・前掲注(26) 574 頁。

252

せて」判断したものと評価する一方、②最一判平22・9・13はそのように判断していないとする。つまり、上記判例理論を形式的に適用していないし、また、社会保険給付を民法491条1項にいう弁済と同視していない。

そしてついに、同調査官は、死亡事案であっても、社会保険給付については、②最一判平22・9・13「と同様の解釈をとるのが相当であるとの考え方も十分に成り立ち得るものと考えられる。」として、①最二判平16・12・20について、さらなる検討の余地を示唆している[28]。

ここから、上記判例理論、これは一種の擬制ということができるが、これをどのようにとらえるか、また、社会保険給付の趣旨、目的、さらに、損益相殺的な調整は弁済と同視しえないと考えられるが、その調整の根拠および要件をどのようにとらえるかがこの問題を解決する鍵となることがわかる。

(b) 積極損害（療養費、葬祭費用）
(i) 第三者行為災害事案
① 保険給付が損害賠償に先行する場合（労災12条の4第1項）

上記(a)(i)①「労災12条の4第1項」のとおり、本条項は政府の求償権の代位取得を規定したものである。

そして、政府が取得する損害賠償請求権の範囲は、受給権者が第三者に対して請求することができる損害賠償額（慰謝料の額および物的損害に対する損害賠償の額を除く。）のうち、保険給付をした価額の限度に限られる。

たとえば、不法行為時から5年後に100万円の具体的な損害が発生し、それに対して67万円の保険給付がなされた教室設例においては、つぎのとおりとなる。

まず、保険給付額67万円について、判例をみると、損益相殺的な調整の際に、中間利息を控除して損害賠償から控除していない。

そして、保険給付額67万円について、不法行為時から保険給付時までの遅延利息を加算するのが自然であろう。そして、この67万円の元本については、保険者の損害賠償額＝代位取得額となり、この67万円の遅延利息については、

---

[28] 綿引＝岡田・前掲注(26) 580-581頁。ほかに判例の変更を示唆するものとして、前田庸一「判批」ジュリ1420号110頁以下、若林三奈「判批」判例セレクト2011〔Ⅰ〕（法教377号別冊付録）19頁。

I 民　　法

かりに被害者が請求すれば，被害者の損害賠償額に計上されることとなる。

表 5（労災 12 条の 4 第 1 項，積極損害）

第三者行為災害事案	不法行為時 （抽象的） 損害発生時		保険給付時 （具体的） 損害発生時
積極損害額	100 万円	←中間利息の控除―	100 万円
	100 万円	―遅延利息の加算→	125 万円
保険給付額	67 万円	←中間利息の控除―	67 万円
損害賠償額＝代位取得額			
損害賠償額	0 万円	―遅延利息の加算→	17 万円
	33 万円	―遅延利息の加算→	41 万円
			合計 125 万円

　　67 万円÷(1 + 0.05 × 5 年) = 67 万円　…保険給付額 …損害賠償額＝代位取得額
　　　中間利息の控除なし

　　67 万円×(0 + 0.05 × 5 年) = 17 万円　…損害賠償額
　　　遅延利息の加算あり

　　(100 万円 − (67 万円÷(1 + 0.05 × 5 年)))×(1 + 0.05 × 5 年) = 41 万円
　　　　　　　　　中間利息の控除なし　　遅延利息の加算あり　　　…損害賠償額

　　67 万円 + 17 万円 + 41 万円 = 125 万円　…被害者が 5 年後に取得する合計額

②　損害賠償が保険給付に先行する場合（労災 12 条の 4 第 2 項）

上記(a)(i)②「労災 12 条の 4 第 2 項」のとおり，本条項は政府が保険給付の支給を免れる旨を規定したものである。

たとえば，不法行為時から 5 年後に 100 万円の具体的な損害が発生し，それに対して 67 万円の保険給付がなされるべき教室設例においては，つぎのとおりとなる。

表6（労災12条の4第2項，積極損害）

第三者行為災害事案	不法行為時 （抽象的） 損害発生時		保険給付時 （具体的） 損害発生時
積極損害額	100万円	←中間利息の控除―	100万円
	100万円	―遅延利息の加算→	125万円
（保険給付不支給額）	(54万円)	←中間利息の控除― ―遅延利息の加算→	(67万円)
損害賠償額	100万円	―遅延利息の加算→	125万円
			合計125万円

100万円×(1＋0.05×5年)＝125万円　…損害賠償額
　　　遅延利息の加算あり　　　　　　　…被害者が5年後に取得する合計額

(ii) 使用者行為災害事案

① 年金給付が損害賠償に先行する場合（労災附則64条1項）

年金給付が損害賠償に先行する場合の規定であり，消極損害だけを対象とするものである（上記(a)(ii)①「労災附則64条1項」）。

② 損害賠償が保険給付に先行する場合（労災附則64条2項）

損害賠償が保険給付に先行する場合の規定であり，消極損害だけでなく，積極損害をも対象とするものである（上記(a)(ii)②「労災附則64条2項」）。

同条2項に基づく支給調整基準では，積極損害については，療養費（民事損害賠償）を受けたときは，療養補償給付または療養給付（労災保険給付）の支給調整を行い，また，葬祭費用（民事損害賠償）を受けたときは，葬祭料または葬祭給付（労災保険給付）の支給調整を行うものと定められている。

この支給調整基準には，積極損害と労災保険給付との支給調整についての規定はあるが（昭56・10・30基発[29]696），これによって支給調整されることはないと考えられている。療養費については，労災保険で負担することが確実であるので，改めて重複する部分を民事損害賠償請求することは通常想定しがたいことなどが理由である。葬祭費用については，葬祭料または葬祭給付（労災保

---

[29] 労働省労働基準局長通達。

Ⅰ 民　　法

険給付）は被災労働者の葬祭を行った者に対し一時金で支払われる給付であり，労災保険から比較的早期に支払われるので，その支給額に相当する額を限度として民事損害賠償の側で調整されるのが通例であるからである[30]。

　(ⅲ)　②最一判平22・9・13

　②最一判平22・9・13は，一方で，治療費を実費で損害と認め，すなわち，中間利息を控除していない。他方で，労災保険法に基づく療養給付を利益と認め，このとき，中間利息を控除していない。そして，不法行為時から保険給付時までの保険給付分の遅延損害金をどうするかについて問題となる。

　たとえば，不法行為時から5年後に100万円の具体的な損害が発生し，それに対して67万円の保険給付がなされた教室設例においては，つぎのとおりとなる。

表5'（②最一判平22・9・13，積極損害）

第三者行為災害事案	不法行為時 （抽象的） 損害発生時		保険給付時 （具体的） 損害発生時
積極損害額	100万円	←中間利息の控除―	100万円
	100万円	―遅延利息の加算→	125万円
保険給付額	67万円	←中間利息の控除―	67万円
損害賠償額＝代位取得額			
損害賠償額	0万円	―遅延利息の加算→	0万円
	33万円	―遅延利息の加算→	41万円
			合計108万円

　67万円÷(1＋0.05×5年)＝67万円　…保険給付額　…損害賠償額＝代位取得額
　　　中間利息の控除なし
　67万円×(0＋0.05×5年)＝0万円　　…損害賠償額
　　　遅延利息の加算なし
　(100万円－(67万円÷(1＋0.05×5年))×(1＋0.05×5年)＝41万円
　　　　　　中間利息の控除なし　遅延利息の加算あり　　…損害賠償額

---

[30]　『労働者災害補償保険法』前掲注(12)771-772頁。

67万円 + 0万円 + 41万円 = 108万円　…被害者が5年後に取得する合計額

②最一判平22・9・13は第三者行為災害事案なので，上記(i)①「労災12条の4第1項」（表5）と比較してほしい。被害者は，労災保険法方式（保険給付分の遅延損害金を加算するもの）によれば，保険給付額67万円 + 損害賠償額（17万円 + 41万円）= 合計125万円を5年後に取得するのに対して，最高裁判例方式（保険給付分の遅延損害金を加算しないもの）によれば，保険給付額67万円 + 損害賠償額（0万円 + 41万円）= 合計108万円を5年後に取得するだけである（表5'）。

大島眞一判事は，積極損害を念頭に，「もともと事故後に具体的に発生する損害につき事故日からの実損害額についての遅延損害金を認めることは，中間利息を控除しない分，被害者に現実の損害以上の利益を取得させる結果になっていることを踏まえると，加害者の支払あるいは各種社会保険給付により，その金額が被害者に支払われた場合には，元本に充当し遅延損害金は発生していないと解するのが衡平の観点から相当であって，実務的に簡明な処理が可能になるのではなかろうか」としている[31]。

中間利息を控除して計算する消極損害については，労災保険法方式と最高裁判例方式とでは，労災保険法方式のほうが計算上つじつまは合っている（上記(a)(iv)「まとめ」）。他方，積極損害については，労災保険法方式と最高裁判例方式とでは，もともと中間利息を控除しないで計算する積極損害とつじつまが合っているのは，やはり労災保険法方式である。しかし，もともと中間利息を控除せず計算すること自体おかしいと考えれば，むしろ最高裁判例方式のほうが公平であるという評価ができよう。

III　最大判平27・3・4

1　事　案

A（昭和55年生まれ）は，Y（ソフトウェアの開発等を業とする会社）に雇用されていた。Aは，長時間労働等の業務に起因する心理的負荷が過度に蓄積したために精神障害（鬱病と解離性遁走）を発症し，病的な心理状態の下で，平成18年9月15日，さいたま市の自宅を出た後，Yを無断欠勤してそのまま京

---

[31] 大島・前掲注(8) 38頁。

Ⅰ 民　　法

都市に向かい，鴨川沿いのベンチで過度の飲酒行為に及んだため急性アルコール中毒から心停止に至り，翌日午前 0 時頃，死亡した。

原審は，Y の代理監督者が A に対する安全配慮義務に違反し，これにより A は死亡したとして，Y の使用者責任を認めた。ただし，A の過失割合を 3 割であるとした。

(a) そして，原審は，A の死亡による損害は，A の逸失利益 4915 万 8583 円，A の慰謝料 1800 万円，A の父 X_1 と母 X_2 の固有の慰謝料各 200 万円，X_1 の支出にかかる葬儀費用 150 万円であるとした。

(b) ところで，X_1 は，労災保険法に基づき，平成 19 年 10 月 16 日，葬祭料 68 万 9760 円の支給を受けている。また，同法に基づき，平成 24 年 2 月 9 日（原審の口頭弁論終結の日）の時点で，X_1 は，遺族補償年金合計 868 万 9883 円，X_2 は，遺族補償年金合計 151 万 6517 円の支給を受けまたは支給を受けることが確定している。

そこで，(a)と(b)との間の損益相殺的な調整が問題となる。

2　調整すべき損害の範囲

本判決は，最大判平 5・3・24 の一般論を参照して，公平の見地から，損益相殺的な調整を行うことを明らかにし，調整の要件として利益と損害との間の同質性を挙げた。そして，本判決は，最二判昭 62・7・10 民集 41 巻 5 号 1202 頁[32]，②最一判平 22・9・13，③最二判平 22・10・15 を参照して，労災保険給付についても，調整の要件として当該保険給付による塡補の対象となる損害と同性質であり，かつ相互補完性を有する損害との間で損益相殺的な調整を図るべきことを明らかにした。本判決は，これに続けて，労災保険法に基づく遺族補償年金の目的と，損害の元本に対する遅延損害金にかかる債権の目的とを比べる。

「労災保険法に基づく保険給付は，その制度の趣旨目的に従い，特定の損害について必要額を塡補するために支給されるものであり，遺族補償年金は，労働者の死亡による遺族の被扶養利益の喪失を塡補することを目的とするものであって（労災保険法 1 条，16 条の 2 から 16 条の 4 まで），その塡補の対象とする損害は，被害者の死亡による逸失利益等の消極損害と同性質であり，かつ，相互補完性があ

---

[32]　拙稿・前編 593-594 頁（Ⅳ 2 (b)(ii)「使用者行為災害事案」）参照。

るものと解される。」(以下「判旨(i)」とする)[33]

「他方,損害の元本に対する遅延損害金に係る債権は,飽くまでも債務者の履行遅滞を理由とする損害賠償債権であるから,遅延損害金を債務者に支払わせることとしている目的は,遺族補償年金の目的とは明らかに異なるものであって,遺族補償年金による塡補の対象となる損害が,遅延損害金と同性質であるということも,相互補完性があるということもできない。」(以下「判旨(ii)」とする)

そして,本判決は,要旨1として,つぎのとおり判示した。

(要旨1)「したがって,被害者が不法行為によって死亡した場合において,その損害賠償請求権を取得した相続人が遺族補償年金の支給を受け,又は支給を受けることが確定したときは,損害賠償額を算定するに当たり,上記の遺族補償年金につき,その塡補の対象となる被扶養利益の喪失による損害と同性質であり,かつ,相互補完性を有する逸失利益等の消極損害の元本との間で,損益相殺的な調整を行うべきものと解するのが相当である。」(以下「判旨1」とする)

損益相殺的な調整の要件,すなわち,利益と損害との間に同質性があり,かつ相互補完性を有するとの要件から,全損害に対する遅延損害金,あるいは,消極損害かぎりの遅延損害金との間で調整するのではなく,消極損害の元本との間で調整すべきであるとした。判例および通説が要件としてきた利益と損害との間の同質性からすると,当然の判断である。

3 調整の方法

問題は,調整の方法である。というのは,労災保険法方式のほうが,中間利息の控除ないしは遅延利息の加算について考慮した規定であり,理論上はつじ

---

[33] 拙稿・前編605-606頁(Ⅳ3(a)(iii)「若干の検討」)参照(最大判平5・3・24と同様,ここでも,被害者である死亡者の逸失利益等の消極損害と,遺族の被扶養利益の喪失による損害とが,なぜ同性質かについての説明がない)。
　尾島明「判解」法律のひろば2015.6・66頁以下,69頁,谷村武則「判解」ジュリ1481号60頁以下,62頁,同「判解」最判解民事篇平成27年度(上)82頁以下,95頁参照(「保険給付である遺族補償年金と逸失利益等の消極損害に係る民事上の損害賠償とは,本件の場合にはいずれも労働者の死亡後における遺族の生活を保持するためのものとなるなど,相互補完性があるということもできる。」とする)。
　中益陽子「判批」ジュリ1491号119頁以下,121頁,松本克美「判批」法時88巻5号146頁以下,148頁参照。

I 民　　法

つまが合っていると考えられるのに対し，最高裁判例方式は，そうとはいえないと考えられるからである。本判決は結論的に最高裁判例方式でよしとしたのであるが，その理由を検討する。

　まず，本判決は，損害賠償制度と労災保険制度との間の違いを述べる。

　「ところで，不法行為による損害賠償債務は，不法行為の時に発生し，かつ，何らの催告を要することなく遅滞に陥るものと解されている（最高裁昭和……37年9月4日第三小法廷判決・民集16巻9号1834頁[34]参照）。被害者が不法行為によって死亡した場合において，不法行為の時から相当な時間が経過した後に得られたはずの利益を喪失したという損害についても，不法行為の時に発生したものとしてその額を算定する必要が生ずる。」（以下「判旨(iii)」とする）

　「遺族補償年金は，労働者の死亡による遺族の被扶養利益の喪失の塡補を目的とする保険給付であり，その目的に従い，法令に基づき，定められた額が定められた時期に定期的に支給されるものとされているが（労災保険法9条3項，16条の3第1項参照），これは，遺族の被扶養利益の喪失が現実化する都度ないし現実化するのに対応して，その支給を行うことを制度上予定しているものと解されるのであって，制度の趣旨に沿った支給がされる限り，その支給分については当該遺族に被扶養利益の喪失が生じなかったとみることが相当である。」（以下「判旨(iv)」とする）

　つまり，損害賠償制度においては，不法行為時に抽象的損害が生じるものと解されているのに対して（判旨(iii)），労災保険制度においては，具体的損害が生じた時に生じた分を塡補するものと解されている（判旨(iv)）。したがって，抽象的損害が生じた不法行為時と具体的損害が生じた時の損害額を算定するには，行きつ，戻りつ，すなわち，時系列的には，中間利息の控除に関して戻りつ，

---

[34] 同判決は，「損害の発生と同時に」遅滞に陥るとするが，枡田文郎「判解」最判解民事篇昭和37年度349頁は，同判決は，先例，通説である不法行為成立時説をとるべきことを明らかにしたと述べている。

　四宮和夫『不法行為（事務管理・不当利得・不法行為　中巻・下巻）《現代法律学全集10》』635頁（1995年）（人損の場合において，不法行為に基づく損害賠償債務が，被害者の催告を待たずに，賠償債務発生の時から，法定利率による遅延利息を生ずる理由について，公平の観点，すなわち，不法行為による損害賠償を支配する原状回復の理念が，被害前の事態と損害塡補後の事態との間にいささかもすきまを残さないことを要求するからであるとする。）。

遅延利息の加算に関して行きつ，をしなければ，つじつまが合わなくなる。

「不法行為により死亡した被害者の相続人が遺族補償年金の支給を受け，又は支給を受けることが確定することにより，上記相続人が喪失した被扶養利益が塡補されたこととなる場合には，その限度で，被害者の逸失利益等の消極損害は現実にはないものと評価できる。」（以下「判旨(v)」とする）

（要旨2）「以上によれば，被害者が不法行為によって死亡した場合において，その損害賠償請求権を取得した相続人が遺族補償年金の支給を受け，又は支給を受けることが確定したときは，制度の予定するところと異なってその支給が著しく遅滞するなどの特段の事情のない限り，その塡補の対象となる損害は不法行為の時に塡補されたものと法的に評価して損益相殺的な調整をすることが公平の見地からみて相当であるというべきである（〔②最一判平22・9・13〕等参照）。」（以下「判旨2」とする）

逸失利益等の消極損害は遺族補償年金によって塡補されるが，不法行為時に逸失利益等の消極損害が生じ，しかし，不法行為時に遺族補償年金によって塡補されるので，その塡補された分については，そもそも損害が生じなかったことになり，いわんや生じなかった損害の遅延損害金が生じるわけもない。こうしたロジックによって最高裁判例方式をよしとしたのであるが，本判決は，その理由として，次のように述べている。

「この〔損害賠償額〕の算定は，事柄の性質上，不確実，不確定な要素に関する蓋然性に基づく将来予測や擬制の下に行わざるを得ないもので，中間利息の控除等も含め，法的安定性を維持しつつ公平かつ迅速な損害賠償額の算定の仕組みを確保するという観点からの要請等をも考慮した上で行うことが相当であるといえるものである。」（以下「判旨(vi)」とする。この判旨(vi)は，判旨(iii)と判旨(iv)との間にある）

判旨1において，「損害賠償額を算定するに当たり」「損益相殺的な調整を行うべきもの」としていることから，最高裁は，損害賠償額の算定において損益相殺的な調整を行うものと解していることがわかる[35]。したがって，判旨(vi)に

---

[35] 米村滋人「判批」ジュリ1492号79頁（判旨(vi)から，つぎのとおり費目拘束を導いている。控除計算を損害額算定の一環として位置づけ，控除を逸失利益算定の一過程であるとすれば，「費目拘束」があるとされることも合理的に説明可能である。他方，自賠

I 民　　法

いう損害賠償額の算定は損益相殺的な調整を含むものと考えてよいであろう。そうすると，判旨(vi)は，損益相殺的な調整を含む，損害賠償額の算定の仕組みは，「公平」性と「迅速」性を確保する要請にこたえられるものでなければならないと判示したことになる。

　ここで，上記Ⅱ3 (a)(iv)「まとめ」のくりかえしになるが，労災保険法方式と最高裁判例方式とを概説する。

　労災保険法方式は，損害賠償と保険給付との間の調整の方法としては，損害賠償（消極損害＝逸失利益。中間利息を控除したもの）から保険給付（から中間利息を控除したもの）を引いた上で，この引いたものに対して遅延利息を加えるものである。

　最高裁判例方式は，損害賠償と保険給付との間の調整の方法としては，損害賠償（消極損害＝逸失利益。中間利息を控除したもの）から保険給付（から中間利息を控除しないもの）を引いた上で，この引いたものに対して遅延利息を加えるものである。

　つまり，最高裁判例方式は，労災保険法方式と比べて，保険給付の中間利息を余分に控除していることになる。そこで，最高裁判例方式に，この引き過ぎた中間利息分に対して遅延損害金を足した額を加えて初めて，労災保険法方式と同じ額を得ることができる。

　そこで，損害賠償額の算定の仕組みは，「公平」性と「迅速」性を確保する要請にこたえられるものでなければならない，とする判旨(vi)に戻ると，最高裁判例方式によれば，「迅速」は実現可能なので，「公平」が問題となるであろう。両方式間の公平を考えると，理論上はやはり，最高裁判例方式の不公平感は否めない。ただ，最高裁判例方式が適用されるのは，不法行為からまだ日が浅く，中間利息——逆から言えば，遅延利息——もそれほど膨らんでいない時点である。

　　　責保険金の控除は，費目拘束が存在しないとされるが，損害賠償請求権発生後の事後調整の問題と考えられるからである。そうすると，同じく「損益相殺的調整」とされる控除計算にも，理論上異なる性質のものが存在することになる。ただし，費目拘束が，給付金の性質の違いに由来するのか，控除計算の理論的な枠組みの違いに由来するのかについては，今後の検討課題である）。
　　　損害要件と損益相殺制度ないし損益相殺的調整制度の関係については，潮見佳男「差額説と損益相殺」法学論叢164巻1～6号105頁以下，123～125頁（2009年）。損益相殺的な調整については，藤岡康宏『民法講義Ⅴ　不法行為法』465頁以下，474～477頁（2013年）。

他方，労災保険法方式（とりわけ労災附則64条1項）が適用される時点は，その，ずっと先である（上記Ⅱ3(a)(ii)「使用者行為災害事案」冒頭）。「迅速」を「公平」に優先させ，損害賠償から保険給付を少し多めに引いても許されるほどに，中間利息あるいは遅延利息が膨らんでいないことに鑑みて，最高裁判例方式も許されるのではなかろうか[36]。さらにいうと，法定利率が5％から3％へと変更されれば，その「少し多め」も少なくなる。そもそも，逸失利益の算定自体がフィクションであることも注意されてしかるべきである[37]。

②最二判平22・9・13の調査官による解説からは，「不法行為による損害は不法行為の時に発生し，かつ，これと同時に損害賠償債務は何らの催告を要することなく遅滞に陥るという判例理論」をどのようにとらえるか，また，社会保険給付の趣旨，目的，さらに，損益相殺的な調整は弁済と同視しえないと考えられるが，その調整の根拠および要件をどのようにとらえるかが，この問題の解決にとって重要であることが示唆されていた（上記Ⅱ3(a)(v)「①最二判平16・12・20と，②最一判平22・9・13，③最二判平22・10・15との比較」）。

本判決の調査官は，まず，上記判例理論については，不法行為時から遅延損害金が請求できるとする「判例理論自体が，事柄の本質的性質に起因するものではなく，いわば公平等の観点からの判断に基づく擬制によるものである」として，不法行為時から当該支給時までの「遅延損害金の請求はできないと考えることは，決して不合理ないし相当性を欠くものではないと思われる。」とした。上記判例理論の擬制を緩和したと考えられる。また，遺族補償年金の給付の意義等については，「遺族補償年金は，労働者の死亡による遺族の被扶養利益の喪失の塡補を目的とする保険給付であり，」「遺族の扶養利益の喪失が現実化する都度ないし現実化するのに対応して，その支給を行うことを制度上予定しているものと解することができる。したがって，制度の趣旨に沿った支給がされる限り，その支給は遅滞したものではなく，その支給分については当該遺族に被扶養利益の喪失が生じなかった」，すなわち，損害は発生しなかった，したがって，損害の元本にかかる遅延損害金も発生しなかった，「とみることが相当である。」とした[38]。

---

[36] 西村健一郎「判批」私法判例リマークス52号（2016〈上〉）46頁以下，49頁，嵩さやか「判批」社会保障判例百選〔第5版〕（別ジュリ227号）132頁以下，133頁。

[37] 拙稿「判批」民事判例XII・2015年後期106頁以下，108〜109頁。

I 民　　法

たとえば,不法行為時から5年後に100万円の具体的な損害が発生し,それに対して67万円の保険給付がなされた教室設例においては,つぎのとおりとなる。

表3'（最大判平27・3・4,消極損害）

使用者行為災害事案	不法行為時 （抽象的） 損害発生時		保険給付時 （具体的） 損害発生時
消極損害額	80万円	←中間利息の控除― ―遅延利息の加算→	100万円
保険給付額	67万円	←中間利息の控除― ―遅延利息の加算→	67万円
損害賠償額	13万円	―遅延利息の加算→	16万円
			合計83万円

67万円　…保険給付額
(80万円 − (67万円 ÷ (1 + 0.05 × 5年))) × (1 + 0.05 × 5年) = 16万円
　　　　　　　　中間利息の控除なし　遅延利息の加算あり　…損害賠償額

67万円 + 16万円 = 83万円　…被害者が5年後に取得する合計額

最大判平27・3・4は使用者行為災害事案なので,上記(a)(ii)①「労災附則64条1項」（表3）と比較してほしい。被害者は,労災保険法方式（保険給付分の遅延損害金を加算するもの）によれば,保険給付額67万円+損害賠償額33万円=合計100万円を5年後に取得するのに対して,最高裁判例方式（保険給付分の遅延損害金を加算しないもの）によれば,保険給付額67万円+損害賠償額16万円=合計83万円を5年後に取得するだけである（表3'）。

4　射　　程

こうして,最大判平27・3・4は①最二判平16・12・20を変更するとしたが,①最二判平16・12・20は,労災保険法に基づく遺族補償年金だけでなく,厚生

---

(38)　尾島・前掲注(33) 70頁,谷村・前掲注(33)ジュリ1481号63～64頁,同・前掲注(33)最判解民事篇平成27年度（上）97～98頁。

年金保険法に基づく遺族厚生年金，さらに，自賠責保険金のすべてを「本件自賠責保険金等」とくくり，遅延損害金から充当すべきであるとした。そこで，最大判平27・3・4が①最二判平16・12・20をどの限度で変更したかが問題となる。②最一判平22・9・13と③最二判平22・10・15の射程も合わせて，最大判平27・3・4の射程を検討しておく。これについては，②最一判平22・9・13と最大判平27・3・4の調査官がくわしく解説しているので，これらを中心に概説しておく。

(a) 公的年金給付

②最一判平22・9・13は，障害事案で，労災保険給付だけでなく，公的年金給付についても，(i)消極損害（逸失利益）の元本との間で調整し，(ii)塡補の対象となる損害は不法行為の時に塡補されたものと法的に評価して調整する方法をとることを明らかにした。

他方，本判決は，死亡事案で，労災保険給付については，上記(i)(ii)の調整方法をとることを明らかにしたが，公的年金給付については，直接判断をしていない。しかし，国民年金法に基づく遺族基礎年金，厚生年金保険法に基づく遺族厚生年金の目的も，労災保険法に基づく遺族補償年金の目的と同種のものといえる（国年37条の2第1項。厚年59条1項）。さらに，それらすべて，定められた額が定められた時に定期的に支給されるものである（国年18条3項，38条。厚年36条3項，60条1項，2項）。したがって，死亡事案で，公的年金給付についても，本判決の射程は及ぶものと考えられる[39]。

(b) 労災保険法に基づく**療養補償給付または療養給付**，**葬祭料または葬祭給付**

②最一判平22・9・13（障害事案，かつ，第三者行為災害事案）は，(i)療養給付（保険給付）は治療費等（積極損害の賠償）の元本との間で調整し，かつ，上記

---

[39] 尾島・前掲注(33) 71-72頁，谷村・前掲注(33)ジュリ1481号64頁，同・前掲注(33)最判解民事篇平成27年度（上）99頁。

なお，公的年金給付については，使用者行為災害事案と第三者行為災害事案とに分けず，いわばすべて第三者行為災害事案となることについて，拙稿・前掲578-579頁（Ⅲ 1(a)「公的年金給付」冒頭）。したがって，政府による代位ないし求償について考えなければならない。後掲注(40)。

I 民　　法

(ii)の方法をとることを明らかにした（前掲表5'参照）。

　他方，最大判平27・3・4（死亡事案，かつ，使用者行為災害事案）の原判決は，(i)葬祭料（保険給付）は葬祭費用（積極損害の賠償）の元本との間で調整し，かつ，上記(ii)の方法をとるべきであるとしたのに対して，本件上告受理申立て理由はこれを論旨として採り上げなかったために，本判決はこれを判断していない。しかし，遺族補償年金と同様に，葬祭料も制度の趣旨目的に従い，特定の損害について必要額を填補するために支給されることが予定されているものであることから，本判決の射程が及ぶものと考えられる（後掲表7'参照）[40]。

　たとえば，不法行為時から5年後に100万円の具体的な損害が発生し，それに対して67万円の保険給付がなされた教室設例においては，労災保険法方式によれば，表7，最高裁判例方式によれば，表7'のとおりとなる。

表7（使用者行為災害事案，労災保険法方式，積極損害）

使用者行為災害事案	不法行為時 （抽象的） 損害発生時		保険給付時 （具体的） 損害発生時
積極損害額	100万円	←中間利息の控除―	100万円
	100万円	―遅延利息の加算→	125万円
保険給付額	67万円	←中間利息の控除―	67万円
損害賠償額	0万円	―遅延利息の加算→	17万円
	33万円	―遅延利息の加算→	41万円
			合計125万円

　67万円÷~~(1 + 0.05 × 5年)~~ = 67万円　…保険給付額
　　　中間利息の控除なし

　67万円×(0 + 0.05 × 5年) = 17万円　…損害賠償額
　　　遅延利息の加算あり

　(100万円 − (67万円÷~~(1 + 0.05 × 5年)~~))×(1 + 0.05 × 5年) = 41万円
　　　　　　　中間利息の控除なし　　遅延利息の加算あり　　…損害賠償額

---

[40] 尾島・前掲注(33)72頁，谷村・前掲注(33)ジュリ1481号64頁，同・前掲注(33)最判解民事篇平成27年度（上）100頁。

67万円 + 17万円 + 41万円 = 125万円　…被害者が5年後に取得する合計額

表7'（使用者行為災害事案，最高裁判例方式，積極損害）

使用者行為災害事案	不法行為時 （抽象的） 損害発生時		保険給付時 （具体的） 損害発生時
積極損害額	100万円	←中間利息の控除―	100万円
	100万円	―遅延利息の加算→	125万円
保険給付額	67万円	←中間利息の控除―	67万円
損害賠償額	0万円	―遅延利息の加算→	0万円
	33万円	―遅延利息の加算→	41万円
			合計108万円

67万円÷(1 + 0.05 × 5年) = 67万円　…保険給付額
　　中間利息の控除なし
67万円×(0 + 0.05 × 5年) = 0万円　…損害賠償額
　　遅延利息の加算なし
(100万円 − (67万円÷(1 + 0.05 × 5年)))×(1 + 0.05 × 5年) = 41万円
　　　中間利息の控除なし　遅延利息の加算あり　　　…損害賠償額

67万円 + 0万円 + 41万円 = 108万円　…被害者が5年後に取得する合計額

(c)　自賠責保険金

　自賠責保険金の支払は，加害者による損害（人損に限る）賠償の肩代わりという性質を有すると解されており，その性質に照らし，人損であれば費目を問わず控除の対象となり，また，損害（人損に限る）金に対する遅延損害金から充当するとの判断は相当である[41]。したがって，本判決は，①最二判平16・12・20の自賠責保険金に関する判断は変更していない[42]。

---

[41]　綿引＝岡田・前掲注(26) 570頁。
[42]　尾島・前掲注(33) 72頁，谷村・前掲注(33)ジュリ1481号64頁，同・前掲注(33)最判解民事篇平成27年度（上）99-100頁。

Ⅰ 民　　法

(d)　任意保険金

本判決も，①最二判平 16・12・20 も，任意保険金については判断していないが，みておく。任意保険中の対人賠償責任保険[43]における任意保険金の支払は，自賠責保険金の支払と同様に，加害者による損害（人損に限る）賠償の肩代わりという性質を有すると解されており，控除の対象についても，また，充当の順序についても，自賠責保険金と同様であるとするのが相当である[44]。ただし，当事者間――加害者（保険者）と被害者との間――に，元本充当および遅延利息の不発生の合意（黙示のものも含む）が認められる場合が多々あると考えられる[45]。

(e)　行 政 実 務

政府は被害者と加害者との間の訴訟において当事者となっていないので，政府に判決の既判力が及ぶことはない。したがって，判決理由中の判断である損益相殺的な調整についての判断が政府を拘束することはない。しかし，実際には，政府によって裁判所の判断を尊重した実務運用がされているそうである[46]。

このように判例法理が行政実務に対して一般的に事実上の影響力があるとして，労災保険給付についていえば，使用者行為災害事案で，判例法理が働く場面は，不法行為時から近い将来であり，他方，行政実務が働く場面は，不法行為時から遠い将来である（上記Ⅱ 3 (a)(ⅱ)「使用者行為災害事案」冒頭）。判例法理が働く場面は，「公平」よりも「迅速」を重視してもよいほど，近い将来であるのに対して，行政実務が働く場面は，遠い将来であるために，判例法理の事実上の影響力はないものと考えられる。したがって，本判決によって労災保険法附則 64 条 1 項が改正されることはない。

[43]　ほかに，対物賠償責任保険，人身傷害保険，搭乗者障害保険，車両保険等が組み合わされている。
[44]　綿引＝岡田・前掲注(27) 569-570 頁。
[45]　大島・前掲注(8) 36-37 頁。
[46]　夏井高人「判批」判例自治 392 号 107 頁以下，108 頁。

IV おわりに

　前編で最大判平5・3・24の内容と射程を，後編で最大判平27・3・4の内容と射程を，調査官解説を中心に，また，行政実務をにらみつつ，分析した。詳細はそれぞれの箇所に譲るが，つぎの2つのことを指摘しておきたい。

　第1に，社会保険給付と損害賠償との間の損益相殺的な調整の要件として判例が採用したのは，利益と損害との間の同質性であった。この同質性から，最高裁大法廷は，最大判平5・3・24における調整すべき利益の範囲の問題（確定分控除説を採用した），そして，最大判平成27・3・4における調整すべき損害の範囲の問題（利益と同性質の損害の元本と調整するとした）を解決した。調整すべき利益の問題をとりあげるならば，障害事案よりも死亡事案のほうが，また，労災保険給付よりも公的年金給付のほうが，当該損害を当該利益が塡補する関係を肯定するのが困難である。

　まず，死亡事案においては，被害者である死亡者の逸失利益（逸失社会保険給付あるいは逸失給与収入）を，死亡者の相続人のうちの，社会保険給付の受給者の社会保険給付が塡補する関係は，直接には認めることができず，判例もこれらの同質性を認めた理由を詳しくは語らない。被害者である死亡者の逸失利益は遺族の扶養にあてられるものであると説明するしかないように思われる[47]。こう説明する副作用としては，逸失利益の相続構成をゆるめることにつながることを意識しなければならない。逸失利益の相続構成は，扶養利益構成をとるよりも賠償が高額となり，被害者側に有利であるとされるが，最高裁は，逸失利益の相続構成をゆるめることによって，被害者側の重複塡補にブレーキをかけたことになる[48]。

　また，労災保険給付については，災害補償のほうが生活保障よりも重視されており，公的年金給付については，災害補償よりも生活保障のほうが重視されているといいやすい。

　それにもかかわらず，最大判平5・3・24は，死亡事案，かつ，公的年金給付の事案で，損益相殺そのものではなく，損益相殺的な調整を認めた点で，広い

---

[47] 拙稿・前編605-606頁（Ⅳ 3 (3)(a)(ⅲ)「若干の検討」）。
[48] 窪田充見「人身損害賠償における相続構成について——相続という視点からの検討——」立命館法学364・365号（2015年5・6号上巻）1454頁以下参照。

Ⅰ 民　　法

射程をもつ判決である。

　第2に，最大判平27・3・4は，不法行為による損害は不法行為の時に発生し，かつ，これと同時に損害賠償債務は何らの催告を要することなく遅滞に陥るという判例法理を維持しつつこれを緩和した[49]。いわば判例による擬制につき再検討をせまる判決であったといえる[50]。このフィクションは，被害者側の保護がその理由の1つとされるが，最高裁は，このフィクションをゆるめることによって，公平性よりもむしろ迅速性の要請をとりいれたことになり，裁判実務に寄り添う判決であったということができる。

　表一覧
　表1（労災12条の4第1項，消極損害）
　表1'（②最二判平22・9・13，③最二判平22・10・15，消極損害）
　表2（労災12条の4第2項，消極損害）
　表3（労災附則64条1項，消極損害）
　表3'（最大判平27・3・4，消極損害）
　表4（労災附則64条2項，消極損害）
　表5（労災12条の4第1項，積極損害）
　表5'（②最一判平22・9・13，積極損害）
　表6（労災12条の4第2項，積極損害）
　表7（使用者行為災害事案，労災保険法方式，積極損害）
　表7'（使用者行為災害事案，最高裁判例方式，積極損害）

　本稿を執筆するに際し，東京労働局労働基準部労災補償課・地方労災医療監察官・白田範昭氏に行政実務についての説明を頂戴した。ここに記してお礼を申し上げたい。もちろん本稿の誤り等は筆者にある。

---

[49]　尾島・前掲注(33)70頁，谷村・前掲注(33)ジュリ1481号63-64頁，同・前掲注(33)最判解民事篇平成27年度（上）97-98頁。
[50]　若林三奈「不法行為による損害賠償債務が遅滞に陥る時期・試論——損害論からの再検討——」立命館法学364・365号（2015年5・6号下巻）2310頁以下参照。

10 社会保険給付と損害賠償との間の損益相殺的な調整

第三者行為災害事案	障害/死亡	損害	利益（労災保険給付）	利益（公的年金給付）	調整の根拠	調整すべき損害の範囲
最大判平5・3・24	死亡	地方公務員等共済組合法に基づく退職年金		地方公務員等共済組合法に基づく遺族年金	切替え支給により代位規定は適用されない。公平	
最二判平11・10・22	死亡	国民年金法に基づく障害基礎年金および厚生年金保険法に基づく障害厚生年金		国民年金法に基づく遺族基礎年金および厚生年金保険法に基づく遺族厚生年金	切替え支給により代位規定が適用されない。公平	
①最二判平16・12・20	死亡	給与収入等	労災保険法に基づく遺族年金	厚生年金保険法に基づく遺族厚生年金	最大判平5・3・24を参照する。	遅延損害金
②最一判平22・9・13	障害	主婦（賃金センサス女子労働者全年齢平均年収）	労災保険法に基づく療養給付，休業給付，障害年金	国民年金法に基づく障害基礎年金，厚生年金保険法に基づく障害厚生年金	最大判平5・3・24を参照する。	元本
③最二判平22・10・15	障害	給与収入等	労災保険法に基づく療養給付，休業給付，障害一時金		最大判平5・3・24を参照する。	元本

使用者行為災害事案	障害/死亡	損害	利益（労災保険給付）	利益（公的年金給付）	根拠	調整すべき損害の範囲
最大判平27・3・4	死亡	年収	労災保険法に基づく葬祭料，遺族補償年金		最大判平5・3・24を参照する。	元本

11 家族の起源と変遷
── 問 題 状 況 ──

大 村 敦 志

Ⅰ　はしがき
Ⅱ　家族研究の現状──フランス民法学から
Ⅲ　家族の起源──非法学の領域から・その1
Ⅳ　家族の変遷──非法学の領域から・その2
Ⅴ　おわりに

Ⅰ　はしがき

　中川善之助の「婚姻と家族の理論」が書かれてから，60年以上の年月が経つ⑴。著者自身が言うように，「婚姻と家族の理論」の提示は「恐ろしく大きな，広くて深いテーマ」であり⑵，そこで実際に行われているのは，「婚姻と家族」に関する当時に至るまでの主要学説の紹介検討にとどまっている⑶。しかしながら，それ自体も「大きな，広くて深いテーマ」であり，このことに今も変わりはない。というよりも，この60年の間に「婚姻と家族」に関する文献は飛躍的に増えており，課題の達成は一層難しくなっていると言える。また，その後，日本の家族法学が実定法学の方向に進んでいったという事情もある。そのためもあって，その後はこのようなテーマに正面から挑むものは少ない。

⑴　初出，穂積追悼・家族法の諸問題（有斐閣，1952年），中川善之助・家族法研究の諸問題（勁草書房，1969年）所収。
⑵　中川・前出注⑴（1969年）2頁。
⑶　バッハオーフェン，マクレナン，メーン，フュステル・ドゥ・クーランジュ，モルガン，ウェスターマーク，マリノフスキー，ラボック，プリフォードなどが挙げられている。なお，これらを紹介する中川論文の内容については，大村「『『所有権』の誕生』を読む──認識の学としての民法学のために」加藤古稀（信山社，2018年）で一言した。同稿では「家族の起源」に関するその後の研究を振り返る必要があることを指摘しておいたが，本稿はこの課題のためのノートである。

I 民　　法

　筆者自身もこの問題につき教科書で一言したことはあるものの，十分な検討を行う余裕はなかった[4]。その際には，霊長類学・人類学あるいは歴史学の文献をいくつか引用しただけにとどまったが，以下においては，より広い範囲で，かつ，より新しいものを含めて，本格的な研究のための手がかりとなるものを掲げておきたい。本論を見ていただけばすぐにわかるように，本稿は主として日本語で書かれた若干の非法学文献に依拠し，それらの紹介を通じて「家族の起源と変遷」に関する議論状況を多少とも明らかにしておこうというものである。もとより研究ノートに留まるものではあるが，ここで強調しておきたいのは，本稿の具体的な内容や主張そのものではなく，家族に関する学際的な研究成果を参照するという中川家族法学の特徴を現代において再生させる必要がある，というメタ・レベルでの主張に注目していただきたいということである[5]。我妻栄が指摘していたように，家族法学の実定法学化は確かに必要なことではあった[6]。しかしながら，それは中川の「親族相続法の社会法律学」[7]はもはや省みなくてよいことを意味するわけではない。これが本稿の主張である。

　本稿は，広瀬久和教授の古稀を記念する論文集に寄稿されるが，寄稿にあたっては――広瀬教授ご自身のご希望であると仄聞するが――「人間」に関連するテーマを選ぶことが求められていた。「人間」には様々な切り口があるが，「家族」を選んだのはいくつかの理由による。第一に，言うまでもないが「人間」にとって「家族」が重要な意味を持っている（少なくとも持ってきた）ことによる。「家族，この比類なき愛情の場所は，人類とともに古い」[8]ことに疑

---

[4]　大村敦志・家族法（有斐閣，第3版，2010年，初版，1999年）5-9頁。同書（本文では「別著」と呼ぶ）は近い将来に小改訂を予定しているが，対象の追加（人の法を含める）や全体の再編（子どもの法を前置する）も含めて，いずれ全面改訂をしたいと考えている。

[5]　いくつかの事情により，2017年は1年間に7つの記念論文集に寄稿をすることとなった。そこで「七つのつぶて」（小さなものを多数ばらばらと投げるという原始的な方法による趣旨である）とも言うべき一群の小論を草して責めを塞ぎ，この機会に，（私自身もその担い手の一人にほかならない）現在の民法学に対する疑問を提示するとともに，今日における哲学・思想の展開に対する所感を述べることとした。本稿は「その4」にあたるものである。

[6]　我妻栄・親族法（有斐閣，1961年）はしがき1～2頁。

[7]　中川の略説身分法学（岩波書店，1930年）の副題。

[8]　Malaurie (Ph.) et Fulchiron (H.), *Droit de la famille*, LGDJ, 5e éd., 2015, avant-propos de la première édition.

いはなかろう。第二に,「人間」ないし「人」については,本稿と並行して二つの原稿を執筆中であるが,そのうちの一つでは,「責任」論を中心に置きつつ「人間」一般に関する近時の研究状況の一端を紹介した。もう一つでは,19世紀における「フランス人」「法人」の実状に注目することを通じて「人」の概念に新たな光をあてることを試みた[9]。本稿は,「家族」という観点から「人」を捉える試みである。上記2編とあわせて,筆者の「人 personne／人間 l'humanité, l'être humain」に関する研究ノートの一環をなす。第三に,広瀬教授のご専門とも無関係ではない。同教授は一般には契約法・約款法の専門家として知られているが[10],家族法にも並々ならぬ関心を寄せていた[11]。また,本稿の主張そのものが,学際性に富んだ同教授の業績と親和的なものであることも付言しておこう[12]。もっとも,広範な領域にまたがって存在する家族に関する知見を総合して,実定法としての家族法への示唆を導くのは極めて難易度の高い作業である。それゆえ本稿は,関連の文献のいくつかを紹介するものにとどまらざるを得ない。問題状況 états des questions という副題を付した所以である。

　前述のように,本稿では「家族の起源と変遷」に関する諸学説を点描するが,本論に入るに先立ってフランス民法学の学説状況を一瞥し,本論において注目すべき点を示すとともに,諸学説をまとめるための指針を探っておきたい（Ⅱ）。近時のフランスの民法教科書には充実した総論的記述を有するものがあるほか,個別テーマを扱う学位論文にも総論的な指向性を色濃く帯びたものものがあり,検討の方向性を確認するのに役立つと思われるからである。なお本論は,家族の起源（Ⅲ）と家族の変遷（Ⅳ）とに分けられるが,その区別は必ずしも厳密なものではない。

---

[9] 前者は,大村「民法における人間像の更新」吉田・瀬川古稀（上）（成文堂,2018年),後者は同「人：産業と帝国──『フランス人』と『法人』を中心に」北村古稀（東京大学出版会,近刊）であるが,前者が「つぶて3」に,後者が「つぶて5」にあたる。

[10] 「附合契約と普通契約約款」岩波講座基本法学4（1983年）など。

[11] 「離婚原因」私法56号（1994年）を参照。

[12] 「民法の諸原則と人間行動」文明11・12合併号（2008年）など。

I 民　　法

II　家族研究の現状——フランス民法学から

1　総論的記述

　マロリーとフュルシロンの家族法教科書は目次・索引等を除き 800 頁ほどの大部なものであるが，そのうちの四分の一弱の約 200 頁が「総論」と呼べるものに充てられている[13]。この中には（「家族の起源と変遷」を含む）家族一般に関する議論が豊富に含まれている。以下，全体の総論にあたる「家族概観 Premières vues sur la famille」の中心部分の内容を簡単に紹介してみよう。この部分は「家族一般」「家族と法」「フランス家族法」に三分されているが，本稿のテーマと最も密接にかかわる「家族一般」の部分[14]は，I「家族それ自体 La famille en soi」とII「文明の現象 Un phénomène de civilisation」に分けられ，前者はさらにA「家族の機能（役割）fonctions」，B「家族の規模（範囲）dimensions」，C「家族の多様性」，そしてD「家族と『家族生活 vie familiale』」に分けられている。

　IのAにおいては，宗教的機能・経済的機能・政治的機能など家族の機能の多様性が指摘され，今日残るのは子どもに関する2つの機能（生殖 reproduction と社会化 socialisation）であるとされている。なお，ほかに個人の幸福 bonheur と感情（愛情）sentiments にも言及されている。Bにおいては，（血縁・婚姻によって繋がる）広義の家族と（同居によって画される）狭義の家族とが対置され，今日の家族（核家族）は後者の延長線上にあるという。その上で，今日では，権威による父権家族 famille patriarcale と合意による婚姻家族 famille conjugale を両極とし，その間に，法定相続における家族や扶養義務における家族が位置するとされている。Cにおいては，現代家族の多様性との関連で，婚姻家族・非婚姻家族，結集家族・離散家族，再編家族・単親家族・単系家族，同性家族・同性親家族などの区別を挙げた上で，家族における子どもの中核性が指摘され，婚姻の後退とともに家族概念そのものが後退しつつある

---

[13] Malaurie et Fulchiron, *supra* note 8, pp. 17-67（家族概観）, pp. 71-96（婚姻一般）, pp. 257-261（カップル・エピローグ）, pp. 267-286（離婚概観）, pp. 405-438（親子概観）, pp. 617-628（養子概観）, pp. 649-657（親子・エピローグ）, pp. 679-688（親権概観）, pp. 729-741（親権・エピローグ）.

[14] Malaurie et Fulchiron, *supra* note 8, pp. 18-31.

ことが指摘されている。そして最後のDにおいて，「家族」から「家族生活」へという動き，ヨーロッパ人権裁判所の判例に見られる個人主義的な家族像が紹介されている。以上の考察を踏まえてⅡにおいては，近時の同性婚＝「万人にとっての婚姻 mariage pour tous」をめぐる論争に焦点をあわせ，人文諸学における家族論の隆盛を一般論として指摘した上で，ジェンダー論との関係，集合心性や国家論との関係，（社会史や構造主義が明らかにした）経済的・人類学的要因への言及がなされている。「文明の現象」という表現には特段の説明は与えられていないが，家族はこれらの諸要素のネットワークの中に存在するということであろう。

　以上の議論にあたって著者たちは，語源・神話や法史に関する叙述，人権裁判所の判例や同性婚に関する法学文献の引用は別にして，多数の文学作品を引用するほか[15]，人類学や文明論にかかわる文献を参照している[16]。最後の点から著者たちが引き出しているのは，社会構造の変化が家族を変化させるのか，それとも，家族構造が社会体制を規定するのかという観点のようである[17]。この点は「家族の変遷」にかかわるが，議論に際しては著者たちが直接に参照する社会経済史や構造主義的人類学から出発し，より広く関連領域の知見を参照する必要があるだろう。また，最終的に著者たちが「家族」に帰属させるのは「子ども」であり「生命」であるように思われるが[18]，そうだとすれば，この点を「家族の起源」と関連づけることもまた必要であろう。もちろん，近時の人類学の知見もこれと無縁でない。

2　個別テーマに関する記述

　次に，家族に関する近年の学位論文を見てみよう。目立つのは，カップルに関するものである。特にやや古い一つを加えて，次の三つのものを対比してみ

---

[15]　聖書やローランの歌から始まり，バルザックが何度か引用され，ジョージ・オーウェルやシェークスピア，アンドレ・モーロワ，アラゴン，アンドレ・ジードなどに及ぶ。

[16]　人類学者として，フュステル・ドゥ・クーランジュ，レヴィ＝ストロース，エマニュエル・トッド，文明論者として，A・トフラー，W・J・グード，D・ベル，E・ヴォーゲル。なお，法人類学者のN・ルーランも引用されている（Rouland (N.), *Anthropologie juridique*, 1988, Id., *Aux confins du droit*, Odile Jacob, 1991）。

[17]　Malaurie et Fulchiron, *supra* note 8, p. 31.

[18]　Malaurie et Fulchiron, *supra* note 8, pp. 24-25, p. 17.

Ⅰ 民　　法

ると興味深い[19]。一つ目は，ラマルシュの『婚姻の諸段階』，二つ目は，ニボワイエの『夫婦的公序』，そして最後は，ドゥ・ボワソンの『婚姻と配偶関係』である[20]。表題が示すように，視点は異なるもののいずれもが，揺らぎつつある（崩れつつある）単一不変の「婚姻」の概念に関心を寄せている。また，どれも同性カップルの問題に言及しており，この問題のインパクトの大きさが窺われる。

　ラマルシュ論文については以前に次のように紹介した。「このような二分法（公的な状況としての婚姻か合意によって補強された婚姻か──筆者注）に代えて，婚姻に段階があることを示すこと。これが著者のもくろみである。著者によれば，婚姻法には可変的な余白部分があり，当事者も判事も立法者も無意識にこれを利用している。それゆえ，この余白の大きさを測定し，婚姻の段階性の中で，何が可能であり何が不可能かを明らかにすることがなされるべきである。婚姻においてはいくつかのバリエーションが許されないわけではない，しかし，すべてが許されるわけではないだろうというのである。」と[21]。

　近時の二つの論文はラマルシュ論文からさらに進もうとするものである。その方向は一見すると正反対であるようにも見えるが，異なる仕方で婚姻の価値を擁護しようとする点では一致している[22]。すなわち一方で，ニボワイエ論文は婚姻には守るべき価値（公序）があるとする。ただし，婚姻の価値は「社会組織の支柱」たることにではなく「個人の開花発展の場所であること」に求められ，公序のサンクションも司法による個別具体的なものとなるとする。他方，ドゥ・ボワソンは，婚姻とパクス・同棲との間の差異を解消しようというのではなく，家族定立行為 acte fondateur d'une famille としての婚姻に注目すべきことを説く。婚姻は個人の関心事に尽きるものではないというのである。

　二つの論文は婚姻への挑戦を受け止めつつ，何らかの形で婚姻の意義を再定

---

[19]　Lamarche (M.), *Les degrés du mariage*, PUAM, 1999, préf. Hauser (J.), Niboyet (F.), *L'ordre public matrimonial*, LGDJ, 2008, préf. Revel (J.), de Boysson (B.), *Mariage et conjugalité. Essai sur la singularité matrimonial*, LGDJ, 2012, préf. Fulchiron (H.).

[20]　その後，Saulier (M.), *Le droit commun des couple. Essai critique et prospectif*, IRJS Editions, 2017, préf. Leroyer (A. M.) が公刊された。

[21]　大村敦志・20世紀フランス民法学から（東京大学出版会，2009 年）117 頁。ラマルシュ論文の具体的な内容については，同 118 頁参照。

[22]　以下は，両論文の序文の要約による。

位しようとするものであると言える。以下においても，議論の焦点は「婚姻」に置かれることになる。

Ⅲ　家族の起源──非法学の領域から・その1

1　人類学・歴史学

中川論文は，家族の起源に関する主要な研究を紹介・検討するものであった。その対象は当時の欧米における人類学上の業績であった。その延長線上に位置づけることができる重要な業績は，その後も少なくない。

本稿では手元にある主なものを紹介・検討するに止めざるを得ないが，20世紀中葉のものとしては，マードックの『社会構造』とレヴィ＝ストロースの『親族の基本構造』のみを挙げておく[23]。マードックの著書は訳者が付けた副題「核家族の社会人類学」が示すように，「核家族」の概念の普遍性とその展開可能性を主張したものとして知られ，レヴィ＝ストロースは女性の交換という観点から親族の構造を析出してみせた。

近年では，エマニュエル・トッドが精力的な議論を展開している。トッドには多数の関連著書があるが，『新ヨーロッパ大全Ⅰ Ⅱ』と『家族システムの起源Ⅰユーラシア』を挙げておく[24]。前者は，マロリー＝フリュシロンが引用していた家族構造が社会を規定するという考え方を示すものであり，後者では，世界の周辺地域（ユーラシアでは日本とヨーロッパ）において古代の家族形態（核家族）が残存し，これが社会の変化・進歩に影響を及ぼしているとする。

さらに，近代以前の歴史研究も盛んであり，たとえば，イギリスでは別著で言及したショーターやラスレットのほか，ストーンの大著『家族・性・結婚の社会史』が現れているし，フランスでもやはり別著で言及したアリエスなどのほか，セガレーヌ（『家族の歴史人類学』）やフランドラン（『フランスの家族』）などの研究が現れている[25]。

---

[23]　マードック（内藤監訳）・社会構造──核家族の社会人類学（新泉社，1978年，原著，1949年），レヴィ＝ストロース（福井訳）・親族の基本構造（青弓社，2000年，原著，1967年）。

[24]　トッド（石崎晴己監訳）・新ヨーロッパ大全Ⅰ Ⅱ（藤原書店，1992-92年，原著，1990年），同（石崎晴己監訳）・家族システムの起源Ⅰユーラシア（上下）（藤原書店，2016年，原著，2011年）。

[25]　ストーン（北本正章訳）・家族・性・結婚の社会史──1500年-1800年のイギリス

Ⅰ 民　　法

2　霊長類学・発達心理学

　中川論文以降の発展が著しいのはこの分野の研究であろう。別著で言及したのは河合雅雄の『人間の由来』だけであったが，日本の霊長類学はその後も発展を見せており，家族に関連する研究も集積している。ここではその代表例として，『家族の起源』から『家族進化論』に至る山極寿一の研究のみを挙げておく[26]。世界を見ても多くの研究があるが，代表的なものとしては，『チンパンジーの政治学』や『道徳性の起源』などで知られるフランス・ドゥ・ヴァールの諸研究がある[27]。

　山極の研究の推移は自身によって要約されている[28]。「私は，初期の人類が父親と息子の共存を普遍化することをとおして，父親という文化的存在をつくりだし，家族を構築していく進化のシナリオを構想した。……しかしながら，21世紀に入ってからさらに新しい発見が相次ぎ，家族の起源に関する仮説は再考を迫られることになった。……家族は人間の古いタイプのコミュニケーション，すなわち対面や接触をつうじて感得することをとおして強い信頼感を与える装置である」。最近のドゥ・ヴァールも基本的には同じ方向に進んでいるように思われる。

　ドゥ・ヴァールは認知科学への接近を見せているが，発達心理学の分野においても同様のアプローチが目立つようになっている。こちらも多数の研究が蓄積されているが，トマセロの一連の研究を挙げておく[29]。トマセロは山極や

　　（勁草書房，1991年，原著，1979年），セガレーヌ（片岡陽子ほか訳）・家族の歴史人類学（新評論，1987年，原著，1981年），フランドラン（森田伸子ほか訳）・フランスの家族——アンシャン・レジーム下の家族・家・性（勁草書房，1993年，原著，1976年）。
[26]　山極寿一・家族の起源——父性の登場（東京大学出版会，1994年），同・家族進化論（東京大学出版会，2004年）。
[27]　ドゥ・ヴァール（西田利定訳）・チンパンジーの政治学——猿の権力と性（産経新聞社，改訂版，2006年，原著，1982年），同（柴田裕之訳）・道徳性の起源——ボノボが教えてくれること（紀伊國屋書店，2014年，原著，2013年）。
[28]　山極・前出注[26]（2014年）351-355頁。
[29]　トマセロ（大堀寿夫ほか訳）・心とことばの起源を探る——文化と認知（勁草書房，2006年，原著1999年），同（松井智子ほか訳）・コミュニケーションの起源を探る（勁草書房，2013年，原著，2008年），同（橋彌和秀訳）・ヒトはなぜ協力するのか（勁草書房，2013年，原著，2009年）が翻訳されている。ほかに，『ジャスト・ベイビー』（高田円訳，NTT出版，2015年，原著，2013年）など最近のポール・ブルームの一連の著書も興味深い。

ドゥ・ヴァールも着目している人間の社会性・協力性に正面から挑む。ヒトの協力を可能にしている基盤として「意図やコミットメントを自他間で接続しあう能力」を挙げ，これは「注意の接続や相互知識といったプロセス」からなるとしている。そして，乳幼児の「9か月革命」についても，「共同注意のスキルと，他者の意図性を理解する能力の発現」によって説明している(30)。

3 精神分析——父・母・家族

家族論へのフロイトの影響は様々な場面で現れるが，ここで言及しておきたいのは，精神分析的な発想によって「家族」や「父」について論ずる若干の歴史研究についてである。一つはリン・ハントのフランス革命の解釈（『フランス革命と家族ロマンス』）であり，もう一つはピエール・ルジャンドルによる殺人事件の解釈（『第Ⅷ講・ロルティ伍長の犯罪』）である(31)。これらはいずれも家族の起源に関するものではないが，社会が家族的に構成されていることを示そうとするものである。すなわち，一方は「政治は想像力に，したがって，ある程度は，幻想に依存するものであり，しかも家族的経験はその幻想の多くを生み出す源泉である」（ハント）とし，他方は，「語る種（である人間——筆者注）において生を成り立たせているもの，つまりは制度的組立に関する踏み込んだ考察は，避け難く殺人の問題，もっと正確に言うなら殺人と〈父〉の表象との結びつきの問題に出会うことになる。ロルティ事件（1984年にケベック州議事堂で起きた乱射事件）はこの結びつきを悲劇的な形で例解している」（ルジャンドル）と述べている(32)。

---

(30) トマセロ・前出注(29) (2013b) 79-92頁，同・前出注(29) (2006年) 4頁，11-13頁。さらにトマセロは，こうした認識からヒトの「社会制度」を説明するが，この問題については別稿で扱う（「『制度＝規範＝社会』の学としての法学——サールの所説を中心に」〔仮題〕平井追悼（有斐閣，近刊）。これが「つぶて6」にあたる）。

(31) リン・ハント（西川長夫ほか訳）・フランス革命と家族ロマンス（平凡社，1999年，原著，1992年），ピエール・ルジャンドル（西谷修訳）・第Ⅷ講ロルティ伍長の犯罪——〈父〉を論じる（人文書院，1999年，原著，1989年）。

(32) ハント・前出注(31) 12頁，ルジャンドル・前出注(31) 14頁。

Ⅰ 民　法

Ⅳ　家族の変遷——非法学の領域から・その2

1　家族論とジェンダー論・フェミニズム

　内外の家族法教科書には，民法典の制定や改正の歴史を辿りつつ，家族・家族像の変遷に言及するものが少なくない。フランスを例にするならば，1804年の民法典成立前（アンシャン・レジームおよび革命期）の家族像と民法典（19世紀から1930年代まで）の家族像が対比されるとともに，1960年代・70年代の家族像の変化と近年の家族像の変化への言及がなされることが多い[33]。日本に関しては一般に，①明治以前の家族について一言した上で，②第2次大戦戦前の「家」制度から③戦後の「核家族」への変遷，そして④近年の変化が語られる[34]。

　日本に即して言えば，かつては③の立場から②を批判する見解と，①からの連続性を強調する見解が対峙していた。前者を代表するのは川島武宜の『日本社会の家族的構成』であるが[35]，後者に属するものとしては，「家を礼賛することもできないし，家の否定にも無条件で賛成できない」とする有賀喜左衛門の『日本の家族』などがあるほか，より積極的に「イエ」を肯定する村上泰亮＝公文俊平＝佐藤誠三郎の『文明としてのイエ社会』などもある[36]。

　これに対して最近の日本の家族論には，②③の連続性を強調して「近代家族」の成立と終焉を語るものが増えている。上野千鶴子が中心的な論客であるが[37]，その他にも多くの研究が現れている[38]。これらの研究はジェンダー論や

---

[33]　Malaurie et Fulchiron, *supra* note 8, pp. 58-59, pp. 59-60, pp. 60-61, pp. 62-67.
[34]　大村・前出注(4)16-17頁，17-18頁，18-19頁，20-25頁。
[35]　川島武宜・日本社会の家族的構成（日本評論社，1950年，初版，1948年）。
[36]　有賀喜左衛門・日本の家族（至文堂，1965年）。引用は「はしがき」から。村上泰亮＝公文俊平＝佐藤誠三郎『文明としてのイエ社会』（中央公論社，1979年）。なお，前者の前提として，有賀・日本家族制度と小作制度（未来社，著作集第2版，2000年，初版，1943年），展開として中野卓・家と同族団の理論――『商家同族団の研究』より（未来社，1968年）があり，後者の延長線上に，三戸公・「家」としての日本社会（有斐閣，1994年）のような日本的経営論が位置する。
[37]　上野千鶴子・家父長制と資本制（岩波書店，1990年），同・近代家族の成立と終焉（岩波書店，1994年）。
[38]　牟田和恵・戦略としての家族――近代日本の国民国家形成と女性（新曜社，1996年），同・ジェンダー家族を超えて――近現代の生／性の政治とフェミニズム（新曜社，2006年），千田有紀・日本型近代家族（勁草書房，2011年）。「近代家族」批判は実践のレベ

〔大村敦志〕

フェミニズムによって担われてきた。この分野の発展は著しく文献の引用は困難であるので，幾人かの内外の論者の名を注記するにとどめる[39]。

2 社 会 学——理論と実証

当然のことながら，今日見られる家族の変遷については，社会学の側から多くの研究がなされている。日本の文献を中心に3種のものを挙げておく。第一は，家族社会学の研究者によるものである。山田昌弘（『近代家族のゆくえ』など），落合恵美子（『21世紀家族へ』など）などが代表的な論者である[40]。彼らもまた「近代家族」に焦点をあわせるが，前の項で紹介した論者に比べると，全体としてより実証的なスタンスをとる。第二に，世界的に著名な指導的社会学者による理論的な色彩の濃い家族論もある。ギデンズ，ブルデュー，ベックなどがそれぞれ特色ある議論を展開している[41]。第三に，反対にデータを中心と

ルでも援用されている（善積京子・〈近代家族〉を超える——非法律婚カップルの声〔青木書店，1997年〕など）。

[39] 上野と同じく社会学者として，江原由美子（ジェンダー秩序〔勁草書房，2001年〕など）や落合恵美子（近代家族とフェミニズム〔勁草書房，1989年〕）など。別著では，やや異なる潮流に属する天野正子の『フェミニズムのイズムを超えて』や永田えり子の『道徳派フェミニズム宣言』を挙げておいた。そのほか，やや古くなったが用語を通じた概観を可能にする江原由美子・金井淑子編・フェミニズム（新曜社，1997年），（特に現代日本の）政治過程への影響を論じた大嶽秀夫・フェミニストたちの政治史——参政権，リブ，平等法（東京大学出版会，2017年）を掲げるにとどめるが，英語圏とフランス語圏のニュアンスの差を伝えるために，ジュディス・バトラー（竹村和子訳）・ジェンダー・トラブル——フェミニズムとアイデンティティの撹乱（青土社，1999年），セジウィック（外岡尚美訳）・クローゼットの認識論——セクシュアリティの20世紀（青土社，1999年）とE・バダンテール・母性という神話（鈴木晶訳）（筑摩書房，1981年），アガサンスキー・性の政治学（産業図書，2008年）を挙げておく。

[40] 山田昌弘・近代家族のゆくえ——家族と愛情のパラドックス（新曜社，1994年）。ほかに，同・迷走する家族——戦後家族モデルの形成と解体（有斐閣，2005年）など，落合恵美子・21世紀家族へ——家族の戦後体制の見かた・超えかた（有斐閣，1994年），ほかに，同・近代家族の曲がり角（角川書店，2000年）など。なお，より若い世代からの，筒井淳也・親密性の社会学——縮小する家族のゆくえ（世界思想社，2008年），同・結婚と家族のこれから——共働き社会の限界（光文社新書，2016年）も参照。

[41] ギデンズ（松尾精文ほか訳）・親密性の変容（而立書房，1995年，原著，1992年），ブルデュー（坂本さやかほか訳）・男性支配（藤原書店，2017年，原著，1998年），ベック＋ベック＝ゲルンスハイム（伊藤美登里訳）・愛は遠く離れて——グローバル時代の「家族」のかたち（岩波書店，2014年，原著，2011年）。なお，最後のものの延長線上に，チェンバース（辻大介ほか訳）・友情化する社会——断片化のなかの新たな〈つなが

Ⅰ 民　　法

し，さらに実証的な性格を強めたものもある。たとえば，「全国家族調査」に関するものが積み重ねられている⁽⁴²⁾。ほかにデータに基づく現代家族論も書かれている⁽⁴³⁾。

3　権力・ケアと家族政策

家族を分析する際の視点はいろいろあるが，ここでは権力論とケア論に関する研究をいくつか挙げておく。ここで権力論と呼んでいるのは，家族内に潜在する権力構造を明るみに出す試みであるが，たとえば，ジュディス・バトラーの『権力の心的な生』やベルサーニ＋フィリップスの『親密性』などのように，精神分析的なアプローチにより主体の定立の機序に迫ろうとするものが挙げられる⁽⁴⁴⁾。ほかにも，より具体的・臨床的な関心から出発するもの，理論的な検討を企てるものなどもある⁽⁴⁵⁾。これに対してケア論とは，女性のケア労働を解放しようという試みを指しているが，ファインマンの『ケアの絆』やキティの『愛の労働あるいは依存とケアの正義論』などのように，自由・平等の対抗原理としてケア（配慮）を位置づけようとするものも挙げられる⁽⁴⁶⁾。

り〉（岩波書店，2015 年）が位置づけられる。

(42)　渡辺秀樹ほか編・現代家族の構造と変容――全国家族調査［NFRJ98］による計量分析（東京大学出版会，2004 年），稲葉昭英ほか編・日本の家族 1999-2009――全国家族調査［NFRJ］による計量社会学（東京大学出版会，2016 年）。

(43)　野々山久也・現代家族のパラダイム革新――直系制家族・夫婦制家族から合意制家族へ（東京大学出版会，2007 年），湯沢雍彦・データで読む平成期の家族問題――四半世紀で昭和とどう変わったか（朝日新聞出版，2014 年）など。なお，アメリカの現代家族論として，クーンツ（岡村ひろみ訳）・家族に何が起きているのか（筑摩書房，2003 年）も参照。

(44)　臨床家によるもので家族に関するものとして，柏木惠子＋平木典子・家族の心はいま――研究と臨床の対話から（東京大学出版会，2009 年），棚瀬一代・離婚で壊れる子どもたち――臨床心理家からの警告（光文社新書，2010 年），より広い射程を持つものとして，宮地尚子・トラウマ（岩波新書，2012 年），マリー＝フランス・イルゴイエンヌ（大和田敢太訳）・モラル・ハラスメント――職場におけるみえない暴力（文庫クセジュ，2017 年）など。

(45)　盛山和夫・権力（東京大学出版会，2000 年）のほか，宮台真司・権力の予期理論――了解を媒介とした作動形式（勁草書房，1989 年），大庭健・権力とはどんな力か――続・自己組織システムの倫理学（勁草書房，1991 年）など。

(46)　ファインマン（穐田信子ほか訳）・ケアの絆――自律神話を超えて（岩波書店，2009 年，原著，2004 年），キティ（岡野八代ほか監訳）・愛の労働あるいは依存とケアの正義論（白澤社，2010 年，原著，1999 年）。日本では，岡野八代・フェミニズムの政治学

284

なお，家族を政治的に把握しようとする試みは，貧困[47]や格差[48]を問題として抽出し，家族政策[49]や福祉国家[50]の再検討へと向かう。

4　その他——アジアと住居

家族の変遷へのアプローチはより多様化し，広がりを見せている。ここでは，一方で，欧米からアジアに視線を転ずるもの[51]，他方，建物・空間という観点から家族に迫るもの[52]が増えていることを指摘しておく。

V　おわりに

ほとんど文献を列挙するだけでここまで来た。本来ならば，それぞれの文献

　　——ケアの論理をグリーバル社会へ（みすず書房，2012年），また，フランスでも，ブルジェール（原山哲ほか訳）・ケアの論理——ネオリベラリズムへの反論（文庫クセジュ，2014年）など。
[47]　救貧・公的扶助の歴史に関する最近の研究として，田中拓道・貧困と共和国——社会的連帯の誕生（人文書院，2006年），波多野敏・生存権の困難——フランス革命における近代国家の形成と公的扶助（勁草書房，2016年）。貧困の現状については，多くの文献が伝える（阿部彩・子どもの貧困——日本の不平等を考える〔岩波新書，2008年〕，飯島裕子・ルポ貧困女子〔岩波新書，2016年〕など）。
[48]　研究は多いが，最近のものとして，白波瀬佐和子・少子高齢社会のみえない格差——ジェンダー・世代・階層のゆくえ（東京大学出版会，2005年）。
[49]　研究は多いが，最近のものとして，山重慎二・家族と社会の経済分析——日本社会の変容と政策的対応（東京大学出版会，2013年）。なお，関連して，橘木俊詔＋木村匡子・家族の経済学——お金と絆のせめぎあい（NTT出版，2008年）も挙げておく。
[50]　宮本太郎・福祉政治——日本の生活保障とデモクラシー（有斐閣，2008年），田中拓道・福祉政治史——格差に抗するデモクラシー（勁草書房，2017年）など。なお，より広い文脈で，マーサ・ヌスバウム（池本幸生ほか訳）・女性と人間開発——潜在能力アプローチ（岩波書店，2005年）も挙げておく。
[51]　タテ社会の人間関係（講談社現代新書，1967年）で知られる中根千枝の社会人類学——アジア諸社会の考察（東京大学出版会，1987年）のほか，瀬地山角・東アジアの家父長制——ジェンダーの比較社会学（勁草書房，1996年）など。なお，吉原和男・〈血縁〉の再構築——東アジアにおける父系出自と同姓結合（風響社，2000年）や落合恵美子ほか編・アジアの家族とジェンダー（勁草書房，2006年）も参照。中国・韓国・台湾・ベトナム……といった個別地域に関する研究も数多い。
[52]　鈴木成文ほか・「51C」家族を入れるハコの戦後と現在（平凡社，2004年），山本理顕・権力の空間／空間の権力——個人と国家の〈あいだ〉を設計せよ（講談社，2015年）。門脇耕三ほか・「シェア」の思想——または愛と制度と空間の関係（LIXIL出版，2015年）も参照。

I 民　　法

につき，より立ち入った説明を施し，相互の関連づけをする必要があるが，すでに規定字数をかなり超えており，補足のための紙幅は遺されていない。隣接諸学の知見の参照は，実定法学としての家族法学が自閉に陥らないために不可欠の作業であるが，本稿は扉（国境）を開くということで満足せざるを得ない。その意味で本稿は未完であり，「続く à suivre」と書いて打ち切りたいところであるが，記念論文集という媒体の性質上そうもいかないので，さしあたりのまとめを行っておく。2点のみを述べる。

　一つは家族の将来についてである。仮に，ばらばらに広げたおもちゃ箱を整理して，家族の将来について何か示唆を引き出そうとするとどうなるだろうか。①汎家族化（＝弱い精神的・生活的結合体としての家族），②非家族化（＝私事としての家族），③再家族化（＝子育ての器としての家族）という三つのシナリオが考えられる。「近代家族」はもはや唯一普遍の家族像ではない。個人の自由から出発して，合意を基礎に多様な家族を形成することを認める。これがシナリオ①である[53]。この場合には家族の外延は非常に広がり，その定義は難しくなる。家族とその他の団体・関係とはどう区別されるのかが改めて問題になる。シナリオ①は家族の存在を見えにくくするものであるが，これをある方向に推し進めると，公的空間においては個人単位を基礎とし，家族は存在しないかのようにふるまうという考え方が現れうる。これがシナリオ②である[54]。他方，シナリオ①は家族の概念を希薄化するものでもあるが，このような希薄化になじまない家族の中核があるのではないかという考え方もある。具体的には子育て（次世代の育成）がそれであり，家族は子どもにとって必要不可欠なものであることに着目し，子どもを焦点をあわせて再編成されるべきであるという考え方である[55]。これがシナリオ③である。①から③は両立しないわけではない。これらの関係をどのように整序するかが，今後の課題となろう。

---

[53] ジェンダー論やフェミニズム，社会学などに基礎を置く現代家族論の多くが指向するのは，この方向であろう。

[54] この方向で考える際には，近代における「宗教」との対比が有益だろう。しかし，「世俗の時代」（Taylor, *A Secular Age*, 2007）が困難をもたらしていないかも熟考する必要がある。

[55] 霊長類学・発達心理学を含む脳神経・認知科学系の諸学の知見からは，この方向が示唆されているように思われる。なお，近時のロバート・パットナム（柴内康文訳）・われらの子ども──米国における機会格差の拡大（創元社，2017年，原著，2015年）も参照。

もう一つは家族法学のアプローチについてである。上記の三つのシナリオに即して言えば，家族法は，「契約・団体の法 droit des contrats et de l'association」に解消される（①），「非法 non-droit」の領域に追いやられる（②），または「こども法 droit des *infans*」となる。このうち②③の場合には，二つの自然法 droit naturel との関係が問題となる。すなわち，②の場合には，実定法 droit positif としての市民法 droit civil の外にあるものとしての自然法が，③の場合には，自然の摂理 Nature を実定法・市民法に取り込む回路としての自然法が，それぞれ検討対象として浮上するだろう。

　従来，家族法の居場所であった民法 droit civil から考えると，シナリオ①は「家族の法 droit de la famille」を「人の法 droit des personnes」に再統合する方向と結びつく。そして，その場合には「契約・団体の法」も「人の法」の延長線上に再定位される可能性が開けるだろう。他方，シナリオ②③に関して言えば，前述のように，民法 droit civil と自然法 droit naturel の領分を再考するきっかけが与えられることになろう。

　なお，家族・家族法の憲法化・人権化は現代の著しい傾向であるが[56]，上記の三つのシナリオは，「家族形成の自由・権利」を人権カタログの中にどのように位置づけるのかという問題を惹起するだろう[57]。この議論は，三つのシナリオの整序とも密接に関連することになろう。

---

[56]　関連文献は多いが，辻村みよ子・憲法と家族（日本加除出版，2016年）のみを挙げておく。

[57]　対比の対象は，「結社の自由」か（①），「信教の自由」か（②），あるいは制度的保障を含む「財産権の自由」や「表現の自由」か（③）。もしかすると，家族の存在は人権カタログの試金石となるかもしれない。

12 Freeing order をめぐるイングランド養子法の経験

金子敬明

I はじめに
II Houghton 報告書
III Adoption Act 1976 における freeing order 制度
IV freeing order の利用の実際
V freeing order の改正論議
VI Adoption and Children Act 2002 における託置制度
VII おわりに――日本法への示唆

I はじめに

　現在，日本では，社会的養護のもとにある児童を主に想定して，特別養子縁組制度を利用しやすくするための法改正が検討されている。2016年7月に厚生労働省に設けられた「児童虐待対応における司法関与及び特別養子縁組制度の利用促進の在り方に関する検討会」が2017年6月30日付で取りまとめた報告書「特別養子縁組制度の利用促進の在り方について」[1]では，まず，実親の同意が得られるケースについて，一定の手続を踏むことを要件として，同意の撤回を制限する仕組みを導入することが提言された（8頁エ）。次に，実父母の同意が得られないケースについて，特別養子縁組成立の手続を2段階に分け，第1段階は，子について特別養子縁組を適当と判断する裁判手続とし，第1段階で特別養子縁組が適当と判断されれば実親の権限を停止する，また第2段階は，特定の養親となる者とのあいだの特別養子縁組の適否を判断する手続とする，という提言がされた。そして，第1段階の申立権者を児童相談所長とすれば，養親となる者の負担が軽減されるとの主張もなされている（8頁オ）[2]。

---

(1) http://www.mhlw.go.jp/stf/shingi/other-kodomo.html?tid=368216
(2) なお，同報告書を受けて，公益社団法人商事法務研究会に設けられた「特別養子を中心とした養子制度の在り方に関する研究会」（座長：大村敦志東京大学大学院教授）で，

Ⅰ　民　　法

　ところで，これらの提言は，Ⅱで紹介する，今から約50年前にイングランドでなされた議論に酷似しており，その後イングランドでは，現実の法制度として結実した。これが，本稿の表題に掲げた，Adoption Act 1976 のもとでの freeing order 制度（order for freeing とも呼ばれる。以下では「FO」「FO制度」という）にほかならない。しかし，Ⅴで紹介するように，FO制度は，施行早々に失敗と評価され，現在ではそれを改良した制度（後述する託置制度）が導入されている。

　本稿は，イングランド養子法において，FO制度がどういう経緯で導入され，その後どうなったかを追跡し，以て，仮にFO制度と似た仕組みを日本で導入した場合に，どのような結果が生じるであろうかを予想することを試みる。もとより，基礎となる法制度が全く異なるので，イングランドで生じたのと同じことが日本でも生じるとは限らない。しかし，他国での実地の導入経験を参照しない理由はどこにもないだろう。

　なお，本稿では，子を養子に出すにあたり同意を求められるべき者は誰か[3]という点には争いがないものとして（以下ではその者を「実親」と呼ぶ），議論を進める。

　以下で出てくる用語のいくつかについて予め説明しておく。

　まず，placement とは，児童養護の文脈では，児童に居場所を割り当てること一般を指す言葉である。placement for adoption という語（以下ではこれに「養子託置」という訳を与える）は，placement 一般の中でも，子が養子にされることを想定して adoption agency（次段落参照）が養親候補者のもとに placement をすることを意味する。現行法である Adoption and Children Act 2002 のもとでの養子託置の仕組み（以下ではこれを「託置制度」といい，また同

　　具体的な法制のあり方について検討作業が進められ，本稿初校中である2018年6月には，中間報告書が取りまとめられた（https://www.shojihomu.or.jp/kenkyuu/youshi　さらに，2018年6月4日には，法務大臣からの諮問第106号を受けて，法制審議会に特別養子制度部会が設けられ，同月26日に同部会の第1回会議が開催されている）。筆者は上記の検討会及び研究会の2つにメンバーとして参加したが，本稿は，これらの会での議論に多くを負っているものの，これらの会の総意を示したものではもちろんなく，筆者個人の見解を述べたものにすぎないことを，予めお断りしておく。

(3)　未婚カップルの実父の地位や，両親とも死亡し後見人（guardian）が指定（appointment）されている場合の扱いといった論点が考えられる。

法律を「ACA2002」と略する）については，Ⅵで扱う。

また，adoption agency（以下では「AA」と略する）とは，登録民間養子斡旋団体および地方当局[4]（local authority）のことである。地方当局は，養子に関連するサービスを提供することを法律上義務付けられており（ACA2002, s. 3(1)），ここではその提供主体としての地方当局が考えられている。ごく大雑把には，児童相談所をイメージすればよい。

Ⅱ　Houghton 報告書[5]

1969 年に，連合王国で，養子に関する法，政策および手続を検討し，どのような改正が望ましいかを提言するための departmental committee が任命された。この委員会は，1970 年にワーキング・ペーパーを出した後に，それに寄せられたコメントや，関係団体等への聞き取り調査などをふまえて，1972 年に最終報告書（Houghton 報告書）を出した[6]。FO 制度は，Ⅲでみるように，Houghton 報告書の提言に基づいて導入されたものである。そこで，ここでは関連する Houghton 報告書の記述を確認しておくことにする。

1　当時の実務の問題点

Houghton 報告書は，養子同意（consent to adoption）について，当時の現行法である Adoption Act 1958 の規律（その規律の中には，養子同意は，本人が，養子命令の申立てを審理する裁判所の面前でなすか，証人のもとでしかるべく同意文書にサインすることによって，証拠立てられるべき，ということが含まれていた）を列挙したうえで（para 167），現行法の問題点を，次のように述べる（paras 168-169）。

> 現行法の 2 つの基本的な原則から離れる理由はどこにもないと思われる。その 2 つの原則とは，養子は通常，親の同意（parental consent）があって初めて可能であるべきだということと，裁判所は，いくつかの所定の事由があれば

---

[4] 許末恵「イギリスにおける児童虐待の法的対応」家族＜社会と法＞17 号（2001 年）127-128 頁参照。

[5] Home Office/Scottish Education Department, *Report of the Departmental Committee on the Adoption of Children*（October 1972, HMSO, Cmnd 5107）.

[6] *ibid*, paras 1-8. なお，Houghton 報告書という名前は，委員会の議長の名前に由来するが，実際には，最終報告書が出される約 1 年前に，Houghton 氏は他界していた。

I 民　　法

　同意要件を免除することができるべきだということである。しかし，現行の同意の手続のタイミングや性質については，かなりの不満が存在する。親権[7]は，親が同意文書にサインした時点では終了せず，養子命令が出るまで続き，それには数週間ないし数カ月がかかる。この仕組みが取られている理由として，子について実親も養親も親権をもたない時期がないようにすることが挙げられる。しかし，この手続が母[8]に無用な緊張（strain）と混乱（confusion）を与えているという証拠がある。加えて，この手続は，母の逡巡（indecisiveness）を助長しかねない。養子命令が出るまで母の親権が維持されることにより，母が，自分の決断が何をもたらすかに直面し自身の将来について考えることを，妨げるかもしれない。この不確実性の期間は，もし養子のアレンジメントに遅れが生じれば，相当長くなることがある。

　養親の不利益（disadvantages）は明白である。子の将来が不確実なままであり，よその家に移らなければならない可能性がある間は，その子の福祉（welfare）は危険にさらされる（at risk）。そのような事態がごく少数の事例でしか起こらないとしても，そういう事態になるかもしれないと知っていること自体，養親候補者たちに懸念を生じさせ，手もとにとどめておくことが認められないかもしれない子に対して完全なコミットメントをすることを，躊躇させることになる。

そこで，報告書は，AAが関与する事件において，養子命令が出る前の時点で同意が確定的になる（become final）という制度を提案する。この提案によると，その時点で親権はAAに移り，養子命令が出た暁にはさらに養親に移ることになる（para 170）。

この提案は，最終報告書に至る前の意見聴取の過程では，大筋で受け入れられたが，留意を要する点があると指摘された。すなわち，実親が子の親権を放棄する（relinquish）ために裁判所に行きたいとは思わないであろうこと，AA

---

(7) 現在のイングランド法で，日本の親権に対応するものは，親責任（parental responsibility）と呼ばれるが，この語はChildren Act 1989によって導入されたものであり，それ以前は，親の諸権利義務（parental rights and obligations）などのフレーズが用いられていた（許末恵「英国1989年児童法についての一考察」神奈川工科大学研究報告 A-17号〔1993年〕68頁。本文で訳出した原文においてもこのフレーズが用いられている）。ここではあえて「親権」と訳した。

(8) 原文ではmotherという語が用いられているが，Houghton報告書において，motherの語は，実親を意味している。場合によっては父にも同じことが当てはまるが，短くするために，あえて母と表現しているのである（p.2）。ここでは，「母」と訳した。

〔金子敬明〕　*12*　Freeing order をめぐるイングランド養子法の経験

を通じて子を養子に出したいという実親は，特定のカップルに養子に出されることにしか同意しないことがあること，親権が AA に移転された子について，養子となる道を見つけられないことが判明した場合には，実親がそう望めばその子を引き取ることができるようにすべきこと，の3点である（para 171）。

2　提案その1――実親の同意が得られる場合の手続

以上をふまえて，Houghton 報告書は次のような新しい親権の放棄（relinquishment）手続を導入する提案をしている（paras 173-186）。

母と AA が共同で，親権を AA に移転するよう，裁判所に申し立てることができるようにする。裁判所は，(a)実親が，他の選択肢やそれが何を意味するかを検討した結果，養子に出すことを目的として，子に対する親権を放棄することを自由に（freely）決断したこと，(b)当該子が養子となれる法的基準を満たし，かつ，他の者たち（父と想定される者など）の権利・利益が勘案されたこと，の2点を確認したら，申立てを認めなければならない。親権の移転に関わるので裁判所の判断によって初めて効力が与えられるべきであるが，申立てを認める裁判を実親や AA がいない場において下す裁量が裁判所に認められるべきである。申立ての際に，AA は，申立書と共に，実親がどのような経緯で子の親権を放棄する決断に至ったかを説明する報告書を提出する。これを受けて裁判所は，審理期日を指定するとともに，報告者（reporting officer. 主任〔senior〕ソーシャルワーカーから選ばれることが想定されている）を任命し，母および AA へのインタビューをさせる。報告者は，実親が自由にその決断をしたかどうかを確認する義務を負う。報告者は，実親が所定の書式にサインするのに立ち会い（witness），実親が他の選択肢やそれが何を意味するかを検討した結果として自由にその決断に至った旨の報告書を付して，裁判所に送付する。報告者は，実親に裁判所での審理期日を伝え，審理期日に出席するかどうかは自由であると告げる。実親がもし出席したくないと述べた場合には，その旨の書面にサインしてもらい，これも裁判所に送付するが，気が変われば出席しても差し支えない。実親が親権の放棄についての書面にサインすることは，子が6週になるまでは認められない（親権放棄の申立て自体はそれより前になされても差し支えない。また，子を養親候補者に placement することも，それより前になされてよい）。実親は，審理期日までは自由に親権の放棄を撤回することができる。

293

Ⅰ 民　　法

以上の新しい手続を用いるか，それとも，従来からの，養親候補者を特定した上での同意（この同意は養子命令時までfinalなものにはならない。親族間での養子など，新手続を利用できないAAを介さないケースでは，従来どおりのやり方によるしかない）をするかどうかは，実親の選択に委ねられる。すでに親権が放棄された子について，養子に出すことが難しいと判明した場合（具体的には，放棄の審理期日から12か月以内にその子について養子命令もその申立てもされていない場合）には，もし実親が望めば親権の回復が認められるべきである。このことを実効的に保障するために，AAから実親に対して，子が養子に出されなかった旨を告げる義務が課される。もっとも，実親が親権放棄の際に，そのような連絡を受けたくない旨の書面に，報告者の面前でサインした場合には，この限りでない。

以上の提案について，2点確認しておく。

第1に，この提案では，生後間もない子が養子に出されようとしている状況が主に想定されている[9]。

第2に，この提案のもとでは，freeing for adoptionの裁判が認められたときに，同意の問題はfinalとなる。つまり，その後にその子について養子命令の申立てがされた場合に，それを審理する裁判手続（以下では「養子命令事件手続」という）では親の同意の問題を扱う必要はもはやない，という制度が想定されている。

3　提案その2──同意免除の要件を先に扱う手続

2とは別に，Houghton報告書は，養子に出すことが子にとって利益であるが，実親が養子に出すことに同意しないという場合について，養子命令事件手続になれば親の同意が免除されるべきだと裁判所が判断すると思われるケースであっても，実際にもそう判断するかどうかは最後の養子命令事件手続の段階にならないとわからない，という不都合を指摘している（para 223）。これを受けて，Houghton報告書は次のように述べる（para 224）。

---

[9] N. V. Lowe, 'Freeing for Adoption — the Experience of the 1980s' [1990] *Journal of Social Welfare Law* 220 at 220.

合理的に可能である限り実の家族が維持されるべきであるという原則を、我々は受け入れる。しかし、子がケア下にあり (in care[10])、十分な長期のプランが立てられておらず、長期の安定的な関係の可能性が欠けている場合には、地方当局もしくは登録養子団体が、制定法上の要件のうちの1つにあてはまることを理由に親の同意要件が免除されるべきであること、親権が AA に移転されるべきこと、かくしてその子が養子託置のために free であること、を求めて裁判所に申し立てることができるべきだと考える。この申立ての審理中は、実親は、裁判所の許可を得ない限りその子をケア下から連れ去ることができないとすべきである。このような手続があれば、子について養子託置がなされる前に、(＊同意免除の要件が満たされているかどうかの) 判断をすることが可能になる。この手続の審理は、親権放棄の審理の性質をもつだろうが、申立ては AA がなすべきである。この申立ては、当該子にとって満足のいく placement ができる見込みが大いにある場合にのみ、なされるべきである。そして、この申立てが認められた場合には、AA は、養子命令が下されるまで、親権を有することになる。

Ⅲ Adoption Act 1976における freeing order 制度

1 FO に関する規定の概略

FO に関する Adoption Act 1976 の規定[11]は、一言でいうと、Ⅱ2および3でみた Houghton 報告書の2つの提案を1つの制度にまとめあげたものである[12]。具体的にみてみよう。

---

(10) この表現の意味について、後掲注(14)も参照。
(11) 正確には、Children Act 1975 の ss.14-18 で規定され、Adoption Act 1976 の制定時に、同法律の ss.18-22 に移された。ここでは、Adoption Act 1976 の原始規定をもとに説明する。Children Act 1975 の概説として、たとえば、David Bradley, 'Children Act 1975', (1976) 39(4) *Modern Law Review* 452 参照。
(12) Lowe, *supra* (note 9) at 221 は、Houghton 報告書のうち本文Ⅱ2で挙げた側面(乳児を実母が養子に出す場合)のみを取り上げ、それと、Adoption Act 1976 における FO の規定とにギャップがあることを強調する。FO の規定の施行と同時期に公表された Jane Rowe, 'Freeing for Adoption: an Historical Perspective' (1984) 8(2) *Adoption & Fostering* 10 at 10-11 は、本文Ⅱ2および3の両方の場合を視野に入れつつ、もともと Houghton 報告書が主に想定していたのは、乳児を実母が養子に出す場合であり、FO が有用性を発揮するのは、その場合を含めて実親の同意が得られる場合である、という(ちなみに、Rowe は、Association of British Adoption Agencies の director として Houghton 委員会に参加したほか、年齢の高い子〔older children, infant よりも年

I 民　　法

申立ては，AA がおこなう（s. 18(1)）。

FO が出されるのは，第 1 に，実親が，自由に，何が関わっているかを完全に理解した上で，養子命令が出されることについて一般的かつ無条件に同意した場合である[13]。また第 2 に，そのような同意がないが，子がケア下にあり[14]（in care），かつ，実親の同意免除が認められるべきと主張されて FO の申立てがされ，実際にも同意免除の要件[15]が満たされている場合である（s. 18(1)(b), (2)(b)）。ただし，第 2 の場合には，その子について養子託置がすでになされたか，なされる見込みがある（likely）と裁判所が判断するか，のいずれかも必要である（s. 18(3)）。

　齢の高い子という意味で用いられている〕を養子に取ることの有用性を説いた *Children Who Wait — a Study of Children Needing Substitute Families* 〔Association of British Adoption Agencies, 1973〕の著者の 1 人でもあった）。なお，Rowe 論文 10 頁は，1960 年代後半から 1970 年代前半にかけての Britain では，年齢の高い子の養子はほとんどなく，養子プロセスで係争が生じること（contested adoption）は非常にまれな現象であり，実親が同意したがらなければ養子の計画自体立てられることがなかった，と述べており，興味深い（同旨，Margaret Adcock/Richard White, 'Freeing for Adoption and the Access Provisions' (1984) 8(2) *Adoption & Fostering* 11 at 12）。

[13]　s. 18(1)(a)では，'freely, and with full understanding of what is involved, agrees generally and unconditionally to the making of an adoption order' と規定されている。generally とは，養親となるべき者を特定しない，という趣旨である（N V Lowe/G Douglas, *Bromley's Family Law* (9th ed., 1998, Butterworths. 以下では「Bromley (1998)」と略する), p. 651 n. 12）。

[14]　S. M. Cretney/J. M. Masson, *Principles of Family Law* (5th ed., 1990, Sweet & Maxwell), p. 678 によると，このフレーズはもともと定義されていなかったが，Children Act 1989 の制定にあわせて定義され，それによると，地方当局がその子について裁判所でケア命令を得て親責任を取得している場合をさすこととされた，という。なお，地方当局がケア命令を得るためには，子が重大な害（significant harm）を現に受けているか，受けるおそれがあると見込まれること等が要件（しきい基準〔threshold criteria〕と呼ばれることが多い）とされている（Children Act 1989, s. 31(2)．許・前掲注(7)論文 79-80 頁，許末恵「英国における親責任をめぐる法規制について」民商法雑誌 136 巻 4 = 5 号〔2007 年〕538 頁を参照）。

[15]　ここでの同意免除の要件は，養子命令において実親の同意が免除されてよい場合として規定されている事由（s. 16(2)）と同じであり，具体的には，(a) 所在不明または同意を与えることができないこと，(b) 不合理に（unreasonably）同意を控えること，(c) 合理的な理由（reasonable cause）がないのに子に対する親の義務を一貫して怠ったこと，(d) その子を遺棄したこと（abandoned or neglected），(e) 一貫してその子を虐待した（ill-treated）こと，(f) 深刻に（seriously）その子を虐待し（ill-treated），当該虐待やその他の理由により，再統合の見込みがないこと，の 6 つである。

〔金子 敬明〕　*12*　Freeing order をめぐるイングランド養子法の経験

FO が出ると親権は AA に帰属する（s. 18(5)）。また，親権を放棄した親は，FO から 1 年以上の経過後，その子につき養子命令が出ておらず，養子託置された養親候補者と住居を共にしてもいない場合に，FO を取り消す（revoke）よう申し立てて，親権を回復する（resume）ことが認められる[16]（s. 20(1)）。

2　想定された FO の利用法

FO に関する Adoption Act 1976 の規定の施行（1984 年）の直前に発された[17]地方当局向けの通達[18]（circular）では，FO の利用法として，まずは，子を産んだばかりの女性がその子を養子に出すことに同意するという場合が，想定されていた。

しかし，それと並んで，実親の同意がないが，養子に出すことがその子の最善の利益になると考えられる場合に，同意免除の要件があるかどうかを，養子命令よりも早い段階で裁判所に判断してもらうという利用法があることが示されていた[19]（para 8）。さらに，同通達では，既に里親養育がされており地方当局はその里親が養親にふさわしいと考えるが，しかし実親の同意が得られていないために，その里親は養子命令の申立てに躊躇しているという場合において，その里親が FO の申立てに直接関与しなくてよいという点で，FO を利用するメリットがありうる，とも述べられていた[20]。

---

[16]　AA は原則として，子の帰趨について実親（条文上は，「かつての親 former parent」と呼ばれている）に連絡する義務を負い，ただ，実親が，養子命令が出されることについて同意した際に，これ以上その子に関わりをもちたくない旨を表明したときには，AA はこの義務を免れると規定されていた（s. 19）。なお，この表明は，Adoption Act 1976 のもとでは，少数のケースでのみおこなわれていた（Bromley (1998), p. 653 n. 16 による）。

[17]　Lowe, *supra*（note 9）at 221-222.

[18]　Lowe, *supra*（note 9）at 221 n. 6 によれば，この通達は，'Children Act 1975: Implementation of Further Adoption Provisions LAC (84) 2' という名称であるが（LAC は Local Authority Circular の略であろう），参照できなかった。

[19]　Lowe, *supra*（note 9）at 221.

[20]　Lowe, *supra*（note 9）at 221. 想定された利用法が Houghton 報告書とは変化していることの背景には，Houghton 報告書から 10 年以上経過したあいだに，イングランドでの養子の実態が変化したことがある。すなわち，未婚の母が出産後すぐに養子に出したいというような事例は減り，代わりに，実親から虐待や遺棄を受けた子に家庭的環境を与える手段としての養子という位置づけが有力になってきたのである。養子制度に対する態度の変化として，A Performance and Innovation Unit, *Prime Minister's Review of*

Ⅰ 民　　法

Ⅳ　freeing order の利用の実際

　保健・社会保障省は，1987年に，FOの実態調査を，Bristol大学のSocio-Legal Centre for Family Studies に依頼した。これを受けて，feasibility study が1987年10月から1988年6月にかけて行われ，同年に報告書が保健省に提出された。この調査の過程で，養子に至るプロセス（adoption process）一般について問題があることが明らかとなったので，保健省は1988年7月に，事項を拡大した調査を同様に依頼し（pathways study と呼ばれている），1988年10月から1991年3月にかけて調査が行われ，同年に報告書が提出された[21]。

　ここでは，両調査の結果のうち，FOに関する部分[22]を中心に紹介する。1 では，feasibility study の結果を中心に扱い，2 では，pathways study によってさらに明らかとなった事柄を扱う。

1　feasibility study の結果[23]

　feasibility study では，裁判所でFOの件数が統計の対象となっておらず，民間の登録養子斡旋団体での養子統計についてもシステマティックなものは何ら存在していなかったことが判明したため（pp. 7-9），イングランドおよびウェールズのすべてのAAへのアンケート調査（回答率72％）が実施され[24]

　Adoption（July 2000），p. 15 も参照。
　　この点に多少関連するが，Jane Lewis, 'Adoption: the Nature of Policy Shifts in England and Wales, 1972-2002'（2004）18 *International Journal of Law, Policy and the Family* 235 at 236, 240 and 242-243 は，Houghton 報告書の出された1970年代初頭の潮流は，ソーシャルワークへの高い信頼によって特徴づけられ，実親の権利よりも養親家庭の方にバランスが傾きがちであった，という。もっとも，1980年代半ばには，実親の権利の方に再びバランスが戻り，Children Act 1989 では決定的に，子を救い出すこと（child saving）よりも実親と協力するという方向に傾いた，とも述べており，興味深い。

(21)　University of Bristol Socio-Legal Centre for Family Studies, *Report of the Research into the Use and Practice of the Freeing for Adoption Provisions*（1993, HMSO. 以下では「Report」と呼ぶ），pp. 1-2.
(22)　これをまとめたのが，Report である。以下，Ⅳの本文および注で示したページ数は，Report の該当頁を示す。
(23)　Report の第2章にまとめられているが，その簡略版が，Lowe, *supra*（note 9）である。Lowe は，feasibility study を Mervyn Murch と共同で指揮した（Lowe, *supra*（note 9），p. 226 n. 27）。

(p.9)．また，関連する専門職や裁判所職員との面談も実施された（p.10)。その主たる結果は，次のとおりである。

① まず特徴的なのは，FOの利用頻度に地域差が大きく見られることである（pp.10-12)。

② 実親の同意が得られるケースにおけるFOの利用法としては，子が乳児であり母が早くその子を手放したいと思っている場合や，子にハンディキャップがあったり年齢が相対的に高かったりするためにすぐにplacementをすることが見込めない場合に，実親が養子命令の手続を待たなくても親権を放棄できる，というものがある。AAはこれらの文脈においてFOを活用することが有用だと感じている（p.12)。

③ 係争が生じそうな（likely to be contested）ケースでも，FOはしばしば用いられている。そのメリットの1つは，地方当局が当事者となるため，養親候補者の不安や裁判費用の負担[25]が和らげられる点にある[26]。地方当局の法務セクションが経験をもっているために，不慣れなソリシタよりもうまく戦えるということもある。また，年長の子については，不確実な問題をFOで先に処理した方が，愛着形成を留保なしにすることができるというメリットもあるとの指摘もあった。さらに，Ⅲ2で言及した通達でも想定されていたように，実親の同意がなく，かつ養子命令が出るかどうかが微妙な事例において，同意免除の要件が満たされるかどうかを，養子託置の前に，FOの手続で争う，という利用法もあるという（pp.12-13)。

④ FOの利用をためらわせる理由としては，次のものが挙げられている。
まず何よりも，手続の遅延がある。それを考えて，同意が得られないケースではFOを使わず直接に養子命令事件手続に進むことにするという回答がみられた[27]。手続遅延の理由としては，さまざまな事情が挙げられている。AA

[24] 調査票は，Report, Appendix 1に掲載されている。もっとも，各AAにおいて統計を集中的に管理するシステムが欠けているためか，すべての項目を埋めた回答を返送してきたのは，アンケートに回答した129のAAのうち，36（26％）にとどまった（p.9)。

[25] 養子命令事件手続において係争が生じた場合には，養親候補者がlegal costを幾分負担しなければならないという事情がある。もっとも，実務上は，ほとんどの地方当局は，養子命令事件手続において係争が生じたが，司法扶助が得られない場合に，養親候補者が負担すべき費用を肩代わりするという（p.13)。

[26] もっとも，養親候補者にとって，FOの手続においていわば蚊帳の外に置かれることは，欠点である，との指摘もあった（p.66)。

I 民　　法

が用意すべきとされる情報が多く[28]，時間がかかり，面倒な仕事だとみなされているために完成が遅れがちで，それが申立てを遅延させていること，裁判所の期日をなかなか入れられないこと，子のための手続代理人[29]（guardian ad litem）が不足していること，子のための手続代理人の報告書が出されないと裁判所が期日を入れてくれなかったり，その報告書が裁判所の定めた提出期限に間に合わなかったために予定の期日が延期されたりすること，地方当局の法務部門の人員が足りないために他の緊急性の高い事件が優先されがちであること，裁判所スタッフの異動，等が挙げられる（pp.13-15）。

次に，判事の側の問題としては，FO の手続と養子命令事件手続との役割の違いが十分に理解されていなかったり[30]，秘匿性への配慮が欠けていたりすることがある[31]（p.15）。

2　Pathways study の結果

Pathways study では，4つの county に関する裁判所の記録と，London のいくつかの地域に関する裁判所の記録を用いた調査が行われた。ただし，費用と時間の都合上，基本的に，2件に1件の割合で記録を抜き出してサンプルとするという手順が取られた。

4つの county としては，田舎である Devon と Somerset，また都市部であ

---

[27] Birmingham のあるソーシャルワーカーは，FO の手続に最低でも7か月もかかることがわかってきたため，FO の申立ての件数をどんどん減らしている，と証言している（p.65）。

[28] AA は，FO の申立てから6週間以内に，子の case history などの膨大な情報を含む書類（Schedule II Report とよばれる）を裁判所に提出すべきものとされていた（Lowe, supra（note 9）at 228）。

[29] 許末恵「英国における子どもの手続上の代理」青山法学論集50巻4号（2009年）35頁，特に43-57頁参照。

[30] ある判事は，FO を出すことは養子を許可することだと考えており，ある日の午前に FO を出した後，昼のあいだに養子命令の申立てをするように促し，同じ日の午後に養子命令を出したという（p.15 n.7）。また，別の判事は，ひとたび FO が出れば，その後は実親の同意の問題を扱う必要がないにもかかわらず，養子命令事件手続において，FO の手続でやったことを繰り返すよう求めたという（p.15）。

[31] FO の手続で，判事が，養親候補者を法廷に呼び出したり，里親の個人情報が法廷で明かされるよう求めたりした事例や，子がどこにいるかが実親に明かされてしまった事例があるという（p.15）。

〔金子敬明〕　*12* Freeing order をめぐるイングランド養子法の経験

る Birmingham と Walsall が選ばれた。これらのうち，Devon と Birmingham は，feasibility study において，FO がよく用いられていることがわかっており，同様に，Walsall では中程度に，Somerset では低い頻度でのみ，FO が使われることがわかっていた[32]。

　対象となったのは，FO および養子命令の申立て事件（以下ではそれぞれ「FO 事件」「養子命令事件」という）であって，1986 年 7 月 1 日から 1988 年 6 月 30 日までの 2 年間に申立てがなされたものである。サンプル化された全件につき，やや簡略な mini record[33]が作成され，さらにこれらのうち，London に関するもの全件および AA が関係しないもの（FO の申立ては AA のみがなしうるので，FO に関する事件はこれに含まれていない）全件を除いたすべてについて，より詳細な記録（court proforma[34]）が作成された。

　サンプル中，FO 事件は 78 件である。このうち，ほぼ半数の 40 件は Birmingham の事件であり，また Somerset の事件はゼロであった。これら 78 件のうち，court proforma が作成されたのは 54 件である[35]。ここでは FO 事件に関する結果のうち，興味深く思われたものを若干紹介する。なお，以下の項目の一部（③，④(b)および④(c)を除くすべて）については，比較のため，養子命令事件との対照をする[36]。

　①　FO 事件と養子命令事件（後者のうち，すでに FO が出されていた子にか

---

[32]　Report, p. 19.
[33]　mini record において事件記録から集められた情報の項目につき，University of Bristol Socio-Legal Centre for Family Studies, *Pathways to Adoption: Research Project* (1993, HMSO), Appendix B 参照。
[34]　court proforma において事件記録から集められた情報の項目につき，*ibid.*, Appendix C 参照。
[35]　本文で先述したように，London に関するもの（21 件）についてはおよそ court proforma が作成されず，さらに，Birmingham に関する 40 件のうち 3 件も，事情ははっきりしないが，court proforma は作成されなかった。かくして，54 件の内訳は，Devon が 13 件，Birmingham が 37 件，Walsall が 4 件である（Report, Tables 3.1 and 3.2）。
[36]　具体的には，mini record で収集された情報を利用できる①，②および⑤では，サンプルに含まれる養子命令事件のうち，継親およびその他の親類による申立ての事件を除いたものとの対照が，また，④(a)および⑥では，養子命令事件のうち court proforma が作成された全件（先述のように，継親養子やその他親類による養子命令の申立て事件については，court proforma は作成されなかったので，もとから含まれていない）との対照がなされた（pp. 22-23）。

301

I 民　　法

かる事件は約 15 % である）との件数比。サンプル全体としては 1 : 4 だが，地域によってかなりばらつきがあり，たとえば Birmingham では 1 : 2 である (pp. 23-24)。

② 申立てから命令が出るまでに要した時間。FO 事件では，平均して 9.3 カ月であり，比較的短い Birmingham でも平均で 7.5 カ月かかっている。9 カ月未満の事件は全体の 46 % にすぎず，9 - 18 カ月かかる事件も 30 % ある。これに対して，養子命令事件では，平均して 6.3 カ月であり，9 カ月未満で命令が出た事件は 76 % を占める (pp. 25-26)。

FO 事件の方が高い数値が出る背景事情としては，FO 事件の方が係争が生じる事件の比率が高いこと（下記④参照），さらに，養子命令事件には，先述のように FO の手続を経た子について養子命令が申し立てられた事件が含まれるところ，そういう事件は短期間で処理される (court proforma によると，平均 3.3 カ月) ので，それが養子命令事件における平均値を押し下げているということも，あわせて考慮する必要がある (p. 27)。

③　AA での処理に要した時間[37]。6 カ月未満が 60 % で，平均値もちょうど 6 カ月だが，1 年以上かかるケースも 14 % ある。Birmingham において平均が 7.0 カ月と，他の county よりもだいぶ長くなっている (pp. 29-30)。

④　係争の生じたケース数と生じなかったケース数との比。もっとも，何を以て係争の生じたケースというかが問題である。いくつかの基準が考えられる。

(a) まず，実父母の少なくともいずれかの同意がない事件，同意免除の要件があることが主張された事件，および最終弁論が係争的なものであった事件，の 3 つのいずれかにあてはまるものを，係争の生じたケースと考えることにすると，係争の生じたケースは FO 事件においては全体の 4 分の 3 を占めるのに対し，養子命令事件においては全体の 4 分の 1 にすぎない。子が現在の placement 先に来たときに何歳であったかによっては，この比は，FO 事件においても養子命令事件においても，ほとんど変わらない

---

[37]　これは具体的には，adoption panel（各 AA に最低限 1 つ設けられた合議体で，養親候補者と子のマッチングなどについて AA に推薦する任務を負う。当時の規定について，Adoption Agencies Rules 1983 (SI 1983/1964), rr. 5, 10 参照）が，AA に対し FO を申し立てるよう推薦してから，その推薦を受け入れた AA が FO の申立てをするまでの時間である (p. 29)。

(pp. 34-35)。

(b) 次に，実母の同意が不要であると主張してFOが申し立てられた事件を，係争の生じたケースとみるならば，それに該当するのはFO事件全体の67%である（pp. 35-36）。

(c) 最後に，子のための手続代理人が選任されたという基準によって，係争の生じた事件を画すると，それに該当するのはFO事件全体の約70%である（pp. 37-38）。

⑤ 申立て時の子の年齢。これを，1歳未満，1歳以上5歳未満，5歳以上10歳未満，10歳以上18歳未満で分けると，FO事件ではそれぞれ12%，49%，32%，4%（このほか，不明が3%）であるのに対し，養子命令事件ではそれぞれ37%，30%，15%，13%（このほか，不明が5%）である（p. 39）。

⑥ 申立て時にいたplacement先に子が初めて来たときの年齢。これを，1歳未満，1歳以上5歳未満，5歳以上10歳未満，10歳以上18歳未満で分けると，FO事件では，それぞれ24%，42%，20%，4%（このほか，不明が10%）であるのに対し，養子命令事件では52%，35%，9%，2%（このほか，不明が2%）である（p. 39）。

V freeing order の改正論議[38]

1 1992年の報告書とそれへの反応

1989年に，養子法の全面見直し作業がワーキンググループによって開始されたが[39]，FO制度は，1991年のディスカッションペーパーにおいて，先にⅡ2および3で述べた2つの側面のいずれにおいても失敗であると断じられた[40]。

---

[38] 本文Vの記述に関しては，新島一彦「イギリスにおける養子法改正の動向」日本法学58巻4号（1993年）199頁，同「イギリス2002年養子及び児童法の概観」小野幸二古稀記念『21世紀の家族と法』（2007年）577頁に負うところが大きい。また，一連の養子法改正検討プロセスの概説としては，許末恵「英国の特別後見制度」三木妙子＝磯野誠一＝石川稔献呈記念『家族と法の地平』（2009年）274-275頁が簡にして要を得ているほか，N V Lowe/G Douglas, *Bromley's Family Law* (11th ed., 2015, OUP. 以下では「Bromley (2015)」と略する), p. 683 も参照。

[39] Caroline Bridge/Heather Swindells, *Adoption: the Modern Law* (2003, Jordan), para 2.1.

[40] Caroline Bridge, 'Reforming the Adoption Process: Inter-departmental Reviews 2 and 3' (1992) 4 *Tolley's Journal of Child Law* 72 at 75 によると，*Inter-departmental*

Ⅰ 民　　法

　そこで，この制度を廃止すべきか，それとも改良した上で維持するかが論点となった。

　1992年の報告書では，次のような提案がなされた[41]。AAが扱う養子託置のうち，乳児に関するものを除いたすべてについて，養親候補者が決まり養子に出すことが計画された後に，AAと当該養親候補者とが共同で placement order を裁判所に申し立て，これが得られた後に養子託置がなされるべきである。placement order の申立て後に，子のための手続代理人（guardian ad litem）が調査し，子，親，親類その他関連する者たちの誰も，計画された養子案に反対していないことが確認された場合には，裁判所は審理なしに命令を下すが，反対がある場合には，審理をして placement order が出るまで，正式な養子託置はなされるべきでない（もっとも，その間，子と養親候補者のあいだで導入〔introduction〕をすることは妨げられない）[42]。

　この提案の特徴は，裁判所の判断が，養親候補者が特定された後になされる，という点にある。これは，養親候補者に既成事実を作らせないという点では，実親にとってメリットであるが[43]，反面で，これだと正式な養子託置に至るまでに相当の長期間がかかることが予想され，それは子にとってきわめて有害である。また，導入段階にあるにすぎない子のために placement order を求めて実親と争うことになりかねないという負担を養親候補者に課すことになり，し

　Review of Adoption Law Discussion Paper No.2: Agreeing and Freeing (September 1991), para 118 は次のように論じているという（同報告書は参照できなかった）。すなわち，FO制度は，養親候補者にとっては明白に利益となっているものの，その利益が，実親にもたらす不利益や，子にもたらす遅延，不確実性および legal limbo 状態（limbo とは，天国と地獄とのあいだにあるとされる場所のことであり，legal limbo の語は，FO の出された子が，実親から切り離され，かといって別の親が用意されているわけでもない宙ぶらりんの状態にあることをさす表現として，しばしば用いられる）を上回るかは疑問である，と。

(41) Department of Health/Welsh Office, *Review of Adoption Law, Report to Ministers of an Interdepartmental Working Group: a Consultative Document* (October 1992), paras 15.1-15.5.　前掲注(38)の新島・動向論文209-211頁および概観論文583-584頁にも，1992年報告書に関する詳細な紹介がある。なお，1992年の報告書の主要な提言は，'Adoption Review' [1992] *Family Law* 564 にまとめられている。

(42) NV Lowe, 'Adoption Placement Orders――Freeing by Another Name?' (1993) 5 (2) *Journal of Child Law* 62 at 62-63.

(43) Lowe, *supra* (note 42) at 63; Ralph Sandland, 'Out of the Freeing Plan…?' (1994) 6 (4) *Journal of Child Law* 152 at 152.

たがって養親候補者がなかなか出てこなくなるのではないかと懸念される，などの指摘がされた[44]。1993年のWhite Paperは，1992年の報告書に向けられた批判の要点を，「新しい手続は重い（cumbersome）ものとなり，場合によっては，不必要に，明確なメリットもないにもかかわらず，養子プロセスを長期化・複雑化させるのではないか」という危惧だとまとめている[45]。もっとも，1993年のWhite Paperは，FO制度に代わる新たな提案を具体的には示さず，さらに政府の外で議論する機会を設けてから具体的な立法作業にとりかかる旨を示唆するにとどまった[46]。

2　1994年の試案

1994年になって再度，養子託置に関する試案が出された[47]。その内容は次のとおりである。

まず，親の同意があるケースとそうでないケースとに分け，親の同意があるケースについてはplacement orderは必要ないものとする。この場合に，養親候補者は，養子に取る意図の通知（notice of an intention to adopt）をすると，子について親責任を取得する。

次に，親の同意が得られないケースについては，これをさらに，養親候補者が決まっていなくても養子に出すことが子にとって有益であることがわかるケースと，養親候補者が決まらないと子にとっての養子のメリットを裁判所が判断しがたいケースとに分ける。前者の場合には，裁判所は，placementの内容を特定せずにGeneral Adoption Plan orderを出す。この命令が出されても実親は直ちに親責任を失うものではないが，実際に養親候補者へのplacementがなされると，親責任は実親と当該養親候補者とでシェアされる。また，この

---

[44] Lowe, *supra* (note 42) at 63-64. Deborah Cullen, 'Adoption Review' [1993] *Family Law* 47 も，一見すると論理的にすっきりした解決が，新たに別の問題をもたらす，とコメントしている。

[45] Department of Health/Welsh Office/Home Office/Lord Chancellor's Department, *Adoption: the Future* (November 1993, Cm 2288), para 4.9.

[46] *ibid*, paras 4.12-4.13.

[47] Bromley (1998), p.657 n.15 によれば，Department of Health, *Placement for Adoption — a Consultation Document* (April 1994) であるという。同文書も参照できなかったが，Sandland, *supra* (note 43) at 153-154 がその内容を詳細に紹介しており，本文の記述はこれによる。

I 民　　法

命令は，一定の合理的期間内に子が placement を与えられなかった場合には自動的に失効するものとされる。これに対して後者の場合には，特定の養親候補者に対する placement に絞って認める Specific Placement order が出される。この命令を申し立てることができるのは，当該特定の養親候補者，AA またはその両方である。この命令が出ると，親責任は実親と当該養親候補者によってシェアされる。いずれの場合も，親の同意の免除要件が満たされている必要があるという点は同じである。ただ，この 2 種類のケースをどのようにして切り分けるのかは，明確にされていない。

3　1996 年の養子法改正草案

以上のような 1994 年の試案をベースにしつつ若干の改変と精緻化を加えた[48]のが，1996 年 3 月の養子法改正草案[49]である。

養子託置に関する草案の内容は，次の①～③のとおりである[50]。

①　AA が養子託置をおこなえるのは，実親の同意が得られる場合（下記②。実際上は，母が乳児を放棄する場合に限られる）か，裁判所の placement order を得た場合（下記③）だけである（草案 19 条）。すでに里親などの形で実際には子と同居している場合についても，この 2 つのいずれかがあって初めて養子託置と位置づけられる（つまり，placement の性質が養子に向けられたものへと切り替えられる）ことになる。

②　実親の同意による養子託置は，子が地方当局のケア下にもなくケア命令申立て事件の手続中でもなく[51]，かつ，その子を特定の養親ないし AA の選ぶ養親一般に養子託置することについて実親が同意したことを AA が確認した場合に限り，おこなうことができる（草案 20 条）。また，同意をした親は，親責任を養親候補者や AA に与える旨の合意（parental responsibility agreement）をすることができる[52]が（草案 21 条），この場合に，FO とは異なり，同意をし

---

[48]　Nigel Lowe, 'Placement of Children for Adoption under the Proposed Adoption Bill', (1996) 126 *Childright* 14 at 15.

[49]　Department of Health/Welsh Office, *Adoption—a Service for Children and Adoption Bill—a Consultative Document* (March 1996). 同文書も参照することができなかった。

[50]　概略として，Bromley (1998), pp. 658-659 を，詳細な紹介として，Lowe, *supra* (note 48) at 15-16 をそれぞれ参照。

[51]　「ケア下」「ケア命令」の意義について，前掲注[14]も参照。

た実親から親責任がなくなるわけではなく，実親は養親候補者やAAと親責任をシェアすることになる。もっとも，実親による親責任の行使は，現実には制限を受ける。

なお，養子託置への同意は，養子命令への同意とは別物である（もっとも，同時に両方に同意することは可能である〔草案26条〕）。しかし，養子託置につき同意すると，その後に，裁判所が養子命令を出すことにつき実親が反対する（oppose）ためには裁判所の許可を得なければならず，しかもその許可は，養子託置への同意の時から状況の変化（change of circumstances）があった場合にのみ，認められる（草案41条4項）。

③　placement orderは，(a)子が養子に出されるべきであるとAAが判断したが，実親が養子託置に同意しない場合（一旦した同意を撤回した場合を含む），および，(b)子がケア命令下になくケア命令申立て事件の手続中でもなく，地方当局が計画したその子のケアプランに養子託置をすべき旨が含まれている場合，の2つの場合に必要となる（草案23条）。placement orderを出すために，裁判所は，子がAAの選ぶ養親候補者に養子託置されることにつき実親が同意をしていること，または，その同意が免除される要件が満たされていること，を確認しなければならない[52]（草案23条6項）。同意が免除される要件は，実親が行方不明であるか同意を与える能力がない場合と，その子の福祉（welfare）ゆえに同意が免除されるべきであるということを裁判所が認めた場合，の2つである[54]（草案46条）。なお，placement orderが出されると自動的に，親責任

---

[52]　ただし，Lowe, *supra* (note 48) at 15は，条文案ではmayという言葉が使われているが，条文案の解説からは，必ずそうしなければならないという趣旨に読み取れるという。

[53]　Lowe, *supra* (note 48) at 17は，1996年の草案では，1994年の試案と同様に，特定のplacementを念頭に置く形でも，そうでない形でも，placement orderを出すことができるとされている，と述べる。しかし，これは正しくないと思われる。Deborah Cullen, 'Adoption ― A (Fairly) New Approach' (2005) 17(4) *Child and Family Law Quarterly* 475 at 482も参照（なお，同所は，specific placement orderというアイディアが生き残らなかったことは残念である，としている）。

[54]　この同意免除要件は，ACA2002でそのまま採用されたが，これとは異なり，1992年の報告書では，養子に出すことが，そうでない選択肢と比較して，実親の意向をくつがえすことが正当化できるほどに，子にとって大幅によい（significantly better），という免除要件が提案されていた（Cullen, *supra* (note 53) at 484による）。実親の同意が得られないことの無視はどのような事情があれば正当化されるかを考えるうえで，参考になる。

Ⅰ 民　　法

が，養親候補者ないし AA に与えられるが（草案 27 条），実親から親責任がなくなるわけではない点は，②の場合と同様である。

　以上が養子託置に関する 1996 年草案の内容であり，総じて言えば，後にⅥで扱う現行制度（託置制度）とほぼ同じである。この草案における養子託置の仕組みについて，Lowe は次のように論評している。手続が迅速に処理されるのであれば，現行法（Adoption Act 1976）よりも多くの点で優れている。もっとも，FO 制度のもとでは FO が出れば実親は親としての地位を失うのに対し，この草案によれば，実親は養子命令が出るまでは親としての地位を失わないため，AA としては，養親候補者に対し，実親が養子命令に反対しないとは確言できないというデメリットがあるのは確かである。しかし先述のように，養子命令への反対は裁判所の許可がないと認められないことになっているので，実親の反対が奏功する可能性はかなり低い，と[55]。

4　Adoption and Children Act 2002 の制定

　1996 年草案は，結局何の法案にも結び付かず，1997 年の保守党から労働党への政権交代後も，しばらく養子法は放置されるかに見えた[56]。しかし，2000 年 2 月に首相 Tony Blair のもとで，要保護児童[57]（looked-after children）を養子に出すという場合を主に想定して，養子法の再検討作業が始められた[58]。

　この再検討作業の報告書[59]では，FO の代わりに，1996 年の草案で規定され

---

[55]　Lowe, *supra*（note 48）at 18.

[56]　この背景にあった政治的状況について，新島・前掲注[38]概観論文 580-581 頁および Bridge/Swindells, *supra*（note 39）para 2.2 参照。

[57]　ケア命令により地方当局が親責任を取得している子（前掲注[14]も参照），および，地方当局によって 24 時間以上継続的に accomodation を受けている子をまとめて，このようにいう（Children Act 1989, s. 22(1)）。

[58]　Bromley（2015），p. 683. Jo Roll, *The Adoption and Children Bill*（House of Commons Library Research Paper 01/33, 23 March 2001），p. 7 は，この政策転換を，1974 年から 1990 年にかけて北ウェールズの児童養護施設で起こった児童虐待ケースについての報告書（いわゆる Waterhouse Report. Department of Health, *Lost in Care. Report of the Tribunal of Inquiry into the Abuse of Children in Care in the Former County Council Areas of Gwynedd and Clwyd since 1974*）が 2000 年 2 月に出されたことと結び付けて，記述している。同旨，Bridge/Swindells, *supra*（note 39）paras 2.2-2.3.

[59]　A Performance and Innovation Unit, *supra*（note 20）. その後，これを受けて，White Paper として，Department of Health, *Adoption: a New Approach*（December 2000.

ていたような placement order を導入すべきことが提案された[60]。そして，この線で法案が提出されたが[61]，2001年6月の総選挙のために時間切れとなり，総選挙で労働党が再び勝利した後に，再度法案が提出され[62]，ACA2002に結実した。

Ⅵ Adoption and Children Act 2002における託置制度

養子託置に関するACA2002の規定は，Ⅴ2で紹介した1996年草案のそれとほぼ同じである。もっとも，少なくとも次の2点は異なる。第1に，ACA2002のもとでのplacement order（以下ではこれを「PO」と略する）を申し立てる資格があるのは地方当局のみであり，民間の登録養子斡旋団体は，後に2で述べるような効果をもつ養子託置をするには，一定の手続を踏んだうえで実親の同意を得るしかない[63]（s. 21(1)）。第2に，第1の点とも関連するが，子に実親がいる場合には，ケア命令が出されているか，その発令要件[64]を満たしていないと，POを出すことができない（s. 21(2)）。

ACA2002における託置制度については，すでに拙稿[65]で扱ったことがある

Cm 5017) が出されたが，これは主に社会政策としての養子の新たなビジョンを示すものであり，養子命令やそれに付随する，（日本風に言えば）「私法的」な法制度には，ほとんど言及がない。

なお，上記 White Paper は，要保護児童から養子に取られる件数を 2004/05 年までに40％増やすという具体的な数値目標を掲げている（para 4.16）。この点に関連して，Lewis, *supra*（note 20）at 241-242 は，イングランドおよびウェールズにおいて，政策的に養子が推進された時期には，社会福祉予算の削減が伴っている（同論文では，1970年代中ごろと2000年代初頭が挙げられている）と指摘する。同じ現象は2010年代初頭にもみられ（Claire Fenton-Glynn, 'Adoption Targets' [2016] *Family Law* 148 at 149-150. 田澤あけみ「イギリス福祉政策にみる「児童保護」制度の軌跡と課題」社会保障研究2巻2-3号（2017年）210頁も参照），興味深い。

[60]　A Performance and Innovation Unit, *supra*（note 20），para 8. 10.

[61]　The *Adoption and Children Bill*, Bill 66 of 2000/2001 (March 2001); Explanatory Notes Bill 66-EN, Second Reading on 26 March 2001. Roll, *supra*（note 58）も参照。

[62]　The *Adoption and Children Bill*, Bill 34 of 2001/2002 (October 2001). Jo Roll, *The Adoption and Children Bill* (House of Commons Library Research Paper 01/78, 26 October 2001) も参照。

[63]　もともとは，AAにはPOの申立資格があるという案だったが，議会の委員会段階で，申立資格を地方当局に限定するという修正が加えられた。Bridge/Swindells, *supra*（note 39），para 9. 27.

[64]　前掲注[14]参照。

Ⅰ 民　　法

ので，制度の平板な叙述は割愛し，ここでは，FO 制度との対比という観点から，少し角度を変えて紹介したい。

1　概　　要

託置制度は，AA が関係する場合にのみ適用がある（s. 18(1)）。AA が養子託置をする[66]権限を得る（authorised）方法としては，①実親の養子託置同意（consent to a child being placed for adoption）を得る場合と，②PO を得る場合の2通りがある。一般に，①は consensual route と，②は placement order route と呼ばれるが，以下ではそれぞれ同意ルートと裁判ルートと呼ぶことにする。②は地方当局のみが利用できることは，先ほど述べたとおりである。

AA は，実際に養子託置をする際には，その子について養子託置がなされるべきであることを確認しなければならない（s. 18(2)）。これは具体的には，AA が，adoption panel[67]による推薦を受け入れてその子は養子託置されるべきであると決定するという手順を意味する。

①　同意ルートの場合，AA は，実親から必要な養子託置同意（特定の養親候補者に限定した形で与えられることもあれば，AA が選定する養親候補者一般という形で与えられることもある）が得られたことを確認したときに，その子につき養子託置をする権限を得る（s. 19(1)）。この権限は，同意が撤回されれば失われる（s. 19(1)．ただし，2②で述べるところも参照）。

実親が上記の同意をしようとする際には，AA は，CAFCASS[68]に対し，同意の証人となる職員1名を指名するよう求めなくてはならない[69]。この職員は，結果を完全に理解した上で無条件に同意がなされたこと（s. 52(5)）を確認する責務を負う。もっとも，実親の同意の完全性を実質的に確保することは，AA

---

[65]　「養子制度」大村敦志ほか編『比較家族法研究』（商事法務，2012年）179頁，とりわけ 196-203 頁。

[66]　すでに里親としての資格で子を現に養育しているところ，養育者の資格を里親から養親候補者に切り替えるという場合も，養子託置をすることに含まれる（s. 18(1)(b)）。

[67]　前掲注[37]参照。

[68]　CAFCASS とは，それ以前に，家族関係訴訟において，子について報告書を作成し，子を代理する役割をもっていた，3つの組織を統合して 2001 年に発足した政府外公共機関（non-departmental public body）である（Bromley (2015), pp. 452-453）。許・前掲注[29]論文 57 頁以下も参照。

[69]　Adoption Agencies Regulations 2005（SI 2005/389），reg. 20.

の任務である[70]。すなわち、AA は、合理的に実行可能な範囲において、子および実親に対し、養子のプロセスや法的意味を説明するのはもちろんのこと、カウンセリングサービスを提供する義務も負う[71]。

② 裁判ルートの場合、PO が下された時に、地方当局はその子につき養子託置をする権限を得る（s. 21(1)）。PO は、特定の養親候補者を想定せずに、一般に養子託置をするのに適した子であると判断されるときに、下される（s. 21(1)）。

2 託置制度の存在意義

託置制度のもとでなされた養子託置によって、一体どのようなことが可能になるのだろうか。

① AA が養子託置をする権限を得ると、当該 AA はその子について親責任を取得する（s. 25(2)）。さらに、養子託置が養親候補者に現になされているあいだは、当該養親候補者も親責任を取得する（s. 25(3)）。このような親責任の付与は、託置制度のもとでなされた養子託置にのみ生じる。

なお、AA は、実親や養親候補者のもつ親責任がどの程度制限されるべきかを決定することができる（s. 25(4)）。

② 同意ルートにおいて[72]、AA が養子託置をする権限を得て、実際にも養子託置が実行されても、その後に親が養子託置同意を撤回（withdrawal）すること自体は、原則としていつでも可能である。しかし、次のような制約がある。

第1に、養子託置同意の撤回が、養子命令申立ての後になされても、その撤回は効力を生じない（s. 52(4)）。そして、AA により養子託置がされた子については、試験養育期間は最低限で 10 週間とされているので（s. 42(2)）、養子託置同意後、そう時間が経たないうちに養子命令の申立てがされる（そのため、もはや養子託置同意の撤回は効力を生じない）という事態も、それなりに起こり

---

[70] Cafcass/ADCS, *Good Practice Guidance for Adoption Agencies and Cafcass: Children Relinquished for Adoption* (available at https://www.cafcass.gov.uk/grown-ups/parents-and-carers/resources-parents-carers/).

[71] Adoption Agencies Regulations 2005 (SI 2005/389), regs. 13(1), 14(1)。

[72] 裁判ルートの場合には、実親が子を取り戻すためには、PO が取り消される（revoked）ことが前提として必要であり、かつ、取消しの裁判において、子が実親により引き取られるべきであると判断される必要がある（s. 34(4)）。

Ⅰ 民　　法

うる。

　第2に，養子命令の申立て前であれば，養子託置同意の撤回は有効である。この場合に，AA は撤回があった旨を，託置先の養親候補者に伝え，そしてそれを聞いた養親候補者は，聞いてから14日以内に AA にその子を返すべき，というのが原則である（s.32(2)）。しかし，当該 AA が地方当局である場合において，その子について PO の申立てがなされ，かつその裁判手続が終結しないあいだは，この原則はあてはまらない[73]（s.32(1)）。そして，PO を申し立てる義務が地方当局に課される場合が2つ規定されている[74]（s.22(1)(2)）。かくして，その2つの場合には，地方当局が同義務に基づいて上記の14日以内に PO の申立てをすれば，裁判所による別段の指示がない限り，PO 事件の手続が終結するまでは，実親に子が返されることにはならないのである[75]。

　③　養子命令を裁判所が出すことのできる場合の1つとして，次のような規定が設けられている。すなわち，(a) その者を養親とする養子命令の申立てがされているところの養親候補者に，AA が養子託置をしている，(b) その子に

---

[73]　Heather Swindells/Clive Heaton, *Adoption: the Modern Procedure*（2006, Jordan, para 3.113; Bromley（2015），p.700 n.165.

[74]　s.22(1)は，①子が地方当局によって養子託置に出されているか，accommodation を与えられている，②当該子について養子託置をする権限のある AA がない，③当該子について実親がいないか，当該地方当局が当該子につきケア命令の発令要件（前掲注(14)参照）が満たされていると考えている，の3要件がすべて揃い，かつ，当該地方当局が当該子は養子託置に出されるべきであることを確認したとき（s.18(2)．本文Ⅵ1参照）に，当該地方当局は PO を申し立てる義務を負うとする。また，s.22(2)は，①子についてケア命令が出されうるような申立てが裁判所になされ，その裁判手続がまだ終結していない，②子についてケア命令が出されており，かつ，そのケア命令により親責任を有する地方当局が当該子について養子託置をする権限をもたない，の2つのいずれかであり，かつ，当該地方当局がその子は養子に出されるべきであることを確認したとき（s.18(2)．本文Ⅵ1参照）にも，当該地方当局は PO を申し立てる義務を負うとする。

[75]　Bridge/Swindells, *supra*（note 39）paras 9.17, 9.106, 9.108. また，Helen Carr/David Goosey, *Law for Social Workers*（14th ed., 2017, OUP），p.338 は，「もし子を実親に返すことを妨げたいと AA が思うのならば，当該 AA は PO を申し立てなければならない。このときに，PO が拒絶され，かつ実親が自分に子が返されるべきことを希望する場合には，PO を拒絶した裁判所が，その子がいつ返されるべきかを決める」と述べる。なお，s.19(4)は，同意ルートによってひとたび子が養親候補者に養子託置された場合には，その後に実親の同意が有効に撤回されても，その子が当該養親候補者のもとにいる限り，その子は ACA2002 にいう「s.19 に基づいて養子託置に出された子」に該当する（その結果，たとえば，AA や当該養親候補者も引き続き親責任を有する）と規定している。

ついての養子託置が，養子託置同意またはPOに基づいてなされたものであった，の2つの要件が満たされていれば，実親が裁判所の許可を得たうえで養子命令に反対するのでない限り，裁判所は養子命令を出すことができる（s. 47(4)(5)）。しかも，この許可は，養子託置同意またはPOの時から，状況の変化（a change in circumstances）があったと裁判所が認めない限り，出されない（s. 47(7)）。以上の結果として，正規に（つまり，養子託置同意かPOに基づいて），AAから養親候補者に対し養子託置がひとたびなされると，その養子託置が継続している（つまり，当該養親候補者がその子を現に養育している状況が継続している）限り，当該養親候補者のための養子命令が出されることを実親が阻止しようと思っても，それはかなり難しいという仕組みが，人為的に構築されている。

3 FO制度と託置制度との違い

FO制度と託置制度には，同意ルートと裁判ルートの2つに分けられることなど，共通点もそれなりにある。しかし，次の①〜③の点では，かなり異なっている。

① 託置制度のもとでは，養子託置同意またはPOによりAAに養子託置の権限が与えられ，その権限に基づいて実際に養子託置もされると，その段階をもって，実親による子の取戻しがかなり難しくなるという特徴が認められる。いいかえれば，託置制度は，養子託置を受けた養親候補者に，養育が成功する限り養子成立に向けて相当程度の期待を持って差し支えないという状態を，人為的に作り出すための制度である。

FO制度も同様のことを目的としていたといえるが，先述したように，AAが関与するケースにおいてFOの利用は必要的とはされておらず，実際にもFOはあまり利用されていなかった[76]。これに対して，ACA2002のもとでは，AAは養子託置を託置制度によらずにおこなうことはできない（s. 18(1)）。

② 託置制度においては，FO制度とは異なり，養子託置をする権限がAAに生じても，実親から親責任は失われない。

---

[76] Bridge/Swindells, supra (note 39), para 9.1は，FO制度のもとでは，養子託置をすることについてオーソライズを得るという手続が必要的でなく，あまりに多くの事柄の判断が，最後の養子命令事件手続の段階まで持ち越され，養親候補者は養子命令を実際に得るまで緊張を強いられることになるという難点があった，という。

Ⅰ 民　　法

　このことは，託置制度のもとでも，実親による親責任の行使をAAが制約できること（s. 25(4)）に鑑みれば，実質的には大きな違いではないともいえる。
　しかし，FO制度においては，実親から親権を奪うので，実親の同意があるにしても裁判所の命令が必要である，と考えられていたようにみえるのに対し，託置制度では，養子託置だけでは実親は親責任を失うわけではないから，厳格な手続によって実親の同意が取れれば，裁判がなくてもAAや養親候補者に親責任をシェアさせるという効果を認めてよい，という体系的位置づけがされているように思われる。そうだとすれば，託置制度のもとで，養子命令が出るまでは実親は親責任を失わないという仕組みが採用されたことには，FOの出された子を法的に宙ぶらりんの状態（legal limbo）に置いてしまうというFO制度への批判に対処したという以上の含意があるのではないか。
　③　裁判ルートの場合に，FOには，養子命令事件手続で判断されるべき，実親の同意要件の免除の可否を，前倒しで判断するという位置づけが与えられていた。これに対して，託置制度のもとでは，PO事件において裁判所は，POを出すべきかどうかを検討するにあたり，裁判所に与えられた権限内のあらゆる選択肢を検討しなければならないことになっている[77]（s. 1(6)）。FO事件では，命令を出さなかったらどうなるかと，出したらどうなるかとの比較がなされることになるが，しばしば養親候補者が決まってすらいない段階で，その点を判断することは容易でない[78]。これに対し，PO事件の場合には，裁判所は，そ

[77]　養子命令が申し立てられた場合に，裁判所は，養子命令を出すか出さないかだけではなく，より介入度の弱い他の種類の命令（特別後見命令〔special guardianship order〕，居所命令〔residence order〕など）が出されるべきではないかも検討しなければならない（Bridge/Swindells, *supra*（note 39），paras 7. 88-7. 145参照）。これに対して，POは，養子という最終目標に向けた手段であるという性質上，他の種類の命令との比較が問題となることは，実際にはあまりないように思われる。それでも，POの申立てに対して裁判所が特別後見命令を出すことは可能であるとしたもの（結論としてはPOの申立てを認めた）として，*Re DF and GF (Children) (Placement Order or Special Guardianship Order)*［2013］EWHC 2607（Fam）がある。

[78]　FO制度のもとで，実親の同意がないが，同意免除の要件が満たされているとして裁判所がFOを出すという場合の欠点について，本文Ⅴ1で触れた1992年の報告書（para 14. 4）は次のように指摘していた（Bridget Lindley/Nicola Wyld, 'The Adoption Bill and Birth Families'［1996］*Family Law* 543 at 544による）。すなわち，裁判所は，子に対して実親が現在おこない，あるいは将来におこないそうな監護が見るからに不十分であることを，仮定上完璧とされる養親（hypothetically perfect adoptive parents）がおこないそうな監護と比較するという危険がある，と。

の子の養育に地方当局が介入していくやり方にもいろいろある中で、養子託置が最も適切であるかどうかを、地方当局が出してくる資料をもとに判断することになる。

　もっとも、POに基づいて現に養子託置がなされると、養親候補者による子の養育がうまく行く限り、養子命令が出されることを実親が止めるのは難しいという形で、養子命令事件手続との連結が図られていることもたしかである。この意味では、最終的に養子命令事件手続で判断されるべき事柄の一部が前倒しで判断されるという要素が、形を変えて残されているとみることもできる。

Ⅶ　おわりに──日本法への示唆

　Ⅰで述べたように、現在、日本では、FO制度と似た制度の導入が検討されている。この動向は、ある一定の手順を踏んだ養親候補者において、試験養育がうまく行く限り、実親側の事情に左右されることなく特別養子の成立への期待を持ってよいという状態を作り出すことを企図したものである。FO制度も、まさにこれと同じことを目指した試みであったが、これが失敗と評価されて、託置制度が導入されるに至った経緯は、ここまで見てきたとおりである。

　そこで、FO制度をめぐるイングランド養子法の経験からどのようなことを引き出しうるか、最後に少し検討してみたい。

　焦点は、どういう手順を踏んでどういう状態になったときに、養親候補者において特別養子成立への期待を持って差し支えないものとしてよいか、にある。そのような状態に至るためには、実親の何らかの同意が得られるか（同意ルート）、それが得られずに何らかの裁判を経るか（裁判ルート）、のいずれかが必要であることにおそらく異論はなく、以下でもこの2つの場合に分けて検討する。以下では、同意ルートで必要な同意、裁判ルートで必要な裁判を、それぞれカギカッコつきで「同意」「裁判」と呼ぶことにする。ただし、以下でもみるように、一体何についての「同意」なのか、一体何を審理する「裁判」なのかということ自体を詰めて考える必要がある。

1　同意ルート
(1)　何についての同意か？
　「同意」とは一体何に対する同意なのか、特別養子縁組の申立てを認容する

Ⅰ 民　　法

裁判の際に原則として要求される同意とは異なるのか。託置制度のもとでは[79]，養子託置同意は，養子命令に対する同意とは一応別物であるとされている。「同意」とは，養子託置の効果（託置制度のもとでのその内容についてはⅥ 2 を参照）が生じるような状態になりうることについての同意である，と考えるならば，子を特別養子とすることへの同意と実質的には限りなく近くなるであろうが，概念的には一応，両者を分けておくべきであろう。

(2)　同意の自己拘束性？

FO制度においては，厳格な手続のもとにされた実親の同意がある場合に，裁判所がFOを下すことによって，実親は最低限でも1年間は子を引き取ることができないという仕組みになっていた。同意を与えた実親は，一定期間，自己拘束性による制約を受けていたわけである。これに対して，託置制度のもとでは，養子託置同意の撤回は，養子命令の申立てがされる前であればいつでも自由におこなうことができる。もっとも，既に養子託置がされていたり，まだされてはいないが実親に子を返すことも適切でないと思われるためAAがPOを裁判所に申し立てたりした場合には，実親が子を引き取るという結果は，少なくとも直ちには実現されない，という形で，外在的な制約を受ける仕組みになっている。

私見としては，同意の自己拘束性という論理は適切でないと考えたい。子を放棄するかどうかという極めて重大な事柄に関する「同意」を，一切揺らがせないで確定的におこなえる人もいるだろうが，むしろ揺らいで当然だと考えるべきではないか。たとえば，実親がもっぱら経済的な事情により，一度は「同意」したが，その直後に何らかの事情で経済的に好転したので，子を引き取りたいと思った，という事例を考えてみると，その場合に，自己拘束性のみを理由にして引取りを認めないという結論に至ることは容認しがたく思われる。むしろ，託置制度のように，「同意」を与えた実親も，それを撤回して子の引取りを求めることが原則としてはできるが，慎重に「同意」が取られ，そのうえ

---

[79]　細かな点であるが，託置制度のもとでの養子託置同意は，子が養子託置に出されることへの同意と規定されているのに対し（ACA2002, s.19(1)），FO制度のもとで，同意に基づいてFOが出される場合における実親の同意は，養子命令が出されること（the making of an adoption order）への同意だと規定されていた（Adoption Act 1976, s.18(1)(a)）。

で現に養子託置にまで至っている場合には，その限りで，養親候補者の期待という外在的な制約ゆえに，実親による引取りが認められないこともある，ということにすれば十分ではないだろうか。

ところで，「同意」があることを前提にして，FO制度のように，それをフォーマルなものにするために何らかの裁判をすることにすると，裁判がもつ性質からして，にもかかわらずいつでも気が変わったことを理由にしてその効力を否定できるとすることは難しい。したがって，この論理を取るのであれば，託置制度のもとでの養子託置同意のように，裁判外で，しかし一定の厳格な手続を踏んで，「同意」を取る（もちろん，それを証する書面も作成する）というやり方が望ましいだろう。

このような線で考えたときの日本法の課題は，もちろん，「同意」をしようとする実親にきちんと説明をし，納得したうえで実親が「同意」を与える，という環境をどのように確保するかという点である。公証人がこの観点において役立つようには全く思われず，現在の法制度のもとでは，家庭裁判所調査官を活用することが有力な選択肢として考えられようか。

(3) 親権の辞任・回復制度の活用？

家庭裁判所調査官を使おうとする際に問題となるのは，家庭裁判所調査官は，裁判に付随する形でないと利用できないのではないか，という点である。しかし，ほとんど利用されていないが[80]，親権の辞任・回復という制度があり（民法837条），これに似せて「同意」及びその撤回の制度を作れば，家庭裁判所調査官を利用できるということにしても，そう違和感はないと思われる。

ただ，実親の「同意」の真正さを確保するうえでは，家庭裁判所調査官に実親の「同意」の真正さの確認をさせるだけでは不十分であろう。たとえば，確認だけでなく実親への説明も家庭裁判所調査官におこなわせるのか。むしろ，家庭裁判所調査官には確認の任務だけを委ね，説明については児童相談所や登録民間斡旋団体に委ねるべきではないか。また，説明といっても，単に法的な仕組みの説明をすれば足りるのか。現行法の親権の辞任・回復制度のもとで，

---

[80] 平成28年度の司法統計（家事事件編第3表）によれば，837条関係（親権または管理権の辞任および回復）の新受件数は35件であり，また，許可の裁判がされたのは19件である。

Ⅰ 民　　法

どのようにして「やむを得ない事由がある」「前項の事由が消滅した」という要件を判断しているのか，その判断に家庭裁判所調査官がどのように関与しているのか，定かでないが，いずれにしても，単に家庭裁判所調査官に「同意」の真正さを確認させれば足れりとするのではなく，ヨリ実質的にその条件を詰める必要がある。

2　裁判ルート
(1)　審理の迅速性の必要

FO 制度のもとでは，裁判ルートの方が主に利用されていたところ，その FO に失敗の烙印が押されたことは，Ⅴでみたとおりである。その際に難点として指摘されたのは，とりわけ手続の遅延であった。Ⅳ2でみたように，FO の申立てから FO が出るまでに平均で9カ月かかるという実態があり[81]，これが，失敗と断じられるほどの遅延であると評価されたわけである。

翻って，日本においては，社会的養護のもとにある児童に家庭的環境を与える制度として特別養子を位置づける考え方は，緒についたばかりである。もし9カ月程度で，実親の同意の免除要件について何らかの解決が図られるのであれば，それを利用したいという需要はそれなりにある（ないよりはあった方がよい）かもしれない。

もっとも，日本の児童相談所や裁判所の執務状況からいって，「裁判」の手続が9カ月程度で済むかどうかすら定かではないし[82]，いずれにしても，子の福祉の観点からは，この「待たされる」期間が短いに越したことはないので，それを実現できる体制を構築する必要がある。

---

(81)　実際にはさらに，本文Ⅳ2③でみたように，AA が FO の申立てのための準備をする期間も考慮する必要がある。

(82)　本文で後述するように，「裁判」は親権喪失・停止の審判と似たものとみることができるが，ここで参考までに，2016年に終局を迎えた親権喪失請求事件89件について，申立てから終局までの期間をみると，49％が4カ月以内に終了している反面で，23％は6カ月以上を要している。同様に，2016年に終局を迎えた親権停止請求事件205件についても，63％が3カ月以内に終了しているが，23％は6カ月以上を要している。また，そもそも，これらの89件および205件のそれぞれ約半数（それぞれ49件，96件）は，取下げにより事件が終局を迎えたものであることにも注意する必要がある（最高裁判所事務総局家庭局「親権制限事件及び児童福祉法28条事件の概況　平成28年1月～12月」〔裁判所ウェブサイトに掲載〕3，6頁）。

また，FO 制度でそうであったように，特定の（先進的？　な）児童相談所や民間養子斡旋団体だけが「裁判」を利用するという事態が生じることも大いに予想されるが，そのことをどう受け止めるべきかも，あらかじめ考えておかねばなるまい。

(2) 「裁判」の効果
「裁判」にどのような効果をもたせるべきかは，難しい問題である。特別養子縁組の利用促進という観点だけからすれば，「裁判」を得れば，特別養子の裁判においては実親側の問題（特に同意要件）は考えなくてよいことにするという仕組みが望ましいであろう。現行法のもとでも，親権喪失の審判を受けた実親は，そのことによって，特別養子につき同意を与えるべき地位（民法 817 条の 6 本文にいう「父母」たる地位）を直ちには失わないものの，通常は「養子となる者の利益を著しく害する事情がある」（同条ただし書）と判断されることになるといわれるが[83]，「裁判」の効果として明示的にそう規定することが，1 つのやり方として考えられよう。

しかし，このように，「裁判」を親権喪失の審判になぞらえて理解する方向で考えた場合には，親権喪失の審判はよほどひどい事例でないと出されないというイメージが定着しているので，「裁判」もそれに引きずられて，特別養子の利用促進にほとんど役立たないという結果になる可能性がある（それで差し支えないという立場は十分にありうるが）。それが望ましくないと考えるのであれば特に（そうは考えないとしても同様であるが），「裁判」の認容要件をどう規定するか，親権喪失や停止の審判との関係はどうなるのかを，慎重に考えておくべきである。

以上の点とも関係するが，そもそも「裁判」の手続は何について審理判断する場なのかを明確にしておく必要がある。FO 制度のもとでは，裁判ルートの場合，FO 事件は，養子命令の認容要件の一部である実親の同意の免除について前倒しで判断するものと位置づけられていたが，同じような位置づけを「裁判」に与えることが果たして適切だろうか。たとえば，「裁判」と特別養子縁組の審判の手続とのあいだが何年もあいた場合に，実親の同意がないことを無

---

[83] 細川清『改正養子法の解説』（法曹会，1993 年）88 頁。

Ⅰ 民　　法

視してよいことは「裁判」ですでに判断されているから，その点を再吟味する必要はおよそない，としてよいのだろうか。親権喪失審判の取消しと同じように「裁判」についても取消しの余地を認めておけば，「裁判」が取り消されていない限りは，特別養子縁組の審判では同意の問題はクリアされているものとして扱い，再吟味はしない，というのが１つの解決策であろうが，では，「裁判」の取消しが請求されたがまだ判断が下されていない場合にはどう扱えばよいのか。こういった点も考えておく必要があるだろう。

(3)　別の位置づけの可能性

このように，「裁判」を親権喪失の審判に似たものとしてとらえるのが，１つの方向性である。他方で，「裁判」を，PO 事件のように，児童相談所が取る強制的措置について裁判所が承認を与えるという位置づけの制度にすることも考えられる[84]。この位置づけは魅力的であるが，この方向で考えた場合には，児童相談所のおこなう強制的措置一般に対する司法関与の問題の一環として「裁判」をとらえるのが，むしろ自然である。司法関与の問題は，Ⅰで言及した厚生労働省の検討会においても検討されたが，結果としては，「実務への衝撃を最小限に抑える形での」[85]漸進的な法改正がなされるにとどまった。イングランドのように，地方当局の強制的措置一般に対して広範に裁判所のオーソライズが求められる仕組みがあるのならばともかく，そうでないならば，どうして養子託置についてだけ「裁判」による裁判所のオーソライズが必要なのかを説明する必要があるだろう。

また，仮にこの位置づけをとった場合にも，「裁判」を特別養子縁組の審判の手続とどう連動させるかという問題が残る。託置制度のもとで，ひとたび PO が出されると，養親候補者による養育がうまく行く限り，養子命令が出されることを実親が止めるのはかなり難しくなる，というのと同様の仕組みを取ることが１つの対応策となるだろう。ともあれ，両者の連結の具体的なあり方については，「裁判」の認容要件とも関係づけながら，じっくりと検討する必要がある。

---

[84]　仮にこのようにした場合には，PO と同様に，登録民間養子斡旋団体には「裁判」の申立て資格を認めないことにするのが適切であろう。

[85]　磯谷文明「児童虐待の現状と改正法の意義・課題」法律のひろば 2017 年 12 月号 11 頁。

13 個人情報の取得・第三者提供に関する「同意」の私法的性質

米 村 滋 人

I はじめに
II 従来の民法学説・判例と分析
III 個人情報保護法の規律と分析
IV 「自己情報コントロール権」構成と「同意」の意義
V 結　び

I　はじめに

　ある者が他者（本人）の個人情報を取得する場合，あるいは既に保有する他者の個人情報を第三者に提供する場合に，本人の同意を得ることは必要とされるか。また，仮に必要であるとすると，なぜ同意が必要とされるのか。さらに，「同意」という呼称は，その法的実質を的確に表現したものと言えるのだろうか。これらは，個人情報の取得・第三者提供に関わる基本的規律に属する問題であり，私法領域においてこれらの問題がどのように扱われるべきかを検討することが，本稿の課題である。

　2003年に個人情報保護法が制定されて以来，わが国では個人情報に関する規律が急速に一般化した。同法においては，個人情報取扱事業者に対し，情報利用等に関する多数の義務が課せられており，その中で，個人情報の取得や第三者提供に関する規律が設けられている。もっとも，個人情報保護法は行政規制を定めた法令として位置づけられ，個人情報に関する私法的法律関係に関してはほとんど定めるところがない。2015年の同法改正により，開示請求権（同法28条）・訂正等請求権（同法29条）・利用停止等請求権（同法30条）が定められ，これらは私法上の請求権として位置づけられているものの，その他の規律に関しては純然たる行政規制であるとされる。そのため，個人情報の取得や第三者提供に関する規定も私法的効力を定めたものではないことになるが，し

I 民　　法

かしそうすると，個人情報の取得や第三者提供につき，私法関係上の規律はどのような内容になるかが問題となる。たとえば，本人に無断で取得・第三者提供がなされた場合，本人からの損害賠償請求が認められるか否かを検討する際に，この点を明らかにする必要が生ずるのである。

　私法領域において，個人情報に関する問題はプライバシー権に関わる問題の一環として検討されており，部分的にではあるが，個人情報の取得や第三者提供に関する問題も議論の対象となってきた。特に，最判平成15年9月12日民集57巻8号973頁（早稲田大学江沢民国家主席講演会名簿提出事件。以下，「平成15年最判」という）が，本人の同意なく氏名・住所・電話番号等を第三者提供した行為につき，「同意」がないことのみを理由にプライバシー侵害を肯定したとも見られる判断を行った後は，学説上も，一部の個人情報を本人の同意なく第三者提供する行為は（対抗利益との総合衡量の余地なく）当然にプライバシー侵害になるとする議論が見られている。

　本稿では，このような問題につき，民法と個人情報保護法の両者に目を配りつつ，特に本人の「同意」の性質に着目する形で検討を行うこととしたい。個人情報の問題については，従来，公法の立場からの検討が圧倒的多数を占めており，私法的法律関係については学説上の検討が少ないのが現状であるため，本稿が行う検討はごく初歩的，断片的なものにならざるを得ないが，問題状況の整理を行うことを主な目的として，以下，検討を進めることとする。

II　従来の民法学説・判例と分析

1　総　　説

　まず，個人情報の取得・第三者提供に関する私法上の問題を検討する前提として，プライバシー権の文脈で展開されてきた民法学説および判例をまとめることとする。もっとも，この問題に関しては後述の平成15年最判の出現により議論状況に大きな変化が見られ，同判決の位置づけとともに慎重に検討する必要があるため，以下では，まず平成15年最判の出現以前のプライバシー権に関する学説・判例の概要をまとめた上で，平成15年最判の内容とその後の学説上の議論を取り上げ，分析を行うこととしたい。

2　平成15年最判出現以前の学説・判例

　プライバシー権に関する学説は，わが国の著名な裁判例が引用されつつも，主にアメリカの学説・判例の紹介を基軸に展開されてきた部分が大きい。憲法学説・民法学説を通じて頻繁になされる説明として，プライバシー概念は，古典的な「ひとりで放っておいてもらう権利（right to be let alone）」から「私生活をみだりに公開されない権利」へと展開し，近時は「自己情報コントロール権」として位置づける見解が有力化している，というものがある。これは，裁判例の内容を参照しつつプライバシー権の抽象的な定義ないし根拠づけに着目した整理を行ったものであると言えるが，その一方で，どのような情報に関するどのような行為がプライバシー権の侵害とされるのか，具体的な権利範囲や保護事例の限界づけについてはさほど明確化されてこなかった。本稿では，個人情報の取得・第三者提供という具体的問題場面に着目した検討を企図していることから，プライバシー権の問題として扱われてきた問題場面を（やや断片的であるが）具体的に取り上げる形で，従来の議論の内容を改めて整理することとしたい。

(1)　のぞき見，盗撮・盗聴行為

　まず，古典的なプライバシー侵害の事例として，のぞき見行為が挙げられる[1]。のぞき見は，私的生活範囲に存在する情報を取得する行為であると言え，情報取得自体が侵害とされる点で強い権利保護がされていると言える。

　また，盗撮・盗聴行為も，私的生活範囲に存在する情報が取得されている場合には，のぞき見と同様の行為としてプライバシー権侵害になると考えられる。他者の通信内容を盗聴ないし傍受する行為は，必ずしも私的生活範囲の情報を取得する場面に限られるものではないものの，従来はプライバシー侵害として扱われることが多かった[2]。このような行為は通信の秘密を侵害する側面も認められるため，その類型をプライバシー権侵害として扱うべきかどうかは，問

---

[1]　五十嵐清『人格権法概説』（有斐閣，2003年）207頁，竹田稔『プライバシー侵害と民事責任』（判例時報社，1991年）111頁。もっともこれらの論稿は，プロッサーの古典的な整理に従い，のぞき見行為を住居への侵入などとあわせて「私生活への侵入」として整理する。この整理がプライバシー権の分析として適切と言えるかはやや問題であるが，本稿の検討課題と離れるため，ここでは立ち入らない。

[2]　竹田・前掲注(1)112頁，五十嵐・前掲注(1)210頁以下など。

Ⅰ 民 法

題である。しかし，盗聴・盗撮行為の少なくとも一部がプライバシー権侵害となることには疑いがない。

なお，これらの行為は多くの場合正当な目的を有しないため，特段の衡量判断なしに権利侵害が肯定されるかのような議論がされてきたが，一般的にも衡量判断を要せず当然に権利侵害が肯定されるかについては，明確な議論が存在していなかったと思われる。

(2) 犯罪歴・罹病歴等の公表

前科・犯罪歴等に関する事実の公表は，プライバシー侵害として扱われるのが一般的である。最判昭和56年4月14日判時1001号3頁〔前科照会事件〕，最判平成6年2月8日民集48巻2号149頁〔ノンフィクション『逆転』事件〕など，プライバシー権侵害が問題となる判例においては，この種の事案が多かった。また，過去の疾病や手術歴等に関する事実の公表も，同様である。最判平成14年9月24日判時1802号60頁〔『石に泳ぐ魚』事件〕は，「プライバシー」という用語を明示する形で権利侵害を肯定した。学説においても，これらの情報をプライバシー保護の客体とする考え方はおおむね支持を得てきたと考えられる[3]。このほかにも，日記・手紙や異性関係等にかかわる私事の公表をプライバシー権侵害とする下級審判例や学説は多数存在する[4]。これらの判例においては，いわゆる比較衡量論に基づき，複数の事情の総合衡量によってプライバシー権侵害による不法行為が成立するか否かを判断するのが一般的であった。

もっとも，これらの情報に関しても，本人の意図しない公表（すなわち不特定多数への第三者提供）以外の行為，たとえば特定の第三者への情報移転がプライバシー権侵害となりうるかについては，明確になっていなかった。また，そのこととの関係で，仮にプライバシー権侵害が成立するとした場合に，どのような判断枠組みが採用されるべきか（公表事案と同様の総合衡量がされるべきか）も明確になっていなかった。

---

[3] たとえば，五十嵐・前掲注(1) 198頁以下，潮見佳男『不法行為法Ⅰ〔第2版〕』（信山社，2011年）202頁以下，吉村良一『不法行為法〔第5版〕』47頁以下など。

[4] 詳細は，五十嵐・前掲注(1) 212頁以下参照。

(3) 住所・電話番号等の目的外利用・第三者提供

住所・電話番号等の目的外利用や第三者提供などの行為がプライバシー権の侵害となりうるかについては，後掲の平成15年最判の出現以前には目立った判例がなく，学説においても必ずしも明確に論じられてきたわけではない。犯罪歴や罹病歴などと対比すると，住所・電話番号等は，情報自体につき強度の秘匿性が求められるわけではなく，プライバシー権の保護客体に含まれるか自体につき問題があったと言えよう。

3 平成15年最判とその分析

以上のような状況で，最判平成15年9月12日民集57巻8号973頁（以下，「平成15年最判」という）が，プライバシー権侵害に関する判断構造につき一歩進んだ判断を行ったと見られるため，同判決の内容を若干詳しく紹介する。

(1) 判決の概要

本判決は，Y法人が設置するA大学において，中華人民共和国の国家主席（当時）であるBの講演会が開催されることとなったところ，A大学学生である参加申込者Xらが申込みの際に記入した学籍番号・氏名・住所・電話番号につき，A大学がXらに無断で警察に提供した事案に関するものである。

最高裁は，以下のように述べて不法行為の成立を肯定した。

> 「(1) 本件個人情報は，A大学が重要な外国国賓講演会への出席希望者をあらかじめ把握するため，学生に提供を求めたものであるところ，学籍番号，氏名，住所及び電話番号は，A大学が個人識別等を行うための単純な情報であって，その限りにおいては，秘匿されるべき必要性が必ずしも高いものではない。また，本件講演会に参加を申し込んだ学生であることも同断である。しかし，このような個人情報についても，本人が，自己が欲しない他者にはみだりにこれを開示されたくないと考えることは自然なことであり，そのことへの期待は保護されるべきものであるから，本件個人情報は，上告人らのプライバシーに係る情報として法的保護の対象となるというべきである。」

> 「(2) このようなプライバシーに係る情報は，取扱い方によっては，個人の人格的な権利利益を損なうおそれのあるものであるから，慎重に取り扱われる必要がある。本件講演会の主催者として参加者を募る際に上告人らの本件個人情

I 民　　法

報を収集したA大学は，上告人らの意思に基づかずにみだりにこれを他者に開示することは許されないというべきであるところ，同大学が本件個人情報を警察に開示することをあらかじめ明示した上で本件講演会参加希望者に本件名簿へ記入させるなどして開示について承諾を求めることは容易であったものと考えられ，それが困難であった特別の事情がうかがわれない本件においては，本件個人情報を開示することについて上告人らの同意を得る手続を執ることなく，上告人らに無断で本件個人情報を警察に開示した同大学の行為は，上告人らが任意に提供したプライバシーに係る情報の適切な管理についての合理的な期待を裏切るものであり，上告人らのプライバシーを侵害するものとして不法行為を構成するというべきである。原判決の説示する本件個人情報の秘匿性の程度，開示による具体的な不利益の不存在，開示の目的の正当性と必要性などの事情は，上記結論を左右するに足りない。」

(2)　判旨の検討

　以上の判旨においては，学籍番号・氏名・住所・電話番号がプライバシー権の客体として保護されるとの判断が行われており，そのこと自体注目に値する。とりわけ，「自己が欲しない他者にはみだりにこれを開示されたくないと考えることは自然なことであり，そのことへの期待は保護されるべき」であるとの理由づけによってプライバシー権の保護客体の限界づけがなされている点の適否は，今後にわたり慎重な検討を要する問題である。

　また，本稿の検討課題との関係で注目すべきは，本件で本人の「同意」が得られていない点が強調され，それが直接的に責任を肯定する根拠となっているようにさえ見える点である。ここでの「同意」がどのような法的根拠に基づくものであるか，判文中には何らの記載もないが，調査官解説においては，プライバシー侵害に関する違法性阻却の問題として整理されている[5]。すなわち，プライバシー侵害があっても，本人の同意がある場合や，同意を得ないことがやむを得ないと考えられる事情がある場合には違法性が阻却されるが，本件でそのような事情はない，という。

　そして，ここでは本人の「同意」がないことからただちに責任が肯定されているように見え，従来のプライバシー権侵害に関する諸判決とは異なり，利益

---

(5)　杉原則彦「判解」最高裁判所判例解説民事篇・平成15年度（下）491頁以下。

衡量の枠組みが存在しないように見える点も重要である。上記の通り，従来のプライバシー権に関する判例は，公表事案に関するものが多かったとの事情もあり，公表事案以外で総合衡量の枠組みが採用されるかについては学説上も明確に論じられていなかった。本判決は，この点につき総合衡量を不要とするかのような判断を行っているため，学説の中には，本判決は一般的に利益衡量の枠組みを前提とせずプライバシー侵害を肯定しうる類型を承認したとの理解を示すものがある[6]。この点は，プライバシー権侵害の帰責構造を理解する上で極めて重要であり，また本稿の検討課題である個人情報の取得・第三者提供の問題にも大きく関連する問題である。

4　平成15年最判以後の学説の展開と問題の整理

平成15年最判の登場後は，直前で述べたように同判決が総合衡量を不要とする枠組みを提示したとの理解に基づき，プライバシー権侵害の帰責構造につき新たな整理を行うものが登場している。その代表とも言える潮見佳男の見解を紹介しよう。

潮見は，ⓐ「第三者がプライバシーとなる個人情報を一方的に開示した場合」と，ⓑ「被害者自身がみずからの意思で相手方に対して個人情報を開示していたところ，その個人情報が本人の同意なしに，本人の欲しない第三者に開示された場合」を区別して議論する。ⓐの場合は「比較衡量説（総合衡量説）」の枠組みにより侵害の有無が判断されるのに対し，ⓑについては，「本人による個人情報の第三者への開示行為のなかに，当該情報を当該第三者のみに対して開示するものであって，他者には開示すべきでないという，本人の自己決定が含まれている」ため，「比較衡量を経ることなく情報コントロール権・自己決定権が侵害されたという事実を肯定してよい」とするのである[7]。

この見解は，潮見自身が明示的に述べるとおり，プライバシー権を「自己情報コントロール権」として理解する立場と密接な関連性を有する。本人の手もとを離れた情報に関しても，本人がプライバシー権に基づき一定の「コントロール」を及ぼしうることを前提に，そのことを私法上の権利関係において実現しようとしたのが，潮見の構成であると考えられるからである。この潮見の

---

[6] 前田陽一「判批」判タ1144号95頁，潮見・前掲注(3)202頁。
[7] 潮見・前掲注(3)201頁以下。

Ⅰ 民　　法

構成によれば，本人が個人情報を提供した時点で第三者開示不許可の自己決定があるとされるため，本人は自己の許可していない第三者に開示を禁止する点で，私法関係上も情報に対する「コントロール」を行いうることになる[8]。この構成をとる場合，個人情報の第三者提供に関する「同意」とは，個人情報の第三者開示に関して部分的に不許可を解除する旨の自己決定（すなわち私法上の利用許諾）を意味することになろう。これは，潮見自身は必ずしも明示的に述べていないが，前述の調査官解説が「同意」を（侵害行為の存在を前提とした）違法性阻却事由と理解するのとは異なり，権利性の基礎の内容変更として理解するものと考えられる。

以上の潮見の見解では，個人情報の取得段階が視野の外に置かれていることもあり，ⓐⓑの2類型でプライバシー権侵害の事案すべてが網羅されているかには問題が残るものの，プライバシー権侵害の帰責構造について極めて重要な視点を含むものと考えられる。本稿の検討課題である「同意」との関連においても，この潮見の見解やその背景をなす「自己情報コントロール権」を受容するか否かが重要な分岐点をなすものと考えられる。

Ⅲ　個人情報保護法の規律と分析

1　法令・ガイドラインの規定

Ⅰで述べた通り，個人情報保護法は個人情報の取得・第三者提供につき一定の規定を有する。ここでは，民法学説との対比の意味を兼ねて，同法の規制の概要を紹介しよう。まず，同法の関連規定を以下に引用する。

個人情報の保護に関する法律

第17条　個人情報取扱事業者は，偽りその他不正の手段により個人情報を取得してはならない。

2　個人情報取扱事業者は，次に掲げる場合を除くほか，あらかじめ本人の同意を得ないで，要配慮個人情報を取得してはならない。
　一　法令に基づく場合

---

[8] なお，潮見の見解は，個人情報の取得がプライバシー権侵害となるか否かについて，特定の言明を行うものではないと解され，その点はなお問題として残されていることになろう。

二　人の生命，身体又は財産の保護のために必要がある場合であって，本人の同意を得ることが困難であるとき。
三　公衆衛生の向上又は児童の健全な育成の推進のために特に必要がある場合であって，本人の同意を得ることが困難であるとき。
四　国の機関若しくは地方公共団体又はその委託を受けた者が法令の定める事務を遂行することに対して協力する必要がある場合であって，本人の同意を得ることにより当該事務の遂行に支障を及ぼすおそれがあるとき。
五　当該要配慮個人情報が，本人，国の機関，地方公共団体，第76条第1項各号に掲げる者その他個人情報保護委員会規則で定める者により公開されている場合
六　その他前各号に掲げる場合に準ずるものとして政令で定める場合
第23条　個人情報取扱事業者は，次に掲げる場合を除くほか，あらかじめ本人の同意を得ないで，個人データを第三者に提供してはならない。
一　法令に基づく場合
二　人の生命，身体又は財産の保護のために必要がある場合であって，本人の同意を得ることが困難であるとき。
三　公衆衛生の向上又は児童の健全な育成の推進のために特に必要がある場合であって，本人の同意を得ることが困難であるとき。
四　国の機関若しくは地方公共団体又はその委託を受けた者が法令の定める事務を遂行することに対して協力する必要がある場合であって，本人の同意を得ることにより当該事務の遂行に支障を及ぼすおそれがあるとき。
2　個人情報取扱事業者は，第三者に提供される個人データ（要配慮個人情報を除く。以下この項において同じ。）について，本人の求めに応じて当該本人が識別される個人データの第三者への提供を停止することとしている場合であって，次に掲げる事項について，個人情報保護委員会規則で定めるところにより，あらかじめ，本人に通知し，又は本人が容易に知り得る状態に置くとともに，個人情報保護委員会に届け出たときは，前項の規定にかかわらず，当該個人データを第三者に提供することができる。
一　第三者への提供を利用目的とすること。
二　第三者に提供される個人データの項目
三　第三者への提供の方法
四　本人の求めに応じて当該本人が識別される個人データの第三者への提供を停止すること。
五　本人の求めを受け付ける方法

I 民　　法

> 3　個人情報取扱事業者は，前項第2号，第3号又は第5号に掲げる事項を変更する場合は，変更する内容について，個人情報保護委員会規則で定めるところにより，あらかじめ，本人に通知し，又は本人が容易に知り得る状態に置くとともに，個人情報保護委員会に届け出なければならない。
> 4　個人情報保護委員会は，第2項の規定による届出があったときは，個人情報保護委員会規則で定めるところにより，当該届出に係る事項を公表しなければならない。前項の規定による届出があったときも，同様とする。
> 5　次に掲げる場合において，当該個人データの提供を受ける者は，前各項の規定の適用については，第三者に該当しないものとする。
>   一　個人情報取扱事業者が利用目的の達成に必要な範囲内において個人データの取扱いの全部又は一部を委託することに伴って当該個人データが提供される場合
>   二　合併その他の事由による事業の承継に伴って個人データが提供される場合
>   三　特定の者との間で共同して利用される個人データが当該特定の者に提供される場合であって，その旨並びに共同して利用される個人データの項目，共同して利用する者の範囲，利用する者の利用目的及び当該個人データの管理について責任を有する者の氏名又は名称について，あらかじめ，本人に通知し，又は本人が容易に知り得る状態に置いているとき。
> 6　個人情報取扱事業者は，前項第三号に規定する利用する者の利用目的又は個人データの管理について責任を有する者の氏名若しくは名称を変更する場合は，変更する内容について，あらかじめ，本人に通知し，又は本人が容易に知り得る状態に置かなければならない。

　以上の規定内容を大雑把にまとめると，一般の個人情報については，取得に関する厳格な規制は存在しないものの，第三者提供につき一定の除外事由が存在する場合を除き「本人の同意」が必要である旨が定められている。また，「要配慮個人情報」（人種・信条・社会的身分・病歴など，特に機微性の高い情報）については，取得についても一定の除外事由のある場合を除き「本人の同意」が必要であるとし，第三者提供についてはいわゆる「オプトアウト」（事前の通知・公表を行うことで，本人からの異議がなければ同意があったものとして扱うもの）による同意取得が許されない旨が定められている。このように，個人情報保護法は，取得・第三者提供に関して本人の「同意」を極めて重視しており，

これが規制を解除する要件として機能していると言える。

ところが、このような「同意」の内容や法的性質について、法令の中には手がかりがほとんど存在しない。この点につき、個人情報保護委員会のガイドラインの中に一定の記述が存在するため、以下、その内容を紹介しよう。

> **個人情報の保護に関する法律についてのガイドライン（通則編）**
>
> 2-12 「本人の同意」
>
> 　「本人の同意」とは、本人の個人情報が、個人情報取扱事業者によって示された取扱方法で取り扱われることを承諾する旨の当該本人の意思表示をいう（当該本人であることを確認できていることが前提となる。）。
>
> 　また、「本人の同意を得（る）」とは、本人の承諾する旨の意思表示を当該個人情報取扱事業者が認識することをいい、事業の性質及び個人情報の取扱状況に応じ、本人が同意に係る判断を行うために必要と考えられる合理的かつ適切な方法によらなければならない。
>
> 　なお、個人情報の取扱いに関して同意したことによって生ずる結果について、未成年者、成年被後見人、被保佐人及び被補助人が判断できる能力を有していないなどの場合は、親権者や法定代理人等から同意を得る必要がある。

2　個人情報保護法上の「同意」の性質

以上に掲げた法律・ガイドラインにおいては、「同意」とは本人の「意思表示」であるとされる一方で、その内容や法的性質につき明示的な記述は存在しない。しかし、個人情報保護法等の他の規定等をもあわせて考えれば、「同意」の性質を示唆するいくつかの要素はこれらの中に存在すると考えられるため、その点に着目しつつ、若干の分析を加えることにしたい。

(1)　「同意」の基本的性質

既述の通り、個人情報保護法における「同意」は、規制解除の要件として扱われている。これは、同法17条・23条が「取得してはならない」「提供してはならない」という禁止規範の形で書かれており、「同意」はこの規範の適用を排除する要件として位置づけられていることから明らかである。

Ⅰ 民　　法

　もっとも，ここで「同意」が要求されている法的根拠はさほど明確でない。仮に，個人情報に対して私法上の「自己情報コントロール権」が及んでいると解すると，「同意」とはまさしく「コントロール権」の行使にほかならないと言え，自己情報をどの他者にいかなる目的で利用することを認めるかを私法関係上定める行為であることになる。言い換えれば，ここでの「同意」により，本人は民事実体法レベルで情報に対する権利関係の内容を操作できることになるため，それに連動して，個人情報保護法も規制を解除できることになる。他方で，個人情報に私法上の「自己情報コントロール権」が及んでいると構成しない場合には，本人は他者の情報利用のあり方につき民事実体法的な制約を課すことができない。そうすると，個人情報保護法は私法上の法律関係とは別個独立に規制を行う形にならざるを得ず，ここでの「同意」も，行政規制法たる個人情報保護法に固有の規制解除事由（違法性阻却事由と言ってもよい）を定めたに過ぎないものと解される[9]。

(2)　同意能力と「同意」の有効要件
　さらに，上記ガイドラインにおいては，「同意」に関するいくつかの付随的ルールの存在が示唆されている。ここで特に注目されるのは，同意能力がない者の取扱いと，「同意」の有効要件（特に詐欺・錯誤のあった場合の取扱い）である。
　同意能力がない場合については，上記ガイドライン中に記載があり，「親権者や法定代理人等から同意を得る必要がある」とされている。もっとも，ここでは「未成年者，成年被後見人，被保佐人及び被補助人が判断できる能力を有していないなどの場合」とされており，未成年者等の制限行為能力者が当然に同意無能力者と扱われるわけではなく，制限行為能力者の中でも，判断能力を有する場合と有しない場合が存在することが前提とされているように読める。ここでの判断能力が具体的にどのように評価されるかに関しては何らの説明も事例提示もないため，行為能力との異同も必ずしも明確でないが，本人の個別的な発達段階や理解力によって取扱いを異ならせる前提であるとすると，これ

---

[9]　個人情報保護法は「自己情報コントロール権」の考え方に適合的な規定を複数置いているものの，当該構成を前提としているとまで言えるかについては，明確でないとされる。宇賀克也『個人情報保護法の逐条解説〔第 6 版〕』（有斐閣，2018 年）32 頁以下参照。

〔米村滋人〕　　*13*　個人情報の取得・第三者提供に関する「同意」の私法的性質

は，類型的・画一的に判断するものとされている行為能力制度とは全く異なる制度として構想されていると言えよう。

　また，「同意」の有効要件に関しては，法令にもガイドラインにも明示的な規定・記載は存在しない。そこで，「同意」の取得者側が詐術を用いたような場合，あるいは詐術がなくとも本人が何らかの誤解に基づき「同意」を行った場合に，当該「同意」の有効性が問題となりうる。仮に，このような場面につき民法総則の意思表示規定が適用されるのであれば「同意」は無効または取り消しうるものとなるはずだが，そのような前提がとられている可能性は低く，むしろ，これらの場合に「同意」の有効性に問題はないと考えられている可能性がある。というのも，虚偽の説明を行うことによって個人情報を取得する行為は同法 17 条 1 項の規定に反するものとされており，ガイドライン中の上記引用部分とは別の箇所[10]にその旨の詳細な記述がある一方で，17 条 1 項は情報の取得場面のみに関するものであり，第三者提供については同種の規制は存在しないからである。仮に，虚偽説明によって「同意」の効力が否定されるのであれば，17 条 1 項の規定が完全に不要とはならないとしても，その適用範囲が大幅に縮小することになろう。少なくとも，ガイドラインの記述を見る限り，虚偽説明があっても「同意」がなお有効とされる可能性は十分にあると言わざるを得ない[11]。

　以上のことを踏まえると，個人情報保護法上の「同意」については，民法上の行為能力制度の適用はなく，また民法総則の意思表示規定も直接には適用が想定されていない可能性が高いと言える。ところが，仮に個人情報に私法上の「自己情報コントロール権」が及んでいると解するならば，既述の通り「同意」は民事実体法レベルで他者に対し情報利用を正当化する方向で権利関係を

---

[10]　「個人情報の保護に関する法律についてのガイドライン」3－2－1 に，17 条 1 項に該当する具体例として，「個人情報を取得する主体や利用目的等について，意図的に虚偽の情報を示して，本人から個人情報を取得する場合」が挙げられている。

[11]　このことは，個人情報保護規制の文脈では極めて問題であると言わなければならない。本人の同意が必要とされていながら，虚偽説明の場合でも同意の有効性が害されないというようなことでは，同意取得規制は有名無実化しよう。虚偽説明の場合の無効を定めることは当然として，さらに，消費者保護の観点から，事業者が個人情報を取得する場合などには一定の事前説明を義務づけるべきであると考えられる。なお，欧州一般データ保護規則（GDPR）では，同意取得時の適正な説明が同意の有効要件になると解されている。Peter Gola（Hrsg.）DS-GVO Kommentar, 2017, S. 276ff.

I 民　　法

創設・変更する行為として位置づけるのが適切であり，これは，法律行為として捉えるべきことになろう⑿。その結果，「同意」は法律行為としての要件を充足する必要があるため，本人は行為能力を有する必要があり，また民法総則の法律行為規定の適用を受けることになるはずである。

　そうすると，個人情報保護法上の「同意」の法的性質について法令・ガイドライン中に明示の規定・記述はないものの，「同意」に関するガイドライン中の周辺的記述の内容から逆にたどる形で，個人情報保護法は，私法上の「自己情報コントロール権」の存在を前提としない規制を定めていることが推察されることになろう。このような個人情報保護法およびガイドラインの内容自体を根拠に私法上の法律関係を導くことはできないと考えられるが，以上の検討は私法上の法律関係を考えるにあたっても，一定の考慮要素を示唆するように思われる。

Ⅳ　「自己情報コントロール権」構成と「同意」の意義

1　序　　説

　以上の検討を踏まえて，本稿の主たる検討課題である，個人情報の取得・第三者提供における「同意」の問題につき，筆者なりの分析を加えることにしたい。

　Ⅱで述べたように，従来の民法学説においては，プライバシー権の枠組みで個人情報の取得・第三者提供の問題が検討されているものの，近時，潮見佳男の見解に代表されるように，プライバシー権を「自己情報コントロール権」として行使することを前提に，そのような権利が私法上も情報に対して及んでいると解する立場が存在する。ところが，Ⅲの個人情報保護法の規定内容等に関する分析から，「同意」の法的性質は，「自己情報コントロール権」構成を採用するかによって大きく異なることが明らかになった。そこで以下では，一定範囲の個人情報に対して「自己情報コントロール権」が及んでいると解する場合と，そのように解しない場合に分ける形で，「同意」の問題につきいかなる帰結が導かれるか，検討を加えることとする⒀。

⑿　本人の一方的意思表示で権利を設定できると解するならば，「同意」は単独行為であることになる。

⒀　なお，ここでは，いかなる権利が「自己情報コントロール権」の客体となるか（た

2 私法上の「自己情報コントロール権」が及ぶと解する場合
(1) 個人情報の取得と「同意」の法的性質

一定範囲の個人情報に「自己情報コントロール権」が及ぶと考える場合、以下のように考えることになる。すなわち、個人情報の取得場面の典型は本人からの直接提供を受ける場合であり、直接提供の時点で、情報の取得者は本人（提供者）の「同意」を通じて当該情報を利用しうる地位を獲得することになる。そこでは、やはり「同意」によって利用目的等の制限が付せられた形になり、当該制限に反する利用はプライバシー権の侵害と見ることができる。

もっとも、そこでの利用目的等の制限の法的性質がさらに問題となる。ここでの利用目的等の制限は、無断で情報がさらに提供ないし移転された後の譲受人等にも対抗できるものとしなければ、「コントロール権」としての存在意義が没却されることになるため、絶対効を有する制限として構想する必要がある。言い換えれば、個人情報の提供における利用目的等の制約には一種の物権的効力が認められるべきである。しかし、このような物権的効力（類似の効力）を、侵害行為に対する「同意」や「利用許諾」のような法律構成で実現することは、困難であると言わざるを得ないのではないか。情報は無体物であり所有権法の適用がないため、物権法定主義に服することがないとしても、個人情報提供の当事者以外のすべての第三者に効力を有する法的制限が、公示制度の裏付けもなく私人の一存によっていとも簡単に作出される状況は、必ずしも望ましいものではない。少なくとも、「自己情報コントロール権」を前提とする以上は、他者に個人情報の取得・利用を認める行為は、一定の物権的効力を有する利用権設定行為ないし権利移転行為として性質決定し、その内容について、（物権法定主義のような内容的な定型化は困難としても）公示制度を設けることによって法的安定性を確保することが必要となるように思われる。個人情報の取得に関する「同意」は、利用権設定行為の一部として位置づける必要があろう[14]。

　　とえば住所・電話番号に対してそのような権利が及んでいると解されるか）については、検討の対象としない。本稿以下の検討は、そもそも「自己情報コントロール権」という法律構成を採用すべきかを検討する前提として、そのような法律構成をとった場合に「同意」の法的性質等につきどのような帰結が導かれるかを明らかにすることが目的だからである。

[14]　筆者は、かつて、生体臓器移植の場面を典型例に、一部の人格権に関しては「同意」の名の下で実質的に権利の譲渡がされており、そのような場合に「同意」の表現を用い

Ⅰ 民　　法

　この利用権設定行為は法律行為であり，民法総則の各種規定の適用を受けると考えるべきである。

　以上は情報が本人から直接取得される場面を想定した分析であるが，本人からの直接取得でなくても，問題状況は大きくは異ならない。すなわち，一定の情報に対して「自己情報コントロール権」が及ぶと解する以上は，無断で他者が当該情報を取得する行為はプライバシー権侵害に当たるため，当該他者は予め情報の取得・利用を正当化する法的地位を得ておく必要がある。それについては，やはり，本人からの利用権設定ないし権利移転行為として構成する必要があると言えよう。

　このように考えると，現在の個人情報保護法の規定は，行政規制としてはともかく，個人情報をめぐる私法上の法律関係の規律としては甚だ不充分であり，私法関係を中心とした権利関係の明確化のために，さらなる法制度の整備が必要と考えられる。

　(2)　個人情報の第三者提供と「同意」の法的性質
　個人情報の取得に関して(1)のように考えるとすると，第三者提供についても基本的に同様に解することになる。すなわち，個人情報の第三者提供に対する「同意」とは，一定の範囲での利用者制限を付した利用権設定と見るべきであり，これは物権的効力を有すると考えるべきである。個人情報の第三者提供を認める行為は，一定の物権的効力を有する利用権設定行為ないし権利移転行為と見るべきことになり，これは法律行為と性質決定される。

3　私法上の「自己情報コントロール権」が及ばないと解する場合
　(1)　個人情報の取得と「同意」の法的性質
　他方で，個人情報に対して私法上の「自己情報コントロール権」が及んでいると構成しない場合には，代替の私法的権利関係いかんによって状況が異なる

るべきではない旨を論じたことがある（米村滋人「人格権の譲渡性と信託――ヒト試料・著作者人格権の譲渡性を契機に」水野紀子編著『信託の理論と現代的展開』（商事法務，2014年）86頁以下）。ここでの問題も全く同様であり，「自己情報コントロール権」構成での他者への利用許諾は，実質的には物権的利用権の設定・譲渡であり，「同意」と表現すべきではないと考えられる。

ことになる。しかし，従来のプライバシー理解に沿って消極的権利（「ひとりで放っておいてもらう権利」）のみがプライバシー権の内容となるとすると，私法上，個人情報について一般的な形で利用者・利用目的等の制限を認めることは困難であろう。「自己情報コントロール権」構成に対しては，なお異論が提示されており，そのような見解の1つにおいては，個人情報の公共財的な性格を強調して，情報に対する排他的支配権を認めることに否定的な考え方が示されている[15]。そのような前提に立つとするならば，私法上の権利としても，個人情報に対して他者の利用を事前に包括的に封じるような権利を認めることは難しく，あくまで，情報利用が本人に何らかの不利益をもたらす範囲でプライバシー権侵害による救済を認めるに留まるものと考えられる。

そうすると，他者による個人情報の取得に関して，「同意」を一般的な要件とすること自体が，私法的法律関係としては認められないこととなる。従来のプライバシー権に関する学説は，情報の取得が禁止される場面をのぞき見行為などの一部の場面に限定していたが，それは，情報の秘匿性（すなわち要保護性）の高さと行為態様の不当性の双方を考慮して責任範囲を限定する趣旨であったと解される。なお，その場合，個人情報保護法の取得規制はあくまで私法的法律関係とは独立の行政規制として位置づけられることとなろう。

(2) 個人情報の第三者提供と「同意」の法的性質

第三者提供に関しても，基本的には同様の分析が妥当する。すなわち，個人情報の公共財的な性格を踏まえて情報に対する排他的支配権の成立を否定する場合には，私法上の権利としても，第三者の情報取得・利用を事前に包括的に封じるような権利を認めることは難しいと考えられる。

もっとも，第三者提供の規制は，取得規制に比べれば緩やかな規制であると言える一方[16]，本人が，ある者には開示してよい情報が他の者には知られたくないと考える場面は多く，情報の秘匿性がある程度高度であれば，第三者提供

---

[15] 水野謙「プライバシーの意義」NBL 936号30頁参照。
[16] 情報取得に対する厳格な規制を行った場合は，「たまたまメモを見た」「意図せず知人の会話を聞いた」というような場面でも権利侵害を肯定することになりかねず，日常生活全般にわたる影響が大きくなることが懸念される。それに対して第三者提供は能動性の強い行為であり，程度の違いではあるが，取得規制に比べて弊害が少ないと考えられる。

Ⅰ 民　　法

を一般的にプライバシー権侵害にあたるとすることもあり得ないわけではない。そのように考えれば，第三者提供の「同意」は，物権的効力は認められないものの，当該相手方を拘束する利用許諾（債権的利用権設定行為）として構成されると考えられる[17]。

Ⅴ　結　　び

以上，本稿では，個人情報の取得・第三者提供に関する「同意」に着目する形で分析を行った。しかし，本稿の検討を通じて明らかになったことは，この問題はプライバシー概念の基本的法律構成や個人情報をめぐる私法的法律関係全般と密接な関連性が認められ，それらをあわせて検討しなければ十分な検討を行うことができないということであった。本稿では，プライバシー概念につき，「自己情報コントロール権」構成を採用するか否かによって区分し，簡単な分析を行うことができたに留まるが，当該構成を採用する場合であっても，採用しない場合であっても，私法的な法律関係には不明確性があまりにも大きく，その点を精緻に法律構成する必要があることが示されたと言えよう。

個人情報をめぐる問題は，まさしく日を追って拡大しており，従来は活用の可能性が大きくないと考えられていたような情報も，AI（人工知能）の解析を通じて大幅な活用可能性が出てきている。個人情報の法律関係に関して，私法の立場からも精力的な検討を行う必要性は高まっており，本稿が今後の検討の深化に寄与するところがあれば望外の喜びである。

---

[17] 平成15年最判の判断は，「自己情報コントロール権」構成によらなくとも，この考え方によって正当化可能であると考えられる。すなわち，従来のプライバシー権の枠組みにおいても，定型的に本人の不利益になる状況があれば権利侵害を認めることができ，申込書に記載した住所・電話番号等を警察に提供する行為は，定型的に不利益を与える状況であることを前提に，同意がない以上は責任が肯定されるとの判断がされたと説明しうる。平成15年最判の判示のみからは，プライバシー権について「自己情報コントロール権」構成をとるか否かについて，結論を導くことはできないと考えられる。

◆ II ◆
消費者法

14 公益通報者保護制度の実効性の向上に向けて

宇 賀 克 也

Ⅰ　はじめに
Ⅱ　通報者の範囲
Ⅲ　通報対象事実
Ⅳ　不利益な取扱い
Ⅴ　通報と不利益取扱いとの因果関係についての立証責任の緩和等
Ⅵ　外部通報の要件
Ⅶ　不利益取扱い等に対する行政措置
Ⅷ　秘密保持義務
Ⅸ　内部資料の持出しに係る責任の減免
Ⅹ　リーニエンシー
Ⅺ　行政機関の調査義務
Ⅻ　内部通報制度の整備

Ⅰ　はじめに

　公益通報者保護法は 2006 年 4 月に施行された。同法の施行により，公益通報についての負のイメージがある程度払拭され，大企業では，内部通報制度の整備はかなり進展した[1]。同法制定時附則 2 条においては，同法施行後 5 年を目途として，同法の施行状況について検討を加え，その結果に基づいて必要な措置を講ずることとされていたが，その時点での見直しの結果，政府は，法改正は時期尚早と判断した。しかし，労働者の間での同法の認知度[2]も，中小企業[3]や市町村[4]における内部統制制度の整備率も，なお低い。また，形式的に

---

[1] 消費者庁が 2012（平成 24）年度に行った調査によると，従業員数が 3,000 人を超える民間事業者においては，96.8 ％ が内部通報制度を導入している（消費者庁消費者制度課・公益通報者保護制度に関する実態調査報告書［平成 25 年 6 月］10 頁参照）。

[2] 労働者の間では，公益通報者保護法について，「よく知っている」が 1.9 ％，「ある程度知っている」が 8.6 ％ であり，両者を併せても 10.5 ％ にとどまった。また，「名前を聞いたことがある」が 20.4 ％ であり，これを含めても 30.9 ％ にとどまる（消費者庁消費者制度課・前掲注(1) 4 頁参照）。

[3] 消費者庁が 2012（平成 24）年度に行った調査によると，民間事業者における内部通報制度の導入割合は，従業員数が少ない事業者ほど低く，50 人以下の事業者では

Ⅱ 消費者法

は内部統制制度が整備されている(5)大企業においても，制度が機能せず，国民の信頼を大きく損ねる不祥事が少なからず発生している(6)。また，外部通報を受けた国や地方公共団体の機関が不適切な対応を行ったり(7)，公益通報を行ったことにより通報者に不利益な取扱いがなされる例も少なくない(8)。かかる事態に直面して，消費者庁が行った有識者ヒアリングにおいて，同法の適用範囲を拡大すべきではないか(9)，同法の保護対象となるための要件を緩和すべきではないか(10)，民事的な効果のみならず行政制裁や刑事制裁についても定めるべきではないかという意見も出された(11)。

10.0％，51人以上100人以下の事業者では22.0％，101人以上300人以下の事業者でも40.0％にとどまった（消費者庁消費者制度課・前掲注(1)10頁参照）。

(4) 消費者庁が2011（平成23）年度に行った調査によると，内部通報窓口の設置状況は，国の行政機関，都道府県では100％であったが，市区町村では49.2％であった。また，外部通報窓口の設置状況は，国の行政機関では90.0％，都道府県では68.1％であったが，市区町村では12.0％にとどまった（消費者庁消費者制度課・前掲注(1)34頁参照）。

(5) 消費者庁が2012（平成24）年度に行った調査によると，民間事業者が定めている公益通報の処理に係る内部規程において，法令違反等の再発防止に係るフォローアップについて定めているものは38.7％，正当な通報またはそれに付随する行為の免責について定めているものは37.2％，利益相反行為の排除について定めているものは30.2％にとどまっている（消費者庁消費者制度課・前掲注(1)14頁参照）。

(6) 東洋ゴム工業免震積層ゴムの認定不適合事件では，約1年間，上位の幹部および経営陣への情報の伝達が遅れ，その間，複数の従業員が問題行為について疑念を抱いていたが，内部通報制度は利用されず，リコールしない場合に内部通報により事件が公になるおそれを認識して，内部通報者の想定リストを作成し，「事前説明」を行うことや内部通報があった場合の対応シナリオを作成しておくことが提案されていた（「免震積層ゴムの認定不適合」に関する社外チーム・調査報告書［平成27年6月19日］参照）。また，経営トップの意向で不適正な会計処理が継続していた東芝でも，理事長を始めとする経営層自身が隠蔽を指示または承認していた化学及血清療法研究所でも，当該事件については，内部通報制度は利用されていなかった（株式会社東芝第三者委員会調査報告書［平成27年7月20日］，一般財団法人化学及血清療法研究所第三者委員会調査報告書［平成27年11月25日］参照）。

(7) 行政機関が通報に対して迅速に対応しない例について，消費者庁消費者制度課・前掲注(1)54頁参照。

(8) 解雇されない場合であっても，不当に低い人事評価，村八分，減給，自宅待機，誹謗中傷等，様々な報復措置がなされる例があることについて，消費者庁消費者制度課・前掲注(1)65頁参照。

(9) 消費者庁・「公益通報者保護制度に関する意見聴取（ヒアリング）」における主な意見（平成27年4月15日）7-15頁参照。

(10) 消費者庁・前掲注(9)16-21頁参照。

(11) 消費者庁・前掲注(9)22-32頁参照。

そして，2015年3月24日に閣議決定された「消費者基本計画」において，公益通報者保護制度の見直しを含む必要な措置の検討を早急に行った上で，検討結果を踏まえ必要な措置を実施することとされた。これを受けて，同年6月に，消費者庁に「公益通報者保護制度の実効性の向上に関する検討会」が設置され，2016年3月までに10回の検討会が開催され，第1次報告書が取りまとめられた。第1次報告書では，民間事業者向けガイドライン，行政機関向けガイドラインを改正して盛り込むべき事項，地方公共団体向けガイドラインの新設，内部通報制度の整備に対する民間事業者へのインセンティブの付与（認証制度の新設や公共調達での評価等）について提言が行われた。そして，法改正の要否・内容の検討を要する事項については，法律の専門家による検討を深めるために，同年4月にワーキンググループが設置され，11回にわたる会議を経て，同年11月にその報告書がまとめられた。これについて親検討会で審議がなされ，翌月，同報告書において示された方向に沿って，法改正に向けた具体的な検討を進めるべきであり，とりわけ，通報者の保護の徹底を図るため，不利益取扱いからの保護・救済や通報に係る秘密保持の強化に関する課題について，より充実した検討を行うとともに，不利益取扱いの詳細や法律上の効果をはじめとする法の具体的内容が，一般の国民にとってもより理解しやすいものとなるよう，所要の措置を講ずべきとする親検討会の最終報告書が公表された。最終報告書については，同年12月21日から2017年2月28日まで意見募集が行われ，その結果が同年4月12日に消費者庁消費者制度課により公表されている。また，第1次報告書を受けて改正された民間事業者向けガイドライン，行政機関向けガイドラインは，それぞれ2016年12月9日，2017年3月21日に公表されている。

また，2017年7月31日に，「公益通報者保護法を踏まえた地方公共団体の通報対応に関するガイドライン（内部の職員等からの通報）」，「公益通報者保護法を踏まえた地方公共団体の通報対応に関するガイドライン（外部の労働者等からの通報）」が公表された[12]。さらに，「公益通報者保護制度の実効性の向上に関する検討会」最終報告書を受けて，消費者委員会の公益通報者保護専門調査会が，2018年1月26日から審議を行っている。

---

[12] 宇賀克也「公益通報者保護法を踏まえた地方公共団体の通報対応に関するガイドライン」国際文化研修97号42頁以下参照。

Ⅱ 消費者法

　筆者は,「公益通報者保護制度の実効性の向上に関する検討会」およびその下に置かれたワーキンググループの座長を務めたが,本稿においては,一研究者の立場から,公益通報者保護法の改正について私見を述べることとしたい。

Ⅱ　通報者の範囲

1　退　職　者

　現行の公益通報者保護法は,労働基準法9条に規定する労働者,すなわち,職業の種類を問わず,事業または事務所に使用される者で,賃金を支払われる者が行った公益通報のみを保護することとしている(公益通報者保護法2条1項柱書,2項)。したがって,退職者は,公益通報者には含まれていない。しかし,在職中に違法行為を認識していても,解雇,減給等の不利益取扱いへの懸念から,在職中は公益通報を躊躇し,退職後に通報を行うことが少なくないことは,消費者庁が行った有識者ヒアリング[13]でも明らかである。したがって,退職者からの通報は,違法行為の是正にとり重要と考えられる。もっとも,退職者が通報によりなんら不利益を被る可能性がないのであれば,退職者を公益通報者に含めて保護する必要性もないことになる。しかし,退職後の通報を理由に事業者から高額の損害賠償請求をされた例(福岡高判平成19・4・27判タ1252号285頁,東京地判平成19・11・21判時1994号59頁)があり,退職金の不支給,退職年金の支給差止め,離職票における退職理由の虚偽記載等の再就職妨害を受けるおそれがある。また,勤続25年以上の国家公務員の場合,退職後5年間は再任用を申請することができ(人事院規則11－9[定年退職者等の再任用]3条),実際にそのような例があるが,その再任用を拒否されるという不利益も想定される。したがって,退職者であるからといって保護の必要性がないとはいえないので,公益通報者に含めるべきである。

　退職者を公益通報者に含める場合,退職後の期間を制限するべきかという問題がある。退職年金の差止めのような不利益を考えると,制限期間経過後も不利益が及ぶことが考えられるし,自分が退職した後も親族等が当該事業者に勤務しており,当該親族等が不利益を受けることを慮って,その退職まで通報を躊躇するというような場合も考えうる。また,退職前においては,通報対象事

---

[13]　消費者庁・前掲注(9)7-9頁参照。

実の発生から通報までの期間制限がないにもかかわらず，退職後のみ期間制限を設ける根拠も十分には示されていない。したがって，退職後の期間制限は不要ではないかと思われる。

　退職者を公益通報者に含める場合，公益通報者保護法3条1号の通報（以下「1号通報」という）は，退職前の労務提供先または当該労務提供先があらかじめ定めた者とすることが適当であろう。

2　役　員　等

　役員等は，事業者内において行われる不正行為を認識しうる立場にあり，特に他の役員等が関与した違法行為については，労働者よりも，それを認知しうる可能性が高いと思われる。他方，役員等も通報したことが原因となり，解任や再任拒否がなされたり，損害賠償請求をされたりすることがある（鳥取地判平成26・4・23労判1130号50頁，広島高松江支判平成27・5・27労判1130号33頁）。したがって，役員等も公益通報者に含めるべきと考える。会社法339条2項は，解任された役員等は，その解任について正当な理由がある場合を除き，株式会社に対し，解任によって生じた損害の賠償を請求することができると定めているが，損害賠償請求が可能であるからといって，通報を理由とする不利益取扱いを容認してよいことにはならない。もっとも，取締役は，代表取締役の業務執行一般につき，これを監視し，必要があれば，取締役会を自ら招集し，あるいは招集することを求め，取締役会を通じて業務執行が適正に行われるようにする職務を有し（最判昭和48・5・22民集27巻5号655頁），監査役は，取締役の職務の執行を監査し（会社法381条1項），取締役が不正の行為をし，もしくは当該行為をするおそれがあると認めるとき，または法令もしくは定款に違反する事実もしくは著しく不当な事実があると認めるときは，遅滞なく，その旨を取締役（取締役会設置会社にあっては，取締役会）に報告する義務を負う（同法382条）。そのため，役員等を保護するためには，事業者内部で是正措置を講じたものの，それが功を奏しなかったことを要件とすべきという考え方もありうるところである。しかし，取締役（または取締役会）への報告が功を奏さず，むしろ証拠隠滅や報復の高度の蓋然性がある場合にまで，会社法382条等の義務の履行を優先しなければならないかには疑問の余地がある。また，役員等を公益通報者に含めた場合，公益通報が経営権争いの手段として濫用されるおそ

Ⅱ 消費者法

れがないわけではないが,「不正の利益を得る目的,他人に損害を加える目的その他の不正の目的」である場合には,公益通報には該当しないので(公益通報者保護法2条1項柱書),濫用的通報は,公益通報に当たらないことになる。したがって,経営権争いの手段として濫用される懸念があるという理由で,役員等を公益通報者から除外すべきではないと思われる。

3 取引先事業者

取引先事業者であるからこそ認知しうる違法行為が存在するが,取引事業者がそれを通報した場合,契約解除や再契約の拒否等の報復を受ける可能性がある。実際,取引先の違法行為を通報したところ,通報者が被通報事業者以外の取引先からも相次いで契約を解除され,営業継続が困難な状態になったり,フランチャイズ店加盟店のオーナーが,加盟店店長集会で本部社員による横領を指摘したところ,本部からフランチャイズ契約を解除された事案が報道されている[14]。したがって,取引先事業者を公益通報者に含める必要性は肯定される。ただし,継続的取引については,多様なものがあるので,一律に規制した場合,弊害が生じないか,弊害が生ずるおそれがある場合,一定の類型の取引先事業者に限定して規制することにより,かかる弊害を回避しうるかについては,なお検討を深める必要があると思われる。

4 家 族

労働者が職場での違法行為を家族に告げる等により,家族が事業者の違法行為を認知する場合がありうる。また,家族からの通報が原因となって,労働者が職場で不利益を被る可能性がある。この場合,通報した家族自体が直接に不利益な取扱いを受けるわけではないが,当該労働者への不利益な取扱いは,間接的に家族共同体の構成員への不利益な取扱いともいいうる。したがって,労働者の家族を公益通報者に含めることも考えられる。ただし,その場合,家族の範囲をどのように定めるのか等,検討を深める必要がある[15]。

---

[14] 公益通報者保護制度の実効性の向上に関する検討会最終報告書(平成28年12月)39頁注75参照。

[15] なお,家族が労働者本人の同意の下に,労働者の代わりに通報書面を執筆して提出したような場合には,労働者本人による通報とみるべきであろう。

5 何　人

　行政手続法36条の3は，「何人も，法令に違反する事実がある場合において，その是正のためにされるべき処分又は行政指導（その根拠となる規定が法律に置かれているものに限る。）がされていないと思料するときは，当該処分をする権限を有する行政庁又は当該行政指導をする権限を有する行政機関に対し，その旨を申し出て，当該処分又は行政指導をすることを求めることができる」（1項），「当該行政庁又は行政機関は，第1項の規定による申出があったときは，必要な調査を行い，その結果に基づき必要があると認めるときは，当該処分又は行政指導をしなければならない」（3項）と定めている。公益通報者保護についても，通報者の範囲を限定することなく，何人も公益通報者とするという考え方もありうる。しかし，行政手続法36条の3の「処分等の求め」の規定は，職権発動の端緒としての情報収集を目的とするものであり，「処分等の求め」をしたことによる報復からの保護を目的とするものではないので，広く情報を収集するため，何人も求めをすることができるとしているのである[16]。これに対し，公益通報者保護法は，「国民の生命，身体，財産その他の利益の保護にかかわる法令の規定の遵守を図り，もって国民生活の安定及び社会経済の健全な発展に資することを目的とする」という点では，行政手続法36条の3と目的が重なるが，「公益通報をしたことを理由とする公益通報者の解雇の無効等並びに公益通報に関し事業者及び行政機関がとるべき措置を定めることにより，公益通報者の保護を図る」という目的をも有し，この点で，行政手続法36条の3と異なる。通報をしたことによる報復が全く予想されない者まで公益通報者に含めることは，公益通報者を保護するという公益通報者保護法の目的を超えることになる。公益通報者の範囲の拡大は必要であるが，その範囲は，通報に起因する不利益から保護する必要が認められる者に限られるべきであろう。

III　通報対象事実

1　直罰または間接罰を定める法律への限定の是非

　現行の公益通報者保護法は，「個人の生命又は身体の保護，消費者の利益の

---

[16] 宇賀克也・解説行政不服審査法関連三法（弘文堂，2015年）261頁以下参照。

Ⅱ 消費者法

擁護，環境の保全，公正な競争の確保その他の国民の生命，身体，財産その他の利益の保護にかかわる法律として別表に掲げるもの（これらの法律に基づく命令を含む。次号において同じ。）に規定する罪の犯罪行為の事実」（2条3項1号），「別表に掲げる法律の規定に基づく処分に違反することが前号に掲げる事実となる場合における当該処分の理由とされている事実（当該処分の理由とされている事実が同表に掲げる法律の規定に基づく他の処分に違反し，又は勧告等に従わない事実である場合における当該他の処分又は勧告等の理由とされている事実を含む。）」（同項2号）を通報対象事実と定義している。すなわち，直罰規定が置かれた犯罪行為の事実のみならず，違法行為の是正等を命ずる行政処分に従わない場合の間接罰が定められており，最終的に刑罰により担保された違反行為の事実も通報対象事実とされている。刑罰の担保がある法律違反の事実に対象を限定する根拠は，以下の2つであると考えられる。第1は，公益通報者保護法に基づく規制を行うためには，通報対象事実が高度の公益性を有する事実でなければならず，最終的に刑罰の担保がある法律違反に当たる事実であれば，高度の公益性があることについて異論がないと思われることである。第2は，通報対象事実の明確性の要請である。最終的に刑罰の担保がある法律違反に当たる事実であれば，その範囲は明確になり，通報対象事実か否かについて，解釈上の疑問が生じないと考えられたのであると思われる。かかる限定の結果，男女雇用機会均等法，短時間労働者の雇用管理の改善等に関する法律のように違反に対する刑罰を定めていない法律に違反する事実やパワハラ，セクハラのように不法行為とはなっても，それのみでは犯罪とはいえない事実は，通報対象事実とはされていない。

　刑罰という究極の制裁で担保されている事実であれば，高度の公益性があるといえるので，それを通報対象事実のメルクマールとすることには，一定の合理性がある。もっとも，行政上の秩序罰を含めた罰則により担保された事実にまで通報対象事実を広げることも考えうる。秩序罰とはいえ，罰則で担保されている以上，公益性は肯定できるし，範囲の明確性も損なわれないからである。他方，秩序罰は，軽微な義務違反に対して科されることが多いので，公益性が高度とまではいえないのではないかという問題がある[17]。もっとも，刑罰

---

(17) 宇賀克也・行政法概説Ⅰ〔第6版〕（有斐閣，2017年）251頁，同・行政法〔第2版〕（有斐閣，2018年）135頁参照。

と秩序罰の使い分けは，必ずしも明確な基準でなされているわけではなく，刑罰を科すほうが合理的と思われる場合に秩序罰にとどめられている場合もある。たとえば，地方自治法228条3項は，「詐欺その他不正の行為により，分担金，使用料，加入金又は手数料の徴収を免れた者については，条例でその徴収を免れた金額の5倍に相当する金額（当該5倍に相当する金額が5万円を超えないときは，5万円とする。）以下の過料を科する規定を設けることができる」と定めている。詐欺その他不正な行為により分担金等の徴収を免れる行為に対しては犯罪として刑罰を科すことが合理的といえるが[18]，罰金は国庫に入るので，財政罰としての過料を地方公共団体の収入とすることが，秩序罰とされた一因と考えられる[19]。このように秩序罰の対象であっても，その通報に高度の公益性が認められる場合は存在する。したがって，秩序罰の対象を全て精査して，その中で実質的に刑罰を科すに当たる行為を通報対象事実として追加することは考えうる。しかし，実質論による線引きを行う場合，誰もが合意しうる明確な線引きが可能かという問題が存在する。したがって，秩序罰の対象事実であって，実質的に犯罪に当たるものを通報対象事実に追加する案については，今後，さらに検討を深める必要があると思われる。

2　一定の目的の法律への限定の是非

公益通報者保護法は，通報対象事実について，「個人の生命又は身体の保護，消費者の利益の擁護，環境の保全，公正な競争の確保その他の国民の生命，身体，財産その他の利益の保護にかかわる法律」の違反としており，法律の目的による制限を付している。したがって，税法や国家公務員法，地方公務員法，補助金等に係る予算の執行の適正化に関する法律，出入国管理及び難民認定法等に違反する事実は，通報対象事実に含まれていない。対象法律は政令で列記されているが，「個人の生命又は身体の保護，消費者の利益の擁護，環境の保全，公正な競争の確保その他の国民の生命，身体，財産その他の利益の保護にかかわる法律」が漏れなく列記されているかについては，改めて検討が必要であろう。立法論としては，法律の目的による限定を外すことも考えられる。ただし，その場合，「国民の生命，身体，財産その他の利益の保護にかかわる法

---

[18]　宇賀克也＝大橋洋一＝高橋滋編・対話で学ぶ行政法（有斐閣，2003年）90頁参照。
[19]　須藤陽子「地方自治法における過料」行政法研究11号17頁参照。

Ⅱ 消費者法

令の規定の遵守」を図るという公益通報者保護法1条の目的規定の改正が必要になるほか，法律の目的如何を問わず，公益通報者を保護することが，消費者庁及び消費者委員会設置法3条が定める消費者庁の任務および同法4条が定める消費者庁の所掌事務に含まれるのかが問題になり，含まれない場合，公益通報者保護法を消費者庁が所管することの是非自体の再検討が必要になる。

3 別表列記方式の是非

　公益通報者保護法別表においては，その1号～7号に掲げる法律のほか，「個人の生命又は身体の保護，消費者の利益の擁護，環境の保全，公正な競争の確保その他の国民の生命，身体，財産その他の利益の保護にかかわる法律として政令で定めるもの」が掲げられており，「公益通報者保護法別表第8号の法律を定める政令」において，対象法律が列記されている。2017(平成29)年4月1日現在，公益通報の対象となる法律は460にのぼる。「個人の生命又は身体の保護，消費者の利益の擁護，環境の保全，公正な競争の確保その他の国民の生命，身体，財産その他の利益の保護にかかわる法律」というのみでは，通報者にも通報窓口の担当者にも，何がそれに当たるか不明確であり，予見可能性に欠けるので，列記方式にはメリットがあるといえよう。もっとも，法律を専門としない者にとって，対象法律が公益通報者保護法別表および「公益通報者保護法別表第8号の法律を定める政令」に列記されていることを認識すること自体が容易でないと思われることに加え，同政令を見て，対象法律を見つけることも簡単ではないと考えられる。政令で列記される法律を，たとえば環境の保全に関する法律，公正な競争の確保に関する法律等の項目で分類して，各項目に分類される法律を並べるかたちにすれば，分かりやすさは増すので，このような方式も検討する必要があろう。なお，「個人の生命又は身体の保護，消費者の利益の擁護，環境の保全，公正な競争の確保その他の国民の生命，身体，財産その他の利益の保護にかかわる法律」という目的による限定を外して，最終的に刑罰により担保された法律全部を対象とする場合には，別表および政令による列記方式をとる必要はないであろう。

4 条例が定める刑罰で最終的に担保された犯罪事実を含めることの是非

　公益通報者保護法制定時において，条例が定める刑罰により最終的に担保される事実が対象外とされたのは，地域により保護される通報の範囲に差が生ずることは適当でないと考えられたためであった[20]。しかし，地方公共団体の中には，職員による行為に限定してではあるが，条例違反も含めて独自の公益通報制度を設けているものがあり[21]，条例が定める刑罰で最終的に担保された同様の事実が公益通報の対象になるか否かについて，地方公共団体間で現に差異が生じているのである。むしろ，公益通報者保護法で条例による刑罰で最終的に担保された事実を通報対象事実に含めることによって，地方公共団体間の不統一を減少させることになる。したがって，条例が定める刑罰で最終的に担保された事実を通報対象事実に含めることに理論的な障壁はないといえよう。ただし，別表および政令による列記方式を維持する場合には，全国の条例が定める刑罰で最終的に担保された事実を網羅的かつ適時に把握しうることが前提になるが，現状では，この前提は容易には成立しがたいといわざるを得ない。したがって，条例が定める刑罰で最終的に担保された事実を通報対象事実に含めるのは，別表および政令による列記方式を廃止する場合に限られることになろう。

IV　不利益な取扱い

　公益通報者保護法3条は解雇の無効，4条は労働者派遣契約の解除の無効，5条は降格，減給その他不利益な取扱いの禁止について定めている。不利益な取扱いには，不利益な配転，スラップ訴訟，通報者の探索，通報妨害，ブラックリストの作成，村八分等の精神的苦痛を与える行為等，多様な行為が含まれうる。これらの多様な行為が不利益な取扱いに含まれることを明確にするために，同法5条の例示に追記することが考えられる。また，同法5条に追記しなくても，ガイドラインには明示することが望ましいといえよう。

---

[20]　内閣府国民生活局企画課・詳説公益通報者保護法（ぎょうせい，2006年）60頁参照。
[21]　2006年制定の「大阪市の職員等の公正な職務の執行の確保に関する条例」等参照。

V 通報と不利益取扱いとの因果関係についての立証責任の緩和等

　通報者が通報後，間もなく解雇，降格，減給等の不利益な取扱いを受けた場合，通報者は通報に対する報復であると考えたとしても，事業者は勤務成績が不良であることが理由であり，通報とは無関係であると主張することがある。このような場合，通報者が不利益取扱いの違法を主張して訴訟を提起しても，通報と不利益取扱いの因果関係が争われた場合，通報者がその立証に苦労するケースがある。通報者が，自分が行った通報が適法な公益通報であることに加えて，通報と不利益取扱いとの因果関係についても立証責任を負うことは過大な負担ではないかと考えられる。公益通報の場合，現行法における通報対象事実は，最終的に刑罰の担保がある事実に限られているので，かかる重大な事実を通報された事業者が通報されたことを逆恨みして，通報者に対して不利益取扱いを行う蓋然性は，過去の事例をみると決して低くはなく，労働者の間でも，事業者からの報復を懸念して公益通報を躊躇する者が少なくないことは，調査により裏付けられている[22]。他方，事業者にとっては，労働者に不利益取扱いをする場合には，その根拠となる資料を保存するのが当然と考えられるので，不利益取扱いが正当な理由によるものであることの立証責任を負担させることが酷であるとはいえないと思われる。

　立証責任を転換している他の立法例として，「雇用の分野における男女の均等な機会及び待遇の確保等に関する法律」（以下「男女雇用機会均等法」という）がある。同法9条3項は，「事業主は，その雇用する女性労働者が妊娠したこと，出産したこと，労働基準法（昭和22年法律第49号）第65条第1項の規定による休業を請求し，又は同項若しくは同条第2項の規定による休業をしたことその他の妊娠又は出産に関する事由であつて厚生労働省令で定めるものを理由として，当該女性労働者に対して解雇その他不利益な取扱いをしてはならない」と定め，同条4項は，「妊娠中の女性労働者及び出産後1年を経過しない女性労働者に対してなされた解雇は，無効とする。ただし，事業主が当該解雇

---

[22] 通報先として，行政機関またはその他外部（報道機関等）を選択すると回答した者に，労務提供先へ最初に通報しない理由を尋ねたところ，「労務提供先から解雇や不利益な取り扱いを受けるおそれがある」と回答した者の割合が最も高く，43.3％にのぼった（消費者庁消費者制度課・前掲注(1) 25頁参照）。

が前項に規定する事由を理由とする解雇でないことを証明したときは，この限りでない」と定めている。同法9条4項は，解雇についてのみ立証責任を転換しており，それは解雇の重大性に鑑みてのことであると考えられる。したがって，公益通報者保護法において，通報と不利益取扱いとの因果関係についての通報者の立証責任の緩和等を図る場合においても，不利益取扱いの類型ごとに立証責任の緩和等の必要性を検討し，その必要性が肯定される場合においても，因果関係の推定，立証責任の転換等，いかなる方法で立証責任の緩和等を行うことが望ましいかを類型ごとに検討する必要があると思われる。また，男女雇用機会均等法9条4項では，出産後については，1年を経過しない女性労働者に対してなされた解雇についてのみ，立証責任を転換している。また，韓国の公益申告者保護法23条2項は，公益申告が行われた後，2年以内に公益申告者等に対して不利益措置がとられた場合に限定して，公益申告者等が当該公益申告等を理由として不利益措置を受けたものと推定することとしている。これらの期限が設けられているのは，通報と不利益な取扱いとの蓋然性が高度な場合に限定する趣旨と考えられる。したがって，公益通報と不利益な取扱いの因果関係を推定したり，立証責任の転換を行う場合においても，期限を設定すべきか，設定する場合，どの程度の期限を設定すべきかについても検討する必要がある。

VI 外部通報の要件

1 行政機関への外部通報の要件

公益通報者保護法は，1号通報の要件は，「通報対象事実が生じ，又はまさに生じようとしていると思料する場合」としているのに対し（同法3条1号），当該通報対象事実について処分または勧告等をする権限を有する行政機関に対する公益通報（以下「2号通報」という）の要件は，「通報対象事実が生じ，又はまさに生じようとしていると信ずるに足りる相当の理由がある場合」（同条2号）としており，要件を加重している。2号通報といえども外部通報であるので，被通報者の名誉・信用が不当に毀損されることを避けるため，名誉毀損の違法性阻却事由を参考にして，真実相当性の要件を課したのである[23]。しかし，

---

[23] 同法施行前であるが，行政機関に対する通報であっても，相当の慎重さが要求されてしかるべきとした裁判例として，宮崎地延岡支判平成10・6・17労判752号60頁参照。

Ⅱ 消費者法

同法2条4項で定義されている行政機関の職員は、国家公務員法または地方公務員法上、刑罰で担保された秘密保持義務を負っているので、通報された事実を安易に外部に漏えいすることは、通常は想定しがたい。他方において、真実相当性の要件が課されているため、通報者が2号通報を行うことを過度に躊躇し、その結果、監督権限を有する行政機関に通報対象事実が認知されず、行政監督の実効性が損なわれているという指摘も少なくない。同法施行前の裁判例の中にも、違法行為を知った職員が行政機関へ通報したことについて、内部に問題があればまず内部において話し合いをすべきであるという業務命令により外部通報を禁ずることはできないとした大阪地決平成9・7・14判例集不登載、到底正当な行為として評価しえない行為について、内部の者に相談することなく直接行政機関に通報したことが格別不当な行為であったということはできないと判示した広島地判平成13・3・28労判849号144頁がある。安易に2号通報が行われた場合、その都度行政機関が調査を行うことを余儀なくされ、行政機関に過大な負担をかけ、また、行政調査の対象になること自体により風評被害が生ずることを理由として、2号通報の要件の緩和は慎重であるべきとする意見もありうるであろう。しかし、単独では十分な根拠が認められない通報であっても、複数の異なる者からの同様の通報が累積することにより、違法行為を行政機関が認知し、迅速な監督が可能になることもありうる。さらに、2号通報の要件を緩和すれば、監督行政機関に通報されることを恐れて、事業者が1号通報に対してより真摯に対応することを迫られ、かつ、内部統制全般を改善するインセンティブを付与するメリットがあると考えられる。したがって、運用上も、通報者の供述のみであっても、具体性がある場合には真実相当性をより積極的に認めていくべきであろうし、立法論としても、2号通報の要件の緩和を検討すべきではないかと思われる。

2 行政機関があらかじめ定めた者

公益通報者保護法は、1号通報については、労務提供先があらかじめ定めた者に対する通報も公益通報として保護しているが、2号通報の場合には、行政機関があらかじめ定めた者への通報は公益通報に含めていない（2条1項柱書）。しかし、行政機関が2号通報に真摯に対応してくれない場合等において、行政機関が事前に法律事務所等を外部通報の窓口として指定していれば、そこに通

報したいというニーズは存在すると思われるし，実際に，行政機関がかかる外部通報窓口を事前に定めている例も存在する。行政機関があらかじめ定めた外部通報窓口への通報も 2 号通報としての保護を受けうるように，法改正を行うべきであろう。

3　報道機関等への外部通報

　1 号通報および 2 号通報以外の通報（以下「3 号通報」という）については，2 号通報の要件に加えて，同法 3 条 1 項 3 号イからホまでのいずれかに該当することが要件となっている。3 号通報の場合，2 号通報と異なり，通報先の職員は一般に秘密保持義務を負っていないことに鑑みると，真実相当性の要件を設けることには合理的理由があるように思われる[24]。しかし，同法 3 条 1 項 3 号イからホまでの特定事由のいずれかに該当する場合に限定する要件については，名誉毀損の違法性阻却事由と比較して過重であり，より緩和する必要があると思われる。過去において，2 号通報が放置されたり，2 号通報の通報者の氏名が被通報者に漏えいされたりする不適切な事例がみられ，2 号通報への信頼が十分とはいえない。むしろ，報道機関のほうが行政機関よりも通報先として信頼できると考える者も稀でないように思われる。したがって，3 号通報の要件を緩和すべきであり，特定事由の緩和・追加が検討されるべきと思われる。たとえば，同法 3 条 1 項 3 号ニは，書面により 1 号通報をした日から 20 日を経過しても，当該通報対象事実について，当該労務提供先等から調査を行う旨の通知がない場合または当該労務提供先等が正当な理由がなくて調査を行わない場合について定めているが，2 号通報が放置された例もあるので，かかる場合にも 3 号通報を行うことができることとすべきと考えられる。

Ⅶ　不利益取扱い等に対する行政措置

1　行政措置を設ける必要性

　公益通報を理由として不利益取扱いを受けた者を迅速に救済するために，行政措置を設ける必要があるかという問題がある。公益通報者保護法は，不利益取扱いを受けた公益通報者は，自ら労働審判，訴訟等の民事的手法を利用して

---

[24] 通報先として，報道機関等の外部を選択すると回答したものが 5.4％存在した（消費者庁消費者制度課・前掲注(1) 24 頁参照）。

Ⅱ 消費者法

救済を図ることを前提としている。しかし,民事的手法による救済は,最終決着までに時間を要することが少なくなく,また,弁護士費用等の経済的負担も生ずることが多い。公益通報者が自己の利益のためでなく,社会正義のために通報を行い,その結果,公益が増進されたにもかかわらず,通報に起因して不利益取扱いを受けた場合には,自己の努力と負担で救済を図れとするのみでは,公益通報者にとって酷ではないかと思われる。また,不利益取扱いを受けた場合の救済の困難性を慮って,公益通報を躊躇することになれば,同法の目的の達成も困難になる。したがって,公益通報者自身による民事的手法による救済のみに委ねるのではなく,行政措置も設けるべきと考える。

2 勧告・公表

勧告・公表制度は,労働関係の法律で広く採用されている[25]。名宛人に法的義務を課すものではないが,名宛人の信用に大きな影響を与えるので,一般的には,抑止効果が大きく,実効性のある救済になると考えられる。もとより,勧告・公表に至る前に事実確認が必要であり,名宛人に弁明の機会を付与する必要がある。我が国の行政実務の運用では,勧告制度を設けても,事前に十分な指導・助言が行われ,勧告は,それでも改善の見込みがない場合にやむなく行われるものであり,勧告の発動の遅れが問題になることはあっても,勧告の濫用が問題になることは,ほとんど想定しがたい。勧告・公表の事前手続については,行政手続法上の不利益処分に当たるとして処分性を肯定する解釈をとらない限り,行政手続法上は,事前手続を義務付けられていないことになるが,憲法上の適正手続の要請として,事前手続は必要と考えられる。その場合,行政手続法が業務停止命令すら弁明の機会の付与で足りるとしていることに鑑みれば,業務の継続自体を禁ずるわけではない勧告・公表の場合,行政手続法の弁明の機会の付与に相当する手続で足りるとも考えられる。もっとも,不利益な取扱いの動機について,正当なものと不正なものとが競合することが稀でなく,いずれが決定的なものであったかという複雑な事実認定が必要になりうることを考慮すると,聴聞に相当する手続をとることが望ましいと思われる。他方,事前にインフォーマルな指導・助言が十分に行われることを前提とすれば,

---

[25] 男女雇用機会均等法29条,30条,障害者の雇用の促進等に関する法律46条5項,6項,47条等参照。

フォーマルな勧告・公表の事前手続として，準司法手続をとることまでは必要ないと考えられる。したがって，勧告・公表制度を設けることが過大な行政コストを生ずることにはならないと思われる。

3 命　　令

不利益な取扱いに対する行政措置として是正命令等の命令制度を設けるかも検討に値する。この場合，勧告と組み合わせて，一定期間内に勧告に従わない場合に命令を行うという制度とすることも考えられる。勧告を命令に前置し，正当な理由なく勧告に従わない場合に命令を出すことができることとし，解雇による生活難等の緊急の救済を要する場合には，勧告を経ずに命令を出すことができることとするのが望ましいと思われる。是正命令の場合，命令前の事前手続としては，行政手続法上は弁明の機会の付与で足りるが，勧告を経ずに命令を出す場合には，通報者と被通報者の主張が相違する場合が少なくないと予想されることを考えると，聴聞手続（特例聴聞）をとることが望ましいと思われる。他方，勧告を経て命令を行う場合には，勧告の事前手続として聴聞相当の手続が行われていることを前提とすれば，所定の期限内に勧告に応じなかったことのみが争点になると考えられるので，事前手続としては弁明の機会の付与で足りると思われる。

4　あっせん，調停

個別労働紛争について，労働局によるあっせん，調停による解決が行われることが多く，公益通報に起因する不利益な取扱いについても，行政によるADRを導入すべきかも論点となる。労働局によるあっせん，調停の場合，厳密な事実認定をせずに和解で解決されることが多いので，公益通報者保護法に行政によるADRを導入することは，違法行為の是正という法目的の達成にふさわしくないという考えもありうるところである。しかし，公益通報者に対して簡易迅速な救済の選択肢を付与することの意義は大きいので，導入する方向で検討すべきと思われる。その場合，労働局との連携をいかに図るかが制度設計のポイントとなろう。

5 刑罰

公益通報をしたことを理由として不利益な取扱いすることは悪質な行為であり，これに対して刑罰を科すことは考えられる。しかし，行政機関等への申告を理由とした不利益な取扱いを禁止する規定に違反した場合に刑罰を科していない法律との整合性の問題があること，刑罰は究極の制裁であり，他の手段では抑止効果が不十分な場合に限り認められるべきことを考慮すると，直ちに直罰規定を導入するのではなく，命令違反に対する間接罰を導入し，命令の実効性を担保することを検討することが望ましいように思われる。

Ⅷ 秘密保持義務

1 民間事業者の1号通報先の秘密保持義務

公益通報者は，自分が通報したことが特定されることにより，有形無形の不利益を被るおそれがある。本人が匿名を望む限り，通報者を特定する情報は漏えいすべきではなく，通報を受領した者には秘密保持義務を課すべきであろう。秘密保持義務違反に対して損害賠償請求を行うことは可能であるが，我が国では，賠償額は僅少にとどまることが多く，十分な抑止力を有しないことが多い。したがって，民間事業者の1号通報先の秘密保持義務違反に対する刑罰を定めるべきと思われる。

2 3号通報先の秘密保持義務

3号通報先であっても，通報者の秘密の漏えいによる公益通報者の被害は，1号通報先や2号通報先からの漏えいと変わらないので，3号通報先にも秘密保持義務を課すことも考えられる。しかし，3号通報先は多様であり，そのすべてについて秘密保持義務を課すこととした場合，3号通報先の窓口職員を萎縮させないかという懸念がある。また，公益通報者の側では，3号通報先のどこに通報するかを選択することができること，3号通報先の多くは報道機関であると考えられ，取材源の秘匿が職業倫理として徹底していると考えられること，報道機関に秘密保持義務を課すことは，報道機関の報道の自由への制約となるおそれがあることに鑑みると，3号通報先に秘密保持義務を課すことは，避けるほうがよいと思われる。

IX 内部資料の持出しに係る責任の減免

　公益通報を行っても，通報者の供述のみでは，公益通報の要件を満たしているとは認められず，調査すら開始されない可能性が高い。そこで，通報内容を裏付ける内部資料を持ち出すと，そのことが事業者に対する誠実義務違反であるとか，窃盗に当たるとして，損害賠償を請求されたり（東京地判平成19・11・21判時1994号59頁），解雇されたり（鹿児島地判平成3・5・31労判592号69頁，東京地判平成7・11・27労判683号17頁，宮崎地判平成12・9・25労判833号55頁，福岡高宮崎支判平成14・7・2労判833号48頁，大阪地堺支判平成15・6・18労判855号22頁），刑事告訴されたりするおそれがある。そこで，このような内部資料の持出しに対して，民事上・刑事上の責任の減免を認めるべきかが問題になる。この点に関する従前の裁判例をみると，大阪地決平成9・7・14判例集不登載は，違法性を根拠づける資料の提出を禁ずればおよそ具体性のある内部告発は不可能となるのであり，通報が不当なものであったとは認められない以上，内部の情報を不当に外部に漏らしたということはできないと判示している。神戸地判平成20・11・10判例集不登載も，何らの証拠資料もなしに公益通報を行うことは困難な場合が多いから，公益通報のために必要な証拠書類（またはその写し）の持出し行為も，公益通報に付随する行為として，公益通報者保護法の対象になるとする。そして，当該持出し行為をとらえて，服務規律違反その他の非違行為であるとして，解雇その他の不利益取扱いを行うことはできないと判示した。大阪高判平成21・10・16判例集不登載も，証拠書類の持出しは違法行為について行政機関への判断を求めるためであり，公益通報者保護法の保護の趣旨を及ぼすことに支障はないと判示した。他方，内部資料を持ち出す目的や手段が不当であったり悪質であること等を理由に，内部資料の持出しを理由とする解雇を正当と認めた裁判例も皆無ではない（広島高松江支判平成25・10・23判例集不登載，福井地判平成28・3・30判時2298号132頁参照）。したがって，当面の対策としては，裁判例を分析して，内部資料の持出しに係る責任が減免される場合とされない場合の基準を消費者庁のウェブサイトに掲載したり，逐条解説に記載することから出発し，立法化については，裁判例の動向を注視しつつ，さらに検討を深めることが適切と思われる。

　内部資料の持出しに係る刑事責任については，現行法上も，正当行為や緊急

Ⅱ 消費者法

避難による違法性阻却が認められうること，起訴便宜主義の下で検察官の訴追裁量により不起訴とされうることを踏まえると，それに加えて，公益通報特有の違法性阻却事由を法定する必要があるかを慎重に判断する必要があろう。

Ⅹ　リーニエンシー

独占禁止法の課徴金減免制度が多用され，談合やカルテルのように密室で行われる違法行為の摘発に効果を発揮している。組織内で行われる違法行為については，それに関与していた者が，最もよく知りうる立場にあるから，公益通報者保護法にもリーニエンシー制度を導入することは，公益通報を活性化し，違法行為の早期是正に有効と考えられる。もっとも，自己の責任の減免をも目的とする公益通報者を保護することは，社会正義のための公益通報者を保護するという公益通報者保護法の趣旨に合致するのか，リーニエンシーを目的とする通報が増加することは，同法の倫理性を弱めないかという問題を検討する必要がある。独占禁止法では，一定の要件を満たす場合，必要的な減免制度を採用しているが，刑法における自首減免は任意的なものであることも考慮すると，公益通報者保護法にリーニエンシー制度を導入するとしても，当面は任意的なものにとどめ，必要的減免制度の導入には，さらに検討を深める必要があると思われる[26]。

Ⅺ　行政機関の調査義務

行政機関に2号通報を行ったところ，必要な調査が行われず放置された例がある。公益通報者保護法10条1項は，「公益通報者から第3条第2号に定める公益通報をされた行政機関は，必要な調査を行い，当該公益通報に係る通報対象事実があると認めるときは，法令に基づく措置その他適当な措置をとらなければならない」と定めている。前述したように，2号通報の要件を緩和した場合，通報の要件と調査開始義務の要件を区別し，調査開始義務は，行政機関が公益通報対象事実が存在する蓋然性が高いと認めた場合とすることも考えられ

---

[26] 千代田区職員等公益通報条例6条2項，新潟市における法令遵守の推進等に関する条例11条3項は，職員等が自ら関与している違法な行為について通報をした場合には，当該職員等の懲戒処分については，通常の処分より軽減することができると明記している。

る。そのような仕組みとすれば、2号通報の要件の緩和が、行政機関による調査のコストを過大なものにしたり、調査が開始されることによる風評被害への懸念にも応えることができよう。

　もっとも、客観的に公益通報対象事実が存在する蓋然性が高いと認めるべきであるにもかかわらず、行政機関が怠慢であったり、被通報先への遠慮から、それを認めないため、2号通報に対して適時に対応が行われない事態が発生するおそれはある。「公益通報者保護法を踏まえた国の行政機関の通報対応に関するガイドライン（外部の労働者からの通報）」3(6)においては、各行政機関は、通報者からの苦情に迅速かつ適切に対応するように努めることとされているが、苦情受付機関は、通報窓口から独立し、通報窓口の職員よりも上位の職員により構成されるようにすべきであろう。また、同ガイドライン5(5)において、各行政機関は、各行政機関における通報対応の仕組みの運用状況を定期的に公表し、その運用状況について、職員および第三者の意見を踏まえて定期的に評価および点検を行うとともに、他の行政機関による先進的な取組事例等も参考にした上で、通報対応の仕組みを継続的に改善するよう努めることとされている。各行政機関による努力も重要であるが、消費者庁も、同ガイドライン6(6)に記されているように、公益通報への行政機関の対応の改善に積極的役割を果たすことが期待される。

XII　内部通報制度の整備

　大和銀行株主代表訴訟事件判決（大阪地判平成12・9・20判時1721号3頁）が、会社経営の根幹に係わるリスク管理体制の大綱については、取締役会で決定することを要し、業務執行を担当する代表取締役および業務担当取締役は、大綱を踏まえ、担当する部門におけるリスク管理体制を具体的に決定する職務を負うと判示したことや他の民間企業における粉飾決算等の不適正な会計処理が露見したことが契機となり、2002年5月の商法改正により委員会設置会社に、2005年7月制定の会社法で大会社に（362条4項6号、5項、同法施行規則100条等）、さらに2006年6月に制定された金融商品取引法において上場会社に（24条の4の4、193条の2第2項等）内部統制制度の整備が義務づけられた。また、平成29年法律第54号による地方自治法改正[27]で都道府県、政令指定都市は内部統制に関する方針を定め、当該方針に基づき必要な体制を整備する

Ⅱ 消費者法

ことを義務付けられ（地方自治法150条1項），政令指定都市以外の市および町村は，これらの措置を講ずる努力義務を負うこととされた（同条2項）。当該方針を定めた長は，毎会計年度少なくとも1回以上，内部統制報告書を作成し（同条4項），監査委員の審査に付し（同条5項），議会に提出することが義務付けられた（同条6項）。内部通報制度は内部統制の要をなす制度であるが，上記の内部統制に係る法律の規定は，内部通報について具体的に定めるものではない。そこで，公益通報者保護法に内部統制についての規定を置くべきか否かが問題になる[28]。

内部通報体制整備の義務を法定することは有意義と思われるが，中小企業ならびに政令指定都市以外の市および町村を含めて，直ちに一律に義務付けを行うことには，やや無理があると思われる。したがって，当面，義務付け対象は大企業や都道府県，政令指定都市にとどめ，その他については努力義務とする一方，消費者庁が積極的な情報提供を行い，中小企業ならびに政令指定都市以外の市および町村における内部体制構築を支援すべきと思われる。また，政令指定都市以外の市および町村については，努力義務にとどめ続けるのは適当でないので，一定の猶予期間を置き，法的義務付けに移行するのが望ましいと思われる。それを可能にするために，市長会や町村会に共通窓口を設置して，自ら通報窓口を設置することが困難な市町村は，この共通窓口を通報先として指定することとするのが望ましいと思われる。これにより，小規模の市町村が自ら通報体制を整備する必要がなくなるとともに，通報先の公正中立性を確保しやすくなり，また，通報者が被通報者により特定される危険も減少させることができるからである。

---

[27] 宇賀克也編・2017年地方自治法改正：実務への影響と対応のポイント（第一法規，2017年）参照。
[28] 景品表示法26条1項は，「事業者は，自己の供給する商品又は役務の取引について，景品類の提供又は表示により不当に顧客を誘引し，一般消費者による自主的かつ合理的な選択を阻害することのないよう，景品類の価額の最高額，総額その他の景品類の提供に関する事項及び商品又は役務の品質，規格その他の内容に係る表示に関する事項を適正に管理するために必要な体制の整備その他の必要な措置を講じなければならない」と定めている。

15 年齢と取引
――若年者をめぐる契約法・消費者法の立法的課題――

大　澤　　彩

I　はじめに
II　成年年齢引下げに伴う若年者
　の消費者問題をめぐる議論
III　年齢の直接的・間接的考慮
IV　取引における「年齢」の意味
V　おわりに

I　はじめに

　2009年の法制審議会諮問に端を発する成年年齢引下げを実現する法案が国会に提出される見込みとなっている。それを受けて様々な観点から議論がなされているが[1]、契約法・消費者法の観点からは未成年者とされる者が現行法の20歳未満から18歳未満へとなることによって、現行法によれば民法上取消しが認められている18歳以上20歳未満の者の未成年者取消権が奪われ、悪徳商法等に巻き込まれる機会が増えるのではないかとの懸念が示されている[2]。未成年者取消権が若年消費者に対する防禦壁となってきたことは消費者相談の現場でも明らかであることから、消費者被害のリスクにさらされる若年層に対す

---

[1] 成年年齢引下げ論自体については本稿では必要な限りでしか触れない。水野紀子「民法の観点からみた成年年齢引下げ」ジュリスト1392号（2010年）164頁が述べるように、何歳をもって「大人」とすべきなのかは、民法学のみならず教育学や社会学等多様な観点からの議論が不可欠であること、および、本稿の目的が成年年齢引下げそのものの是非を問題にするものではないことによる。また、本稿は消費者保護の観点から引下げを見送るべきかどうかを問題にするものでもない（成年年齢引下げに関する民法改正を若年層の消費者保護の問題として理解する議論がなきにしもあらずであったという水野・前掲166頁の批判を参照）。成年年齢引下げをめぐる議論の詳細は本稿で引用する報告書や論文にゆだねる。

[2] 引下げに慎重な意見のうち、消費者被害拡大の懸念についての委員の意見をまとめたものとして、山下純司「民法成年年齢引下げについて――未成年者取消権を中心に」学習院法務研究1号（2010年）79頁。

Ⅱ 消費者法

る消費者教育と並んで，一定の制度整備が重要な課題である[3]。すなわち，子どもの自律性の尊重が必要であると同時に，若者への保護・支援が必要な場合もあることを正面から認めることが重要である[4]。

他方で，同じく消費者問題の増加が指摘されている属性として，いわゆる高齢者をあげることができる。こちらについては，一定の年齢を目安として取引を制限するという方向性よりはむしろ当該高齢者の判断能力の低下等，個別事情をふまえた解決を可能にする規定案（状況の濫用や適合性の原則の消費者契約への一般化等）が提案されることが多い。

両者に共通するのは，契約当事者が一定の年齢未満あるいは一定の年齢を超える者であることを理由に，それ以外の年齢層の者が取引を行う場合とは違う考慮が必要であるとの問題意識である。このような問題意識は，近時の消費者法学において「消費者」をマスとしての抽象的な「消費者」としてとらえるのみならず，知識・経験不足や判断力の低下ゆえの「特に脆弱な消費者」がいることに留意する傾向が見られることとも親和性を有する。すなわち，若年者や高齢者を「特に脆弱な消費者」としてとらえるという思考である。しかし，「若さ」「高齢」を理由に「消費者」一般とは異なる配慮を行うことの必要性はともかく，契約における意思決定の自由という観点から見た正当化は可能なのだろうか。仮に正当化が可能であるという場合には，具体的にどのような方法によれば，若年者や高齢者の意思決定の自由を妨げないものとなるのだろうか。また，取引経験，知識等は各人によって多様であるにもかかわらず，「若さ」「高齢」を「脆弱性」を示す指標の1つとすることにはどのような意味があるのだろうか。それらを指標とした契約法・消費者法ルールを形成する必要があるのであれば，どのようなルールが考えられるのだろうか。

本稿では以上の問題について若年者の場合[5]を念頭に置いて検討する。まず，成年年齢引下げに伴う若年者の消費者保護に関する議論を整理した上で（Ⅱ），

---

[3] 河上正二「人間の『能力』と未成年者，若年消費者の支援・保護について」消費者法研究2号（信山社，2017年）6頁。
[4] 大村敦志『新しい日本の民法学へ』（東京大学出版会，2009年）264頁（初出：2007年）。
[5] 後述するように，本稿で紹介する議論においては，成年年齢に達した者であってもさらにある一定の年齢に達するまでの間の者を「若年成人」等の呼称を付した上で一定の幅をもってとらえ，それらの者を念頭に置いた検討がなされている。本稿では「若年者」

一定の「年齢（層）」を直接または間接に考慮する法規定の在り方を，フランス法の議論を交えながら分析する（Ⅲ）。その上で，契約法における「年齢（層）」の意味について，若年者の「支援」の在り方や消費者の「脆弱性」といった観点から若干の検討を加え（Ⅳ），結びとする（Ⅴ）。

Ⅱ 成年年齢引下げに伴う若年者の消費者問題をめぐる議論

1 法制審議会成年年齢部会「民法の成年年齢の引下げについての最終報告書」

民法の成年年齢を18歳に引き下げることによって，18歳，19歳の消費者被害の増加が予想され，その対策として消費者保護施策の充実を図る必要があるということは，法務省法制審議会成年年齢部会による「民法の成年年齢の引下げについての最終報告書」（以下，「法制審議会最終報告書」とする）においても指摘されていた[6]。それによると，消費者保護施策の充実として，調査審議過程においては①若年者の社会的経験に乏しさにつけ込んで取引等が行われないよう，取引の類型や若年者の特性（就労の有無，収入の有無等）に応じて，事業者に重い説明義務を課したり，事業者による取引の勧誘を制限すること，②若年者の社会的経験の乏しさによる判断力の不足に乗じて取引が行われた場合には，契約を取り消すことができるようにするといった民事的効果をもたらしうる施策の提案のほか，若年者専用の相談窓口を消費生活センター等に設けることや，18歳，19歳の者に対する広報活動，特定商取引法の改正といった様々な観点からの提案がなされていた[7]。

2 消費者委員会「成年年齢引下げ対応検討ワーキング・グループ」

その上で，民法の成年年齢の18歳への引き下げが実現した場合に新たに成年となる18歳，19歳の消費者被害の防止・救済が必要になるという問題意識

という言葉を，これらの「若年成人」等同様，成人年齢には達しているもののまだ十分な取引経験・知識を有していないとされる年齢層（18歳を成人年齢とすれば18歳以上22歳ぐらいまで）を念頭に置いて用いる。
[6] (http://www.moj.go.jp/content/000005078.pdf) 12頁以下。
[7] 前掲注[6] 16頁以下。これらに加えて消費者教育の充実や若年者の自立を援助するための施策の充実も提案されているが，民事規定を特に検討の対象とする本稿では割愛する。

Ⅱ 消費者法

のもと,消費者委員会「成年年齢引下げ対応検討ワーキング・グループ」(以下,「WG」とする)においてより具体的な検討がなされた[8]。

　実情として,18歳,19歳の相談件数と比べて,20歳以降の相談件数が増えていること,および,被害事例としては,成年直後に勧誘を受けるなど,成年になることが消費者被害に遭う1つの転換点となっていることが指摘されている[9]。

　WGは「若者の保護の必要性といっても,若者の置かれている環境,その者の知識・経験・判断能力等によって必要な対策は様々であり,単純に年齢のみで画一的に処理することは若者の実態と合っていない面がある」としつつ,18歳という年齢は,多くの者にとって高校卒業から大学進学や就職,および,それに伴って一人暮らしを始める年齢であり,扱う金銭の額が大きくなるなど生活環境が変わるために消費者トラブルに遭った場合の被害が大きくなることを問題視している。その上で,この年代が急速な成長の途上であることから,「成熟した成人として十分な知識・経験・判断能力が身についているとはいえない若者に対して,成年年齢になった時点で全て自己責任ということで責任を負わせる」のは適切ではなく,「段階的に経験を積んで成熟した成人に成長することができる社会環境を整備し,若者の成長を支える必要がある」としている[10]。

　このように,WGは18歳という年齢が若者にとって生活環境の変化に伴う消費者トラブルに遭う確率を高める年齢であるとしつつも,実際には若者の成長の「段階性」に着目している。具体的には,「18歳,19歳について消費者契約における新たな取消権を設けるなど年齢のみによって画一的に処理するのではなく,個人の知識・経験・判断力等に応じた対応をしつつ,若者が成熟した私人として社会に参画することができるようになるための支援の必要性が確認された」としている[11]。その際,成熟した成人期に移行する準備段階として,(仮に成年年齢が引き下げられた場合,)特に成年になって間もない18歳から20

---

[8] 消費者委員会成年年齢引下げ対応検討ワーキング・グループ「成年年齢引下げ対応検討ワーキング・グループ報告書」(平成29年1月)(http://www.cao.go.jp/consumer/iinkaikouhyou/2017/doc/20170110_seinen_houkoku1.pdf)。
[9] 前掲注[8]3頁。
[10] 前掲注[8]2-3頁。
[11] 前掲注[8]6頁。

代初めにかけて、具体的には18歳から22歳の若者を「若年成人」として、成熟した成人期とは異なる配慮が必要な年齢層であると位置づけている[12]。すなわち、一定の年齢であることを理由とした契約取消権を付与するという方向をとらず、成熟した成人期とは異なる配慮が必要な年齢層を幅広くとった上で消費者被害の防止・救済の観点から望ましい対応策を検討している。本稿に関連するものとして、具体的には、以下の2点に関する規定を消費者契約法で設けることが提案されている。

第1に、若年成人に対する配慮に努める義務を明文で明らかにすることが提案されている。具体的には、「事業者は、消費者契約を締結するに際しては、消費者の年齢、消費生活に関する知識及び経験並びに消費生活における能力に応じて、適切な形で情報を提供するとともに、当該消費者の需要及び資力に適した商品及び役務の提供について、必要かつ合理的な配慮をするよう努めるものとすることが考えられる」としている。この提案は、消費者基本法第2条第2項で「消費者の年齢その他の特性に配慮」しなければならないと定められていることからも要請されるとしている。

第2に、若年成人の知識・経験等の不足その他の合理的な判断をすることができない事情につけ込んで締結した不当な契約を取り消すことができる規定を設けることが考えられるとしている。その理由として、法制審議会最終報告書において、若年者の特性に応じて事業者に重い説明義務を課すことや、若年者の社会的経験の乏しさによる判断力不足に乗じた契約の取消権を付与することなどが消費者保護政策の具体例として掲げられていることを指摘している[13]。具体的には適合性原則からのアプローチとして、若年成人の知識・経験、契約目的・以降、財産状況などに適合しない場合に当該契約を取り消すことができるとするアプローチと、暴利行為のルールからのアプローチである情報力及び交渉力格差の存在が消費者の脆弱性へのつけ込みによる取引を招来するリスクを構造的に内包している点に鑑み、消費者契約法に暴利行為のルールを導入するというアプローチが考えられるとしている。その上で、一例として、年齢、消費生活に関する知識及び経験並びに消費生活における能力に照らして消費生活上特に配慮を要する若年成人は、事業者が消費者契約の締結について勧誘を

---

[12] 前掲注(8)7頁。
[13] 前掲注(8)8頁および注12参照。

するに際し，成熟した成人に比して当該若年成人の消費生活に関する知識若しくは経験又は消費生活における能力が不十分であることを利用した場合において，その勧誘により当該消費者契約の申込み又はその承諾の意思表示をしたときは，これを取り消すことができるものとし，ただし，当該消費者契約の目的となるものが当該若年成人の需要及び資力に応じ合理的に必要と判断されるときはこの限りでないものとすることが考えられるとしている[14]。また，合理的な判断をすることができない事情につけ込んだことを「困惑」の1つとして取り消すことができる規定を設けることも考えられるとし，対象を若年成人に限定しない場合も含め，消費者契約法専門調査会において更に検討すべきであるとしている[15]。

3　消費者委員会消費者契約法専門調査会における議論

その後，平成29年1月13日の第31回消費者委員会消費者契約法専門調査会において以上のWG報告書についての内容説明および河上正二消費者委員会委員長（当時）よりすでに論点として取り上げられているつけ込み型勧誘に関する規定に加えて「若年成人に対する配慮に努める義務」を検討すべき論点に追加すべき旨の説明がなされた[16]。

これを受けて，平成29年3月27日の第35回消費者契約法専門調査会において，WG報告書における「事業者は，消費者契約を締結するに際しては，消費者の年齢，消費生活に関する知識及び経験並びに消費生活における能力に応じて，適切な形で情報を提供するとともに，当該消費者の需要及び資力に適した商品及び役務の提供について，必要かつ合理的な配慮をするよう努めるものとする」という提案について，どう考えるかという論点が提示される[17]。その際には，「消費者の年齢，消費生活に関する知識及び経験並びに消費生活における能力に応じて，適切な形で情報提供するという部分と，後半の，当該消費者の需要及び資力に適した商品及び役務の提供について，必要かつ合理的な配

---

[14]　前掲注(8) 11頁。
[15]　前掲注(8) 298頁。
[16]　http://www.cao.go.jp/consumer/history/04/kabusoshiki/other/meeting5/031/index.html
[17]　http://www.cao.go.jp/consumer/history/04/kabusoshiki/other/meeting5/035/index.html

慮をするよう努めるという部分で，少し性格が異なるのではないか」という指摘があったことが紹介されている[18]。

その後の審議においては，「法第3条第1項の情報提供にかかる部分を改正し，『消費者契約の締結について勧誘をするに際しては，消費者の理解を深めるために，消費者の年齢並びに当該消費者契約の目的となるものについての知識及び経験について必要な配慮をした上で，消費者の権利義務その他の消費者契約の内容についての必要な情報を提供するよう努めなければならない』とするという考え方について，どう考えるか」といったように，3条1項の情報提供の努力義務に配慮の努力義務を追加する形での提案がなされた[19]。最終的には事業者の情報提供の努力義務を定めた法第3条第1項を改正し，「当該消費者契約の目的となるものの性質に応じ，当該消費者契約の目的となるものについての 知識及び経験についても考慮した上で」，消費者の権利義務その他の消費者契約の内容についての必要な情報を提供するよう努めなければならない旨を明らかとすることとするとされ，「知識及び経験」についての考慮は必要としつつ，「年齢」を考慮すべきという点は明文化しないこととされた[20]。その一方で，「合理的な判断をすることができない事情を利用して契約を締結させる類型」については，つけ込み型の一般規定というよりは，むしろ具体的な類型を列挙した形での規定案がたびたび提示され[21]，消費者契約法専門調査会報告書の内容となった。

III 年齢の直接的・間接的考慮

学説でも成年年齢引下げに伴う若年者の消費者保護をどのように実現するかをめぐり，議論が蓄積されている。それらの議論をおおまかに分類すると，一定の年齢（層）の者に対して取消権の付与や支援を行うといった年齢に直接着目した方向性（以下，年齢の「直接的」考慮とする）と，年齢を消費者の「脆弱

---

[18] 第35回議事録の最後に存在する山本敬三座長によるまとめを参照。
[19] 第42回（平成29年6月30日）会議資料6頁以下を参照（http://www.cao.go.jp/consumer/history/04/kabusoshiki/other/meeting5/doc/170630_shiryou1.pdf）。
[20] 消費者契約法専門調査会報告書14頁（http://www.cao.go.jp/consumer/history/04/kabusoshiki/other/meeting5/doc/20170808_shoukei_houkoku.pdf）。
[21] 例えば，第40回（平成29年6月9日）会議資料を参照（http://www.cao.go.jp/consumer/history/04/kabusoshiki/other/meeting5/doc/170609_shiryou1.pdf）。

Ⅱ 消費者法

性」の1つとして考慮するという方向性（以下，年齢の「間接的」考慮とする）とに分けることができよう。以下，順次紹介する。その際，若年者の中でも未成年者についてではあるが，年齢を「直接的」に考慮した上で他の要素も加味して取引の効力を失わせるフランスの規定についても，若干紹介する。

1 年齢の「直接的」考慮
(1) 日 本 法

20歳を成年年齢としている現行民法のように一律の年齢を境に行為能力の有無を決定するという方法は必ずしも絶対的な方法ではない。学説の中には段階的に行為能力を認めるという方法や成年年齢は一律としつつ，年少の成年者に対しては支援を与える（例えば民事効を付与する規定を設ける）という形での段階的な年齢の考慮もありえるとする見解がある。このうち，段階的に行為能力を認める方法は煩雑であること[22]を考えると，20歳という一律の年齢が定められていることには意味があるが，そうは言っても一律の年齢を境に取引を単独ですべてできるか否かが大きく変わるという現行制度に対する疑問もぬぐうことはできない。このような疑問に基づく提案として，以下のような見解が注目される。

具体的な提案の例として，社会が複雑化し成長に要する時間が長くなっていることを考慮に入れると，年少の成年者に対する支援も必要であるとして，成年・準成年・未成年の三分法をとることを提案する大村敦志教授の見解をあげることができる[23]。具体的には，「未成年」を「準成年」と「完全未成年」とに二分し，前者は満15歳以上として被保佐人同様，重要な行為以外は単独でなしうるとし，後者は法的代理人の同意なしには完全に有効な法律行為をなしえないものとする。完全未成年はさらに二分し，10歳〜12歳を境に「幼年」と「半成年」とに分けて，「幼年」に関しては日用品の購入などを除き行為能力を否定するとともに，一律に責任能力を否定する[24]。その際，民法上，婚姻年齢や遺言能力等，20歳以外の年齢を基準として能力が付与されている場合が少なくないことは成年・未成年の二分法にすべての効果を結びつけるのが適

---

[22] 大村敦志『民法読解総則編』（有斐閣，2009年）44頁。
[23] 大村・前掲注[22] 45頁。
[24] 大村・前掲注(4) 266頁。

当ではないことを示している，との指摘が注目される[25]。これに対して，「成年」も「初成年」と「完全成年」とに二分することを提案している。具体的には一定年齢（25歳あるいは26歳）に達するまでの成年を「初成年」とし，「支援人」（法定代理人あるいは本人が選任した者）に相談した上でなければ一定の重要な行為はなしえないとする，この場合，支援人は相談を受けて助言をするだけであり，その同意を得ることは必要でないこととする。ただし，これでは実質的に見れば単独で行為しにくくなることは確かであることから，「初成年者」は自ら望めば，いつでも「完全成年者」になれるとするという方策も提案している[26]。

以上のように一律の年齢で成年・未成年を二分しないという方法は，未成年者といっても経験・知識のレベルや判断能力には多種多様なものがあることにはかなった方法である。また，本稿にとって参考となるのは，成年年齢に達した者の中にも一定の年齢に達するまでの若年者には一定の支援が必要となるという問題意識である。このような問題意識は，消費者委員会のWGでも見られたものである。前述したように，WGでは18歳から22歳の若者を「若年成人」として，成熟した成人期とは異なる配慮が必要な年齢層であると位置づけ，一定の年齢であること（ここでは18歳，19歳）を理由とした契約取消権を付与するという方向こそとらないものの，成熟した成人期とは異なる配慮が必要であるとして消費者被害の防止・救済の観点から望ましい対応策を検討していた。

さらに，以上の方向性同様，成年年齢に達した者ののうちさらに一定の年齢に達する者について一定の年齢層を設けた上で，年齢以外の要素も加味して契約の効力を失わせる旨の提案もなされている。例えば，若年成年者撤回権および撤回期間経過後に年齢以外の要素も加味した上での取消権付与を提案する見解がある。具体的には「23歳未満の成年者（以下「若年成年者」という。）は，法律行為の相手方が事業者である場合において，その申込み若しくは個別の勧誘により法律行為を行ったときには，法律行為の時又は法律行為の目的物を受領した時から起算して1カ月の間，その法律行為を撤回することができる。ただし，若年成年者が支払うべき金額若しくは支払うべき総額が10万円に満た

---

[25] 大村・前掲注(4) 264頁。
[26] 大村・前掲注(4) 268頁。もっとも，大村教授は諸外国でみられる状況の濫用規定も合わせて提案している。

Ⅱ 消費者法

ない場合，又は当該法律行為の状況から裁判所が撤回が相当でないと認めるときは，この限りでない」という提案であり，さらに1カ月を経過した場合や10万円以上の金額の取引についても，年齢による未経験等による判断力の低下が認められる者がその者が特に必要としない取引のための意思表示をした場合には，取消権を付与するといった取消権付与の一般規定を設け，それによって取消しを認めることも提案している[27]。

この提案は，成年年齢とは別に「若年成年者」という概念を設けた上で，若年成年者が支払うべき金額等や当該若年成年者にとっての取引の必要性の有無を考慮して撤回や取消しを認めるというものである。成年年齢に達した若年者であってもさらに一定の年齢に達するまでは取引にあたって「支援」や「保護」が必要となる場合があるという問題意識に基づくものといえ，先に述べた大村教授の見解と類似する。

しかし，以上の方法を提案する論者も指摘しているように，年齢を段階化すると煩雑になるという問題もある。また，段階的な処理が契約実務で困難をもたらすことと並んで，子どもを大人にする「成年」という観念の力が弱まってしまうとの危惧を示す見解があることを付け加えておく[28]。

(2) フランス法

そこで，年齢層の幅を設けるのではなく，一律の年齢に達していない者について，その者が単独で取引ができる場合であっても，年齢以外の要素を考慮して取引の効力を否定するという規定を設けることが考えられる。この点で，未成年者に適用されるものではあるが，若年者の保護の在り方を考える上でも参考になる規定がフランス法に存在する。それが次に掲げる2016年の契約法改正後のフランス民法典1149条である[29]。

---

[27] 加藤雅信「未成年者保護規定の改正をめぐる動向」消費者法研究2号（2017年）193頁以下（初出：2009年）。

[28] 水野・前掲注(1) 164頁。

[29] 本条を含む行為能力に関する条文については，それを契約法で扱うべきか否か，言い換えれば人の法（droit des personnes）で扱うべきか否かという根本的な議論もなされているが，この点は省略する（Anne-Marie Leroyer, *Les incapacités*, in Sous la direction de François Terré, *Pour une réforme du droit des contrats*, Dalloz, 2009, p. 175）。

1149条　未成年者によって実行された日常行為（actes courants）は，単純過剰損害（lésion simplifiée）によって取り消されうる。ただし，単純過剰損害が予見できない出来事によって生じた場合には，取消しはもたらされない。

　未成年者によって単に成年である旨の申述がなされただけでは，取消しの障害とならない。

　未成年者は自己の事業活動において行った合意（engagement）を免れることができない。

　過剰損害（レジオン，と表記されることもある）は，契約当事者の給付の間に存在する不均衡のことである。この不均衡は契約上の瑕疵にならないというのが民法典の原則であるが（旧1118条。現在では民法典1168条で給付の不均衡は他の法律の定めがない限り，契約取消しの原因とならないことが定められている），契約当事者の一方の無知，無経験，経済的・社会的立場の弱さなどを利用して，相手方が度外れた利益を収奪することは，正義ないし衡平の感情の許さないところであるとして，民法典が定める特定の場合や特別法によって例外的に過剰損害を理由とする契約の瑕疵の主張が認められることがある[30]。その例外の1つが，未成年者など，無能力者の場合である。

　フランスの成年年齢は18歳である[31]。フランスでは未解放未成年者（mineurs non emancipés。388条）[32]が契約無能力者とされており（1146条（改正前の1124条）。他に被保護成年者も同様），当該未成年者にとっての当該行為の利益等具体的に考慮されることなく，原則として無効となり（民法典1151条（改正前の1311条）。当該未成年者を保護するための相対無効（nullité relative）である），その行為によって現に利益を受けた限度においてのみ償還の義務を負う（民法典1352-4条（改正前の1312条））とされる[33]。未成年者は代理人（法定管理人（親

---

[30]　過剰損害についての概要は山口俊夫『概説フランス法　下』（東京大学出版会，2004年）58頁以下を参照。フランスの過剰損害を扱った論文として，大村敦志『公序良俗と契約正義』（有斐閣，1995年）。

[31]　1974年7月5日法によって21歳から18歳に引き下げられた。フランスにおける成年年齢引下げについて，水野・前掲注(1)163頁以下が詳しい。

[32]　親権または後見から解放されていない未成年者のことをいう。解放手段には，法定解放（婚姻による解放。413-1条）と任意的解放（満16歳に達した未成年者につき，父もしくは母の請求または親族会の請求に基づき，後見判事の宣言による解放。民法413-2条以下）がある（山口俊夫編『フランス法辞典』（東京大学出版会，2002年）195頁参照）。

Ⅱ 消費者法

権者等）または後見人）の仲介がなければ原則として契約を締結することができない。これらは未成年者の脆弱性または無経験ゆえに「無能力」とし，その者の利益を保護するための規定である。また，未成年者が成年であると信じさせるために故意又は重大な非行に該当する詐術を用いない限り（例えば身分証の生年月日を偽造するなど）[34]，契約は取り消すことができ，単に成年であると述べただけでは，未成年者の取消権を剥奪するに足る詐術とはされない（民法典1149条2項（改正前の1307条））。その一方で，過剰損害がもっぱら偶然の予見不可能な出来事によって生じたときには，過剰損害を理由とした取り消しはできないとされている（民法典1149条1項（改正前の1306条））。また，職業活動のためになされた約定も未成年を理由として取り消すことはできない（民法典1149条3項（改正前の1308条））。

　ただし，日常生活に関する行為は未成年者でも単独で契約を締結することができるというのが改正前の学説・判例の理解であり（388-1-1条，408条，473条参照），この理解を明文化したのが改正後の1148条である。

　これと並んで，改正前の民法典1305条は「単純過剰損害（simple lésion）は，未解放未成年者のために，すべての種類の合意に対して取消権（rescision）を生じる」と定めていた[35]。すなわち，当該行為が当該未成年者に損害を生じさせたということが示されれば，取り消しが認められる。その趣旨は，判例でも確認されているように，未成年者の勘違いや無分別から未成年者を保護し，それとともに，未成年者の正当な原因なく，または，誤った原因に基づいて債務負担に同意する軽率さから未成年者を保護することにある[36]。その意味では，本条は他の脆弱な状況に置かれた契約当事者を保護する他の規定と趣旨を一にする[37]。

　もっとも，前述したように無能力者が単独で行った行為は，そもそも過剰損害を問題にするまでもなく取り消しの対象となる以上，1305条は未成年者保

---

(33) 山口・前掲注(30)64頁以下。

(34) この場合，民法典1240条によって，相手方に生じた損害を賠償する義務を負う（François Terré et Dominique Fenouillet, *Droit civil : Les personnes*, 8^{e}éd, Dalloz, 2012, n°390, p. 374.）。

(35) 2016年改正前の未解放未成年者の過剰損害については，山口・前掲注(30)60頁を参照。

(36) Civ. 19 févr. 1856, DP 1856. 1. 86.

(37) Gaël Chantepie, *La lésion*, LGDJ, 2006, n°84, p. 58.

護のための規定というよりは，むしろその規定の「緩和」を認めた規定として理解されていた[38]。すなわち，1305条は未成年者が日常生活行為や管理行為（acte d'administration。財産の通常の利用行為のことを指し，法定管理権者が単独でなしうる。民法典496条3項。具体的に何が管理行為にあたるかについては2008年12月22日のデクレ[39]で明文化された）を行った場合に，未成年者の保護が必要なレベルに応じて，その合意の瑕疵に着目して契約の効力を失わせる規定である[40]。言い換えれば，単独でも契約をすることができる範囲を残しつつ，契約による浪費を防ぐ規定である[41]。

本条は当該行為が未成年者にとって好都合である場合には未成年者の自律を認めるが，損害が生じているときには取り消しを認めるという形での未成年者保護を目指したものである[42]。判例が言うように，「未成年者は単独では一切契約ができないということではなく，契約において損害を与えられてはならない」ということであり，過剰損害がある場合にのみ契約の効力を失わせれば未成年者の保護としては十分だからである[43]。そのことから，無能力に関する規定では無効とならないが（すなわち，単独で契約締結することが可能であるとされるが），過剰損害ゆえに取消しの対象となることもある[44]。逆に言えば，未成年者は当該契約の効力を失わせる必要がない場合には，当該行為を自分で統御できたのであり過剰損害規定による保護の必要はないということを示せばよい。こうして，未成年者が日常行為を単独で行ったものの不均衡が生じていない（損害が生じていない）という場合にまで取引の効力を失わせないことで，第三者の法的安定性を害さないことにもつながる[45]。

---

[38] Chantepie, supra note 37, n°85, p. 58.
[39] 被保佐人または被後見人の財産管理行為および民法典452, 496, および502条の適用に関する2008年12月22日のデクレ第2008-1484号（JO 31 dec. 2008）。
[40] Chantepie, supra note 37, n°86, p. 59.
[41] Chantepie, supra note 37, n°87, p. 59.
[42] Phillipe Bonfils et Adeline Gouttenoire, *Droit des mineurs*, 2^eéd, Dalloz, 2014, n°1061, p. 638.
[43] Cass civ. 18 juin 1844, DP 44. 1. 123, Henri Capitant, François Terré, et Yves Lequette, *Les grands arrets de la jurisprudence civile tome 1, 13^eéd*, pp. 377 et s. も参照。
[44] Cass. civ. 1re 4 nov. 1970, Bull. civ. n°294, JCP 1971, 2, 16631. 未成年者が契約した自動車の賃貸契約について，いかなる特別な方式も求められていない以上，無能力者であることを理由にではなく，過剰損害があることを理由にのみ取消しの対象となるとされた。

Ⅱ 消 費 者 法

　本条に言う過剰損害の有無について，判例では契約一般理論とは異なり，客観的かつ数学的な給付の不均衡の有無ではなく，当該未成年者の財産に照らして過剰な支出であるか否か，また，当該未成年者にとって有用な契約締結と言えるか否かという評価によってなされている[46]。そのことから，過剰損害の有無は当該事案の状況をふまえて判断され[47]，通常の過剰損害が問題にしている契約上の給付間の経済的不均衡よりも広い概念である。例えば，芸術家である未成年者が録音・ディスク販売会社との間で締結した専売契約につき，予定された報酬が契約が長期間にわたることを鑑みると未成年者が提供した給付の価値に比して低いことを理由に，無効ではないが，過剰損害があるとして取消しができるとした判決がある[48]。すなわち，ここでの過剰損害が問題にしているのは給付の不均衡ではなく，未成年者の「失敗・愚かさ（sottises）」なのである[49]。そのことから，妥当な価格で購入したといえる場合であっても当該未成年者にとっては過剰な支出であるという理由や，当該未成年者にとって不要なものであるという理由で，過剰損害による取り消しが認められることがありうる[50]。そのため，一部の学説では，無能力者の保護規定である本条を契約正義確保の観点から給付の均衡を図る趣旨に基づく過剰損害と同様に「過剰損害」との呼称を付して規定していることには議論の余地があるとされている[51]。

　1149条は，かつての民法典1305条から1308条の内容を明確にした上で

---

[45] Terré et Fenouillet, supra note 34, n°390, p. 373.
[46] Terré et Fenouillet, supra note 34, n°390, p. 373 :Philippe Malaurie, *Droit des personnes, La protection des mineurs et des majeurs*, 9^{e}éd, LGDJ, 2017, n°611, p. 295. : Gaël Chantepie et Mathias Latina, *La réforme du droit des obligations : commentaire théorique et pratique dans l'ordre du Code civil*, Dalloz, 2016, n°362, p. 297. 成年無能力者について定めた民法典435条2項で用いられている「excès」という意味で理解する方がよいとしている。
[47] Malaurie, supra note 46, n°611, p. 295.
[48] Paris, 10 juin 1964, JCP 1965 2. 13980.
[49] Jean Carbonnier, *Droit civil : Introduction, Les personnes, La famille, l'enfant, le couple*, PUF, 2004, n°430, p. 891.
[50] Malaurie, supra note 46, n°611, p. 295.
[51] Chantepie, supra note 37, n°8, p. 6, n°87, p. 60, n°89, p. 62. また，未成年者の場合，過剰損害が無効原因になるというのは正確な言い方ではなく，「過剰損害」がないことによって，契約は失効不可能なものとなるというのが正確な言い方であるとする Jacques Flour, Jean-Luc Aubert, et Eric Savaux, *Droit civil: Les obligations 1. l'acte juridique*, 16^{e}éd, Sirey, 2014, n°244, p. 251. も同趣旨である。

1つの条文にまとめ、未成年者の過剰損害に関する特則を設けた条文である。もっとも、前述したようにもともと1305条は日常行為と管理行為に適用されるとの理解が一般的であったところ、1149条には「日常行為」という文言が付されているために「日常行為」にその適用範囲が限定されたかのように読めるが、これについては立法の不手際であり、従来通り、過剰損害がない限りは管理行為も有効であると解されるべきとされている[52]。この解釈をふまえると、1149条は未成年者に例えば日常生活に関する行為や管理行為については取引上の自律を認め、特に損害が生じていないような行為や些細な取引については無効としないことで第三者を保護し、法的安定性を維持することを目的としていると言える[53]。

なお、同条は未成年者だけを対象としたものであり、成年者で特に保護が必要な者については無能力者に関する規定や過剰損害など他の規定による保護がなされうる[54]（具体的には1150条にあるように1148条、1151条および1352-4条に反しない形で、435条、465条および494-9条によって規律される）。

(3) 小　括

以上のように、一定の年齢（層）の者が契約締結によって見過ごすことができない不利益を被った場合には当該契約を取り消すことができるという規定を設けるという意見は、すでに法制審議会最終報告書でもとりあげられていたが、これに対しては、一定の年齢（層）の者に一律に契約の取消権を付与すると若年者の取引が必要以上に制限されかねないことから、このような取消権は、その付与を望む者のみに認めることが妥当であるという意見も存在した[55]。また、

---

[52] Olivier Deshayes, Thomas Genicon et Yves-Marie Laithier, *Réforme du droit des contrats, du régime général et de la preuve des obligations : commentaire article par article*, Lexisnexis, 2016, p. 235 は、管理行為については「能力を有する相手方は、当該行為が保護の対象となる［無能力者である］者に有用であること、および、過剰損害が生じていないこと、または、その物が当該行為から利益を得ていることを示すことで、無効訴権を妨げることができる」と定める1151条1項を用いて、過剰損害がないため無効と出来ないといった主張を未成年者と取引をなした相手方が行うというかたちで、過剰損害がない限り、管理行為は有効となるという結論を導くことができるとしている。

[53] Chantepie, supra note 37, n°8, p. 6. : Terré et Fenouillet, supra note 34, n°390, p. 373.

[54] Deshayes, Genicon et Laithier, supra note 52, p. 234. 1150条を参照。

[55] 前掲注(8)17頁・注(22)。

Ⅱ 消費者法

最近でも若年者の取消権を用意することに対しては，それならば「成人年齢の引下げ」自体を止めればよいということにもなりかねないとして慎重な意見が見られる。そこには，若年者の取引における自己決定の尊重および取引への参加の保障という理念も見られる(56)。その結果，次に述べるように，一定の年齢（層）を直接対象とするのではなく，むしろ若年者のみならず高齢者も含めることができる，「脆弱な消費者」一般を保護する形での規定を設ける提案が有力になされている。

2 年齢と「脆弱性」──年齢の間接的考慮
(1) 年齢と「脆弱な消費者」

前述したように，成年年齢引下げへの対処としては18歳，19歳といった一定の年齢を指標として取消権を付与するという形ではなく，若年成人のみならず高齢者も含めたいわゆる「脆弱な消費者」一般に対処する形で規定を設けることも提案されている。すなわち，当該消費者の「脆弱性」の１つの原因として「年齢」を考慮に入れた上での当該消費者の判断力や知識・経験不足へのつけ込みによる契約締結への制度的手当や説明義務の強化である(57)。その理由として，成年年齢を引き下げても引き下げなくても成年になってすぐの者の被害が生じることや，消費者トラブルが若者だけではなく高齢者にも多いという現状がある(58)。

その背景には，前述したように，近時，高齢者や未成年者などを「脆弱な消費者」として着目し，それらの者を保護するための特別なルールを設けるか否かという議論がある。ここでは「若さ」「高齢」が，これらの者の脆弱性を導く１つの要素となっている。もっとも，これらの議論は，年齢のみならず経験や知識・判断力の不足をも含めて「脆弱性」を導くものである(59)。その結果，若年者のみならず高齢者，さらには若年者・高齢者どちらにも該当しないが精神疾患等で判断能力が低下しているような者も保護の対象となり得るなど，射

---

(56) 熊谷士郎「『能力』法理の縮減と再生・契約法理の変容」消費者法研究２号（信山社，2017年）25頁。
(57) 河上・前掲注(3) 8頁。
(58) 伊藤栄寿「成年年齢引下げを考える」法学セミナー747号（2017年）28頁。
(59) 大村・前掲注(4) 267頁。

程の広いルールとなっている⁽⁶⁰⁾。
　その際の方向性としては，次のような2つの方向性がある。

(2)　脆弱性へのつけ込みに基づく契約取消権
　第1に，消費者の脆弱性につけ込んで締結した契約の取消権を付与する規定である。例えば，「消費者は，事業者が消費者契約の締結について勧誘をするに際し，年齢又は精神的な障害があること等を理由とする合理的な判断ができない状況を利用したことによって当該消費者契約の申込み又はその承諾の意思表示をした場合において，それによって当該事業者が不当な（[代替案] 当該消費者契約と同種の契約を締結した場合に当該事業者に通常生ずべき利益を著しく超える）利益を得，又は当該消費者に不必要な（[代替案] 当該消費者契約を締結しなかったのであれば生じなかったであろう）損害を生じさせたときは，その意思表示を取り消すことができる」といった規定案がその例である⁽⁶¹⁾。
　以上の提案に代表される，脆弱性へのつけ込みによって締結した契約の取消を認める規定案は諸外国に見られる脆弱性の濫用規定から着想を得たものであるが，最近では金融取引におけるいわゆる適合性原則を消費者契約一般に拡張するという方向性からも提案されている規定案である。その理由として，消費者基本法5条1項3号で「消費者との取引に際して，消費者の知識，経験及び財産の状況に考慮する」ことが事業者の責務とされており我が国の消費者政策においても広義の適合性原則の要請を体現した施策を講ずることが要請されているとするもの⁽⁶²⁾のほか，特定商取引法施行規則7条3号が「顧客の知識，経験及び財産の状況に照らして不適当と認められる勧誘を行うこと」と定めていることや過量販売に関する特定商取引法9条の2，過剰与信を禁止している割賦販売法30条の3なども根拠にあげられることがある。
　もっとも，以上の規定の存在等を根拠に適合性原則を民事上，しかも金融取引に限らず消費者一般取引に妥当するものとして当該取引の効力を否定する規定を設けることには慎重な意見が多数であることから，適合性原則の根底にあ

---

(60)　熊谷・前掲注(56) 33頁。
(61)　宮下修一「成年年齢の引下げに伴う若年者の契約締結における適合性の配慮について」消費者法研究2号（信山社，2017年）66頁。
(62)　角田美穂子『適合性原則と私法理論の交錯』（商事法務，2014年）。

II 消費者法

る考え方や具体的な要件を参考にしつつ，適合性原則とは異なる新たな意思表示の無効・取消規定を設けるというのが立法論のあり方として提案されることが多い。その1つの例が以上の規定案のような，一定の属性を指標にその者の「脆弱性」につけ込んで契約をさせた場合にその契約の効力を失わせるという規定を設ける旨の提案である。このような提案は，消費者契約法改正論議においても具体的な形でなされていた[63]。例えば消費者委員会消費者契約法専門調査会中間とりまとめ（2015年8月公表）においては，「消費者被害の中には，事業者が，認知症等を患った高齢者等の判断力が不十分であることを利用して不必要な契約を締結させた事例や，心理的な圧迫状態，従属状態等を利用して不必要な契約を締結させたなどの事例も多く見られる」が，消費者契約法にはこのような事例に対応できる規律はなく，公序良俗や不法行為などの抽象的・一般的な規定による救済にゆだねられていることをふまえ，「事業者が，消費者の判断力や知識・経験の不足，心理的な圧迫状態，従属状態など，消費者が当該契約を締結するか否かについて合理的な判断を行うことができないような事情を利用して，不必要な契約を締結させた場合に，必ずしも対価的な均衡を著しく欠くとまでいえなくても当該契約の効力を否定する規定を消費者契約法に設けるべきである」という考え方があることが示されていた[64]（もっとも，この規定案は，最終的には過量販売の場合に限定した取消規定へと収斂された）。

(3) 年齢への「配慮」規定

第2に，WGでも提案されていた，情報提供や説明に当たっての消費者の年齢や知識経験等への配慮を求める規定も同様の方向性と言える。学説でも（適合性への配慮義務という文言を使ってはいるが），年齢等を理由とする合理的な判断ができない状況にある消費者に対して事業者が必要な方法や程度による説明を行わなければならず，違反した場合には損害賠償責任が発生する旨定める規定を提案する見解がある[65]。このような方向性については，前述したように消

---

[63] 紙幅の都合上，拙稿「消費者の『脆弱性』をめぐる立法論的課題・序論──『適合性原則』から『濫用』へ」柳明昌編著『金融商品取引法の新潮流』（法政大学出版局，2016年）89頁以下を参照。

[64] 『消費者委員会消費者契約法専門調査会中間とりまとめ』（2015年8月）（http://www.cao.go.jp/consumer/history/03/kabusoshiki/other/meeting5/doc/201508_chuukan.pdf 以下，本文及び脚注では「中間とりまとめ」と表記する）20頁。

費者委員会消費者契約法専門調査会の最終報告書においても,「年齢」を考慮要素としてあげることは見送られたものの,情報提供の努力義務を定めた3条1項に「当該消費者契約の目的となるものの性質に応じ,当該消費者契約の目的となるものについての知識及び経験についても考慮」することが文言上追加されるという形で実現した。もっとも,同規定はあくまで努力義務に過ぎないことから,この規定に違反したことによって事業者が責任を負う場合には民法の信義則違反等に基づくことになる。

(4) 小 括

未成年者といっても経験や知識は各人多様であることを考えると（例えば,高校卒業後すぐに社会に出ている者と大学生になって経済的には親から自立している段階にはない者),一律の年齢（層）を軸として若年者の保護を図るのではなく,多様性を考慮した上で当該契約を締結する能力の有無を判断したり,締結された契約の効果について検討することが考えられる。その意味では,脆弱性の濫用といった受け皿規定を設けるという方向性はありうる方向性である。

しかし,問題はどのような状況に置かれた者が「脆弱」といえるかの判断方法である。これまでの本稿での検討からも,年齢だけを理由に「脆弱」であるということはできず,本人の知識・経験・判断力の程度などが総合的に考慮されることになろう。例えば,訪問販売における「脆弱性の濫用」によって締結された契約の無効を導く規定が消費法典において設けられているフランスにおいても（L. 121-8 条以下[66]）,高齢であるということだけで「脆弱」であるとさ

---

[65] 宮下・前掲注[61] 68 頁。

[66] 同規定（旧 L. 122-8 条以下）については,拙稿・前掲注[63]を参照。なお,L. 121-8 条は以下のような規定である。

L. 121-8 条 形式のいかんを問わず,現金払いであれ分割払いであれ,住居への訪問という方法により,約務（engagement）に同意させるためにある者 の脆弱性（faiblesse）または無知を濫用する行為は,この者が,自らが引き受けようとしている約務の射程を評価することもしくは約務に同意するようこの者を説得するために用いられた術策（ruse）や策略（artifice）を見抜くことができなかったこと,または,この者が強制のもとに置かれていたことが諸状況から明らかであるときには,禁止される。

なお,この規定に違反した者には3年の拘禁刑及び 375,000 ユーロの罰金,またはそのいずれか一方のみが科され（消費法典 L. 132-14 条),さらに,脆弱性の濫用の結果として契約が締結されたときは,当該契約は無効である（同法典 L. 132-13 条)。

れるのではなく，勧誘態様の悪性（複数回にわたる執拗な勧誘等）や金額（本人の収入の数倍にわたるような価格のものを購入させるなど）等，様々な事情が考慮に入れられている[67]。さらには，契約取消の要件として，こういった本人の事情だけではなく，暴利行為法理やフランスの過剰損害（1149条）のように，当該契約による本人への財産的影響も考慮されることが望ましいのではないか。その際に，給付の不均衡を問題にするのか（従来の暴利行為法理に近い），それとも当該当事者にとっての当該契約の有用性を問題にするのかが問題となる。これらの主観的・客観的な考慮要素として具体的にどのようなものを列挙するのかが，立法にあたっては問題となろう。

IV　取引における「年齢」の意味

以上の議論をもとに，取引における「年齢」の意味，および，年齢と「脆弱性（vulnerabilité）」の関係について，いくつかに分けて述べたい。

1　若年者の「支援」の必要性

第1に，そもそもなぜ若年者を取引において「支援」することが必要となるのか。たしかに，一般には，若年成人は，社会経験の乏しさゆえに情報を提供されてもそれを自分の頭の中で考慮して取引をする能力に乏しい。消費者委員会WG報告書でも指摘されているように，若年成人は事業者からの説明があったとしても，安易に友人や知り合いの説明により，高額商品の購入や役務提供の契約を締結してしまうため，「消費者の年齢，消費生活に関する知識及び経験，消費生活における能力に応じて，当該消費者の需要及び資力に適した商品及び役務の提供」をなすことが求められる[68]。このような施策によって，若年成人が真に自由な自己決定をすること，および，社会全体で若年成人が成熟した成人になるよう支援すること[69]が必要となる。

以上の「支援」の必要性を，高齢者の場合と比較するとどのような特徴があるか。知識や経験不足といった取引への耐性の乏しさは高齢者問題とパラレルに語ることも可能である[70]。また，かつては財産を一時的には有しているとさ

---

[67]　拙稿・前掲注[63]参照。
[68]　前掲注(8) 9頁。
[69]　前掲注(8) 9頁。

れる点につけ込まれがちである高齢者とは異なり，財産を有していない未成年者が財産被害に巻き困られることは少ないとみられていたが，親のカードを勝手に用いる場合など，多様な決済手段が存在する今日では財産被害も生じていることも指摘されている(71)。そうすると，高齢者と未成年者とで被害の原因および実態は共通するといえる。しかし，高齢者の場合に，「一定以上の年齢の者は子の同意がないと契約ができない」という条文を作ることは考えられず，考えられるとしてもある種の取引（訪問販売など）に限定したものとなりうる。この点が本稿でも見たように，（それが「若年成人」といった幅のある概念であったとしても）一定の年齢（層）の者を対象にした取消権等を設けるという提案がなされる若年者の場合とは異なる点である。その理由として，高齢者で問題となるのは知識・経験不足というよりは高齢による身体的・精神的な要因による判断力の低下であり，その低下の程度が各人によって異なることから，一定の年齢を指標に（例えば75歳以上，など）取消権等を付与することが妥当ではないということがあげられよう。これに対して，若年者の経験・知識不足に基づく判断不足は若年であることから生じるものといえるため，一定の年齢に達していなければ知識・経験不足があると言いやすい。

2 一定の年齢（層）を対象とした保護の正当性

第2に，第1の点からはそれならば若年者の場合には一定の年齢（層）を設けて一律に取消権等の保護を与えることが正当化されやすいと見ることもできる。一定の年齢（層）に基づくカテゴリックな制度には，個々の当事者毎の個別の審査によるコストや個別事情の審査によるプライバシー侵害といったリスクを回避できるというメリットや，一定のカテゴリーに属する者を「排除」するのではなく，「支援」する制度として機能しうる点でメリットがあり(72)，あり得る制度である。

しかし，取消権を付与することは若年者の自己決定の余地を一定程度制約することを意味する(73)。そのことから，近時の議論においても，若年者の自己決

---

(70) 河上・前掲注(3) 5 頁。
(71) 河上・前掲注(3) 6 頁。
(72) 熊谷・前掲注(56) 28 頁以下。
(73) 山下・前掲注(1) 83 頁。

Ⅱ 消費者法

定を尊重し，取引への参加を保障する観点から，年齢のみに着目した取消権や年齢のみで区切るといったカテゴリックな制度ではなく，年齢以外の要素も加味することで保護が必要な際には保護を与えるという方向性が中心であったと言って良い。

前述したように，近時「脆弱な消費者」といったように，「消費者」とひとくくりにするのではなく，消費者の中でも高齢者，若年者，精神的・肉体的疾患を有する者といった特に保護を必要とする当事者がいるという問題意識が高まっている。もっとも，そこでの「脆弱性」は年齢のみから導かれるわけではなく，その年齢故に生じる知識・経験，判断力の低下等が加わることで導かれるものであろう。また，若年者であってもすでに高校卒業と同時に社会人となって親からも経済的に自立した状態が数年経過している若年者と，大学生である若年者とで，取引に関する経験や知識，収入等が異なりうる。このことを考えると「年齢」は「脆弱性」を導く1つの要素たり得るが，それ以外の知識・経験等の有無をも考慮して取引の効果を否定できる規定を設けることが妥当ではないだろうか。その一方で，取引の目的や金額も無視できないだろう。未成年者についての問題ではあるが，成年被後見人については民法9条但書によって日常生活に関する行為を単独で行うことができるとされていることから少なくとも18歳，19歳の未成年者についても日常生活行為については民法9条但書の類推により，法定代理人の同意は不要と解すべきであるとの見解[74]があることは，当該未成年者の自己決定の尊重や取引の安全の観点から，少額で日常的に発生する取引については未成年者が単独で取引を行うことを認めるという方向性が示唆される。未成年者や若年成人の「脆弱性」を理由に取消しを認めるか否かを判断するにあたっても，取消しによって影響を受ける相手方の保護も考え，取引の金額や日常性を考慮する必要があるだろう。

---

[74] 松本恒雄「成年年齢引下げと消費者取引における若年成年者の保護」消費者法研究2号（信山社，2017年）42頁。未成年者もその年齢や生活状況に対応して「日常生活に関する行為」については単独ですることができるが，それ以外の法律行為については法定代理人による同意を厳格に必要とすることを明文化すべきとする。坂東俊矢「消費者被害救済法理としての未成年者取消権の法的論点」消費者法研究2号（信山社，2017年）88頁も参照。

3 「セーフティー・ネット」としての契約取消権？

　第3に，第2の点にかかわるが，未成年者や若年成人の「脆弱性」に着目して取引の効力を否定する場合の1つの視点として，若年者を「危ない取引には近づけない」という方向性ではなく，取引を経験することで若年者の自立（それこそが成年年齢引下げで目指されていたことである）を促しつつ，取引によって生じる「危険」からは確実に保護するという方向性による制度は考えられないだろうか。

　この点に関して，若年者は，将来の一人の「大人」としての成長途上にあり，経験を積み重ねながら知恵を身につけることが必要となり，単に危険な物や取引から保護するというだけでは人格形成として問題があることから，セーフティー・ネットを張りつつ，物の危険や社会の危険に目を向け，そこでの危険を理解して回避の方法を身につけることができるようにすることが大切であるとの見解がある[75]。さらに，消費者被害の件数につき，給与生活者の相談件数は30代から60代に向けて一貫して減少傾向にあるのに対して，家事従事者の相談件数は年代を通じてそれほど変化がないことを1つの理由として，消費者被害を減らす要因がただ年齢を重ねることではなく，社会人として，とくに家庭外での活動実績を積むことであるという可能性を検討する必要性を感じさせるとの見解もある[76]。以上の見解をふまえると，むしろ若年者には早くから社会経験を積ませつつ，セーフティー・ネットをはることが重要である[77]。

　そうすると，問題となるのは「セーフティー・ネット」を契約法の観点からどのようなものとして設けるかである。その際に注目に値するのは，若年者が取引によって負う「損害」に着目するという，フランス民法典1149条であろう。すなわち，日常行為等，金額が些細な取引については未成年者であっても自己決定の余地を認める一方で，その取引による支出が未成年者にとって不要な支出であるという意味での「損害」が生じた場合には取消しを認めるという方向性である。もちろん，どのような場合に未成年者（若年者）にとって「損害」があると言えるかの判断の余地が残れば残るほど取引の安全と抵触し，また，実際上も当該若年者の保護に資する制度といえるか否かが疑わしくなるが，

---

[75]　河上・前掲注(3) 6 頁。
[76]　山下・前掲注(1) 83 頁。
[77]　山下・前掲注(1) 83 頁。

Ⅱ 消費者法

方向性としては参考となろう。

Ⅴ おわりに

　以上の検討から，本稿では一定の年齢（層）を対象に一律にではなく，年齢ゆえの知識・経験不足等，「脆弱性」へのつけ込みを理由に契約を取り消すことを認める規定を少なくとも消費者契約法に設けること，その際に，「脆弱性」の存在のみならず取引の目的や金額を考慮した上で当該取引によって当該消費者に「損害」が生じているといえる場合に取消しを認めることによって，若年者の取引における自己決定を尊重しつつ，若年者にとって一定の「セーフティー・ネット」を設けるという方向性が考えられることを導いた。

　本人の自己決定を尊重することと，自己決定の危険性から本人を保護することは，基本的に両立しがたい要請ではあるが[78]，消費者保護施策を徹底することで成年年齢引下げの1つの目的である若年者自立支援が一層充実するとの見方も可能である[79]。これらを踏まえると，本稿で示した方向性は自己決定の慎重と本人保護のバランスを取る上で1つのありうる方向性ではないだろうか。ただし，具体的に立法化するにあたっては，「脆弱」と言える場合が具体的にどのような場合なのか，また，「損害」が生じていると言えるのはどのような場合なのかという点を，相手方である事業者にとっても明確になるよう検討する必要がある。そうしなければ事業者が「若年者」であることを理由だけに当該若年者との契約を回避するようになり，かえって若年者の取引の機会を奪うことになりかねない。

　もっとも，本稿で検討した制度の在り方は若年者が契約を締結した後に「損害」が生じたとして取消しを認めるという事後的な救済手段であり，本来であればそもそものような損害を事前に防ぐことが重要である。その観点からも，成年年齢引下げにあたっては消費者教育の充実も不可欠である。しかし，成年年齢引下げに伴う若年者の保護は消費者教育の充実のみで対処すべきということにはならない。本稿で検討してきた，取引当事者間に直接民事的な効果をもたらす（あるいは民事的な効果と結びつきうる）制度を設けることも同時に検討

---

[78] 水野・前掲注(1) 163頁。

[79] 山下・前掲注(1) 81頁は，法制審議会最終報告書公表後，「若年者の自立」対「消費者保護」という二項対立の図式が強調されてしまったきらいがあるとの見方を示している。

されるべきである。例えば，WGで提案されていた，年齢や若年成人の知的・社会的・経済的成熟度に応じた情報提供を事業者に求めるという方策は，若年者が契約によって過大な損害を被ることを防ぐことにもつながる。また，本稿で検討を加えた制度は，当事者（ここでは若年者）が自由な意思決定を行うための環境を整えるものである。当事者の自由な意思決定を行うための環境整備は「若年者」のみならず，高齢者はもちろん，すべての年齢の当事者にとって重要であり，そのための努力が今後も絶えず契約法・消費者法に課される課題である。

　本稿は科研費・基盤研究(C)（課題番号 17 K 03478：研究代表者・大澤彩）による成果である。

※脱稿後，2018 年 6 月 13 日に，民法の成年年齢を 20 歳から 18 歳に引き下げること等を内容とする民法の一部を改正する法律が成立した。

16 終活サービスと消費者法（覚書）
―「日本ライフ協会預託金流用事件」を機に―

河上正二

Ⅰ はじめに
Ⅱ 日本ライフ協会預託金流用事件
Ⅲ 問題の背景
Ⅳ 内閣府消費者委員会の建議
Ⅴ 家族代行サービスの課題
Ⅵ 身元保証等高齢者サポート事業についての法的問題
Ⅶ 小　括

Ⅰ　はじめに

　人が独りで生きていくことは，それ自体困難なことである。まして，人生の末期においてはそうであり，自分にもしものことがあったとき，どうすればよいか。身近に元気な配偶者や子供が居ればよいが，身寄りを頼ることのできない独居高齢者は，衰えゆく生活能力を前に，将来への不安感にさいなまれる[1]。超高齢社会において，このような不安に対処するため，一定の公的支援や機関が必要であるとしても，それだけではカバーしきれないのが現状である。そこで，こうした不安やニーズに対処するためのいわば終活サービスが「業」として登場する。一定料金を払えば身元保証人等の家族代行サービスを引き受けてくれる民間事業者は，まさに救世主であろう。ネットで検索するだけでも多数の事業者がヒットし，少なくとも全国に100以上こうした事業者が存在するようである。身元保証のみならず，入院時の身の回りの世話や緊急時の駆け付

---

(1) 内閣府「平成28年高齢社会白書」によれば，独居高齢者が高齢者人口に占める割合は，昭和55年（1980年）時点で，男性4.3％，女性11.2％であったが，平成27年（2015年）には，男性12.9％，女性21.3％と急増し，2020年には独居高齢者数が667万9,000人，2035年には762万2,000人に達すると予測されており，この傾向は当面続くことが予想されるだけに，制度的対応は喫緊の課題である。

Ⅱ 消費者法

け，死亡後の葬儀や納骨などにも対応し，本人にとっては，まさに「家族のように」頼れる存在となる事業者と期待される（家族代行機能）。他人に迷惑をかけず生涯を全うしたいと考える高齢者は，藁にもすがる思いで，このサービスに依存する。

「日本ライフ協会預託金流用事件」[2]は，このような社会状況を背景にして発生したもので，今日の日本社会における普遍的問題を含んでいる[3]。論者は，これを「高齢者サポートサービスの外部化＝脱家族化」であり，「介護の社会化」あるいは「成年後見の社会化」と同質の問題と見て，同根の課題に直面しているという[4]。

もっとも，こうしたサービスの実態そのものが必ずしも明らかでないところから，充分な制度的検討を行うには至っていない。本稿は，この事件を機に，そこに含まれ得る消費者法上の問題点について，若干の検討を加えるにとどまる。なお，以下で高齢者に対する「身元保証等高齢者サポート・サービス」とするものは，内閣府消費者委員会の調査を参考に，さしあたり，「身元保証サービス」（病院・福祉施設等への入院・入所時の身元保証・連帯保証，［サービス付き高齢者住宅を含む］賃貸住宅入居時の［連帯］保証），「日常生活支援サービス」（在宅時の日常生活サポート［買物支援・福祉サービスの利用や行政手続等の援助，日常的金銭管理，緊急時の駆けつけ］），「死後事務サービス」（危篤時の駆けつけ，病院・福祉施設の費用の清算代行，遺体の確認・引取り，居室の原状回復，残存家財・遺品の処分，ライフラインの停止手続き，［喪主代行を含む］葬儀支

---

(2) 事件の紹介として，太田達男「日本ライフ協会事件と高齢者支援事業」実践成年後見65号（2016年）17頁が詳しい。また，同事件を契機とした「＜特集＞身元保証等生活サポート事業の現状と課題」実践成年後見65号11頁以下（2016年）がある。身元保証サービスの実情については，八杖友一＝洞澤美佳「生前契約（身元保証サービス）の実情と課題」現代消費者法32号89頁［2016年］も参照。

(3) 内閣府消費者委員会は，「身元保証等高齢者サポート事業に関する消費者問題についての報告書（平成29年1月）」（消費者委員会ウェブサイトで閲覧できる）を公表するとともに，「身元保証等高齢者サポート事業についての建議」を発出した（建議の紹介は，河上正二「霞ヶ関インフォ／消費者委員会　身元保証等高齢者サポート事業に関する消費者問題ついての建議」ジュリスト1504号（2017年）84頁以下，内閣府消費者委員会事務局「身元保証等高齢者サポート事業にかかる調査審議」実践成年後見65号（2016年）11頁以下。

(4) 上山泰「高齢者サポートサービスの現状と課題」現代消費者法37巻（2017年）4頁以下，5頁。

援等）を総称するものとし，少なくとも「身元保証サービス」または「死後事務サービス」として掲げたものの二つ以上を提供する事業を「身元保証等高齢者サポート事業」と呼ぶことにしたい。これらのサービスを提供する事業活動は，法的効果との関係からすると，民法上の委任契約・準委任契約，請負契約等の混合契約の性格を有するものとなろうが，法律行為にとどまらず，見守り行為や生活用品の提供等の雑多な事実行為（いわば「家族代行事業」）を伴っており，特定の行為と対価の関係は，必ずしも1対1対応で結びついていないように思われるだけに，その法的評価は微妙である。

II　日本ライフ協会預託金流用事件

　最初に，「日本ライフ協会預託金流用事件」を簡単に紹介しよう。

　「日本ライフ協会」は，全国15都道府県に17カ所の事務所を持つ公益財団法人（平成22年7月1日公益認定）であり，契約者約2,800人から「預託金」を預かり，高齢者や障害者がアパート・施設・医療機関に入居・入所・入院する際の「身元保証」や銀行の手続代行（「みまもり家族」事業と呼ばれた），高齢者の生活・福祉に関する相談援助事業，死亡時の葬儀・納骨・家財処分を含む遺産整理，居室明け渡しなどの「葬送支援・死後事務処理サービス」などを内容とする事業を実施していた（同協会の定款5条による）。しかし，2016年1月に，預託契約に基づく2億7千万円を流用していたこと，負債総額が約12億5千万円にのぼること（資産は約11億円で債務超過に陥っていた），預託金の一部を構成していると考えられていた法人定期預金約1億7千万円が第三者（「公益財団法人日本ライフ協会」とは別の「認定NPO法人日本ライフ協会」。両者の代表は同一人物。）の借入金の担保に供されていたこと，預託金不足額が約4億8千万円にのぼること（当時の預託金残高は約4億8千万円）等が明らかになり，2016年2月1日，大阪地裁に民事再生法の適用が申請され，保全命令を受けた。ここにいう「預託金」とは，「見守り家族サービス」等の利用に際し，その費用として，予め，共助事務所（弁護士・司法書士など）に預けられることになっていた金員であり，契約締結後，共助事務所に振り込まれた預託金が，弁護士等の代理人口座で顧客の終身にわたり管理されることとなっていた（後に，一方的に変更された）。内閣府公益認定等委員会は，公益認定法に基づき，役員の損害賠償責任の有無を含む検討結果を2月末日までに報告するよう求める勧告

Ⅱ 消費者法

を出し[5]，その後，2月5日に，同委員会は，同法人が経理的基礎を失っていることから，行政庁に対し，公益認定法に基づき，同法人の公益認定の取消し措置を執るよう勧告し，認定取消処分のための聴聞手続等が進行した。

内閣府大臣官房公益法人行政担当室は，委員会の勧告を受け，2016年1月15日付で，公益認定法28条1項に基づき，①協会が，公益認定の前提となっている預託金を第三者である弁護士等が管理する「三者契約」から，協会が預託金を直接管理する「二者契約」へと変更認定を受けることなく変更したこと，②二者契約の預託金を保全・管理するための適切な措置が講じられていないこと，③預託金不足を是正する適切な措置が講じられていないことなどから，同協会が公益目的事業を行うのに必要な経理的基礎を有さず，適正に法人を運営することについて疑いがあるとして，回復計画の策定，体制の整備・再構築などを求める勧告を発出・公表した。2016年3月18日には，公益認定が取り消されると共に，同協会は民事再生手続の過程で，事業を引き受ける者がいないため，2016年4月27日に倒産した。倒産に至った原因は，その放漫な財務構造と，事業運営の不適切さ，ガバナンス体制の機能不全などにあったと分析されている（太田・前掲注(2)20頁以下）。

結果として，高齢者から将来の葬儀代等として集めた預託金を流用した「日本ライフ協会」の事業が停止され，他に支援先がなく，サービス継続を望む会員は自分で新たな事業者を探す必要を生じた。管財人が同協会の会員約2,600人に送った文書によると，引受先候補であった「えにしの会」が新規会員を獲得して収益を上げるまで数カ月間かかるとし，その間の運転資金を準備できなかったと伝えている。「えにしの会」は会員向けの謝罪文で「このまま事業譲渡を実行しても，近い将来破綻することは明らか」と説明している。また，「日本ライフ協会」の事業には，施設に入居する際の身元保証も含まれていたため，会員からは「施設から退去せざるを得なくなる」という趣旨の相談も寄

---

[5] 公益認定法5条の「公益認定基準」では，公益目的事業に必要な経理的基礎と技術的能力があること（2号），社会的信用を維持する上でふさわしくない事業や，公の秩序，善良の風俗を害する恐れのある事業を行わないこと（5号），公益目的事業に係る収入が適正な費用を超えないと見込まれること（6号）などが掲げられ，一定基準を満たす場合には会計監査人を設置していること（12号），公益目的事業に不可欠な特定の財産があるときは，その処分制限等必要な事項を定款で定めていること（16号）などが求められている。

せられた（会員への「通知」には高齢者支援を手がける約70社・団体のリストが同封されていたが不安は払拭されなかった）。こうして，同協会による身元保証や葬儀などの支援事業は，2016年4月31日で終了した。

　なお，「日本ライフ協会」と一括契約をした場合に，契約者である会員が当初支払う金額は総額164万5,671円であり，うち契約者死亡による事務費用として予め預託された金員は56万2,858円であった。預託金の管理方法は，公益認定直後に，三者契約から二社契約に切り替えられ，日本ライフ協会が単独で管理する方式になっていた。預託金のうちには，弁護士など第三者が関与する「三者契約」分も存在し，これについては全額返還される見通しのようであるが，協会と会員による「二者契約」とされたものは一部しか返還されない見込みであるという。

III　問題の背景

　「日本ライフ協会」の事件は，問題の事業主体が公益財団法人であったため，（いささか遅きに失したが）公益認定等委員会による勧告に始まり，行政が，ある程度まで公益認定法等に基づいて対処することができた。しかし，こうした問題が，公益財団法人の事業ではないところでも発生し得る可能性は高く（現に消費者委員会による調査では，相当数の民間団体が同様の事業を実施している），その場合は同様の対応が困難であり，そのときに依るべき法的介入根拠も乏しい。したがって，かかる問題は，事業に対する管轄の曖昧な「隙間事案」となりかねない。

　確かに，老人福祉法による「高齢者自立支援事業」の対象がその一部を含み得る。しかし，そこでは，比較的健康な高齢者の不安に対処することまでは予定されておらず，入居時の「身元保証サービス」や，問題の多い「死後事務処理」等をはじめとする葬送関連サービスに至っては，これまで「成年後見」制度による対応も困難といわれてきたところであり（部分的に改善されつつある），関係者のボランタリーな対応に委ねられてきた[6]。また，いわゆる「サービス

---

[6]　この問題については，松川正毅編・成年後見における死後の事務（日本加除出版，2011年）が，諸外国の動向の紹介を含めて詳しい。もっとも，後見契約に関しては，2016年の議員立法による下記の法改正で，部分的に裁判所管理の下で成年後見人が死後事務等を行うことができるようになった（後述。但し，その具体的内容・手続は充分

Ⅱ 消 費 者 法

付き高齢者住宅（サ高住）」における「日常生活支援」と重なる部分があるものの，ほとんど想定されていない役務も少なくない。

死亡した高齢者に相続人がいる場合は，遺産の管理・処分について相続制度との確執も避けがたい（遺産の処分態様如何によっては，このサービスが遺言・相続制度の脱法になる可能性もある）。にもかかわらず，わが国における独居高齢者等の急激な増加によって，同様のサービスに対する需要は確実に増加することが予想され，何らかの制度的手当が必要となることは明らかである。

Ⅳ　内閣府消費者委員会の建議

内閣府消費者委員会は，早くからこの問題に着目して調査を進め，2017 年 1 月 31 日に，今後の必要な対策についての「建議」（「身元保証等高齢者サポート事業についての建議」）を発出したので，以下に，これを紹介しよう。

まず，「建議」の第 1 は，当該事業の実態把握を行うことに向けられている。すなわち，

(1) 消費者庁は，身元保証や死後事務等を行う身元保証等高齢者サポート事

に詰められていない）。これにより，従来の「遺言執行者」でも，「相続財産管理人」でもない「中間的な」相続財産の事実上の管理人が登場する可能性が開かれた。これらの者を監督する立場の者は明らかでないが，死後事務・葬儀関連行為については，一応，家庭裁判所の許可にかからしめられている。平成 28 年 3 月 24 日可決，同年 4 月 13 日公布の「成年後見の事務の円滑化を図るための民法及び家事事件手続法の一部を改正する法律」（平成 28 年法 47）の概要は次の通りである。

　一　家庭裁判所は，成年後見人がその事務を行うに当たって必要があると認めるときは，成年後見人の請求により，信書の送達の事業を行う者に対し，六箇月以内の期間を定めて，成年被後見人に宛てた郵便物等を成年後見人に配達すべき旨を嘱託することができるものとする。

　二　成年後見人は，成年被後見人に宛てた郵便物等を受け取ったときは，これを開いて見ることができるものとする。

　三　成年後見人は，<u>成年被後見人が死亡した場合において，必要があるときは，成年被後見人の相続人の意思に反することが明らかなときを除き，相続人が相続財産を管理することができるに至るまで，次に掲げる行為をすることができるものとする。ただし，3 の行為をするには，家庭裁判所の許可を得なければならない。</u>

　　1　相続財産に属する特定の財産の保存に必要な行為
　　2　相続財産に属する債務（弁済期が到来しているものに限る。）の弁済
　　3　その死体の火葬又は埋葬に関する契約の締結その他相続財産の保存に必要な行為（1 及び 2 の行為を除く。）

　四　この法律は，公布の日から起算して六月を経過した日から施行する。

業による消費者被害を防止するため，厚生労働省その他関係行政機関と必要な調整を行うこと。
(2) 厚生労働省は，関係行政機関と連携して，身元保証等高齢者サポート事業において消費者問題が発生していることを踏まえ，事業者に対しヒアリングを行うなど，その実態把握を行うこと。
(3) 消費者庁及び厚生労働省は，関係行政機関と連携して，前記(2)を踏まえ，消費者が安心して身元保証等高齢者サポートサービスを利用できるよう，必要な措置を講ずること。

というものである。

　もちろん，具体的サービスによっては，冠婚葬祭業（経済産業省），高齢者賃貸住宅（国土交通省），預託金の保全（金融庁），成年後見制度の運用（法務省），病院・日常生活自立支援（厚生労働省）のように，複数の省庁が既に関係しているものがある。しかし，問題は，こうしたサービスを統合した事業を包括的に監督すべき機関が見当たらないことにある。そこで，社会福祉に関する事業の発達，改善及び調整に関する事務並びに老人の福祉の増進に関する事務を所掌する厚生労働省を中心に（厚生労働省設置法第4条1項第81号，第90号，第107号参照），調整機能を有する消費者庁とが協力し，実態把握のうえ必要な措置を講ずることを求めることとしている。具体的には，①契約内容の適正化，②費用体系の明確化，③預託金の保全措置，④第三者等が契約の履行を確認できる仕組みの構築，⑤利用者からの苦情相談の収集，対応策，活用の仕組みの構築などが例示されている。

　「建議」の第2は，病院・福祉施設への入院・入所における「身元保証人」などの適切な取扱いに関するものである。すなわち，厚生労働省は，高齢者が安心して病院・福祉施設等に入院・入所することができるよう，
(1) 病院・介護保険施設の入院・入所に際し，身元保証人等がいないことが入院・入所を拒否する正当な理由には該当しないことを，病院・介護保険施設及びそれらに対する監督・指導権限を有する都道府県等に周知し，病院・介護保険施設が身元保証人等のいないことのみを理由に，入院・入所等を拒む等の取扱いを行うことのないよう措置を講ずること。
(2) 病院・福祉施設等が身元保証人等に求める役割等の実態を把握すること。その上で，求められる役割の必要性，その役割に対応することが可能な既

Ⅱ 消費者法

　　存の制度及びサービスについて，必要に応じ，病院・福祉施設等及び都道府県等に示すこと。求められる役割に対応する既存の制度やサービスがない場合には，必要な対応策を検討すること。

としている。

　もともと医師法（昭和23年法律第201号）は，正当な事由なく診察治療の求めを拒んではならないことを定めており（同法第19条第1項［応召義務］），各介護保険施設の基準省令においても，正当な理由なくサービスの提供を拒んではならないとされている（指定介護老人福祉施設の人員，設備及び運営に関する基準［平成11年厚生省令第39号］第4条の2，介護老人保健施設の人員，施設及び設備並びに運営に関する基準［平成11年厚生省令第40号］第5条の2及び指定介護療養型医療施設の人員，設備及び運営に関する基準［平成11年厚生省令第41号］第6条の2）。つまり，入院・入所希望者に「身元保証人」等がいないことは，これまでも，サービス提供を拒む「正当な理由」に該当しない。しかしながら，病院・施設等における身元保証等に関する実態調査によれば，契約書や利用約款等で身元保証人等を求めている病院は95.9％，施設等は91.3％と圧倒的多数であり，身元保証人等がない場合に入院，入所を認めないとしたものは，病院で22.6％，施設等で30.7％に上っているなど，身元保証人等を求める姿勢が示されている（公益社団法人成年後見センター・リーガルサポート「病院・施設における身元保証等に関する実態調査」報告書［2014年］6頁など参照）。通常のアパート等の賃貸住宅の入居契約においても，身元保証・連帯保証人を求めることが一般的であることは，周知の通りである。しかも，入院費・施設等利用料の支払い，発生した債務（入院費・施設等利用料，損害賠償等）の保証，本人生存中の退院・退所の際の居室等の明渡しや原状回復義務の履行，緊急の連絡先，本人の身柄の引取り，入院計画書やケアプラン等の同意，医療行為（手術・予防接種等）への同意，遺体・遺品の引取り・葬儀等，いわゆる「身元保証人」等に期待される事務や負担は少なくない。厚生労働省は，病院・福祉施設等が必要に応じて身元保証人等に求めている種々の役割を分析・分類し，それぞれの役割の必要性並びにその役割に対応することが可能な既存の制度及びサービスを整理して対応指針を示すなど，適切な措置を講ずる必要があり，既存の制度及びサービスとして，例えば，市町村や都道府県の福祉等関連部門との連携，社会福祉協議会による福祉等に係る支援制度，成年後見制度等の関連する法的

制度，身元保証等高齢者サポート事業などの福祉等関連サービス等と連携する必要がある。

「建議」の第3は，消費者への情報提供の充実である。そこでは，消費者庁，厚生労働省及び国土交通省は，消費者が安心して身元保証等高齢者サポートサービスを利用できるよう，サービスを選択するに当たり有用と思われる情報提供を積極的に行うことが求められている。身元保証等高齢者サポート事業では，契約内容が複雑になりがちであり，サービスの履行状況の本人による確認・監督が極めて困難である。しかも事業者に費用を預託する契約形態が少なくないため，消費者被害防止のためには，消費者に対し，こうしたサービスを適正に選択するために十分な情報の提供と預託金保全措置がとられなければならない。また，事業者による賃貸住宅入居時の身元（連帯）保証サービスが利用される背景には，賃貸住宅への入居の際にしばしば求められる身元（連帯）保証人等を確保が困難な高齢者等の深刻なニーズがあることに配慮する必要がある。国土交通省では，高齢者の賃貸住宅への入居の円滑化を図る観点から，高齢者が利用できる「家賃債務保証機関」に係る情報が提供される体制整備を促す取組みが行われているものの，その認知度は低く，消費者の適正な選択に資する，こうした家賃債務保証の情報提供に関する取組みを，更に推進していく必要がある。

ただ，情報提供だけで問題が解消される可能性は乏しく，今後，実効的に高齢者の生活をサポートし，死後事務等についての適切な対応策を如何にして講じていくには，実態を踏まえたうえで，更に慎重な検討が必要である。消費者委員会では，フォローアップにより，具体的な問題点を確認しつつ，必要な意見を述べていくことを予定している。

V 家族代行サービスの課題

確かに，受入施設等にしてみると，契約者本人の身体能力や判断能力が衰退・喪失していったときに，その生活・医療行為・財産管理，あるいは死後の遺体・遺品の引取り・葬送や原状回復などに，施設側の判断のみで対応することは困難で，家族や遺族などの相談すべき相手がほしいであろうし，場合によっては費用の清算問題も生じるため，こうした身元保証人等を求めることには，それなりの理由がありそうである。しかしながら，身寄りのない高齢者が

Ⅱ 消費者法

数多く出現している現在，身元保証人が居ないことのみを理由に入所等が拒絶される事態をそのまま放置しておいて良いはずがない。仮に，民間の「家族代行的サービス」への需要が高く，これに依存しなければならないとすれば，何らかの制度的な対応は不可欠である。

ちなみに，病院への入院契約については，医師法上の応召義務が課せられ，正当な事由なく患者からの診療・治療の求めを病院が拒むことが許されず，福祉施設への入所契約については，各介護保険施設の運営や設置基準を定めた厚生労働省令によって，正当な事由なくサービス提供を拒んではならないと定められていることは既に見た。しかし，身元保証人に期待されている役割のうち，入院費・施設等利用料の支払保証，本人生存中の退院・退所の際の居室明渡しや原状回復義務の履行，緊急連絡先，本人の身柄引取り，入院契約やケアプランへの同意，医療行為への同意，本人死亡後の遺体・遺品の引取り，葬儀などは，（そのいくつかが第三者後見人によって代替可能であるとしても）必ずしも第三者による代行が容易でないことも事実である。それだけに，現存制度で対応可能なサービスと，それが困難なサービスを整理し，他の制度的対応では補充困難な「家族代行的サービス」を振り分けた上で，後者の受け皿を公的に用意する必要があるということになろうか。

Ⅵ 身元保証等高齢者サポート事業についての法的問題

1 複合的給付における透明度の低さ

「身元保証等サービス」の具体的内容は，実に多様で「複合的給付」とでも呼ぶべきものである。大きく分類すると，生前事務と死後事務があり，それぞれに財産管理関係と身上監護等の事務が考えられる。生前事務のうち財産管理問題のほとんどは成年後見人の職務範囲に属し得るが，死後事務は法改正後も限定されている。生前事務のうち身上監護関係は，後見人と地域包括見守りで部分的に対応可能としても，医療への同意問題は別途解決されるべき課題である。他方，死後の身上監護関連は，相続人や祭祀承継者との関係で整理が必要である。

いずれにしても，複合的給付の対価関係の透明度は極めて低く，事務遂行についての監督は全くといってよいほど不十分である。ちなみに，医療・手術等における同意の問題は，成年後見制度の下でも大きな問題である。主要な家

	生前事務	死後事務
財産管理	委任事務 財産預かり・管理など （成年後見人の職務範囲）	相続財産の管理 遺産の処分・処理 財産の後片付け （相続人・相続法との関係）
身上監護ほか	日常的見守り 緊急連絡 医療行為・手術等への同意？ 退院後の身柄引受（転院先確保） （後見・地域包括見守りとの関係）	遺体の引き取り 葬儀・埋葬など （祭祀承継権者との関係）

族や親族とは別に、定型的な契約書の中で、同意に関する規定があるからといって、にわかに受任者に同意権を認めることには抵抗があろう。むしろ、この問題は、医療における同意や代諾の問題として、別途検討を要すべき課題であり、本人同意を原則としつつ、本人の意思が必ずしも明確でない場合の規律（本人の意思を最も忖度できる同居配偶者や同居親族などによる同意によるべきこと）に関する議論を優先させるべきではないかと思われる。

2 「預かり金」

「預かり金」の問題は、有料老人ホームなどでの「入居一時金」の問題に重なる要素がある。「入居一時金」に対する、現在の法規制の在り方と並行して問題を考えるとすれば、分別管理による財産の保全措置と預かり金からの支出の監督体制や事業破綻に伴う保険などについての手当が求められよう。おそらくは、三面契約等で、独立した第三者機関が監督体制に組み込まれることが望ましく、日本ライフが、後に、一方的に二面契約に切り替えて、自己の判断で財産管理をし、それが、今回の問題の引き金にもなっていることを考えれば、このような仕組みは必須であろう。

2016年1月15日に発出された公益認定等委員会「勧告」で講ずることが求められた措置には、(1)既存の二者契約を三者契約に変更する「変更計画」の策定が掲げられ、二者契約の預託金を保全・管理するための体制の確立（法人から独立した責任者の設置、運用管理規程の整備）と並んで重視され、三者契約のスキームの有する監視機能に大きな期待がかけられていた。言うまでもな

Ⅱ 消費者法

く，預託金保全のためには，三者契約という形式以上に，「分別管理の実効性」が求められ，そのためには，有料老人ホーム契約における預託金保全措置に関する前例（老人福祉法29条7項，同施行規則20条の10）等を参考に，銀行・保険会社・信託会社その他の機関との連携（平成18年厚労告266号）が求められ，スキームの構築とコスト分配の在り方を模索することが必要と考えられる。後見制度支援信託の活用も検討に値しよう（後見制度支援信託については，松川正毅編『成年後見における意思の探求と日常の事務』（日本加除出版，2016年）58頁以下，任意後見と死後事務委任契約については，70頁以下参照）。

ちなみに，今回の「預かり金」と信託法との関係は，「日本ライフ協会」と委託者本人の契約内容の実態から判断する必要がある。日本ライフ協会の事業が，とくに分別管理を原則としつつ，不特定多数の顧客から金銭の預託をうけることを予定したものであるとすれば，信託業法に基づく「信託」と考えることが可能で，「信託」と評価される限りで，届出義務が発生し，「預り金」は，本来，信託銀行に預けて処理する必要があったということになる（この点は，管理者が「公益法人」かどうかを問わず，また事業が収支相償の場合も「信託業」となり得る）。立法論としては，証券会社が「預かり金」を信託銀行に預けることを義務づけられている例を参考に，同様のルールに服せしめることも考えられる。しかし，「預かり金」名目の金銭移動が，単に「手数料の前払金」に過ぎないと評価されるならば，このままでの信託スキームの利用は困難である。とくに，「二者契約」に切り替えて受け取っていた金銭の性格は，むしろ不確実な将来の役務に対する「停止条件付き前払金」とみるのが通常かもしれないからである。その意味では，信託的手法を用いるには，分別管理を原則として，不特定多数の顧客から金銭の預託をうける事業形態を予定した事業として，事業形態を枠づけておくことが必要であろう。

3 死後事務の処理

委任者死亡後の事務処理についての判例（最判平成4・9・22金法1358号55頁）の態度は次の通りである[7]。

---

[7] 最判平成4・9・22金法1358号55頁（＝百選Ⅱ〈第5版新法対応補正版〉146頁［後藤巻則］については，岡孝・判タ831号38頁，中田裕康・金法1384号10頁，金山直樹・平成5年度民事主要判例解説68頁，円谷峻・NBL539号53頁，河内宏・リマーク

事案では、入院中のAは、Yに対して、自分名義の預金通帳・印鑑およびこの預金通帳から引き出した金員を渡し、入院中の諸費用（約62万円）の支払い、死護の葬式を含む法要の執行とその費用の支払い（葬儀関連費用62万円、49日法要費用25万8千円）、入院中に世話になった家政婦に対する応分の謝礼（20万円）、世話になった友人に対する応分の謝礼（20万円）の支払いを依頼した（書面は作成していないようである）。その後、1ヶ月ほどしてAが死亡し、Yは、以上の全ての事務を処理した。これに対し、Aの異父妹で単独相続したXが、Yに対して預金通帳・印鑑などの返還を求め、委任契約の終了とYのなした謝礼金の支払い等の効力を問題としたのが本件である。

原審は、Aの死亡によって委任契約が終了したことを前提に（旧653条）、Yが友人らになした謝礼金の支払いは、Xの承諾を得ることなく独自の判断でしたものであるから不法行為になるとして謝礼金相当額の損害賠償責任を認め、Y上告。

最高裁は、

> 「自己の死後の事務を含めた法律行為等の委任がAとYの間に成立したとの原審の認定は、当然に、委任者Aの死亡によっても、右契約を終了させない旨の合意を包含する趣旨のものというべく、民法653条の法意がかかる合意の効力を否定するものでないことは疑いを容れないところである。」「しかるに、原判決がAの死後の事務処理の委任契約の成立を認定しながら、この契約が民法653条の規定によりAの死亡と同時に当然に終了すべきものとしたのは、同条の適用を誤り……破棄を免れない」

として、改めて委任契約の趣旨について更に審理を尽くさせるべく原審に差し戻した（差戻審でXの全面敗訴）。

本判決は、民法旧653条にもかかわらず、委任者死亡後の事務処理を目的と

ス1994年（下）58頁、淺生重機・金融法務事情1394号、力丸祥子・法学新報101巻11＝12号、円谷峻・NBL539号、松本崇・金融法務事情1366号、後藤巻則・別冊ジュリスト137号148頁 同・別冊ジュリスト160号146頁、河内宏・私法判例リマークス9号58頁、金山直樹・判例タイムズ852号66頁（平成5年度主要民事判例解説）、石川美明・大東文化大学法科大学院／大東ロージャーナル6号81頁などの評釈・研究がある。松川正毅編・成年後見における死後の事務』（日本加除出版、2011年）1頁以下も参照。本判決後、東京高判平成21・12・21判タ1037号175頁、判時2073号32頁）もこれを踏襲している）。

II 消費者法

する委任契約も有効であるとした初めての最高裁判決である。委任者死亡後にも委任関係を特約によって存続させることができることは，民法起草当時から当然視されていたようでもある（原案664条本文）。原案は結果的に削除されたが，その趣旨までは否定されておらず，後の解釈でも踏襲されていた（我妻・債権各論［中2］695頁，新版注民（16）293頁［明石三郎］，広中俊雄・債権各論講義〈第6版〉［創文社，1994年］294頁，星野英一・概論(4)［良書普及会，1986年］284頁。）。しかし，無方式の委任契約による委任者の終意処分を全面的に認めると，遺言制度の潜脱にもなりかねず，両者の調整が大きな課題となる。少なくとも，相続人がある場合には受任者に相続人の意向を打診させ，相続人は，場合により解約告知によって委任契約を終了させることができるようにすることも考えられる。しかし，相続人がいない場合は，受任者の行動を監督できる立場の者がいないため，少なくとも，死後事務等の契約では，受任者を監督できる立場の者を組み込んだ三面契約を原則とすることが必要である。

また，最判平成4・9・22を受けて，東京高判平成21・12・21（判時2073号32頁)[8]では，亡Aが，僧侶Yに対し，自分の葬儀及び一切の供養を依頼して金銭を交付し（第1準委任契約），本件写真を墓に納め永代供養してほしいと依頼したこと（第2準委任契約）につき，相続人Xが，主位的に，本件第1準委任契約は原始的又は後発的不能であるとし，予備的に，本件第2準委任契約は社会通念上履行不能又は解除されたとして，交付金の返還を求めた事案の控訴審で，次のように述べ，控訴を棄却した。

> 「本来，委任契約は特段の合意がない限り，委任者の死亡により終了する（民法653条1号）のであるが，委任者が，受任者に対し，入院中の諸費用の病院への支払，自己の死後の葬式を含む法要の施行とその費用の支払，入院中に世話になった家政婦や友人に対する応分の謝礼金の支払を依頼するなど，委任者の死亡後における事務処理を依頼する旨の委任契約においては，委任者の死亡によっても当然に同契約を終了させない旨の合意を包含する趣旨と解される（最高裁平成4年(オ)第67号同年9月22日第三小法廷判決・金融法務事情1358号55頁参照）。さらに，委任者の死亡後における事務処理を依頼する旨の委任契約

---

[8] 本判決については，冷水登紀代・月報司法書士465号60頁，吉政知広・私法判例リマークス42号22頁，浅井憲・別冊判例タイムズ32号94頁（平成22年度主要民事判例解説）などの評釈・研究がある

においては，委任者は，自己の死亡後に契約に従って事務が履行がされることを想定して契約を締結しているのであるから，その契約内容が不明確又は実現困難であったり，委任者の地位を承継した者にとって履行負担が加重であるなど契約を履行させることが不合理と認められる特段の事情がない限り，委任者の地位の承継者が委任契約を解除して終了させることを許さない合意をも包含する趣旨と解することが相当である。／　これを本件についてみるに，原判決が認定するとおり，Aは，X及びXの母でありAの妹である孝子から，AがD院の檀家でありながらB寺に本件墓を建てたことについて責め立てられ（……），Aは，XからYに対して，本件交付金の返還を求める内容の下書きのメモを送られて，Eに対し，知り合いの弁護士から手紙を出してほしいと依頼し，F弁護士を介して平成15年12月8日付け通知書をYに送付して（……），その後，Yと面会し，本件墓は，お墓の別荘として考えればよいとの説明を受けて納得し，平成16年1月11日にYを自宅に招いて，本件第2準委任契約に基づく事務を依頼したものであり（……），Aとしては，Xに対する祭祀の承継者の指定とは別に，あえてYに対し，本件墓をいわばお墓の別荘としてA自身のために永代供養してもらうことを企図していたものと解される。そして，本件第2準委任契約の事務の内容は，Aの写真を本件墓に納め，永代供養をするというもので，内容は明確であり，かつ実現可能なものであり，また極めて宗教的で委任者の内心の自由にかかわる事務であり，その対価も供養としてお経を上げるなどの宗教的行為をしてもらうことの謝礼としての意味を有し，依頼する者の宗教心に基づくものと解されるところ，本件において供養料は，Aにおいて既に支払済みであって，Aの地位を承継したXには特に履行すべき義務はないのである。さらに，上記に判断したとおり，Yは，平成19年の春の彼岸会（3月20日ころ）までにAの写真を本件墓に納め，Aの死後継続してお経を上げ，卒塔婆を立てるなど永代供養を続けてきており，本件墓は本件口頭弁論終結の時点においてもB寺の墓地にAが建立した当時のままに存在し，周囲の墓と同程度に管理され（……），Yは「永代供養である以上，今後も，供養を続けます」と述べている（……）。／　以上のような本件にあらわれた諸事情を総合すると，本件第2準委任契約においては，委任者であるAが死亡し，祭祀承継者としてXが委任者の地位を承継することとなったとしても，Xに同契約を解除することを許さない合意を包含する趣旨と解するのが相当である。」

とした。

4 任意後見制度の可能性

社会福祉協議会などでは，当事者の意思能力が衰退した場合に備え，必要に応じて，任意後見に移行することを当初の契約で合意していることが多いといわれる（社会福祉協議会自身が任意後見人になることまでは必ずしも想定されていないようである）。

任意後見契約でどこまでの合意が可能かは問題である。基本的に任意後見においても法定後見の職務範囲が基準となるとすれば，もともと「身元保証」や，「葬儀」などは後見事務の対象外である（職務範囲を超える部分につき，任意後見人として行動した部分は無権限であり，事務管理か，通常の委託契約の効力として考えることになろう）。しかも，任意後見が開始するには，裁判所の関与を前提とした任意後見監督人の選任が必要であるため，それ以前の事務処理は，通常の準委任契約によるほかなく，受託者が任意後見監督人の選任を求めないまま事務を継続している場合は，事務管理もしくは準委任契約の効力の問題とならざるを得ない。任意後見の場合，どの段階で，裁判所に任意後見監督人の選任を求めるべきかを明らかにしておくことが重要であるが，この点が必ずしもあきらかでないことは，任意後見制度そのものの制度的難点でもあろう。

委任者が意思能力を喪失し，後見人がない場合，委任者において，受任者を監督することは期待できなくなっており，本人死亡の場合は，相続が発生するため，相続人がいる場合には，相続人による監督と本人の生前における意思との調整という問題を生ずる。少なくとも，本人死亡後，相続人がある場合は，本人にかわって受任者に報告を求め，その活動を監督することが期待できよう。しかし，遺贈に関する合意が受任者との間で交わされている場合が少なくないとすると，相続法理との関係も検討の必要がある。

相続人がいない場合は，受任者の行動を監視できる者が存在せず，預託金などの残余財産の帰属，清算等について，受任者は，誰に対する関係で義務を負担することになるのか（原則として「財産分離」を前提とした債権者の相互監視の可能性があるにとどまる？）。委託者死亡時における，死後事務処理とその後の財産帰属に関する約款条項の適切さも検討課題の一つである。

VII 小　括

ここで，問題に早急に結論を導くことは不適当である。まずは，実態を確認

した上で，あり得べき対応策を検討する必要がある。ただ，これまでの検討から，一般的には，次の点に留意することが求められよう。

第1に，「身元保証等高齢者サポート事業」とされるものの契約内容が複雑であるため，本人への事前説明には限界があるものの，それでも契約内容を事前にできる限り明らかにし，リスクへの対処の可能性を示しておくことが求められる。

第2に，現存する制度で対応可能なサービスと，それが困難なサービスを整理し，他の制度的対応では補充困難な「家族代行的サービス」の受け皿を，公的に用意する必要があること。

第3に，契約内容の履行確認をする者が居ない状態を回避するために，「三面契約」の監視機能を活用すること。

第4に，法的な届出制度あるいは登録制度を設けて，前受金の保全義務を課すること。

第5に，事業者が倒産した場合に備えて，信託財産としての預託による倒産隔離を検討すべきこと。

第6に，葬儀・相続に関する本人の意向や希望を予め聴取し，公正証書遺言作成に関して支援をすること。

第7に，任意後見の活用を考える場合にも，任意後見を発効させるかどうかについての移行手続に関する客観的要件を明らかにしておくこと。

第8に，低所得者や少ない年金受給者にも同様なサービスが必要となるため，行政あるいは公共性の高い団体によるサービスの提供が望ましいこと。

身元保証等高齢者サポート事業の事業内容は，デリケートな人間の末期の在り方にかかわるだけに，法の問題のみならず，終末期にある人間の尊厳[9]，その人の生き甲斐や人生観に思いを馳せた末期サービスの在り方を考えてみることが必要であろう。

---

[9] 民法の基底的価値としての「人の尊厳」をめぐっては，広中俊雄・民法綱要（第1巻）15頁以下（創文社，2006年），同「主題（個人の尊厳と人間の尊厳）に関するおぼえがき」民法研究4巻（2004年）59頁以下，畑中久彌「民法における人の尊厳」法セミ748号19頁以下（2017年）などの分析が貴重である。

Ⅱ 消費者法

【付記】 三つの調査報告と政府の対応書

今般，消費者委員会の建議を受けた厚生労働省における3つの調査報告書が提出され，第285回消費者委員会本会議（2018年9月12日）において，その概要が紹介されるとともに，委員会によるフォローアップが行われた。(調査報告書は，厚生労働省のHPから見ることができる。なお，実践成年後見77号［民事法研究会，平成28年10月］の特集「病院・介護施設等における身元保証の問題と対応」も参照)

(1) 第1は，山縣然太郎ほか「医療現場における成年後見制度への理解及び病院が身元保証人に求める役割等の実態把握に関する研究」（総括・分担研究報告書）［平成30（2018）年3月］であり，病院に勤務する医療従事者が，成年後見人や身元保証人に求める役割や支援の内容，病院職員の制度理解の状況などの実態把握を目的とするものである。医療機関・医療関係者・身元保証人等へのアンケート，ヒアリングなどから，実態把握を試みている。多くの医療機関において，入院時に身元保証人等を求めることが慣習として広まっており，身元保証人等は医療費の支払いから日常の世話，緊急時の連絡までを網羅する家族と同様の役割を求められているようである。とくに，医療に関わる意思決定が困難な患者への対応についての規定や手順書がない医療機関が多く（7割強。一般病院や療養病床を有する病院の大半がそうである），規定のない中で，個別の対応が求められていることが明らかとなっている。医療に関わる意思決定が困難な患者への対応では，「医療行為への同意」を得ることに苦慮しており，その解決策を成年後見人に求めている現状もうかがえる。しかも，身元保証人等が得られないことが入院拒否の正当な理由に該当しないことが認識されていない医療機関や，そのような場合に入院を拒否している医療機関が存在する可能性（8.2％）も示されている。その結果，医療機関の規模，機能別に詳細な調査を継続するとともに，モデル事例を策定して周知徹底することが必要とされている。

(2) 第2は，老人保健事業推進費等補助金による，みずほ情報総研株式会社（新井誠ほか）「介護施設等における身元保証人等に関する調査研究事業（報告書）」［平成30（2018）年3月］であり，全国の介護施設を対象に，入居時の身元保証人等の要否，身元保証人等に対する需要などが調査されている。結果的には，身元引受人・身元保証人を契約時に求める例がほとんどで（但し養護老人ホームの措置入所では求めていない），身元引受人・身元保証人不在の場合も，成年後見制度の利用などの条件付きで入所を受け入れている実態が示されている。こうした身元保証人等を求める理由としては，生前の費用滞納リスク，医療への同意の必要，

死後の事務処理への対処などがあげられている。その意味では、単純に、入所希望者に身元保証人等がいないことが、入所拒絶の「正当な事由・理由」に該当しないと言うだけでは足りず、本人との綿密なアドバンス・ケア・プランニング（人生の最終段階の医療・ケアについての事前相談）や、その支援をする第三者が必要であることを示している。

(3) 第3は、老人保健健康増進等事業の日本総研（栃木一三郎ほか）「地域包括ケアシステムの構築に向けた公的介護保険外サービスの質の向上を図るための支援のあり方に関する調査研究事業（報告書）」であり、消費生活相談データの分析や自治体・事業者に対するヒアリング調査等によって、事業者・利用者の特徴や契約プロセスの実態、事業内容等の実態を明らかにし、基盤整備によってより安心できるサービス利用のためのポイントを示すことが試みられている。ここでは、提供されるサービスの特徴として、事業者によって、生活支援サービスに含まれる範囲や位置づけが大きく異なること、生活支援サービスでは、緊急時の駆けつけや日常的世話などに拡大し、充分な価格が設定しにくく、人的・物的資源の限界から、メニューが拡大するほど契約者の不満や事業の不安定性につながっているとの指摘も見える。また、同報告書には、身元保証サービス契約を考えている消費者に対する普及啓発資料として、考慮や確認すべきポイント集も考案されている。なお、預託金については、金額も様々で、その全容をつかむことが困難であったとされている。

(4) これらの報告書を受けた厚生労働省老健局は、さしあたって契約締結前に、消費者が気をつけるべきポイント、サービスの内容についての情報提供、地域包括支援センター等との連携を中心に、対応策の検討を続けるとの方向性を示し、同医政局は、医療機関監督機関に対して身元保証人がいないことのみを理由に患者の入院を拒否することがないように適切な指導を求めている。しかし、基本的には情報提供アプローチにとどまり、預託金の保全措置や、死後の財産管理についての監督体制などの問題については、現時点では踏み込んだ対策には至らず、今後の分析の中で更に検討課題として積み残しているようである。こうした契約締結過程での確認事項による啓発等によって、どこまで消費者の不安が払拭できるかは、いささか心許ない。参入規制や、預託金の分別管理、死後事務履行の確保といった問題への対処は、まだまだこれからと言うほかない

Ⅱ 消費者法

【参考文献等】
○「特集 終活をめぐるサービスと消費者法」(上山泰，大澤慎太郎，宮川康弘，小谷みどり)（2017 年 12 月）現代消費者法 37 号
・上山泰「高齢者サポートサービスの現状と課題」現代消費者法 37 号 4 頁
・大澤慎太郎「身元保証サービスと消費者保護」現代消費者法 37 号 13 頁
・宮川康弘「日常生活支援を目的とした委任契約と消費者保護」現代消費者法 37 号 22 頁
・小谷みどり「葬儀・墓地をめぐるサービスと消費者問題」現代消費者法 37 号 27 頁
○内閣府消費者委員会「身元保証等高齢者サポート事業に関する消費者問題についての調査報告」(2017 年)
・内閣府消費者委員会「身元保証等高齢者サポート事業に関する消費者問題についての建議」
・河上正二「霞ヶ関インフォ／消費者委員会 身元保証等高齢者サポート事業に関する消費者問題についての建議」ジュリスト 1504 号（2017 年）84 頁
・内閣府消費者委員会事務局「身元保証等高齢者サポート事業にかかる調査審議」実践成年後見 65 号（2016 年）17 頁
○太田達男「日本ライフ協会事件と高齢者支援事業」実践成年後見 65 号（2016 年）17 頁
○熊田均「身元保証等生活サポート事業の法的問題」実践成年後見 65 号（2016 年）42 頁以下。

　　同判決に対する評釈は，多い。比較的最近の論稿として，黒田美亜紀「死後事務委任の可能性――その有効性と委任の承継，解除権行使の基準について――」明治学院ロー 18 号（2013 年）31 頁，松川正毅「死後の事務に関する委任契約と遺産の管理行為」実践成年後見 58 号（2015 年）41 頁を参照。
○早い段階で日本司法書士連合会が取り組んだ貴重な研究成果として，松川正毅編・成年後見における死後の事務（日本加除出版，2011 年 2 月）がある。第三者任意後見人となる割合が最も高いと言われる司法書士にとって，死後事務の処理は切実な課題となっていたことがわかる。
○内閣府『平成 29 年版　高齢社会白書』
○みずほ情報総研株式会社「介護施設等における身元保証人等に関する調査研究事業（報告書）」
○山縣然太郎ほか「医療現場における成年後見制度への理解及び病院が身元保証人に求める役割等の実態把握に関する研究」（平成 29 年度厚生労働科学研究費補助金・厚生労働科学特別研究）成果データベース 201706002A
○日本総研「地域包括ケアシステムの構築に向けた公的介護保険外サービスの質の向上を図るための支援のあり方に関する調査研究事業」

法律第二十七号（平二八・四・一三）
◎成年後見の事務の円滑化を図るための民法及び家事事件手続法の一部を改正する法律
（民法の一部改正）
第一条　民法（明治二十九年法律第八十九号）の一部を次のように改正する。
第八百六十条の次に次の二条を加える。
（成年後見人による郵便物等の管理）
第八百六十条の二　家庭裁判所は，成年後見人がその事務を行うに当たって必要があると認めるときは，成年後見人の請求により，信書の送達の事業を行う者に対し，期間を定めて，成年被後見人に宛てた郵便物又は民間事業者による信書の送達に関する法律（平成十四年法律第九十九号）第二条第三項に規定する信書便物（次条において「郵便物等」という。）を成年後見人に配達すべき旨を嘱託することができる。
2　前項に規定する嘱託の期間は，六箇月を超えることができない。
3　家庭裁判所は，第一項の規定による審判があった後事情に変更を生じたときは，成年被後見人，成年後見人若しくは成年後見監督人の請求により又は職権で，同項に規定する嘱託を取り消し，又は変更することができる。ただし，その変更の審判においては，同項の規定による審判において定められた期間を伸長することができない。
4　成年後見人の任務が終了したときは，家庭裁判所は，第一項に規定する嘱託を取り消さなければならない。
第八百六十条の三　成年後見人は，成年被後見人に宛てた郵便物等を受け取ったときは，これを開いて見ることができる。
2　成年後見人は，その受け取った前項の郵便物等で成年後見人の事務に関しないものは，速やかに成年被後見人に交付しなければならない。
3　成年被後見人は，成年後見人に対し，成年後見人が受け取った第一項の郵便物等（前項の規定により成年被後見人に交付されたものを除く。）の閲覧を求めることができる。
第八百七十三条の次に次の一条を加える。
（成年被後見人の死亡後の成年後見人の権限）
第八百七十三条の二　成年後見人は，成年被後見人が死亡した場合において，必要があるときは，成年被後見人の相続人の意思に反することが明らかなときを除き，相続人が相続財産を管理することができるに至るまで，次に掲げる行為をすることができる。ただし，第三号に掲げる行為をするには，家庭裁判所の許可を得なければならない。
　一　相続財産に属する特定の財産の保存に必要な行為
　二　相続財産に属する債務（弁済期が到来しているものに限る。）の弁済

Ⅱ 消費者法

三　その死体の火葬又は埋葬に関する契約の締結その他相続財産の保存に必要な行為（前二号に掲げる行為を除く。）

17 振り込め詐欺救済法の意義と課題

新 井 剛

Ⅰ はじめに——法制定の背景
Ⅱ 法 の 構 造
Ⅲ 法の争点——裁判例の紹介と 分析
Ⅳ 法の機能と実態——振り込め

詐欺等の件数の推移と債権消
滅・分配手続の割合
Ⅴ 法 の 評 価
Ⅵ 法の課題と改善提案

Ⅰ はじめに——法制定の背景

1 本稿は,いわゆる振り込め詐欺救済法[1]に関して,特にその実態に着目した検討を行うことによって,法に残された課題を析出し,その改善提案を行

---

[1] 正式名称は,「犯罪利用口座等に係る資金による被害回復分配金の支払等に関する法律」である。本稿では,同法を「振り込め詐欺救済法」あるいは単に「法」と呼ぶ。法に関しては,次のような文献がある。まず,法に関する問題点を総合的に取り上げる著書として,江野栄＝秋山努『Q&A 振り込め詐欺救済法ガイドブック——口座凍結の手続と実践』(民事法研究会,2013年)がある(以下,「ガイドブック」で引用する)。立法経過については,第168回国会衆議院財務金融委員会会議録第6号(平成19年12月4日)を参照されたい(以下,「会議録」で引用する)。法制定の背景や概要については,与党案提案者の解説として,柴山昌彦「犯罪利用預金口座等に係る資金による被害回復分配金の支払等に関する法律案(振り込め詐欺等被害金返還特別措置法案,いずれも仮称)の概要」金法1801号8頁(2007年),同「犯罪利用口座等に係る資金による被害回復分配金の支払等に関する法律(振り込め詐欺被害者救済法)および関連規程の概要」金法1837号10頁(2008年)(以下,「柴山」で引用する),民主党修正案については,階猛「振り込め詐欺被害者救済法案の審議過程」銀法684号1頁(2008年),衆議院法制局担当者の解説として,田尾幸一朗「犯罪利用口座等に係る資金による被害回復分配金の支払等に関する法律」ジュリ1352号93頁(2008年)がある。また,法に関する全銀協のガイドラインについては,干場力「振り込め詐欺救済法に係る全銀協のガイドライン(事務取扱手続)」の概要」金法1840号12頁(2008年),同「犯罪利用口座等に係る資金による被害回復分配金の支払等に係る事務取扱手続について」銀法

Ⅱ 消費者法

うものである[2]。法は，議員立法によって平成19年12月14日に成立し，翌20年6月21日に施行された。それでは，なぜ法は制定されなければならなかったのであろうか。その背景を検討することから始めよう。

2　平成10年前後から，子どもや孫等の親族であると誤認させて振込みをさせ，いわゆる「オレオレ詐欺」が急速に広まり，その手口が組織化・多様化して激増した。また，架空名義口座等について，誘拐事件や脱税目的，犯罪行為資金保管目的で利用されることが社会問題化した。さらに，ヤミ金業者による違法な借入金・金利の取立てや，ネット販売を装う代金の取込詐欺等に普通

691号20頁（2008年）がある。さらに，実務家が実務上の問題点を考察する主要文献として，秋山努「犯罪利用預金口座等に係る資金による被害回復分配金の支払等に関する法律（いわゆる『振り込め詐欺救済法』）について」司法書士2008年8月号48頁（2008年），黒澤賢一「振り込め詐欺救済法と司法書士の実務対応」登記情報563号26頁（2008年），山田茂樹「振り込め詐欺救済法の活用」現代・消費者法9号59頁（2010年），廣渡鉄＝福田隆行「振り込め詐欺救済法の実務上の問題点」金法1921号92頁（2011年），水口大弥「犯罪利用口座の取引停止措置と支払拒絶に関する裁判例」金法1921号101頁（2011年），鈴木仁史「振り込め詐欺救済法にかかる裁判例と金融実務」事業再生と債権管理140号138頁（2013年），上田孝治「振り込め詐欺救済法の活用と実務上の留意点」現代・消費者法22号26頁（2014年），粂田誠「最近の判例に見る営業店の預金払戻しの実務　第5回　預金口座の凍結」銀法799号52頁（2016年），世取山茂「振り込め詐欺救済法に定める被害回復分配金の金融機関から被害者への支払について」金法2047号58頁（2016年）がある。なお，法に疑問を呈する論稿として，菅原胞治「『犯罪利用口座等に係る資金による被害回復分配金の支払等に関する法律』の問題点」銀法684号8頁（2008年），渡辺隆生「振り込め詐欺被害者救済法の成立について」金法1827号4頁（2008年）がある。そして，学者による論稿として，川地宏行「取引停止措置がとられた犯罪利用預金口座における払戻請求の可否（東京地判平22・7・23）」現代・消費者法11号97頁（2011年），吉村信明「犯罪利用預金口座からの払戻請求」アドミニストレーション19巻1号119頁（2012年），同「預金口座取引停止要請を行う『捜査機関等』について」アドミニストレーション20巻1号31頁（2013年），沖野眞已「犯罪利用口座等に係る資金による被害回復分配金の支払等に関する法律を巡る私法上の問題」金融法務研究会『近時の預金等に係る取引を巡る諸問題』69頁（2015年）のほか，後掲する新井剛の一連の論稿がある。

(2)　廣瀬久和先生には，筆者が東京大学大学院法学政治学研究科修士課程に入学以来，本当にお世話になってきた。本稿は，先生のご専門である消費者法と，筆者の専門である担保・金融法の交錯領域ともいえる「振り込め詐欺救済法」に関して，その実際的機能に着目した検討を行うことで，先生からの学恩に感謝し，先生の古稀をお祝いしようとするものである。なお，本稿では，各論点に関する解釈論を展開するよりはむしろ，法の制度設計そのものを検討するアプローチを採用することにしたい。個別・具体的な論点に関する解釈論については，別稿を予定している。

預金口座が用いられた。そのため全銀協は平成12年12月19日，「普通預金規定ひな型等における預金口座の強制解約等に係る規定の制定について」と題する通達を会員宛てに発出した。この通達は，預金口座の不正利用防止等のため，普通預金規定等のひな型を一部改正し，架空名義口座等について預金口座の取引停止またはその解約ができることなどを規定したものである。こうして預金口座が「法令や公序良俗違反に利用され，またはそのおそれがあると認められる」等の場合に，当該口座の取引を停止する旨の規定がひな型に新設されて，各行の預金規定にも同様の条項が挿入された[3]。

　もっとも，金融機関は当初，口座を取引停止にすることには消極的であった。しかし，平成15年9月の金融庁長官からの要請以降，金融機関は積極的に口座を凍結するようになった[4]。一方で，裁判手続によらずに，取引停止口座の資金を詐欺等の被害者に還付することは非常に困難であるため[5]，その資金が金融機関に滞留したままになり，平成19年3月末現在で総額約80億円に上っていた[6]。また，平成16年12月9日，警察庁はオレオレ詐欺や架空請求詐欺等を含む詐欺事件を「振り込め詐欺」と総称するとした。振り込め詐欺の被害件数は，平成20年まで毎年約2万件前後で推移する一方，その検挙率は極めて低く，平成18年度の検挙率は5.2％であった。

　3　こうして，振り込め詐欺撲滅と被害者救済の必要性が社会問題となったため，議員立法によって成立・施行されたのが，法である[7]。法3条1項は，被害者救済と被害の拡大防止を図るため，捜査機関等から口座の不正な利用に関する情報の提供を受けた等の場合に，金融機関が「犯罪利用預金口座等である疑いがあると認めるときは，当該預金口座等に係る取引の停止等の措置を適切に講ずるものとする」と規定している[8]。また，法の施行により，翌平成21

---

[3] 以上については，齋藤秀典「普通預金規定ひな型等における預金口座の強制解約等に係る規定の制定について」金法1602号11頁，岩原紳作「警察からの依頼に基づく預金取引停止措置」ジュリ1402号140頁，菅原・前掲8頁等参照。

[4] ガイドブック4頁。

[5] 会議録（石井啓一議員説明），ガイドブック8頁，秋山・前掲52頁，黒澤・前掲29頁参照。

[6] 会議録（葉梨康弘議員冒頭説明）参照。

[7] もっとも，同法が裁判で問題になるのは，振り込め詐欺以外の特殊詐欺が多い。振り込め詐欺の事案では，口座名義人に勝ち目はほぼないからであろう。他方で，後に確認するように，実際の事件件数は，やはり振り込め詐欺が最も多いのである。

Ⅱ 消費者法

年の被害件数は，平成20年の20481件から7340件にまで急減した。

なお，平成22年2月から「振り込め詐欺」（α類型と総称する）は，オレオレ詐欺（α1類型と呼ぶ），架空請求詐欺（α2類型と呼ぶ），融資保証金詐欺（α3類型と呼ぶ）[9]，還付金等詐欺（α4類型と呼ぶ）[10]の4類型のみを指すこととされ，金融商品等取引名目の特殊詐欺（β1類型と呼ぶ）[11]や，ギャンブル必勝法情報提供名目の特殊詐欺（β2類型と呼ぶ）[12]，異性との交際あっせん名目の特殊詐欺（β3類型と呼ぶ）[13]や，その他の特殊詐欺（β4類型と呼ぶ）[14]は，「振り込め詐欺以外の特殊詐欺」（β類型と総称する）と呼ばれている。そして，「振り込め詐欺」と，「振り込め詐欺以外の特殊詐欺」を合わせて，「特殊詐欺」[15]と総称されている。

それでは，法は，どのようなスキームで，振り込め詐欺の被害者を救済しよ

---

[8] 法は，第2章で，この3条のみを規定している。このように，法において，3条はきわめて重要な条文であって，法に関する裁判例も専ら3条の適用の是非について争われている。

[9] 「融資保証金詐欺」とは，実際には融資しないにもかかわらず，融資を受けるための保証金等の名目により現金を口座に振り込ませるなどの方法によりだまし取る詐欺事件をいう。

[10] 「還付金等詐欺」とは，市町村の職員等を装い，税金の還付等に必要な手続きを装って被害者にATMを操作させ，口座間送金により振り込ませる手口の電子計算機使用詐欺事件をいう。「還付金詐欺」は，平成18年6月に初めて認知された。

[11] 「金融商品等取引名目の特殊詐欺」とは，実際には対価ほどの価値がない未公開株，社債等の有価証券や外国通貨等又は全く架空の有価証券等について電話やダイレクトメール等により虚偽の情報を提供し，その購入等の名目で金銭等をだまし取るものをいう。

[12] 「ギャンブル必勝法情報提供名目の特殊詐欺」とは，不特定の者に対してパチンコ攻略法等の虚偽の情報を提供するなどした上で，会員登録料や情報料等の名目で金銭等をだまし取るものをいう。

[13] 「異性との交際あっせん名目の特殊詐欺」とは，不特定の者に対して一度だけ異性と会わせたり，異性に関する虚偽の情報を提供するなどした上で，会員登録料や保証金等の名目で金銭等をだまし取るものをいう。

[14] 「その他の特殊詐欺」とは，オレオレ詐欺，架空請求詐欺，融資保証金詐欺，還付金等詐欺，金融商品等取引名目の特殊詐欺，ギャンブル必勝法情報提供名目の特殊詐欺及び異性との交際あっせん名目の特殊詐欺に該当しない特殊詐欺をいう。

[15] すなわち，「特殊詐欺」とは，面識のない不特定の者に対し，電話その他の通信手段を用いて，預貯金口座への振り込みその他の方法により，現金等をだまし取る詐欺をいい，オレオレ詐欺，架空請求詐欺，融資保証金詐欺，還付金等詐欺，金融商品等取引名目の特殊詐欺，ギャンブル必勝法情報提供名目の特殊詐欺，異性との交際あっせん名目の特殊詐欺及びその他の特殊詐欺を総称したものをいう。

うとしているのであろうか。法の制度設計を次章で確認することにしよう。

II 法の構造

振り込め詐欺救済法は，全7章から構成されている。第1章は総則（1～2条），第2章が預金口座等の取引停止等の措置（3条），第3章が債権消滅手続（4～7条），第4章が被害回復分配金の支払手続（8～25条），第5章が預金保険機構の業務の特例等（26～30条），第6章が雑則（31～42条），第7章が罰則（43～45条）である。すなわち，法は，口座の取引停止・解約→債権消滅（失権手続）→被害者への分配（支払手続）というスキームを採用しているといえよう。本法の詳細なポイントは，次のとおりである。

① 1条が，法の目的として，「預金口座等への振込みを利用して行われた詐欺等の犯罪行為により被害を受けた者……の財産的被害の迅速な回復等に資すること」を挙げている。

② 2条3項が，法の適用対象となる「振込利用犯罪行為」としては，「詐欺その他の人の財産を害する罪の犯罪行為」，すなわち財産犯に限定している[16]。

③ 3条が，預金口座等の取引停止等の要件としては，「犯罪利用預金口座等である疑い」で十分であるとしている。

④ 一方で，4条が預金等債権の消滅手続開始の要件としては，「犯罪利用預金口座等であると疑うに足りる相当な理由」が必要であるとして，口座取引停止よりも慎重に判断するとしている。

⑤ 5条で，預金保険機構は，債権消滅手続が開始されたことや，名義人等が60日以上の期間内に権利行使をすべきこと等を公告する。

⑥ 6条において，名義人等からの権利行使があったときや対象預金口座が犯罪利用預金口座等でないことが明らかになったときには，債権消滅手続が終了する。

⑦ 他方，⑥の場合以外には，7条により当該対象預金等債権は消滅する。

⑧ 金融機関が，7条による消滅預金債権の相当額を原資として，対象被害者への被害回復分配金を支払う（8条1項）。

---

[16] 詳しくは，柴山12頁，田尾・前掲94頁参照。

Ⅱ 消費者法

⑨　ただし，消滅預金等債権の額が1,000円未満なら分配手続には移行しない（8条3項）。

⑩　11条で，被害回復分配金の支払手続が開始されたこと，対象被害者は30日以上の期間内に支払申請をすべきことを公告する[17]。

⑪　金融機関は支払申請期間が経過したら遅滞なく，申請人が支払いを受けられるか否かを決定し，その内容を記載した書面を申請人に送付し，該当者に被害回復分配金を支払う（13条，14条，16条）。

⑫　支払申請がないとき，支払該当者がいないとき，被害回復分配金をすべて支払い終えたとき，犯罪利用預金口座等でないことが明らかになったときには，被害回復分配金の支払手続は終了する（18条）。

⑬　消滅預金等債権の額が1,000円未満であるときや，被害回復分配金の支払いをしなかったとき等の場合には，金融機関は相当額の金銭を預金保険機構に納付しなければならない（19条，預保納付金）。

⑭　預金保険機構は，預保納付金を使って，犯罪被害者等の支援の充実を図る（20条）。

⑮　以上の後においても，名義人等が，⑤の権利行使の届出を行わなかったことについてのやむを得ない事情，口座の利用状況，主要な入金原因等を説明することにより，犯罪利用預金口座等でないことについて相当な理由があると認められる場合には，金融機関に対し，消滅預金等債権の相当額の支払いを請求することができる（25条1項）。

⑯　⑮の場合に，金融機関の債権消滅・分配金の支払手続に過失がない場合には，金融機関は預金保険機構に対し，支払相当額の支払いを請求することができる（25条4項）。

　以上が，本法の詳細なポイント・特徴である。それでは，法は，現在の実務において，どのように機能し，またどのような解釈論的問題を孕んでいるのであろうか。以下では，まず従来の裁判例を検討して，後者を明らかにした上で，次に法の運用状況（機能と実態）を認知件数・被害総額等に関する各種のデー

---

[17] 実務上は，法施行から平成23年3月31日までの間は60日以上で運用していたが，東日本大震災の震災地域に住む被害者に配慮するため，平成23年4月1日以降，90日で運用されている。預金保険機構HP「振り込め詐欺救済法に基づいて平成27年度中に実施した公告について」（平成28年5月2日）10頁等参照。

タから明らかにしたいと思う。

III 法の争点──裁判例の紹介と分析

預金口座の取引停止措置は，預金規定または法3条1項のいずれか，あるいはその双方が根拠になりうる。それでは，従来の裁判例は，どのような事案において，どのように判示しているのか。以下に紹介しよう（判決が出された年月日順に番号を振る）[18]。

1 法に基づく取引停止措置

まず，A．法に基づく取引停止措置に関しては，次の6件がある。
【2】 東京地判平成22年12月3日金法1921号112頁[19]
　事案は，海外商品先物取引詐欺である（β1類型）。弁護士からの情報提供により，銀行が取引停止措置をとった場合に，口座名義人が銀行に対して預金払戻請求をした。
　判旨は，本件措置が適法になされたとしつつ，本件口座が犯罪利用預金口座等でないことを立証するには，本件口座が口座名義人の業務に用いられていることの立証では足りず，本件口座が犯罪利用預金口座等に当たるとする者との間で，判決等によって本件口座が犯罪利用預金口座等に当たらないことが明らかにされ，あるいはこれらの者が長期間にわたり口座名義人に対し損害賠償を求めず，事実上その権利行使が放棄されているといった事実が立証される必要があるが，本件ではかかる立証はなされていないとして，口座名義人の請求を棄却した。

---

[18] 本稿は，法を検討対象とするので，以下ではA．法に基づく取引停止措置と，B．法と預金規定の双方に基づく取引停止措置に関する裁判例のみを紹介する。なお，預金規定のみに基づく取引停止措置に関するものとして，次の8件がある。【Y1】東京地判平成19年2月14日金法1806号58頁（その評釈として，岩原・前掲140頁），【Y2】東京高判平成19年7月19日金法1851号9頁，【Y3】東京地判平成20年11月12日判タ1305号117頁，【Y4】東京地判平成25年10月31日D1-Law28222150，【Y5】東京高判平成26年4月15日D1-Law28222151，【Y6】東京地判平成27年5月27日LEX/DB25530356，【Y7】東京地判平成27年6月23日金法2030号91頁（その解説として，粂田・前掲52頁），【Y8】東京地判平成28年12月21日D1-Law29020802。

[19] 本判決の解説・評釈として，浅井弘章・銀法732号60頁（2011年），菅原胞治・銀法754号26頁（2013年）がある。ガイドブック62頁も参照。

Ⅱ 消費者法

【3】 東京地判平成23年6月1日判タ1375号158頁[20]

　事案は，未公開株詐欺である（β1類型）。弁護士からの情報提供により，銀行が取引停止措置をとった場合に，口座名義人が銀行に対して，不法行為に基づく損害賠償請求をした。

　判旨は，当該金融機関において，本件口座が犯罪利用預金口座等でないことを知っていたなどの特段の事情がない限り，当該金融機関は提供された情報に相当の理由があるかどうかを別途調査することなく，取引停止等の措置を適切に講ずることができるとして，口座名義人の請求を棄却した。

【4】 東京高判平成23年11月24日消費者法ニュース92号164頁

　【3】の控訴審である（β1類型）。

　判旨は，銀行による取引停止措置は法3条1項の要件に適合するもので適法であり，また，同項の「捜査機関等」に，弁護士は含まれないと限定的に解釈すべき合理的理由は見出せないなどとして，原審を維持し，口座名義人の控訴を棄却した。

【5】 東京地判平成24年9月13日判時2167号46頁[21]

　事案は，社債等詐欺である（β1類型）。弁護士からの情報提供により，銀行が取引停止措置をとった場合に，口座名義人が当該弁護士に対して，不法行為に基づく損害賠償請求をした。

　判旨は，当該弁護士は三度にわたって直接被害者と面談し，事実経過を把握するとともに，被害者が所持していた資料やその後新たに入手した資料を精査する等して，十分に調査した上で，法3条1項に基づく措置を求めた以上，違法とはいえず，また詐欺の有無等について口座名義人に問合せ等を行うべきであったとの主張についても，そのような調査を行えば，預金を引き出される等の手段が講じられて，被害回復が不可能となるおそれがあるとして，口座名義人の請求を棄却した。

【6】 東京地判平成24年10月5日金判1403号24頁[22]

　事案は，競馬情報詐欺である（β2類型）。弁護士からの情報提供により，

---

[20] 本判決については，ガイドブック30頁，61頁参照。
[21] 本判決の解説として，浅井弘章・銀法760号53頁（2013年）がある。ガイドブック31頁，51頁，54頁，64頁も参照。
[22] 本判決の解説・評釈として，河津博史・銀法753号67頁（2013年），新井剛・ジュリ1458号87頁（2013年）がある。ガイドブック30頁も参照。

銀行が取引停止措置をとった場合に、口座名義人が銀行に対して預金払戻請求をした。

判旨は、弁護士からの日弁連の統一書式による情報提供を受けた金融機関は、その内容が真実であるかどうかを当該弁護士に問い合わせて調査等をすることなく、犯罪利用預金口座等である疑いがあるとして、口座凍結等の措置をとることができるとするとともに、その後も、本件では犯罪利用預金口座等である疑いは解消していないとして、口座名義人の請求を棄却した。

【7】 東京地判平成25年11月11日 D1-Law28214261

事案は、未公開株詐欺・競馬情報詐欺等である（β1、β2類型）。警察・弁護士・司法書士の情報提供により、銀行が取引停止措置をとった場合に、口座名義人が銀行に対し預金払戻請求をした。

判旨は、本件口座について取引停止措置の依頼を受けたため、口座名義人に確認したいことがあるとして電話をしたがつながらず、郵便も所在不明を理由に返却されたこと、本件関連口座のうち複数の預金口座は、詐欺事件に利用されたとして取引停止措置の依頼が被告銀行に寄せられ、口座名義人の大半は有名企業と酷似した名称であり、本人確認のため来店を求めたにもかかわらず、これに応じていない者が相当数に及ぶこと等を考えあわせると、本件口座は犯罪行為に利用され又は犯罪行為によって得られた資金が送金されている合理的な疑いがあるから、本件措置は法3条1項に基づき相当であるとして、口座名義人の請求を棄却した。

2　法と預金規定の双方に基づく取引停止措置

次に、B. 法と預金規定の双方に基づく取引停止措置に関しては、次の9件がある。

【1】 東京地判平成22年7月23日金法1907号121頁[23]

事案は、懸賞金詐欺である（β4類型）。警察からの情報提供により、銀行が取引停止措置をとった場合に、口座名義人が銀行に対し預金払戻請求をした。

判旨は、「懸賞金詐欺」に係る犯罪利用預金口座等の疑いがあるとして口

---

[23] 本判決の解説・評釈として、浅井弘章・銀法724号52頁（2010年）、水口・前掲101頁、川地・前掲97頁、吉村・前掲19巻1号119頁がある。

座凍結の依頼を受けたことは，本件口座について「犯罪利用預金口座等である疑いがあると認める」べき事情であり，「預金が法令や公序良俗に反する行為に利用され，又はそのおそれがあると認められる場合」に該当するから，本件措置は法3条1項及び普通預金規定に基づき正当であるとして，口座名義人の請求を棄却した。

【8】　東京地判平成27年2月20日 LLI/DB-L07030336

事案は，商標法違反（偽ブランド品所持・販売）である（β4類型）。警察の情報提供により，銀行が取引停止措置を講じ，預金契約を解約した場合に，口座名義人が銀行に対し本件口座の残高の払戻請求をした。

判旨は，商標権侵害罪の被害者は商標権者であるから，商標権侵害行為が振込利用犯罪行為といえるかは疑問があるが，本件行為は詐欺罪の犯罪行為に該当し，犯罪利用預金口座等に該当する疑いがあるため，本件措置は法3条1項及び普通預金規定に基づき正当であるとして，口座名義人の請求を棄却した。

【9】　東京地判平成28年1月21日 D1-Law29016208

事案は，利殖勧誘（FX投資）詐欺である（β1類型）。他行からの情報提供を元に，銀行が警察に相談し，その後警察からも情報提供があったため，銀行が取引停止措置をとった場合に，口座名義人が銀行に対し預金払戻請求をした。

判旨は，FX投資目的の詐欺を行い，被害者から虚偽の投資話で集めた資金が本件口座に振り込まれた可能性が高いといえるから，本件措置は法3条1項及び普通預金規定に基づき正当であるとして，口座名義人の請求を棄却した。

【10】　松山地判平成28年2月10日金判1490号52頁[24]

事案は，中国人が虚偽の本人確認書類を使用して口座開設をしたもの（類型なし）。口座名義人に連絡をしたが所在不明であったり，その後ログイン

---

[24] 本判決の評釈として，新井剛・ジュリ1502号115頁（2017年）がある。同稿では，本判決は概ね妥当であるが，①預金口座の停止措置以降は約定利息が付かないとする点（口座の強制解約と違い，口座の取引停止の場合には，約定利息は付くと解するべきである），及び②銀行は判決から2週間後以降，遅延損害金の支払義務を負うとした点（判決の翌日からと解するべきである）は疑問であると評釈した。

番号を忘れたと言いながら 42 万円の出金がなされたこと等から，本件口座が公序良俗違反に使用される恐れ又は犯罪利用預金口座等である疑いがあるとして，銀行が預金規定及び法 3 条 1 項に基づき口座取引停止措置をしたため，預金者が口座を解約した上で，銀行に対して預金払戻請求をした。

判旨は，①本件措置は預金規定及び法 3 条 1 項に基づき相当であるから，本件取引停止措置の効力として，本件預金の払戻は停止され，停止日以降の利息は発生しないが，②本件訴訟において，本件口座は犯罪性のある口座でないことが口座名義人により立証された以上，銀行には預金払戻義務があり，判決から 2 週間後以降，遅延損害金の支払義務を負うとした。

【11】 大阪地判平成 28 年 5 月 30 日金法 2063 号 79 頁

事案は，口座名義人である原告が，被告銀行に対し，預金払戻請求をしたもの。弁護士から本件口座が架空請求又は恐喝の手口で不正に利用されているとの情報提供があったため，被告が預金規定及び法 3 条 1 項に基づき，口座取引停止措置をとった。しかし，実際には養父であった被告補助参加人が，養子であった原告補助参加人の幼少時に日常的に虐待を加えたとして，慰謝料の支払いを約し，公正証書を作成して，原告の口座に金員を振り込んだ事案である（類型なし）。

判旨は，上記理由に基づく振込みである以上，詐欺にはあたらないし，慰謝料支払・公正証書作成に至る経緯は，交渉の余地があったことを意味するから，恐喝という犯罪行為に利用されたものであると認めることもできないとして，原告の請求を認容した。

【12】 富山地判平成 28 年 6 月 22 日（平成 27 年（ワ）第 236 号，未公刊）(25)

事案は，預金者が「白血病の抑制効果」や「抗がん作用，ボケ防止」等の効能をうたって，健康食品を無許可で販売した（その後，医薬品医療機器等法違反の疑いで逮捕された）ため，警察からの口座凍結依頼に基づき，銀行が預金規定及び法 3 条 1 項に基づき口座取引停止措置をしたもの（β 4 類型）。

---

(25) 筆者は，前掲【6】判決について，東京大学商法研究会で報告した上で，ジュリスト誌にその評釈を掲載した関係で，この富山地判平成 28 年 6 月 22 日に対するコメントを朝日新聞大阪本社生活文化部の河野通高氏より求められた。そのため，筆者は未公刊であるにもかかわらず，この判決の存在を知ったのである。本判決の詳細な検討として，新井剛「犯罪利用預金口座の取引停止措置における金融機関の注意義務とその責任——富山地裁平成 28 年 6 月 22 日判決を契機として——」獨協法学 101 号 1 頁（2016 年）がある。

そこで，預金者が口座を解約した上で，銀行に対して預金払戻請求をした。

判旨は，①法は，当該預金口座が犯罪利用預金口座等であると疑われるかどうかを捜査機関等から提供を受けた不正利用に関する情報や，同情報及びその他の情報に基づいて当該預金口座等に係る振込利用犯罪行為による被害の状況について行った調査の結果，あるいは当該預金口座等に係る取引の状況等を勘案して，金融機関が独自に判断するものとしていることが認められ，②医薬品医療機器等法の目的等に照らしても，同法違反行為が振込利用犯罪行為に当たるかどうかは判然としないのであり，本件各凍結依頼があったことから直ちに本件各口座が犯罪利用預金口座等であると疑いがあると認めることはできず，③被告銀行が南砺警察署長に対し何等の照会もしていないことは弁論の全趣旨からこれを認めることができ，被告銀行が原告らの入出金履歴や取引状況等を確認するなどしたことについてはこれを認めるに足りる証拠はないとして，預金者の請求を認容した。

【13】　東京地判平成28年7月20日D1-Law29019455

事案は，情報商材詐欺である（β4類型）。弁護士からの情報提供に基づき，銀行が法3条1項に基づき取引停止措置を講じ，その後預金規定に基づき口座を解約した。口座名義人が本件取引停止措置の解除を求めたが，銀行がこれに応じず，預金保険機構は法5条1項に基づき債権消滅手続が開始された旨の公告をした。そこで，口座名義人が銀行に対し，預金4,301円の払戻請求をするため本件訴訟を提起したので，法に基づく債権消滅手続は終了した。原審（一審は簡裁）では，口座名義人が敗訴したため，同人が控訴した。

判旨は，①弁護士も法3条1項に定める「捜査機関等」に含まれるから，弁護士から統一書式に基づく情報提供があれば，金融機関は特段の事情がない限り，当該預金口座が犯罪利用預金口座である疑いがあると認めて，取引停止等の措置を講ずることが許され，②法は，預金債権消滅手続の終了に併せて取引停止等の措置が当然に解除されることを定めておらず，被害回復を図るために上記措置の継続を予定していると考えられるなどとして，口座名義人の控訴を棄却した。

【14】　大阪高判平成28年11月29日金法2063号72頁

【11】の控訴審である（類型なし）。

判旨は，養父であった被告補助参加人の反抗が抑圧されていなかったこと

が明らかであるなどとして，原審を維持し，銀行の控訴を棄却した。

【15】　名古屋高裁金沢支判平成28年11月30日
　　（平成28年(ネ)第150号，未公刊)[26]

【12】の控訴審である（β4類型）。

判旨は，①金融機関より遥かに強力な捜査権限を有する捜査機関が当該預金口座を犯罪利用預金口座であると判断している以上，捜査機関への照会はもとより，金融機関が何らかの調査をすべき義務があると解することはできず，②医薬品医療機器等法所定の承認を受けていない効能等を謳ったり，基準に適合しない医薬品を販売するなどした場合，購入者は同法違反の行為により財産上の損害を被ったといえるのであって，犯罪利用預金口座に該当する可能性があったというべきであるから，本件取引停止措置は違法とはいえないとして，原判決を取消して，銀行の控訴を認容し，預金者の請求を棄却した。

3　分析と検討

以上の裁判例を分析すると，次のようにまとめることができる。

(1)　まず，件数である。平成29年4月末までに，法のみに基づく取引停止が6件，法及び預金規定の双方に基づく取引停止に関する先例が9件で，後者の方が多く，合計では，15件である。

(2)　次に，取引停止に至った経緯（誰からの情報提供か）について検討する。法のみに基づく取引停止の6件では，すべて弁護士からの情報提供により取引停止に至っている（ただし，うち1件は警察や司法書士も情報提供している。【7】）。他方，法および預金規定の双方に基づく取引停止に関する9件では，警察からの情報提供によるのが6件（うち1件は，他行も情報提供【9】），弁護士からの情報提供によるのが2件，自行の判断によるのが1件（【10】）となっている。弁護士からの情報提供は，法の施行を期に作られ

---

[26]　本判決も未公刊ではあるが，【12】判決に対するコメントを朝日新聞社から求められた関係で，その控訴審判決である本【15】判決についても，その情報を入手することができた。情報を提供してくれた朝日新聞大阪本社社会部の阿部峻介記者には，お礼を申し上げる。本判決の詳細な検討として，新井剛「続・犯罪利用預金口座の取引停止措置と金融機関の注意義務──名古屋高裁金沢支部平成28年11月30日判決の紹介・分析と立法論──」獨協法学104号1頁（2017年）がある。

Ⅱ 消費者法

た日弁連の統一書式によるとされており，法の専門家からの情報提供であるため，弁護士からの情報提供の場合には，金融機関は法のみに基づき取引停止をしてきたのであろう。

(3)　さらに，事件類型である。法のみに基づく取引停止の6件の事案は，β1類型が4件，β2類型が1件，β1とβ2類型の混合が1件である。すべて，振り込め詐欺以外の特殊詐欺（β類型）の事案であるとともに，そのうちでも金融商品等取引名目の特殊詐欺（β1類型）がきわめて多いのが特徴である。他方，法および預金規定の双方に基づく取引停止に関する9件の事案は，β4類型が5件と多く，β1類型が1件である。残りの3件は，そもそも犯罪性のない事案である（類型なし）。このように，ここでも裁判上問題となるのは，振り込め詐欺以外の特殊詐欺（β類型）の事案であることが確認できるとともに，そのうちでもその他の特殊詐欺（β4類型）がきわめて多いのが特徴である。ここに，法のみに基づく取引停止の6件の事案との違いを確認することができるであろう。

(4)　そして，その15件が出された時期である。法のみに基づく取引停止あるいは，預金規定と法の双方に基づく取引停止のいずれが争点であるかについては変遷がある。すなわち，法施行後に，まず両規定に基づく取引停止が争点となった1件があったが，その後は，法のみに基づく取引停止が争点となるものが6件続いた。しかし最近では，両規定に基づくものが争点になる事例が8件続いている。このことは，法のみによる取引停止を主張することは，金融機関等にとって，リスクがあることを推測させる状況になっているといえよう[27]。

(5)　最後に，訴訟の結果・勝敗である。15件のうち，口座名義人が一部でも勝訴した事件は，【11】判決とその控訴審である【14】判決，および【10】判決と【12】判決の計4件のみである。このうち，【11】判決とその控訴審である【14】判決はそもそも詐欺・強迫等の犯罪行為が振込人との間にはなかったと認定された事案である。また，【10】判決は虚偽の本人確認書類を使用して口座開設されたこと等から口座停止措置がとられたため，犯罪利用預金口座ではないとの立証が成功して，口座名義人の払戻請求が認められた

---

[27]　【12】判決では，医薬品医療機器等法違反が法2条3項の「振込利用犯罪行為」にはあたらないとの判示がなされている。

事案である。さらに,【12】判決は不当であるとして,【15】判決により取り消されており,結局,口座名義人が敗訴している事案である。残りの11件では,法に基づく取引停止あるいは,預金規定と法の双方に基づく取引停止は相当であるとして,口座名義人からの請求が否定されている。したがって,金融機関による法又は預金規定に基づく口座取引停止措置は,多くのケースで正当であると評価されているといえよう。

IV 法の機能と実態
──振り込め詐欺等の件数の推移と債権消滅・分配手続の割合──

1 認知件数

振り込め詐欺の認知件数は,統計開始の平成16年以降,次のとおり推移している[28]。

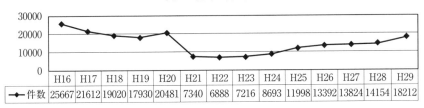

図1 認知件数

	H16	H17	H18	H19	H20	H21	H22	H23	H24	H25	H26	H27	H28	H29
件数	25667	21612	19020	17930	20481	7340	6888	7216	8693	11998	13392	13824	14154	18212

法の施行(平成20年6月21日)により,被害件数は急減し,平成21年以降の4年間は総計1万件を割ったが,最近はまた1万件を超えており,増加傾向にあるといえよう。

なお,平成22年以降は,前述のように,オレオレ詐欺($a1$),架空請求詐欺($a2$),融資保証金詐欺($a3$),還付金詐欺($a4$)の4類型のみを「振り込め詐欺」(a類型)と呼び,これら以外の金融商品取引名目($β1$)やギャンブル必勝情報提供名目($β2$),異性との交際あっせん名目の詐欺($β3$),その他の特殊詐欺($β4$)は「振り込め詐欺以外の特殊詐欺」($β$類型)として,別異に集計を始めている。それぞれの推移は,次のとおりである[29]。

---
[28] 警察庁HP「特殊詐欺の認知・検挙状況等について(平成29年確定値)」に基づく。以下,「特殊詐欺(平成29年確定値)」で引用する。
[29] この点も,特殊詐欺(平成29年確定値)に基づく。

Ⅱ 消費者法

図2 振り込め詐欺（α類型）認知件数（平成22年〜）

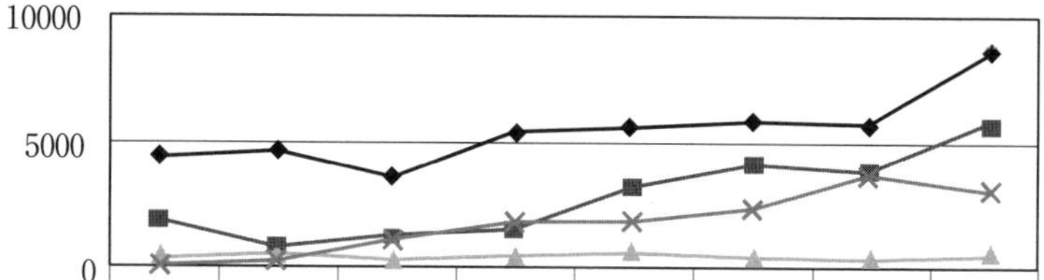

	H22	H23	H24	H25	H26	H27	H28	H29
◆ α1オレオレ	4418	4656	3634	5396	5557	5828	5753	8496
■ α2架空請求	1774	756	1177	1522	3180	4097	3742	5753
▲ α3融資保証金	362	525	404	469	591	440	428	548
✕ α4還付金詐欺	83	296	1133	1817	1928	2376	3682	3129

図3 振り込め詐欺以外（β類型）認知件数（平成22年〜）

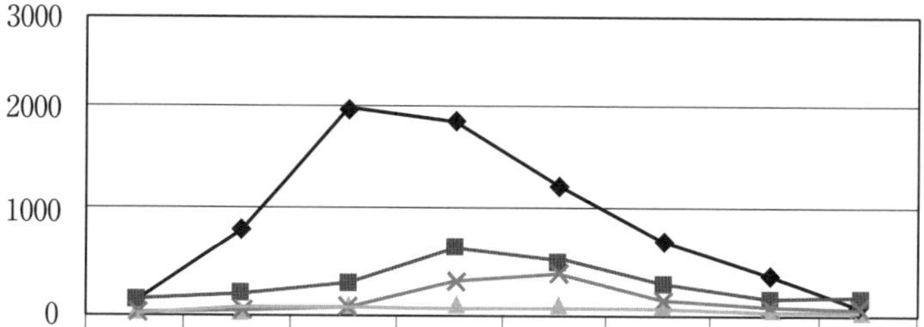

	H22	H23	H24	H25	H26	H27	H28	H29
◆ β1金融商品	112	773	1986	1875	1228	663	346	104
■ β2ギャンブル	115	172	261	587	467	271	117	113
▲ β3異性交際	17	25	43	53	53	47	26	21
✕ β4その他特殊	7	13	55	279	388	102	30	48

　各年度における，「振り込め詐欺」（α類型）および「振り込め詐欺以外の特殊詐欺」（β類型）の合計件数は，それぞれ次のとおりとなる。
　平成22年　振り込め詐欺　6,637件，振り込め詐欺以外の特殊詐欺　251件
　平成23年　振り込め詐欺　6,233件，振り込め詐欺以外の特殊詐欺　983件
　平成24年　振り込め詐欺　6,348件，振り込め詐欺以外の特殊詐欺　2,345件
　平成25年　振り込め詐欺　9,204件，振り込め詐欺以外の特殊詐欺　2,794件
　平成26年　振り込め詐欺　11,256件，振り込め詐欺以外の特殊詐欺　2,136件

平成27年　振り込め詐欺12,741件，振り込め詐欺以外の特殊詐欺1,083件
平成28年　振り込め詐欺13,605件，振り込め詐欺以外の特殊詐欺　546件
平成29年　振り込め詐欺17,926件，振り込め詐欺以外の特殊詐欺　286件
である。以上のことから，次のことが分かるであろう。

　第1に，平成22年以降，認知件数は約11,000件以上増加しているということである。第2に，オレオレ詐欺（$a1$）は4,000件以上増加しており，特に平成29年に前年比で約2,700件も急増している。第3に，架空請求詐欺（$a2$）も約4,000件増加しており，特に平成29年に前年比で約2,000件も急増している。第4に，還付金詐欺（$a4$）も3,000件以上増加しているが，平成29年は前年比で約500件減少している。第5に，振り込め詐欺以外の特殊詐欺（β類型）は平成24年から26年に2,000件を超えて，一時急増したが，平成27年は1,083件，平成28年は546件，平成29年は286件と減少傾向にあることである。したがって第6に，認知件数全体に占める事件類型の割合は，特殊詐欺（β類型）よりも，振り込め詐欺の方が圧倒的に多く（a類型），その中ではオレオレ詐欺（$a1$）が最も多いが，架空請求詐欺（$a2$）も急増しており，還付金詐欺（$a4$）は一時かなり増加したが最近では少し減少していると，まとめることができよう。

2　被害総額

　次に，振り込め詐欺の被害総額は，次のように推移している[30]。

図4　被害総額

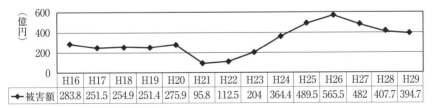

　法の施行により，被害総額も急減し，平成21年は100億円を下回ったが，翌年から徐々に再び増え始め，平成25年以降は毎年，約400億円を超す被害

---
[30]　この点も，特殊詐欺（平成29年確定値）に基づく。

が発生していることがわかる。そのため，1件あたりの被害額は，法施行前は約100万円であったが，平成24～27年にかけては300～400万円に増えており，1件あたりの犯罪被害の高額化をみて取ることができよう。もっとも，平成28年，29年は認知件数が増加する一方で，被害総額は逆に減少しているため，1件あたりの被害額は減少傾向にある。警察や関係諸機関の連携により，振り込め詐欺撲滅の運動が少しずつ効を奏しているといえよう。

3 検挙件数

さらに，検挙件数である。各年度の総検挙件数（α類型＋β類型），及び平成23年以降の「振り込め詐欺」（α類型）の検挙件数，「振り込め詐欺以外の特殊詐欺」（β類型）の検挙件数は，次のとおりである[31]。

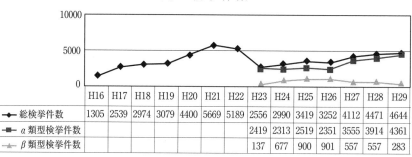

図5 検挙件数

犯罪被害発生後，捜査活動をおこない，検挙に至るまでには一定の期間が必要であるから，各年度の認知事件に対する検挙件数というわけではないであろう。その意味で，認知件数に対して検挙件数は遅効性がある。それでも，警察庁と金融機関，被害者，弁護士等の連携・強化等によって，検挙率は平成16年に比べてかなり上昇しており，最近ではおおよそ3～4件に1件は検挙ができている計算になるであろう。

つづいて，各年度の検挙件数の内訳を詳細なデータがある平成23年度以降について，紹介しよう。

---

(31) この点も，特殊詐欺（平成29年確定値）に基づく。

図6 振り込め詐欺（α類型）検挙件数（詳細版）

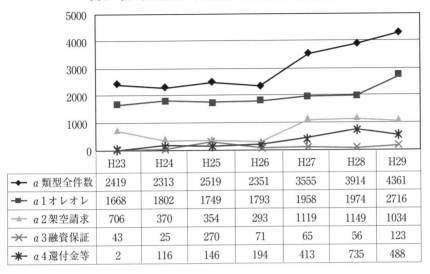

	H23	H24	H25	H26	H27	H28	H29
α類型全件数	2419	2313	2519	2351	3555	3914	4361
α1オレオレ	1668	1802	1749	1793	1958	1974	2716
α2架空請求	706	370	354	293	1119	1149	1034
α3融資保証	43	25	270	71	65	56	123
α4還付金等	2	116	146	194	413	735	488

図7 振り込め詐欺以外の特殊詐欺（β類型）検挙件数

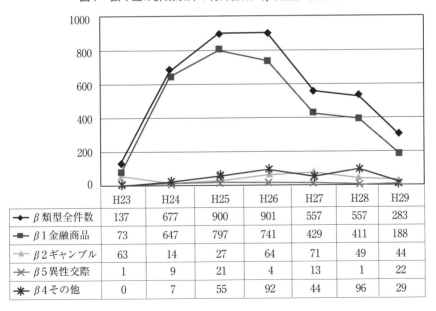

	H23	H24	H25	H26	H27	H28	H29
β類型全件数	137	677	900	901	557	557	283
β1金融商品	73	647	797	741	429	411	188
β2ギャンブル	63	14	27	64	71	49	44
β5異性交際	1	9	21	4	13	1	22
β4その他	0	7	55	92	44	96	29

II 消費者法

以上のことから，次のことが分かるであろう。

第1に，オレオレ詐欺（$a1$）に関しては，平成23年から平成28年にかけて，事件数は約1,000件増加しているが，検挙件数は約300件しか増加していない。検挙率は約3分の1である。したがって，オレオレ詐欺の事件数は残念ながら高水準で維持しそうであると予想していた。そうしたところ，平成29年には，事件数が前年度比で約2,700件増加した。検挙件数も前年度比で約800件増えたが，検挙率は上がっていない。そのため，オレオレ詐欺の撲滅には，まだ道半ばであり，依然として事件数は高水準で維持されるであろう。

第2に，架空請求詐欺（$a2$）に関しては，平成23年以降の事件数は約4,000件増加しているが，検挙件数は約400件しか増加していない。ただし平成27年以降は1,000件以上検挙しており，増加傾向にはある。したがって，検挙率がより改善されない限り，この類型の詐欺はさらに増えると思われる。

第3に，融資保証金詐欺（$a3$）に関しては，平成23年以降の事件数は約400～600件でほぼ横ばいであり，検挙件数も平成25年と平成29年を除いて，数10件でほぼ横ばいである。検挙率は約8分の1である。したがって，今後も同様に推移するであろう。

第4に，還付金等詐欺（$a4$）に関しては，平成23年以降，事件数は10倍以上に激増している。検挙件数も増えているが，検挙率は約8分の1である。したがって，この事件類型は，今後も一定水準で維持されることが予想される。

第5に，金融商品等取引名目の特殊詐欺（$\beta1$）に関しては，平成23年以降，事件数は平成24年と25年に約2,000件近くにまで増加したが，平成28年は324件，平成29年には104件にまで減少している。検挙率は上昇傾向にある。したがって，この事件類型は今後も減少するであろう。

第6に，ギャンブル必勝法情報提供名目の特殊詐欺（$\beta2$）に関しては，平成23年以降，事件数は平成24年と25年におよそ倍増したが，平成28年，29年はそこから逆に半減し，平成23年の水準にまで減少している。検挙数は微増であり，検挙率も上昇している。したがって，この事件類型も減少していくであろう。

第7に，異性との交際あっせん名目の特殊詐欺（$\beta3$）に関しては，平成23年以降，数10件で推移している。検挙件数はかなり少ないが，事件数自体も少なく，今後も増加しないであろう。

第8に，その他の特殊詐欺（β4）に関しては，平成23年以降，事件数は平成25年と26年に約5倍以上にまで増加したが，平成28年，29年はほぼ元の件数にまで減少している。他方，検挙件数は増加傾向にあり，検挙率も向上している。したがって，犯人にとって，リスクのある類型になっていることから，この事件類型は今後も減少するであろう。

4 被害者

そして，被害者に関してである[32]。平成29年1月から12月の統計に基づくものであるが，次のことを指摘することができる。

表1 犯罪類型と被害者の男女別の割合

犯罪類型	全体 (α+β)	全α 振り込め詐欺	全β それ以外	α1 オレオレ	α2 架空請求	α3 融資保証	α4 還付金等	β1 金融商品	β2 ギャンブル	β3 異性交際	β4 その他
男性 (％)	27.5	27.1	52.4	13.9	41.3	70.2	29.6	23.1	80.5	100	29.2
女性 (％)	72.5	72.9	47.6	86.1	58.7	29.8	70.4	76.9	19.5	0	70.8

まず，全「特殊詐欺」（α類型＋β類型）に関しては，第1に，全体の7割以上（72.5％）が女性であり，3割未満（27.5％）が男性である。第2に，70歳以上の女性が全体の50％以上（58.4％）を占めている。第3に，70歳以上の男性も12.5％を占めているため，全体の約3分の2は70歳以上の男女であることがわかる。第4に，60代の女性が9.8％，同男性が5.2％であり，60代の男女が約15％を占めている。したがって，第5に，全体の86％が60歳以上の男女であることが分かる。

次に，「振り込め詐欺」（α類型）に関しては，全体の7割以上（72.9％）が女性であり，3割未満（27.1％）が男性である。内訳は，70歳以上の女性の50.8％につづいて，70代の男性が12.4％，60代女性の9.8％の順に多い。

他方，「振り込め詐欺以外の特殊詐欺」（β類型）では，全体の半数以上

---

(32) この点も，特殊詐欺（平成29年確定値）に基づく。

Ⅱ 消費者法

(52.4％) が男性であり，半数未満 (47.6％) が女性である。70歳以上の女性の25.9％につづいて，70歳以上の男性が15.0％，60代の男性が13.6％の順に多い。よって，振り込め詐欺（α類型）の被害者と，それ以外の類型（β類型）の被害者に関する特徴にはかなり違いがあることが明らかになろう。

さらに，各類型別の被害者を確認しよう。まず，オレオレ詐欺（α1）に関しては，男性が13.9％，女性が86.1％で，女性が圧倒的に多い。内訳は，70歳以上の女性が77.6％，同男性が12.5％，60代女性が6.8％の順に多い。世代別では，70歳以上が90.1％，60代が7.9％で，この2世代で98％近くを占めており，高齢の被害者が圧倒的に多いのが特徴的である[33]。

架空請求詐欺（α2）に関しては，男性が41.3％，女性が58.7％で，女性の方が多い。内訳は，70歳以上の女性が15.3％，60代男性が10.6％，50代女性が10.1％の順に多い。世代別では，70歳以上が21.7％，60代が21.2％，50代が18.9％，40代が16.4％，20代が12.2％，30代が10.3％と，被害者が各世代に満遍なく存在するのが特徴である。

融資保証金詐欺（α3）に関しては，男性が70.2％，女性が29.8％で，男性の方がかなり多い。内訳は，50代男性が18.4％で最も多く，つづいて60代男性が15.6％，40代男性が13.8％，40代女性が8.8％となっている。世代別では，50代が24.0％，40代が22.6％なのに対し，60代は18.8％，70歳以上は12.0％と，オレオレ詐欺で多かった世代がこの類型では少ないのが特徴である。

還付金等詐欺（α4）に関しては，男性が29.6％，女性が70.4％で，女性の方がかなり多い。内訳は，70歳以上の女性が50.9％，同男性が23.8％，60代女性が17.8％の順に多い。世代別では，70歳以上が74.7％，60代が23.3％で，この2世代で約98％を占めている。オレオレ詐欺に比べて，60代が多いのが特徴的である。

金融商品等取引名目（β1）に関しては，男性が23.1％，女性が76.9％で，女性が圧倒的に多い。内訳は，70歳以上の女性が49.0％，60代女性が17.3％，70歳以上の男性が13.5％である。70歳以上が62.5％，60代が25.0％で，この2世代で87.5％近くを占めている。オレオレ詐欺に比べて，

---

[33] ガイドブック48頁も同様の指摘をしている。

70歳以上が20％以上少なくなり、60代が増えているのが特徴的といえよう。

ギャンブル必勝情報提供名目（$\beta2$）では、男性が80.5％、女性が19.5％で、男性が圧倒的に多い。内訳は、50代男性が23.0％、つづいて70歳以上の男性が22.1％、60代男性が20.4％の順番になっている。世代別では、50代が28.3％と最も多く、70歳以上の24.8％、60代の20.4％、40代の17.7％の順に多い。50代が多いのが特徴である。

異性との交際あっせん名目（$\beta3$）では、男性が100％、女性が0％で、統計上ほとんどが男性である。内訳は、50代男性が47.6％、60代男性が23.8％の順番となっている。統計の数が少ないので、断定的なことはいえないが、年配の男性が多い一方、女性はほとんどないことが特徴であろう。

以上より、オレオレ詐欺（$a1$）・還付金詐欺（$a4$）・金融商品等取引名目（$\beta1$）の各類型は、約9割以上が60代以上の男女が占めている。高齢者には、これらの詐欺類型に気をつけるよう注意喚起することが効果的であろう。これに対して、融資保証金詐欺（$a3$）・ギャンブル必勝情報取引名目（$\beta2$）に関しては、50代が最も多い。何かと物入りな世代であるため、これらの類型に多いことが推測される。架空請求詐欺（$a2$）に関しては、70歳以上の女性が最も多いが、満遍なく被害者が生じている。請求があったからといって、安易に振込みをせず、消費者センターに相談する等の注意を呼びかけることが重要であろう。最後に、異性との交際あっせん名目（$\beta3$）に関しては、年配の男性に注意を呼びかけるほかないであろう。

なお、高齢者の被害防止等に向けた対策として、犯行グループに被害金が渡るのを阻止するため、金融機関、宅配事業者、コンビニエンスストア等に協力を要請し、声掛けや通報を推進した結果、平成29年は、17,107件（＋3,967件）、182.5億円（－5.1億円）の被害を阻止した。阻止率は49.8％である。各年度の推移は、次のとおりである[34]。

---

(34) 警察庁捜査第二課生活安全企画課広報資料「平成29年の特殊詐欺認知・検挙状況等について」に基づく。

Ⅱ 消費者法

表2 振り込め詐欺の認知件数と阻止件数

認知件数（既遂）	6,939	8,132	11,161	12,444	12,769	13,237	17,239
阻止件数	2,467	3,721	6,540	10,731	12,332	13,140	17,107
阻止／（認知＋阻止）	26.2%	31.4%	36.9%	46.3%	49.1%	49.8%	49.8%
阻止額（億円）	-	95.1	193.4	296.5	267.0	188.6	182.5
年度	H23年	24年	25年	26年	27年	28年	29年

5 公　告

最後に，公告に関してである。対象預金等債権の消滅手続が開始された旨等の公告件数および，口座に千円未満しかないため分配手続に移行しなかった件数の推移は，次のとおりである[35]。

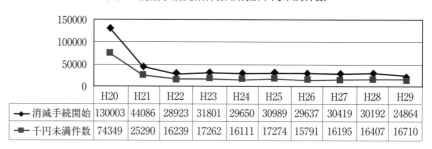

図8　消滅手続開始件数と残額千円未満件数

	H20	H21	H22	H23	H24	H25	H26	H27	H28	H29
◆消滅手続開始	130003	44086	28923	31801	29650	30989	29637	30419	30192	24864
■千円未満件数	74349	25290	16239	17262	16111	17274	15791	16195	16407	16710

---

[35]　平成20～24年のデータに関しては，ガイドブック92頁，平成25年のデータに関しては預金保険機構HP「振り込め詐欺救済法に基づいて平成25年度中に実施した公告について」（平成26年4月25日）6頁，平成26年のデータに関しては預金保険機構HP「振り込め詐欺救済法に基づいて平成26年度中に実施した公告について」（平成27年4月17日）6頁，平成27年のデータに関しては預金保険機構HP「振り込め詐欺救済法に基づいて平成27年度中に実施した公告について」（平成28年5月2日）6頁，平成28年のデータに関しては預金保険機構HP「振り込め詐欺救済法に基づいて平成28年度中に実施した公告について」（平成29年5月2日）6頁，平成29年のデータに関しては預金保険機構HP「振り込め詐欺救済法に基づいて平成29年度中に実施した公告について」（平成30年5月2日）6頁（以下，「平成29年公告」で引用する。）に基づいている。

以上より，実に50％以上の口座では，口座を凍結し，債権を消滅させて，被害者に分配しようとしても，口座には千円未満しか残っていないため，被害者に1円も分配できずに，手続が終了しているのである[36]。このことは，振り込め詐欺等があると，対象口座から犯人が入金しだい即座に引き落としてしまうため，残金が残っていないことが多いとの叙述を裏付けるとともに，法や約款による口座凍結がなおも遅きに失するケースが多いことを如実に表わしているものと思われる。したがって，金融機関への口座凍結願いや，それを受けた金融機関の口座凍結実施の更なる迅速化が求められているといえよう[37]。

V 法の評価

1 平成30年4月27日に金融庁が公表した「預金口座の不正利用に係る情報提供件数等について」によると，金融庁では，預金口座を利用した悪質な事例が大きな社会問題となっていることを踏まえ，預金口座の不正利用に関する情報について，情報入手先から同意を得ている場合には，明らかに信憑性を欠くと認められる場合を除き，当該口座が開設されている金融機関及び警察当局への情報提供を速やかに実施することとしており，その情報提供件数等については，四半期毎に公表しているそうである。今回（第57回目）は，調査を開始した平成15年9月以降，平成30年3月31日までに，金融庁及び全国の財務局等において行った預金口座の不正利用に係る情報提供件数等を公表するとした[38]。

それによると，平成15年9月以降，平成30年3月31日までに金融庁及び全国の財務局等において，金融機関及び警察当局へ情報提供を行った件数の累計は44,127件となっている。また，金融機関としても，預金口座の不正利用と思われる情報があった場合には，直ちに調査を行い，本人確認の徹底や，必要に応じて預金取引停止，預金口座解約といった対応を迅速にとっていくことが肝要であり，平成30年3月31日までに，当局が情報提供を行ったものに対

---

[36] 上田・前掲28頁は，「口座が犯罪に利用される場合，振込先の口座にいつまでもそのまま預貯金が残っているケースは少なく，すぐに出金されたり，他の口座へ資金を移されたりするケースがほとんどである」と指摘している。

[37] 山田・前掲69頁も同旨である。

[38] 以下は，金融庁HP「預金口座の不正利用に係る情報提供件数等について」（平成30年4月27日）に基づく。

Ⅱ 消費者法

し，金融機関において，24,009件の利用停止，15,649件の強制解約等を行っている。なお，4,460件は，金融機関の調査の結果，特段不審な点がなかったり，そもそも口座が不存在であったもの等であった。

したがって，期中の利用停止と強制解約等の合計は，39,658件であり，上記の情報提供がなされた総計44,127件のうち，約90％で利用停止または強制解約がなされたことになる。すなわち，預金口座の不正利用が疑われるとして，金融庁等が情報提供を行った事件のうち，少なくとも9割は，迅速な口座停止や強制解約が必要であるとして，対処された事案であったといえるのである。

2 もちろん，口座停止や強制解約がなされた事件のうち，実際には預金口座の不正利用はなかった事案も皆無ではないであろう。平成28年9月23日付け毎日新聞朝刊によると，振り込め詐欺など犯罪利用が疑われる金融機関の口座取引を，強制的に停止できる制度が始まった平成20年以降，犯罪とは無関係な487件の口座が誤って凍結されていたことが預金保険機構（東京）への取材で分かったと報じられている。

すなわち，機構の公告資料などによると，平成20〜27年度に，全国で計35万5,508件の口座が凍結され，総額約115億円が分配された。一方，犯罪と無関係だったとして凍結が解除された口座は487件，不服の申し出を受け，結論が出ていない口座も1,438件あったということである[39]。

したがって，法施行以降，約35万件以上の口座停止がされた一方，いわゆる誤凍結の事案はわずか487件に過ぎないことが分かる。凍結された事件のうち，率にして，約0.137％が誤凍結の事案であったということになる。

3 この割合をどのように評価するかは，なかなか難しい問題である。一方では，口座が誤って凍結されれば，口座名義人の日常生活に大きな支障をきたす。この場合にも，口座名義人は警察や金融機関に自ら「無実」を証明する必要があるが，これは大変な負担である。また，第三者が審査する仕組みはなく，民事訴訟を起こさないと結論が出ないケースも少なくない[40]。

他方では，前述のように，実に50％以上の口座では，口座を凍結しても，口座には千円未満しか残っていないため，1円も分配できずに，手続が終了しているのである。法や約款による口座凍結がなおも遅きに失するケースが多い

[39] 以上は，2016年9月23日付け毎日新聞朝刊，特に大阪版に基づく。
[40] ガイドブック50頁参照。

という問題が残っているのである。

警察庁によると，金融機関に口座凍結を求める情報提供は，2015年は振り込め詐欺関連で約1万2,000件，ヤミ金など生活経済事犯関連で約3万件に上ったそうである。毎日新聞朝刊でも，ある警察関係者の意見として，「新たな犯罪を防ぐには，スピード感を持って口座を凍結することが最も重要。ただ，その迅速性と十分な裏付けとのバランスは非常に難しい」と報じられている[41]。

それでは，どうすれば良いか。結章で論じることとしよう。

VI 法の課題と改善提案

1 前述のように，消滅預金等債権の額が1,000円未満であるとき，被害回復分配金の手続終了により，被害回復分配金の支払いをしなかったとき等の場合には，金融機関は相当額の金銭を預金保険機構に納付しなければならない（19条）。この金銭のことを預保納付金という。預保納付金の年度別の納付額を確認すると，平成20年度が1,417万6,835円，21年度が28億2,825万831円，22年度が15億6,175万812円，23年度が4億2,604万3,388円，24年度が5億2,195万8,179円，25年度が4億1,265万2,813円，26年度が5億6,626万4,927円，27年度が4億3,499万8,632円，28年度が3億8,487万4,088円，29年度が1億9,567万7,473円となっている[42]。最近は，年間約4〜5億円が預保納付金となっていることがわかる[43]。

法25条に基づき，金融機関が口座名義人の事後的救済のため残高相当額を支払ったため，預金保険機構に対し，金融機関が請求した実績としては，平成30年5月2日の機構による資料によると，16件，総額で2,123万6,867円にとどまっている[44]。したがって，預保納付金から以上の金額を支払った残余の金銭の使途が問題となる。

そこで，預金保険機構内に「振り込め詐欺救済法に定める預保納付金を巡る諸課題に関するプロジェクトチーム」が平成22年9月に作られ，検討の結果，

---

[41] 以上の点も，前掲2016年9月23日付け毎日新聞朝刊，特に大阪版に基づく。
[42] 平成29年公告14頁。
[43] 世取山・前掲論文は，分配金支払率の向上，預保納付金の低減化のための施策を調査し，まとめたものである。
[44] 平成29年公告12頁。

Ⅱ 消費者法

「犯罪被害者等の子どもに対する奨学金貸与」および「犯罪被害者等支援団体に対する助成」の両事業に支出するとされた（平成24年4月1日より施行）。これを受けて，両事業の担い手として「公益財団法人日本財団」により，平成24年12月18日から事業が開始され，機構は平成25年3月に52億5,000万円，26年3月に4億円，27年3月に5億6,000万円，28年3月に4億4,000万円，29年3月に3億8,000万円，30年3月度が1億9,000万円を日本財団に支出している。なお，平成27年11月に設置された新たなプロジェクトチームにおいて，事業の見直しが行われ，「奨学金事業を貸与制から給付制に移行」することが決定されている[45]。

2 以上のような「犯罪被害者等の子どもに対する奨学金」および「犯罪被害者等支援団体に対する助成」の両事業は，確かに，法20条の趣旨に合致する事業であるとはいえよう。しかし，振り込め詐欺による被害者への救済にあてた残余の金額の使途としては，両事業は必ずしも直接的なものであるとはいえない。預保納付金を法による口座凍結・債権消滅・被害回復分配のスキームに沿った形で，より直接的な使途に支出することを優先するべきではなかろうか。

そこで問題としたいのが，50％以上の口座では，口座を凍結しても，口座には千円未満しか残っていないため，1円も分配できずに，手続が終了しており，法や約款による口座凍結がなおも遅きに失するケースが多いという点である。弁護士や司法書士からの情報提供の場合はもちろん，警察からの情報提供の場合にも，口座凍結までの間に，預金が引き落とされ，結局，被害者救済に結びつかなかったケースが未だに多くあることが推測される。「新たな犯罪を防ぐには，スピード感を持って口座を凍結することが最も重要」であると指摘されているように，法の趣旨を貫徹するためには，より積極的な口座凍結を金融機関は実施するべきであると考える。

もちろん，迅速な口座凍結を貫徹すれば，誤凍結のリスクも高まる。そうなると，口座名義人に被害が発生する可能性も増えることになる。そこで，このようなリスクを預保納付金でカバーすることを預保納付金の使徒の第一義として考えることはできないであろうか。具体的には，口座凍結等に関し，金融機

---

[45] 以上について，平成29年公告12～13頁，ガイドブック100頁参照。

関に軽過失があったに過ぎないときには，それによる口座名義人の損害は預保納付金でカバーすることとし，金融機関に故意もしくは重過失がある場合にのみ，金融機関は口座名義人に対する責任を負担するという制度を採用するべきであると考える[46]。

特に，口座名義人が法人ではなく，個人である場合には，誤凍結による被害もあまり大きくならないことが多いであろうから，より迅速・積極的に口座凍結をするようにしても良いのではないかと考える。そして，以上のリスクをカバーしても，なお残余があれば，これまで通り，犯罪被害者等の支援事業に充てるというスキームを採用する方が，より法の機能の強化，法の趣旨の貫徹につながるものと思われる。

振り込め詐欺が未だに根絶されることのない今日，議員立法により制定された法がさらに機能することで，その根絶への道がさらに確実なものとなるよう，適切な法改正や運用を望みたいと考える。

---

[46] 鈴木・前掲 145 頁は，「迅速な取引停止等の必要性から結果的に犯罪利用預金口座であることの十分な裏付けがないこともありうる以上，金融機関としては，損害賠償請求に対する訴訟リスク対策を講じる必要がある」と指摘していた。ガイドブック 50 頁も同様の指摘をしている。しかし，そのリスクを避けるがために，取引停止の迅速性に欠ける嫌いはないであろうか。筆者が，上記のような改善提案を試みる所以である。

18 経済的不合理と消費者法
――行動経済学からの検討――

髙 橋 義 明

Ⅰ はじめに
Ⅱ 行動経済学の知見
Ⅲ フレーミングと消費者政策
Ⅳ 不確実性,せっかち度と消費者政策
Ⅴ おわりに

Ⅰ は じ め に

『予想どおりに不合理』[1]。消費者はある一定のパターンで経済的に合理的でない行動,勘違いや間違いをするという意味である。このようなタイトルの本を書いたのは行動経済学者,ダン・アリエリ教授である。伝統的経済学は消費者を合理的,自制的,利己的な存在と仮定してきた。この仮定は,人間は基本的に学習効果があり,例え不合理なことをしたとしてもいつまでも不合理ではないという考えから導きだされたものである。しかし,アリエリ教授は同著の中で様々な経済実験を通じて消費者が所得や学歴に関わらず,構造的に合理的でない行動を取ることを示した。具体的な事例はタダに飛びつく消費者,広告戦略に誘導される消費者などである。行動経済学はタバコ・アルコール依存,多重債務に陥る消費者の心理構造も説明しようとしている。伝統的経済学が想定している人間の学習効果が解決策として機能しない場合が多いのであれば,消費者政策上,行動経済学の知見を活かして法構造や政策のあり方を変えることで予想どおりに不合理な行動を取らないように消費者を導くことが新たな方策となる。

我が国で最初に消費者政策の観点から消費者が意思決定において必ずしも合

---

(1) ダン・アリエリ『予想どおりに不合理』(早川書房,2008 年)。

Ⅱ 消費者法

理的でない問題を取り上げたのは内閣府の有識者研究会であった。そのうち，社会的価値・倫理的価値委員会（座長：廣瀬久和先生）は振り込め詐欺のメカニズムの解明を行動経済学の知見も活かして試み，その成果は内閣府・平成20年版国民生活白書に取り上げられた[2]。経済協力開発機構（OECD）も2010年に公表した報告書の中で行動経済学の見地から消費者政策を検討することの有用性を指摘している[3]。以下では，まず行動経済学の知見を簡単に紹介し，その後具体的な事例について我が国での経済実験の結果から検証し，消費者法のあり方について考察を加えてみたい。

Ⅱ 行動経済学の知見

1 伝統的経済学と行動経済学の違い

伝統的経済学が仮定している消費者像はホモ・エコノミカスと呼ばれ，完全な情報探索力と完璧な計算能力を有し，利己的に自身の利益を最大化する合理的，自制的，かつ利己的な者とされる。そしてホモ・エコノミカスの行動原理こそが市場メカニズムを通じてよりよい社会に導くとしている。これが神の見えざる手と呼ばれたものである。一方，行動経済学では人間は勘違い，間違いを犯すことも多々あり，他者のことをおもんばかる利他性もあるとし，伝統的経済学の仮定を再検討する立場を取っている。行動経済学の発展には特に心理学，脳科学などの関連領域での発見・成果が影響を与えた。

まず伝統的経済学における合理的な判断に関しては，例えば，予算制約がある中で消費をする場合，自分の満足度を最大にすることができる商品を選択するという効用最大化理論がある。しかし，数年に一回，あるいは一生に何回あるか分からない自動車，保険，住居，就職などの際に自分が本当は何に満足するか分からず，合理的な判断が難しいケースがある。そうした場合に情報を収集し，あらゆる角度から検討するのではなく，特定の要素だけに着目して商品・サービスを決めることも多い。また，日常的なスーパーなどでの買い物ではいつも買っているもの，値札やPOP表示などに釣られて買ってしまうこと

---

(2) 内閣府『平成20年版国民生活白書：消費者市民社会への展望——ゆとりと成熟した社会構築に向けて——』（社団法人時事画報社，2009年）。

(3) The Organisation for Economic Co-operation and Development, Consumer Policy Toolkit (2010), 42-47.

も多く，満足度の最大化を計算して購買の有無を決めているとは思われないケースも多い。このように消費者が直感，近道選びなど簡略化された意思決定を行うことをハバート・サイモン教授（1978年にノーベル経済学賞受賞）は限定合理性と呼んだ。つまり，消費者は認知能力，情報（量・アクセス）などに制約があり，実際の意思決定は状況，情報の与え方，性格などに影響され，効用最大化は困難とされた。そして経済的に合理的でない消費者が市場に多く存在すればするほど，伝統的経済学が想定する市場均衡点で均衡が得られず，均衡から乖離することが明らかにされている。特に行動経済学では情報を与えただけで合理的消費者になる訳ではなく，与えられ方が重要だと強調している。ダニエル・カーネマン教授が2002年ノーベル経済学賞を受賞することによって行動経済学は経済学における一定の地位を確立することとなった。

2　行動経済学の主な知見

　行動経済学の主な知見として，1）与えられ方に消費者の意思決定が影響されること（フレーミング），2）不確実性を抱えた場面での非対称な行動（プロスペクト理論），3）将来より今を重視した行動（双曲割引モデル），4）他者をおもんばかった上での行動（利他性）の4つが挙げられる。以下では依田（2016），大垣・田中（2014），多田（2003）などを参考にその概要をみていきたい[4]。

(1)　フレーミング

　カーネマン教授と共同研究者のトヴェルスキー教授が検証したフレーミングとして知られているものとして，1）代表性，2）利用可能性，3）デフォルト効果の3種類がある。

　代表性はある代表的な情報に引きずられて判断してしまうもので「法則のないところに法則を見出す」[5]と言われる。カーネマンとトヴェルスキーの実験では例えば，ある町に大小2つの病院があるとして，一日に生まれる男の子の割合が60％以上である日数を比べると2つの病院でどちらが多いかというものがある[6]。被験者は「ほぼ同じ」と回答した者が多かった。しかし，実際に

---

[4]　依田高典『「ココロ」の経済学』（筑摩書房，2016年），大垣昌夫・田中沙織『行動経済学』（有斐閣，2014年），多田洋介『行動経済学入門』（日本経済新聞社，2003年）。

[5]　多田・前掲注(4) 67頁。

Ⅱ 消費者法

は大数の法則といってサンプル数が多い方が真の確率に近づくという確率論の基本原理が影響する。つまり，子どもの男女比は本来50％に近く，一日に生まれる子どもの数が多い「大きい病院」ではこの50％に近い日が多くなり，逆に一日に生まれる子どもの数が少ない「小さい病院」では50％から大きく乖離する日が多くなると考えられる。つまり，正解は「小さい病院」となる。男の子の生まれる割合という情報だけに判断が影響されてしまったことによる誤答である。

利用可能性は知識やニュースなど本人にとって馴染みのある情報に影響されるということで「てっとり早く手に入る情報を優先する」[7]とされる。カーネマン教授とトヴェルスキー教授の実験では例えば，英単語のうちｒで始まる語と3番目にｒがくる単語でどちらが多いかというものがあった。正解は「3番目」であるが，多くの者はｒで始まる単語の方が思いつきやすく，「最初にｒで始まる語が多い」として誤答していた[8]。

デフォルト効果は係留効果，賦存効果とも呼ばれるが，その場で与えられた条件・情報に強い影響を受けてしまうことで，「情報は時に必要以上の影響力を持つ」[9]とされる。例えば，場所，部屋数，部屋の広さは同じだが，希望販売価格だけ違う値を記した資料を渡された不動産事業者が査定価格を聞かれるという経済実験では，低い希望価格を与えられた者は低い査定価格，高い希望価格を与えられた者は高い査定価格を提示した[10]。希望価格として12万ドルと15万ドルの情報を与えられた業者では査定価格に1万ドルの差が付いていた。つまり，この例では専門家と考えられている者でも希望販売価格という情報に強い影響を受けて査定価格を決めていたということを意味する。

---

(6) Tversky, A., & Kahneman, D. Judgment under Uncertainty: Heuristics and Biases. Science, New Series, Vol. 185, No. 4157, (1974), p. 1125.
(7) 多田・前掲注(4) 77 頁。
(8) Tversky & Kahneman・前掲注(6) p. 1127.
(9) 多田・前掲注(4) 80 頁。
(10) Northcraft, Gregory B., and Margaret A. Neale. "Experts, amateurs, and real estate: An anchoring-and-adjustment perspective on property pricing decisions." *Organizational behavior and human decision processes* 39. 1 (1987): 84-97.

(2) プロスペクト理論

　プロスペクト理論はカーネマン教授がノーベル経済学賞を受賞した大きな功績である。保険や借入，そして株式・不動産などへの投資などの金融商品を購入するときは不確実性の下での選択といえる。伝統的経済学では期待効用理論としてこのような何らかのリスクがある不確実性の下では期待効用を最大化するように行動すると考えられている。一方，プロスペクト理論では参照点が重要な役割を持っており，儲けが予想される場合と損失が予想される場合で同一人物でも行動が違い，例えば，既に多額の借金がある人は儲けのときは危険回避的（慎重になる傾向），損失の場合は危険愛好的になる（賭けをする傾向）とされる。つまり，損失の場合は大穴狙いになりやすいということを意味する。

　また，自分の持ち物に対して高い価値を置き，それを手放さざるを得ないときに価格を高く設定することが知られている。例えば，マグカップを与えられた者と与えられなかった者の間で取引をする経済実験では与えられた者が高い価格を設定するために契約が成立しないとする[11]。

(3) 双曲割引モデル

　所得を得られる時期と消費をしたい時期が違うため，人々は将来のことを考えながら行動する。その際，今日の消費を諦めて貯蓄をして，将来の消費に当てる場合を経済的に合理的と考える。伝統的経済学でも若い頃は貯蓄し，年齢があがってから消費をするライフサイクル仮説があるが，こうした消費行動を説明できる。しかし，実生活では我慢できずに衝動買いであまり欲しくもなかったものを買ってしまい，後悔することもある。ライフサイクル仮説も衝動買いも時間割引率という概念で説明できるが，前者は指数割引，後者は双曲割引に従うと考えられている。時間割引率とは将来のものの価値を現時点で換算するといくら位と考えるかを意味する。例えば，今1万円をもらえるのと1ヶ月後1万円もらえるのを選べるとしたら，今もらうことを選ぶ人が大半だろう。一方，1ヶ月待って1万1千円もらえるのと比べたら後者でよいという人も出てくる。この人にとっての1ヶ月の時間割引率は10％となる。指数割引では時間整合的で時間割引率は時間とともに一定とされる。一方，双曲割引では時

---

[11] Kahneman, D., Knetsch, J. L., & Thaler, R. H. Experimental tests of the endowment effect and the Coase theorem. *Journal of Political Economy*, 98 (1990) 1325–1348.

Ⅱ 消費者法

間非整合で時間割引率は時間とともに低下すると考えられる。つまり，例えば，今日1万円もらえるのと7日後1万数円もらえるのを比較した場合，90日後1万円もらえるのと97日後1万数円をもらえる場合を回答してもらい，前者の回答から求めた割引率が後者の回答から求めた割引率よりも高い場合に双曲割引と考えることができる。双曲割引の人はせっかちであり，多重債務や貯蓄不足，ギャンブル・アルコール依存になりやすいとされている。

(4) 利 他 性

伝統的経済学では人間が利己主義として行動することを仮定している。しかし，実際の人間の行動には寄付をしたり，隣人同士助け合ったり，ボランティアをしたりなどの利他的行動がみられる。その動機には他者を助けることに喜びを感じる純粋な利他心のほか，助けたことで自分が困ったときに助けてもらえるという相互応報的な動機[12]がありえる。遺伝学や脳科学でも人間には利己的な遺伝子だけでなく，利他的な遺伝子があるとされるなど，純粋な利他性の存在が明らかになってきている。

利他性は倫理的消費などと関係するが本稿では扱わず，以下では利他性以外の3つの発見と関わる具体的事例を紹介し，そうした予想どおりに不合理な消費者を前提とした場合の消費者法のあり方を考えてみたい。

Ⅲ フレーミングと消費者政策

OECD (2010) においても，フレーミングがあるため，単に情報提供をするだけでは不十分であり，比較が簡単で最重要情報が容易に理解できるなど，情報提供の仕方が重要であるとする[13]。また，デフォルト効果のため，標準約款などのデフォルト自体を規制する必要がある場合もあるとする。以下ではフレーミングと関連する5つの事例を基に消費者法のあり方を考えてみる。

1 「無料」の魔力
(1) ゼロ価格モデル

日常生活には無料，ゼロという言葉があふれている。入園料無料，配送無料，

[12] 相互応報には相手に敵対的に対応すれば自分にも敵対的に対応される意味も含む。
[13] OECD・前掲注(3) 42頁。

カロリーゼロ，2つ買ったら1つおまけ（タダ）など，様々な広告・表示が目に付く。しかし，入園料無料の長蛇の列に並び，ロクにお目当ての乗り物や展示物をみることができないのと，2,000円払ってほとんど待つことなく入園し，展示物の鑑賞を楽しむのと機会費用（他のことに時間などを使うことができたならば得られたであろう最大貨幣価値）から考えてどちらが合理的かと考えると後者が勝る。伝統的経済学ではこのようにある商品・サービスを手に入れることが出来る満足感と支払いをすることによる不満足の差（純便益）が高い方を消費者は選択するとしていた。前者の無料を好む者は経済学的には合理的な消費者とは呼べないが，実際にはこのような選択をする消費者が多い。これはアリエリ教授らがゼロ価格モデルというもので説明した行動原理であり，「無料」という言葉が目に入っただけで消費者は大きな満足感を感じ，その商品・サービスを選択してしまうためだと考えた。

(2) チョコの選択行動

　無料の魔力が日本の消費者に影響を与えるかどうか，アリエリ教授らがマサチューセッツ工科大学で行った実験と同じことを関東近郊の大学の学部生441名に対して行った。その実験とは生チョコをコーティングした「トリュフチョコ」と小粒の「キスチョコ」をそれぞれ27円と2円，26円と1円，あるいは25円と0円とした場合にどちらを買うかという選択問題である。伝統的経済学からすると，例えば，トリュフチョコを得られることに50の満足感，キスチョコを得られることに10の満足感を感じる消費者にとって27円と2円の時のトリュフチョコ，キスチョコの純便益はそれぞれ23（=50-27），8（=10-2）となる。結果的にその消費者は純便益の大きいトリュフチョコを買うと考えられる。トリュフチョコとキスチョコの値段がそれぞれ2円ずつ下がった25円と0円になった場合でも味や感触が変わるわけではなく，50，10というそれぞれの満足感は変わらないため，トリュフチョコ，キスチョコの純便益はそれぞれ25（=50-25），10（=10-0）となり，選択は純便益の大きいトリュフチョコと変わらないはずである。しかし，大学生たちは27円と2円の時は39.2％しかキスチョコを選択していなかったのに25円と0円になった途端，キスチョコを選択する学生が57.8％に急増した（図1）。この消費者の選択行動を説明するため，アリエリらのゼロ価格モデルに従うと，それぞれのチョコの

Ⅱ 消費者法

満足感が 50 と 10 である消費者の場合，無料になったことによってキスチョコに追加的に 16 以上の満足感が付与されたことを意味している（26=10－0＋16）。つまり，商品ではなく，「無料」という言葉に満足を感じる結果と考えられる。

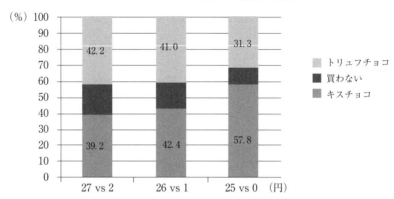

図1 チョコレートの選択率（無料の魔力）

備考：関東近郊大学の学生に対する実験（n=441）

(3) 「無料」の魔力に対する政策的対応

このように「無料」と言われた途端に舞い上がり飛びつく消費者が現れることから，消費者自身そのような無料の魔力があることを知ることは重要である。しかし，教育効果が限定される中，企業がこうしたゼロの魔力をビジネスに活用していることを考えると，それ以上に消費者政策の観点から重要なのは「無料」「ゼロ」「なし（無）」という言葉を企業が使うことができる条件・定義を明確化することである。米国連邦取引委員会規則 233.4 条 c では「「無料」……などの値付がされる場合は必ず条件を明示する必要がある」とされている。欧州では 2005 年不公正取引慣行規制において消費者に商慣行上不可避なコスト以外を課しているにも関わらず「無料」と表示することは不公正取引に当たるとした。日本でも同様に消費者庁によれば付加的なサービスも含めて無料で利用できるとの誤認を一般消費者に与える場合，景品表示法上の不当表示となりうるとし，無料サービスの具体的内容・範囲を明確化する必要があるとしている。

一方で「無料」が消費者の選択率を飛躍的に増やすのであれば，逆にその

行動を政策目的達成のために活かすことも考えられる。つまり，割引ではなく，費用負担ゼロにすることで一気に利用者を増やす戦略である。例えば，消費者行動ではないが，ワクチンの予防接種や糖尿病予防策である。糖尿病予防を進めるにはHa1cのチェックを定期的に行うことが重要である。2014年4月から臨床検査技師法の告示改正によりHa1cの薬局などでの自己採血検査が認められるようになった。こうした糖尿病チェックを病院・薬局・スポーツセンター・役場など人が多く集まる場で無料で行えるようにすることが出来れば，中長期的に糖尿病患者を減らし，結果的に国民医療費の抑制を促すことができる。

2 おとり選択肢の罠

(1) おとり選択肢とは

二択の選択肢のどちらか1つに似通った選択肢を追加し，三択にした場合，消費者はどのような行動を取るだろうか。あるいは二択にもう1つ高価な選択肢を追加する場合も考えられる。アリエリ教授は選択肢の作り方に「おとり」が紛れ込んでいると指摘した[14]。例えば，寿司屋で松竹梅の3種類がある場合，比率としては真ん中の商品を選ぶことが多いとされる。つまり，選択肢を二択ではなく，三択示し，かつ三択の中間の選択肢（竹）に最も売りたい商品を持ってくるのが企業にとって最も効果的な戦略となる。また，選択肢3つのうち，2つを似通ったものにすると似通った2つの選択率が上昇するとされる（相対性）。選択肢A, Bの2つにA'という選択肢Aに近い商品サービスを提案すると選択肢Aの選択率が大きく増えるという現象である。こうした認知バイアスが生じるのは人間は比較を求め，その際に似たもの同士を比較するためとされる。

(2) 新聞購読の例

アリエリ教授の実験を踏まえて，印刷物＋ウェブ版の複数サービス契約者を増やしたいと考えている新聞社の仮想実験を行った。具体的には関東近郊の大学の学生460名に対して新聞購読の選択肢を2つ示した場合（ウェブ版のみ，

---

[14] アリエリ・前掲注(1)28-32頁。

印刷物＋ウェブ版）と3つ示した場合（ウェブ版のみ，印刷物のみ，印刷物＋ウェブ版）で選択に大きな差が生まれるか検証した。また，その際に追加した選択肢が元々の選択肢と類似している場合と類似していない場合で選択に差が生まれるかもみてみた。学生を2グループに分け，3つ示した場合に印刷物の価格が片方のグループには印刷物＋ウェブ版より安い1ヶ月4,500円，もう1つのグループには印刷物＋ウェブ版と同じ1ヶ月5,500円とした。

結果は図2の通りである。前者のグループでは印刷物＋ウェブ版より印刷物の方が安いことから，二択の時には印刷物＋ウェブ版を選択していた者の4割近く（39.3％）が印刷物のみに移行した。それだけでなく，ウェブ版のみの者も3割（27.0％）が印刷物のみに移行した。一方，後者のケースでは印刷物のみを選択する者は10.8％に限られ，ウェブ版のみ，印刷物＋ウェブ版からの移行もそれぞれ7.8％，15.3％とわずかであった。その結果，印刷物＋ウェ

図2　新聞購読の選択率（おとり選択肢）

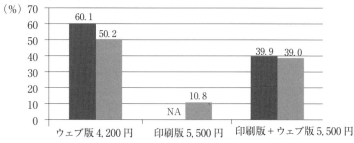

備考：関東近郊大学の学生に対する実験（n=460）

ブ版を選択した者の割合はほとんど変化がなかった（39.9％→39.0％）。このように消費者がどの商品・サービスを選ぶかは選択肢を2者にするか，3者にするか，さらに追加する3番目の選択肢をどの水準に設定するかによって大きく変わることが分かる。

(3) 政策対応の検討の必要性

三択に商品設定すること自体は各国とも不公正な取引方法とはしていない。しかし，製品・サービスの選択率が極端に少ない選択肢が存在するとき，「おとり選択肢」と外形的に捉えることも考えられる。行動経済学の知見を事業者が活用するようになる社会では不公正な取引方法の捉え方も再検討していく必要がある。

3 原産国表示の意義[15]

(1) 自国バイアスとは

認知バイアスの1つとして自国バイアス（home country bias）がある。自国バイアスはフレーミングの一形態である「自分のよく知っている情報を活用する」という意味で利用可能性の1つと理解できる。投資理論では海外と国内の資産をバランスよく配分し，リスクを分散することで最大の利益を得られるとされる。しかし，実際の投資家行動をみると，海外への投資に慎重になり，国内の資産に偏って投資する傾向があり，利益も最大化できていない。証券投資と同様にりんご，トマトなど農産物の商品選択においても自国バイアスが報告されている[16]。

(2) 農産物の商品選択における産地の影響

胡・高橋（2016）では貿易交渉で最も議論となる農産物重要5品目のうち，

---

[15] 本項は胡天利・高橋義明「農産物選好における自国バイアスの検証」『日本行動計量学会第44回大会抄録集』（日本行動計量学会，2016年）234-237頁に基づいている。

[16] Verlegh, P. W. Home country bias in product evaluation: the complementary roles of economic and socio-psychological motives. *Journal of International Business Studies*, 38(3), 361-373, 2007; Lopez, R. A., Pagoulatos, E., & Gonzalez, M. A. Home bias and US imports of processed food products. *The North American Journal of Economics and Finance*, 2006, 17(3), 363-373.

Ⅱ 消費者法

米，豚肉，乳製品について自国バイアスの有無を検証した[17]。消費者の選択に影響を与える要因として産地のほか，価格，品種，栽培方法，安全性を検討した。その結果，米では消費者が最も重視する要因は「産地」で，価格，栽培方法，品種と続いた。産地別では日本産，オーストラリア産，アメリカ産の順番で評価された（図3）。豚肉でも「産地」の重要度が最も高く，安全性（抗生物質の有無），価格と続いた。産地別では日本産，アメリカ産，カナダ産の順番で評価された。チーズにおいても「産地」の重要度が最も高かったが，日本産よりもオーストラリア産の効用が大きかった。結果の一般化にはデータ上の制約があるものの，米，豚肉については自国バイアスが存在していると考えられる。一方，チーズは自国バイアスがみられなかった。

ただし，米，豚で確認された自国バイアスがなぜ生じているかの要因については分かっていない。先行研究では自国バイアスの動機は消費者自民族中心主義と愛国主義だとしている[18]。今後は性別，年齢，学歴，所得水準や自民族中心主義，愛国主義等が農産物における自国バイアスに影響するのかを検証していく必要がある。

(3) 食品表示の重要性

自国バイアスに消費者が陥りやすいという教育・啓発によってそのようなバイアスを減らしていくことも考えられる。しかし，フードマイレージに注目が集まる中では環境負荷を下げるなどの観点で自国バイアスを活かして地域・自国産品の消費を増やす意義もある。そこで政策的には産地・原産国表示を行い，消費者が判断しやすい情報を得た上で意思決定できることがより重要と考えられる。日本の新たな原料原産地表示制度として一定の条件の下「豚肉（輸入）」「豚肉（輸入又は国産）」という大括り表示が可能とされている[19]。しかし，特

---

[17] 分析で使用したデータは2015年11月下旬から2016年1月上旬に筑波大学高橋義明研究室で実施した「茨城県での生活に関する調査2015」である（有効回答数213件，回収率66.6％）。

[18] Verlegh・前掲注[16]。消費者自民族中心主義とは「国内経済へのダメージや失業人口の増加などの懸念から，外国製の製品を購入することは適切でない，あるいは愛国的でないという消費者の信念である」（Shimp & Sharma, 1987, p. 280）と定義され，そのための尺度として17項目の消費者自民族中心主義尺度がある。一方，愛国主義尺度は「自身の存在意義を積極的に評価する上で自国（自民族）を高く評価したいという願望を反映した」（Verlegh, 2007, p. 367）意識を測るものである。

に後者が認められると自国バイアスを活かすことができないことになり，最重要情報の開示方法として不完全と考えられる。

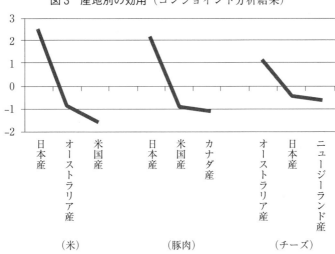

図3　産地別の効用（コンジョイント分析結果）

備考：胡・高橋（2016）表1，2，3から作成

4　思考プロセスからの振り込め詐欺防止策の検討

(1)　振り込め詐欺の現状と課題

振り込め詐欺は2017年度の認知件数17,926件，被害金額378.1億円と依然として大きな被害を出している。最近はオレオレ詐欺に加えて架空請求詐欺，還付金詐欺が増加している。そうした被害ニュースをみて「自分はひっかからない」，「なぜひっかかる人がいるのか不思議」といったコメントがみられる。被害者の行動を理解するには，加害者からの詐欺のメッセージを被害者はどのように受け止め，行動に移していくかという思考プロセスの解明が鍵になる。

(2)　二重過程モデル

思考プロセスに関連する理論として「精査可能性モデル」や「ヒューリスティック - システマティックモデル」に代表される二重過程モデルによる説明

⒆　消費者庁「食品表示基準一部改正のポイント」（2018年9月）資料9〜10頁。

Ⅱ 消費者法

がある。このモデルではメッセージの受け手は「熟慮的処理」と「自動的処理」の2つの過程のうち，いずれかを経て意思決定する。振り込め詐欺の被害者については，加害者の電話から恐怖喚起，時間の切迫，返報性等の心理的影響を受け，「自動的処理」による判断で被害に遭ってしまうものと考えられる。「自動的処理」は無意識のうちに直感的な判断を行う過程であって，必ずしも正しい判断に至るとは限らないとされる。

(3) 条件下での意思決定

内閣府（2008）では全国20～34歳の男女173人，50～64歳の男女171人の計344名を①4つの商品情報を2分間見た直後にどれが一番消費者にとって合理的な選択肢であるかの判断を求められるグループ（即断条件），②商品情報をみた上で更に1分間考える時間を与えた後に回答させられるグループ（熟考条件），③商品情報をみた上で1分間の簡単な計算問題を行った後に回答させられるグループ（二重課題）の3グループに振り分ける購買判断課題を行った[20]。商品は賃貸マンション，自動車，ノートパソコンの3種類で，それぞれの商品にはポジティブ情報とネガティブ情報が与えられている。ポジティブ情報が多く，かつネガティブ情報が少ない商品を回答者が選択した時に正答とした。グループ分けは各グループ間で被験者の性別・年齢層が均一になるように行った。

(4) 年齢別正答率の相違

結果をみると，若年層（20～34歳）では3グループで正答率に相違はなかった。しかし，中高年層（50～64歳）では「即断条件」と「熟考条件」のグループ間で正答率に大きな差が見られた。特に女性の被験者では「熟慮条件」で正答率が若年層と同等であったが，「即断条件」で正答率がかなり低いことがわかった（図4）。実際，振り込め詐欺においても被害者の多くが中高年の女性である。したがって，振り込め詐欺に遭遇した時の消費者の思考プロセスは，時間的切迫感等が引き金となって熟慮的な意識過程よりも自動的な無意識過程が優位に働いた結果，誤った判断をしてしまっていることが想定できる。つまり，啓発も重要だが，振り込め詐欺にかかりそうな状態の者には時間的切迫感

---

[20] 内閣府『消費者の意思決定行動に係る経済実験の実施及び分析調査報告書』（2008年）。

図4　購買行動実験における正答率

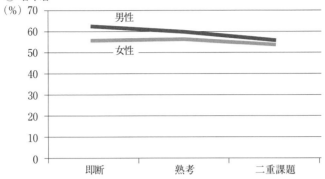

① 若年層

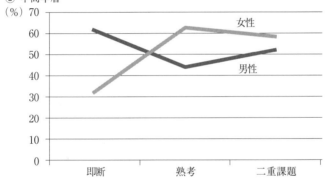

② 中高年層

出典：内閣府 (2008), 図表3-7

を緩和し，少し待つように促すこと，そして落ち着いて判断ができるような状態にしてあげることが重要と考えられる。これらの結果は振り込め詐欺以外の消費者詐欺被害の際にも当てはまる可能性が高く，更なる検討が求められる。

5　集団訴訟における訴訟参加[21]

(1)　デフォルト効果の実証研究

フレーミングの1つであるデフォルト効果には臓器提供，自動車保険プラン選択，メール広告への同意などに関する先行研究がある。例えば，デフォルト

---

[21] 本項は Takahashi, Y. Are Consumers Rational in Their Dispute Resolution? An Analysis of Collective Action for Consumer Detriments, 行動経済学 4（行動経済学会，

Ⅱ 消費者法

効果と臓器提供同意率の研究では,「(拒否しない場合,同意したとみなす)オプト・アウト制度を採用している国は,臓器提供の同意率が有意に高い」と述べている[22]。このデフォルト効果を探る重要な領域として裁判所における集団訴訟がある。以下ではこの問題を検討したい。

(2) 紛争解決の経済的意義

消費者が事業者から不利益を被った場合,裁判所または裁判外紛争解決制度が機能することは不当なビジネスを排除し,市場の失敗を是正することにつながるはずである。消費者の消費者被害額(付加価値分)は定義上,国内消費として国内総生産(GDP)に参入され,GDP総額を増加させる。しかし,その付加価値は公正な事業者ではなく,悪質な事業者が受け取ることを意味する。さらに被害を受けたことをきっかけに被害者が市場への信頼感を喪失することになれば,長期的には市場機能を悪化させる。加えて,被害額は闇市場に流入する可能性もある。これらが消費者政策において紛争処理が経済学的に重要な理由である。

OECDは2007年に消費者の紛争解決及び救済に関する理事会勧告をとりまとめた。同勧告はOECD加盟国の現在の消費者紛争解決制度をより効果的に改善するために検討されたものである。その中で注目されている制度は集団訴訟であった。集団訴訟は,消費者被害が個々には少額で広範に渡る場合に特に有用であるとされる。しかし,日本では集団訴訟の制度化は他国に比較すると大きく遅れ,消費者団体が消費者に代わって差止請求を起こす団体訴権が2007年,集団的消費者被害回復のための訴訟を起こす団体訴権が2016年に施行された。被害者たる消費者の訴訟参加率が高いほど被害救済制度として望ましいことを意味する。つまり,訴訟制度の評価では訴訟参加率がどうなるかを検証することが重要になる。

(3) 訴訟参加の意思決定モデル

被害者が裁判に訴えるか否かに影響を及ぼす要因として,個々の消費者の損

2011年),105-110に基づく。

[22] Johnson, Eric J., Daniel Goldstein, Do Defaults Save Lives? *Science* 21 Nov 2003 : 1338-1339.

害額の多寡，弁護士費用などの金銭的負担，訴訟が行われるための時間的負担，訴訟に参加する心理的負担がある。さらに訴訟に勝つ確率も影響を与える。つまり，損害額が大きく，裁判に勝つ確率が高いほど，その他の負担が小さいほど訴訟に参加すると考えられる。

これらの要因に加えて，裁判制度設計自体が個々の被害者の行動に影響すると考えられる。集団訴訟の場合，①消費者が訴訟に参加するために参加の意志を明示的に示す必要がある「オプト・イン」と②消費者が訴訟に参加しない場合に限り，参加しない意志を明示的に示す必要がある「オプト・アウト」がある。実際，各国での訴訟参加率に関する調査結果では，消費者の集団訴訟はオプト・インの国に比してオプト・アウトの国で非常に高くなっており，デフォルト効果が訴訟参加率に作用している可能性が高い（図5）[23]。

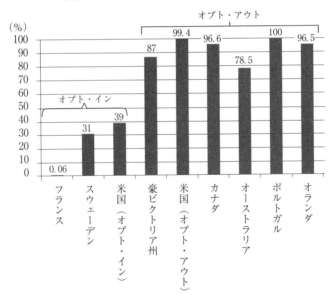

図5 国または制度別の集団訴訟参加率

出典：Takahashi（2011）Figure 1

---

[23] Mulheron, R. Reform of Collective Redress in England and Wells: A perspective of need. A research paper for submission to the Civil Justice Council of England and Wells. 2008.

Ⅱ 消費者法

　集団訴訟を制度設計するためのもう1つの重要な要素は，原告資格を誰が持つかである。各国の制度化から可能性としては被害者グループ，消費者団体，政府機関が考えられる。フランス，オーストリアなどでは消費者団体のみが集団訴訟を起こせるが，スウェーデン，デンマーク，ポルトガル，オランダなどでは消費者団体とともに消費者オンブズマンなどの政府機関が訴訟を起こせる（内閣府，2009）[24]。

(4) 集団訴訟の経済実験結果

　Takahashi（2011）は全国20〜39歳の男女を対象としたインターネット調査のデータ（n=11,984）を使用し，消費者被害を被ったと仮定した場合に集団訴訟に参加するか否かを尋ね，訴訟制度の相違が参加率を変化させるかを検証した。回答者は7グループに無作為に割り振られ，各グループの回答者数は1,659〜1,744人とほぼ同等とした。仮想事例はあるスーパーマーケットが実際には外国産で1,000円程度のものを国産うなぎとして2,000円で売ったものである。回答者グループ毎に使える訴訟制度が違っており，オプト・イン，オプト・アウトと原告資格を持つ者（個人本人，被害者代表グループ，消費者団体，政府機関）を区別されるように提示した。回答者は虚偽広告による多数被害者の存在に対して原告資格を持つ者が訴訟を裁判所に提出するが，その訴訟に参加するか否かを尋ねられた。例えば，グループAは本人による訴訟制度のみ，グループBは被害者代表グループによるオプト・イン制度のみ，グループCは被害者代表グループによるオプト・アウト制度のみを使用することができる。各回答者は，この与えられた訴訟制度の下，2週間以内にこの訴訟に参加するかどうかを決定する必要があるとした。

　各グループの参加率は図6の通りである。グループA（本人訴訟）が12.8％と統計的にも最も低い。一方，オプト・アウト方式の参加率はすべての場合においてオプト・イン方式よりも統計的に高かった。

　この異なる参加率に影響を与える要因について統計解析で検討した結果，弁護士から助言を得たことがある経験と司法制度に対する信頼感に加えて，オプト・アウトの制度であること，原告資格が政府組織であることがプラス要因と

---

[24] 内閣府・前掲注(2)第2-2-6図。

図6 集団訴訟への参加率（オプト・イン vs オプト・アウト）

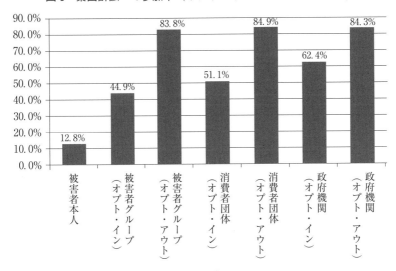

出典：Takahashi (2011) Figure 2

なっていた。つまり，統計解析からもオプト・アウト制度の方がオプト・イン制度よりも訴訟参加率が統計的に高いことが明らかになった。

(5) 参加率から考える集団訴訟制度

上記の結果は，消費者救済制度の法的枠組みが実際の参加率を左右することを示している。日本で導入された集団的消費者被害回復制度の第二段階の債権確定手続はオプト・イン制度となっており，損害額が小さい場合などでは訴訟参加率が低位に留まる可能性がある。そして，第二段階の訴訟で参加率が低ければ低い程，消費者にとっては被害額，事業者にとっては利益が事業者の手元に残ることを意味する。その残金は消費者被害によるものにも関わらず，そのまま事業者に使ってよいという倫理的問題が発生する。少なくとも企業にとって残金は会計上100％課税とする，第二段階の訴訟制度をオプト・アウトに変更するなど，早晩再検討が必要と考える。

(6) 集団訴訟制度以外の政策へのインプリケーション

デフォルト効果に関連する消費者政策としては，それ以外にも一般家庭向け

Ⅱ 消費者法

電力自由化における電力会社選択，携帯会社の乗り換えなどにも大きく影響すると考えられている。電力広域的運営推進機関によると2018年3月末時点で電力会社を切り替えたのは709.6万件であり，2015年度の一般家庭等の契約口数6,253万件と比べると11.3％の家庭しか切り替え申請していない。電力会社選択制度は例えば東京都の居住者であれば東京電力といった旧来の電力会社がデフォルトとなっており，東京電力を望まないという世帯は新会社を申請しないといけないオプト・イン制度となっていた。したがって，上述の結果からも東京電力を選択する消費者が多くなることが最初から想定されていた。もし新電力会社をデフォルトとした新会社を望まず，東京電力を望む人だけが申請するオプト・アウト型，あるいは少なくとも自由化の時点で全ての消費者がいずれかの事業者を1社選択しなければならない中立型に制度設計されていれば，東京電力を選択する人は逆に少数派となっていた可能性がある。市場自由化などの際には制度設計がその後の市場シェアを大きく変化させうることも考慮して，政策決定過程を注視していく必要がある[25]。

Ⅳ 不確実性，せっかち度と消費者政策

Ⅱでみた通り，不確実性下についても行動経済学の知見が蓄積されている。消費者も様々なリスク，不確実な状況下での意思決定が必要であり，消費者政策の立案においても行動経済学からの検討の意義は大きい。特に消費者安全に関する分野で当てはまる。日本ではこんにゃくゼリーによる幼児窒息死，ガス瞬間湯沸器改造による一酸化炭素中毒死傷事故，エレベーター事故など死亡事故が発生しても対応する法律がなく，行政対応が遅れるいわゆる隙き間事案が長らく発生していた。このような様々な消費者事故の発生は2009年の消費者庁設立を求める大きな要因となり，こうした事案に対応するために消費者安全法が成立している。しかし，消費者庁設置や消費者安全法制定によっても生命身体に関わる消費者安全事故は2011年度2,889件から2016年度2,905件と減少していない。使用方法の教育効果が限定され，むしろ一定の割合の消費者で予見される誤使用が存在するのであれば，その発生を事前に予防する措置を採ることが事故を減らす上で重要になる。以下では消費者安全事故，原発事故に

---

[25] 政策当局はこうした影響を熟知していて，激変緩和のためにオプト・アウト型を選んだ可能性もある。

伴う食品購入に関して考えてみたい。

1 消費者安全事故低減に向けた対応[26]
(1) 消費者安全事故と行動経済学
　消費者行動や意思決定と危険回避度との関係をみた先行研究として放射線照射，BSEなど食品に関して分析したものが多くある。これらからは危険回避度が高いほど食品リスクを避けるとの結果が得られている[27]。家電製品・日用品と危険回避度，時間割引率との関係を分析したものとして高橋（2014）がある。高橋（2014）では22～42歳の若年層を対象に行ったインターネットアンケート調査の結果を使用している（n=6,157）。

(2) 消費者による危険行為の実態
　消費者事故が発生している事例に関連する危険行動・行為について，アンケート調査からこうした行為を行う者の比率を確認した（図7）。最も多かったのがタコ足配線であった（52.9％）。次いで多かったのが「カップ型の果汁ゼリーを他の容器に移し替えずにカップに入ったまま子どもに与える」行為（44.0％），脚立の一番上の水平部分（天板上）での作業についても行う行為（26.9％）であった。一方，「車の電動スライドドアが勝手に閉まり，挟まれる」は2.8％と相対的に少なかった。

(3) 消費者安全行動の危険認知
　消費者事故を引き起こす行為について危険を認知しており，問題ありと回答した者の割合（危険認知度）でみると（図8），「石油ストーブの火を消さずに給油をした」行為が最も多く，「安定するのでカセットコンロをガスコンロの

---

[26] 本項は高橋義明「消費者安全とアノマリー：消費者事故は消費者の自己責任か」『行動経済学』7（行動経済学会，2014年）41-44頁に基づく。

[27] Fox, J. A., Hayes, D. J., & Shogren, J. F., Consumer preferences for food irradiation: How favorable and unfavorable descriptions affect preferences for irradiated pork in experimental auctions. Journal of Risk and Uncertainty 24(1), 75-95, 2002; Schroeder, T. C., Tonsor, G. T., Pennings, J. M., & Mintert, J., Consumer food safety risk perceptions and attitudes: impacts on beef consumption across countries. The B.E. Journal of Economic Analysis & Policy 7(1), 2007.

Ⅱ 消費者法

図7　日常生活による危険行動・行為の有無

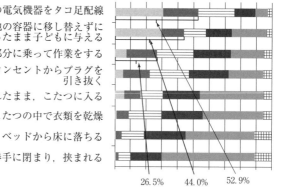

出典：高橋（2014）図2

上において使用した」，「IH 調理器はどんな鍋でも使用できるので，様々な鍋で調理をした」は半数以上が「問題あり」と回答していた。石油ストーブの火を消さずに給油をした場合にはこぼれた灯油がストーブの火に引火し，火災が起きるが，こうした行為が危険であることは多くの者が認識していた。

　一方，問題ありと回答した者が最も少なかったのは「風呂釜を使用中，台所の換気扇を回した」であった（9.9 %）。この事例では「まったく問題ない」と回答した者が 36.3 % も占めた。しかし，風呂を沸かしている，シャワーを使用しているときに台所の換気扇を使用すると風呂釜の排気が浴室内に逆流することで一酸化炭素中毒を起こす場合があり，危険な事例である。2009 年には東京にて 2 名が一酸化炭素中毒になっている。「寒いので湯たんぽを足においた」行為も問題と回答した者は 33.8 % に止まった。このケースでも広島県などで低温やけどを負う事故が発生している。また，脚立の一番上の水平部分（天板上）で作業をしないことが労働局の脚立災害防止のための留意事項として挙げられている。脚立に張られたシール上の注意書きに書かれていることも多い。しかし，「金属製脚立の一番上の水平部分に乗って作業をした」行為も問題ありと回答した者は 47.3 % と半数以下に止まった。

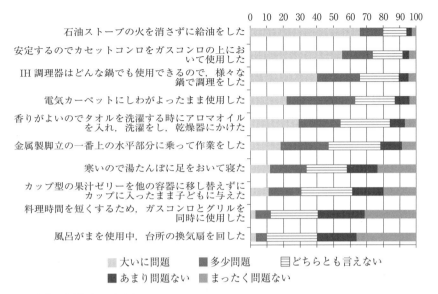

図8 消費者事故に関する安全認識

出典:高橋(2014)図1

(4) 消費者安全行動の規定要因

こうした行動を行った者の要因分析を行動経済学の観点から行い,双曲割引,危険回避度,危険非認知の影響を検討した。タコ足配線,カップ型ゼリー,脚立,携帯をポケットに入れたままのコタツとも双曲割引が最も影響し,危険非認知が続いた。つまり,当該行為は安全上問題ないと考えている者がそのような行為をすることが多かっただけでなく,物事に対してせっかちな者でもあることが分かった。それ以外の要因としては,例えば,女性,子どもがいる,低学歴の者でカップ型ゼリーを他の容器に移し替えずにカップに入ったまま子どもに与える者が多かった。脚立のケースでは性別は関係なく,子どもがいる,年齢が高い,低学歴が影響していた。なお,ベッドからの転落,車のスライドドアへの挟まりは3つの要因との関連性はみられなかった。これらの事故は消費者の認知バイアスというよりも無意識に発生するからと考えられる。

Ⅱ 消費者法

(5) 消費者安全事故を減らすための政策対応

　上述の結果から，問題ありのケースについて危険があることを知る安全学習が一定程度の事故予防につながることが確認された。しかし，せっかちな者には啓発だけでは十分とはいえない。国際標準機構（ISO）とIECは1990年に共同で作成したガイド51『安全側面——規格への導入指針』において「供給者が意図しない方法ではあるが，人間の挙動から生じる容易に予測しうる製品，プロセス又はサービスの使用」という意味で「合理的に予見可能な誤使用（reasonably foreseeable misuse）」という言葉を使って，製品のリスクアセスメントを行う際には意図された使用方法だけでなく，合理的に予見可能な誤使用も含めて検討すべきという立場を取った。この考えは気付かない，勘違いする，忘れる等といったミスから人間は逃れられないことを前提にしている。その指摘を踏まえると，行動経済学で明らかになっているせっかちなどによる行動は合理的に予見可能な誤使用と解釈できる。今後は学習・啓発だけでなく，カップ型ゼリー，脚立などではせっかちな者が取ってしまう使用方法も合理的に予見可能な誤使用とし，そのような者が事故を起こさない，起こしえないような製品設計にするなどが求められている。

2　放射線安全基準と消費者行動[28]

(1) 「風評被害」の捉え方

　福島第一原発事故後，2012年4月に食品の安全基準が見直され，一般食品中の放射性セシウムは100Bq/kg以下に規制され，それ以下のものは市場に流通するようになった。そうした中，福島県産を始めとして原発近隣の東北・北関東地域の農産物・食品の価格が下落し，取引も落ち込んだ。新聞などマスコミはこれを「風評被害」と呼んだ。

　従来，「風評被害」は「事実」の裏づけがない経済被害を指していた。しかし，原発事故に伴う消費者行動は「むしろ"事実"によって呼び起こされ，蔓延させられるもの」と言える[29]。関谷（2011）は風評被害の過去の事例から共

---

[28] 本項は高橋義明「風評被害の実像：消費者教育と産地選好」『消費者教育』第35冊（消費者教育学会，2015年），107-116頁に基づく。

[29] 荒井文雄「「風評被害」のプロトタイプ意味論」『京都産業大学論集』47号（2014年），383-415頁。

通点を分析し，①経済的被害であること，②実際に何らかの問題（事故・事件・環境汚染・災害など）が起きている，または関連する報道がされていること，③長期間にわたって大量の報道がなされること，④本来『安全』とされる食品・商品・土地の経済的被害であること，の4点を挙げている[30]。そのうち，④の「本来『安全』」という言葉の意味は，「科学的安全」ではなく，あくまである立場の人が主観的に「安全」と考える，もしくは誰かによって『安全』と判断されている場合を意味している。つまり，「安全」と考えている人にとって経済的被害は風評被害と解釈されるが，「安全」と考えていない人にとっては風評被害を意味しないことなる。

また，福島県産に対する風評被害に関しては「間違った噂に惑わされないようにしよう」「正しい知識を身に付けよう」といった消費者を暗に加害者と捉えた啓発活動がみられた。2012年に制定された消費者教育推進法においても，基本理念のひとつとして，「消費者教育は，災害その他非常の事態においても消費者が合理的に行動することができるよう，非常の事態における消費生活に関する知識と理解を深めることを旨として行われなければならない」（第3条6項）が掲げられた。原発事故に伴う風評被害に対して政府は食品と放射能に関する消費者理解増進チームを消費者庁内に設置した。つまり，政府は消費者教育による合理的な消費者の育成が解決策と考えている。それでは消費者教育を受けなかった消費者が「合理的に」行動しなかった結果として風評被害が起きているのであろうか。ここではその点について議論する材料を提供したい。

(2) 福島産農産物に対する消費者の評価

高橋（2015）では風評被害の影響を測るための質問を盛り込んだ2010年12月当時20～39歳であった同一者を継続的に追跡しているパネル調査結果を利用した。アンケート調査の仮想対象食品は桃，牛乳，米の3食品である。

消費者行動について，まず日常生活における産地別の購入状況をみると，福島県産を全く購入せずとする者が17.7％を占め，普通に購入している者は50.2％に止まった（図9）。普通に購入している者は茨城県産でも62.8％，北海道産では87.1％を占め，福島県産は他県産に比べて大きく購入が控えられ

---

[30] 関谷直也『風評被害：そのメカニズムを考える』（光文社，2011年）27頁。

Ⅱ 消費者法

ていることが分かる。最近の政府による調査でも放射性物質を理由に福島産の購入をためらう者は 12.7 ％となっている[31]。

次に消費者の支払ってもよい価格（WTP）について，その回答結果をみると，桃，牛乳，米とも品質が同等としても福島県産の WTP が他県産よりも統計的に有意に低かった。更に福島県産は他の県産に対してゼロ円，つまり購入しないと回答する比率が高かった。他県産でゼロ円の回答者の割合は 4.2 〜 7.0 ％であったのに対し，福島県産は桃で 12.7 ％，牛乳では 13.8 ％，米では 13.9 ％を占めた。

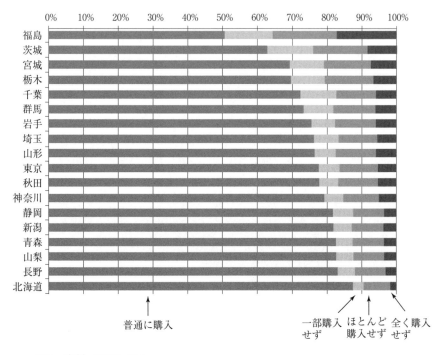

図9　日常生活における産地別購入状況

出典：高橋（2015）図1

---

[31] 消費者庁『風評被害に関する消費者意識の実態調査（第11回）について』（2018年）2頁。

(3) 賢い消費者と消費者教育

政府は「賢い消費者」を必要な情報を集めて自ら考え，被害に遭わない消費者と定義している[32]。したがって，定義上，商品購買の意思決定の前に必要な情報を集めているか否かが重要になる。風評被害においては食品中の放射性物質検査結果が消費者に重要な情報と考えられる。そこで消費者教育の受講経験と当該検査結果のチェックの関係をみてみた。消費者教育受講経験あり群（n=900）では食品中の放射性物質の検査結果を見ていた者は58.0％，受講経験なし群（n=5,257）では49.5％であり，受講経験あり群で統計的に多かった。つまり，消費者教育受講経験があることが食品中の放射性物質の検査結果を確認する行動に繋がっており，政府の定義する「賢い消費者」に該当すると考えられる。

さらに消費者教育の効果を測るために統計分析を行った結果，消費者教育の受講経験が福島産の3食品いずれの評価においてプラスに寄与していた。しかし，回答者が女性であり，子どもがいることがマイナス，さらに食品中の放射性物質の検査結果を見ていることが大きくマイナスに寄与し，結果的に消費者教育受講のプラス効果は打ち消されていた。つまり，消費者教育を受けていたとしても，女性で子どもがあり，かつ食品中の放射性物質の検査結果をチェックしている消費者は福島県産に対するWTPを低く回答していることになる。

(4) 「風評被害」に対する政策対応

以上を踏まえると，「事実ではないのにうわさによってそれが事実のように世間にうけとられ，被害をこうむること」という意味での風評被害は起きていないことになる。消費者教育を受けなかった消費者が合理的に行動しなかった結果として風評被害が起きている訳でもなかった。むしろ冷静に食品中の放射性物質に関する情報をチェックする消費者が存在し，行動経済学的にも不確実性下で予想される結果として彼らは食品の購買を慎重に避けていた。そういう意味で消費者教育の理念が掲げる必要な情報を自ら集め，考えて行動する「賢い消費者」が食品の購買を避けていたことになる。そうだとすれば，「誤った情報などで惑わされている」消費者を正すための「正しい情報」による啓発活

---

[32] 消費者庁『消費者問題及び消費者政策に関する報告（2009～2011年)』（2012年）。

Ⅱ 消費者法

動や消費者教育では「風評被害」は解決しない。風評被害を解決させるにはむしろ生産者などへの損害補償など別の方策を検討すべきである。消費者教育が解決策だとする風評被害対策も再度検討する必要がある。

Ⅴ おわりに

　本章では他章と違い，経済学，特に行動経済学から消費者行動を検討し，消費者法などに対する政策インプリケーションを検討してきた。必ずしも目新しい発見がある訳ではない。それは従来から消費者政策は合理的消費者たるホモ・エコノミカスを前提にしていた訳ではないからだろう。つまり，消費者政策は状況によって脆弱な状態に陥る消費者像を前提にしており，そもそも行動経済学との親和性が高い。しかし，本章で見てきた通り，行動経済学の知見は消費者政策の必要性をより明確にすることも確かである。今後も行動経済学の様々な知見を活かして消費者政策・消費者法が進化していくことを期待したい。

19 製品安全のソフトロー

谷 み ど り

Ⅰ　は じ め に
Ⅱ　規範の創設と遵守による対策の分類
Ⅲ　圧力による遵守
Ⅳ　内面化による遵守
Ⅴ　圧力や内面化の機能を活用した強制
Ⅵ　主体と対象による対策の分類
Ⅶ　グローバル化した市場での対策主体と対象
Ⅷ　ま　と　め

Ⅰ　は じ め に

　消費市場には，消費者だけでは対応できない問題がある。そして，近年の消費市場の変化には，対応を一層困難にしている要素がある。
　まず，生活で使用する製品やこれに付随するサービスは，増えるとともに機能が複雑化している。様々な事業者によって提供される製品と，ソフトや通信等のサービスが組み合わせられ，それぞれに複雑な契約がある。日本のような国で通常の生活をする上で必要な商品やサービスのために，受け取った取扱説明書や「同意した」ことにした約款，結んだ契約の全体は，人間の理解力や記憶力をはるかに超える。
　また，取引を行う際，実際に相手に会ったり，店舗や工場に出向いたりして，直接やりとりするのではなく，電話の音声，パソコンやスマホの画面等だけしか認識せずに契約が成立することも増えた。その場合，相手の名称は認識できても，所在地もわからず，偽名だったり，実在の法人ではなかったりすることもある。製品やサービスに不具合が起きた場合の原因者が消費者には究明できない場合も，しばしばある。
　このような状況で，消費市場に何か問題が起きると，「行政が法に基づい

II 消費者法

て強制的に取り締まることによって解決するべきだ」という意見が出るのは，もっともである。確かに，行政による強制は，消費市場の適切な機能を確保する上で，重要な手段だ。

しかし，消費市場の取引は極めて多く，行政の資源は限られる。多様化し複雑化した製品やサービス，契約，事業者の全体は，行政にとっても把握が困難だ。消費市場がグローバル化するにつれて，この困難は一層深刻化している。

その中で，もし製品安全が軽視され，安全対策を行わない事業者が価格競争に勝って売上を伸ばすと，技術開発や品質管理，顧客対応などに努力する事業者の需要が奪われ，経済の発展が阻害されることになる。どうしたら，消費市場で，消費者に最適な行動をとる事業者が選択され，不適切な行動をとる事業者が排除されるという，市場の適切な機能を確保することができるだろうか。本稿では，法による強制以外をソフトローと捉えて概観し，その効果について述べる。

II 規範の創設と遵守による対策の分類

複雑化した消費市場の機能を確保するための第一歩として，対策の全体像を明らかにすることが有益である。消費市場の適切の機能を確保するための対策は，行政による強制を含むが，これに限られない。

中でも，製品安全を確保するための対策には，幅広い選択肢がある。選択肢の広さを可能にしている要素の1つは，製品安全では消費者と事業者の利害が必ずしも対立しないという事実である。事業者も消費者も，ほどほどの費用で製品の事故を避けたい。もし製品から事故が生じたら，被害を受けるのは消費者だけではない。その事故が欠陥で起きたか誤使用で起きたかの如何にかかわらず，製品の製造者，輸入者や，販売店も，評判やブランドイメージの低下など，何らかの被害を受ける可能性がある。この点で，製品安全対策は，悪質事業者が故意に不実告知や誇大広告等を行って利益を得ることを排除するための対策と，異なっている。消費者と事業者が共有する利益を理解することは，製品安全を確保するための対策の視野を広げる上で重要である。製品安全のための対策では，行政による強制だけではなく，それ以外の対策が，費用対効果の高い役割を果たすことができる。

製品安全対策の全体像を示すために，まず，筆者が以前から消費者政策など

で用いている分類の1つをご紹介したい[1]。規範の創設と遵守の方法による分類である。表1で示す。

表1　対策の分類1　規範の創設と遵守の方法による分類

(（　）内は対策の代表例)

創設＼遵守	強制	圧力	内面化
立法	A（行政処分，民事賠償，刑事罰）	B（法の努力義務）	C（基本法）
立法以外	D	E（任意規格）	F（情報提供）

　規範の創設方法は，立法とそれ以外という二種類に分けられる。一方，規範の遵守を確保する方法は，強制，圧力，そして内面化の三種類に分けられる。圧力は，ポジティブにもネガティブにも働きうる。ネガティブな圧力は，規範を守らない者の名前を公表すること等で働く。ポジティブな圧力は，規範を守る者を褒める等で働く。「内面化」という言葉は「良心」と言い換えることもできる。内面化された規範，すなわち良心は，個人だけでなく法人にも，社是，社内規範，社員教育資料，業務マニュアルなどの形で存在する。異なる個人が異なる性格を持ち規範について異なる認識を持つように，異なる企業は異なる企業文化と社内ルールを持ち，他の強制や圧力なく規範を守るよう動機付けられる。

　行政処分，民事判決の執行，罰則の実施は，立法によって創設された規範の強制(A)である。例えば製造物責任法は，立法による対策で，国によって強制される規範を創設したものなので，Aに分類される。製造物責任法は，製品安全のために効果的な典型的な立法による対策の例であり，強制される規定をもつ。事業者が自らの製造／輸入した製品に起因する事故の被害者に適切な賠償を支払うよう強制することは，事業者が製品安全を確保するために努力する動機を作ることができる。

　立法された規範でも，不遵守に対する罰則がない条文は多い。これらの一部は，努力義務規定など，圧力による遵守を確保しようとする条文だと考えられ

---

[1] 対策の分類のより詳細な解説は，谷みどり「消費者の信頼を築く」（新曜社，2012年）p. 11-13にある。

II 消費者法

る(B)。また，基本法などには，内面化を促すことによって遵守されることを期待すると考えられる条文がある(C)。

立法以外の規範が強制される例(D)は一般的ではないが，民間規格等の商慣行を遵守するよう強制する民事判決がありうる。立法以外の規範には，圧力によって遵守されることを期待する任意規格など(E)や，規範の内面化を促すこと期待する情報提供など(F)もある。

以下では，この分類に従って，圧力によって遵守を確保すると考えられる対策と，内面化によって遵守を確保すると考えられる対策について，日本の製品安全対策の具体例を挙げる。

III 圧力による遵守

1 法による圧力

法律には，一定の行動を強制するのではなく奨励する条文がある。このような規定には，不遵守の場合の行政執行や罰則の規定がない。このような規定が民事裁判での判決によって強制される可能性はあるが，消費市場での取引件数に対して裁判例は少ない。これらの条文は，市場参加者に一定の行動をとるよう圧力をかけていると考えることができる。

例えば，消費生活用製品安全法には以下の規定がある。

> 第三十四条　消費生活用製品の製造，輸入又は小売販売の事業を行う者は，その製造，輸入又は小売販売に係る消費生活用製品について生じた製品事故に関する情報を収集し，当該情報を一般消費者に対し適切に提供するよう努めなければならない。

この規定に反する行動をとっても，行政処分や刑事罰はない。民事訴訟が起こされれば，ある程度勘案されるかもしれないが，そのような訴訟が提起される事例は多くない。この条文の主な効果について，筆者は，市場参加者の行動に圧力をかけることだと考えている。条文が圧力として効果を上げるためには，市場参加者がその条文を認識することが欠かせない。行政は，このような条文についての情報を広めることによって，圧力の効果を高めることができる。

また，強制される条文は，圧力の源としても機能し得る。日本での1995年の製造物責任法の創設は，事業者に製品安全のための管理システムを改善する

よう圧力をかけた。いくつかの事業者団体は「PLセンター」を設立し，製品安全に関連するトラブルについて，相談やあっせんを行っている。これは自主的な行為であるが，製造物責任法による圧力の効果とも考えられる。日本で製造物責任法に基づく判例は多くないが，圧力の効果を勘案すると，製造物責任法は相応の機能を果たしていると考えられる。

2 任意規格

任意規格には，市場参加者の情報コストを下げる効果がある。事業者と消費者は自らが売ったり買ったりする製品の事故を避けるという共通の利益をもつにもかかわらず，彼らが取引する市場が必ずしも安全な製品を選択するよう機能しないことの理由として重要なものに，情報の不完全性がある。消費者のみならず販売事業者も，安全な製品を見極めることが難しい。もし個々の市場参加者が個々の製品の安全性を検討しなければならないなら，全体の情報コストはたいへん大きくなる。このような状況で，より安全な製品を特定する規格の創設は，情報コストを低減させる。

すなわち，小売店は，製品に記載されたマークを確認するなどによって規格の遵守をチェックすることだけで，個々の製品の安全をチェックするコストを回避できる。小売店が規格に合った製品のみを売るため，製造者や輸入者には規制を守る製品を売る動機ができる。このため，関係者が規格をよく検討して制定し，広く情報を広める努力をすれば，市場参加者がその規格に合った製品を自発的に取引するようになる可能性がある。このような任意規格は，行政執行や裁判等，法を強制するために必要な費用をかけることなく，製品安全を向上させることができる。

例えば，日本工業規格（JIS）は，日本の様々な鉱工業製品を対象とする，工業標準化法に基づく規格である。この法律は，規格を作る手続きや，製品にJISを表示する条件を規定しており，JISの表示は幅広い関係者に認知されている。この法律は，定められた条件を満たさない限りJISの表示をしてはいけないという強制を含んでいるが，規格自体を強制しているわけではなく，JIS規格は任意規格である。しかし，事業者には，この任意規格を守る動機がある。製造事業者や輸入事業者は，製品にJISの表示をすることによって，小売事業者に選択される可能性を高めることが期待できる。彼らはまた，住宅産業，

高齢者施設，病院等の顧客が，JISのついた機器を設置することを好む可能性が高いとも期待できる。

経済産業省は，2008年に，車いすや電動ベッドなど，福祉関係の製品のための新しいJIS表示を発表した。例えば，電動ベッドの手すりに手足や首を挟む事故が報告されたため，このような事故を防ぐように規格の改定が行われた。一般に，任意規格は，強制規格よりも技術変化に柔軟に対応できると考えられる。このため，市場の急速な拡大に伴う技術革新が期待される高齢者用の福祉製品については，任意規格の果たす役割が大きいと期待されている。また，2015年には子ども服のひもで首が絞まる事故を防ぐための規格も作られた。

JISの他に，立法とは無関係の任意規格もある。例えば製品安全協会が制定したSGマーク制度によるSG規格である。もしSGマークのついた製品に欠陥があって，死傷を伴う事故を起こすと，製品安全協会は一定の補償をする。ISO，IEC等の国際規格も，重要な任意規格である。

3　製品安全対策優良企業表彰[2]

製品安全対策優良企業表彰は，製品安全に積極的に取り組んでいる製造事業者，輸入事業者，小売販売事業者，各種団体を公募し，企業の製品安全活動について審査して表彰する制度である。受賞企業は，「製品安全対策優良企業ロゴマーク」を使用して，製品安全対策の優良企業であることを宣伝・広報することができる。

この制度が検討，開始された2007年当時から，筆者はこれを，ポジティブな圧力をかける制度だと考えてきた。マークを使用した宣伝が可能であることは，任意規格と同様であり，優良企業と認定されるために努力する動機付けというポジティブな圧力であると解釈できる。

ただし，その後，毎年表彰が行われ，受賞企業の講演会に何度か出席するにつれて，この制度の主要な効果は必ずしも圧力だけではなく，受賞企業の受賞理由や，受賞企業が行う講演の内容が，製品安全に関するベストプラクティスの情報の周知機会となっていることの意義が大きいとも感じるようになった。これは，受賞した企業以外が製品安全を改善する上で，役立つと考えられ

---

[2] 経済産業省のサイトに，これまでの受賞企業と受賞理由，受賞企業の講演資料等が掲載されている。http://www.meti.go.jp/product_safety/ps-award/1-about/p1.html

〔谷みどり〕　　　　　　　　　　　　　　　　　　　　*19*　製品安全のソフトロー

る。また，受賞企業の製品安全関係者以外で働く人々に対しても，製品安全対策の内容と意義を改めて周知する機会にもなる。このため，現在筆者は，この対策について，当該企業の安全関係者に対するポジティブな圧力であると同時に，製品安全に資する規範の内面化を促す効果が大きいと考えている。

Ⅳ　内面化による遵守

1　消費者基本法と教育・啓発

　日本には，教育，環境等，相当の数の基本法があり，消費者基本法もある。基本法は強制されない規定を持つ。基本法に関する通説では，基本法は政策の基本的方向を定め，政策を体系化するものするものとされるが，筆者は一部の規定は規範の内面化を促すことを目指すものだと考える。例えば，消費者基本法の第7条は，以下の通りである。

> 第7条　消費者は，自ら進んで，その消費生活に関して，必要な知識を修得し，及び必要な情報を収集する等自主的かつ合理的に行動するよう努めなければならない。

　この条文は，政府の政策についてではなく消費者の行動に関するものであり，政策の方向や体系化とは別の効果を期待した条文だと考えられる。この法律には不遵守を罰する規定はなく，また，この条文は「努めなければならない」という，しばしば圧力をかける効果があると考えられる条文を用いているが，消費者が法の規定により圧力を受けて行動を変化させることは期待できない。この条文の効果は，消費者が自らの意志で合理的に行動すると宣言し，少なくとも一部の消費者はその条文を知りうる状況を作ることにより規範の内面化を図る，つまり，消費者の良心を喚起することだと考えられるのではないか。この条文を知る消費者は多くないが，この条文について情報を提供する活動は，この規範の内面化，つまり消費者の良心を刺激する効果がある可能性がある。

　消費者に対する啓発・教育は，消費者が知識を習得し情報を得て，合理的に行動することを助け，製品安全分野では，消費者用製品に伴う事故を防ぐための共通知識の生成を助ける。これは，消費者が製品安全に関する規範を内面化することによって自らを守るための良心を刺激する方法だと考えられる[3]。

---

(3)　経済産業省の製品安全のページの子供用のマンガは，一般的なリスクを認知し，な

Ⅱ 消費者法

　2012年には，消費者教育の推進に関する法律が国会で可決された。消費者教育は，公的な組織だけではなく，自主組織が行うものもある。例えば，日本消費生活アドバイザー・コンサルタント・相談員協会（NACS）は，産業人材研修センターとの共同事業として，製品安全テキスト『スマートセーフティ〜みんなが作る消費者市民社会〜』と，NITE（独立行政法人製品評価技術基盤機構）提供の事故再現実験映像を収めたDVDを作成している[4]。

　製品安全に関する消費者教育は，消費者が消費者用製品の事故から自らを守れるようにするだけではない。製品安全について考えることは，将来，機器やプラントの安全について考える第一歩でもあり得る。子どもや学生は，事故を防ぐ知識を身につけることにより，よりよい事業者を支える人材に成長することも期待できる。

　企業関係者に対する啓発・情報提供も，各種の事業者組織や専門家団体，行政組織[5]によって，行われている。例えば，企業のお客様相談室などの消費者対応部門で働く人々が集まる消費者関連専門家会議（ACAP）は，製品安全に関連する課題を含むワークショップやセミナーを開催し，会員の能力を向上させる。事業にとっての大きなリスクになるかもしれない情報を顧客から得て，他の部局に知らせること等，お客様相談に関する本[6]も出版している。

2　事故情報の周知

　製品事故に関する情報を周知することは，リスクの存在について警告を発す

　　ぜ危険かを考えることを目指して，筆者が2007年に作成したものである。子どもを対象にする場合，彼らが成人する頃には，今とは異なった製品が使われ，今とは異なった製品事故のリスクに対処する必要があることを念頭に置く必要がある。既存の製品の正しい使い方を覚えさせるのではなく，既存の事故をきっかけにして製品事故一般のリスクを認知し，なぜ事故が起きたのかを考える姿勢を身につけるための啓発・教育ができればと思う。経済産業省のサイト「製品安全ガイド」http://www.meti.go.jp/product_safety/の「消費者のみなさまへ」の「お子様向け資料」にある「みおちゃんとまもるくんの製品事故から身を守るために」。
(4)　日本消費生活アドバイザー・コンサルタント・相談員協会（NACS）のサイト「製品安全に関する教育」。http://nacs.or.jp/kyoiku/kyoiku_gaiyo/productsafty/
(5)　例えば，経済産業省のサイト「消費者政策研究官の活動」には，筆者が平成28年度に行った講演の製品安全に関係する資料も掲載している。http://www.meti.go.jp/policy/economy/consumer/consumer/kenkyuukan.html
(6)　図解でわかる部門の仕事『改訂2版　お客様相談室』。

ることによって，製品安全のための行動をとるという規範の内面化を促す。事故情報を知ることにより，事故が起きた製品と類似の製品の製造者や輸入者は，自らの製品の潜在的リスクに気付き，類似の事故を防ぐために何をすべきか検討することができる。流通業者は在庫を確認し，もし事故を起こした製品をみつけたら，販売を止めることができる。次の仕入れを計画するときも，事故の情報を勘案できる。

　消費者も，事故情報を受けることで，事故を避けるための注意を促される。もし，事故を起こした欠陥製品を持っていたら，使用を中止し返品し返金を求めることができる。もし類似製品を買うなら，製品の安全性を，よりていねいに検討できる。もし事故が誤使用で起きた可能性が高ければ，類似の製品を使うとき，注意することができる。

　このため，政府は消費者用製品の事故を公表し，市場参加者が製品安全のための行動をとる規範の内面化を促している。消費者庁は，情報をサイトに掲載する。一部の情報は，経済産業省のサイトにもある。製品評価技術基盤機構（NITE）は，製品事故の情報を，消費者用製品の事故の再現動画をサイトに掲載した「ポスター」を含め，印象的な形で提供している[7]。

　海外で起きた製品事故の情報も，国内で同様の事故が起きることを防ぐ上で役立つ。政府は，二国間の協力や多国間の国際機関の活動などを通じて，事故情報の共有に努めている。

　消費者団体は，消費者用製品にかかわる事故の可能性について消費者に警告し，製品の購入前に安全性をチェックするよう消費者に呼びかける。学会やその他の団体も，時には事業者の専門家や消費者団体と協力して，製品安全について学ぶ機会を提供する。例えば，日本科学技術連盟は，製品安全に関係するセミナーを開催してきた。また，製品安全に関する一連のセミナーが，大学と主婦連とNITEの協力によって開催された。

　事故の周知から一歩進んで，事故を減らすための提言を行う団体もある。全国消費者団体連絡会で製造物責任法について議論してきたグループは，2011年に，介護用電動ベッドなどの福祉用品にかかわる事故を減らすため，事業者の参加を含む会議を開き，提言を出した。提言は，行政に事故情報の収集，公

---

[7] 製品評価技術基盤機構（NITE）の製品安全のサイト。http://www.nite.go.jp/jiko/

Ⅱ 消費者法

表等の行動を求め，このような製品の生産者に，行政の分析や専門家の報告を勘案してより安全な製品を開発するよう求めている[8]。

3 事業者団体の活動

事業者団体は，会員の製品安全のための活動を奨励することができる。例として，経団連の企業行動憲章がある。2010年の改定では，消費者の安全確保等による信頼確保が強調された。2017年の改定では，持続可能な経済成長と社会的課題の解決が強調された[9]。毎年十月を企業倫理月間と定め，企業行動憲章に言及して，会員に企業倫理の徹底を求めている。憲章の遵守から大きく逸脱した会員は，最悪の場合，経団連の会員資格を保つことができないかもしれない。経団連の会員資格は企業の評判を上げる重要な要素であるため，会員には憲章を遵守する動機がある。また，憲章は，いつか会員になりたいと願っている非会員にも，遵守の動機を与える可能性がある。こうした憲章は，事業者が製品安全のために行動するという規範の内面化を促すと考えられる。

事業者団体は，事業者と消費者に情報を提供することによっても，製品安全に貢献する。例えば，家電製品協会，日本ガス石油機器工業会，キッチン・バス工業会は，家庭用製品の安全な使用についての情報を消費者に提供してきた。これらの団体のサイトには，数々の機器についての詳細な情報がある。2007年には，製品安全の確保に力を入れる政府のメッセージを受けて，製品安全のための自主行動計画を作成した。会員のために，製品安全のガイドラインやマニュアルを作ることもある。

4 マネジメント規格

マネジメント規格は任意規格の一部だが，製品の規格ではないため，遵守を示すマークを製品に表示していない。このため，JISやISOのような表示という形で，市場参加者に規格を満たした商品を扱うよう圧力をかけるわけではない。マネジメント関係の規格には，規範の内面化を促す効果があると考えられ

---

[8] 2011年度全国消団連PLオンブズ会議報告会「検証　福祉用具の消費者事故！」。http://www.shodanren.gr.jp/Annai/303.htm

[9] 日本経済団体連合会　企業行動憲章。http://www.keidanren.or.jp/policy/cgcb/charter.html

る。

　例えば、苦情処理の規格は、2004年にISOで、2005年にJISで作られた。これらはマネジメント規格であり、マニュアルの確立、苦情処理のマネジメントの長のコミット確保、内部監査などを含む。事業者は自らのマネジメントシステムを検査して、規格への合致を宣言する。企業の規格への合致は製品に表示されるわけではない。このため、市場参加者は製品の製造者／輸入者がこのような規格を守るか否か必ずしもわからず、取引の意志を決定するに当たって、事業者のこのような規格への態度を勘案するわけではない。

　しかし、消費者の苦情処理は、深刻な事故を防ぐために役立つ。製品に関わる深刻な事故が起きる前に、小さなトラブルが起きることが多いからだ。もしこのようなトラブルに気づけば、深刻な事故を起こす前に問題を是正できる。消費者の苦情は、このようなトラブル情報を企業にもたらす入り口の1つだ。苦情処理の規格を確立することは、企業に働く人々が苦情処理の重要性に気づき、よい処理方法を学ぶ上で効果がありうる。つまり、苦情処理の規格は、事業者がよい苦情処理をする規範の内面化を促し、製品安全に貢献する。

　製品安全に貢献するマジメント規格は、増加している。JISでは、2008年にリコール通知の規格ができた。この規格は、主婦連の提案に基づき、消費者と事業者の密接な協力によって作られた。ISOにも消費者用製品リコールの規格がある。

　なお、このほかにも、規格関係で、内面化を促すと考えられる対策がある。「ISO/IEC 安全側面——規格への導入指針　ガイド51」や、これを反映した日本工業規格「安全側面——規格への導入指針」は、安全に関する基本概念の規定などを通じて、安全確保のための企業内規範の改善に資するものである[10]。

V　圧力や内面化の機能を活用した強制

　以上のほか、直接的には強制によって遵守される対策にも、圧力や内面化の機能を活用することによって、比較的小さい費用で大きな効果を確保する対策がある。対策自体は強制されるため、ソフトローと呼ぶことは適切でないものの、ソフトローとの関係で考えることによって、その重要性を一層理解できる

---

[10]　例えば、弱い消費者に対する配慮についての規定は、谷みどり「『弱い消費者』に関する海外の認識と対応」『消費者問題研究2　2017.1』p.208-209参照。

Ⅱ 消費者法

対策である。その具体例として,事業者名の表示義務,製品事故の報告,強制規格の性能規定化について,以下で紹介する。

1 事業者名の表示義務

事業者名の明示は,法で定められた製品の製造者／輸入者へ,製品に名称を記すよう法的に義務づけるものである。これは非常に単純な規制で,製品安全への動機を有する市場構造を構築することによって,市場関係者が危険な行為を行わない方向に圧力をかけ,製品安全に資する規範の内面化に貢献することができる。もし,製品が事故を起こしてもその製品を製造／輸入した事業者の名称が記されていなければ,その事業者の評判は傷付かない。消費者は,どの生産者の製品が危険か知ることができず,そのような製品の購入を避けることができない。製造物責任訴訟も不可能だ。このような市場は,生産者／輸入者に製品安全のために努力する動機を与えない。事業者名の表示は,市場が製品安全の確保のために適切に機能するために必要である。

これは国によって強制される規範だが,正直な生産者／輸入者は,販売する製品に自発的に名称を表示するため,規制は彼らの費用を増やすわけではない。一方,安全を無視し事故の結果を避けようとする事業者は,名称を隠す傾向がある。非常に不正直な事業者は,偽りの名称を表示し,有名な製品の商標を使って,品質の悪い偽物を作り販売さえする。事業者の正しい名称の表示の義務づけは,消費者が満足すればその事業者の商品を買い続け,満足しなければ購入をやめて悪評を広げ賠償を求めることを可能にする。これは,消費者にだけでなく,名称をいずれにしても表示し自分の製品の事故を防ごうとする正直な生産者／輸入者にも利益をもたらす。正直な小売業者も,生産者／輸入者名の明示によって利益を受ける。

このように,事業者名の表示義務は,正直な事業者が有利な市場を作る。この規制を成功裏に実施することによって,市場が,正直な事業者だけが残り,製品事故を合理的な費用で避けるという消費者と同じ利益を共有するようになることを助けることが期待できる。

2　製品事故の報告義務

　製品事故の情報を集めて広めることは，製品安全を高める市場構造の構築を助ける。このような情報は，製品設計，製造過程，取扱説明，設置方法の問題を示唆し，事業者が類似の事故を防ぐことを助けるかもしれない。また，消費者への警告を助けるかもしれない。このため，製品事故情報が幅広く得られるようにすることは，事業者と消費者の両方の利益になる。一方，事業者にすべての事故を報告することを義務づけると，その費用は事故防止の効果を上回るかもしれない。小さい事故は多く起きており，情報過多によって市場参加者が重要な情報を見落とすリスクもある。

　このため，日本では，自らの製品で「重大事故」が起きたことを知った製造者又は事業者は，10日以内に政府に報告することを法律で義務づけられている。「重大事故」は，死亡，体の一部の切断，一酸化炭素中毒，火災等である。報告は，その事故が製品起因か否かにかかわらず必要だ。この義務は，自動車，薬品など別の法律で規制されているもの以外の消費生活用製品に適用される。こうして入手した情報は，政府のサイトで公表される[11]。

　一部の事業者は，この規制が2007年に導入される前も，自らの製品に関する事故を自発的に公表し，行政に情報を報告してきた。これらの事業者にとって，この規制は費用を増加させるものではない。一方，他の事業者は自主的には事故を報告しておらず，特に悪質な者は自らの製品の安全性について誤った情報を公表した可能性がある。報告を法的に義務づけることは，事業者が公平に競争し，消費者がより情報を得てより安全な製品を購入する市場を作ることを助けていると考えられる。

3　強制規格の性能規定化[12]

　政府が強制する強制規格は，法令の改正が技術開発や新製品の開発速度に追いつかず，進歩を損なう恐れがあると言われてきた。この問題に対処したのが，製品安全のための技術基準の性能規定化である。

---

[11]　消費者庁／製品安全／公表資料。http://www.caa.go.jp/policies/policy/consumer_safety/release/

[12]　谷みどり「製品安全，仕様規定から性能規定へ」フジサンケイビジネスアイ 2016年8月25日。http://www.sankeibiz.jp/macro/news/160825/mca1608250500003-n1.htm

Ⅱ 消費者法

　例として、電気用品安全法について説明する。この法律の対象となる製品について、国は安全基準を定める。製造者や輸入者は、安全基準を守っていることを表すマークを製品につける。マークのない製品を販売することは禁じられる。この安全基準が、「電気用品の技術上の基準を定める省令」である。

　以前、この基準は、「仕様規定」と呼ばれる形で、数多い製品の種類ごとに、細かく規定されていた。例えば絶縁電線なら、電線の導体の太さごと、絶縁物の種類ごとに、絶縁体の厚さの基準が定められていた。しかし、2014年に施行された新しい省令は、安全のために必要な基本的な性能だけを要求するという、「性能規定」に変わった。

　新しい基準には、まず、「通常の使用状態において、人体に危害を及ぼし、又は物件に損傷を与えるおそれがないよう設計される」等の安全原則が規定される。次に、感電からの保護、絶縁性能の保持、やけどの防止、機械的・化学的危害、電磁波からの危害の防止等が規定される。最後に、使用上の注意、長期使用製品についての標準使用期間等の表示についての規定がある。

　この性能規定化によって、技術基準は、新製品や新技術の出現を追いかけて改正を重ねなければならない状況ではなくなった。以前の省令に定められていた細かい基準は、「電気用品の技術基準の解釈」に変わっている。これを守れば省令を守っていることになるが、これを守っていなくても、省令の性能規定を確保できるという技術的根拠があれば、マークをつけて販売できることになっている[13]。

　電気用品に続き、ガス事業法と液化石油ガスの保安の確保及び取引の適正化に関する法律に定められたガス製品についての安全基準も性能規定化され、2016年に施行された[14]。

　このような性能規定化は、製造者、輸入者の自由度を増す。国が細かく定め

---

[13]　経済産業省「電気用品の技術基準省令の改正（性能規定化）について」。http://www.meti.go.jp/policy/consumer/seian/denan/topics/seinoukiteika/131205_art1.pdf

[14]　経済産業省「ガス用品の技術上の基準等に関する省令等の一部改正（性能規定化）について」。http://www.meti.go.jp/policy/consumer/seian/gasji/contents/gasji_seinoukitei_top.pdf

　　経済産業省「液化石油ガス器具等の技術上の基準等に関する省令等の一部改正（性能規定化）について」。http://www.meti.go.jp/policy/consumer/seian/ekiseki/contents/ekiseki_seinoukitei_top.pdf

た仕様規定を満たすという姿勢から，安全のための性能を満たす，新しい製品，新しい技術を自ら生み出す姿勢への転換を図るとものである。これは，法の強制ではあるが，内面化を活用する側面もある。

VI 主体と対象による対策の分類

ここで，以上で解説した様々な対策について，冒頭で説明した分類とは異なる2つ目の分類を提示する。そして，この新たな分類から見える観点も踏まえて，対策の費用対効果について検討する。

表2が，対策の主体と対象による，2つ目の分類である。対策の主体は，行政組織，司法組織，自主組織に分けられ，このうち司法組織は，民事と刑事に分けられる。対策の対象は事業者と消費者・投資家に分けられ，このうち事業者は，法人と，そこで働く個人である経営者・雇用者に分けられる。

表2 対策の分類2：主体と対象による分類

対象	主体	行政組織	司法組織 民事	司法組織 刑事	自主組織
事業者	法人	①	②	③	④
事業者	経営者・雇用者	⑤	⑥	⑦	⑧
消費者・投資家		⑨	⑩	⑪	⑫

対策を強制できるのは，税金で運営される組織である。例えば，事業法人に対して，行政組織は法人に対して行政処分を行い（①），司法組織は民事賠償の判決を下し（②），罰金を課す（③）ことができる。しかし，技術進歩や商圏の拡大に伴い，消費市場の財・サービスや契約が複雑化，多様化する中で，強制に必要な公的組織の資源は限られている。

このため，視野を強制以外のソフトローとも呼ばれる対策に広げ，事業者も消費者も事故を望まず，製品安全のために膨大な費用をかけて製品価格を上げることも望まないという事実を活用した，費用対効果の高い製品安全対策を検討することが必要である。任意規格やマネジメント規格などの対策は，ISOや日本規格協会などの自主組織が，事業者の法人やその経営者・雇用者に対して実施するものである（④，⑧）。また，行政による事故情報の公表（①⑤⑨）に

加え，事故情報を得た事業者団体や消費者団体から会員等への周知が図られる（④⑧⑫）と，限られた費用で効果を上げることができる。

一方，これは，すべての事業者と自主的組織が製品安全のためによく機能するという意味ではない。製品安全確保の費用を最小化し，より安価な製品で市場シェアを拡大し，事故が起きればいなくなる不正直な事業者が存在することも認識しなければならない。このような事業者を市場から追い出せるような行政処分を含む対策がとられ，被害者に賠償金が支払われ，最悪の場合は，事故の責任者が処罰される（⑦）べきである。

その際も，正直な事業者によって構成される自主組織は，このような対策の存在を関係事業法人やその経営者・雇用者に周知することによって，関係者の間で規範の内面化を促す対策をとることができる。このような対策が成功すると，不正直な事業者も，彼らの態度が最終的には利益をもたらさず，実際の利益は，自らの行動を変えて合理的な費用を製品安全に使うことだと理解する可能性がある。革新的な技術や経営を生み出し，雇用者が社会に役立つ人材となるような教育，訓練を実施するのは正直な事業者であるから，正直な事業者の市場シェアが増加によって，経済全体が利益を受ける。

Ⅶ グローバル化した市場での対策主体と対象

行政組織や司法組織は，国境によって制約を受ける。近年，消費市場が国境を越えて広がる中で，国際的な対策の重要性は増してきた。国境によって制約される政府も，他国の政府との情報交換などによって，グローバルな市場の問題に対処する能力を向上させる必要がある。一方，国境によって制約を受けない自主組織の活用や，国境を越えた取引も行う事業者と行政が連携することの意義も，大きくなっている。

1 国際規格の活用

製品安全に役立つ規格には，JISのような国内規格もあるが，国際規格も極めて重要な役割を果たしている。国際標準化機構（ISO）と国際電気標準会議（IEC）は，代表的な国際規格である。国内の強制規格の性能規定化により，国際規格の一部も，これを守れば省令を守っていることになる「整合規格」として認められるようになってきた。

例えば，2017年，5月に開催された産業構造審議会 商務流通情報分科会 製品安全小委員会 電気用品整合規格検討ワーキンググループにおいては，電気用品安全法に基づく技術基準について，国際規格（IEC規格）に整合したJIS等の規格・基準を取り入れることで，より一層の国際整合化を図ることが審議された[15]。これを踏まえ，同年7月には，オーディオ，ビデオ，電気かみそり等を新たに含む製品の安全基準について，国際規格を反映した新しい解釈が発表された[16]。電気掃除機やアイロン，電子レンジ等，既に国際規格を反映した解釈が発表されている品目も相当ある。

ISOには消費者政策委員会（COPOLCO）があり，消費者が規格の策定に参画できるように努力し，規格における安全を含む消費者保護を奨励している。2017年5月に開催されたCOPOLCOの会議では，議題12で製品安全を扱っている。会議の資料によると，リスクマネジメントに関するそれまでの製品安全作業部会の成果が報告され，今後作業を継続して2018年の総会で報告するとされている。また，中国の国家標準委員会が，リスクアセスメントに関する数学的モデルを説明して新しい標準を提案し，一般的な支持はあったと同時に，一部からは質問もあったこと等，様々な活動や製品安全の課題が記載されている[17]。

国境を越えて拡大する消費市場の適切な機能を確保する上で，国際的な自主組織の機能は欠かせない。製品安全の分野において，国際標準を活用した国内

---

[15] 経済産業省製品安全課「電気用品の技術上の基準を定める省令の解釈について（通達）の一部改正について」。http://www.meti.go.jp/committee/sankoushin/shojo/seihin_anzen/denkiyouhin_wg/pdf/010_02_00.pdf

[16] 経済産業省製品安全課「電気用品の技術上の基準を定める省令の解釈について（通達）の一部改正について（整合規格の採用）」。http://www.meti.go.jp/policy/consumer/seian/denan/file/04_cn/ts/20130605_3/outline/kaiseigaiyou170703_b12.pdf
　別表第十二 国際規格等に準拠した基準。http://www.meti.go.jp/policy/consumer/seian/denan/file/04_cn/ts/20130605_3/b12/beppyoudai12_170703.pdf

[17] 米国規格協会（ANSI）のサイトに，2017年5月にクアラルンプールで開催されたCOPOLCOの資料が掲載されている。製品安全については，COPOLCO N284/2017 "AGENDA ITEM 12 COPOLCO PRODUCT SAFETY WORKING GROUP REPORT" https://share.ansi.org/Shared%20Documents/Standards%20Activities/International%20Standardization/ISO/May%202017%20ANSI%20CIF%20Prep%20Meeting%20AND%20ISO%20COPOLCO/May%202017%20ISO%20COPOLCO%20Working%20Documents.pdf

規制を含む，自主的組織を重視した対策は，今後ますます重要になっていくと考えられる。

2　インターネット・モール運営事業者と行政の協力

　近年，インターネットによる通信販売やオークションによって，製品安全のための強制規格に違反した製品が販売されることが増加している。このような販売者は，個人を装ったオークションであっても事業者である場合があり，日本語のサイトであっても海外の個人や法人である場合もある。このような法律違反行為について，個々のネット販売事業者や出品者に行政処分等を行うことには，様々な困難がある。

　このような問題に対処するため，政府は，モール運営事業者との協力体制の構築を図っている。具体的には，行政が問題のあるネット販売や出品を発見した場合，それをモール運営事業者に連絡し，モール運営事業者が出品者等に対して行政への協力を要請し，要請に応じない場合は出品の取り消し等を行うことを期待する[18]。

　インターネット等を活用したグローバルな取引の中で，どのようにしたら法の遵守を含む適切な規範を確保することができるかは，現在の消費市場の大きな課題である。モールを規制の対象とする国もある一方，日本政府は共に対策をとる主体として協力関係の構築を図っている。今後の成果の如何は，インターネット取引に関する国内外の今後の対応を考える上で，重要な情報を提供することになろう。

Ⅷ　ま と め

　消費市場の製品安全を確保するためには，圧力や内面化によって規範の遵守を図るソフトローが，重要な役割を果たしている。行政組織や司法組織だけでなく，企業の顧客対応や技術開発や品質管理などで働いたり，自主組織で活動したり，国際標準に関わったりする中で，日本の製品安全を支えて来られた方々に，心から敬意を表する。

---

[18]　経済産業省製品安全課「インターネット取引における製品安全の確保について」2017年6月　産業構造審議会製品安全小委員会資料。http://www.meti.go.jp/committee/sankoushin/shojo/seihin_anzen/pdf/005_03_00.pdf

〔谷みどり〕

　市場参加者に製品安全を確保する動機を与えるように機能する消費市場は，経済発展に必須の重要なインフラである。学者，政策決定者と，消費者と事業者を含むその他の多くの人々が，法の強制も大切にしつつ，そこに限定されない幅広い観点から対策を検討し実施することが，消費市場の適切な機能に貢献する。

　特に，市場がグローバル化する中で，国境によって制約を受ける行政組織や司法組織だけが行える強制は，以前ほど効果を上げることができなくなっている。幅広い主体による様々な対象への圧力や，規範の内面化も視野に入れ，国境を越えた取引に対しても効果のある対策が実施されることを期待する。

20 規範の形成とエンフォースメント
―― ハードローとソフトローの相対化のための枠組み ――

清水真希子

Ⅰ　はじめに
Ⅱ　問題意識
Ⅲ　規範の形成
Ⅳ　規範のエンフォースメント
Ⅴ　まとめ

Ⅰ　はじめに

　筆者は，グローバリゼーションの進展とともに国家法システムが相対化していく現象に関心を持っている。その研究の準備として，本稿執筆と並行して，民事法の視点で書かれたソフトローに関する邦語論文を110点ほど抽出し，問題意識や論点ごとに整理する作業を行った[1]。民事法の視点といってもそれ自体が明瞭なものではなく，また，各種論文を網羅的に収集・参照できたわけでもないが[2]，それでもこの作業を通じて，日本の民事法の分野において，ソフトローに関しどのような点に関心が持たれてきたかがある程度明らかになった。もっとも，諸論文がそれぞれに論じているさまざまな点を相互にどのように関係づければよいのか，明らかではないことも多く，もう一段の整理が必要である。

　この分野で議論を牽引してきた藤田は，ソフトローとハードローの二分論で

---

(1) 清水真希子「ソフトロー――民事法のパースペクティブ⑴」阪大法学67巻6号277頁（2018年），同「ソフトロー――民事法のパースペクティブ⑵」阪大法学68巻2号135頁（2018年），同「ソフトロー――民事法のパースペクティブ（3・完）」阪大法学68巻3号253頁（2018年）。⑴には「はじめに」から第6章まで，⑵には第7章から第8章第2節まで，⑶には第8章第3節以降が掲載されている。以下では「拙稿⑴⑵⑶」として章番号で引用する。

(2) これらの留保については，拙稿・前掲注(1)「はじめに」とそこに付された注(4)を参照。

Ⅱ 消費者法

はなく両者を相対的に理解すべきであると指摘している[3]。ソフトローとハードローを相対的に理解するには，ソフトローもハードローも測れるような「ものさし」，つまり，ソフトローもハードローも比較可能な形で俎上に載せることができる枠組みが必要である。

本稿では，別稿の執筆を通じて得た知見をもとにして，ソフトローもハードローも位置付けることができるような枠組みを設定することを試みる。そのような枠組みを見出すことができれば，1つの規範を，あるいは複数の規範を比較して，より詳細かつ正確に分析することができるようになり，さまざまな論点についての考察を精緻化できるはずである。本稿で可能なのは現時点での筆者の限られた知見に基づく暫定的な整理に過ぎず，筆者自身の今後の研究の進展によっても修正・改変する必要が出てくるかもしれないが，それでも現段階での試論として提示することとしたい[4]。

Ⅱ 問題意識

1 別稿からの示唆

別稿では，具体的にどのような規範が研究対象とされてきたかを紹介し（第1章），これまでに提示されてきたソフトローの定義と研究課題を整理したうえで（第2章），ソフトローの類型（第3章），メリットおよびデメリット（第4章），形成にかかわる問題（第5章），解釈に関する問題（第6章），エンフォースメントないし実効性（第7章），ハードローとソフトローの相互関係（第8章），国際的な規律（第9章）という形で整理している。

---

[3] 藤田友敬「ソフトローの基礎理論」ソフトロー研究22号12頁（2013年）。
[4] なお，本稿で提示する枠組みは，基本的に一国内での秩序を念頭においたものである。国際的な秩序に対しても本稿の枠組みはある程度適用できると思うが，どの範囲で適用可能なのか，国際的な場面に特有の問題があるかないかについては，本稿では検討できていない。直観的には，国際的な民間機関が策定する商取引に関連する規範のようなもの（たとえばインコタームズ。森下哲朗「国際契約とソフトロー」小寺彰＝道垣内正人編『国際社会とソフトロー』（ソフトロー研究叢書第5巻，有斐閣，2008年）200頁参照）にはそのまま適用できそうであるが，国際的な規範形成主体と国内の規範形成主体が層をなすような場合（たとえばバーゼル合意。神田秀樹「国際金融分野におけるルール策定──バーゼルⅡを素材として」神田秀樹編『市場取引とソフトロー』（ソフトロー研究叢書第2巻，有斐閣，2009年）7頁参照）について，後述（Ⅲ4）のように複数の規範の関係として理解すれば足りるのか，特別の考慮が必要なのか，検討の必要がある。

これらを俯瞰してみると、全体に通底しているのは、「ハードローに限らずさまざまな規範があり、それらがときに相互に関係しながら実効性をもち、社会秩序が実現されている」という点に対する関心であると思われる。つまり、典型的なハードロー以外にもさまざまな形で形成され、特徴をもつさまざまな規範があるということ（第3章～第6章）と、それらがエンフォースされ実効性を有すること（第7章）に関心がもたれており、そのなかでハードローとソフトローの相互の関係（第8章）が特に問題とされている。

別稿では、各種論文が言及する「エンフォースメント」の概念が必ずしも明瞭ではないことを指摘し、「セルフ・エンフォースメント」がしばしば分析の対象とされていることを踏まえて、エンフォースメントを「規範を遵守すること」と「規範を遵守させること」の両方を含むものと理解し、これを別の言葉でいえば「規範が実効性をもつ」ということだと整理した[5]。規範がエンフォースされ実効性を持つということは、すなわち社会秩序が実現するということだと理解することができる。

2　問題意識

(1)　基礎となる視点

以上を踏まえて、ソフトローとハードローを相対的に理解するためのいちばんの基礎となる視点を設定したい。いちばんの基礎となるのは、「**1つまたは複数の規範によって社会秩序が実現している**」という視点である。以下、これに関していくつか補足する。

(ⅰ)　別稿では、ハードローもソフトローも「規範」としてとらえつつも、明確に「規範」を定義していなかった。ソフトローの研究の対象は「規範」や「ルール」であるということができるが、「規範」ないし「ルール」という言葉は多義的であり、人によって異なるニュアンスで受け止められていることが、各種の議論を同じ平面で比較することを難しくする原因の1つとなっている。

　本稿では、研究の対象を示すのに「**規範**」という語を用いることにし、それを「**人や組織の行為の指針またはパターンであって、それに従うこと**

---

[5]　拙稿(2)・第7章第1節。

Ⅱ 消費者法

が期待または要求されているもの，あるいは人や組織がそれに従うことが一般的であるもの」[6]と定義することにしたい[7]。

(ⅱ) 民事法の研究は，伝統的に，私人間の自力救済禁止の原則から，法に違反する行為がなされた際の裁判による紛争解決の局面に焦点を集中させることが多かった。他方で，「生ける法」のように，私人間において，裁判によらずして維持される秩序があることが認識されてきたし[8]，別稿で参照した各種の論文の多くも，紛争解決ではなく紛争以前の秩序形成，つまりセルフ・エンフォースメントに焦点をあてている[9]。

したがって，ハードローもソフトローも同一平面上で理解するための枠組みを作るという本稿の目標からすれば，紛争解決局面に限定するのではなく，むしろ規範によって「社会秩序が実現する」ということに焦点をあてることが必要である。このように理解したとしても，裁判による紛争解決も社会秩序を回復するためのものとして取り込むことができるし，裁判

---

[6] この定義を考えるにあたって，Oxford および Collins のオンラインの英語辞書（https://en.oxforddictionaries.com, https://www.collinsdictionary.com　いずれも 2018 年 6 月 9 日確認）で，norm と rule の語義を参照した。Collins が挙げる norm の語義の 1 つに，"A standard of achievement or behaviour that is required, desired, or designated as normal." というものがあり，rule の語義の 1 つに，"A customary form or procedure; regular course of action." というものがある。Oxford では，norm の語義として，"A standard or pattern, especially of social behaviour, that is typical or expected.", "A required standard; a level to be complied with or reached." というものが挙げられている。本文で述べた定義は，これらの語義を参考に，本稿の目的に即して構成したものである。

[7] 本稿では，「法（ロー）」が何かという点，すなわち「法」の定義には立ち入らない。本稿の観点からは「法」を定義することは必要ないと考えている。後の議論からもわかるように，一般的には「ロー」に含まれるとは考えられていない（かもしれない）ものも，本稿でいう「規範」に含まれる。

[8] 星野英一「コメント」ソフトロー研究 12 号 131 頁（2008 年），藤田友敬「星野教授の質問・コメントに対する補足説明」ソフトロー研究 12 号 134 頁（2008 年）参照。

[9] 長尾治助『自主規制と法』（日本評論社，1993 年）2 頁，6 頁，藤田友敬＝松村敏弘「自律的秩序の経済学」藤田友敬編『ソフトローの基礎理論』（ソフトロー研究叢書第 1 巻，有斐閣，2008 年）13 頁，岩倉友哉「証券会社をめぐるソフトロー——自主規制ルールを中心に」神田秀樹編『市場取引とソフトロー』（ソフトロー研究叢書第 2 巻，有斐閣，2009 年）33 頁，野田博「コーポレート・ガバナンスにおける法と社会規範についての一考察」神田秀樹編『市場取引とソフトロー』（ソフトロー研究叢書第 2 巻，有斐閣，2009 年）181 頁等。

になった場合の結果を予想して行為主体が予め規範に適合的な行動を取るという現象も取り込むことができる。

(iii) 最後に、多くの規範は階層構造を持っており、何をもって1つの規範とみるか（規範をどの階層でとらえるか）は分析の目的に応じて決定すべきということと[10]、しばしば、複数の規範がひとまとまりとして社会秩序の実現に寄与しているということが重要である[11]。

(2) 派生する問題意識

以上のような基本的な視点をおくと、次のような問題意識が派生する。

(i) 1つまたは複数の規範によって、どのように社会秩序が実現されているか（仕組みないしメカニズム）。

(ii) 1つ1つの規範にはどのような性質や特徴があるか（あるいは、どのような性質や特徴を備えるべきか）。

(iii) ハードローにはどのような独自の意義・性質・特徴があるか（あるいは、どのような意義・性質・特徴を備えるべきか）。

(iv) 複数の規範は相互にどのような関係があるか（あるいは、どのような関係にあるべきか）。

(v) 規範はどのように変容・伝播するか。

残念ながら、(v)は規範の動態にかかわるもので、本稿で提案する枠組みに位置づけることができない。以下では、規範の形成とエンフォースメントに分けて、さまざまな規範に関し、(v)以外の問題意識を分析するための基準となるような枠組みを提示する[12]。なお、次頁の図表にその概要がまとめてあるので、適宜参照されたい。

---

[10] たとえば、問題関心によって、コーポレートガバナンス・コード全体を1つの規範としてみることも、その中の原則の1つを1つの規範としてとらえることも可能である。

[11] この点については、後述（Ⅲ4）参照。

[12] 本稿の枠組みは、これらの問題意識に沿った分析を行うために、各種の規範を相対的に位置づけることができるようにするためのものであって、これらの問題意識に対する解答を示すものではない。

Ⅱ 消費者法

規範の相対化のための枠組み

形成主体	形成／規範 形式	形成／規範 類型・形態	エンフォースメント　セルフ・エンフォースメント　① 行為主体の行為	エンフォースメント　狭義のエンフォースメント　② 行為の評価と反応	エンフォースメント　③ 裁定
立法機関	(a) 制定法	強行規定	(a)「法のもとで」「法の影のもと」		①に対して裁判所その他の機関による裁定
行政機関	制定法から委任を受けた行政機関の規則	任意規定（補充規定） プリンシプル ベストプラクティス	「処分の影のもと」	(a) 処分 　行政機関による処分 　民間機関による処分 　（→市場等の反応）	②(a)に対して裁判所等による裁定
公益的な民間組織	(b) 狭義のソフトロー	基準・規格・スタンダード デファクトスタンダード	「市場の影のもと」	(b) 顧客・資本・労働市場の反応	
業界団体		メンバーシップ 開示規制	(b) 取引における合理性 (c) 約束への拘束　共同体意識	(c) ピア（取引相手・共同体）の反応	②(c)に対して場合によっては、裁判所等による裁定
企業		認証・格付け			
当事者	(c) 契約		(d) 基準・規格（フレーミング）（事実上の強制）	(d) なし	
その他		事実上繰り返されるパターン			
形成者なし	(d) 文化・倫理・習慣・慣行		(e) 内面化・無自覚		

III 規範の形成

1 規範を形成する主体

まずは，規範の形成主体の側から見ることにする。規範の形成主体として，**立法機関，行政機関，公益的な民間組織，業界団体，企業，当事者**[13]，その他の主体が考えられる[14]。また，慣習的に成立した規範のように，**形成主体が存在しない場合**がある。

注意を要するのは，形成主体は孤立しているわけではなく，規範形成にあたって他の主体の影響を受ける場合があるということである[15]。また，形成主体そのものが複数の異なる利害関係者で構成される場合[16]もある。

2 形成される規範

続いて，規範の形成を対象である規範の側から見る。規範を類型化するにあたり，「形式」と「形態」[17]という2つの分類軸を導入するということが，ここでのポイントである。規範類型には形式と形態という2つの分類軸があり，ある1つの規範は特定の形式と形態の組み合わせであると理解することによって，異なる規範の比較が容易になる。

---

[13] 後述のように（III 2(1)），本稿の提示する枠組みでは契約を規範の一種ととらえているため，「当事者」を形成主体のリストに含めている。

[14] 判例法理も前述（II 2(1)(i)）の定義に該当する規範の一種である。しかし，判例法理は，エンフォースメントの一環である裁判所の裁定の結果として発生するもので（後述 IV 2③，IV 4），形成過程が独特で，他の規範と同列に論じにくい。そこで，ここでは裁判所と判例法理を形成主体と規範形式のリストに含めなかったが，裁判所が形成する判例法理が規範であることを否定する意図ではなく，判例法理の実質に即した修正をして位置付ければよいと考えている。

[15] 岩倉友明・前掲注(9)50頁，小塚荘一郎「フランチャイズ業界と倫理綱領」神田秀樹編『市場取引とソフトロー』（ソフトロー研究叢書第2巻，有斐閣，2009年）149頁，野田博「コーポレート・ガバナンスにおける規制手法の考察——ソフトローの側面を中心として」商事法務2109号16頁（2016年）参照。

[16] 小塚・前注154頁，森田宏樹「プロバイダ責任制限法ガイドラインによる規範形成」ソフトロー研究12号84頁（2008年）。制定法の実質的な内容を相当程度決定する法制審議会にもそのような性質があるといえるだろう。

[17] 「形式」と「形態」とは十分こなれた用語ではないが，より適切な用語が見当たらないのでさしあたりこのように表現しておく。

Ⅱ 消費者法

(1) 形　式

規範の形式とは，規範の外形的な形に基づく分類であり，(a)**制定法または制定法から委任を受けた行政機関の規則**，(b)**民間機関（自主規制機関等）や行政機関が策定するガイドライン・規格等の規範**（以下，これを「狭義のソフトロー」という），(c)**契約**，(d)**文化・倫理・習慣・慣行**[18]といった類型がある。(d)は不文のものであり，対応する形成主体が存在しない。

ここであげた諸類型は理論的というよりは経験的に認識される類型であって，網羅的なものではない。これらの類型は，分析にとって意味のあると思われる性質や特徴を基準として規範をグループ化し，その性質や特徴を検討したり，類型間で性質や特徴を比較したりするためのものである[19]。規範によっては，複数の類型の属性をもつものもあるが[20]，どのような性質や特徴に着目して分析するのかによって取扱いを検討すればよい。

(2) 形　態

形式が規範の外形に基づいた分類であるのに対し，規範の形態とは，規範の具体的な内容やエンフォースメントのあり方の特徴に着目した分類である。

形態には，**強行規定，任意規定（補充規定）**[21]，**プリンシプル**[22]，**ベストプラ**

---

[18] 「習慣」も「慣行」も先述（Ⅱ2(1)(i)）の規範の定義に照らせば「行為主体がそれに従うことが一般的であるような行為のパターン」である。ここでは，「習慣」とは行為主体がその行為をするかしないかということを意識するまでもなく無自覚にその行為をしてしまうようなもの（たとえば，挨拶のような儀礼的行為），「慣行」は行為主体がその行為をするかしないかについて意識的であるが，それに従うことが一般的であるようなもの（たとえば，取引慣行）を想定している。

[19] 本稿ではそもそも「ハードロー」，「ソフトロー」という用語を定義していないが，その理由は後述する（Ⅴ3）。

　本文からもわかる通り，本稿は，(d)倫理や慣行等の不文の規範も対象に含めて考えている。そして，ハードローとソフトローの境界がどこにあるかはさておき，明文の規範の類型として，(a)制定法や制定法の委任を受けた行政機関の規則，(b)ある程度一般的な適用が念頭に置かれているその他の規範，(c)当事者が当事者限りで適用されることを念頭に置いて形成する契約（契約は不文のものもあり得る），という3つに分けて考えている。そして，(b)を「狭義のソフトロー」と呼んでいる。

[20] たとえば，自主規制機関が形成する規範は，一般的に，狭義のソフトローに属すると考えられるが，法形式としては，契約の形をとることも多いだろう。また約款は契約であるが，特定当事者間だけでなく広い範囲で用いられることにより，狭義のソフトローとしての性質ももつだろう。

クティス[23]，基準・規格・スタンダード[24]，デファクトスタンダード[25]，メンバーシップ[26]，開示規制[27]，認証・格付け[28]，事実上繰り返されるパターン[29]といったものが考えられる。

これらの類型には，それぞれ，規範の内容やエンフォースメントに関して独自の性質や特徴がある[30]。形態も形式と同様に，規範をその性質や特徴に着目して比較検討するための類型である。上記のリストは別稿執筆に際して参照した論文を参考に筆者が拾い出したものであって，決して網羅的なものではなく，ここに掲げたもの以外の類型も存在するだろう。

---

(21) 野田博「会社法規定の類型化における『enabling 規定』の位置とその役割・問題点（上）」一橋論叢 122 巻 1 号 6 頁（1999 年）参照。

(22) コーポレートガバナンス・コードは，プリンシプルを定める規範の例である。注(58)の文献参照。

(23) 荒木尚志「労働立法における努力義務規定の機能──日本型ソフトロー・アプローチ？」中嶋士元也先生還暦記念論集刊行委員会編『労働関係法の現代的展開』（中嶋士元也先生還暦記念，信山社，2004 年）19 頁参照。

(24) 森下・前掲注(4) 213 頁は，当事者自治のもとで当事者に一定の基準を提供するというソフトローの機能に注目する。野田博「会社法規定の類型化における『enabling 規定』の位置とその役割・問題点（下）」一橋論叢 123 巻 1 号 199 頁（2000 年）も参照。

(25) たとえば，三苫裕「ビジネスロー分野におけるデファクト・スタンダードの形成とハードローの相互作用」ソフトロー研究 9 号 35 頁（2007 年），白崎宏一「金融機関における外部委託業務を巡るソフトローの動き──内部監査（システム監査）における監査基準の視点から」神田秀樹編『市場取引とソフトロー』（ソフトロー研究叢書第 2 巻，有斐閣，2009 年）106 頁。

(26) 小塚・前掲注(15) 157 頁参照。

(27) 越智信仁「CSR 情報開示をめぐるハードローとソフトローの射程──両者の機能，役割分担，関係性等を中心に」ソフトロー研究 13 号 1 頁（2009 年）参照。

(28) たとえば，松本恒雄「消費者政策におけるソフトローの意義と限界」自由と正義 2016 年 7 月号 47 頁，白崎・前掲注(25) 103 頁。

(29) 藤田＝松村・前掲注(9) 13 頁参照。

(30) たとえば，ベストプラクティスは一定の望ましい行為規範を示して名宛人に参照させるものである。名宛人が規範を内面化することによって，あるいは市場競争力などの報酬ないし制裁と結びつくことによって，遵守される可能性が高まる。

メンバーシップは，団体への加入や除名に関する規範である。行為主体にとって団体のメンバーであることにメリットがある場合，メンバーとなるためにその資格に関する規範を遵守しようとするだろう（小塚・前掲注(15) 157 頁）。

開示規制は開示事項を標準化したうえ，名宛人に情報開示させるものである。開示された情報の評価は，開示の受け手の判断に委ねられる。開示規制の実効性は，開示の受け手による報酬または制裁が名宛人にとってどれほどのインパクトのあるものかによる（越智・前掲注(27) 8 頁，12 頁）。

Ⅱ 消費者法

(3) 形成主体，形式，形態の関係

これまで述べてきた点に関し，2つの点を補足する。

(ⅰ) 形式と形態は，それぞれ特定のもの同士しかつながらないということではないが，つながりやすい関係やつながりにくい関係が存在する。

(ⅱ) 形成主体と規範類型（形式・形態）も，必ずしも特定のもの同士でしかつながらないわけではない[31]。しかし，形成主体によって選択できる規範類型の幅は異なる。法律上あるいは事実上の制約により選択の余地がない場合も，複数の選択肢が存在する場合もあるだろう。形成主体は可能な選択肢の中から，自己の目的や状況に適した規範類型を選択するものと考えられる[32]。

3 正統性

民主的正統性を有するハードローと異なり，ソフトローはその正統性が問題となる。別稿執筆にあたり参照した論文では正統性に言及するものは多くなかった[33]。そもそも「正統性」をどのように定義するかも問題であるが，暫定的に名宛人による規範の受容を基礎づけるものと理解すると，正統性の候補として，**民主的正統性**のほかに，**正義・衡平・中立といった基本的価値**[34]，**権威**，**手続的正統性**（利害関係者の形成過程への参加等）[35]，**実質的正統性**（内容の妥当

---

[31] たとえば，形成主体と規範の形式についていえば，立法機関と制定法は1対1対応であろうが，行政機関は法の委任を受けた規則も狭義のソフトロー（ガイドライン等）も形成できる（行政機関によるソフトローの例として，岩倉・前掲注(9)34頁）。

[32] 温笑侗「中国における取引所によるコーポレート・ガバナンス規制の構造と実態」ソフトロー研究21号62頁（2013年）は，中国証券監督管理委員会は，行政機関に課されるさまざまな制限を回避するために，上場会社のコーポレートガバナンスの規制を自らするのではなく，自己の支配が及ぶ取引所に委ねているとする。藤田友敬「市場取引とソフトロー──矢野報告に対するコメント」ソフトロー研究3号34頁（2005年）は，ハードローとソフトローの選択は，規制の内容や性格でおのずと決まってくるわけではなく，状況依存的かもしれないと指摘する。

[33] 拙稿(1)・第5章第2節。

[34] 河村賢治「自主規制と会社法──証券取引所による上場会社規制を中心にして」商事法務1940号54頁（2011年）が取引所の使命について述べる点を参照。

[35] 河村・前注56頁，岩倉・前掲注(9)48頁，森田・前掲注(16)95頁，神作裕之「日本版スチュワードシップ・コードの規範性について」黒沼悦郎・藤田友敬編『企業法の進路』（江頭憲治郎先生古稀記念，有斐閣，2017年）1042頁，アレキサンダー・ロスナーゲル＝ゲリット・ホーヌング「ドイツおよびEUにおけるインターネット・プライバシーの

性)[36]，**専門性**[37]等が考えられる。

4　複数の規範の関係

先にも述べたように（Ⅱ2(1)(ⅲ)），しばしば複数の規範がひとまとまりとなって作用する場合がある。その場合の規範相互の関係には，以下のようなものが考えられる。このうちの一方がソフトローで他方がハードローのとき，ハードローの意義や性質・特徴に問題意識が向かう[38]。

(ⅰ) **補完関係**（抽象的な規範をもう一方の規範が具体化する，基本的事項を定める規範をもう一方の規範で詳細に定める，一方の規範の不完全性を他方の規範が補充するなど）[39]

(ⅱ) **協調関係**（複数の規範が重複して同一内容を定める，一方の規範が他方の規範の内容を加重する，一方の規範を他方の規範がより広範な名宛人に拡張するなど）[40]

自主規制」ソフトロー研究10号117頁（2007年）。

[36] 河村・前掲注(34)55頁，神作・前注1042頁，ロスナーゲル＝ホーヌング・前注117頁。矢野睦「証券市場におけるソフトロー――市場における自己株式取得を例として」神田秀樹編『市場取引とソフトロー』（ソフトロー研究叢書第2巻，有斐閣，2009年）24頁は，自主規制機関が策定するスキームは，適法であると見込まれることで早期に定着する可能性があることを指摘する。

[37] ロスナーゲル＝ホーヌング・前掲注(35)117頁。

[38] ハードローとソフトローの役割分担であるとか，どのような場合にハードローがソフトローに介入すべきかといった問題意識はこの系統に属する（藤田友敬「ソフトローの基礎理論」ソフトロー研究22号9頁（2013年），三苫・前掲注(25)47頁，小賀坂敦「デファクト・スタンダードとしての会計基準の形成」ソフトロー研究9号59頁（2007年），温・前掲注(32)61頁，温笑侗「取引所の自主規制と国家権力」ソフトロー研究22号141頁（2013年），荒木・前掲注(23)19頁，和田肇「労働法におけるソフトロー・アプローチについて」戒能通厚ほか編『日本社会と法律学――歴史，現状，展望』（渡辺洋三先生追悼，日本評論社，2009年）723頁等。拙稿(2)(3)・第8章第1節～第3節参照）。

　本文で述べることに関しては，拙稿(2)・第8章第1節を参照。なお，ここで述べることは，そこで述べたことをさらに整理したものである。

[39] 岩倉・前掲注(9)39頁，ロスナーゲル＝ホーヌング・前掲注(35)116頁，前田重行「証券取引における自主規制――アメリカおよびイギリスにおける自主規制の形態とその発展」龍田節＝神崎克郎編『証券取引法大系』（河本一郎先生還暦記念，商事法務研究会，1986年）97頁，神作裕之「グローバルな資本市場におけるソフトローと日本法への影響」長谷部恭男ほか編『国際社会の変動と法』（岩波講座現代法の動態第4巻，岩波書店，2015年）72頁。

[40] 岩倉・前掲注(9)40頁，41頁，神作・前注70頁。例として，小塚・前掲注(15)152頁，

Ⅱ 消費者法

(iii) **独立または競合関係**（複数の規範が相互に独立して存在する，相互に矛盾する内容を定めるなど）[41]
(iv) **ガイダンス**（一方の規範が他方の規範の解釈を示すなど）[42]
(v) **連鎖**（実体規範とエンフォースメントのための規範のように複数の規範が連結する場合など）[43]

5 形成主体以外の関係主体

規範の形成に関して，形成主体以外の主体が関与する場合がある。形成主体に影響を与える主体についてはすでに言及したが（Ⅲ1），そのほかにも，形成主体や形成主体に影響を与える主体に情報を伝達する主体や形成された規範を周知・伝達する主体（メディア，専門家，その規範を広めることにメリットを有する主体等）が存在する。

Ⅳ 規範のエンフォースメント

1 概　説

先に述べたように（Ⅱ1），本稿では，別稿での検討を踏まえて，エンフォースメントを「規範を遵守すること」と「規範を遵守させること」の両方を含むものと考えている[44]。

岩村正彦「社会法における私的規範形成」ソフトロー研究 12 号 49 頁（2008 年），大川昌男＝吉村昭彦「預金の不正払戻しに関する個人預金者と銀行との間の損失分担ルールについて——ハードローとソフトローの協働」ソフトロー研究 15 号 7 頁（2010 年）。
[41] 岩倉・前掲注(9) 41 頁，ロスナーゲル＝ホーヌング・前掲注(35) 114 頁，前田・前掲注(39) 97 頁。
[42] 例として，森田・前掲注(16) 73 頁。
[43] 例として，柏木裕介「競争法における規範の遵守——企業結合届出制度の抜本改正への対応を例に」ソフトロー研究 16 号 39 頁（2010 年），神作裕之「ソフトローの『企業の社会的責任（CSR）』論への拡張？」神田秀樹編『市場取引とソフトロー』（ソフトロー研究叢書第 2 巻，有斐閣，2009 年）208 頁。
[44] エンフォースメントという言葉は，論者や文脈によって異なる意味で使われている。狭義では，後述（Ⅳ2）の[2]および[3]のプロセスが，エンフォースメントといわれるものに相当するのではないかと思われる（以下，[2]と[3]のプロセスをあわせて「狭義のエンフォースメント」という）。

本稿執筆時に，[1]のプロセスは「コンプライアンス」というのではないかとの指摘を受けた。そのような用語法もあり得ると思うが，[1]と[2][3]のプロセスは密接に関係していることから，ここではエンフォースメントという語を用いることにしたい。

〔清水真希子〕

ここでの問題意識は，名宛人が規範に従う，あるいは名宛人に規範に従わせるためのメカニズム（仕組み）がどのようになっているかというものである。それを理解するための枠組みとして，以下ではエンフォースメントのプロセスを3つの段階に分けて把握する。

2 エンフォースメントのプロセス
1 行為主体による行為

エンフォースメントのプロセスの第1段階は，①行為主体が規範を認識・解釈し，②一定の行為（規範の遵守または不遵守）を行う，というものである。

注意すべき点は以下のとおりである。

(i) 行為主体が①を経ずに②行為を行う場合がある。そもそも適用される規範が明瞭でない（または存在しない）か，行為主体が認識していないことなどによる。

(ii) 行為主体による規範の認識や解釈を助ける主体や規範が存在する場合がある（専門家，解釈ガイドライン等）。

(iii) 2または3のプロセスの予想される結果がインセンティブとなり，行為主体が自発的に規範を遵守する場合がある（セルフ・エンフォースメント）。

2 規制主体による評価と反応

エンフォースメントの第2段階は，①行為主体の行為を規制主体[45]が評価し，②プラスまたはマイナスの反応をするというものである。

この段階についての注意点は以下のとおりである。

(i) 後に述べるように（Ⅳ3，4），このプロセスが存在しない場合もある。

(ii) 規制主体は規範の形成主体と同一の場合もあるが[46]，そうでない場合もある[47]。

(iii) 規範の形式・形態によって，名宛人の範囲や処分性の強度など，2の内

---

[45] ここでいう「規制主体」に含まれる主体の範囲はこの語が与えるイメージより広い。詳しくはⅣ3で述べるが，行為主体に対する処分権限を有する行政機関や自主規制機関だけでなく，顧客・資本・労働市場や取引相手等を含む。

[46] たとえば，自主規制機関が規範を策定し，行為主体の違反の有無を評価して，違反に対して処分を行う場合。

[47] たとえば，自主規制機関が策定した開示規範をうけて行為主体が行った開示に対し，市場がプラスまたはマイナスに反応する場合。

Ⅱ 消費者法

容が異なる。先に，形成主体は可能な選択肢の中から規範類型の選択を行うと述べた（Ⅲ2(3)(ii)）。形成主体がどの規範類型を選ぶかによって，狭義のエンフォースメントの内容，ひいては狭義のエンフォースメントを背景としたセルフ・エンフォースメントが決まるという点において，規範形成のプロセスとエンフォースメントのプロセスが連結する。

(iv) 規制主体に対して，評価に影響を与える情報提供を行う主体が存在する（メディア，専門家等）[48]。

3 第三者による裁定

裁判所その他の裁定機関が，①規制主体の2②の行為に対して，または②行為主体の1②の行為に対して直接，裁定を行う。

以下では説明の便宜のために順序を変えて，2，3，1の順番で各プロセスについて説明を加える。

3 2のプロセス——規制主体による評価と反応

規制主体は，行為主体の行為を評価して，それに対してプラスまたはマイナスの反応をする。規制主体がどのような反応をするかが，行為主体が規範を遵守したりしなかったりするためのインセンティブとなる。行為主体が規制主体の反応を予想して規範を遵守するというメカニズムは，行為主体によるセルフ・エンフォースメントのメカニズムの1類型である。

規制主体による反応として，(a)**行政機関または民間機関（自主規制機関等）による処分**，(b)**顧客・資本・労働市場における反応**，(c)**ピア（取引相手や行為主体が所属する共同体）の反応**，(d)**規制主体の反応がない場合**，という4つの類型がある。

具体的に，(a)には，行政機関固有のものと民間機関に固有のもの，両者に共通するものがあるが，たとえば，行政による許認可や民間団体による加入の許可・除名，改善命令，違反者の公表，罰金といったものが考えられる。また認証や格付けも同様の機能を果たす。

---

[48] 松本・前掲注(28)52頁は，個々の消費者に代わって事業者を評価する消費者団体への期待を述べる。こうした団体の評価を利用してそれぞれの消費者が反応する。

(b)は，行為主体の違反行為に対して消費者や投資家が離れていったり，良い人材の雇用が難しくなるなどする場合，逆に行為主体が規範を遵守することによって消費者・投資家・労働者から有利な反応を得られる場合である。
　(c)は，直接の取引相手方の取引継続や打切りといった反応，また，同業者等で構成される共同体における評判やいわゆる「村八分」などが含まれる。
　(a)の場合，裁量には幅があり得るものの要件や効果の明確性は高い。(b)(c)は，(a)よりあいまいで行為主体の側から見た予見可能性が低いが，場合によっては，行為主体に与える影響の度合いは(a)に劣らず大きいものとなり得る。(a)の場合でもさらにその先に(b)(c)が働くことがある[49]。(a)(b)(c)には，マイナスのものだけでなくプラスの反応もあることに注意が必要である。
　(d)は，要するに②のプロセスが存在しないということである。これには２つの場合がある。１つは，行為主体の行為について②ではなく直接③のプロセスに進む場合であり，もう１つは，狭義のエンフォースメント（②および③のプロセス）ではなく，行為主体が規範を内面化するなど，後述の別のメカニズム（Ⅳ 5 (d)(e)）によるセルフ・エンフォースメントが行われる場合である。

4　③のプロセス——裁判所等による裁定

　②の(a)の処分に対しては，裁判所やその他の裁定機関による裁定が働く。②の(c)の反応も場合によっては裁判所等の裁定の対象となり得るだろう。また，②とは関係なく，裁判所等が①②の行為主体の行為について直接判断をする場合がある[50]。
　③も②とともに狭義のエンフォースメントを構成するが，②と異なり③では，裁判所等が主体的にプロセスを開始することはできず，当事者による訴の提起

---

[49]　認証を得ることや違反を公表されることが，市場でのプラスやマイナスの評価につながる場合など。
[50]　この関連では，裁判所がどのような場合に介入すべきかを論じるもの（藤田友敬「ハードローの影のもとでの私的秩序形成」藤田友敬編『ソフトローの基礎理論』（ソフトロー研究叢書第１巻，有斐閣，2008 年）227 頁，落合誠一「商人間取引の特色と解釈」神田秀樹編『市場取引とソフトロー』（ソフトロー研究叢書第２巻，有斐閣，2009 年）113 頁，野田博「コーポレート・ガバナンスにおける法と社会規範についての一考察」神田秀樹編『市場取引とソフトロー』（ソフトロー研究叢書第２巻，有斐閣，2009 年）171 頁，温・前掲注(38) 154 頁）や，ソフトローの私法上の意義を論じるもの（長尾・前掲注(9) 16 頁）がある。拙稿(3)・第 8 章第 4 節参照。

Ⅱ 消費者法

等を待たなければならない。

　予想される規制主体の反応が行為主体のセルフ・エンフォースメントを促すのと同様，予想される裁判所等の裁定結果が行為主体のセルフ・エンフォースメントに影響を与え得る。また予想される裁定結果は，規制主体の反応に対しても影響を与え得る。

5　①のプロセス——行為主体の行為（セルフ・エンフォースメント）
(1)　セルフ・エンフォースメントのメカニズム
　①のプロセスは行為主体の行為に関するものである。行為主体が規範に違反する場合，②または③のプロセスに進む。これに対し，②や③に進むことなく行為主体が自発的に規範を遵守する場合があり，そのメカニズムを整理するのがここでの主要な問題である。ここでは，別稿執筆のために各種の論文を参照する中で見出したいくつかのメカニズムを列挙する。これらは，自発的な遵守行為が合理性に依拠する程度，あるいは合理性以外のものに依拠する程度に違いがある。このリストも網羅的なものではない。

(a)　「影のもと」
　Ⅳ3，4で述べたように，行為主体は規制主体や裁定機関の反応を予想して規範を遵守することが考えられる。これは規制主体や裁定機関の反応を事前に予想してそれに対して合理的に対処するという意味で，行為主体の合理性に基づいた行為である。

　これまでも「法の影のもと」に自発的な規範遵守が行われることが指摘されてきたが，これは，予想された裁判所等の裁定（③）に対する合理的な反応と理解することができる。これに対し，行政機関やその他の主体による処分（②(a)）を予期して行為主体が自発的な遵守行為を行う場合[51]や，顧客・資本・労働市場の反応（②(b)）を予期して行為主体が自発的な遵守行為を行う場合[52]も考えられる。つまり，「法の影のもと」だけでなく，「処分の影のもと」，「市場の影のもと」によってもセルフ・エンフォースメントが達成され得る。

---

[51]　たとえば，岩倉・前掲注(9) 42頁。
[52]　たとえば，ロバート・B・トンプソン〔後藤元訳〕「『国家にとっての善』としてのグローバルに統合された会社——ソフトローのインパクト」ソフトロー研究10号50頁（2007年），小賀坂・前掲注(38) 62頁，松本・前掲注(28) 48頁。

(b) 取引における合理性

同じく合理性に基づくが少し性質が違うものとして、規範に従うことが当該取引にとって合理的だから従う、という場合がある。いわゆる「無限繰返しゲーム」となる継続的取引において当事者が協調することが均衡となるような場合がその例である[53]。

(c) 約束への拘束・共同体意識

行為主体が、約束に拘束される意識や、共同体意識に基づいて自発的に規範を遵守することが考えられる。この種の自発的遵守の背景には、予想されるピア（取引相手や共同体）による評価と反応（[2](c)）があり、その意味で合理性に基づく部分もあるが[54]、行為主体が約束を守ること自体に価値を見出していたり、共同体の規範を内面化しているなど、合理性以外のメカニズムが働く場合もあるように思われる[55]。

(d) 基準・規格[56]

基準や規格は規範の形態の一種である。行為主体にとって、基準や規格を構

---

[53] 藤田＝松村・前掲注(9)14頁。このメカニズムが働く場合、当事者が合理的に行動している結果として相互に協調的な行動となっているのであって、「当事者は協調行動を取らなければならない」という準則が存在してそれに従っているのとは異なるから、「規範に従う」という語が馴染みにくい部分がある（中里実「自律的ルールの重要性——社会規範の意義」ソフトロー研究1号135頁（2005年）参照）。しかし、このようなものについて展開されてきたソフトロー研究の議論を取り込むためにも、社会秩序の実現という結果をもたらすメカニズムの一種として他のメカニズムとの比較を可能とするためにも、本稿の枠組みの中に位置付ける必要がある。加賀見一彰「ソフトローのSecondary Ruleへの経済学的視点——会計および監査制度を題材に」ソフトロー研究2号118頁（2005年）は、この種のソフトローを「ゲームのルールとしてのソフトロー」に対比される「ゲームの均衡としてのソフトロー」として説明している。

[54] たとえば、森田果「みんなで渡れば怖くない——第三者保証をめぐる私的秩序と法制度の相互作用」ソフトロー研究9号115頁（2007年）、柴田拓美「M&Aの法規制と執行体制のあり方——英国テイクオーバー・パネルとシティ・コードを中心に」ソフトロー研究13号54頁（2009年）、渡辺宏之「『制定法に基づかない企業買収規制』とその"変容"——EU企業買収指令の国内法化と英国テイクオーバー・パネル」神田秀樹編『市場取引とソフトロー』（ソフトロー研究叢書第2巻、有斐閣、2009年）64頁、早川吉尚「ソフトローの観点から見た国際商事仲裁」小寺彰＝道垣内正人編『国際社会とソフトロー』（ソフトロー研究叢書第5巻、有斐閣、2008年）295頁。

[55] たとえば、野田・前掲注(9)183頁。

[56] 注(24)(25)に掲げた文献を参照。

Ⅱ 消費者法

成している要素について自分でゼロから決めるより，基準や規格に従う方が省コストになるため，行為主体が自発的に基準や規格を選択して遵守する。別の面からいえば，基準や規格が行為主体に対して物事を認識・理解するフレームワークを与え，それが行為主体にとって省コストとなるために，遵守される。

ある基準や規格に従うことによって，行政機関やその他主体によるプラスの処分を受けたりマイナスの処分を回避することができたり（②(a)），あるいは，市場で良好な反応を得ることができるために（②(b)），遵守するというメカニズムが働く場合もあるが，そのようなメカニズムが働かなかったとしてもなお遵守される基準や規格も考えられ，それは上記のような基準や規格に独自のメカニズムが働くためだと考えられる。

基準や規格が広範に普及し，事実上それ以外の選択肢がないという段階まで進む場合もある（デファクトスタンダード）。その場合は，それに従うのが合理的という側面もあるだろうが，それに従うことが事実上強制されているとみることができるだろう。

(e) **内面化・無自覚化**

最後に，文化や倫理によって規範が内面化されることによって遵守される場合[57]や，それより進んで行為主体のもとで行為が習慣化されており，規範を遵守していること自体が無自覚になっているような場合がある。

(2) ②と③のプロセスとの対応関係

すでに述べたように（Ⅳ3，4），②③のプロセスは①の行為主体の行為にインセンティブを与えるものとして機能する。これまでの繰り返しになる部分もあるが，ここで，上記の各メカニズムと②③のプロセスの対応関係を示す。

(a)は，裁判所等による裁定（③），行政機関またはその他の主体による処分（②(a)），および顧客・資本・労働市場の反応（②(b)）を受けたものである。(b)および(c)は，ピア（取引相手・自己が所属する共同体）の反応（②(c)）が関係する。これに対し，(d)(e)は，②③のプロセスを背景とすることなく行われるセル

---

[57] 神作裕之「商社における規範の遵守──小川報告に対するコメント」ソフトロー研究16号23頁（2010年）。否定的な例であるが，藤田・前掲注(38)8頁。文化や倫理による場合，習慣によって無自覚である場合と異なり，遵守しないという選択肢も存在し，行為主体のもとで遵守するかしないかの葛藤が生じる場合があるだろう。

フ・エンフォースメントである。

(3) ①に関係するその他の主体

①のプロセスには，行為主体に対してガイダンスを与える主体や規範が存在し得る（たとえば，専門家，解釈ガイドライン等）。

V　ま　と　め

1　本稿の提示する枠組み

本稿の主張をまとめると以下の通りになる。

本稿の目的は，民事法の関心に従ってハードローやソフトローを位置付けることができ，その分析や比較検討を容易にするような枠組みを提示することである。

本稿では，**規範**を「人や組織の行為の指針またはパターンであって，それに従うことが期待または要求されているもの，あるいは人や組織がそれに従うことが一般的であるもの」と定義する。そして，**基礎となる視点**は「1つまたは複数の規範によって社会秩序が実現している」という点である。そこから**問題意識**として，(i) 1つまたは複数の規範によって，どのように社会秩序が実現されているか，(ii) 1つ1つの規範にはどのような性質や特徴があるか（あるいは，どのような性質や特徴を備えるべきか），(iii)ハードローにはどのような独自の意義・性質・特徴があるか（あるいは，どのような意義・性質・特徴を備えるべきか），(iv)複数の規範は相互にどのような関係があるか（あるいは，どのような関係にあるべきか），(v)規範はどのように変容・伝播するか，といったものが派生する。本稿の枠組みは，規範の動態にかかわる(v)以外の問題を分析するための基礎となるものである。

本稿の提示する枠組みは，規範をその形成とエンフォースメントに分けて考える。**規範の形成**について，まず，**形成主体**には，立法機関，行政機関，公益的な民間組織，業界団体，企業，当事者，その他の主体があり，また形成主体が存在しない場合もある。形成される**規範の類型**は，外形的な形式と，具体的な内容やエンフォースメントにかかわる形態に分けて考える。**形式**には，(a)制定法または制定法の委任を受けた行政機関の規則，(b)民間機関や行政機関が策定するガイドライン・規格等（狭義のソフトロー），(c)契約，(d)文化・倫理・

習慣・慣行がある。**形態**には，強行規定，任意規定（補充規定），プリンシプル，ベストプラクティス，基準・規格・スタンダード，デファクトスタンダード，メンバーシップ，開示規制，認証・格付け，事実上繰り返されるパターンといったものが存在する。重要なのは，規範類型が形式と形態の組み合わせからなり，両者の間には必ずしも1対1対応があるわけではないという点と，形成主体は自己に与えられた選択肢の中から規範類型を選択するという点である。また，複数の規範がひとまとまりになって作用することも多く，**規範間の関係**には，補完関係，協調関係，独立または競合関係，ガイダンス，連鎖といったものが考えられる。**正統性**には，民主的正統性，基本的価値，権威，手続的正統性，実質的正統性，専門性といったものがあり得る。

規範のエンフォースメント（「規範を遵守すること」，「規範を遵守させること」）は，[1]**行為主体による行為**，[2]**規制主体による評価と反応**，[3]**第三者による裁定**というプロセスを取る。[2]には，(a)行政機関または民間機関による処分，(b)顧客・資本・労働市場における反応，(c)ピアの反応，(d)規制主体の反応がない場合，という類型がある。[3]は裁判所その他の裁定機関による裁定である。[2]によらず[1]から直接[3]に進む場合もある。[2]と[3]（狭義のエンフォースメント）は，行為主体の規範遵守のインセンティブとなるものである。行為主体が規範を自発的に遵守するという**セルフ・エンフォースメント**が[1]の中核部分となる。そのメカニズムには，(a)「法の影」（[3]），「処分の影」（[2](a)），「市場の影」（[2](b)）のもとで自発的遵守がなされるというもの，(b)取引における合理性に基づくもの（[2](c)が関係する），(c)約束への拘束・共同体意識に基づくもの（[2](c)を背景とする部分がある），(d)基準や規格に基づくもの，(e)内面化・無自覚化によるもの，といったものが考えられる。

なお，**この他の関係する主体**として，形成主体に影響を与える主体，形成主体や形成主体に影響を与える主体に情報を伝達する主体，形成された規範を周知・伝達する主体，行為主体に対してガイダンスを与える主体，規制主体に情報を伝達する主体といったものがある。

本稿で掲げたリストはいずれも網羅的なものではなく，追加や修正があり得るものである。

2 本稿の枠組みの意義

(1) 具体例

　さて，上記のような枠組みは実際にどのように使えるのだろうか。例として，ソフトローとして取り上げられることの多いコーポレートガバナンス・コードを，本稿の枠組みを使って簡単に記述すると以下のようになる[58]。

　コーポレートガバナンス・コードは，閣議決定された「『日本再興戦略』改訂 2014」を背景に，金融庁と東京証券取引所が共同で事務局となり，利害関係者および各種の専門家で構成される「コーポレートガバナンス・コードの策定に関する有識者会議」で原案が策定されたものである。すなわち，行政の強い影響のもと，利害関係者や専門家で構成される公的な非行政組織によって形成されたものである。コーポレートガバナンス・コードは，東証の上場規程の別添として取り込まれ，東証と上場企業との間の上場契約を通じて，上場会社に適用されるという形になっている。規範の形式は狭義のソフトローだが，当事者間では上記の通り契約という形式により取り込まれている。規範の形態は，その中核はプリンシプルであり，開示規制の特殊形態であるコンプライ・オア・エクスプレインの形をとっている。開示の受け手は株主等のステークホルダーであり，特に株主（＝資本市場）の反応が上場企業の遵守へのインセンティブとなっている。また，上場企業がコンプライ・オア・エクスプレインの義務に違反した場合には，東証の実効性確保措置（特設注意市場銘柄への指定，改善報告書の徴求，公表措置，上場違約金）の対象となり，最終的には上場廃止につながり得る。このような東証による処分も遵守のインセンティブとなる。

(2) 本稿の枠組みの意義

　本稿の枠組みは，民事法の視点でなされたソフトローの研究（そこにはソフトローをハードローと対比させる研究も含まれる）においてしばしば関心がもた

---

[58] 以下，コーポレートガバナンス・コードの説明に関して，油布志行＝中野常道「コーポレートガバナンス・コード（原案）について」ジュリスト 1484 号 18 頁（2015 年），佐藤寿彦「コーポレートガバナンス・コードの策定に伴う上場制度の整備」ジュリスト 1484 号 24 頁（2015 年），神作・前掲注(35) 1016 頁等参照。なお，コーポレートガバナンス・コードは 2018 年 6 月に改訂された（田原泰雅ほか「コーポレートガバナンス・コードの改訂と『投資家と企業の対話ガイドライン』の解説」商事法務 2171 号 4 頁（2018 年）参照）。

Ⅱ 消費者法

れてきた諸点を整理して，関連する要素を1つの枠組みとして編成したものである[59]。

先のコーポレートガバナンス・コードの例のように，いったん1つの規範を一定の枠組みで整理できると，そこからさらに，その規範のある部分について，あるいはある部分とある部分の関係について，より詳細かつ正確に分析することができるようになる。また，ある部分において類似する，あるいは異なる別の規範と比較することが容易になり，これまで以上の洞察を得ることができる。

別稿で見たとおり，これまでに多数の規範を素材としてさまざまな研究がなされてきたが，それらを相互に比較するのが難しかった。また推測でいわれることも多かった。本稿の枠組みはそのような状況を改善して，実証的な研究をより実り多いものにすることができる可能性がある。

3 ハードロー，ソフトロー

最後に残された問題は，ハードローとは何か，ソフトローとは何か，という問題である。

ハードローとソフトローの区別を問うということは，規範をめぐる国家の役割を問うことに他ならない。つまり，規範に関し，その形成やエンフォースメントに際して，国家がどのように関与しどのような役割を果たしているかという記述的な問題であり，また，国家がどのように関与しどのような役割を果たすべきかという規範的な問題である。

国家の関与は，規範の形成とエンフォースメントのさまざまな部分でさまざまな程度でなされる。規範の中には，誰が見てもハードローといえるものと，誰が見てもソフトローといえるものがあり，その間に国家が多様な形で関与する規範が存在する。

重要なのは両者を明確に線引きすることではない。まずは，どのような観点から国家の関与を分析することが民事法学の研究にとって有益なのかが検討さ

---

[59] 注意して頂きたいが，本稿は多数の先行研究をもとにして，そこで述べられていることをできるだけ整合的に整理したものであって，本稿自身は何の実証も行っていない（たとえば，セルフ・エンフォースメントのメカニズムとして各種のものを挙げたが，それらのメカニズムの存否や内容について，本稿自身は検証を行っていない）。本稿の枠組みを利用した検証作業は次の課題である。

れなければならない。着眼点は1つであるとは限らない。着眼点によって，グレーゾーンにある規範をハードロー的な性質のものと位置付けるか，ソフトロー的な性質のものと位置付けるかは異なってくるだろう。

　本稿の枠組みは，各種の主体のそれぞれについて国家・非国家の主体を取り込んでいる。したがって，この枠組みを使うことによって，国家の関与のあり方を含め，各種の規範を相対的に位置づけることができるはずである。民事法にとって，どのような観点で規範に対する国家の関与を分析することが必要であり，有意義であるかについては，次の研究の課題としたい。

　＊本稿の執筆にあたっては，浅野有紀教授，横溝大教授から貴重なご指摘を頂いた。深く感謝申し上げたい。なお，本稿は科研費基盤(B)16H03539（研究代表・浅野有紀「トランスナショナル・ローの法理論——多元的法とガバナンス」）による研究成果の一部である。

Ⅲ
市場行動法等

21 競争法における搾取型濫用規制と優越的地位濫用規制

白 石 忠 志

I 本稿の課題 III 日本の状況
II 米国と EU の状況 IV 結 び

I 本稿の課題

　本稿の目的は，市場において優越的地位に立つ者が取引相手方から搾取する行為について，これを競争法によって規制するか否か，規制するとしてどのような目的で行うのか，といった問題に関する状況を，米国・EU からも議論を切り取りつつ，主に日本独禁法の優越的地位濫用規制に即して，概観するものである[1]。

　EU 競争法では搾取型濫用規制が行われているが[2]，米国反トラスト法では搾取型濫用規制は行わない，ということになっている。競争法分野の母国である米国が否定的であるため，長いあいだ，搾取型濫用規制が大きな話題とされることは少なかった。しかし，EU 競争法がこの分野での存在感を増して米国と双璧をなすに至り，ようやく議論も行われるようになってきている[3]。そして米国でも，知る人ぞ知る新展開が見られる。

---

[1] 「競争法によって」という限定は，すなわち，全ての商品役務に等しく適用される法的枠組みによって規制するか，という問題を論ずることを意味している。特定の分野に特化した法的枠組みによって搾取型濫用規制を行うことに対しては，米国でも相対的に抵抗が少ない（後記 2(4)）。

[2] EU 競争法の搾取型濫用規制に関する概観として，帰山雄介「EU 競争法における支配的地位搾取型濫用規制」国際商事法務39巻4号，5号（平成23年）。

[3] そもそも，競争法（competition law）という言葉がこの分野を総称する言葉として普及したのは，概ね1990年代以降に EU 競争法が重要性を増し，米国反トラスト法（antitrust law）と双璧をなすに至ったことと大きく関係している（米国や EU（当時

Ⅲ 市場行動法等

　他方，日本では，早くも昭和 28 年改正（昭和 28 年法律第 259 号）によって優越的地位濫用規制が導入されたものの，やや特異な目的論が掲げられ，そもそも搾取型濫用規制ではないとされて，今日に至っている。
　このような状況を描写し，分析することが，本稿の課題である。

Ⅱ　米国と EU の状況

1　はじめに

　競争法によって搾取型濫用規制をするか否か，規制するとしてどのような目的で行うか，といった問題については，競争法の他の分野ほどではないものの，それなりに活発に論ぜられるようになっている[4]。
　そうしたところ，2011 年 10 月に開催された OECD 競争委員会のラウンドテーブル[5]において，搾取型濫用の典型例である搾取的価格（excessive prices）がテーマとされており，米国競争当局である司法省と FTC の共同貢献文書と，EU 競争当局である欧州委員会の貢献文書が提出されている。これらは，他の文献にも登場する要素を簡潔に網羅しているように思われる[6]。
　そこで，本稿では，このラウンドテーブルにおける司法省 FTC 貢献文書と欧州委員会貢献文書とに限定して，議論の骨格を描くこととする[7]。

　　は EC）を含む多くの法域の競争当局の集まりとして ICN（International Competition Network）が設立されたのは 2001 年である）。現在でも，米国の専門家が用いるのは「antitrust」であって，国際的観点から必要な文脈においてやむを得ず必要最低限の頻度で「competition law」と述べる，という状況にあるように思われる。このような空気の存在を知ることは，搾取型濫用規制をめぐる EU・米国の議論に接する際，有益である。
(4)　先行業績も含めて詳細に紹介した最近の文献として，Michal Gal, "Abuse of Dominance - Exploitative Abuses", in: Ioannis Lianos & Damien Geradin (eds.), Handbook on European competition law: Substantive aspects (Edward Elgar, 2013), pp. 385-422. Frederic Jenny, "Abuse of Dominance by Firms Charging Excessive or Unfair Prices: An Assessment", (September 11, 2016), available at SSRN, などがある。
(5)　OECD 競争委員会のラウンドテーブルは，毎年 2 回程度の頻度で，OECD 加盟・非加盟を問わず各法域の競争当局がパリに集い，いくつかのテーマについて討論・情報交換を行うものである。
(6)　事務局文書と全ての貢献文書をまとめた PDF ファイルが，OECD ウェブサイトにおいて，「Excessive Prices」という題名で，掲げられている（DAF/COMP (2011) 18)。日本公取委の貢献文書は，このラウンドテーブルについては見当たらない。
(7)　他に，例えば，Frank Maier-Rigaud による事務局文書（Background Paper by the Secretariat）や，Amelia Fletcher & Alina Jardine によって書かれ英国貢献文書に

そしてそのあと，米国における新たな潮流を紹介する。

2 司法省FTC貢献文書

(1) 文書の位置付け

司法省FTC貢献文書[8]は，米国反トラスト法の搾取的価格規制に対する否定的立場を解説し，しかも，最近の新たな潮流（後記4）に触れていないという意味で，米国の伝統的立場を体現したものとなっている。

米国の文献では，搾取型濫用規制を頭から否定するものや，そもそも触れないものが大多数であり，OECDラウンドテーブルの機会に司法省・FTC自身がそれなりの信頼性をもって搾取的価格規制をしない根拠を論じたのは貴重である。

以下，簡単に紹介する。

(2) 搾取的価格が米国反トラスト法違反とされない根拠

まず，司法省FTC貢献文書は，合法的独占を許容することは米国反トラスト法の基本的思想（central tenet）であると述べ，搾取的価格が米国反トラスト法違反とされない根拠を列挙している[9]。

第1に，価格設定の自由を制限すると，競争し技術革新を行うインセンティブを減退させる，とする。

第2に，反トラスト法は，搾取的価格の良し悪しを判断できるような体制を整えていない，という。裁判所や競争当局は，そのような判断に適していない，と論ずる。

第3に，市場の価格メカニズムに介入すると，市場原理の適切な機能を妨げ，消費者に害を及ぼすことになる，という。価格には需要の増減などに関するシグナリング機能があるほか，不足がちな貴重資源に高価格をつけて適切な需要者に購入されるようにする機能がある，とする。

Annexとして付されたものも，議論の骨格を簡潔に示しており有益である。
[8] OECD・前掲注(6) 299-308頁。「United States」と題されている。
[9] OECD・前掲注(6) 299-301頁。

Ⅲ　市場行動法等

(3)　搾取的価格に対する是正措置の設計の困難さ

次に，司法省FTC貢献文書は，搾取的価格に対する是正措置を設計することが困難であることを論じている[10]。

(4)　その他の論述

以上のように述べたうえで，司法省FTC貢献文書は，高価格が搾取的価格そのもの以外の観点からの反トラスト法違反行為の弊害として現れることはあることを述べ[11]，また，高価格が搾取的価格そのもの以外の観点からの反トラスト法違反行為の存在を窺わせる材料となることもあることを述べる[12]。

更に，「price gouging」や「price manipulation」といった，FTCの反トラスト法以外の権限とされるものにも触れている[13]。

そして，米国でも，専門的行政官庁が特定分野に絞って価格規制をすることはある旨を述べている[14]。

3　欧州委員会貢献文書

(1)　文書の位置付け

欧州委員会貢献文書[15]は，搾取型濫用規制に関する欧州委員会の考え方を，詳細に，示した貴重な文書である。欧州委員会は，TFEU102条のうち排除型濫用規制については「ガイダンス」と呼ばれる詳細な文書を2009年に公表しているが[16]，搾取型濫用については，広く知られたものは必ずしもない[17]。

---

[10]　OECD・前掲注(6) 301-302頁。この点は，前記(2)の第2点と重なるように思われるが，前記(2)の第2点は，同じことを違反要件の観点から論じており（是正できないものはそもそも違反としないという発想），それに対してこちらは，エンフォースメントそのものに視点を置いて論じている，ということになろうか。

[11]　OECD・前掲注(6) 302-303頁。

[12]　OECD・前掲注(6) 303-304頁。

[13]　OECD・前掲注(6) 304-306頁。

[14]　OECD・前掲注(6) 307頁。

[15]　OECD・前掲注(6) 309-321頁。「European Union: Article 102 and Excessive Prices」と題されている。

[16]　Communication from the Commission, "Guidance on the Commission's enforcement priorities in applying Article 82 of the EC Treaty to abusive exclusionary conduct by dominant undertakings", OJ C 45, 24. 2. 2009, pp. 7-20.

[17]　TFEU102条の「abuse of a dominant position」の規制は，排除型濫用規制（exclusionary

この欧州委員会貢献文書は，搾取型濫用規制の存在意義を確認しようとしてはいるが，しかし控えめな立場を堅持している。すなわち，排除型濫用規制のほうに重点は置かれるべきであるが，しかし搾取型濫用規制も行うことは行うので，その意義を強調し，米国のような完全否定論に反論しておく，というスタンスである。過去の事例も詳細に紹介されており，資料としても貴重である。

(2) 搾取型濫用規制を行うべき根拠
　欧州委員会貢献文書は，まず，搾取的価格に限らず搾取型濫用全体について，そのような規制を行うべきであるのか，それとも排除型濫用に限って規制を行うべきであるのか，を論じている[18]。
　そして，規制を行うべき根拠を，3点にわたって列挙している。以下では，やや技巧的な第3点を割愛し，2点のみを挙げる。
　第1の根拠は，TFEU102条の条文とその歴史が，搾取型濫用というものがあり得ることを明確にしているからである，というものである。とりわけ102条(a)は，「直接又は間接に不公正な購入価格若しくは販売価格又は不公正な取引条件を課する行為」を掲げている。これは搾取的価格を含むと考えられている。
　第2の根拠は，競争政策の目的に関係している。競争政策の目的は，需要者厚生を守ることにある。そうであるとすれば，排除型濫用規制によって間接的にのみ需要者厚生を守り，搾取的価格や不公正価格に対して介入するという直接的規制をしない，というのはおかしい。全ての事例において一方の手段のみ，すなわち排除型濫用規制のみが優れている，というのは不自然である。言い換えれば，排除型濫用規制と搾取型濫用規制をバランスよく行うことが重要である。

(3) 排除型濫用規制と搾取型濫用規制のバランス
　欧州委員会貢献文書は，続いて，規制リソースの分配のあり方を論じている[19]。前記(2)のように搾取型濫用規制を行うことに根拠があるとしても，欧州

---

abuse) と搾取型濫用規制 (exploitative abuse) の両方を含んでいる。
[18]　OECD・前掲注(6) 309-310頁。
[19]　OECD・前掲注(6) 310-312頁。

Ⅲ　市場行動法等

委員会の限られたリソースをどのように排除型濫用規制と搾取型濫用規制に分配するかという問題は別に残るからである。

　欧州委員会貢献文書も，排除型濫用規制のほうに重点が置かれるべきであることは認めている。2つの根拠を挙げている。第1は，搾取型濫用，特に搾取的価格を規制するのは実務的に難しい面を持つからである。第2に，高価格・高利益には積極的な効果もあるからである。

　第2の積極的な効果とは，独占価格が可能であることがビジネス上の才覚を発揮させ，技術革新や経済成長を誘引する旨の米国での議論が述べるようなことであるとされる。尤も，それが常に妥当するのであれば，例えば，極端に言えば，カルテルであってもそのような積極的な効果をもたらすはずであってカルテル規制はやめるべきであるということになるであろう，として相対化の構えも見せている。

　第1の実務的な難しさは，搾取的に高いという違反要件判断をどのように行うか，是正措置をどのように設計するか，という難しさと，是正措置を監視し続けることの難しさとに，分かれる。

　違反要件判断と是正措置設計の難しさとの関係では，確かに略奪廉売系他者排除行為のように，価格と費用の比較を行う分野も存在するのであるが，そのような分野では価格が費用を下回っているか否かを論ずれば足りるのに対して，搾取的価格の問題においては，価格が費用を「どの程度離れて上回っているか」(how much deviation from the benchmark) が問題となる。そのような意味で難しい，とされる。

　是正措置を監視し続けることの難しさとの関係では，競争当局が半永久的な準規制当局になる危険性をもたらす，とされる。その業界の専門知識のない競争当局が継続的に業界を監視するのは難しい。しかし，特殊な事例においては，競争当局が簡潔な判定ルールを設計して是正措置を監視することができる場合もある，とされる。例えば，市場Bでの価格が適正に設定される場合には，市場Aでは市場Bでの価格のx％増しまでのみ認める，といった監視ルールを置くことが考えられる[20]。

----

[20] 本稿脱稿時（2017年5月）には案の段階であるが，欧州委員会はGazpromに対し，搾取型濫用規制の観点を含む確約決定をしようとしている。東欧でのガスの搾取的価格を抑制するため，西欧での競争的価格をベンチマークとして価格設定を関連付けるよう

以上のようなわけで，確かに搾取型濫用規制には困難が伴うことが多いけれども，だからといって全て捨て去る理由はどこにもない，と結論付けられている。

　したがって，排除型濫用規制のほうに重点が置かれ，事例数は少ない，としたうえで，搾取型濫用規制の事例が1件ずつ比較的詳細に紹介され[21]，そのうち特に著名な United Brands 事件の司法裁判所判決の基準が紹介され[22]，その基準をものさしとしつつ他の事例を改めて振り返る[23]，といった詳細な分析がされている。

　そのなかで，過去の欧州委員会および欧州裁判所の事例は，確固として揺るぎのない「an entrenched dominant position」が存在し，予見し得る将来において新規参入や既存競争者の拡大を期待できないような事案に限られている旨が指摘される。このような傾向は，どちらかというと搾取型濫用でなく排除型濫用に重点を置くという規制傾向に沿うものであり，一時的に価格が高くなる程度であれば，搾取的価格そのものに注目するより，参入障壁を低くするような施策に重点を置くほうが適切であることが指摘される[24]。

4　米国における新たな潮流

　米国は完全否定し EU が踏みとどまる，という以上のような図式のもと，米国には，標準必須特許や医薬品の分野において，新たな潮流が見られる。いずれも，知的財産に関係しており，動く金額が大きく，注目を浴びるものであるために，米国反トラスト法に対する見方の根本的な刷新を促す契機となり得るものである。

　知的財産分野の議論が米国における搾取型濫用規制の議論の突破口となる可能性を持っていることは，以前から認識されていた。米国では，PAE（patent assertion entity）による知的財産権行使が，反トラスト法に限定しない広い問題として意識され議論されている[25]。そこでは，被排除者と競争関係のない

　　約束させることで，監視ルールとするという内容である。European Commission, Press release on 13 March 2017, IP/17/555.
(21)　OECD・前掲注(6) 312-317 頁。
(22)　OECD・前掲注(6) 317-319 頁。
(23)　OECD・前掲注(6) 319-321 頁。
(24)　OECD・前掲注(6) 317 頁。

Ⅲ　市場行動法等

PAEによる権利行使を問題とする。そうすると，これを特許法などでなく反トラスト法の問題とするのであれば，搾取型濫用規制を行わないとしてきた米国の「伝統」に反省を迫ることになるのではないか，ということが予想されていた[26]。

そうしたところ，標準必須特許と医薬品の2つの分野のいずれについても，反トラスト法の専門家の一人であるハリー・ファースト教授が，米国反トラスト法における搾取型濫用規制，という，長年にわたり米国では無視されてきた観点から問題を指摘する論文を公にしている。無視されてきた，と表現するのが大袈裟でないことの傍証として，前記2の司法省FTC貢献文書は，知的財産権や医薬品の問題には全く触れていない。

ファースト知的財産論文[27]は，米国における搾取型濫用規制に対する否定的潮流（前記2）を改めて描いたあと，しかし，最近の知的財産権に関係する議論においては必ずしもそうではなく，米国においても搾取型濫用規制の兆しがあることを指摘する[28]。そして，FRAND条件による標準必須特許のライセンスについて，民事裁判や政府文書の少なからぬ数のものが問題意識を表明していることに触れたあと，搾取型濫用規制であると位置付けることのできる2008年のN-Data事件FTC同意命令[29]に触れている[30]。2013年のGoogle事件FTC同意命令も，反トラスト法の外延部分をFTCが苦心して開拓しようとした事例であるとしている[31]。そのうえで，各法域のFRANDに関係する

[25]　議論の一例として，D. Daniel Sokol (ed.), Patent Assertion Entities and Competition Policy (Cambridge University Press, 2017)。
[26]　白石忠志「特許権と競争法をめぐる2013年の状況」パテント67巻2号（平成26年）。
[27]　Harry First, "Exploitative Abuses of Intellectual Property Rights", NYU Law and Economics Research Paper Series, Working Paper No. 16-26 (July 2016); available at SSRN.
[28]　ファースト知的財産論文・前掲注[27] 3-4頁。
[29]　In the Matter of Negotiated Data Solutions LLC., FTC File No. 051 0094 (2008). この事例を搾取型濫用規制の観点から分析したものとして，白石忠志「In re Negotiated Data Solutions LLC」白石忠志＝中野雄介編『判例　米国・EU競争法』（商事法務，平成23年）198-204頁。
[30]　ファースト知的財産論文・前掲注[27] 10-12頁。
[31]　ファースト知的財産論文・前掲注[27] 12頁。In the Matter of Motorola Mobility LLC, and Google Inc., FTC File No. 1210120 (2013). 名宛人との競争関係を問わず全てのライセンス希望者にライセンスすることを求めている点で，搾取型濫用規制的であるといえ

諸事例に言及する[32]。更に，特許期間満了後のロイヤルティの問題についても，米国内外の事例に言及する[33]。

以上をまとめてファースト知的財産論文は，次のように論ずる。「反トラスト法の目的は，通常，競争の促進（あるいは少なくとも競争を制限する要因の除去）にある。搾取の禁止は，通常，法目的には含まれないと考えられている。しかし，本稿で見てきた米国内外の競争当局や裁判所の事例は，知的財産権を用いた搾取の場合には異なる考え方が採られていることを示している。伝統的理解とは異なり，今日，反トラスト法は，知的財産権利者が搾取的に高いロイヤルティや特別な非価格的条件を課してライセンシーから搾取する能力を制御している。」[34]。

ファースト医薬品論文[35]は，2015年8月にTuring Pharmaceuticalsが，62年にわたる長い歴史をもつDaraprimというトキソプラズマ症の医薬品を買収し，1錠あたり13.50ドルから1錠あたり750ドルに値上げしたエピソードから始まる[36]。同様のエピソードをいくつか紹介したあと，ファースト医薬品論文は，FTC法5条に関する議論を始め，ファースト知的財産論文でも取り上げた知的財産権事例に言及して，医薬品でも同様のことが当てはまるはずである旨の論述をする[37][38]。

最後にファースト医薬品論文は，以下のように述べる[39]。過去の事例に照らせば，FTCは，製薬会社が医薬品を買収し消費者から搾取するような価格を設定した場合にはFTC法の適用を検討することができるはずである。それは，

ようか。
[32] ファースト知的財産論文・前掲注[27] 12-28頁。
[33] ファースト知的財産論文・前掲注[27] 28-32頁。
[34] ファースト知的財産論文・前掲注[27] 32-33頁。
[35] Harry First, "Unfair Drug Prices and Section 5", CPI Antitrust Chronicle, November 2015 (2) (2015); available at SSRN.
[36] ファースト医薬品論文・前掲注[35] 2頁。
[37] ファースト医薬品論文・前掲注[35] 4-6頁。
[38] 英国において類似の観点から医薬品の高価格を問題とした事例として，Office of Fair Trading, Case CA98/2/2001 Napp Pharmaceutical Holdings Ltd (30 March 2001) がある。柏木裕介「Napp Pharmaceutical Holdings Ltd. v. Director General of Fair Trading」白石忠志＝中野雄介編・前掲注[29] 206-224頁。
[39] ファースト医薬品論文・前掲注[35] 8-9頁。3点が挙げられているうち第2点を割愛し第1点と第3点とを繋げた。

知的財産権の諸事例の場合と同じである。FTC は議会から広汎な権限を与えられているのであって，「競争のプロセスを維持し，消費者から独占レントを搾取することを禁止する」という伝統的使命の観点から，新たな問題を検討する余地を残すべきである。

Ⅲ　日本の状況

1　はじめに

以上のような EU・米国の流れがあるところ，日本独禁法の優越的地位濫用規制をめぐってはどのような議論があり，それはどのように位置付けられるのか[40]。

日本では，EU などにみられる搾取型濫用規制と日本の優越的地位濫用規制はそもそも異なるものである，という観念が根強い。以下の検討は，本当にそうであるのか，という観点からのものである。

2　「優越的地位」と「a dominant position」の異同

(1)　はじめに

搾取型濫用規制と比較した場合の優越的地位濫用規制の異質性が強調される場合にその根拠とされる代表格は，「優越的地位」の要件が異質であるという主張である。

私はこの主張には根拠はないと考えているが，そのことを明らかにするには，もつれた様々な要素を解きほぐす必要がある。

(2)　公取委ガイドラインの基準

公取委の優越的地位濫用ガイドラインは，優越的地位の判断基準として，次のようなものを掲げている。「甲が取引先である乙に対して優越した地位にあるとは，乙にとって甲との取引の継続が困難になることが事業経営上大きな支障を来すため，甲が乙にとって著しく不利益な要請等を行っても，乙がこれを

---

[40]　米国内で通常は「competition law」でなく「antitrust」と呼ばれる（前記注(3)）のと同様，日本でも，国内法を指す場合には，法律の略語として 70 年以上用いられてきた「独占禁止法」あるいは「独禁法」が用いられることが多い。尤も，米国と比べると，国際的文脈において「競争法」と呼ぶことについての抵抗は少ないように思われる。

受け入れざるを得ないような場合である。」[41]。

　日米構造問題協議を受けて公取委が流通取引慣行ガイドラインの原案を策定した平成3年1月の段階までは、「取引上優越した地位にあるかどうかについては、次の事項等を総合的に考慮して、個別具体的に判断されるが、一般的には、取引の一方の当事者が、他方の当事者に対して取引上相対的に優越していることによって、不当に相手方に不利益を与え得るような取引上の地位にあることをいう。①両当事者の取引関係（取引依存度、継続的取引の必要性等の実態）、②取引対象商品の需給関係、③両当事者の総合的事業能力の格差（資本金、従業員数、総売上高等の比較）」という基準であった[42]。ここでは、総論的基準が存在しないに等しいなかで①～③の総合考慮をすることとなっている。これが、最終的な流通取引慣行ガイドラインにおいて、現在の優越的地位濫用ガイドラインと同様の基準に変更された[43]。

　このように、平成3年1月の、取引の必要性と総合的事業能力の格差が平板に並べられた状態から、平成3年7月の、取引が必要であるために濫用行為を受け入れざるを得ないことを総論として前面に出し、総合的事業能力の格差を考慮するとしても下位の考慮要素のひとつとして扱う形へと書き改められて、現在に至っていることになる。

(3) 分　析

　優越的地位の判断基準において取引必要性が中核にあることを前提とすれば、優越的地位の概念は、程度の差はあり得るとしても質的には、EUの「a dominant position」（文脈により「dominance」とも呼ばれる）と同等のものだと考えられる[44]。

---

[41]　公正取引委員会「優越的地位の濫用に関する独占禁止法上の考え方」（平成22年11月30日）第2の1後段。

[42]　引用は、公正取引委員会事務局「流通・取引慣行に関する独占禁止法上の指針（原案）」（平成3年1月17日、公正取引484号などに掲載）第1部第5の2(3)注13。同第2部第5の1(2)も同様。

[43]　公正取引委員会事務局「流通・取引慣行に関する独占禁止法上の指針」（平成3年7月11日）第1部第5の2(3)注13、第2部第5の1(2)（後者はその後、第2部第5の2となったが、前者・後者のいずれも平成29年6月16日の改正で整理され削除された）。優越的地位濫用ガイドライン第2の2に列挙されている考慮要素も、この平成3年7月時点で、ほぼ同様のものが掲げられている。

Ⅲ　市場行動法等

　日本において，それとは異なる理解が多いとすれば，それは，そのような理解をする側に以下のような事情があるからであろうと考えられる。

　第1に，平成3年1月までの，何が基準となるのか定かにしようとしなかった時代の空気をいまだに引きずっている，ということであろう。取引必要性が基準の中心であるのか総合的事業能力の格差が基準の中心であるのかすら定かでなければ，位置付けを論ずることはできない[45]。

　第2に，論理性の問題である。例えば，金融機関が中小企業に貸付をするという市場のなかに，三井住友銀行が，三井住友銀行しか選択肢のない中小企業に貸付をするという市場が重畳的に成立するということや，後者のようなものも論理的にいって「市場」と呼ぶのに遜色ないことなどについて，理解を示そうとしない議論は多い[46]。そのような議論は，その事件で問題となった取引相手方から出発してその事件に関係する市場（relevant market）という法的概念を想起するのでなく，その事件とは関係のない市場なるもの（ここでは中小企業向け貸付の市場か）をアプリオリに想起し，それとの関係を云々する。

　あくまで仮説であるが，日本において「a dominant position」を「支配的地位」と訳し，「優越的地位」とは殊更に異なるものであるかのように扱ってきたこと自体が，以上のような環境の影響を受けたものであった可能性があるように思われる。

---

[44]　帰山・前掲注(2) 660頁．白石忠志「支配的地位と優越的地位」日本経済法学会年報35号（平成26年）。

[45]　優越的地位の判断基準を鍵として優越的地位濫用規制を分析する拙稿を平成5年に執筆したとき（白石忠志「『取引上の地位の不当利用』規制と『市場』概念」法学（東北大学法学部紀要）57巻3号（平成5年）），最も痛感したことは，文献の多くが，自分が何を述べているのかをみずからでさえ定式化できておらず，あるときは総合的事業能力の格差を強調し，またあるときは取引必要性を強調する，といった傾向を持っていたことであった。日本の優越的地位濫用規制はEUの搾取型濫用規制とは違った異質なものであるという理解や，絶対的優越は必要なく相対的優越で足りるという論（優越的地位濫用ガイドライン第2の1前段）は，そのようななかから生まれた。

[46]　公取委勧告審決平成17・12・26審決集52巻436頁〔三井住友銀行〕の事案が，後者のような市場を観念すべき事実認定を前提としたものであることは，勧告審決書に明示されている。そのような事実関係は，優越的地位濫用ガイドライン第2においても具体例の②として掲げられている。

(4) トイザらス審決

　その後，優越的地位の判断基準は表向きは不変なのであるが，しかしこれを内実において大きく変えた可能性があるのが，濫用行為が立証されたならば優越的地位の成立を推認するという，平成21年改正（平成21年法律第51号）による課徴金導入後の公取委の考え方である。

　それまで，優越的地位濫用に対する公取委の行政処分が争われることはほとんどなかったが，課徴金が導入されて争われる確率が高まった。そして，争われた場合，公取委は，課徴金額の計算方法との関係で，全ての取引相手方について，個々に，優越的地位を認定せざるを得なくなった[47]。

　公取委は，濫用行為が立証されたならば優越的地位の成立を推認するという枠組みを編み出し，平成22年の優越的地位濫用ガイドラインには書いていなかったこの考え方を，平成27年のトイザらス審決において公式に表明するに至った[48]。

　この考え方それ自体は，理解できなくはないが，問題は，具体的な事例における具体的当てはめであろう。そこで，トイザらス審決のなかに現れる個々の取引相手方との間の実例をみると，かなり低めの数字でも，他の数字を絡め，濫用行為による推認を絡めながら，優越的地位を認定していることがわかる[49]。これは，従前において常識的に考えられていた基準からみてかなり低いものではないかと思われ，濫用行為が立証されたならば優越的地位を推認するという枠組みの影響があるのではないかと考えられる[50]。

---

[47] 20条の6において，「当該行為の相手方との間における」取引額に1％を乗じて課徴金額を計算することになったところ，この「当該行為」は同条冒頭の「行為」を指すため，2条9項5号の要件を全て満たすものである必要があると考えられている。

[48] 公取委審判審決平成27・6・4審決集62巻119頁〔トイザらス〕（公表審決案19～20頁）。

[49] 例えば，取引相手方Gについて，トイザらスとの取引依存度が約1.5％であるものの，Gにおけるトイザらスの取引依存順位は11位と「比較的高」いこと（公表審決案28頁），取引相手方Hについて，トイザらスとの取引依存度が約0.5％であるものの，Hにおけるトイザらスの取引依存順位は9位と「比較的高」いこと（公表審決案32～33頁），取引相手方Iについて，トイザらスとの取引依存度が約0.5％または約0.7％であり，Iにおけるトイザらスの取引依存順位も21位であるものの，年間売上高が大きいこと，その商品カテゴリーに限ってみた場合には取引依存度が約5％であること，Iはその商品の取引依存度についてトイザらスの順位が常に上位であることを認識していたこと（公表審決案37頁），などを挙げるなどして，優越的地位の成立を認定している。

Ⅲ　市場行動法等

　このような低い数値は，かりに，その取引相手方らだけを想定した小さな市場を画定したとしても，EU の「a dominant position」を認定することはできない水準のものである可能性がある。その意味では，「a dominant position」と「優越的地位」は同質であるという分析も一定の挑戦を受けていることになろう。

　しかし，推認ルールは用いられたものの，優越的地位の実体法[51]的な判断基準には，変更はない。かりに「a dominant position」と「優越的地位」との間に差が生ずる，あるいは，差が開く，としても，それは，程度の問題であり，質的な差異ではない。取引相手方にとっての選択肢の幅がどのように認定され，そこにおける行為者（トイザらス審決においてはトイザらス）の存在感がかりに小さいものであっても，とにかく，トイザらス審決は，取引相手方にとってトイザらスと取引することが必要であった，と認定しているのであるから，「a dominant position」との連続性は保たれている[52]。

3　優越的地位濫用規制の目的
(1)　は じ め に

　以上のように，程度問題の差はあるとしても質的には同じである搾取型濫用規制と優越的地位濫用規制であるが，さて，しかし，その目的論においても，公取委は特徴的な主張をしている。以下では，そのことについて順に，見て行くこととしたい。

(2)　2 つの考え方
(ⅰ)　間接的競争阻害規制説
　公取委は，間接的競争阻害規制説とでも呼ぶべき考え方を採っている。

---

[50]　現に，取引相手方 G，H，I，のそれぞれについて，推認に関する言及がある（公表審決案 29 頁，34 頁，38 〜 39 頁）。
[51]　ここで「実体法」というのは，競争法分野でしばしば用いられるような違反要件論の言い換えとしての「実体法」ではなく，通常の法学における実体法・手続法の二分論における「実体法」である。
[52]　もう 1 点，指摘するならば，トイザらス審決において公取委が用いた推認ルールや具体的当てはめ基準は，まだ裁判所で是認されたわけではない。トイザらスは，審決取消訴訟を提起しなかった。

〔白石忠志〕　*21*　競争法における搾取型濫用規制と優越的地位濫用規制

現在に至るまで不公正な取引方法の研究・実務に大きな影響を与えている昭和57年独占禁止法研究会報告書は，優越的地位濫用規制の位置付けについて，取引相手方がその競争者との関係で競争上不利になることや，行為者がその競争者との関係で競争上有利になることを問題とするものである旨を述べている。以下のとおりである。「これらの侵害は，市場における自由な競争そのものを直接侵害するおそれがあるものではないが，当該取引の相手方の競争機能の発揮の妨げとなる行為であり，このような行為は，第1に，不利益を押し付けられる相手方は，その競争者との関係において競争条件が不利となり，第2に行為者の側においても，価格・品質による競争とは別の要因によって有利な取扱いを獲得して，競争上優位に立つこととなるおそれがある。」[53]。

これとほぼ同文が，平成22年に策定された現在の優越的地位濫用ガイドラインに受け継がれている[54]。

(ii) 搾取規制説

これに対して，搾取規制説がある。優越的地位濫用規制の目的は，EUの搾取型濫用規制と同様，搾取された取引相手方の保護にある，とする考え方である。私見は，これである。改めて述べるまでもなく，搾取型濫用規制の基本的な目的に関する欧州委員会貢献文書の考え方（前記3(2)）や，米国反トラスト法の伝統的使命であるとしてファースト医薬品論文が示す考え方（前記4(3)）も，搾取規制説と同様の内容となっている。

(3) 間接的競争阻害規制説について
(i) 従前からの考え方の検討

なぜ公取委は，間接的競争阻害規制説のような，持って回った考え方を採っているのか。

鍵は，前記(2)(i)で引用した昭和57年独占禁止法研究会報告書の，「市場における自由な競争そのものを直接侵害するおそれがあるものではないが」という表現であろう。

---

[53] 独占禁止法研究会「不公正な取引方法に関する基本的考え方」（昭和57年7月8日，公正取引382号，383号などに掲載）第1部2(5)ア。
[54] 優越的地位濫用ガイドライン第1の1。

Ⅲ 市場行動法等

　もし，取引相手方から出発して事案に即した市場画定をしたならば，別の論が出た可能性があるが（前記2(3)），昭和57年独占禁止法研究会報告書の表現にそこまでの思索の痕は見られない。事案とは無関係にアプリオリに「市場」なるものを観念し，事案とは無関係であるそのような「市場」とは無関係である優越的地位濫用規制をどのように位置付ければよいのかと呻吟して，持って回った説明に頼った，ということではないか。

　なお，「公正な競争を阻害するおそれ」が要件となっているなかで，既に競争がなくなった状態における行為を規制することはできない，という考え方が，間接的競争阻害規制説の背後にある可能性もある。

　しかし，これに対しては，次の2点を指摘する必要がある。

　第1に，搾取規制説が，EU競争当局である欧州委員会の貢献文書や，米国反トラスト法研究者が反トラスト法の伝統的使命であるとする考え方と，同一のものであることに注意する必要があろう。既に競争がなくなった状態にあって搾取することも「公正な競争を阻害するおそれ」に該当するという解釈も，政策目的の観点からの法解釈として，あってよいように思われる。

　第2に，平成21年改正によって，優越的地位濫用規制を規定する2条9項5号は，条文上は，「公正な競争を阻害するおそれ」という要件を被らなくなっている。「公正な競争を阻害するおそれ」という要件が明文で定められているのは2条9項6号だけである。もちろん，平成21年改正後も，2条9項1号〜2条9項5号について不適切に広い適用が行われないよう「公正な競争を阻害するおそれ」という縛りがかかると解釈することは，公取委を含め，受け入れられてきている(55)。しかし，2条9項5号だけについて言えば，もし「競争」という文言が気になるのであれば，「公正な競争を阻害するおそれ」の文言を条文上は被らなくなっていることを利用して，無用の制約を取り払うことも考慮に値するであろう。そのような制約を取り払っても，「優越的地位」や「濫用行為」について優越的地位濫用ガイドラインを含めた多くの議論の蓄積があるので，不適切に広い適用は抑えられると期待される。

---

(55) 公取委の見解なども含め，白石忠志『独占禁止法〔第3版〕』（有斐閣，平成28年）341頁。

(ii) トイザらス審決

　以上のような議論は，従前においては，実際の法適用に影響のない位置付け論に過ぎなかった。公取委は，間接的競争阻害規制説を唱えても，実際には，「優越的地位」と「濫用行為」を立証していただけである。もちろん，間接的競争阻害というものは観念的なものであるから，立証されたと述べる場合の根拠も観念的でよく，具体的に立証するわけでもないから，難しくもなかったであろうが，しかしそのようなことには命令書では触れないのが通例であった。

　そうしたところ，平成21年改正によって課徴金が導入され，優越的地位濫用規制が争われるようになってから，公取委は間接的競争阻害規制説を強調するようになった。

　その背景には，違反行為の個数の数え方が，課徴金の額や，課徴金計算の手間に，大きな影響を与えることとなり，そして，公取委の考え方が，間接的競争阻害規制説によって，より良く支えられることがわかった，という事情があるものと考えられる。

　すなわち，トイザらス審決は，間接的競争阻害規制説を掲げ，そのような意味における公正競争阻害性について，「どのような場合に公正競争阻害性があると認められるのかについては，問題となる不利益の程度，行為の広がり等を考慮して，個別の事案ごとに判断すべきである」とした[56]。

　そして，「2年以上もの期間にわたり，被審人の組織的かつ計画的に一連の行為として本件濫用行為を行ったものであり」と述べ，濫用行為の対象となった取引相手方が115社いたことにも触れて，公正競争阻害性を認定している[57]。

　このような認定が，なぜ，課徴金の額や，課徴金計算の手間に，大きな影響を与えるのかというと，以下のとおりである。115社では多すぎるので，簡潔な説明のため，濫用行為を受けた取引相手方が $X_1 \sim X_5$ の5社であると仮定する。そして，X_4 と X_5 は3年間にわたって濫用行為を受けたが，X_1 は1年目のみ，X_2 は2年目のみ，X_3 は3年目のみ，濫用行為を受けたと仮定する。このときかりに，$X_1 \sim X_5$ に対する濫用行為が「組織的かつ計画的に一連の行為」であるために全体で1個の違反行為であるとされれば，20条の6により，

---

[56] 公表審決案77頁。

[57] 公表審決案77頁。「組織的かつ計画的に一連の行為」であったことの認定は，公表審決案76頁。

Ⅲ　市場行動法等

課徴金計算対象となる違反行為期間は3年間となり，X_1〜X_5との3年間の取引額の1％が課徴金となる。X_1〜X_3に対しては，それぞれ，3年間のうち1年間しか，濫用行為をしていないのであるが，課徴金計算の関係では，いずれの取引相手方についても，3年分の取引額が課徴金計算の基礎とされることになる。

このような考え方に対しては，X_1〜X_3について，それぞれ，濫用行為が行われていた1年間のみに限定して取引額を計算したうえで1％を乗ずるべきである，という考え方によって反論することが考えられる。すなわち，例えば，取引相手方ごとに1個ずつ（合計5個）の違反行為を認定する方法である。そうすると，課徴金額が，違反行為の実態に近づくように思われるが，課徴金額は小さくなり，また，公取委には，取引相手方の数だけ違反行為期間を認定するという手間が発生することになる。

トイザラス審決は，取消訴訟が提起されずに確定したが，課徴金の対象となった他の事件は，いずれも，本稿脱稿時（2017年5月）には，審判手続で争われており，そのあと訴訟手続に移行する可能性もある[58]。そのようななか，公取委は，間接的競争阻害規制説を従来以上に強調しようとするであろうと予想される[59]。

Ⅳ　結　び

米国に並ぶ競争法主要法域に成長したEU競争法の存在感の高まりとともに，搾取型濫用規制が一定の注目を浴びている。搾取型濫用規制は決して行わないとされていた米国においても，変化の兆しが見られる。

データ保護やプラットフォームなどの問題領域においても，搾取型濫用規制は一定の役割を担う可能性がある。データ保護においては消費者に対する利用規約の内容という品質に係る搾取型濫用が問題とされ[60]，プラットフォー

---

[58] 山陽マルナカ，エディオン，ラルズ，ダイレックス，の4件である。

[59] これに対しては，違反行為は全体で1個であるとすることと，「優越的地位」や「濫用行為」は個々の取引相手方ごとに認定することとが，矛盾している，という反論が，可能であるように思われる。また，違反行為の数え方は，ただ1つの正解があるわけではないのであって，そうであるとすれば，どの数え方をとったとしても同様の課徴金額となるような解釈論を採るべきである，という反論もあり得る。

[60] 例えば，European Data Protection Supervisor, "EDPS Opinion on coherent

ムが市場において強い力を持つ場合に機を見て搾取的価格とする手法（surge pricing）にも関心が払われている[61]。

　日本には，昭和28年というかなり早い時期から優越的地位濫用規制が存在した。しかし，競争法の母国である米国が完全否定の態度を採っていたためか，日本みずから，その位置付けや目的において特殊であることを強調する論を根付かせてしまっており，そのような考え方は課徴金導入後の公取委の見解によって強化されている。しかし，実際の規制内容を見ると，むしろ，EU等の搾取型濫用規制をめぐる議論との共通性を指摘し得る。

　公取委の都合による議論とは別に，優越的地位濫用規制に関する客観的な分析を行い，EUや米国の搾取型濫用規制をめぐる展開をも参考とした研究をすることのできる余地は大きく開けているように思われる[62]。

---

enforcement of fundamental rights in the age of big data" (Opinion 8/2016) は，搾取型濫用規制の問題に繰り返し言及している。

[61]　surge pricing の問題は，米国での訴訟の原告が主張しているとされる内容として，プラットフォームが作成したアルゴリズムによって基本サービス提供者（例えば自動車運送プラットフォームにおける自動車運転者）のカルテルが認定されるか否かが話題となりがちである。しかし，実質的には，プラットフォームを中心とし基本サービス提供者をその手足と考えて，搾取型濫用の問題と考えたほうが，問題の捉え方として包括的であるように思われる。EUの事例における法務官意見は，この考え方と通底するようである（Advocate General Szpunar's Opinion of 11 May 2017, Asociación Profesional Elite Taxi v Uber Systems Spain SL, C-434/15, EU：C：2017：364）。

[62]　関係して興味深い事例として，東京地判平成28・10・6平成27年（ワ）第9337号〔太陽電池グレードポリシリコン〕（LEX/DB，D1-Lawなどのデータベースに掲載）がある。第1に，判決は，米国ミシガン州にも，非良心性（unconscionability）の法理という，日本の優越的地位濫用規制と同等のものがあることを認めた。本件では，原告と被告との間に国際的専属裁判管轄の合意があったため，その合意に従うことが「はなはだしく不合理で公序法に違反する」か否かが問題となった。その判断のための材料として，判決は，米国ミシガン州の法理と，日本の優越的地位濫用規制とが「相当程度類似していることが認められる」とした（事実及び理由第3の2(2)ウ(ウ)）。米国では搾取型濫用・優越的地位濫用の規制は行わないという，これまで米国の定説であるとして紹介されてきたものが，連邦反トラスト法に関する考え方にとどまるものであったのではないか，という疑問に，改めて光が当たっている。第2に，判決は，「行為の相手方が会社等ではなく消費者であることにより，非良心性の法理の要件該当性が認められやすくなること自体は，独禁法上の優越的地位の濫用についても同様であると解される」とした（事実及び理由第3の2(2)ウ(エ)）。2条9項5号は，「相手方」と規定するだけであって，消費者を除く旨の明文はないのであるが，公取委主導で進められてきたこれまでの議論において，優越的地位濫用規制の適用対象となる事例における取引相手方は消費者

Ⅲ　市場行動法等

でも構わない，という考え方は，一度も公認されたことがない。公取委は，優越的地位濫用ガイドラインで取引相手方の「事業経営上大きな支障を来す」という表現を用いており，取引相手方が消費者である場合を念頭に置いていないかに見える。

22 景表法における課徴金の性質に関する再検討
―減額制度を中心に―

滝澤紗矢子

Ⅰ はじめに
Ⅱ 問題の所在
Ⅲ アメリカ合衆国における FTC 法規制の概要
Ⅳ 景表法の課徴金制度―減額制度―に関する若干の検討
Ⅴ おわりに

Ⅰ はじめに

　本稿は，平成21年改正法以降，明確に消費者保護法の1つとしての役割を担うようになった不当景品類及び不当表示防止法（以下，「景表法」もしくは「法」という）を取り上げる[1]。中でも，そのエンフォースメントを強化するため，平成26年改正法によって導入され[2]，実際に複数の課徴金賦課事例が現れるなど，その運用動向が注目されている課徴金の性質について，減額制度を中心に若干の検討を行う。

　景表法の課徴金は，景表法が独禁法の特別法であった経緯もあって，独禁法における課徴金制度も参照しながら制度設計されたようであり[3]，その法的性格も同列に説明されることが多い。すなわち，違反行為を抑止するために金銭

---
[1] 景表法は，独占禁止法の特例法として公正取引委員会が所管していたが，平成21年の消費者庁創設と同時に移管され，1条の目的規定も専ら消費者保護を目指すものへと改正された。大元慎二編著『景品表示法（第5版）』（商事法務，2017年）1-5, 25-37頁参照。
[2] 導入の経緯の詳細については，黒田ほか編著『逐条解説平成26年11月改正景品表示法――課徴金制度の解説』（商事法務，2015年）2-17頁。河上正二＝黒田岳士「［対談］改正景品表示法の狙い――課徴金制度導入を中心に」NBL1043号（平成27年）5-7頁，中原茂樹「景品表示法上の課徴金について」『小早川光郎先生古稀祝賀　現代行政法の構造と展開』（有斐閣，2016年）794-795頁。
[3] 公取委の職員が消費者庁に異動して景表法の改正を担当したことも大いに関係があろう。

Ⅲ 市場行動法等

的不利益を課す行政上の措置である、といった説明である。この延長上に、景表法に新たに導入された被害者への返金による課徴金減額制度（Ⅱで後述）についても、抑止力強化と被害者救済の両立を目指すものといったやや抽象的な説明が行われている[4]。こうした説明自体は決して誤りではない。しかし、両法の下で課徴金対象となっている違反行為は大きく異なる上、後でみるように課徴金賦課と組み合わされている各種減額（免除）制度等も一様でないことに鑑みると、これらの課徴金及びそれに関係する各種制度の性質の異同について、もう少し踏み込んで理解すべき可能性があるし、このことは両制度においてそれぞれ効果的な政策目的の達成を目指す上で重要だと思われる[5]。すなわち、異なった性質をもつのであれば、それに応じた制度設計を追求すべきだと考えられる。とりわけ、平成26年改正法は、附則4条により5年後の検討が予定されており、実際の運用状況を踏まえて、景表法の課徴金制度について一定の見直しが行われる可能性がある。本稿は、その効果的見直しを見据えつつ、基礎的考察を提供することを目的とする。

Ⅱ 問題の所在

法的性質について検討を行う前提として、景表法の現行課徴金制度と現在までの実例を簡単に紹介し、問題の所在を明らかにする。

1 景表法の課徴金制度の概要と特徴

景表法の現行課徴金制度の骨格は、次の通りである[6]。法8条1項により、優良・有利誤認表示（法5条1号・2号に該当する「課徴金対象行為」）をした事業者に対して、課徴金対象期間における課徴金対象行為に係る商品又は役務の政令の定める方法により算定した売上額に、3％を乗じて得た額につき、課徴金の納付を命じなければならない。ただし、同項ただし書により、事業者が、課

---

[4] この点につき、菅久修一「課徴金制度の導入等を内容とする景品表示法の平成26年改正」舟田・土田編著『独占禁止法とフェアコノミー』（日本評論社、2017年）177頁は、「不当な表示によって被害を受けた消費者へ事業者が返金（被害回復）を行おうとするインセンティブを意識したもの」と説明する。

[5] 現行制度に至るまでには様々な議論があり、その制度趣旨・目的には「かなり複合的なものが入り込んでいる」と指摘されている NBL1043号8頁河上発言。

[6] 詳細は、原山ほか編著『詳説　景品表示法の課徴金制度』（商事法務、2016年）。

徴金対象行為をした期間を通じて、自ら行った表示が不当表示であることを知らず、かつ知らないことについて相当の注意を怠った者でないと認められるとき[7]、又は課徴金額が150万円未満であるときは、課徴金の納付を命じることができない。課徴金額の減額が認められる場合については、次の二通りの定めがある。第1に、法9条に基づくいわゆる自主申告による50％の減額であり、第2に、法10条以下に定められている認定返金措置計画を実施して認められた返金額を控除することによる減額である。このうち、後者は、課徴金という行政制裁に消費者に対する被害回復の視点を連動させた本邦初の制度として注目されている。実際、先行して課徴金が導入されている独禁法においても、一定の違反行為に対して課徴金が課されるとともに、不当な取引制限該当行為については、特定の要件を満たす場合に自主申告による課徴金の減免が認められているが、景表法10条以下のように、課徴金の減額という誘因を与えることにより違反行為の被害者に対する損害の回復を促すよう行政が直接かかわる仕組みは設けられていない[8]。このように被害者救済への誘因が織り込まれているところに景表法の課徴金制度の最大の特徴がある[9]。

2 課徴金賦課事例の登場

本稿執筆時点（平成30年9月末日）までに、景表法に基づき次頁の表の通り課徴金納付命令が出されている。課徴金納付命令の件数は、この間に出された排除措置命令の件数よりもかなり少ない。これは、違反行為の対象商品役務が細分化して認定され、多くの事例で法8条1項ただし書の裾切額を下回るためだと指摘されている[10]。また、これまでに認定返金措置計画として公表されて

---

[7] 「主観要件」と言われる。菅久・前掲注[4]は、「不当な表示を未然に防止するために十分な注意をしようとする事業者のインセンティブ」を促進するものと説明する。

[8] ただし、独禁法も、25条に公取委の排除措置命令の確定等を前提とした（独禁法26条1項）無過失損害賠償制度を定め、これにつき損害額の求意見制度（独禁法84条）も整備する方法により、間接的に被害者救済を支援している。

[9] 菅久・前掲注[4]参照。この側面の法的論点を整理した先行研究として、中原「景品表示法上の課徴金について」前掲注[2]804-809頁。

[10] 課徴金対象行為に係る売上額が5,000万円未満であれば、課徴金納付命令は行われないことになる。染谷隆明「課徴金・返金措置制度導入後の景品表示法違反事例の検討」ジュリスト1517号30頁（2018年4月）、白石忠志教授のワンポイント解説・ビジネスロー・ジャーナル119号97頁（2018年2月）。

Ⅲ 市場行動法等

いるのは，三菱自動車工業による軽自動車8商品，日産自動車による軽自動車20商品，グリーによるオンライゲーム内におけるアイテムの使用許諾に係る3事例にとどまる[11]。

表：課徴金納付命令一覧

名宛人	命令日	課徴金対象行為に係る商品役務	課徴金額
三菱自動車工業	H29.1.27	普通自動車5車種26商品	4億8,507万円
日本サプリメント	H29.6.7	「ペプチドエースつぶタイプ」錠剤状180粒の商品，「豆鼓つぶタイプ」錠剤状180粒の商品	3,073万円，2,398万円
日産自動車・	H29.6.14	軽自動車2車種6商品	317万円
三菱自動車工業	H29.7.21[12]	軽自動車3車種8商品	368万円
オンライフほか8社	H30.1.19	葛の花由来イソフラボンを機能性関与成分とする機能性表示食品	2,073万円〜263万円
ミーロード	H30.3.23	「B-UP」と称する食品	2,430万円
プラスワン・マーケティング	H30.3.23	「FREETEL SIM」と称する移動体通信役務	8,824万円
エネルギア・コミュニケーションズ	H30.3.23	「メガ・エッグ光ネット［ホーム］」又は「メガ・エッグ for BB 東広島［ホーム］」と称する戸建住宅向け光回線インターネット接続サービスに「ギガ王」と称する複数年にまたがる契約に伴う割引を適用した役務	530万円
ガンホー・オンライン・エンターテイメント	H30.3.28	パズドラゲーム内でアイテム提供する「特別レアガチャ『魔法石10個！フェス限ヒロインガチャ』」と称する役務	5,020万円
日本教育クリエイト	H30.3.28	「介護職員初任者研修」と称する役務ほか3役務，「医療事務通学講座」と称する役務	4,936万円，169万円
ブレインハーツ	H30.6.15	「グリーンシェイパー」と称する食品,「スリムイヴ」と称する食品,「恋白美スキンソープ」と称する石けん，「Smart Leg」と称する下着	916万円，193万円，563万円，557万円
ARS	H30.6.29	日常生活におけるトラブルを解決するための9役務	1,639万円〜182万円

減額制度の観点から最も注目に値するのは、最初の課徴金賦課事例となった、三菱自動車工業株式会社及び日産自動車株式会社（以下、それぞれ「三菱」及び「日産」という）に対する各種自動車の燃費性能の優良誤認表示（法5条1号該当行為）に係る命令3件であろう[13]。なぜなら、これら3件の課徴金納付命令においては、法9条に基づく自主申告による課徴金額の減額と法10条以下に定められている認定返金措置計画の実施による減額という双方の適用が実際に問題となったからである。法9条に基づく自主申告による減額は、軽自動車に係る三菱と日産双方に対する課徴金納付命令において認められているが、普通自動車等に係る三菱に対する課徴金納付命令では認められなかった。三菱から自主申告は行われたものの、法9条ただし書にいう課徴金納付命令があるべきことを「予知」してされた報告であると認定されたためである[14]。また、軽自動車に係る三菱と日産双方に対する課徴金納付命令においては、法10条以下の規定に基づき、認定返金措置計画に適合して返金が実施されたと認められ、返金額に応じて大幅に課徴金が減額されたが、普通自動車等に係る三菱に対する課徴金納付命令には返金措置計画に関する記述がない。この点につき、三菱は実施予定返金措置計画を申請したが、不認定処分となったことが指摘されている[15]。日産に対する課徴金納付命令は、法8条1号ただし書の主観要件の判断でも注目された。三菱が供給する軽自動車並びに普通自動車等は三菱が製造したものであったが、日産の供給する軽自動車は、日産が自ら製造したのではなく、三菱からのOEM供給であったからである。これにつき、日産に対する課徴金納付命令は、日産は、三菱と「共同して実施した燃料消費率に係る検証において本件6商品の各商品の燃費性能の根拠となる情報を十分に確認することなく前記1の課徴金対象行為をしていたこと」から法8条1項ただし書に該当しないとした（同命令理由2(1)エ）[16]。

---

(11) 消費者庁HP「認定された返金措置一覧」平成30年9月末日時点。
(12) H29.6.14に三菱自動車工業に対して行った課徴金納付命令を撤回・再命令。
(13) 評釈として、染谷隆明「三菱・日産の燃費不正事例からひもとく景品表示法の課徴金制度」NBL1092号51頁、古川昌平「三菱・日産事例をどう伝えるか――経営陣に伝えるべき3つのポイント」NBL1092号58頁、滝澤紗矢子・新判例解説watch（経済法No. 54）2017.4.21web掲載、根岸哲・公正取引804号10頁、佐藤吾郎・ジュリスト1511号122頁、林秀弥・ジュリスト1518号（平成29年度重版）264頁。
(14) 染谷・ジュリスト1517号31頁参照。
(15) 詳細は、染谷・NBL1092号56頁、染谷・ジュリスト1517号32-33頁参照。

Ⅲ 市場行動法等

3 本稿の課題

　以上のように，実際に複数の課徴金賦課事例が現れ，これらを通じて消費者庁の具体的法運用のあり方が明らかになり，その法解釈の是非に関する議論が高まりをみせる中で，それぞれの規定の解釈を基礎付けるべく課徴金とその関連制度の性質決定を行うことは，将来の課徴金制度の見直しを見据えればなおのこと，重要であると思われる。具体的には，独禁法の課徴金制度との対比で浮き彫りとなる以下のような問題である。

　第1に，景表法における優良・有利誤認表示（法5条1号・2号）と，独禁法における典型的な課徴金賦課違反類型であって，唯一減免制度の対象となる不当な取引制限（独禁法2条6項）とでは，違反行為の内容，性格からして大きく異なる中で，課徴金の性質も違った形で捉える可能性はないのか，そのように差異を見いだす利点は何か[17]。そして，その差異が課徴金額の算定方法とどう関係するか。第2に，独禁法の課徴金制度における軽減算定率の適用，とりわけ減免制度（独禁法7条の2第10項～第12項）と，先にみた景表法で認められる課徴金の減額制度とは，どのように異なり，その背景にどのような性質の違いがあるのか。とりわけ，景表法9条の自主申告による減額は，独禁法の減免制度と外観は似ているにもかかわらず，なぜ一律50％の軽減算定率が適用されるのか。さらには，認定返金措置計画の実施による課徴金額の減額はどのように正当化されるのか。

　この点，我が国における議論はまだ始まったばかりであって，上記の問いに応えるには十分とは言いがたいようにみえる。したがって，日本法よりも早くに多様な観点から消費者に対する被害救済の側面を取り入れて試行錯誤してきたことがうかがえるアメリカ法の考え方を参照する。先行調査によれば，イギリス・ドイツ・フランスといったヨーロッパ諸国においては，刑事もしくは行

---

(16) この点につき，染谷・ジュリスト1517号31-32頁参照。

(17) 独禁法の課徴金制度としては，他に私的独占に対するもの（7条の2第2項・4項）と不公正な取引方法に対するもの（20条の2～20条の6）がある。しかし，未だ私的独占に対して課徴金を課した例はなく，今後も実例が頻発する可能性は低い。不公正な取引方法に対する課徴金についても，多くは累積違反課徴金であって，すぐに実例が登場する状況にはない。優越的地位の濫用に対する課徴金（20条の6）のみ実例が5件存在するが，ここ数年事案が出ていない。したがって，依然として不当な取引制限に対する課徴金が独禁法上の課徴金制度の中心を占めていると総括できる。また，軽減・加重算定率や減免制度は不当な取引制限に対する課徴金にしか適用がない。

政による違反事業者の保持する違法に得た利益の剥奪，もしくは行政制裁金の賦課は行われていることが確認された一方，行政が直接的に関与して消費者の被害回復を行うもしくはこれを促す仕組みはほとんど行われていないと報告されており[18]，この観点からもアメリカ法の参照は有益であると考えられる。

以下の考察においてはまず，アメリカ合衆国において不当表示規制を管轄するFTC法の下で，違反行為を行った事業者に対する制裁の側面と消費者に対する被害救済の側面がどう実現されており，消費者の被害回復が具体的にどのように行われているかをみる（Ⅲ）。次に，アメリカ法の検討を基に，独禁法における不当な取引制限に対する課徴金の諸制度とその背後にある法政策とを対比しながら，景表法の課徴金制度の性質とその背後にあると考えられる法政策を，減額制度を中心に分析する（Ⅳ）。最後に，以上の検討を踏まえて，景表法の課徴金制度のあり方について若干の示唆を行う。

Ⅲ アメリカ合衆国におけるFTC法規制の概要

1 不当表示規制制度の概要

以下の検討の起点として，古谷貴之「米国における原状回復，ディスゴージメント，及び民事制裁金制度――SEC及びFTCの場合」「諸外国における消費者の財産被害事案に係る行政による経済的不利益賦課制度及び財産の隠匿・散逸防止策に関する調査報告書」（平成25年3月）[19]，中川丈久「アメリカ合衆国における「消費者被害回復」（consumer redress）について」第7回消費者の財産被害に係る行政手法研究会（平成24年5月15日）【資料2】[20]を参照した[21]。

アメリカ合衆国において，不当表示を規制する連邦法は，FTC（Federal Trade Commission，連邦取引委員会）法である[22]。FTC法5条(a)(1)は，不公正

---

[18] 第148回本会議・第5回景品表示法における不当表示に係る課徴金制度等に関する専門調査会 合同会議（2014年3月18日）資料4「海外における広告規制法の動向・行政による経済的不利益賦課制度等の海外調査（概要）」消費者庁提出資料 http://www.cao.go.jp/consumer/history/03/kabusoshiki/kachoukin/doc/140318_shiryou4.pdf

[19] http://www.caa.go.jp/planning/25toritomame/4_America.pdf

[20] http://www.caa.go.jp/planning/pdf/0515siryou2.pdf

[21] 他の参考文献として，とりわけ内田耕作『広告規制の研究』（成文堂，1982年）第4章，他に内田耕作『広告規制の課題』（成文堂，1990年），本城昇『不公正な消費者取引の規制』（日本評論社，2010年）を参照した。

[22] 5名の委員によって構成され，その下に，競争，消費者保護，経済の3部局がある。

Ⅲ 市場行動法等

な競争方法（unfair methods of competition）のほか，不公正・欺瞞的な行為又は慣行（unfair or deceptive acts or practices，以下，「UDAP」という）を違法としており[23]，後者によりFTCはいわゆる消費者保護行政も所管している[24]。この違反行為の中には，本稿が問題とする景表法の課徴金対象行為である優良・有利誤認表示（法5条1号・2号該当行為，以下まとめて「不当表示」ともいう）も含まれる[25]。

FTCは，UDAPに対してどのようなエンフォースメント行っているのか。以下でみるように，FTCは，FTC法13条(b)を積極活用している状況にあり，同条に基づく訴訟提起を通じて，違反行為の恒久的差止め（permanent injunction）と消費者救済を実現している。一方で，違反事業者に対する制裁の側面は，FTCが行政手続きを通じて行うというより，主にDOJによる刑事制裁に委ねられている。

景表法における措置命令に対応するようなものとして，FTC法5条(b)に規定されるcease and desist orderがある。すなわち，FTCは，違反行為に対して，行政命令により差止めを命ずることができる。1970年代に，FTCは，消費者救済を図るべく，この命令に付随して，消費者に対する返還命令を発するようになっていた[26]。しかし，連邦裁判所は，FTCが返還命令の権限を有しないと判示したことなどから[27]，以後返還命令は発せられていない。これに伴

[23] 15 U.S.C. §45(a)(1). 1938年ホイラー・リー修正法により挿入された。経緯については，内田・前掲注[21]『広告規制の課題』第1章参照。さらに，FTC法5(n)条は，消費者に実質的な損害（substantial injury）を与えるか与えるおそれのあるものであって，消費者自身が合理的に回避できず，かつ消費者や競争上の利点が上回らない場合に限り，不公正として違法になるとしている。

[24] 消費者運動の高まりを背景として，1960年代後半からFTCの執行強化が図られて規制が活発化したが，1970年代にポズナーを中心とするいわゆるシカゴ学派の批判と保守政権の影響により一時規制機能が縮小した。しかし，その後1980年代に揺り戻して，以後規制枠組みは大きく変わることなく現在に至っている。

[25] この点につき，詳しくは，小畑徳彦「米国における不当表示規制」流通科学大学論集——流通・経営編—— 27巻2号58-61頁参照。

[26] Curtis Publishing Co., 3 Trade Reg. Rep. 19376 (FTC 1970), 19702, 19719 (FTC 1971). 内田・前掲注[21]『広告規制の研究』104-106, 132-137頁参照。

[27] Heater v. FTC, 503 F. 2d. 321 (9th Cir. 1974). FTCが上訴しなかった理由として，当時，FTC法に19条を追加する法案が審議中であって，立法によりエンフォースメントの強化が見込まれていたことを指摘できる。実際，1975年に19条が成立した。19条は，cease and desist orderが出されているなど一定の場合にFTCが違反行為による被害の

い，cease and desist order は，行政が消費者救済を図る必要がないと判断された場合，すなわち，通常，やや軽度で緊急性の低い違反行為に対して採られる措置として機能しており，現在でも年に数件の実例がみられる[28]。

　FTC 法 5 条は，民事制裁金（civil money penalty）についても定める。民事訴訟を通じて課されるという手続き上の違いはあるものの，景表法における課徴金納付命令に対応するようなものとみることができそうである。民事制裁金が課されるのは，次の 3 つの場合である。第 1 に，cease and desist order（同意命令を含む）に違反する場合（5 条(l)），第 2 に，UDAP の具体化のために FTC が制定した個別ルール違反になることを知りながらこれに違反した場合（5 条(m)），第 3 に，UDAP に関して第三者に cease and desist order（同意命令を除く）が発せられた後，自らの行為が違法であると知りながら同一の違反行為を行っている場合（5 条(m)）。第 1 の場合は DOJ が，第 2，第 3 の場合には FTC が訴訟提起する。この民事制裁金は，被害者救済と関連づけられてはいない[29]。民事制裁金に係る訴訟提起の件数自体もが決して多くなく，一番使われているのも第一の場合，すなわち間接強制手段としてである[30]。違反行為に対する制裁の側面に関しては，FTC が直接行政制裁を行うのではなく，悪質な詐欺事案を DOJ に引き継いで，刑事罰の賦課が目指される傾向にある[31]。ただし，刑事訴追においても，単に懲役刑や罰金といった量刑の賦課が目指されるのでなく，収益没収命令（forfeiture）や損害回復命令（restitution）が同時に申し立てられることも多く，民事損害賠償や行政制裁と連続的な側面がある。日本の刑事制度と比較して，制裁に特化することなく，被害者救済を支援すべ

　　回復を求めて民事訴訟を提起できるとするものであるが，手続きが煩頊で時間がかかるために，適用事例は極めて少ないものに止まっている。

[28] See Semiannual Federal Court Litigation Status Report (Office of the General Counsel Bureau of Competition, Bureau of Consumer Protection Regional Offices, June 30, 2018).

[29] この点が，よく比較される SEC（証券取引委員会，Securities and Exchange Commission）が主導する民事制裁金の賦課とは大きく異なる。そもそも SEC は，裁判手続きによらず行政手続きによって制裁金を課すことも可能であり，当該制裁金は disgorgement fund に組み込まれて被害者に分配されることがある。アメリカ合衆国における制裁金制度の概要について，佐伯仁志『制裁論』（有斐閣，2009 年）261-273 頁。

[30] See Semiannual Federal Court Litigation Status Report (June 30, 2018) supranote 28.

[31] FTC の下に Criminal Liaison Unit が組織されている。

Ⅲ 市場行動法等

く柔軟に刑事的エンフォースメントが仕組まれているのである[32]。

なお，独禁法の不当な取引制限に該当する価格協定や入札談合のような悪性の高い違反行為については，シャーマン法1条違反として専らDOJが刑事訴追する。懲役刑や高額の罰金が賦科されるとともに，これらの刑事罰に連動してリニエンシー制度が設けられているのは周知の通りである[33]。

一方，FTCは，1980年代前半からFTC法13条(b)[34]を積極的に活用する方針をとって現在に至っている[35]。すなわち，FTCが公益目的で裁判所にpermanent injunction（本案的差止命令）を求めて訴訟を提起し，裁判を通じてエンフォースメントを行うのである。具体的には，年間，約100件のpermanent injunctionを得ていることが公表されており，和解事例等も加えれば事件数はもっと多くなると推定できる[36]。先にみたcease and desist orderは，確定するまでにかなり時間がかかることが多い一方[37]，この方法によれば迅速に被害者拡大を食い止め，実効的に被害者救済を行えるという利点がその活発な利用を後押ししている。実際，FTCは，頻繁に，FTC法13(a)条に基づくtemporary injunction（仮差止命令）を申し立てて迅速に違反行為を差止めるとともに，資産散逸や証拠隠滅のおそれがある場合には同条(b)に基づくtemporary restraining order（一方的緊急差止命令）を申し立て，多くは同日〜数日以内に資産凍結等が認められている[38]。被害者の損害回復にとって，違

---

[32] 他の民事手続きが行われている場合には，相互に情報交換の上，刑事訴追を通じて行われるforfeitureやrestitutionを行わずに罰金等の制裁に専念するようにしたり，被害者が二重取りにならないよう調整したりしている。こうしたアメリカの刑事制度に関する先駆的業績として，佐伯『制裁論』前掲注[29]163-228頁。

[33] See DOJ Leniency Policies.

[34] 15 U.S.C. §53(b). 1973年に追加された。

[35] cease and desist orderとは，使い分けがされている。消費者救済手段として19条の使い勝手が悪かったことについて，注[27]参照。

[36] See FTC annual highlights 2017 (Enforcement). 実際，和解事案は相当の件数に上りそうである。早期に事案を解決して消費者の信頼を回復し，事業の継続を望む事業者ほど和解する傾向があるように見受けられる。

[37] 平均1年半以上かかるとされる。

[38] See Semiannual Federal Court Litigation Status Report (June 30, 2018) supra note 28. 資産凍結に伴い，Receiver（仮管財人）が選任され，資産管理を行うことがある。破産手続きと類似する。たとえば，Temporary Restraining Order with asset freeze, appointment of receiver and other equitable reliefといった形で請求がたてられる。

反者の資力は重要な要素となるだけに，後者が実際に迅速に認められていることは特筆に値する。FTC 法 13 条(b)の解釈について，判例は，permanent injunction にはエクイティ上の補助的救済権限がフルに含まれるとの判断を示しており[39]，実際，裁判所は，その認容判決において，違反行為の差止めとともに，実効性確保の一貫として，契約の取消し（rescission）に加えて後でみる損害回復（restitution）や不法利益剥奪（disgorgement）といった形で消費者被害の回復を命ずる。将来にわたる違反行為の実効的差止めを目指すため，名宛人も違反事業者に限られず，行為を主導した企業幹部等の個人も含まれることがある。

以上から，UDAP に対して，FTC 法 13 条(b)基づく訴訟提起を通じたエンフォースメントが重要な役割を果たしており，消費者の損害回復の観点からは，特に permanent injunction に付随して命じられる disgorgement 及び restitution が大きな役割を果たしている。そこで次に，これら disgorgement と restitution について概観しておきたい。

2　FTC 法 13 条(b)訴訟における disgorgement・restitution

FTC 法 13 条(b)訴訟を通じて被害者の損害回復に大きな役割を担っている disgorgement と restitution は，どちらも equity 上の制度である。その由来，現在における意義については様々な議論が積み重ねられているが，FTC 法 13 条(b)条に関して用いられる場合には，概ね次のように説明される。disgorgement は，違反行為者が違法に獲得した利益を吐き出させるものであって，違反行為者に不当な利益を保持させないようにして，将来同様の違反行為を行うことを防ぐ[40]。これは直接には被害者の損害回復を目的とするものではなく，むしろ本来被害者や損害の特定が困難である場合に利用されるとも言われることがある。具体的には，被害を受けた者の特定が必ずしも容易ではない欺瞞的広告の場合が挙げられる。しかし，後でみるように FTC

---

[39]　FTC v. U. S. Oil & Gas, 748 F. 2d. 1431, 1434（11th Cir. 1954），FTC v. Southwest Sunsites Inc., 665 F. 2d 711, 717-718（5th Cir. 1982），cert. denied 456 U. S. 973（1983），FTC. H. N. singer Inc., 668 F. 2d 1107, 1113（9th Cir. 1982）．

[40]　FTC, Policy Statement on Monetary Equitable Remedies in Competition Cases（FTC, July 31, 2003）による定義。

Ⅲ　市場行動法等

は，disgorgement により剥奪した金銭を極力被害者に分配する方針をとっており，被害者の損害回復に重要な役割を果たしている。被害者分配後の残額は，国庫に帰属させたり，消費者教育に関する費用に充てられたりする。一方，restitution は，原状回復を意味し，被害者の経済状態を被害前まで回復させるものと説明される。通常，違反者に対し，違反行為によって消費者が支払った金銭の返還が命じられる[41]。被害者の特定が容易である詐欺のような事案が典型的に挙げられる。

訴訟提起の時点で，FTC は，disgorgement と restitution を選択する必要がないようであり，訴状においては，裁判所が違反行為によって消費者に生じた損害の回復のために equity 上認められる必要なあらゆる措置を採るよう要求している[42]。

disgorgement や restitution といった被害者の損害回復請求は，FTC 法 13 条(b)に基づく訴訟提起において必ず行われるわけではない。過去には私人による損害賠償訴訟等がうまくいかないと考える時にかぎってこれらの請求を行う方針が公表されたこともある。現在この方針が維持されているわけではないものの，同様の考え方がある程度は根底に存在しているようであり，父権訴訟的な役割を果たしていることは否定できない。そして，消費者集団訴訟等と訴訟提起が重複する場合には緊密に連携するようにしているとされる。

restitution の場合には，違反者から被害者に対して直接金銭の支払いが行われる。近年大規模な restitution が行われた一例は，フォルクスワーゲンによるディーゼル車の排ガス表示不正に関する事案である[43]。本件の訴訟上の和解に基づく命令（stipulated order）においては，違反行為および将来の不当表示（misrepresentations）の恒久的差止めとともに，総額約 100 億ドルにのぼる restitution を命じられている。具体的には，フォルクスワーゲンがこの額の Funding Pool を作って，該当者の年式等に応じて，所有者からの買い戻し

---

[41]　Id.
[42]　例えば，最近の事例として，FTC v. Lombardo, Daniels & Moss における Complaint of Permanent Injunction and Other Equitable Relief（Aug 21, 2017）。
[43]　*In re: Volkeswagen "Clean Diesel" Marketing, Sales Practices, and Product Liability Litigation*, No. 3: 15-md-2672（CRB）（JSC）Partial Stipulated Order for Permanent Injunction and Monetary Judgement, FTC Press release（Oct 25, 2016），FTC annual highlights 2017（Enforcement）。

(Buyback Restitution), 所有者に対する金銭賠償 (Eligible Owner Non-Operable Restitution), リース終了を選択した者に対する金銭賠償 (Eligible Lessee Restitution), 所有者もしくはリース利用者に対する適格な排気機能への修正と一定の金銭賠償 (Approved Emissions Modification Restitution), 過去のリース利用者に対する金銭賠償 (Eligible Lessee Restitution), 売り主への金銭賠償 (Eligible Seller Restitution) 等を行うことを約している。上記手続きが適切に行われているか監督するため、裁判所により、請求監督者 (Claims Supervisor) が選任されている。また、本命令がその内容の限りで DOJ の同意命令とクラスアクションにおける和解合意と連動することも明記されている。Restitution の場合には、違反者から直接被害者への損害回復が行われるから、その内容が上記事案のように和解合意に詳しく書き込まれることになる。

一方、disgorgement の場合には、違反者が獲得した違法な利益に当たる特定の金額を FTC に支払うよう命じられるのみである[44]。当該金銭は、FTC の被害回復管理事務局が管理する fund (disgorgement fund) に入れられ、分配計画に従って配分される。FTC の HP における refunds において具体的にその内容が公表されている[45]。裁判所等により trustee が任命されて、その業務に当たる場合もある。先に述べた通り、被害者の損害が他の手段（集団訴訟等）で填補されている場合に二重取りはできない[46]。

Ⅳ 景表法の課徴金制度—減額制度—に関する若干の検討

Ⅲで概観したアメリカ法制度を参照しつつ、独禁法における課徴金制度とも対比しながら、景表法の課徴金制度の性質とその背後にある法政策について、減額制度を中心に若干の検討を行う。

1 認定返金措置計画の実施に伴う減額と課徴金の性質

まず、景表法の課徴金制度の最大の特徴である、法10条以下の認定返金措

---

[44] 例えば、FTC & State of Florida v. Inbound Call Experts, LL. C. Case No. 14-81395-CIV-Marra/Mattewman における monetary judgment.
[45] FTC の HP における、Recent FTC Cases Resulting in Refunds 参照。注[44]事例の refund についても確認できる。
[46] この点を挙げて、FTC は、restitution や disgorgement は制裁でないと強調することがある。

Ⅲ 市場行動法等

置計画の実施による課徴金額からの認定返金額の控除，すなわち被害者救済促進の仕組みについて検討する。たしかに，本制度がない場合と比較してある場合の方が，事業者による被害者救済のインセンティブは上がると思われるが，以下にみるように不十分なものに止まるように思われる。

Ⅱ2でみたように，三菱及び日産に対する軽自動車に係る課徴金納付命令においては，法9条の自主申告による減額と法10条以下の認定返金措置計画の実施による減額の双方が適用されて，課徴金額が大幅に圧縮されていた。

優良・有利誤認表示によって生じた被害者の損害は本来回復されねばならないと考えるのであれば，たとえ認定返金措置計画の実施に多大な費用がかかり，違反者にとって制裁に類する大きな負担になるとしても，それは違反行為を行った以上当然負うべき負担として捉えることが可能である。そうであるならば，認定返金措置計画の実施による減額分を除いた課徴金額が，当該違反行為に対する純粋な制裁としての金額ということもできるだろう。もし，三菱及び日産に対する軽自動車に係る課徴金納付命令にみられたように認定返金措置計画の実施によって多くの事例で課徴金額が大幅に安くなるのであれば，違反行為の抑止の観点からして制裁の側面が弱すぎないか，すなわち，純粋な制裁としての課徴金額を引き上げるべきか否かを検討する必要があろう[47]。一方，Ⅲで見たFTCの対応のように，悪性の高い事案を除いて，通常は確実に消費者被害が回復されればよく，それ以上の制裁は不要であるという考え方も可能である。そうであれば，実務的には難しいかもしれないが，認定返金措置計画を実施して控除を受けた結果，0になるような課徴金額を目指すべきであろう。

いずれにせよ，認定返金措置計画が実施されず，法10条以下以下に基づく減額が行われない場合の課徴金額には，違反行為に対する純粋な制裁としての側面に加えて，被害者救済を行わなかったことに対する制裁もしくはそのような事業者の手元に残っている違反行為から得た不当な利益の剥奪として側面も多分に含まれる[48]。すなわち，本来行われるべきであった返金措置の実施に

---

[47] この点につき，中原「景品表示法上の課徴金について」前掲注(2)800頁の指摘と符合する。もっとも，返金に伴う負担も広い意味では制裁と捉えられるのであるから（佐伯『制裁論』前掲注(29)7-9頁）その程度の金額で足りるとする考え方もあり得る。

[48] したがって，現在の課徴金額が違反行為によって得られる利益を剥奪する水準より低い場合は，算定率が低すぎると評価できる。この点につき，同じく中原「景品表示法上の課徴金について」前掲注(2)800-801頁によれば，低すぎる可能性が否定できない。

548

より控除される可能性があった金額についてこのように性質決定できる。この点，Ⅱ2で一覧表に掲げた課徴金納付命令の多くに関して，名宛人は認定返金措置計画を申請した形跡がないが，これは法令に適合するように返金を実施するのが煩瑣で費用がかかりすぎるため，そのまま当初の課徴金額を支払ってしまう方が簡便だという理由による可能性もある。そうであるとすれば，被害者を気にかけない悪質な違反行為を行う事業者はもちろん，評判を気にしない合理的事業者も，課徴金を支払うのみに済ませて好んで被害者救済を実施しない可能性は否定できない。景表法において被害者救済の側面を重視したいのであれば，課徴金額と連動させるか否かはともかく，FTC法13条(b)訴訟における disgorgement・restitution のように，被害者救済はそれとして単独で違反者に対して強制する，たとえば必要に応じて措置命令の内容に含めるなどしなければ，被害者自身による損害回復が難しい事例ほどその救済が徹底できないように思われる。さらに付言すれば，事業の継続を予定しないような悪質な事業者は，被害者救済はおろか課徴金を支払わないまま破産する可能性もある。具体的には，今後の事業の継続を見込まない詐欺的商法の場合等が想定される。この点，FTC法13条(b)訴訟を通じて，頻繁に temporary restraining order が申し立てられ，資産凍結等が認められていたことを想起できる。被害者救済の側面を重視するのであれば，違反者の資力が重要な要素となるだけに，通常の課徴金制度を上回る何らかの対策が考えられてもよいであろう。他方で，法10条以下の要件に合致していなくても違反者が一定の返金措置をきちんと講じているのであれば，ある程度の被害者救済は行われているといえるのではないか。実際，三菱に対する普通自動車等に係る課徴金納付命令に関して，三菱は普通自動車等についても一定の返金措置を行ったことが三菱のHP上で確認できたが，返金措置計画が認定されなかった結果，一切の減額が行われていない。しかし，上述のように，現行制度における課徴金額のうちかなりの割合が被害者救済を行わなかったことへの制裁もしくはそのような事業者の手元に残っている違反行為から得た不当な利益の剝奪として性質決定できると考えられるとすれば，一定の返金を行ったにもかかわらず減額されない場合，当該課徴金額は過大であるとも評価できるように思われる。この点，事業者から提出された返金措置計画を消費者庁の裁量により柔軟に評価できるようにし，これに応じて課徴金を減額する仕組みにすることも考えられるのではないか。

Ⅲ 市場行動法等

2 自主申告による減額の性質

法9条に基づくいわゆる自主申告による減額は，減額の仕組みの外観が似通っているためか，独禁法上の課徴金減免制度とパラレルに捉えられやすいようにみえる。しかしながら，両法が対象とする違反行為の法的性格が大きく異なるために，減額の性質自体も別異に解する余地がある。

独禁法の課徴金減免制度の母法であるアメリカ反トラスト法におけるリニエンシー制度の概要は次の通りである。価格協定・入札談合を代表格とする日本独禁法における不当な取引制限該当行為とほぼ同等の行為を違反とするのはシャーマン法1条であり，同条違反については，専らDOJによって刑事訴追が行われる。そして，これとの関係でリニエンシー制度が機能している。すなわち，原則として捜査開始前に，もしくは一定の条件を満たす場合には捜査開始後についても，違反者が最初に刑事免責を申請し，全面的に被疑事件に係る捜査協力を行う場合には，刑事訴追されない。2番目以降の申請者については，司法取引の一環として，有罪答弁を行った上で，量刑ガイドラインに基づく減額のみを受けられる[49]。リニエンシー制度は，犯罪首謀者の摘発及び犯罪の全容解明と壊滅を優先させる制度であって，第1位の申請者は刑事訴追すらされないというドラスティックな制度である。我が国においては，独禁法上の課徴金の減免という形で取り入れられているが[50]，刑事告発制度とも連動しているから[51]，その趣旨は同一のものと理解できる。以上からわかるように，減免制度は違反者に自主的に違反行為を是正するインセンティブを持たせるに止まらない意味を持つのであって，自首とも根本的に異なる制度である[52]。一方で，

---

[49] See DOJ Leniency Policies supra note 33. 泉水文雄「米国反トラスト法におけるリニエンシー制度および量刑ガイドラインについて」公正取引委員会『平成14年度委託調査報告書──諸外国における制裁減免制度の運用面等に関する調査──』1-15頁（2003年3月）（独占禁止法研究会措置体系見直し検討部会報告文書版）（2002年12月）。リニエンシー制度が十分機能するためには，罰金額が十分に高く，最初の申請者のみにドラスティックな恩典を与えられることが重要だと考えられている。

[50] 制度の概要については，白石忠志『独占禁止法（第3版）』（有斐閣，2016年）277頁以下参照。

[51] 「独占禁止法違反に対する刑事告発及び犯則事件の調査に関する公正取引委員会の方針」（公正取引委員会，平成17年10月7日）。

[52] その歴史の詳細については，井上和治「「共犯者による捜査・訴追協力と減免の措置の付与──英米法の歴史的展開に関する検討を中心として(1)～(4)」法学協会雑誌123巻6号1頁，12号1頁（2006年），124巻6号1頁，12号1頁（2007年）。

アメリカにおける不当表示規制はⅢで概観した通りであって，まずはFTCが違反行為の差止めと被害者の損害回復を図り，悪質な場合のみ事案をDOJに引き継ぐなどして刑事訴追を行っていた。このような制度上の違いは，違反行為の罪質が両者において根本的に異なるとの認識に由来すると考えられる。

さらに，独禁法上の不当な取引制限が共同行為であるのに対して，景表法上の不当表示は通常単独行為であるという違いも想起する必要がある。すなわち，共同行為については，経済学上のゲーム理論の観点から，協調が均衡となっているような場合に，減免制度を導入することによって囚人のジレンマの状態が作り出され，違反行為の事前抑止にもつながることが指摘される[53]。[54]不当表示が通常単独で行われるとすれば，このような事前抑止効果も働かないといえる。

以上の考察から，景表法9条による課徴金減額制度は，独禁法上の減免制度とは全く異なる法的性質をもつといえる。そしてこれは，自首（刑法42条1項）と同種の制度として評価できるように思われる。法9条に定められた50％の減額率は，自首に伴う制裁の減軽としてはやや高めのように感じるが，これは，自主的な違反行為の早期是正が被害拡大を大幅に防ぐことに繋がるという政策上の考慮によるものと考えられるかもしれない。

Ⅴ おわりに

本稿は，複数の賦課事例が登場するなど話題を呼んでいる景表法上の課徴金制度について，アメリカ法制度を参照しつつ，独禁法の課徴金制度とも対比しながら，減額制度を中心に，その法的性質について若干の検討を行った。よりよい被害者救済のあり方や，課徴金を有効活用した適切な不当表示規制の仕組みを議論していく上で，一助になれば幸いである。

---

[53] たとえば，濱口泰代「リニエンシー制度の効果──実証経済学によるアプローチ──」岡山大学経済学会雑誌47巻3号123頁（2016年）。
[54] なお，独禁法の課徴金減免制度について，調査開始日以降の申請者に対しても一定の条件の下で軽減算定率の適用を認める理由は，違反事件にかかる立証率の向上として説明できる。

Ⅲ　市場行動法等

※本研究は，JSTの科学技術人材育成費補助事業「ダイバーシティ研究環境実現イニシアティブ（特色型）」の東北大学「杜の都女性研究者エンパワーメント推進事業」による支援を受けたものである。

23 企業活動の規律を目的とした
訴訟手続が克服すべき課題
―――株主訴訟からの示唆―――

加 藤 貴 仁

Ⅰ 本稿の目的　　　　　　　　　Ⅲ 株主訴訟の手続に関する定款
Ⅱ 株主訴訟が抱えるジレンマ　　　　又は附属定款の是非
　――原告側弁護士と株主及び会　Ⅳ ジレンマを超えて
　社の利益相反

Ⅰ 本稿の目的

　企業の違法又は不当な経済活動によって消費者が被害を被ったとしても，個々の消費者が訴訟を提起して企業に損害賠償を求めたり，そのような経済活動の是正を求めたりすることは困難である。個々の消費者は，資金力や専門知識という点で企業に対して劣っている場合が多いであろうし，個々人が被った被害が小さい場合には訴訟を提起すること自体が経済合理性を欠くからである。そのため，同一の違法又は不当な経済活動によって被害を被った消費者全体の利益のために，ある消費者又は第三者が企業の責任を追及する仕組みを整備することが望ましい場合があるように思われる。

　株主による取締役の行為の差止請求（会社法360条）や取締役の会社に対する損害賠償責任を追及するための訴え（株主代表訴訟）の提起（会社法847条3項）は，このような仕組みの1つである。また，適格消費者団体による差止請求（消費者契約法12条，特定商取引に関する法律58条の18～58条の24，不当景品類及び不当表示防止法30条1項）及び特定適格消費者団体による被害回復裁判手続（消費者の財産的被害の集団的な回復のための民事の裁判手続の特例に関する法律2条9号）も，このような仕組みの1つと位置づけることができる。

　このような企業活動の規律を目的とした訴訟手続が機能するためには，訴訟の提起が現実的な選択肢となるような制度的手当が必要である。例えば株主代

Ⅲ　市場行動法等

表訴訟では，仮に勝訴したとしても，原告株主は会社に損害賠償金が支払われるという形で間接的にしか利得しない。これに対して，原告株主が訴訟費用・弁護士費用を個人的に負担することを要求されるのであれば，株主が株主代表訴訟の提起を選択する経済的インセンティブはますます減少するであろう。訴訟費用・弁護士費用に関する何らかの制度的手当がなされない場合には，実際に株主代表訴訟を提起する株主の動機は，株主利益・会社利益とは別の点にあるのではないかとの疑念を生じさせてしまう可能性がある[1]。その結果，制度としての株主代表訴訟に対する評判や信頼が低下してしまう危険がある。しかし，原告となる者の経済的インセンティブを制度によって補うことは，原告と会社及び株主全体の利益が乖離するという弊害を伴うことに留意する必要がある[2]。すなわち，株主代表訴訟は，制度の利用を促進するための制度的手当が，同時に制度の濫用を引き起こしかねないというジレンマを抱えているのである。

このようなジレンマは，適格消費者団体による差止請求や特定適格消費者団体による被害回復裁判手続にも存在するように思われる。したがって，株主代表訴訟がこのようなジレンマにどのように向き合ってきたかを紹介することは，適格消費者団体等による種々の訴訟手続を分析する際にも一定の意味があるように思われる。そこで，本稿では，比較的最近，アメリカで問題となっている定款又は附属定款による株主訴訟の制約を巡る議論の状況を紹介する。なお，アメリカでは，株主が州会社法に基づき提起する訴訟（取締役の信認義務違反を追及する株主代表訴訟やクラスアクション）と連邦証券規制に基づくクラスアクションを，株主訴訟（shareholder litigation）として，一括して分析する場合が多いように思われる。その理由は，これらの訴訟はいずれも，原告株主が実質的には株主の利益を代表して提起するという点が共通しているからであ

---

(1) たとえば，我が国で提起されている株主代表訴訟の多くは，株主利益最大化とは別の目的を有する株主や勝訴可能性についての判断を誤った株主によって提起されていると主張する見解がある。前者の例として，原告側株主の代理人を務める弁護士が株主代表訴訟を弁護士業務としての宣伝活動の一環として利用する場合が挙げられている。*See* Dan W. Puchniak & Masafumi Nakahigashi, *Japan's Love for Derivative Actions: Irrational Behavior and Non-Economic Motives as Rational Explanations for Shareholder Litigation*, 45 VAND. J. TRANSNAT'L L. 1, 53 (2012).

(2) 加藤貴仁「グループ企業の規制方法に関する一考察(3)」法協 129 巻 10 号（2012 年）9-10 頁。

る(3)。本稿においても，このような意味で株主訴訟という用語を用いる。

Ⅱでは，定款又は附属定款による株主訴訟の制約を巡る議論の前提として，アメリカの株主訴訟が抱えるジレンマを原告側代理人を務める弁護士（以下，「原告側弁護士」という）と株主及び会社の利益相反の観点から分析する。その後，Ⅲにおいて，アメリカにおける定款又は附属定款による株主訴訟の制約を巡る議論の状況を紹介した上で，分析を試みる(4)。Ⅳでは，日本法への示唆を簡単に述べる。

Ⅱ 株主訴訟が抱えるジレンマ
──原告側弁護士と株主及び会社の利益相反(5)

アメリカにおける株主訴訟の特徴として，会社及び株主と原告側弁護士の利益相反の深刻さを挙げることができる。株主訴訟では，勝訴したとしても，原告株主は持株比率に応じた利益しか得ることができない。特に株主代表訴訟では，損害賠償の支払いは会社になされるから，原告株主は間接的な利益しか得ることができない。その一方で，原告株主が，勝訴判決によって利益を享受する他の株主に対して，訴訟費用等の負担を要求することは容易ではない。そのため，原告株主は，株主代表訴訟を提起するインセンティブや提起した後に適切に訴訟手続を行う経済的インセンティブを欠くのである。いわゆる集合行為問題のために，株主代表訴訟において，持株比率の小さい原告株主が訴訟手続きにおいて主導的な役割を果たすことができないのはやむをえない。

そこで，株主代表訴訟を株主にとって選択可能な現実的な選択肢とするためには，株主の経済的インセンティブを補う仕組みを用意することが必要とな

---

(3) Randall S. Thomas & Robert B. Thompson, *A Theory of Representative Shareholder Suits and Its Application to Multijurisdictional Litigation*, 106 Nw. U. L. Rev. 1753, 1773-74 (2012). 州会社法に基づく訴訟と連邦証券規制違反に基づくクラスアクションは相互に無関係というわけではない。会社が不祥事を起こした場合に，株主は州会社法に基づく訴訟と連邦証券規制違反に基づくクラスアクションの双方を起こすことができることがある。加藤貴仁「グループ企業の規制方法に関する一考察(2)」法協129巻9号（2012年）25頁。

(4) なお，本稿は，加藤貴仁「米国における株主代表訴訟の在り方に関する調査研究業務報告書」（商事法務研究会，2017年3月）(available at http://www.moj.go.jp/content/001235907.pdf) の一部を再構成したものである。

(5) 以下の記述は，加藤・前掲注(3)22-24頁に基づく。

Ⅲ　市場行動法等

る。アメリカは，このような問題を，原告側弁護士の経済的インセンティブを利用することで解決しようとした。原告側弁護士は，株主代表訴訟制度を動かす動力源であると評されている。具体的な制度としては，弁護士費用を成功報酬にすることを広く認めること，訴訟費用・弁護士費用を両当事者がそれぞれ負担すること，会社による弁護士費用の補填の3つが重要な役割を果たしている。しかし，このような制度が存在する結果，原告側弁護士の利益と原告株主を含む株主及び会社の利益が激しく対立する事態が引き起こされることになった。この利益相反問題は，株主訴訟が濫用的に利用される原因の1つとして位置づけられている。以下では，株主代表訴訟を念頭に置いて，その概要を簡単に説明する。

　アメリカでは，訴訟の結論を問わず，原則として，それぞれの当事者が自分自身の弁護士費用を負担しなければならない（以下，「自己負担制度」という）。したがって，原告株主は，敗訴したとしても，被告側の弁護士費用を負担する必要は無い。また，原告側の弁護士費用が成功報酬とされていれば，敗訴した場合に，一切の弁護士費用を負担しなくてもよくなる。もちろん，勝訴した場合には，原告株主は原告側弁護士に対して弁護士費用を支払う必要がある。そして，特に株主代表訴訟の場合には，損害賠償金は会社に支払われるため，原告株主は，勝訴判決によって自らが得た金銭の一部を弁護士に支払うということができない。そのため，原告株主は会社が得た利益を持株割合に応じて間接的に享受する一方で，弁護士費用全額の負担を強制されることになってしまう。

　したがって，自己負担制度と弁護士費用が成功報酬とされるだけでは，原告株主に株主代表訴訟を提起するために十分な経済的インセンティブが付与されない。そこで，勝訴した原告株主は，株主代表訴訟が会社に実質的な利益をもたらした場合には，会社から弁護士費用の補償を得ることができるとされている。成功報酬は，株主代表訴訟が和解によって終了する場合も支払われる。また，成功報酬は，取締役が最終的に会社に対して負う損害賠償責任額の一部という形以外に，独立取締役を新たに選任させるなど株主代表訴訟がコーポレート・ガバナンスの変革につながったことを理由に認められることもある。

　会社が金銭的な賠償を得たか否かを問わず，単にコーポレート・ガバナンス改革がなされた場合でも会社に原告側弁護士の弁護士費用を支払う義務を課すことは，株主代表訴訟の提起の経済的インセンティブを原告株主と原告側弁護

士に与えるという点では望ましい。その一方で，以上のような形で経済的インセンティブが与えられると，会社及び株主の利益と矛盾する形で，和解が成立してしまう可能性が増加する危険がある。

たとえば，原告側の主張の根拠が薄弱である場合を考えてみよう。この場合，最終的に，被告側勝訴の判決が下される可能性が高いであろう。しかし，株主代表訴訟の被告とされた経営者には，訴訟費用の節約や訴訟対応からの解放又は株主代表訴訟の被告とされることから生じる評判低下の回避を優先して，原告勝訴の可能性が低い場合にも和解に応じるインセンティブがある。このような経営者のインセンティブが原告側弁護士の成功報酬に対する利益と結びつくと，表面的なコーポレート・ガバナンスの改善と引換に株主代表訴訟が和解によって終了する可能性が生じる。一方，仮に勝訴の可能性が高く，取締役から損害賠償の支払を得ることが会社及び株主の利益になる場合でも，原告側弁護士は訴訟を継続することによって彼らが負担しなければならない時間面・金銭面の費用を考慮して，和解を選択する可能性がある。

アメリカでは，成功報酬とされた弁護士費用，訴訟費用・弁護士費用の自己負担制度，会社による弁護士費用の補填が組み合わさることによって，株主代表訴訟の原告は，勝訴した場合も敗訴した場合も弁護士費用を負担する必要がなくなるのである。株主代表訴訟の提起によって原告株主が負担しなければならないリスクを減らすことは，株主代表訴訟の利用を促進させる重要な要素の1つである。しかし，自己負担制度と成功報酬の組み合わせは，株主代表訴訟の原告が代理人をコントロールするインセンティブを低下させる結果，先に述べた利益相反を深刻にする。すなわち，訴訟費用や弁護士費用の負担に関するルールは，株主代表訴訟の提起を株主にとって現実的な選択肢とすると同時に，会社及び株主の利益とは無関係な理由で株主代表訴訟が利用される可能性を増加させているのである。

III 株主訴訟の手続に関する定款又は附属定款の是非

1 背　景

アメリカでは，比較的最近，企業買収に関して提起される株主訴訟（クラスアクション）に対して，裁判所，弁護士，学界，企業団体の間で濫用の懸念が共有されるに至っている[6]。このような株主訴訟の特徴として，大規模な企業

Ⅲ 市場行動法等

買収のほとんど全てについて，取締役の信認義務違反を追及する株主訴訟が複数の州の裁判所に跨がって提起されることが挙げられる[7]。そして，企業買収に関して提起される株主訴訟によって買収対象会社の株主が得ることができる成果の多くは重要性に疑いのある追加的な情報の開示であるにも関わらず，原告側弁護士に多額の弁護士報酬が支払われていることが問題とされた[8]。

このような濫用的と評価されている訴訟実務が形成された要因として，原告側弁護士が高額の弁護士報酬を得るという観点から戦略的に有利な地位を得ようと行動したことが指摘されている。たとえば，原告側弁護士が複数の州の裁判所に訴訟を提起する目的として，請求却下の可能性を減少させること及び他州で訴訟を提起することを利用して和解交渉において弁護士報酬を釣り上げるための交渉力を強化することを挙げる見解がある[9]。また，原告側が勝訴した場合に原告側弁護士が会社に請求できる弁護士報酬の額に関するデラウエア州の裁判所の立場が原告側弁護士に不利な方向で変化したことが，デラウエア州以外の州の裁判所に提起される株主訴訟の数が増加した要因の1つとして挙げられている[10]。

---

[6] Lawrence A. Hamermesh, *A Most Adequate Response to Excessive Shareholder Litigation*, 45 HOFSTRA L. REV. 147, 148 (2016); Stephen M. Bainbridge, *Fee-Shifting: Delaware's Self-Inflicted Wound*, 40 DEL. J. CORP. L. 851, 860 (2016); Mark Lebovitch & Jeroen van Kwawegen, *Of Babies and Bathwater: Derivative Frivolous Stockholder Suits without Closing the Courthouse Doors to Legitimate Claims*, 40 DEL. J. CORP. L. 491, 493-494 & 534 (2016); David Skeel, The Bylaw Puzzle in Delaware Corporate Law, 72 Bus. Law. 1, 8 (2016-2017).

[7] *See* Matthew D. Cain & Steven Davidoff Solomon, *A Great Game: The Dynamics of State Competition and Litigation*, 100 IOWA L. REV. 465, 475-477 (2015); Jill E. Fisch, Sean J. Griffith & Steven Davidoff Solomon, *Confronting the Peppercorn Settlement in Merger Litigation: An Empirical Analysis and a Proposal for Reform*, 93 TEX. L. REV. 557, 558-559 (2015).

[8] Charles R. Korsmo & Minor Myers, *The Structure of Stockholder Litigation: When Do the Merits Matter?*, 75 OHIO ST. L. J. 829, 836 (2014); Fisch, Griffith & Davidoff *supra* note 7, at 559.

[9] Cain & Davidoff, *supra* note 7, at 476.

[10] John Armour, Bernard Black & Brian Cheffins, *Is Delaware Losing Its Cases?*, 9 J. EMPIRICAL LEGAL STUD. 605, 644-645 & 654 (2012); Brian JM Quinn, *Shareholder Lawsuits, Status Quo Bias, and Adoption of the Exclusive Forum Provision*, 45 U.C. DAVIS L. REV. 137, 139 (2011). アメリカでは，会社は州法に基づき設立され，ある州法に基づき設立された会社は他州でも活動することができる。上場会社の中では，デラ

このような状況を背景として，企業買収に際して提起される株主訴訟の濫用防止策として，会社が訴訟手続に関する規定を附属定款（bylaw）に設けることの可否が実務・学説で活発に議論されるようになった[11]。具体的な制度の紹介に移る前に，アメリカの会社法における附属定款に関する規律の概要を，デラウエア州一般事業会社法を例に説明しておこう。会社が附属定款で規定できる事項は広く，デラウエア州一般事業会社法において明示的な制約として挙げられているのは，法律又は定款と抵触しないことのみである。この制約の範囲内で，会社は附属定款において，その事業に関連する事項だけではなく取締役や株主の権利等に関する事項も定めることができる[12]。株主は，定款変更と異なり，取締役会の同意を得ることなく附属定款の規定の新設・変更・廃止を行うことができる[13]。また，会社は，定款の定めによって，附属定款の規定の新設・変更・廃止を行う権限を取締役会に付与することができる[14]。デラウエア

ウエア州が設立準拠法として選択される場合が多いことは広く知られている。デラウエア州にとって，デラウエア州の裁判所に会社関係者を当事者とする訴訟が提起され判例法理が形成されることは，他州に対するデラウエア州一般事業会社法の競争力を維持するために重要な意味を持つ。See Skeel, supra note 6, at 19-20. そこで，デラウエア州の裁判所に訴訟が提起されることを促すために，デラウエア州の裁判所は，他州よりも，原告側弁護士側が勝訴した場合に多額の弁護士報酬を会社から得ることに，寛容な立場をとってきたと言われている。See Jonathan R. Macey & Geoffrey P. Miller, *Toward an Interest-Group Theory of Delaware Corporate Law*, 65 TEX. L. REV. 469, 497 (1987); Armour, Black & Cheffins, *id* at 643-644. ところが，2000年頃から，デラウエア州衡平法裁判所が原告側弁護士の会社に対する弁護士報酬の請求を認めるか否かについての審査を厳格にした。その結果，原告側弁護士がより高い弁護士報酬を期待して，デラウエア州の裁判所以外に訴訟を提起する事例が増加したと言われている。

[11]　企業買収に際して提起される株主訴訟は，株主代表訴訟ではなくクラスアクション（直接訴訟）である。会社法に基づき信認義務違反を追及するクラスアクションには，提訴請求や特別訴訟委員会など株主代表訴訟を対象とする濫用防止策は存在しない。ただし，連邦証券規制違反に基づくクラスアクションについては，濫用防止策が存在する。このように株主訴訟といっても，濫用防止策，すなわち，弁護士報酬目当てで提起される会社及び株主の利益にならない訴訟を抑止する仕組みの有無及び内容が大きく異なる。このことが原告側弁護士の行動に何らかの影響を与えている可能性を示唆する見解がある。See Elliott J. Weiss & Lawrence J. White, *File Early, Then Free Ride: How Delaware Law (Mis) Shapes Shareholder Class Actions*, 57 VAND. L. REV. 1797, 1799-1800 (2004).

[12]　DEL. CODE ANN. tit. 8, §109(b) (2015).
[13]　DEL. CODE ANN. tit. 8, §109(a) (2015).
[14]　*Id.* なお，定款の定めに基づき，取締役会が株主の同意を得ることなく附属定款の規

Ⅲ 市場行動法等

州一般事業会社法を設立準拠法とする会社では，このような権限を取締役会に付与する旨の定款の定めを有していることが一般的であると言われている[15]。

2 Forum-selection bylaw から fee-shifting bylaw へ

会社が株主訴訟の手続に関する規定を附属定款に定めるようになった契機は，企業買収に関連して取締役の信認義務違反を追及するクラスアクションの数が急速に増加し，かつ，訴訟が連邦裁判所やデラウエア州以外の州の裁判所に提起されるようになったことであった[16]。現在では，このような訴訟実務は企業買収の条件の改善にそれほど寄与していないことを示す実証研究が有力ではないかと思われる[17]。このような訴訟実務に対抗するために考え出されたのが，定款又は附属定款に州会社法に基づく株主訴訟についてデラウエア州の裁判所の専属管轄を定める規定を設けることであった[18]。附属定款に設けられた専属管轄の定めは，forum-selection bylaw と呼ばれている。このような規定の有効性が認められれば，デラウエア州以外の裁判所に提起された株主訴訟は管轄を欠くとして却下されることになる。

デラウエア州衡平法裁判所は，In re Revlon Inc. Shareholders' Litigation（以下，「Revlon 判決」という）において，傍論ではあるが，定款にこのような専属管轄の定めを置くことができると述べた[19]。ただし，定款を変更して専属管轄の定めを置くためには株主総会の承認が必要であるが，専属管轄の定めは株主の権利を制約するものであるため，会社は定款変更によって専属管轄の定めを置くことに慎重であったと言われている[20]。その後，デラウエア州衡平法裁判所は，Boilermakers Local 154 Retirement Fund v. Chevron Corp.（以下，「Boilermakers 判決」という）において，取締役会が株主の承認を得ることなく

定の新設・変更・廃止を行う権限を有する場合でも，附属定款に係る株主の権利は制約されない。

(15) Skeel, *supra* note 6, at 12 note 68.
(16) Verity Winship, *Shareholder Litigation by Contract*, 96 B. U. L. Rev. 485, 501 (2016).
(17) 前掲注(8)の文献。
(18) Winship, *supra* note 16, at 501-502.
(19) *In re Revlon Inc. Shareholders' Litigation*, 990 A. 2d 940, 960 note 8 (Del. Ch. 2010).
(20) Lebovitch & Kwawegen, *supra* note 6, at 511. また，2010 年に IPO を行ったデラウエア州を設立準拠法とする会社 430 社のうち，専属管轄の定めを定款に置いていた会社は 21 社であったとも指摘されている。*Id.*

附属定款に株主訴訟の専属管轄に関する規定を加えることを明示的に許容するに至った(21)。Boilermakers 判決の論理は取締役会が株主訴訟に関する手続を附属定款で定めることを広く認めるものであったため、同判決は専属管轄以外の点でも株主訴訟に関する手続を附属定款で定めることを後押しした可能性を指摘する見解がある(22)。そのような附属定款の一種が、fee-shifting bylaw である。

前述したように、アメリカでは、弁護士費用は当事者が自己負担するのが原則である(23)。アメリカの商取引の実務では、弁護士費用の自己負担の原則を契約で修正することは広く行われているようであるが、fee-shifting bylaw は、敗訴した原告株主に会社や取締役が負担した弁護士費用を補填する義務を課すことで、このような原則を修正するものである(24)。デラウエア州最高裁判所は ATP Tour, Inc. v. Deutscher Tennis Bund(以下、「ATP Tour 判決」という)において、取締役会が導入した fee-shifting bylaw の効力を認めるに至った(25)。ところが、ATP 判決が下された日(2014年5月8日)から1年ほどが経過した日(2015年6月24日)に成立したデラウエア州一般事業会社法の改正(以下、「2015年改正」という)により、株式会社が fee-shifting bylaw 及び同旨の定款の定めを設けることが禁止されるに至ったのである。以下では、その経緯を簡単に紹介する。

3 ATP 判決から 2015 年のデラウエア州一般事業会社法の改正へ

(1) ATP 判決

ATP Tour, Inc.(以下、「ATP Tour」という)は男子プロテニスツアーを運営する団体であり、デラウエア州一般事業会社法を設立準拠法とする非株式法人(nonstock corporation)である(26)。ATP Tour のメンバーには、男子プロ

---

(21) Boilermakers Local 154 Retirement Fund v. Chevron Corp., 73 A. 3d 934 (Del. Ch. 2013).
(22) Winship, *supra* note 16, at 506-507; Lebovitch & Kwawegen, *supra* note 6, at 512; Skeel, *supra* note 6, at 21.
(23) 本稿のⅡ参照。
(24) Winship, *supra* note 16, at 506. ただし、厳密に言えば、fee-shifting bylaw は、弁護士費用の敗訴者負担制度ではなく、敗訴原告負担制度である。*See* Lawrence A. Hamermesh, Consent in Corporate Law, 70 BUS. LAW. 161, 166 (2014).
(25) ATP Tour, Inc. v. Deutscher Tennis Bund, 91 A. 3d 554 (Del. 2014) (*ATP Tour*).
(26) Nonstock corporation とは、デラウエア州一般事業会社法に基づき設立される会社で

Ⅲ　市場行動法等

テニス選手と大会を主催・運営する団体が含まれる[27]。自らの主催・運営する大会の格下げ及び開催時期の変更に不満を持つメンバーがATP Tour及び取締役を被告として連邦裁判所に提訴したところ，ATP Tourの附属定款（以下，「本件定款」という）の解釈が問題となった。本件定款は，メンバーがATP Tour又は他のメンバーを被告として提起した訴訟に敗訴した場合に，被告が防御に要したあらゆる費用（その支出が合理的と評価される弁護士費用を含む）を負担することを義務付けていた[28]。

本件定款は，fee-shifting bylawと呼ばれる附属定款の一種である。連邦裁判所は，本件定款の有効性はデラウエア州の裁判所で一度も審理されたことのない問題であるとして，デラウエア州最高裁判所に意見確認を求めた[29]。デラウエア州最高裁判所は，一般論として，nonstock corporationにおけるfee-shifting bylawの有効性について以下のように判示した。

- デラウエア州法において，ある附属定款の規定の有効性は推定されるが，そのためには，その内容がデラウエア州一般事業会社法の授権に基づいていること，定款と矛盾していないこと，それを禁止する制定法や判例法が存在しないことが必要である。Fee-shifting bylawは，以上の条件を全て満たす[30]。

あるが，株式を発行することができないものを指す。さらにnonstock corporationは，構成員（member）が会社の損益の帰属主体としての地位又は会社財産の分配を受ける権利の保有者としての地位を有しているか否かによって区別され，いずれの地位も有さないものはnonprofit nonstock corporationとなる。DEL. CODE. ANN. tit. 8, §114(d)(4). ATP Tourは，nonprofit nonstock corporationである。See Bainbridge, *supra* note 6, at 855 note 28.

[27]　*ATP Tour*, 91 A. 3d at 555.

[28]　*ATP Tour*, 91 A. 3d at 556に引用されている本件定款の内容によれば，対象となる訴訟には原告が"the League"（ATP Tourのことを指すと思われる）のために（on behalf of）提起するもの及び他のメンバーをクラス構成員とするクラスアクションが含まれる。また，原告は，判決において実質的に完全な救済を得たとはいえなかった場合に，ATP Tour等が支出した費用の負担を義務付けられている。

[29]　*ATP Tour*, 91 A.3d at 556-557.

[30]　*ATP Tour*, 91 A. 3d at 557-558. Fee-shifting bylawが弁護士費用の自己負担制度を変更することについて，デラウエア州最高裁判所は，以下のように述べた。すなわち，デラウエア州の判例法理は契約によって弁護士費用の自己負担制度を修正し敗訴者負担制度を採用することも認めており，附属定款による修正は契約による修正の一種として許される。

- ある附属定款の規定の有効性が推定される場合であっても，その規定を導入する目的又は援用が衡平とはいえない場合，その規定の拘束力は認められない[31]。
- Fee-shifting bylaw が訴訟を抑止するのはその性質から明らかであるから，訴訟の抑止を目的として fee-shifting bylaw を導入することが明らかに衡平に反する，とはいえない[32]。
- Fee-shifting bylaw が新設される前にメンバーとなった者に対しても，それは効力を有する。デラウエア州一般事業会社法は，会社が，定款の定めに基づき，取締役会に株主の同意を得ることなく附属定款の規定の新設・変更・廃止を行う権限を与えることを認めている。このような定めが存在する場合，株主は取締役会が株主の同意を得ることなく新設した附属定款の規定に拘束される[33]。

(2) 2015 年改正

厳密に解釈すれば，ATP Tour 判決は，一般論として，nonstock corporation がデラウエア州一般事業会社法の手続に従って正当な目的のために導入した fee-shifting bylaw は有効である，と判示したに過ぎない[34]。しかし，その判決

---

[31] *ATP Tour*, 91 A. 3d at 558. なお，デラウエア州最高裁判所は，連邦裁判所から提供された事実のみでは，本件定款の有効性を判断することはできないと述べている。*Id.* at 559.

[32] *ATP Tour*, 91 A. 3d at 560. なお，ATP Tour が fee-shifting bylaw を導入した時期は，メンバーによる ATP Tour の提訴（本注において「本件訴訟」という）の理由とされた大会の格付けや開催時期の見直しなどを含む構造改革と同時期であった。*See* Winship, *supra* note 16, at 508-510. そのため，連邦裁判所はデラウエア州最高裁判所に対して，一般論として，fee-shifting bylaw が紛争発生の兆しが存在する時期に導入された場合，当該紛争を原因として提起された訴訟においてその効力が否定されるかについて意見紹介を行った。これに対して，デラウエア州最高裁判所は，同じく一般論として本注の本文のように回答した。

[33] *ATP Tour*, 91 A. 3d at 560. なお，Boilermakers 判決において，当時，衡平法裁判所の裁判官であった Strine 判事（現在は最高裁判所の裁判官）は，附属定款は会社と株主の関係を規律する拘束力のある契約であると評価しつつ，定款の定めが存在する場合には，株主は取締役会が一方的に附属定款の変更という形で契約内容を変更することを承認しているので，変更自体を現在の株主が承認することは不要であると述べていた。*See Boilermaker*, 73 A. 3d 934, 955-956 (Del. Ch. 2013).

[34] Winship, *supra* note 16, at 510-511.

Ⅲ　市場行動法等

文の表現は一般的で，株式会社が射程外であることは明示されなかった[35]。実際に，ATP Tour 判決が出された後に，fee-shifting bylaw を導入する会社が現れた[36]。しかし，fee-shifting bylaw を導入する動きは，機関投資家と議決権行使助言会社からの厳しい批判により妨げられた可能性が指摘されている[37]。批判の中心は，ATP Tour 判決の fee-shifting bylaw のように株主が完全に勝訴しない限り被告側の弁護士費用を負担しなければならないと株主による訴訟の提起が実質的に不可能となること，fee-shifting bylaw の導入が株主の承認を得ることなく取締役会によって一方的に行われていること，であった[38]。

ATP Tour 判決の後に会社が fee-shifting bylaw を導入する可能性が明らかになったことを受けて，デラウエア州法曹協会（Delaware State Bar Association）は，デラウエア州一般事業会社法を改正して fee-shifting bylaw を含む訴訟手続に関する定款・附属定款に関する規定を導入するための活動を開始した。改正作業の過程では，主に企業団体から改正に反対する旨の意見がデラウエア州議会に寄せられた[39]。2015 年改正は 2015 年 6 月 24 日に成立し，

---

[35]　Quinn Curtis & Minor Myers, *Do the Merits Matter? Empirical Evidence on Shareholder Suits from Options Backdating Litigation*, 164 U. PA. L. REV. 291, 297 note 12 (2016); Lebovitch & Kwawegen, *supra* note 6, at 504; Bainbridge, *supra* note 6, at 857. たとえば，判決文の中では，株式会社に関する判例が特段の留保なく引用されている。

[36]　Winship, *supra* note 16, at 511; Lebovitch & Kwawegen, *supra* note 6, at 505 & 514.

[37]　Sean J. Griffith, *Correcting Corporate Benefit: How to Fix Shareholder Litigation by Shifting the Doctrine on Fees*, 56 B. C. L. REV. 1, 36 (2015); Winship, *supra* note 16, at 513; Bainbridge, *supra* note 6, at 858; Skeel, *supra* note 6, at 14 note 78. たとえば，Council of Institutional Investors のウェブサイトに掲載された資料（*on file with author*）によれば，2015 年 5 月 13 日の時点で，ラッセル 3000 指数に採用されている上場会社の 17 社，ラッセル 3000 指数に採用されていない上場会社の 42 社が fee-shifting bylaw を導入していたに過ぎない。また，後述するデラウエア州一般事業会社法の改正前に，fee-shifting bylaw 又は同旨の定款規定を導入していた同法を設立準拠法とする会社は 40 社（他州法を設立準拠法とする会社も含めると 49 社）であったと指摘する見解もある。See Skeel, *supra* note 6, at 18. いずれにせよ，fee-shifting bylaw の導入が上場会社の間で急速に進んだという状況ではなかったことは間違いなさそうである。

[38]　*See* Winship, *supra* note 16, at 513-516. なお，多くの fee-shifting bylaw では，原告株主だけではなく原告側弁護士にも会社等の弁護士費用の負担を課す旨が規定されていたようである。*Id* at 488-89.

[39]　Bainbridge, *supra* note 6, at 853-854; Skeel, *supra* note 6, at 9-10. たとえば，米国商工会議所に関連する研究機関（U.S. Chamber of Commerce's Institute for Legal Reform）は，fee-shifting bylaw は企業買収に関して提起される濫用的なクラスアクショ

2015 年 8 月 1 日から施行された⁽⁴⁰⁾。その主たる目的は，ATP Tour 判決が適法性を認めた fee-shifting bylaw を利用できる法人を，nonstock corporation に限定することにあった⁽⁴¹⁾。その結果，会社は，定款及び附属定款に，取締役の会社に対する信認義務違反に基づき会社の損害賠償請求権を行使する株主代表訴訟など一定の類型の訴訟（"internal corporate claim"）において，株主が会社やその他の当事者が支出した弁護士費用の支払義務を負う旨の規定を置くことが禁じられることになった⁽⁴²⁾。

4 分　析

(1) Fee-shifting bylaw の是非について

Fee-shifting bylaw が，その対象となる訴訟の数自体を減らす効果があることについて争いはない⁽⁴³⁾。既に我が国でも紹介されているように，アメリカでは弁護士費用の敗訴者負担制度が存在しないため，原告側弁護士にとって，多

ンを減少させるために有用であるとして，慎重な検討を求めた。See Winship, *supra* note 16, at 519.

(40) なお，デラウエア州一般事業会社法の改正が，事実上，会社法の主要な問題に関するデラウエア州最高裁判所の判決を覆すために行われることは希である。そのため，2015 年の改正が行われた経緯，デラウエア州法曹協会，デラウエア州議会及びデラウエア州の裁判所の相互関係も分析の対象とされている。See, e.g., Bainbridge, *supra* note 6, at 875 (Fee-shifting bylaw は株主訴訟の数を絶対的に減少させるという点で原告側と被告側双方の弁護士にとって不利益であり，彼らの影響力によって 2015 年の改正は行われたが，同改正について弁護士の利益とデラウエア州の利益が乖離している可能性を指摘する）; Skeel, *supra* note 6, at 26（デラウエア州議会は，裁判所は，デラウエア州に多くの訴訟が提起されることに直接的な利害関係を持っているので，訴訟手続に関する附属定款の効力を判断することでその信頼性が毀損することを考慮した可能性があると指摘する）. ただし，これらの分析は現時点で本稿の目的とは関連性が高いとは思われないので，詳細な検討の対象とはしなかった。

(41) Winship, *supra* note 16, at 518-519; Bainbridge, *supra* note 6, at 858.

(42) DEL. CODE ANN. TIT. 8, §102(f), 109(b) (2015). なお，"internal corporate claim" とは，取締役，業務執行者及び株主がその地位に基づき負う義務の違反に基づく訴訟若しくは本法によってデラウエア州衡平法裁判所に管轄権が与えられる訴訟（会社の権利を行使する訴訟を含む）のことをいう。DEL. CODE ANN. TIT. 8, §115. なお，同じ改正によって，"internal corporate claim" を行使するための訴訟の管轄について，デラウエア州の裁判所を専属管轄とする旨の定款及び附属定款の規定は有効であるが，デラウエア州の裁判所に対する訴訟の提起を禁止する規定は無効であると定められた。Id.

(43) Hamermesh, *supra* note 6, at 168.

Ⅲ 市場行動法等

数の訴訟を手当たり次第に提起することが経済合理的な行動となる[44]。このような弁護士の行動は，株主が原告に名を連ねることによって何らの経済的負担を被らないことを前提として成り立つように思われる。しかし，fee-shifting bylawが存在する場合には，敗訴した原告は会社など被告側が負担した弁護士費用の負担を求められる。その結果，原告側弁護士が，請求の認められやすさなどを考慮することなく手当たり次第に訴訟を提起することができなくなる。

Fee-shifting bylaw は，forum-selection bylaw と共に，企業買収に関して提起される株主訴訟が濫用されているという懸念が実務・学説で広く共有されている中で注目を集めるようになった。Fee-shifting bylaw によって，このような株主訴訟の濫用は効果的に抑止される可能性がある。しかし，実際に利用されていた fee-shifting bylaw は，会社法に基づく株主訴訟一般を広く含むものであり，その対象は企業買収に関して提起される株主訴訟に限定されてはいないようである。そのため，fee-shifting bylaw の是非は，企業買収に関して提起される株主訴訟のみならず，株主訴訟一般の社会的な有用性と関連づけて検討されている。

そして，fee-shifting bylaw に対して批判的な見解が共通して問題とするのは，fee-shifting bylaw は株主訴訟の提起が会社及び株主の利益になるか否かと関係なく適用されるため，濫用的な訴訟だけではなく，会社及び株主の利益になる訴訟の提起も妨げる点にある[45]。仮に株主訴訟の大半が請求に理由があるか否かと関係なく提起されているのであれば，fee-shifting bylaw によって株主訴訟の提起が一般的に抑止されることは好ましいという結論になる[46]。ほとんどの株主訴訟は会社及び株主の利益には適っていないとの事実認識を前提として，fee-shifting bylaw に好意的な見解もある[47]。しかし，比較的最近の株主訴訟を概観し，株主訴訟によって被告側に莫大な損害賠償が命じられた事例が見られたり，株主訴訟によって金融機関による利益相反管理体制の見直しが促されたり，また，株主利益に反する実務の発展が阻害されたことを指摘する見解

[44] 髙橋陽一『多重代表訴訟制度のあり方——必要性と制度設計』132頁（商事法務，2015年）。
[45] Griffith, *supra* note 37, at 27; Lebovitch & Kwawegen, *supra* note 6, at 495.
[46] Curtis & Myers, *supra* note 35, at 297.
[47] Bainbridge, *supra* note 6, at 864-865 & 868-869.

が見られる[48]。

　株主訴訟一般の社会的な有用性に争いがあることは周知の事実である[49]。しかし，少なくとも ATP 判決が認めたような fee-shifting bylaw については，批判的な見解が有力ではないかと思われる[50]。なぜなら，それは敗訴者負担制度を認めるのではなく，原告株主が完全に勝訴しない限り被告側の弁護士費用を負担しなければならない旨を定めているからである[51]。請求が完全に認められない限り被告側の弁護士費用の負担を求められるのであれば，株主は自ら訴訟を提起することを選択しなくなるだけではなく，弁護士の求めに応じて原告となることを了承することもしなくなるであろう[52]。すなわち，ATP 判決が認めたような fee-shifting bylaw が広く利用されるようになれば，株主訴訟が絶滅してしまうことが危惧されていた[53]。

---

[48] Lebovitch & Kwawegen, *supra* note 6, at 528-533. 株主利益に反する実務の発展が阻害された例として，"dead hand proxy puts" が挙げられている。"Dead hand proxy puts" は，融資契約の条項の一種であり，委任状争奪戦等によって取締役会の過半数が株主の指名した候補者に占められるようになったことを期限の利益喪失事由とする。

[49] Bainbridge, *supra* note 6, at 861-865.

[50] Hamermesh, *supra* note 24, at 170-171; Lebovitch & Kwawegen, *supra* note 6, at 515-519; Skeel, *supra* note 6, at 14. なお，fee-shifting bylaw には，その内容だけではなく，取締役会が株主の承認を得ることなく一方的に株主から訴訟追行の機会を実質的に奪うような定めを附属定款に置くことができるかという，その導入手続に関する問題もある。アメリカにおいて，この問題は取締役会と株主の権限分配に係る重要な問題として認識されている。ただし，ATP Tour 判決が認めた fee-shifting bylaw については，原告の請求の大半が認められ実質的に原告が勝訴したような場合でも被告側の弁護士費用の負担が求められること，及び株主が提起する訴訟の多くは和解で終わることも踏まえると，株主が訴訟を提起することを事実上不可能にするとして，仮に株主の承認を得て定款又は附属定款に定めが置かれたとしても，public policy に反するとして無効であると指摘する見解も有力である。See Hamermesh, *supra* note 24, at 168-171; Winship, *supra* note 16, at 528.

[51] *ATP Tour*, 91 A. 3d at 556.

[52] なお，アメリカを除く西欧諸国及びアラスカ州では，弁護士費用の敗訴者負担制度が原則とされている。ただし，その内容は様々である。See Theodore Eisenberg & Geoffrey P. Miller, The English Versus the American Rule on Attorney Fees: An Empirical Study of Public Company Contracts, 98 Cornell L. Rev. 327, 329 note 5 (2013). しかし，これまで，弁護士費用の敗訴者負担制度として，請求の主要ではない一部について敗訴した原告が被告の弁護士費用の負担を求められるという仕組みが存在したかについて疑問が呈されている。See Hamermesh, *supra* note 24, at 166.

[53] なお，デラウエア州衡平法裁判所手続規則 11 条は，連邦民事訴訟規則 11 条になら

Ⅲ 市場行動法等

　2015年改正によって株主訴訟は絶滅を免れたといってもよいかもしれない。現在, デラウエア州一般事業会社法を設立準拠法とする株式会社は, fee-shifting bylaw 及び同旨の定款の定めを設けることはできないからである⁽⁵⁴⁾。しかし, 2015年改正は, デラウエア州一般事業会社法を設立準拠法とする株式会社が訴訟手続に関する定款又は附属定款の規定を設けることを全て禁止しているわけではない⁽⁵⁵⁾。また, 2015年改正は, "internal corporate claim" という特定の訴訟類型を対象とするものであり, その他の株主訴訟, 例えば, 連邦証券規制違反に基づくクラスアクションは対象とされていない⁽⁵⁶⁾。さらに言

⑸ い, 一定の条件を満たす場合には裁判所が一方当事者に他方当事者の弁護士費用の負担を命じることができると定めている。See DEL. CT. CH. R. 11 (b)(2). ただし, 同条は, 裁判所に対して申立てを行う際に当事者に課せられる義務が遵守されなかった場合に裁判所が命じることができる制裁に関するものであり, 弁護士費用の敗訴者負担はそのような制裁の一種に過ぎない。また, その内容は ATP 判決が認めた fee-shifting bylaw と大きく異なり, たとえば, 裁判所は, 当事者の請求が認められなかったことのみを理由として, 他方当事者の弁護士費用の負担を命じることはできないと解されているようである。そのため, 学説の中には, 株主がデラウエア州衡平法裁判所手続規則 11 条に基づき弁護士費用の負担を求めることができる場合と, 取締役会が fee-sifting bylaw に基づき弁護士費用の負担を求めることができる場合の不均衡を後者の問題点として挙げる見解がある。Lebovitch & Kwawegen, *supra* note 6, at 523-524.

⑸ DEL. CODE ANN. TIT. 8, § 102 (f), 109 (b) (2015).

⑸ Winship, *supra* note 16, at 521. なお, 実務では, 定款又は附属定款による株主訴訟の防止策として, 専属管轄の定めや fee-shifting bylaw の他に義務的仲裁条項（mandatory arbitration clause）を導入することが模索されていたようであり, 実際に導入した会社も存在したようである。しかし, 前注⑷で紹介したように, 2015年のデラウエア州一般事業会社法の改正によってデラウエア州の裁判所に対する訴訟の提起を禁止する定款及び附属定款の規定が無効とされたことによって, 仲裁条項の効力が否定されることになったと解されている。See Winship, *supra* note 16, at 505; Skeel, *supra* note 6, at 3 note12 & 3 note 60.

⑸ Winship, *supra* note 16, at 520; Bainbridge, *supra* note 6, at 859. 実際に, 株主代表訴訟など会社法に基づく権利の行使を求める訴訟だけではなく, 連邦証券規制違反に基づくクラスアクションも対象に含めて弁護士費用の敗訴者負担など訴訟手続に関する定款・附属定款の規定を設ける例が見られる。ただし, 連邦証券規制違反に基づくクラスアクションを対象とする規定を設けることは多数派ではなく, 適用範囲を会社法に基づく訴訟に限定する規定の方が多いようである。その理由として, このような規定は連邦証券規制の多くが強行法規であることに抵触することを指摘する見解がある。See John C. Coffee, Jr., *Federal Preemption and Fee-Shifting*, COLUM. L. SCH. BLUE SKYBLOG (Jan. 26, 2015), available at http://clsbluesky.law.columbia.edu/2015/01/26/federal-preemption-and-fee-shifting/; Winship, *id.* at 529-531; Lebovitch & Kwawegen, *supra* note 6, at 524-528; Bainbridge, *supra* note 6, at 859.

えば，デラウエア州が採用した fee-shifting bylaw 及び同旨の定款の定めの禁止という政策に，他州及び模範事業会社法が従うか否か定かではない[57]。したがって，fee-shifting bylaw や forum-selection bylaw を含む訴訟手続に関する定款又は附属定款の規定の是非を巡る議論は今後も継続していく可能性がある。

(2) 株主訴訟の手続に関する規定を定款又は附属定款で定めることの是非について

Forum-selection bylaw や fee-shifting bylaw など訴訟手続に関する定款・附属定款の規定の内容自体は真新しいものではなく，専属管轄や弁護士費用に関する定め自体は商取引契約では一般的に使われる契約条項であると指摘されている[58]。アメリカでは，定款及び附属定款は，会社と株主の「契約」と解されている[59]。そのため，州会社法，特にデラウエア州一般事業会社法の多くは任意法規と解されていることを踏まえ，商取引契約のように株主訴訟の手続に関する定款・附属定款の規定についても会社による選択が広く認められるべきという立場も成り立ち得る[60]。附属定款や定款において株主訴訟の手続に関する規定を設けることが試みられるようになったことは，株主訴訟という仕組みが会社及び株主の利益になるかについて各会社で事情が異なるため，州会社法や連邦証券規制及び判例法理のような画一的な濫訴防止策の限界を示しているとする見解もある[61]。

---

[57] Bainbridge, id. at 871. なお，模範事業会社法は既に，株主代表訴訟が終了した際に，裁判所は，訴訟の提起・継続が合理的な理由に基づかず又は不適切な目的で行われていたと判断した場合，原告に対して被告が防御に要したあらゆる費用の負担を命じることができる旨の定めを有している。See Model Bus. Corp. Act §7.46 (2016). 前注[53]で紹介したようにデラウエア州でも，デラウエア州衡平法裁判所規則 11 条に基づき，例外的な場合に原告が被告の負担した弁護士費用の負担を命じられることはあるが，模範事業会社法 7.46 条に相当する規定はデラウエア州法には存在しないと評価されている。See George S. Geis, *Shareholder Derivative Litigation and the Preclusion Problem*, 100 VA. L. REV. 261, 309 (2014).

[58] Winship, *supra* note 16, at 491.

[59] Hamermesh, *supra* note 24, at 163; Winship, *supra* note 16, at 492. Boilermakers 判決や ATP Tour 判決が示唆するように，デラウエア州の裁判所は定款や附属定款を会社と株主の契約と解する傾向が強い。

[60] Winship, *supra* note 16, at 523-524 & 531-532.

[61] Winship, *supra* note 16, at 494-495.

Ⅲ　市場行動法等

　しかし，商取引契約における条項と訴訟手続に関する定款・附属定款の規定には，無視できない差異がある。それは，厳密に言うと後者では，前者における契約当事者の同意に相当する株主の同意が存在するとは言えないことである[62]。確かに，IPO に応じて株主となった者は，定款・附属定款の規定を承認して株主となったと評価されるべきである[63]。また，IPO 後に株式を取得した株主も，取得時点の定款・附属定款の規定について同様に解されるべきであろう。しかし，その後の定款又は附属定款の変更は株主の多数決によって行われるので，IPO や流通市場で株式を取得した株主に存在した同意を観念することはできない。取締役会が株主の承認を得ることなく附属定款を変更する場合には，変更された内容について，もはや株主の同意は存在しない。存在するのは，株式を取得する時点で，定款の定めに基づき取締役会が株主の承認を得ることなく附属定款を変更することができるという仕組みに同意したということのみである[64]。このような株主の同意の性質を踏まえると，専属管轄や弁護士費用に関する定めが導入される手続によって，その効力を別異に解することが望ましいように思われる[65]。このような観点から，たとえば，ATP 判決に対して，先に述べたように同判決によって有効性が認められた fee-shifting bylaw は株主訴訟を絶滅させる危険を持つものであったことに対してだけではなく，そのような附属定款の規定を取締役会が株主の承認を得ることなく一方的に導入することを認めたことに対する強い批判がなされている[66]。

---

[62] Hamermesh, *supra* note 24, at 168; Winship, *supra* note 16, at 497-498; Lebovitch & Kwawegen, *supra* note 6, at 520.

[63] ただし，IPO に応じた株主が，どの程度，定款・附属定款の規定を理解した上で投資判断を行っているか争いがある。See Michael Klausner, *Fact and Fiction in Corporate Law and Governance*, 65 STAN. L. REV. 1325, 1332-1336 (2013). また，当事者が契約条項を全て理解せずに契約を締結することもあり得るので，この問題は会社と株主の「契約」に特殊な問題とはいえないように思われる。

[64] Boilermakers, 73 A. 3d at 956; *ATP Tour*, 91 A. 3d at 560.

[65] なお，前注(50)で紹介したように，ATP Tour 判決が認めた fee-shifting bylaw については，原告の請求の大半が認められ実質的に原告が勝訴したような場合でも被告側の弁護士費用の負担が求められること，及び株主が提起する訴訟の多くは和解で終わることも踏まえると，株主が訴訟を提起することを事実上不可能にするとして，仮に株主の承認を得て定款又は附属定款に定めが置かれたとしても，public policy に反するとして無効であると指摘する見解も有力である。

[66] Winship, *supra* note 16, at 527-528; Lebovitch & Kwawegen, *supra* note 6, at 506-507.

このように株主訴訟の手続に関する規定を定款又は附属定款で定めることの是非は，附属定款の規定の新設・変更・廃止に係る取締役会の権限分配と密接に結びついている。これに対して，我が国は附属定款という仕組みを有さないため，アメリカでなされている議論から直接的な示唆を導き出すことには慎重な態度が必要である[67]。しかし，アメリカの学説において，ATP 判決で認められ 2015 年改正によって無効とされた fee-shifting bylaw の他に株主訴訟の濫用防止策として機能する定款又は附属定款の規定の内容や，株主訴訟の手続に関する定款及び附属定款の規定の有効性を分析する枠組みについて，検討が始まりつつある。このような検討の成果が具体的な法制度として結実するか否かは定かではない。しかし，仮に株主代表訴訟を含む株主訴訟の濫用防止策として定款や附属定款の規定に何らかの有用性が認められるのであれば，それは制定法や判例法理に基づく濫用防止策に何らかの改善の余地があることを示しているように思われる。すなわち，理論的に望ましい株主訴訟の濫用防止策を探求する際には，株主訴訟の手続に関する定款や附属定款を巡る議論を分析することにも意味があるように思われる。そこで以下では，必ずしも網羅的ではないが，これまでに公表された研究成果のいくつかを紹介することを試みたい。

たとえば，具体的な規定の提案として，株主代表訴訟及び株主をクラス構成員とするクラスアクションが提起された後，上位 3 名の大株主が選任する者から構成される Litigation Review Committee が承認しない限り，原告はこれら

なお，ATP 判決が取締役会は附属定款によって訴訟追行権という株主の権限を制約することを認めたことは，株主が委任状勧誘戦によって勝利した場合に会社がその費用を補填する旨の附属定款の規定を株主総会決議によって導入することは取締役会の権限を制約するとして無効と判示した CA, Inc. v. AFSCME Employees Pension Plan, 953 A. 2d 227（Del. 2008）（以下，「CA, Inc. 判決」という）と整合性を欠くとの批判もなされている。See Lebovitch & Kwawegen, id. at 503-504. ただし，デラウエア州の裁判所は取締役会の裁量的権限を重視するという立場をとっていると指摘した上で，CA, Inc. 判決と ATP 判決について，前者は株主が附属定款の規定によって取締役会の権限を制約しようとしているので無効とされ，後者は取締役会が附属定款の規定を導入したから有効と解されたと理解する見解もある。See Skeel, supra note 6, at 12. See also James D. Cox, Corporate Law and the Limits of Private Ordering, 93 Wash. L. Rev. 257, 271 (2015)（Boilermakers 判決と CA, Inc. 判決について同旨）。

[67] 我が国では，定款の定めに基づき，会社が株主の権利行使に関連する事項を株式取扱規則として定めることが一般的である。我が国の法制度でアメリカの附属定款に最も近いのは，株式取扱規則であるように思われる。

III 市場行動法等

の訴訟を継続できないという仕組みを附属定款によって導入することが提案されている[68]。このような提案は，特別訴訟委員会が抱える structural bias を解決することを目的とするものである[69]。その他に，デラウエア州一般事業会社法のように fee-shifting bylaw 及び同旨の定款の定めを包括的に禁止するのではなく，その内容が合理的であれば会社など被告側が負担した弁護士費用を原告側が負担する旨の附属定款の規定が許されるべきことを主張する見解がある[70]。

　株主訴訟の手続に関する定款及び附属定款の規定の有効性を分析する枠組みとしては，その効力は訴訟によって行使される権利に関する法規定との関係で評価されるべきとし，たとえば，強行法規とされた権利の行使を事実上不可能にする訴訟手続に関する規定は無効と解すべきことを主張する見解がある[71]。この見解によれば，デラウエア州一般事業会社法のように注意義務違反に基づく損害賠償責任を定款で免除できる法制の下では，任意法規である注意義務に係る訴訟手続に関する規定よりも強行法規である忠実義務に係る規定の方が，その有効性が厳格に審査されるべきことになる[72]。その他に，株主訴訟を提起する権限は取締役の選任権限や株式を売却する権利と同程度に重要な株主の権利であることを根拠として，取締役会が株主の同意を得ることなく株主訴訟の手続に係る附属定款の規定を導入する際に信認義務を尽くしたか否かは，敵対的企業買収防衛策等の場合と同程度に厳格に審査されるべきことが主張されてい[73]。特に fee-shifting bylaw の導入に関しては，取締役会は株主による責任

---

[68] Hamermesh, *supra* note 6, at 151.

[69] 特別訴訟委員会が抱える structural bias について，加藤・前掲注(4)12-13 頁。

[70] *See generally* Choi, Albert H., Optimal fee-shifting Bylaws（February 20, 2017）. Virginia Law and Economics. Research Paper No. 2016-15. Available at SSRN: https://ssrn.com/abslract=284097 or http://dx.doiorg/10.2139/ssrn.284097. もちろん，会社が fee-shifting bylaw を導入するためには機関投資家や議決権行使助言会社の賛同を得る必要がある。この点について，ATP Tour 判決とその後の fee-shifting bylaw に対する機関投資家と議決権行使助言会社の批判を分析し，株主訴訟の提起を事実上不可能なものとすることなく濫訴防止策として合理的な内容であれば，訴訟手続に関する附属定款であっても彼らに受けいれられる可能性があることを示唆する見解がある。*See* Winship, *supra* note 16, at 516-518.

[71] Winship, *supra* note 16, at 522.

[72] *Id.* at 529.

[73] Lebovitch & Kwawegen, *supra* note 6, at 506-507.

追及の機会の消滅という私的な利益関係を有しており，実質的にはデラウエア州一般事業会社法144条（利益相反取引に関する規定）の対象とされるべき取引であることを踏まえて信認義務違反が審査されるべきことが挙げられている[74]。

Ⅳ ジレンマを超えて

　企業活動の規律を目的とした訴訟手続が実際に利用されるためには，原告又は原告側弁護士となる者の経済的インセンティブを補うといった制度的な手当が必要である。しかし，このような制度の利用を促進する仕組みは，制度の正当な利用だけではなく濫用も促す可能性がある。企業活動の規律を目的とした訴訟手続が機能するためには，このような一種のジレンマを克服する必要がある。アメリカの株主訴訟を巡る実務の発展は，このようなジレンマを解決する試みが試行錯誤を経ながら集積されたものとも評価できるように思われる。

　本稿が紹介した定款又は附属定款による株主訴訟の制約の是非はアメリカの特殊な訴訟実務や取締役会が株主の承認を得ることなく附属定款で定めることができる事項の限界を巡る議論と密接に関係しているため，日本法への示唆は乏しいように思われる。しかし，本稿で注目したいのは，この問題は，株主訴訟に対する企業側の不信感が一定限度を超えると株主訴訟の存在意義自体を否定するような対応策が生み出される可能性の存在を示しているということである。すなわち，株主訴訟という仕組みが健全に発達するためには，原告となる者だけではなく被告となる企業からの信頼も必要であることを示唆しているように思われる。

　企業側の制度に対する信頼とは，決して，種々の手続によって訴訟の提起自体を抑止したり，訴訟が企業側に有利に展開することを保障したりすることによって獲得されるものではない。制度に対する信頼とは，企業側が「訴訟を提起されてもやむをえない」とか「訴訟を通じて問題を解決することが望まし

---

[74] *Id.* at 521-522. 具体的な審査基準の候補としては，取締役会に「やむをえない正当化事由」("compelling justification") や「完全なる公正さ」("entire fairness") の立証を求める基準が挙げられている。前者は取締役会が株主の議決権行使を妨害する際に適用される基準であり，後者は支配株主と被支配会社の取引など利益相反取引に適用される基準である。*See* Blasius Indus., Inc. v. Atlas Corp., 564 A. 2d 651 (Del. Ch. 1988); MM Companies. v. Liquid Audio, Inc., 813 A. 2d. 1118 (Dcl. 2003); Weinberger v. UOP, Inc., 457 A. 2d 701, 710 (Del. 1983).

Ⅲ　市場行動法等

い」といった認識を持つ状態を指す。企業活動の規律を目的とした訴訟手続の存在は，事後的な紛争解決に寄与するだけではなく，企業の内部的な意思決定手続において一般投資者や消費者の利益を考慮することが合理的であることを基礎付ける理由にもなる[75]。企業側の制度に対する信頼が存在しない場合，企業活動の規律を目的とした訴訟手続の存在は過剰な自己防衛行動を企業に促すことで，一般投資者や消費者に提供されるサービスの劣化につながる可能性があるのではなかろうか。以上に述べたことは，株主訴訟に限らず，一般投資家や消費者の利益を代表する者が提起する訴訟を通じて企業活動を規律する仕組みに一般的に妥当するように思われる。

※本稿はJSPS科研費16K03390の助成を受けた研究成果の一部である。

---

[75]　別の言い方をすれば，一般投資者や消費者の利益を害するような経営判断が行われても損害賠償請求訴訟などが提起される可能性が小さいのであれば，少なくとも企業内部の意思決定手続において，一般投資者や消費者の利益を害する経営判断を行うことが企業価値最大化の観点から合理的と評価されることになりかねないということである。なお，企業活動の規律を目的とした訴訟手続だけではなく，行政手続や刑事手続も同様に企業内部の意思決定手続に影響を与える可能性がある。したがって，企業活動の規律を目的とした訴訟手続は，行政手続や刑事手続を通じた規律が不十分な領域において特に重要性を増すように思われる。

24 商標法における需要者・取引者

金 子 敏 哉

Ⅰ　はじめに
Ⅱ　商標法における取引者・需要者
Ⅲ　ありのままの需要者・取引者と商標法
Ⅳ　おわりに

Ⅰ　はじめに

1　「耐克」と「Nike」

「耐克」という表示にあなたが接した際，この表示をあなたはどう発音するだろうか。この表示についてどのような意味（観念）があると考えるだろうか。「耐克」という表示と，「Nike」という表示を，何らかの意味で類似のものと捉えるであろうか。

「耐克」は，米国の著名なスポーツ用品メーカー Nike 社の「Nike」の中国におけるブランド名である。「耐克」のピンインによる表記は「nàikè」となり，中国語における発音自体が「ナイク」（又はナイケ）に近いものである。

他方，中国語・中国事情に詳しくない日本語話者にとっては，「耐克」と「Nike」が類似するとは当然には考えないであろう。

またそもそも漢字による表記になじみがない人々にとっては，「耐克」が何らかの中国語等であることは認識しえたとしても，その発音や意味は全く不明とのこととなる。類似性の判断の手掛かりとなるのは表示の見た目（外観）のみとなり，各表示は類似しているとは少なくともいえない，と考えるであろう。

そして書かれた文字を目にすることができない人々は，「耐克」・「Nike」のいずれの表示についても，外観ではなく，音声（称呼）を媒介として接することとなろう。

Ⅲ　市場行動法等

　日本の商標法において，ある商標が別の商標に類似するか否かは，商標登録（商標法4条1項10号・11号参照）や商標権侵害の成否（同25条・37条参照）に関わる重要な問題である。

　この商標の類否につき，裁判例は，対比される両商標が同一又は類似の商品・役務（サービス）に使用された場合に，取引者・需要者に商品・役務の出所の混同[1]を生じる恐れがあるか否かを判断基準としている。そしてこの類似性の判断の際には，「同一又は類似の商品に使用された商標が外観，観念，称呼等によって取引者，需要者に与える印象，記憶，連想等を総合して全体的に考察すべきであり，かつ，その商品の取引の実情を明らかにし得る限り，その具体的な取引状況に基づいて」判断すべきとしている（最判昭和43年2月27日民集22巻2号399頁〔氷山印〕，最判平成9年3月11日民集51巻3号1055頁〔小僧寿し〕等）。

　もっとも，「耐克」・「Nike」の例が示すように，ある表示に接した，個々の「ありのまま」の人が，当該表示の外観・観念・称呼についてどのように認識するか，またその類似性ゆえに出所の混同をするか否かは，当該需要者等の能力や知識・経験（情報の視覚的・聴覚的な認識可能性，言語についての習熟度，ギリシャ神話における勝利の女神としてのニケや著名ブランドとしてのNike社についての認識の有無）等によって大きく変わってくる。

　それでは日本の商標法において，「耐克」と「Nike」の両商標は類似しているといえるであろうか。商標の類似性等，商標法上の要件の判断の際に想定すべき取引者，需要者は，どのような取引者・需要者であろうか。そこで想定される需要者とは異なる能力・経験を有する需要者（例えば，商標を視覚的に認識できない需要者）にとって，商標法による規律はどのような意味を持つのであろうか。

2　本稿の検討内容

　本稿の前半（Ⅱ）では，商標法上の類似性等の要件につき需要者・取引者の認識が問題とされる場合について，どのような需要者・取引者が想定されてい

---

[1]　商標の類似性において判断基準となる出所の混同とは，狭義の出所の混同（商品Xに使用された商標αに接した需要者が，商品Xの出所を，商標βが使用されている商品Yの出所と同一のものであると誤認すること）と解されている。

るのか，を従来の裁判例を中心に検討する。

本稿の後半（Ⅲ）では，個々のありのままの人としての取引者・需要者がそれぞれ様々な能力・経験を有することを認識の出発点としたうえで，商標法の規律（特に商標の類似性判断）において主に一般化・平均化された需要者を想定した判断が行われることの意義と検討すべき課題を，一般的・平均的とはいえない需要者（少数派の需要者）にとっての商標法という視点も含めて検討する。

Ⅱ 商標法における取引者・需要者

1 商標法の概要

商標法は，商標登録により成立する商標権を保護する法律である。

ある表示を商標として独占的に使用したいと考える者は，その商標について，使用する商品・役務（サービス）を指定して特許庁に出願をする。特許庁での審査手続きでは，商標法3条や4条に違反する（商標の登録要件を満たさない）等の拒絶理由（商標法15条）の有無が審査され，拒絶理由が発見されなかった場合には商標登録をすべき旨の査定がされる（16条）。その後商標権の設定登録がされて，はじめて商標権が成立することとなる（18条）。なお登録要件を満たさない商標が登録された場合，第三者は無効審判を請求することで商標権を遡及的に消滅されることができる（46条）が，一部の無効理由については無効審判請求の期間が制限されている（47条）。

商標権者は，登録された商標（登録商標）を指定された商品・役務に独占的に使用する権利を専有し（25条），他人が権原なく登録商標を指定商品・役務と同一の商品・役務に使用する行為は商標権の侵害となる。また，登録商標と類似の商標を，指定商品・役務と類似の商品・役務に使用する行為も商標権の侵害とみなされている（37条1から7号参照）。

商標権により無関係の第三者による商標の使用が禁止されることで，商標権者は，優れた品質の商品・役務を同一の商標の下に継続して供給することで商標に「業務上の信用」を蓄積し維持することが可能となる。また需要者は，商品に同一の商標が付されている場合にその商品の出所が同一であり，一定の品質を備えていることを期待することが可能となる。

換言すれば，需要者は商標を手掛かりとして商品の出所や品質等の情報を，（商標法による保護が全くない場合と比較して）より少ない費用（サーチコスト）

Ⅲ　市場行動法等

で検索することが可能となる。また事業者は，自己の商品・役務の出所と品質に係る情報を商標によって需要者に伝達することが可能となり，優れた・安定した品質の商品・役務の供給によってより大きな利益を挙げることが期待できる。

このように，商標法は，商標を保護することにより商標権者の「業務上の信用を維持」し，公正な競争秩序の下で，優れた品質の商品・役務が効率的に市場に供給されることによる「産業の発達」に寄与することを目的とするとともに，出所の混同を防止し，需要者が商標を手掛かりに出所・品質の確かな商品・役務が入手できる環境を整備し（換言すれば需要者のサーチコスト[(2)]を低減し）「需要者の利益」を保護することも併せて目的とするものである（商標法1条）。

2　商標法上の要件における需要者・取引者

商標法の文言上，「需要者」の語は，目的規定（1条）の他，「需要者が何人かの業務に係る商品又は役務であることを認識することができる」（3条2項等），あるいはこのような認識が「できない」（3条1項6号等），自己（32条等）又は他人（4条1項10号）の「業務に係る商品若しくは役務を表示するものとして需要者の間に広く認識されている」との文言で使用されており，条文上の要件に係る概念となっている。

また条文上「需要者」の用語が用いられていない場合についても，様々な要件（前述の商標の類似性，4条1項15号の混同のおそれ，16号の品質誤認惹起等）について，需要者や取引者の認識が問題となる。

以下ではこれらの要件のうち，特に主要なものとして，記述的表示の該当性（商標法3条1項3号，26条1項2号・3号），3条2項，4条1項10号の周知性，

---

(2)　商標法や不正競争防止法による商品等表示に関する規律（2条1項1号・2号）の目的を，標識を通じた需要者のサーチコストの削減と理解する立場（サーチコスト理論）につき，William M. Landes & Richard A. Posner, Trademark Law: An Economic Perspective, 30 J. L. & Econ. 265（1987），宮脇正晴「標識法におけるサーチコスト理論　Landes & Posner の業績とその評価を中心に」知的財産法政策学研究37号（2012年）195頁以下を参照。この他，商標制度の経済分析を巡る議論状況については，小塚荘一郎「商標とブランドの『法と経済学』」中山信弘先生古稀記念論文集『はばたき——21世紀の知的財産法』（弘文堂，2015年）764頁以下を参照。

商標の類似性（商標法4条1項10号・11号及び37条）の各要件について検討する。

(1) 記述的表示（商標法3条1項3号，商標法26条）
(i) 概　　要

出願された商標が，出願時に指定された商品（指定商品）や役務（指定役務）の「産地，販売地，品質，原材料，効能，用途」を「普通に用いられる方法で表示する標章のみからなる」場合，当該商標は（後述する商標法3条2項の要件を満たす場合を除き）商標登録をすることができない（商標法3条1項3号）。

このような産地・品質等の表示は記述的表示と呼ばれる。記述的表示について商標登録を原則として認めない理由としては，誰もが使用を望むものであり特定の主体による独占になじまないこと（独占適応性の欠如）とともに，当該表示が記述的表示と認識されるがゆえに出所を表示する力（自他商品識別力）を通常欠くことが挙げられている[3]。また商標法の目的を主にサーチコストの低減と理解する立場からは，独占適応性の欠如については，このような記述的表示について先願のみに基づき（商標法3条2項のような使用による識別力の蓄積以前の段階で）商標登録を認めることは，需要者（あるいは同種の商品の競業者）が商品の品質等に係る情報を検索（伝達）しようとするコストを増大させるために望ましくない，と説明されることとなる[4]。

3条1項3号の判断は，ある表示が指定商品・役務ついて記述的な表示といえるか否かにより判断される。それゆえ，3条1項3号における記述的表示の該当性の判断も，指定商品・役務の取引者・需要者を基準として判断される。なお指定商品・役務中の一部の商品・役務についてのみ商標登録の要件を満たさない場合にも，当該部分を削除する形等で指定商品・役務を補正しない限り，出願全体が拒絶されることとなる[5]。

---

[3] 最判昭和54・4・10判時927号233頁〔ワイキキ〕参照。商標法3条1項各号及び2項の趣旨を巡る議論状況については，宮脇正晴「商標法3条1項各号の趣旨」高林龍他編『現代知的財産法講座Ⅰ　知的財産法の理論的探究』（日本評論社，2012年）353頁以下を参照。

[4] 宮脇・前掲注(3)361頁以下参照。

[5] 登録された商標権の指定商品・役務が複数の場合，無効審決の確定による商標権の遡及的な消滅（商標法56条1項で準用される特許法125条）については，各商品・役務

Ⅲ 市場行動法等

また商標法26条1項2号・3号は,商標権の効力が,その指定商品・役務(及びこれと類似の商品・役務)の「普通名称,産地,販売地,品質,原材料」等を「普通に用いられる方法で表示する商標」に及ばないことを定めている。これらの規定は,商標権の効力の制限の一つとして,商標の登録要件に係る3条1項3号とは別に[6],記述的表示についての使用の自由を確保しようとするものである。これらは,商標権侵害訴訟における抗弁事由として問題となるものであり,記述的表示の該当性の判断は被告の商品・役務の取引者・需要者を基準として判断されることとなる。

(ⅱ) 指定商品等の一部の取引者・需要者のみが記述的表示と認識する場合

以上のように,商標法3条1項3号では指定商品・役務の取引者・需要者,商標法26条1項2号・3号については被告商品・役務の取引者・需要者を基準として,ある表示が記述的表示といえるか否かが判断されることとなる。

しかし,特に指定商品等の最終需要者に一般消費者が多く含まれる場合,当該商品を専門に取り扱う商社,一般向けの小売店,一般消費者であるエンドユーザー等,それぞれの取引者・需要者によって指定商品等についての専門的知識が大きく異なることがある。

このような状況について裁判例では,需要者である一般消費者の多数が当該商標について品質表示であるとの認識を有さないことを理由に商標法3条1項3号の該当性を否定した事例(知財高判平成25・12・26平成25(行ケ)10162〔LOOPWHEEL〕)[7])もある。

毎に商標登録があったとみなされる(商標法69条1項)ため,一部の商品・役務についてのみ無効理由が認められる場合には,当該商品・役務についてのみ商標権が無効とされることとなる。

(6) 商標法26条1項2号・3号が問題となる局面としては,商標法3条1項3号違反が見過ごされ商標登録がされた場合(この場合無効審判請求により遡及的に商標権を消滅させることができる(46条1項)が,5年の除斥期間が定められている(47条)),3条1項3号に該当するが2項により商標登録が認められた場合,登録商標自体は3条1項3号に該当しないが,登録商標の一部分や類似する標章が記述的表示に該当する場合等が挙げられる。

(7) 「LOOPWHEEL」の用語が専門書等で「巻き上げ機」「吊り編み機」の意味で記載された例が認定されたが,これらの使用例から「需要者である一般消費者の多数によって,『吊り編み』又は『吊り編み機』を意味するものと認識されるとまで認めることはできない」として,商標「LOOPEWHEEL」が指定商品(織物等)につき商標法3条1項3号に該当しないと判断された。

これに対して，需要者に含まれる一般消費者の認識に基づく主張を退けて，取引者・需要者の一部である事業者・専門家等が品質等の表示と認識することを理由に，当該商標を記述的表示に該当すると判断した事例として，商標法3条1項3号につき知財高判平成27・2・25判時2268号106頁〔IGZO〕，26条1項2号につき知財高判平成27・9・9平成26（ネ）10137〔PITAVA・小林化工〕[8]がある。

このうち〔IGZO〕事件では，指定商品「スマートフォン」「ノート型コンピュータ」等について，取引者及び「需要者の一部である」事業者の認識（本件商標「IGZO」が「インジウム・ガリウム・亜鉛酸化物（本件酸化物）」を意味するとの認識）に基づき，本件商標は商標法3条1項3号に該当すると判断した。

〔IGZO〕事件において，商標権者は，最終消費者である一般消費者の認識を基準とすべきことを主張したが，裁判所は「本件各商標が自他商品識別力を有するというためには，需要者だけではなく，取引者間においても自他商品識別力を有するということが必要であると解すべきであるし，また，競業者を含む取引業者に，当該商品の原材料を表示しているものと一般に認識される商標を，特定の取引業者に独占させることは公益上相当であるとはいえない。」と判示している。

前述した記述的表示の独占の弊害に鑑みれば，〔IGZO〕判決の指摘するように，取引者が記述的表示と認識する場合には，多数の需要者（一般消費者等）が同様の認識を有さないとしても，商標法3条1項3号・26条1項2・3号における記述的表示として取り扱うことが適切であろう。また逆に，取引者は記述的表示とは理解しないものの多数の需要者が記述的表示と理解する場合についても，需要者がその表示を品質等の記述的表示として情報を検索しようとするものである以上，商標法上の記述的表示として扱うべきであろう。

---

(8) ピタバスタチンカルシウムを有効成分とするジェネリック医薬品（販売名を「ピタバスタチンCa錠1mg『MEEK』」等とする薬剤）の錠剤に「ピタバ」等の表示（被告表示）を付した行為が，先行医薬品の販売業者が有した「PITAVA」商標権の侵害となるか否かが問題となった。裁判所は，取引者・需要者の一部である患者が被告表示を有効成分の略称表示と「認識する可能性がそれ程高くない」と判示しながらも，医師・薬剤師等の医療従事者の認識に基づき商標法26条1項2号に該当すると判断した。

「PITAVA」商標に係る一連の裁判例について詳しくは，金子敏哉「商標的使用と商標法26条1項6号：法改正の経緯と平成26年改正後の裁判例の検討を中心に」パテント70巻11号（2017年）54頁以下を参照。

Ⅲ　市場行動法等

(2) 商標法3条2項

(ⅰ) 概　要

出願に係る商標が，商標法3条1項3号（記述的表示）に該当する場合，原則として商標登録を受けることができない。しかし，当該商標が出願人等により「使用をされた結果需要者が何人かの業務に係る商品又は役務であることを認識することができる」場合には，商標登録を受けることができる（商標法3条2項）。

日本の商標法では，出願時点において未使用の商標であっても商標を使用する意思があれば他の登録要件を満たす限り，商標権を取得できることを原則とする。しかし商標法3条1項3号から5号に該当する場合には，例外的に，出願人等により商標が既に使用され，当該商標が出願人等の出所表示としての識別力（使用による識別力）を獲得している（3条2項）ことが商標登録の要件とされている。

(ⅱ) 基準となる需要者

商標法3条1項3号等と同様，商標法3条2項についても，出願商標に係る指定商品・役務の「需要者」を基準として，当該表示が出願人等の出所を示す表示として認識されているか否かが判断されることとなる。

商標法3条2項の文言上は「需要者」の用語が用いられている[9]が，裁判例では「需要者，取引者」[10]と取引者も併記されることが多い。ただし，関係事業者間ではある表示（特にアルファベットと数字の簡潔な組み合わせ等）が出所表示として認識されていた（可能性がある）が，最終需要者にまで出所表示として広く認識されていたとは言えない事案については，3条2項の該当性が否定されている[11]ことからも，商標法3条2項における「需要者」は，中間需要者（取引業者等）と最終需要者の双方を含む場合，一部の「需要者」における

---

[9] 特許庁『商標審査基準〔改訂第13版〕』（2017年）48頁以下でも「需要者」の用語が用いられている。

[10] 最判昭和54・4・27昭和53（行ツ）96〔美術年鑑〕等参照。

[11] 例えば，東京高判昭和45・2・26無体集2巻1号49頁〔WA-7〕（指定商品「織物」につき，一般消費者も需要者となると判断），東京高判昭和57・7・20無体集14巻2号536頁〔キャップの開封方法の図〕（指定商品「缶のふた」につき，広く一般の需要者にまで出所識別標識として認識されていたとはいえないと判断）等の事例を参照。

識別力の獲得では足りず，指定商品・役務に係る全ての「需要者」を基準として判断されている[12]といえよう。

　記述的表示やありふれた標章等についてはその独占適応性の低さ故に原則的には商標登録を認めず，使用により一定の識別力を獲得したものに限り例外的に登録を認めると考え方[13]からすれば，一部の取引者・需要者が記述的表示等と認識する場合にも3条1項3号に該当するものとし，他方，3条2項で要求される識別力については一般消費者も含めて全ての需要者を基準として判断することは一貫した妥当な考え方である。

(iii) 地理的範囲

　商標法3条2項の識別力については，（後述する商標法4条1項10号の場合と異なり）当該表示が出所表示として全国的に認識されていることが必要であると解されている[14]。全国的な認知度が要求される理由[15]としては，前述のとおり独占適応性の低さに鑑み登録を認めるに足るほどの識別力が要求されていることに加え[16]，記述的表示等を使用する事業者（あるいはこれを用いて品質等に関する情報を検索しようとする需要者）の予測可能性に配慮したものと解すべきであろう。

(3) 商標法4条1項10号の周知性

(i) 概　　要

　出願に係る商標が，「他人の業務に係る商品若しくは役務を表示するものとして需要者の間に広く認識されている商標」（周知な商標）と同一又は類似の商標であり，その指定商品・役務が当該他人の商品・役務と同一・類似のもので

---

[12] このことは，全ての需要者が知っていることまで必要とするものではない。
[13] 田村善之『商標法概説〔第2版〕』（弘文堂，2000年）189頁を参照。また宮脇・前掲注(3)372頁以下は，より高いサーチコストの削減が期待できる商標（3条1項各号に該当しない商標）への出願のインセンティブを削がないことを理由とする。
[14] 知財高判平成18・11・29判時1950号3頁〔ひよ子立体商標〕等参照。
[15] なお裁判例には全国的な認知度が要求される理由として，商標法が日本全国に適用される（前掲注(14)〔ひよ子立体商標〕）・商標権の効力が全国に及ぶ（知財高判平成19・10・31平成19(行ケ)10050〔DB 9〕）ことを挙げるものがあるが，この説明では商標法4条1項10号との異同等を説明できない点で不十分である。
[16] 前掲注(13)と対応する本文参照。

Ⅲ　市場行動法等

ある場合，当該商標は商標登録を受けることができない（商標法4条1項10号）。

10号に該当する商標の登録を認めた場合，商標権者が使用した登録商標に接した需要者は，当該商品の出所を周知商標の主体（10号の「他人」）と誤信をする可能性が高い。そこで本号は周知商標と同一・類似の商標の同一・類似の商品・役務についての登録を認めないことで，需要者による出所の混同を防止しようとするとともに，未登録の周知商標に蓄積された業務上の信用の保護を図っている[17]。

(ⅱ)　基準となる需要者
①　指定商品・役務か，引用商標の使用商品・役務か
出願商標・登録商標が，ある他人の商標（拒絶理由通知等で引用される商標。以下引用商標）との関係で商標法4条1項10号に該当するためには，まず引用商標が周知であるとの要件を満たす必要がある。

周知性の判断基準の主体となる「需要者」については，出願商標等の指定商品・役務の需要者を基準とする見解もある[18]。しかし10号の文言からすれば，引用商標の商品・役務の需要者を基準に周知性を判断したうえで，引用商標の商品・役務と出願商標等の指定商品・役務が「同一又は類似」のものといえるかを判断すべきこととなろう[19]。

両説による差異が生じうるのは，引用商標に係る商品・役務が出願商標等の指定商品・役務に包含され，引用商標の商品・役務の需要者を基準とすれば周知といえるが，出願商標等の指定商品・役務の需要者全体についてまで周知といえない場合である。

この場合について，出願商標等の指定商品・役務の需要者を基準とする見解に立てば，商標法4条1項10号には該当しないこととなる（15号等は別途問題となりうる）。しかしこの場合に商標登録を認めることは，商標権者に基づく当該商標の引用商品・役務についての使用を商標法上許容することとなり，引

---

[17]　特許庁編『工業所有権法（産業財産権法）逐条解説〔第20版〕』（発明推進協会，2017年）1412頁参照。
[18]　渋谷達紀『知的財産法講義Ⅲ〔第2版〕』（有斐閣，2008年）369頁参照。
[19]　田村・前掲注⒀54頁以下の裁判例についての整理（理論的に厳密に考えれば出願商標の指定商品・役務を基準とすべきとしつつ，商品・役務の類似性要件の存在から裁判例に対して異論を唱える必要はないとする）も参照。

用商標の商品・役務の需要者に出所の混同のおそれを生じせることとなる。以上の点からすれば，条文の文言のとおり，引用商標の商品・役務の需要者を基準として判断をすることが適切であろう。

もっとも引用商標の商品・役務の需要者を基準とすることは，過去に引用商標が使用された商品等を実際に購入した者の認識のみを基準とする趣旨ではなく，市場における当該商品・役務の潜在的な需要者も含めた判断を行うべきこととなる。

以上の点について，知財高判平成27・12・24平成27年(行ケ)10083〔エマックス審決取消〕は，商標法4条1項10号の「『広く認識されている』とは，業務に係る商品等とこれと競合する商品等とを合わせた市場において，その需要者又は取引者として想定される者に対して，当該業務に係る商品等の出所が周知されていること」と判示し，指定商品役務の需要者ではなく，引用商標が使用された商品等についてその競合品と合わせた市場（引用商標に係る商品等の潜在的なものも含めた需要者）を想定して判断すべきことを明らかにしている[20]。

② 事業者・一般消費者等

商標法3条の場合と同様，商標法4条1項10号についても，ある商品・役務について，専門的知識を有する事業者から一般消費者まで多様な需要者が存在し，各需要者層において引用商標の出所表示としての認知度が異なる場合がある。

このような場合に関して，特許庁の商標審査基準は，「『需要者の間に広く認識されている商標』には，最終消費者まで広く認識されている商標のみならず，取引者の間に広く認識されている商標を含」むと述べている[21]。

裁判例では，商標法4条1項10号の周知性について，全国民的に認識されていることまでは要せず，商品・役務の性質上，需要者が一定分野の関係者に限られている場合には当該需要者に認識されていれば足りるとの判示[22]がされ

---

[20] 〔エマックス審決取消〕事件では，無効理由の存否が問題となった本件商標の指定商品は「家庭用電気瞬間湯沸器，その他の家庭用電熱用品類」であり，引用商標が使用された商品（本件電子瞬間湯沸器）も電気瞬間湯沸器であった。
　裁判所は，本件電子瞬間湯沸器の需要者とは，電気瞬間湯沸し器の需要者に限らず，ガスを熱源とするものも含む家庭用の壁掛型の瞬間湯沸器全体の需要者又は取引者である（この点については当事者間に争いがなかった）として判断している。

[21] 特許庁・前掲注(9)76頁。

ている。

　他方，当該商品・役務の「需要者」に取引者と一般消費者の双方を含む場合等の取扱いに関しては裁判例の立場はそれほど明確ではない。

　東京高判昭和58・6・16無体集15巻2号501頁〔DCC〕では，コーヒーという「日常使用の一般的商品」について，一般消費者の認識に特に言及することなく，「同種商品取扱業者」の認識の程度を問題とし，結論として周知とは言えないと判断した。

　これに対して知財高判平成26・10・29判時2242号124頁〔とっとり岩山海〕が，一般論としては「すべての取引者・需要者に知られている必要まではないが，相当程度の取引者・需要者に知られていることを要する」と判示している。あてはめの判断においては，登録商標の指定役務が「飲食物の提供」であり，引用商標は居酒屋において海鮮や酒などの飲食物の提供に使用されていたことから「原告商標の周知性を判断する前提となる取引者・需要者としては，飲食物の仕入業者に限られず，広く一般の消費者が含まれている」と述べた上で，一般の消費者の認識に関する事情について認定したうえで，結論として，関西地区の一般の消費者に引用商標が広く知られていたとは言えないため10号に該当しないと判断している。

　前掲〔エマックス審決取消〕は，前述のとおり「需要者又は取引者」に広く認識されているとの判示をしており，一般論の文言上は，「需要者」又は「取引者」のいずれかに認識されれば足りるとの趣旨にも解される。しかしあてはめ等の具体的な判断は，取引者のみの認識で足りるかとの点について明示的に判断するものではない。

　③　地理的範囲

　商標法4条1項10号の周知性要件において要求される地理的な認知度の範囲については，全国的に流通する商品に関しては，全国的に認識されている場合の他，ある地方（大都市圏や少なくとも一県を超える地方）で広く認識されている場合も含むものと解されている[23]。

---

(22)　東京高判平成4・2・26知財集24巻1号182頁〔COMPUTERWORLD〕，知財高判平成22・4・28平成21(行ケ)10411〔ATHLETE LABEL〕参照。

(23)　東京高判昭和58・6・16無体集15巻2号501頁〔DCC〕，知財高判平成27・12・24日平成27年(行ケ)10083〔エマックス審決取消〕，渋谷・前掲注(18)369頁を参照。地域的

(4) 商標の類似性（商標法4条1項10・11号，37条）
(i) 商標の類似性の判断基準

　出願に係る商標が，他人の周知な商標（4条1項10号）や他人の先願登録商標（11号）と同一又は類似の商標であり，かつ，それらの商品・役務と同一・類似の商品・役務を指定商品・役務とする場合，商標登録を受けることができない。

　また商標権の侵害は，登録商標を指定商品・役務に使用する場合（25条）のみならず，登録商標と類似する商標を指定商品・役務と類似する商品・役務に使用する場合（37条参照）にも成立する。

　このように商標の類似性は，商標の登録要件や侵害要件等に関わる重要な概念である。商標の類否について裁判例は，対比される両商標（出願商標と引用商標，原告登録商標と被告使用標章）が同一又は類似の商品・役務に使用された場合に，取引者・需要者に出所の混同のおそれを生ずるか否か，を判断基準としている（冒頭で引用した〔氷山印〕判決等を参照）。

　商標登録要件（商標法4条1項10号・11号）における商標の類否については，裁判例は，指定商品・役務の取引者・需要者を基準として判断すべきとしている。例えば前掲最判昭和43年2月27日民集22巻2号399頁〔氷山印〕では，出願商標が「硝子繊維糸」のみを指定商品とすることを挙げて，硝子繊維糸に係る取引の実情（商標の称呼のみにより商標や商品の出所を識別するものではない）を考慮して商標（引用商標は「しょうざん」の文字商標，出願商標は氷山印の文字と図形からなる商標）の類似性を否定した原判決の判断を維持した。

　侵害訴訟における商標の類否判断についても，被告標章が使用されている商品・役務の取引者・需要者が基準とされているといえよう。例えば最判平成9年3月11日民集51巻3号1055頁〔小僧寿し〕では，「小僧寿し」等の標章が被告側の小僧寿しチェーンの加盟店により使用される場合に，その著名性故に原告商標（「小僧」）との出所の混同が生じないとして，商標の類似性が否定さ

──────────
に限定して流通するものについては1県程度で足りるとするものとして田村・前掲注(13)53頁以下，盛岡一夫「商標法及び不正競争防止法にいう『需要者の間に広く認識されている』の意義」特許研究37号（2004年）21頁等も参照。
　なお土肥一史『知的財産法入門〔第15版〕』（中央経済社，2015年）72頁は，〔DCCⅡ〕判決と異なり，「同一商標の下で全国展開が不可能となれば，登録商標を取得する意味が失われることを考えると，1県程度の認識で足りる」としている。

Ⅲ　市場行動法等

れている。

　なお商標の類似性についても，当該商品・役務に係る取引者・需要者に専門的な事業者と一般消費者の双方を含む状況が考えられるが，このような状況の取扱いについては本稿では十分な検討をすることができなかった。

(ⅱ)　一般的・平均的な需要者・取引者

　そして裁判例の中には，類似性について想定すべき指定商品の取引者・需要者は，「一般的」または「平均的」な取引者・需要者であるべきことを判示するものが多い。

　このうち東京高判昭和54・2・27昭和51年(行ケ)142〔ニコシン〕は，一般論として「商標法4条1項11号の商標の類否判断は，当該指定商品に関する平均人たる一般の取引者，需要者が誤認混同するかどうかという見地からしなければならない。」と判示している[24]。そして，引用商標の著名性故に混同しやすいとの原告の主張に対して，医師・薬剤師にとって引用商標は著名であるがこれらの者は相当の注意力を有し，一般の取引者・需要者にとっては引用商標が著名でないことを理由に，類似性を否定している。

　東京高判平成13・10・24平成13(行ケ)174〔犬のシルエット図形〕では，一般論として「商品について使用される商標の類否判断ないしその前提である各商標から受ける印象ないし認識の内容等は，当該商標の指定商品に係る一般的な需要者において普通に払われる注意力を基準として考察すべき」と判示している。同事件では，原告の主張する両商標（左向きのゴールデンレトリーバーのシルエットからなる図形商標と，左向きのフラットコーテッドレトリーバーのシルエットからなる図形商標）の犬の種類の相違等は，両商品の指定商品（被服等）の一般的な需要者（「犬ないし動物に特段の関心を持たない者を含む広範な一般消費者」）が到底認識できるものではないとして，両商標の類似性が肯定されている[25]。

---

[24] 指定商品（医薬品）について，「ニコ○○」の商標が多数あること等を考慮し，本件商標「ニコシン」が引用商標「NICHOLIN」と類似しないとして，4条1項11号非該当とした審決を支持した。

[25] 同事件では，本件商標（左向きのゴールデンレトリーバーのシルエットからなる図形商標）が，引用商標（左向きのフラットコーテッドレトリーバーのシルエットからなる図形商標）と類似するものとして，商標法4条1項11号に該当すると判断した審決の

東京高判平成15・4・23平成14（行ケ）455〔ティーバック〕では，本願商標（ティーバック）と引用商標（テイパック）について，両商標の称呼の類否について「一般的な取引者，需要者の平均的な注意力を基準として，経験則により判断し，その一般的，恒常的な取引の実情も考慮すべき」などと判示し[26]，両商標を類似するものと判断している。

また特に，英語以外の外国語による称呼・観念に基づく認識の可能性が当事者から主張された事案において，一般的な取引者・需要者の語学知識によるべきことを理由に否定された事例が複数存在する[27]。

以上の裁判例は商標登録要件に関する事例であるが，侵害訴訟においても特に要部の認定に関して「一般的な取引者及び需要者の通常有する注意力を基

判断が支持された。犬の種類等の相違点を私的する原告の主張に対して裁判所は，両商標の指定商品（被服を含む）の一般的な需要者（にとっては両商標の差異を認識できるとは到底認められないとして退けている。

[26] また同事件では，原告（出願人）は，引用商標がその商標権者である帝国製薬株式会社の頭文字の表音表記「テイ」と（包装という意味での）「パック」の造語と認識されること等を理由に，両商標が非類似であることを主張したが，裁判所は，一般的な取引者，需要者において認識可能であったことを認めるに足りる証拠はない等としてこれらの主張を退けている

[27] 例えば知財高判平成26・8・7平成25年（行ケ）10298〔MAGGIE〕では，アラビア文字による表記を指定商品である被服に関する一般の取引者，需要者が認識できないと判断されている。
東京高判平成10・5・28平成9（行ケ）164〔レールデュタン〕（問題となった指定商品は「化粧用具，身飾品，頭飾品，かばん類，袋物」）は，「我が国における語学教育の現状からみて，一般の取引者・需要者のうちの相当多数の者がフランス語を正確に発音して称呼するとは認められないことは，当裁判所に顕著」であるとして，引用商標「L'AIR DU TEMPS」につき，「レールデュタン」の称呼が通常生じるとは認められないとして4条1項11号に該当しないと判断している。また東京高判平成7年1月31日平成5（行ケ）227〔MOGA〕（指定商品は「被服，布製身回品，寝具類」でも一般の需要者・取引者の語学知識によるべきとして，フランス語・イタリア語読みではなく，英語読みで判断している。
他方東京高判平成8・1・30平成7（行ケ）128〔BARREAUX〕（指定商品「被服，布製身回品，寝具類」）では，ファッション業界における被服等の取引者・需要者の語学知識からすれば，バローの称呼を生じると認定されている。
なお最判平成12・7・11民集54巻6号1848頁〔レールデュタン〕は，15号の混同のおそれに関する判断においてであるが，「引用商標の表記自体及びその指定商品からみて，引用商標からフランス語読みにより『レールデュタン』の称呼が生ずるものといえる」と判示している。

Ⅲ 市場行動法等

準」とすると判示したものとして，原告側ブランドの著名性を考慮し類似性を肯定した東京地判平成10・2・27平成8（ワ）21631〔モスキーノ〕，被告側ブランド（Coca-Cola）の著名性を考慮し類似性を否定した東京高判平成11・4・22平成10（ネ）3599〔Always〕がある。

Ⅲ　ありのままの需要者・取引者と商標法

1　少数派の需要者と商標法の役割

(1)　商標法の要件における少数派の需要者

以上の商標の類似性判断の枠組みを，市場において一般的・平均的とはいえない需要者について考えると，まず，問題となる指定商品・役務や被疑侵害者のビジネスが当該需要者を主に対象としたものである場合（例えば，視覚に障害を有する人や日本に訪れる海外からの観光客に特化したサービス）には，当該需要者の能力・経験を想定した判断が行われることとなる。

しかし指定商品・役務や被疑侵害者のビジネスがより広い需要者層に向けられたものである場合，仮に，一般的・平均的な需要者その需要者として一般的・平均的とはいえない需要者（少数派の需要者）の存在は，商標の類似性の判断からはいわば捨象されるかのように扱われることとなる。

また記述的表示の該当性（商標法3条1項3号）等については，当該商品の需要者のち一般消費者は記述的表示と認識しない事案であっても，なお専門的な取引者の認識を根拠として記述的表示に該当すると判断されることがあるが，ここでも取引者等として想定されているのは類型化された主要な取引者となる。

それではこのような商標法の判断枠組みは，少数派となる者も含むありのままの取引者・需要者にとっての商標法という観点からは，どのように評価すべきであろうか。

(2)　商標法の役割

前述のとおり，商標法は「需要者の利益」の保護を目的の一つとしている（商標法1条）。ただし商標法が商品やサービスの取引に係る需要者の利益の保護において果たす役割は，商標登録制度の運用と登録商標権の保護により，需要者の出所の混同を防止し，商標を通じて商品・役務のサーチコストの低減を図るという限定的なものである。商品やサービスの取引に係る需要者の利益は，

民法，消費者契約法，刑法，不当景品類及び不当表示防止法，不正競争防止法（特に2条1項1号の混同惹起行為及び同15号の品質誤認惹起行為の規制）等様々な方がその保護に関わり，商標法はその一部であるに過ぎない。

　商標の登録要件に係る判断は，どのような商標に登録を認め信用の蓄積を積極的に支援するか，に係るものであり，また侵害要件に係る判断は，登録商標権者に他の事業者による表示の使用を禁じる権原をどこまで認めるか，に係る判断である。いずれの局面においても，商標法は，個々の需要者を直接的に保護するものではなく[28]，登録制度の下で商標権の保護により，指定商品・役務や被疑侵害者の商品・役務に係る市場における特に出所表示についての事業者間の公正な競争秩序を実現することで，間接的に需要者の利益を保護するものである。

　ある表示が当該市場における主要な取引者・需要者に登録商標等と類似のもの，あるいは記述的表示として認定される場合，他の需要者は異なる認識を有するとしても，商標法上の要件の判断としては類似・記述的表示に該当すると判断すべきことと解すべきであろう。

　以上に加えて，実際の審査や裁判で全ての需要者の認識を問題とすることが現実的に不可能であることに照らせば，従来の裁判例による商標の類似性等の判断枠組みにおいて，原則として当該指定商品等に係る主要な需要者を想定した判断が行われることは基本的に妥当なことといえよう。

2　すべての需要者の利益の保護に向けて

　もっとも，商標法1条の目的規定における「需要者」とは，一般的・平均的

---

[28]　登録商標と類似の商標が使用された結果ある需要者に出所の混同を生じたとしても，商標法は当該需要者に事業者に対する法的な権利を認めるものではない。現行不正競争防止法についても同様である。

　なお不正競争防止法2条1項1号の混同惹起行為については，被告側の表示の使用行為が少数派の需要者に対するものであるといえれば，当該需要者の能力・経験を基礎として周知性や混同のおそれの有無が判断されることとなる。

　被告側の行為が広範囲の需要者を対象としたものである場合に，一部の需要者にのみ混同が生じる状況の取り扱いが問題となる。この点について，被告営業地域の一部においてのみ原告表示の周知性が認められた事案の裁判例における取り扱いについて，時井真「〔シェ・ピエール〕判批」知的財産法政策学研究26号（2010年）318頁以下の分析を参照。

Ⅲ 市場行動法等

といえる需要者・取引者や主要な需要者のみを意味するものではなく，日本の商標法の適用対象となる日本国内の市場において，現在及び将来の全ての需要者を意味するものと解すべきである。

このような商標法の目的規定の理解から，従来の判断枠組みを検討した場合，前述のように商標法の制度設計として主要な需要者を想定した判断枠組みは原則としては妥当であるものの，なお検討すべき課題として以下の点を指摘できるであろう。

(1) 様々な取引者・需要者の存在を前提とした判断枠組み

従来の裁判例において，商標の類否判断においては問題となる商品・役務の一般的・平均的な取引者・需要者を想定した判断が行われるべきことがしばしば判示されてきた。もっともこのような裁判所の判示は，一般的・平均的とはいえない主体を判断対象から常に除外することを積極的に意図したというよりも，当該事案において，当事者の主張する特定の取引者・需要者の認識があくまで例外的なものであるがゆえに基準とすべきではない，との趣旨と解すべきであろう。

そして取引者・需要者によりその能力・経験故に商標に対する認識が大きく異なる場合，一般的・平均的な取引者・需要者を特定して判断することよりも，各取引者・需要者層（実際に個々の主体を把握することは不可能であり，ある程度類型化された形となる）に与える影響，その規模や市場における流通において果たす役割に鑑み，どの程度の取引者・需要者にとって出所の混同を生ずるか（あるいは類似のものと観念されるか）という観点から議論をしていくことがより望ましいものと思われる。

このようなアプローチは，ある商標の登録を許容する，侵害を肯定することが，ある需要者の出所の混同の可能性（あるいはサーチコスト）を減少するが，他の需要者にとってはこれらの増大を招く，というトレードオフの状況を可視化する点でも意義を有する。

(2) 少数派の需要者の商品・役務情報へのアクセスの確保

(1)でのべた取引者・需要者層間のトレードオフの状況をどのように規律すべきか，は今後の検討課題となるが，商標登録や商標権の保護が，少数派の需要

者による当該商品・役務の品質等に係る情報へのアクセスを制限する可能性が高い場合には特に留意が必要であろう。

　例えば，記述的表示の該当性（商標法3条1項3号，商標法26条1項2号・3号）については，比較的少数の需要者のみが記述的表示と認識するような状況においても，当該需要者にとって商品の品質等の情報を検索する他の選択肢が限定されている場合には，商標法上記述的表示として取り扱う（少なくとも当該需要者に対する商標の使用については，商標法26条1項2号・3号に該当するものと解する）ことが適切であるように思われる。

　商標法の目的規定における需要者には，将来の潜在的な需要者も含まれる。既存の多数派の需要者を念頭においた商標の保護のために，将来の潜在的な需要者が商品・役務の品質等に関する情報を十分に入手できないとの状況は避けるべきであろう。

(3)　少数派の需要者と新しいタイプの商標

　商標法上，商標としてその登録が認められるもの（商標法2条1項柱書）は，従来，文字・図形・記号やこれらの組み合わせ，これらと色彩の結合に限られていた（伝統的な商標）。その後国際的なハーモナイズ等を理由として，平成8年改正により立体的形状についての商標登録が認められ（立体商標），平成26年改正ではさらに音の商標や色彩のみの商標等（新しいタイプの商標）の登録が認められるようになっている。

　このような新しいタイプの商標等の登録対象となる商標の拡大は，特定の事業者がコミュニケーションのツール（色彩や音）を商標として過度に独占してしまうリスクや登録制度の整備や商標のサーチに係るコストの増大という問題もあるものの，従来の伝統的な商標を認識することが困難であった需要者[29]にとっての出所の混同の防止やサーチコストの低減の点で一定の意義を認めることもできるであろう。

---

[29]　もちろん情報を聴覚的に認識することの困難な需要者にとっての音の商標，色彩を判別することが困難な需要者にとっての色彩の商標のように，新しいタイプの商標がある需要者にとって認識が困難なものとなる場合がある。

Ⅲ 市場行動法等

Ⅳ おわりに

　本稿は，商標法上の要件において問題とされる取引者・需要者について，従来の裁判例を通じて検討するとともに，個々のありのままの需要者が様々な能力・経験を有することを認識の出発点として，特に少数派の需要者にとっての商標法という観点から若干の検討を試みたものである。

　本稿の検討は断片的なものである。また本来は，商標法で従来想定されてきた取引者・需要者とは異なる能力・経験を有する各需要者について，商品やサービスの取引を巡る環境，表示の認識を具体的に検討したうえで，各需要者にとっての商品・サービスの購買行動に係る主体的な決定の意義等の観点からの検討も行われるべきであるが，本稿では行うことができなかった。

　本稿の検討は不十分なものであるが，ありのままの全ての需要者にとっての商標法という観点からの議論の一材料となれば幸いである。

　＊本稿は JSPS 科研費 JP15H012928，JP18H05216 による研究成果の一部である。

25 ドイツにおける団結権保障と協約単一法の合憲性
――連邦憲法裁判所 2017 年 7 月 11 日判決の理論的検討――

桑村 裕美子

Ⅰ　はじめに　　　　　　Ⅴ　検　　討
Ⅱ　経　　緯　　　　　　Ⅵ　判決に対する反応
Ⅲ　判　　旨　　　　　　Ⅶ　ドイツ団結権保障の趣旨再考
Ⅳ　少　数　意　見　　　　Ⅷ　おわりに

Ⅰ　はじめに

　ドイツでは，憲法にあたる基本法（Grundgesetz）の 9 条 3 項が，全ての個人および職業に団結権を保障し，法律上労働組合に労働協約の締結が認められている。しかしその一方で，ドイツでは，1 つの事業所について適用範囲が重複する 2 つ以上の労働協約が締結された場合には，そのうち 1 つだけが適用されるとする協約単一原則（Grundsatz der Tarifeinheit）が存在していた。紆余曲折の後，同原則を法定したのが 2015 年協約単一法（Tarifeinheitsgesetz）であり，基本法 9 条 3 項との関係でその合憲性が大きな問題となっていた。本稿は，同法を「概ね合憲」と判断した連邦憲法裁判所（Bundesverfassungsgericht 以下 BVerfG）2017 年 7 月 11 日判決を取り上げ，詳しく検討していく[1]。

---

[1]　本判決の概括的検討は，桑村裕美子「ドイツ協約単一法の合憲性～連邦憲法裁判所 2017 年 7 月 11 日判決の意義～」季刊労働法 259 号（2017 年）135 頁。同判決については労働政策研究・研修機構編『現代先進諸国の労使関係システム』（労働政策研究・研修機構，2017 年）70 頁以下〔山本陽大〕も参照。

Ⅲ 市場行動法等

Ⅱ 経　　緯

1 協約単一法制定までの流れ[2]

　1つの事業所では1つの労働協約しか適用されないという協約単一原則は，ドイツでは長らく連邦労働裁判所（Bundesarbeitsgericht 以下 BAG）の判例法として妥当していた。協約適用のあり方について，法律上は，労働契約内容を規律する労働協約は当該協約を締結した労働組合の組合員に適用されるとの規定があった（労働協約法3条1項）が，BAG は同一事業所での協約併存は立法者の想定外とし，実務上の煩雑さなどを理由に協約併存を認めるべきでないとしていた。協約単一原則によれば，労働協約が排除される労働組合にとっては交渉結果の価値の否定となるため，学説は同原則を団結権侵害などとして強く批判したが，BAG は 1957 年[3]以来，同原則を適用し続けていた。そしてこのことは，以下にみるように，ドイツの協約交渉のあり方に大きな影響を及ぼした。

　歴史を遡ると，ドイツの労働組合は戦前は職業別組織であったが，1933 年のナチスによる組合解散後，1945 年にその再建が始まったときに，労働組合の勢力確保のために産業別組織が目指された。1949 年に連邦レベルで設立された労働組合のナショナルセンター DGB（Deutscher Gewerkschaftsbund ドイツ労働総同盟）は，傘下の労働組合について産業別組織原理を採用し，同一産業内では単一組合の方針が採られた。BAG による上記の協約単一原則は，こうして実務で産別組合中心の協約交渉構造が形づくられる途上で承認された法原則であり，組合間競争を防いで労働組合を DGB 傘下の産別組合に集約させ，DGB 系組合による協約交渉の独占構造を維持・強化するのに大きく貢献した。これにより，一部存在した職業別組合も DGB 系産別組合と共同して協約交渉を行うようになり，ドイツの特徴である，DGB 系産別組合を中心とする安定的労使関係が形成された。

　しかし，1990 年代から 2000 年代初頭にかけて，ドイツの伝統的な協約交渉のあり方に変化が生じた。航空鉄道部門を中心に，巨大な DGB 系産別組合で

---

(2)　詳細は桑村裕美子『労働者保護法の基礎と構造——法規制の柔軟化を契機とした日独仏比較法研究』（有斐閣，2017 年）110 頁以下参照。

(3)　BAG 29. 3. 1957, AP Nr. 4 zu §4 TVG Tarifkonkurrenz.

は自らの利益が十分に反映されないと考える一部の職業集団がDGB系組合から分離独立し，独自に協約交渉を行うようになったのである。こうした中で，BAGは2010年7月7日に，協約単一原則は団結権侵害などとして違憲とし[4]，同一事業所での協約併存を認めたことで，非DGB系の小規模組合による協約交渉が促進された。しかし，これにより新たに問題視されたのは，パイロット，航空管制官などの代替要員確保が困難な高度専門職の職業別組合が，頻繁なストライキにより，産別協約では通常あり得ない高水準の協約賃金（場合によって20％超の賃金増）を獲得するようになっていたことである。政府は，こうした一部の重要な社会的地位（Schlüsselposition）にある職業別組合にのみ賃金が有利に決定されるのは公平でなく，また頻繁なストライキは事業所の平和を危険にさらすとして，2015年に協約単一法を制定し，協約単一原則を復活させた。

2　協約単一法の内容

協約単一法は，協約単一原則を明記する労働協約法改正と，同原則の適用をめぐる裁判所手続を定める労働裁判所法改正を内容とするが，以下では前者のみ取り上げる。

(1)　労働協約法4a条

協約単一法による労働協約法改正は，同法に以下の4a条を新設した。

「4a条　協約競合（Tarifkollision）

　　（第1項）　労働協約の法規範の保護機能，分配機能，平和機能および秩序形成機能を確保するため，事業所での協約競合が回避される。

　　（第2項）　1.使用者は，第3条により，異なる労働組合による複数の労働協約に拘束されうる。2.複数の労働組合による，内容が同一でない労働協約の適用範囲が重複する場合（協約競合）には，当該事業所では，最後に締結された競合する労働協約の締結時点で，労働関係にある構成員の最も多くを組織する労働組合の労働協約の法規範のみ適用される。3.労働協約の競合が後の時点で生じる場合には，その時点が多数派決定の基準となる。（以下略）

　　（第3項）　略

　　（第4項）　1.労働組合は，使用者または使用者団体に対し，自己の労働協約

---

[4]　BAG 7.7.2010, NZA 2010, 1068.

Ⅲ 市場行動法等

と競合する労働協約の法規範の事後的導入（Nachzeichnung）を要求することができる。2.事後的導入の請求権は，当該複数の労働協約の適用範囲および法規範が重複する限りで，競合する労働協約の法規範を含む協約締結を内容とする。3.第1文によって事後的導入の対象となる労働協約の法規範は，それを求める労働組合の労働協約が第2項第2文によって適用されない場合に，直律的かつ強行的に適用される。

　（第5項）　1.使用者または使用者団体が労働組合と協約締結交渉を始める場合には，当該使用者または使用者団体は，このことを適時に適切な方法で周知しなければならない。2.協約締結が規約上任務となっているその他の労働組合は，当該使用者または使用者団体に対し，自らの見解と要求事項を口頭で述べる権利を有する。」

(2) 意義・特徴

労働協約法4a条は，適用範囲が重複する労働協約が2つ以上締結された場合の協約単一原則を法定した点（2項2文）に最大の意義がある。ここでいう適用範囲の重複とは，1つの事業所において，協約の人的適用範囲が一部でも重なる場合を意味する[5]。例えば，病院で勤務する全労働者を適用対象とする産別協約と，病院で勤務する医師のみを適用対象とする職業別協約が締結されれば，医師について適用範囲が重複し，協約競合となる。このとき適用される労働協約は，組合員数が最も多い労働組合の労働協約であり，組合員数の相対的多数性が協約選択基準となる（同）。これにより，多数派の労働協約に少数派の労働協約を排除する効力（排除効）が付与されたことになる。

その一方で，労働協約が排除される少数派の労働組合に対する保護として，多数派協約と同一の労働協約を締結する権利（4項）と，多数派組合との協約交渉開始時に使用者側に口頭で意見と要求事項を述べる権利（5項2文）が定められている。前者については，少数派の組合が締結する労働協約は，本来協約単一原則により排除されるはずであるが，例外的にこれを適用させて，その組合員に労働協約の規範的効力（労働協約法4条1項）による保護を及ぼすものである。その意味で，4a条4項は，多数派組合の労働協約を少数派組合員に拡張適用することの請求権を認めるものといえる[6]。

[5] Däubler/*Bepler*, Das neue Tarifeinheitsrecht (2016), Rn. 46.
[6] *Däubler*/Bepler (Fn. 5), Rn. 177. ここで使用者側が協約締結に応じない場合は，少

3 協約単一法制定後の状況

労働協約法4a条によると，産別組合よりも組合員数の少ない職業別組合は自己の労働協約が排除されやすく，不利な立場に置かれる。そのため，職業別組織の医師労組 Marburger Bund，パイロット労組 Vereinigung Cockpit，客室乗務員組合 UFO などが，同条は基本法9条3項に反するとして憲法異議（Verfassungsbeschwerde 基本法93条1項4a号）を申し立て，その一部は協約単一法の差止め請求も行った。しかし，差止め請求の方は，2015年10月6日に，差止めに必要な，回復が不能または困難な著しい不利益（連邦憲法裁判所法32条1項）が否定され，却下となった[7]。こうした状況で，労働協約法4a条の憲法適合性についての実体判断に社会的注目が集まっていた。

本件の主たる争点は，労働協約法4a条が基本法9条3項に反するか，特に労働協約法4a条2項2文の協約単一原則により少数派組合（特に職業別組合）の労働協約が適用されなくなる点が，少数派組合及びその組合員の団結権侵害となるかである。この点について，BVerfGは協約単一法の抽象的違憲審査を行い，2017年7月11日に「概ね合憲・一部違憲」という判断を下した[8]。以下，この注目すべき判決の内容をみていく。

III 判　　旨

概ね合憲・一部違憲

「当該規制〔基本的に労働協約法4a条を指す。以下同様〕は，必要な解釈と適用により，概ね（weitgehend）基本法9条3項による労働組合およびその組合員の基本権と両立する。これらの規制によって基本法9条3項の保護内容は制約を受ける」が，「これは概ね正当化され」，その限りで憲法異議は棄却される。「当該規制が受け入れがたいと判断される部分では，立法者に改正義務がある」。

判決理由は以下の通りである。

数派組合による当該請求が裁判所の判決手続（労働裁判所法2条1項1号）で実現される。*Berg*/Kocher/Schumann (Hrsg.), Tarifvertragsgesetz und Arbeitskampfrecht. Kompaktkommentar, 5. Aufl. 2015, §4a Rn. 71.

(7) BVerfG 6. 10. 2015, NZA 2015, 1271.
(8) BVerfG 11. 7. 2017 - 1 BvR 1571/15 u.a., NZA 2017, 915.

Ⅲ　市場行動法等

1(1)　基本法9条3項の基本権は第1に自由権であり，個人の団結自由および団結体の団結活動が保障される。この基本権は団結体に適合的なあらゆる活動，中でも協約自治を保障する。労働協約の交渉は団結体の本質的な目的であり，特に労働協約の締結が保障される。これは締結された労働協約の存続と適用を含み，協約締結を目的とする争議行為が保護される。「しかしこの基本権は，重要な社会的地位（Schlüsselposition）とそれによる強大な交渉力（Blockademacht）を，協約政策において自己利益のために絶対的に用いる権利を基礎づけるものではない」。

(2)　基本法9条3項は団結体の存続保障を含むが，個々の団結体の存続を保障するものではない。ただし，基本法9条3項1文は明示的に全ての個人と職業に団結自由を保障しているので，特定の労働組合を協約締結から排除したり，職業別組合のような特定の組合組織について存立の基盤を一般的に奪ったりすることは，基本法9条3項に反する。

(3)　労働組合の内部秩序に関する自己決定は団結自由の本質部分であり，活動する産業部門，専門領域，職業集団の決定は自由である。基本法9条3項は団結体の多様性を保護しており，これにより団結体の競争が認められる。

2(1)　労働協約法4a条2項2文による労働協約排除のルールは，基本法9条3項の団結自由に含まれる協約締結を制約する効果があるほか，協約競合が生じる前の組合の活動に影響を与える。確かに，協約単一法は労働組合に特定の行動を要求していないが，労働協約の排除効は協約競合回避のインセンティブを付与し，少数派の組合の協約交渉のあり方に影響を与える。また同法により，別の組合と協力するかどうか，どの程度協力するか，いかなる職業分野の活動に重点を置くかの決定自由が制約される。

(2)　他方で立法者は，組合の設立・存続および活動分野の決定に直接介入しておらず，協約締結のための争議行為も制約されない。

3(1)　立法者には，基本法9条3項の保護範囲に含まれる協約制度の実効性を確保するための具体的な規制権限がある。ここで，立法者は，協約当事者相互の対等性を実現するための規制が可能なだけではない。「基本法9条3項は立法者に対し，協約交渉によって公平な利益調整を可能とし，適正さの推定（Richtigkeitsvermutung）のある労働協約で適正な経済条件および労働条件が規定されるような構造的条件を設定する目的で，協約当事者の一方の側の関係性

を規律する権限をも付与している」。

「協約交渉の構造的条件の設定においては立法者に広範な裁量がある。……立法者は，公益上の理由，対等性の回復，団結体の一方の側での公平な利益調整のいずれによっても，協約自治の枠組み条件を変更することを妨げられない」。

(2)「当該規制の目的は，協約交渉において労働者側に協働・協力関係を構築するインセンティブを付与し，協約競合を回避することにある」。「連邦政府の立法趣旨説明によると，争議行為能力を含む交渉力は労働者全体で確保されるべきである。すなわち，特別な社会的地位にある労働者が当該事業所で自己の利益を別々に主張するようになれば，その他の労働者集団の利益代表の実効性が阻害される。そして，特別な社会的地位にない労働者は，使用者と同じ目線で交渉する可能性が限定され，労働協約の分配機能が損なわれる」とするのである。

「立法者は，一部の重要な社会的地位をその他の利益を考慮せずに用いることで，労働条件および経済条件の公平な交渉がもはや保障されなくなることを防ぐために，労働組合相互の関係を規律して協約交渉の構造的条件を設定しようとしたのであり，正当な目的を追求している」。

(3) 当該規制は比例原則の下，上記目的を「達成する上で適合的であり，これはこの効果が実際にもたらされるか確実でなくとも妥当する。……憲法上必要なのは目的達成の可能性があることだけである」。立法者はその評価において裁量権を有しており，「裁量権の逸脱が明白である場合にその限界を超える」。

労働協約法4a条2項で，「立法者は労働組合が協力するように動機づけ，事業所内で協約競合が生じないようにするために，適用範囲が重複する場合の労働協約の排除という強力なサンクションを規定した。当該規制が，意図された協働への誘因を実際にもたらすことがないとはいえ」ず，立法者の裁量権の明白な逸脱はない。

(4)「立法者が重要な目的のために必要であると考える措置は，立法者が認識する現況とこれまでの経験則から，別の選択肢として考えられる規制が同じ効果を約束し，影響を受ける者に対してより少ない負担を課すことが確認できる場合にのみ，憲法上疑義が生じうる」。「本件では，本法〔協約単一法〕によって追求される目的を達成する上で，明らかに客観的にみて同等の，疑問の余地なく同じ効果のある，基本権主体への負担がより少ない手段は存在」せず，

Ⅲ 市場行動法等

その必要性に疑いはない。

 (5)「協約単一法の当該規制は，その効果が生じる前に労働組合の組織，協約政策の決定および交渉力に影響を与える点で，また労働協約が排除される場合には少数派組合の交渉結果の価値を否定する点で，協約自治を著しく制約する。これらの不利益は，協約単一法の目的の重要性を考慮しても，比較衡量の全体評価の中で，排除効を定める規定の限定解釈と手続的権利の包摂によってこれが軽減される場合に限り，過大とはならない。一部では，限定的な解釈と適用が憲法上必要である」。

 (ⅰ) 具体的には，当該規制は以下のように解釈されなければならない。

 (a) 労働協約法4a条2項は労働協約に開かれている（tarifdispositiv）。ただし，同規定を不適用とするには，ある事業所で競合する全ての労働組合と使用者が合意する必要がある。労働協約に基づき同規定の不適用を認めることは，協約による内容形成を可能な限り広く認めるという基本法9条3項の目的に合致する。

 (b) 協約単一法による基本法9条3項への制約が過大とならないように，労働協約法4a条2項2文の排除効は，多数派の協約が競合する他の協約による規律を許容している場合，および，競合する協約を併存させるべき理由が客観的に存在する場合には生じないと限定解釈すべきである。後者の場合は，協約上の複数の給付が全く異なる規制事項に属し，互いに関連していないケースが妥当する。

 (c) 基本法9条3項で保障された，協約上の給付の存続保護の観点からは，労働者の生活設計に影響を与える長期的給付，例えば老齢給付（Alterssicherung），雇用保障，生涯労働時間（Lebensarbeitszeit），職業訓練措置を定める労働協約は，多数派の協約によって同等の条件が保障される場合でない限り，排除されない。

 (d) 排除された労働協約は無効にならず，排除する協約が終了すれば適用可能である。

 (e) 労働協約法4a条4項の請求権は排除効による少数派組合の不利益を緩和するものであるから，広く解する必要がある。同請求権は，労働組合〔少数派組合〕が未だ労働協約を締結していない段階でも，それを締結すれば排除されて不利益を被る可能性があれば発生し，かつ，4a条4項に

基づき締結しうる労働協約の規律範囲は，排除効が生じる多数派組合の協約全体に及ぶと解すべきである。
  (f) 協約排除による基本法9条3項の制約は，労働協約法4a条5項が定める手続と関与権によって緩和される。したがって，同1文の協約交渉開始の周知と同2文の意見聴取の手続遵守は排除効の発生要件である。
 (ii) 「労働協約法4a条2項2文による競合する多数派協約の排除効に伴う制約は，協約単一法が追及する目的が重要であっても，また憲法上要請される解釈・適用を考慮しても，個々の職業集団または産業の構成員が多数派組合によって一方的に不利に扱われることに対する保護的措置を置いていない点で均衡を欠く」。
  「当該規制は，重要な社会的地位を〔他の利益を考慮せずに〕利用することで労働条件および経済条件の公平な交渉がもはや保障されなくなることを防ぐものである。自由に交渉された又は闘争により獲得された労働協約の適正さの推定は，労働者の側で原則として全ての職業集団が自らの利益を実効的に代表する機会をもつことをも前提としている。しかし，4a条2項2文により労働協約が排除されれば，ある事業所の，ある職業集団にとっては，多数派組合が交渉した労働協約のみ適用され続けることになる。したがって，排除によって影響を受ける職業集団の利益が多数派協約で十分に考慮されるように構造的に対処する保護的措置が必要である」。
  しかし本法に「そのような規定はない。……4a条2項によると，自己の協約が排除される職業集団が，わずかにしか，あるいは全く代表されない産別組合の労働協約であっても適用されることになる。当該労働者集団にとっては，協約上の適正さの推定における適正な全体的取り決めが交渉されたという前提は，もはや当然には妥当しない。公平な利益調整を促進するという立法者の目的は，個々の職業集団が無視される場合には達成されない。この場合には，当該職業集団が締結した労働協約の排除は，事後的導入の権利があってもそれ自体で十分な利益調整の可能性を欠くために，基本法9条3項の団結自由の保護と両立しない」。
  「立法者はその除去が義務付けられる。この問題をどう解決するかは広範な立法裁量にゆだねられる」。
 4(1) 「4a条の一部違憲の帰結は，無効ではなく基本法との不一致の確認に

Ⅲ　市場行動法等

とどまる。新たな規制が導入されるまでは，多数派組合がその協約において，労働協約が排除される職業集団の利益を真剣かつ効果的に考慮したことが説得的に示されうる場合にのみ，4a条2項2文の排除効が発生するという条件で，4a条は適用が許される」。「立法者による新規制までの間にこの点が肯定されうるのは，自らの協約が適用される労働組合にこの職業集団が一定割合以上組織されている場合，あるいは，当該組合の規約で，当該職業集団に関係する協約政策の内部的決定において当該集団が十分影響力を及ぼしうるようになっている場合である。この点の詳細な検討は専門裁判所（Fachgericht）の務めである」。

(2)「労働協約法4a条2項2文によって排除される職業集団の利益を十分考慮するための制度的措置を欠く点で，4a条は憲法と両立しないと宣言すべきであるが，……当該規制を一部違憲とする理由は当該規制の中核部分には関係しない。協約交渉のための構造的な枠組み条件は極めて重要であり，その保障のために立法者が協約単一規制を必要と考えることは許されること，また，憲法上の疑義は本判決で示した新規制までの命令によって解消されうることからすれば，立法者の決定を尊重し，無効宣言よりも――憲法上不可欠となる職業集団の保護を補充した上で――暫定的な継続適用を認めるべきである。立法者は憲法上の疑義を払拭する新規制を2018年12月31日までに導入しなければならない」。

Ⅳ　少　数　意　見

本判決には，8名中2名の裁判官により，以下のような反対意見が付された。

1(1)「我々は残念ながら，この判決に一部しか賛成できない。本判決は，協約単一法が……労働組合の自由権に対してもたらす実際上の制約と危険を過小評価している。また…立法者に付される裁量権を過大評価し，これによってBVerfGの審査・監視機能を低下させている」。

「我々が同意できないのは，立法者が協約自治を強化しようとする手段についての憲法上の評価である。……確かに本法は，公平な協約交渉のための構造的条件を保障しようとする限りで正当な目的を追求するが，これを達成するためのサンクションが厳しすぎる」。

(2)「疑いがあるのは，当該規制について協約制度の実効性という目的を達成する上での適合性である。……立法者が労働組合員数の多数性の基準を用いることで，我々には全く逆に，個々の事業所で組合間競争が激化する可能性が高いように思われる」。

(3) 必要性に関しても，「2010年のBAGの判例変更後に協約自治の実効性が低下したとはいえない。……本判決は残念ながら，判例変更の帰結に関して存在するデータを取り上げていない」。「確かに個別のケースで実際に高い賃金要求はあるが，そうしたケースは徐々に減っており，よくあるのはむしろ穏和な合意で，個々の職業集団で極端に高い賃金上昇はない」。

さらに，協約当事者に協力するインセンティブを付与するための，より緩やかで同等の効果のある手段は存在する。協約当事者の申請があった場合に，労働裁判所の決定手続（労働裁判所法99条(9)参照）に基づいて排除効を生じさせる方法である。

(4)「当該規制は，適用可能な労働協約における職業集団の保護の観点からだけでなく，とりわけ，本判決の下でも労働裁判所の決定なしに労働協約の排除が可能となる点で，基本法上過大である」。

本判決について，労働者の長期的給付にも排除効を生じさせるのは基本法9条3項に反するという評価は妥当であるが，その是正は裁判所の役割ではない。基本法上明確に保護される利益が無視された場合に，多くの考えられる解決策のうちどれを採用するかは立法者が判断すべきである。

労働協約法4a条4項による同一の労働協約を締結する権利は，労働者利益についての考え方を統一しやすくする点で危険である。このような枠組みは，「各職業の構成員による協約政策の自己決定を前提とする基本法9条3項の基本的考え方と矛盾する」。

2 「本法廷は，自己の労働協約が排除される者の特別な利益および必要性を考慮しない規制は基本法と両立しないとする点で一致する」が，「我々は欠陥のある規制の継続適用が正当化されうるという本判決の判断に賛成できない」。「基本法9条3項の権利への制約が過大とならないようにどう規制するかは立

---

(9) 同条は，協約単一法による労働裁判所法改正で新設された規定であり，多数派の労働協約の決定に争いが生じた場合に，協約当事者の申請に基づき，労働裁判所がこれを決定すると定めている。

Ⅲ 市場行動法等

法者が判断すべきである」。したがって,「実務上も明確な判断として協約単一法の違憲無効を宣言し」,「立法者による改正まで 4 a 条 2 項 2 文の適用は許されない」とすべきである。

Ⅴ 検　　討

1　本判決の意義

　本判決は,労働協約法4a条について,自己の労働協約が排除される職業集団の利益を十分に考慮する措置を欠く点で違憲とする一方で,少数派組合の労働協約を排除するという原則自体は,①職業集団の十分な利益考慮と② 4 a 条の修正的解釈を条件に合憲と判断し,継続適用を認めた点に意義がある。本判決には裁判官 8 名中 2 名の反対意見がついており,難しい判断であったことが窺える。

　判旨の構成は,（Ⅰ）基本法 9 条 3 項の保護範囲,（Ⅱ）そのうち労働協約法4a条が介入・制約する部分,（Ⅲ）制約の正当性の3つに分かれる。理論的に注目されるのは,（Ⅲ）において,少数派組合の交渉価値を実質的に否定する協約単一原則が少数派組合の団結権侵害にあたらないとされた理由づけである。この点に関しては,2010年 7 月 7 日の BAG 判決が,協約単一原則を違憲としていたこととの関係性が問題となる。

2　基本法 9 条 3 項の保護範囲と制約部分

　まず判旨 1 は,基本法 9 条 3 項の保護範囲について判示する。

　基本法 9 条 3 項は個別的団結自由を定めるだけであるが,その保護は団結体の集団的団結自由と団結活動にも及び,団結活動の中核として協約締結（協約自治）が,そしてその手段として争議行為が保障される点に争いはない[10]。BVerfG はかつて,基本法上の団結活動保障をその主要部分に限定する立場にあったが,1995年に,団結体に適合的なあらゆる活動に及ぶとして広く解する立場に判例変更していた[11]。判旨 1 は,(1)で基本法 9 条 3 項の保護範囲について 1995 年の BVerfG 判決を踏襲し,そこから労働協約の締結・存続・適用を,そして(2)(3)で団結体の存続および協約政策の決定自由を導いている。

---

[10]　BVerfG 18. 11. 1954, BVerfGE 4, 96; 19. 10. 1966, BVerfGE 20, 312.
[11]　BVerfG 14. 11. 1995, BVerfGE 93, 352.

本件判旨で注目されるのは，以上の判示に加えて，基本法 9 条 3 項は一部の重要な社会的地位を自己利益のためだけに絶対的に用いる権利を保障するものではないと述べた点である（判旨 1 (1) の最後）。この解釈は本判決で初めて示されたものであり，後述のように，協約単一法による団結権制約の正当性の判断に影響を与える重要な判示となる。

次に判旨 2 は，基本法 9 条 3 項の保護範囲のうち，労働協約法 4 a 条 2 項 2 文が定める排除効は労働組合の協約締結自由および協約政策の決定自由を（間接的に）制約するとする。他方で，協約単一法制定の背景の 1 つとなっていた争議行為については，同法はこれを制約するものではないとしており（判旨 2 (2)），実務上はこの点が明言された点が重要である。

3 制約の正当性——違憲審査

判旨 3 は，協約単一法による基本権制約の正当性についての判断（違憲審査）である。

(1) 違憲審査基準と立法裁量の程度

初めに，ドイツにおける基本権を制約する法令の違憲審査基準を確認しておこう。

まず，基本法 9 条 3 項のように留保なく保障されている基本権でも，憲法的価値を有する正当な目的のために制約することが可能であり[12]，この点で①規制目的の正当性が審査される。次に，目的を達成するための手段について，（広義の）比例原則（Verhältnismäßigkeitsgrundsatz）の審査が及ぶ。具体的には，当該手段が②目的達成に役立つこと（適合性 Eignung），③最も緩やかであること（必要性 Erforderlichkeit），④基本権制約の程度と目的が均衡していること（均衡性 Proportionalität ＝〔狭義の〕比例性）が要求される[13]。

そして，以上の基準を本件に適用するにあたって判旨が指摘するのは，協約交渉の条件設定に関する立法者の権限とその広範な裁量である（判旨 3 (1)）。協約制度の内容形成において広範な立法裁量を認めるのは BVerfG の一貫した立場であり，その前提には，基本法 9 条 3 項からは特定のあるべき協約制度は

---

[12] BVerfG 26. 5. 1970, BVerfGE 28, 243.
[13] Sachs in ders. (Hrsg.), Grundgesetz Kommentar, 7 Aufl. (2014), Art. 20 Rn. 149 ff.

Ⅲ 市場行動法等

導かれないという理解がある[14]。そして判旨は，立法者は協約当事者間の関係性だけでなく，協約当事者の一方の側の関係性（のみ）を規律する権限を有すると述べる。協約交渉の条件設定に関しては，従来は専ら使用者（団体）と労働組合の間の対等性を実現する規制が問題となってきたため，上記判断は，労働組合相互の関係性に介入する協約単一法の特色を反映した判示として注目される。

(2) 目的の正当性

本件で第1に問題となる協約単一法（労働協約法4a条）の目的について，連邦政府は協約自治の実効性（Funktionsfähigkeit）の確保としていた。そして，協約単一原則は協約競合回避のために労働組合間で協力するよう仕向ける事前効果があり，これにより組合間で利益調整が図られ，事業所内で公平な労働条件決定が実現されるとしたのである[15]。政府は，（パイロットや航空管制官などの）一部の重要な社会的地位にある者が，その強大な交渉力を利用して自己にのみ有利な労働条件を獲得すれば，その他の労働者の交渉力が損なわれる点を問題視しており[16]，協約単一法の目的としては，事業所内の労働者全体にとって公平な協約水準の確保が強調されていた。判旨3(2)はこれらの目的の正当性を，広範な立法裁量の下で肯定している。

(3) 手段の適合性・必要性

次に，手段の適合性について，判旨は目的達成の可能性があれば足りるとし（判旨3(3)），また必要性についても，「明らかに客観的にみて同等の，疑問の余地なく同じ効果のある，基本権主体への負担がより少ない手段」がなければよいという緩やかな基準を設定し（判旨3(4)），本件では基準を満たすとした。

(4) 目的と手段の均衡性

本件の最大の問題は，基本権制約の程度と目的の均衡性である。判旨3(5)の冒頭はこの点の判断の要旨であり，労働協約法4a条2項は，労働組合の組織

---

[14] BVerfG 19. 10. 1966, BVerfGE 20, 312; 1. 3. 1979, BVerfGE 50, 290.
[15] BT-Drucks. 18/4062, S. 8.
[16] BT-Drucks. 18/4062, S. 9.

のあり方や協約政策の決定などに影響を与え，また労働協約の排除により少数派組合の交渉結果の価値を否定する点で協約自治への制約は重大であり，同規定の修正的解釈と手続的権利の強化を条件としてのみ，過大な制約とならない（＝均衡が保たれる）としている。以下順に，判旨が設定した2つの条件の具体的内容をみていく。

(i) 修正的解釈

1つ目の条件について判旨3(5)の(i)は，労働協約法4a条に関する6つの解釈を示している。このうち(a)～(d)は，同条2項の排除効が及ばないケースを挙げている。

まず(a)は，労働協約で協約の併存を認める場合である。従来学説では，協約単一原則は国家による集団的な秩序形成が目的であるから，労働協約で同原則の不適用を認めることはその規制目的と両立しないとする見解（否定説）[17]と，協約単一原則は補完的規範であり，立法者はその処分を協約当事者にゆだねているとして不適用を認める見解（肯定説）[18]とに分かれていた。そのような中で判旨は，協約当事者の権限を広く解することは基本法9条3項の目的に適うとして，肯定説を採用したものである。

ここで，判旨は労働協約による協約単一原則からの逸脱を認めるという意味で，4a条2項は「労働協約に開かれている（tarifdispositiv）」と述べるが，そこでいう労働協約は通常の「労働協約に開かれた法規範（tarifdispositives Recht）」[19]におけるそれと異なる点に注意が必要である。通常の「労働協約に開かれた法規範」では1つの労働組合が締結した労働協約で足りるが，協約単一原則の場合は関係する全ての労働組合と使用者が合意した労働協約である必要があるのである。本件で労働組合ごとの労働協約で足りるとすれば，交渉力が強大な専門職の職業別組合が単独でそのような労働協約を締結し，協約を併存させることが可能となるので，この点は協約単一法の制定経緯から導かれる当然の制約と解される。

次に(b)は，多数派の労働協約が併存を許容している場合および労働協約を客

---

[17] Greiner, Das Tarifeinheitsgesetz, NZA 2015, 769 (775).
[18] Berg/Kocher/Schumann (Fn. 6), §4a, Rn. 38; Däubler/*Bepler* (Fn. 5), Rn. 294.
[19] 強行的法規範のうち，労働協約に対しては有利・不利を問わず逸脱を認めるものである。詳細は桑村・前掲注(2)65頁以下。

Ⅲ　市場行動法等

観的に併存させるべき理由がある場合である。前者は多数派の労働協約を締結した協約当事者の意思の尊重のためであるが，後者は少数派組合の直接的な不利益軽減が目的と解される。4a条2項によれば，労働協約の人的適用範囲が重複する場合には，同一の事項を規律していなくとも少数派組合は労働協約が全体として排除され，重大な不利益を被る[20]。そこで判旨は，全く異なる事項を規律する労働協約は，客観的に併存させるべき理由があるとして併存を認めたのである。

続いて(c)は，老齢給付や雇用保障などの長期的な労働条件および経済条件を定める場合であり，協約による保護の喪失が労働者に重大な不利益をもたらすことに配慮した例外である。この点従来は，新協約が旧協約に代替するという原則（Ablösungsprinzip）があり，協約の継続適用に対する労働者の信頼は当然に保護に値するとは解されていなかった。そのため，長期的給付を一律に排除効の対象外とした(c)の判示については，上記原則との関係性について理論的整理が必要と指摘されている[21]。

最後に(d)は，多数派の労働協約が終了した場合であり，排除効に時間的制約を加えている。多数派組合の労働協約は無効とならないとした点は，憲法上の協約自治保障との直接的な抵触を避けるためと理解される。

以上に対し，(e)と(f)は，4a条に含まれる少数派組合の保護規定を同組合に有利に解釈するものである。まず(e)では，多数派組合と同一の労働協約を締結する権利の発生およびその対象範囲を広く解し，少数派組合が労働協約の規範的効力による保護を受けやすくしている。次に(f)では，条文からは不明確な4a条5項の手続違反の効果を排除効の不発生とし，多数派組合の協約交渉プロセスにおける少数派組合の手続的権利を強化している。

BVerfGが法令について以上のような多岐にわたる修正的解釈を施すのは稀であり，協約単一法の合憲判断がいかにきわどいものであったかを示している[22]。この点で，学説の中には，上記の解釈はBVerfGが協約単一法の救済のために代わりに立法を行ったに等しく，今後は連邦議会を通過していない修正

---

[20] BT-Drucks. 18/4062, S. 13.

[21] Vielmehr, Vereinbarkeit des Tarifeinheitsgesetzes mit dem Grundgesetz, DB 2017, 1719.

[22] Greiner, Anm. zu BVerfG 11. 7. 2017, AP Nr. 151 zu Art. 9 GG, Ⅲ. 2.

立法を遵守しなければならなくなったと皮肉をこめて述べるものもある[23]。
　(ii) 職業集団の利益考慮
　① 職業集団のための保護的措置
　労働協約法4a条が合憲となるために判旨が付した2つ目の条件は，労働協約が排除される「職業集団の利益が多数派協約で十分に考慮されるように構造的に対処する保護的措置」（判旨3(5)(ii)2段落目）の存在である。判旨は，4a条に上記(i)で示した修正的解釈を施してもなお，自己の労働協約が適用されなくなること自体の不利益の重大性から，上記措置を欠く同条は目的との均衡を欠くため違憲とし，立法者に是正義務を課した。少数派組合の利益考慮という点では，現行でも4a条5項で少数派組合に口頭で意見を述べる権利が保障されているが，意見聴取だけでは不十分で，職業集団の利益を踏まえて公正な利益調整が行われるような制度的担保を別途要求したものである。

　ここで，判旨を読む上で注意が必要なのは，本件で不可欠とされたのは少数派組合一般に対する保護的措置ではなく，職業集団に対するものに限定されていることである。確かに判旨3(5)(ii)の冒頭では，「個々の職業集団または産業の構成員が……一方的に不利に扱われることに対する保護的措置を置いていない点で均衡を欠く」（下線は筆者）としているが，これ以降は産業別の組合または協約への言及はなく，職業集団の利益が無視されることのみが問題とされている。そのため本判決は，1つの産業内で産業別協約が競合する場合の少数派組合（典型はキリスト教系産別組合）に対する追加の制度的措置は不要と考えており，そのような組合への保護としては（本判決により拡大解釈された）4a条4項・5項のみで十分と解していると読めると指摘されている[24]。

　この論者によれば，上記の判旨引用部分の「産業の構成員」とは，産業横断的な混合事業所において，複数の産業をカバーする労働協約（多数派協約）が1つの産業をカバーする労働協約（少数派協約）を排除するケースを念頭に置いており，1つの産業内で労働組合が競合するケースは考慮されていない。というのも，組織範囲が原則として同一の産別組合の労働協約が競合するケースでは，少数派組合の職業集団は多数派組合でも同程度に組織されているため，少数派の組合員が「差別される危険」はなく，特別な利益考慮措置を要求し

[23] Rieble, Tarifeinheit nach Karlsruhe, NZA 2017, 1157 (1161).
[24] Greiner (Fn. 22), IV.

Ⅲ　市場行動法等

なくとも多数派の協約の適正さを肯定しうるからだという[25]。この指摘からは，産業別協約に対して職業別協約が排除される場合の問題は，当該職業上の特別な利益が産業レベルの連帯的協約政策の下で軽視されることにあり，それゆえ判旨は特別な保護的措置を必要としたという理解が示唆される[26]。ただしこの論者は，立法者が本判決に厳密に従って保護的措置を職業別組合に限定して導入すれば，産業レベルの少数派組合が不利な立場に置かれるので，立法者は組織レベルを問わず，少数派組合の権利を一般に強化すべきとも述べている[27]。

②　「適正さの推定」の用法

次に，本判決において職業集団の利益考慮措置が必要となる理由に着目すると，判旨は労働協約の「適正さの推定」を指摘している（判旨3(5)(ii) 2段落および3段落）。「適正さの保障ないし推定（Richtigkeitsgewähr oder -vermutung)」は，労働協約であれば全体としてバランスのとれた適切な内容になっているとする見方であり，従来は労使間（労働組合と使用者団体）での利益調整の適切さを意味する概念であった[28]。しかし本件判旨は，労働組合間（労働者集団間）での利益調整の適切さに力点を置いている。これは新たな用法であり，本判決による「適正さ」の意味の拡大の当否が今後問題となろう。

③　保護的措置の具体的内容

上記の保護的措置を欠く点で違憲とされた4a条について，判旨はその是正のあり方を立法裁量の問題（判旨3(5)の最後）とし，それ以上の判断をしていない。もっとも，憲法上の協約自治保障を前提とすると，多数派協約に結果的に少数派の利益が適切に反映されているかどうかを確認する内容規制は許されないことは明らかである[29]。すぐ後で指摘するように，判旨は同条の是正までの間，（BAGなどの）専門裁判所が職業別組合の利益考慮の十分性を確認でき

---

[25] Greiner (Fn. 22), IV.

[26] 職業上の特別な利益が軽視（無視）される極端な例として，病院の医師が，サービス産業の全労働者に適用される産業別協約において，（建物などの）管理人と同じカテゴリーに入れられる場合が挙げられる。Rieble (Fn. 23), 1159.

[27] Greiner (Fn. 22), IV.

[28] 詳細はKrämer, Die Richtigkeitsgewähr des Tarifvertrags (2015), S. 73 ff. 桑村・前掲注(2) 96頁以下参照。

[29] Greiner (Fn. 22), IV. 2. a) なお，本判決を下したBVerfG第1法廷の裁判官Ferdinand Kirchhofは，2017年7月25日にチュービンゲンで同判決について講演を行い（筆者も出席），その中でこの点を明言していた。

れば継続適用を認めているところ，そこで同条の適用を認めうる例に挙げられているのも，当該職業集団の一定割合の組織など，内容規制にわたらないものである（判旨4⑴）。そのため判旨は，立法者に手続規制の強化を義務付けたものと理解するのが妥当である。ただし，これは4a条を維持する場合の義務であり，立法者は本判決を受けて同条を廃止することも可能であるという[30]。

4　違憲の帰結

法令が違憲の場合，無効となるのが原則である（連邦憲法裁判所法95条3項1文）が，BVerfGは基本法との不一致の宣言にとどめることができ（同31条2項2文・3文，79条1項1文），本件でも判旨は一部違憲の4a条を無効とせず，上記2条件の下で継続適用を認めた（判旨4）。その理由としては，4a条の違憲部分は同条の中核部分（協約単一原則）には関係しない（その適用条件についての判断にすぎない）こと，協約単一原則は協約交渉の条件として重要であり，憲法上の疑義は本判決で示した条件の下で解消されうることを指摘する（判旨4⑵）。そして本判決は，立法者による4a条の是正までは専門裁判所が条件遵守の審査権をもつとし，特に職業集団の利益考慮の十分性について専門裁判所に広範な裁量を認めた点に特徴がある。

なお，4a条が期限（2018年末）までに是正されない場合の帰結については，同条の継続適用を認める立場[31]と，同条は無効とすべきとの立場[32]がある。

5　「概ね合憲」判決の意義——BAG 2010年7月7日判決との違い

本判決が労働協約法4a条を概ね合憲としたことについては，BAGが2010年7月7日に協約単一原則（当時は判例法理）を違憲と判断していたこと[33]（Ⅱ1参照）との関係性が問題となる。

2010年BAG判決の事案は，病院に勤務していた医師Xが使用者に対して休

---

[30]　Schmidt, Anm. zu BVerfG 11. 7. 2017, AP Nr. 151 zu Art. 9 GG; Löwisch, Reparatur der Tarifeinheit als Sache des Gesetzgebers, NZA 2017, 1423 (1426).

[31]　Schmidt (Fn. 30), III. 1. a). なお，Kirchhofは前掲注[29]の講演の中で，期限到来後は執行命令（連邦憲法裁判所法35条）によって継続適用の延長を検討すると述べ，当然無効とはしない立場を示した。

[32]　Löwisch (Fn. 30), 1426 f.

[33]　BAG 7. 7. 2010, Fn. 4. 同判決の詳細は桑村・前掲注⑵114頁以下。

Ⅲ　市場行動法等

暇手当を請求したところ，その支払要件の定めについて使用者が拘束される労働協約が２つ（病院の全従業員をカバーする産業別協約と医師のみをカバーする職業別協約）あり，Ｘ（医師労組の組合員）の労働契約がどちらの労働協約で規律されるかが争われたものである。本判決でBAGは，同一事業所について複数の労働協約が締結された場合の協約単一原則の適用を否定し，結論として医師労組の職業別協約に基づくＸの請求を認容した。

　本判決でBAGが協約単一原則を否定した論拠は，①労働協約法３条１項・４条１項によれば労働協約は組合所属に基づき強行的・直律的に適用されることが明らかであり，裁判所がこの規定を排除することは基本法20条３項[34]に抵触すること，②この現行法のルールを判例で排除しうる特別な理由はないこと，③基本法９条３項の団結権は広範に保障され，労働協約の排除はそれと両立しないことであった[35]。ただし③については，協約単一原則が法律（当時）に規定されていないという前提での判示であり，同原則が法律に明記された場合の憲法適合性については判断しないと述べていたこと[36]が注目される。すなわち，2010年BAG判決は，判例法としての協約単一原則について団結権侵害の有無を検討したのであり，その違憲判断の基礎には，団結権を制約できるのは第一次的には立法者で，裁判所ではないという理解[37]があったことが重要である。

　以上から，法律規定としての協約単一原則を概ね合憲とした2017年BVerfG判決（本件判旨）と，判例法としての同原則を違憲とした2010年BAG判決とでは，理論的に矛盾するものではない。2017年BVerfG判決は，他の憲法的価値の実現のために立法者が団結権を制約できるとした上で，その裁量を広範に認める立場にあり，まさにその裁量の広さが団結権侵害の有無に関するBAG判決との評価の違いにつながったと理解することができる。

---

(34) 同規定では，「司法は法（Gesetz und Recht）に拘束される」とし，立法と司法の権限分立を定めている。
(35) BAG 7. 7. 2010 (Fn. 4), Rn. 21 ff.
(36) BAG 7. 7. 2010 (Fn. 4), Rn. 65.
(37) BAG 7. 7. 2010 (Fn. 4), Rn. 59. 同解釈はBVerfGの立場でもある。BVerfG 24. 5. 1977, BVerfGE 44, 322.

6 少数意見の論旨

本判決についての少数意見は，労働協約法4a条は現行規定のままでは違憲とする点で多数意見と同じであるが，多数意見よりも同条による団結権制約を深刻に捉え，手段の①適合性および②必要性についても根本的な疑問を付す。まず，①適合性については，立法の目的とは逆に，組合員の獲得競争を激化させる可能性が高く，②必要性については，労働裁判所の決定を排除効の発生要件とする方が団結権制約が緩やかである，とした。そして，③均衡性についても，多数意見が指摘する職業集団の保護の観点だけでなく，より一般的に，労働裁判所決定を要件とすることなく当然に協約排除を認める点で団結権侵害の程度が過大とする。その上で，団結権侵害の過大性は立法者が是正すべきとし，連邦憲法裁判所が合憲とするために修正的解釈を行うこと自体に否定的な立場にある。

少数意見は全体として，4a条について立法裁量を強調するのではなく，団結権侵害の正当性をより厳密に審査し，様々なデータや文献を示しながら手段についての多数意見の評価を説得的でないとしている点に特徴がある。そして，4a条は違憲であるから無効にすべきとして，本判決の結論に反対している。

Ⅵ 判決に対する反応

本判決について，DGBは支持を表明した[38]が，憲法異議を申し立てた労働組合の反応は，一部違憲の判断により少数派組合の存在意義が認められたとして好意的に受け止めるものから，協約排除を認めた点を批判するものまで様々である[39]。

また，学説の評価も大きく分かれている。一方では，協約単一法は少数派組合の権利を侵害するため少数意見のように違憲無効とすべきであり，本判決が認めた少数派組合の利益考慮の十分性の司法審査は団結体の団結活動の侵害にあたる，などと批判するものがある[40]。

しかし，全く逆に，本判決は論理的で賞賛に値するという評価[41]もある。こ

---

[38] AuR 2017, 367.
[39] Handelsblatt 11. 07. 2017.
[40] Preis, Widersprüche und Weltfremdheit, NJW-Editorial 30/2017. Vgl. Lehmann, Tarifeinheit und das BVerfG –Mehr Fragen als Antworten!, NZA-Editorial 14/2017.
[41] Greiner (Fn. 22), Ⅱ. 1.

Ⅲ　市場行動法等

の論者は，民主的正統性のある立法者とそうではない裁判官の権限分配を強調し，BVerfG の違憲審査は，立法者の判断の当否ではなく権限逸脱の有無にとどまるから，本判決における BVerfG の自己抑制的な態度は妥当とする。また別の論者は，本判決は立法者の判断を原則として尊重しつつ，少数派の職業集団への保護規制の強化を要求する点で中間的な判決であり，基本的には，ソロモン王のような（salomonisch）賢明な判断と評価できるとしている[42]。

Ⅶ　ドイツ団結権保障の趣旨再考

　本稿では，協約単一法の違憲審査を行った 2017 年 BVerfG 判決を取り上げ，判旨の論理を追ってきた。本判決は，職業集団の十分な利益考慮を担保する規制を欠く点で労働協約法 4a 条を違憲としつつも，多数派組合の労働協約が少数派組合の労働協約を排除する原則自体は許容した「概ね合憲」判決であり，本質部分で立法者の判断を尊重する内容となっている。本判決は，協約単一原則によって協約交渉や労使関係を安定化させつつ，新規制によって少数派の利益にも配慮させるものであり，結論はきわめて穏当で，現実的な判断といえよう。

　しかし理論的には，同じく憲法上団結権を保障している日本からみた場合に，本判決は直ちには理解しがたいところがある——労働組合が自己の組合員の利益（のみ）を実現する労働協約を締結し，その適用を受けるということは，団結権・協約自治保障の本質であり，少数派組合からその権利を実質的に奪う法律が何故正当化されるのか。この点連邦政府は，一部の職業別組合のみ多大な利益を受けるのは公平でないとするが，そこでいう「公平」の意義は必ずしも明らかでない。そもそも高度専門職の職業別組合が独自交渉の道を選んだのは，DGB 系の産別組合による連帯的協約政策では自己利益が抑えられるからであり，自己利益をよりよく代表する労働組合を結成して交渉することは，憲法上の団結権保障の下では肯定されてしかるべきでないのか。

　しかし，以上のような考え方からドイツで各組合に自己利益だけを追求する協約交渉を認めると，パイロットや航空管制官などの高度専門職では，交通網を麻痺させうる強力なストを背景にどこまでも有利な協約締結が可能とな

---

[42]　Schmidt (Fn. 30), II. Vgl. Von Steinau-Steinrück/Gooren, Steine statt Brot vom BVerfG in Sachen Tarifeinheit?, NZA 2017, 1149 (1156).

る（日本では賃金の決定構造が異なるためそのような事態は生じない）。ドイツのDGB系産別組合の協約政策は，本来的に高度専門職が獲得しうる利益を抑え，その分をその他の職業にまわすことで成り立ってきたのであり，一部の強すぎる組合による「取り過ぎ」を認めれば，その他の労働者集団に回る利益が少なくなり，協約交渉が不利になる。立法者はまさにそのような事態を危惧したのであり（判旨3(2)参照），労働者集団が一体となって協約交渉を行い，職業間で利益調整された労働協約が適用されることこそ望ましい，と判断したものである。

そして，以上のような立法者の考え方は，労働協約法4a条1項からも読みとれる。同規定は，協約競合を回避する理由を労働協約の「分配機能……および秩序形成機能」の確保のためと定めており（上記Ⅱ2(1)参照），労働協約が，自己利益の追求手段としてだけでなく，労働者集団全体に利益を適度に分配し，協約交渉においてある種の秩序を保つ手段として位置付けられているのである。こうして，伝統的にはDGB系組合の産業別協約が果たしてきた機能が，労働協約の一般的機能として法定されたことには大きな意義がある。そして本判決は，憲法上の団結権は自己利益の実現のために無限定に保障されるものではないとし（判旨1(1)の最後），団結権保障の限界を示すことで，上記のような立法者の価値判断を理論的に正当化したのである。

Ⅷ　お わ り に

本判決を受けて，ドイツでは近く労働協約法が改正されることになる。判旨が要求する職業集団の利益を十分に考慮するための規制は労働協約の内容審査に結びつきやすく，新規制の選択は容易でない。最終的に選択された新規制がいかなるものであれ，その憲法適合性が再び問題となるのは間違いないだろう。また，実務上大きな問題となっていたストライキについては，本判決は協約単一法によりそもそも制限されないとして違憲審査に入らなかったため，ストを制限する立法が行われた場合の憲法適合性についても，今後さらに問題となる。日本法に大きな影響を与えてきたドイツ法の展開を，引き続き注視していく必要がある。

26 社会保険と中間的条項論

長沼建一郎

Ⅰ はじめに
Ⅱ 契約の中間的条項論と現代的な契約
Ⅲ 社会保険にかかるサービス契約
Ⅳ 保険契約における中間的な条項
Ⅴ 社会保険における中間的な領域
Ⅵ いわゆる牧人＝司祭型権力のもとでの社会保険
Ⅶ むすびに代えて

Ⅰ はじめに

　家電量販店で電化製品を買うたびに,「ポイントを貯めますか,それともその分のポイントで保証期間を延長できますけど,どうしますか？」と訊かれる。
　いつも判断がつかない。とりあえず対価関係を頭の中で計算してみるものの,どういうのが自分にとって合理的な判断なのか,よく分からない。
　頭に浮かぶのは,「あ,これは廣瀬先生のいう契約の中間的な条項だな」ということばかりである。

Ⅱ 契約の中間的条項論と現代的な契約

1 廣瀬教授の中間的条項論

　廣瀬教授の中間的条項論は,契約についての中心的条項・付随的条項という二分法に対する問題提起として述べられているものである。それは,核心的な中核部分（売買における給付目的物のような,契約者の意思表示が確実に及ぶ部分）ではないものの,付随的部分（約款における裁判管轄条項のような,契約時にあまり意識されない部分）ともいえない領域を示すカテゴリーである[1]。

---

[1] 廣瀬久和「内容規制の諸問題」『私法』54号（1992年）8-16頁,32-50頁。直接的には,不当条項への対応（規制等）に際しての議論として展開されている。

Ⅲ　市場行動法等

　いいかえれば「一定割合の顧客にとっては重要であるが他の客にとっては問題とされないような」条項のカテゴリーであり，典型的には「保証期間」が挙げられている。あるいはたとえば「自動車の色」についても，「個々の客の好みによるところ」があり，「色には無頓着で，白でも赤でも同じことだと本当に思って」いる場合もあるとされる。

　そのうえで，契約の中心的条項については自由競争原理の働く市場の制度を尊重して，直接的な司法的介入は避けるべきであり，他方，付随的条項については内容面への直接的な司法規制を積極的におこなうべきだとする。

　そしてこれらの間に位置する中間的条項については，その不当性の判断に際して，その条項をめぐって市場メカニズムが働いているかどうかが勘案されることがあるという。すなわちシュワルツとウィルデによる「比較購買理論」によれば，「その価格が競争的な市場によって定まっているとされる場合でも，当該契約条項を含めた契約内容が市場競争の対象とされているか否かが問われるべきで……顧客のうちのどのくらいの割合の者が，その条項について，他の売手の条項と（例えば，それらの保証期間の長短を）比較しながら購入しているかが決め手となる」とされる[2]。

　これを受けて「当該条項内容が市場において比較購買の対象とされる度合に注目しようとする点は有用だと思っております」としたうえで，「法制度の枠組みとして，契約条項の中心部分と周辺部分の中間に，柔軟なシステムを導入しうる領域を設けておくことは，比較購買的な市場による調整を，部分的にではあれ積極的に採り入れてゆく場をつくることにはなります」と述べられてい

　　契約を中心的部分と付随的部分に分類する代表的な所説として，河上正二『約款規制の法理』（有斐閣，1988年）249-251頁，大村敦志『消費者法』（有斐閣，1998年）132-133頁，166-167頁。大村教授によれば，契約構造の中心部分とは，契約によって当事者が獲得しようとしている主たる給付を定める部分であり，付随部分とは，それ以外の，主として契約関係の調整を自らおこなうための措置を講ずる部分を指す。後者は内容的には，給付関連条項，責任制限条項，紛争処理手続条項に分けることができる。この両者では消費者が有する関心のあり方が同じではなく，このような構造上の差異が規律の原理と手法を異なるものとするとされる。なお石川博康『「契約の本性」の法理論』（有斐閣，2010年）が契約構造に関して法制史的沿革を踏まえた分析をおこなっている。

(2)　廣瀬・前掲注(1)44頁。さらに「市場の他の（たとえば）3分の1の客がその条項を比較しつつ購入し，市場全体が競争的になっていれば，その条項は合理的なものと言える」とされる。

る(3)。

　そのような中間的な部分は，ある人にとっては核心的な（あるいはそれにきわめて近い）部分であるかもしれない。「条項が「付随的」か「核心的」かは，……客観的に，契約当事者の認識から離れて定めうるものでもなく，他方，当該当事者の主観的認識内容だけからも定められるべきものでもない，どれほどの割合の顧客がその条項を比較選択して購入しているかが問題だ，ということになりましょう」とされる。たとえば「自動車の色」についても，意思や交渉により，とくに価格との関係で，本来と異なる内容であっても合理性が認められる場合もあるとされている(4)。

2　具体的な事例

　より卑近な例にあてはめてみると，同じマグカップでも，スヌーピーのようなキャラクターの絵がついていると，価格は高くなる。それは単なる犬の絵にしか見えない人にとっては，不当に高く感じられるかもしれないが，スヌーピー好きな人にとっては適正な価格であるかもしれない。

　さらにいえばある人たちにとっては，それはスヌーピーの絵のついたマグカップではなくて，むしろ（たまたま）マグカップに書かれたスヌーピー（の絵）そのものである。そこまでいくと同じ物の売買についても，いわば効用をもたらす「商品性」の在処が一致しておらず，人によって契約の中心的部分が異なるともいえ，中間的条項論は，そのように既存の思考枠組みに再考を迫るという意味もある(5)。

　このように契約の中間的条項の守備範囲，ないしはこれにあたる中間的な領域が目立ってくるのは，現代的な契約に特徴的な事柄であるように思える。それはいわゆるポスト・フォーディズムにおいて，契約というスキームが汎用的

---

(3)　廣瀬・前掲注(1)45頁および50頁の注(25)。
(4)　廣瀬・前掲注(1)42頁。もっとも同論文のなかで，「自動車の色」が「中間的条項」の例であるとは明示されていない。この点を含めて筆者の理解不足により，廣瀬教授の唱える中間的条項の内実と，本稿で述べている中間的な領域との意味合いが少し異なっている可能性がある。
(5)　最近ではたとえばアイドルの「握手券つきのCD」が，ファンにとっては実は「CDつきの握手券」であったりする。もっとも昔から，「おまけ」目当てにお菓子（本体）を買うことなどはあった。

Ⅲ　市場行動法等

に利用されるようになり，多品種少量生産が可能になり，ありとあらゆるパターンの物やサービスが流通・提供されるようになったためだといえる。同時に消費者のニーズや関心も多様になり，需要と供給が出会う場面自体もさまざまになっている。

3　価格と安全性をめぐって

そこでは価格に関していえば，100円のマグカップもありうるし，何千円もするスヌーピーのマグカップもありうる。逆に100円のマグカップでは，高い品質の意匠などは期待できない。その意味で，一定の範囲では「安かろう，悪かろう」も市場（あるいは消費者）により是認されている。

ただしそこで安全性の問題は，少し別の位置づけにある。たとえばいくら100円のマグカップであっても，お湯を注いでいるときに取っ手がはずれて火傷するようではまずい。たとえ安くても，一定の（いわば商品に固有の）安全性は求められて当然というべきである。いくら選択の幅を広げるといっても，たとえば「高くて安全な飛行機」と「安くて危ない飛行機」という選択はありえない[6]。

もっともこの点，ある種の商品やサービスにおいては，価格と安全性が直接リンクしていることがある。安全性を高めようとすれば，しばしばコストを要するからである。建築物などは端的にそうであるし，公共サービスでいえば，たとえば街燈と警察官をものすごく増やせば，犯罪は劇的に減る[7]。

また逆に，効用と安全性がトレードオフになっていることもある。たとえば医薬品や交通機関（のスピード）は，効用を高めることが危険性（たとえば副作用や事故のリスク）を随伴する場合がある。その意味では価格（コストの投下）によって安全性を高められる場合と，そうとはいえない場合があるといえる。

本稿ではこのような中間的条項論をもとに，日本の社会保険を眺めてみたい。厳密な法的議論というよりは，いわばイメージの素描を試みるものにすぎないが，そのことにより社会保険の法的な構造を，これまでとは少し違った角度か

---

[6]　医療経済学者のフュックスが挙げる例である。V. R. フュックス『保健医療の経済学』（勁草書房，1990年）98頁。

[7]　社会哲学者のマイケル・ウォルツァーが挙げる例である。マイケル・ウォルツァー『正義の領分』（而立書房，1999年）113頁。

らみることができるように思われる。

なお本稿での検討の対象は、日本の法制度に限っている。

Ⅲ 社会保険にかかるサービス契約

1 現代的契約としての特徴

日本における代表的ないくつかの社会保険は、費用のファイナンス（調達）の仕組みである保険のメカニズムとは別に、一定のサービス提供契約を内側に組み込んでおり、これらがいわばアマルガム（合成物）になっている。そのサービス提供契約とは、医療保険における医療機関と患者との契約であり、介護保険における介護事業者と利用者との契約である[8]。

そしてこれらの社会保険にかかるサービス契約（医療や介護サービス契約）も、前述したような現代的な契約が有する特徴と無関係ではなく、むしろ端的にこれらの点があらわれている。

すなわち第1に、契約スキーム自体の守備範囲の拡大に対応して、医療や介護という少なくとも典型的な契約の対象とはいいがたいサービスが、社会保険のもとで契約の対象となっている。

第2に、それらの契約が対象とするサービスは、無形の対人サービスでもあり、その内実はきわめて多様である。とりわけ介護サービスについては、たとえばホームヘルプサービスにしても、家政婦による家事代行的なものと、福祉専門職による家事援助や身体介助とではかなり距離がある。さらに付き添いや話し相手になることも一種の介護といえ、どこまでを介護と呼ぶかも難しい。医療にしても、たとえば不妊治療や禁煙治療、美容整形などその外延は明確ではないし、代替医療、予防医療などを含めてさまざまなものがある。

第3に、これらへの利用者側のニーズ、その重点の置き所もさまざまである。たとえば医療については「治療してほしい」というのは間違いないにせよ、それに尽きるわけではなく、治療法の選択やその説明の適切さ、その間のQOL（たとえば治療が痛いかどうか、病室のよしあし等々）や予後のあり方なども、大

---

(8) 本稿において、以下では医療保険、介護保険が議論の中心的な対象となる。この点で、むしろそれら（現物給付型）の社会保険にだけあてはまる議論と思われても仕方がないところだが、筆者自身は以下の議論内容は、公的年金を含めて全般的にあてはまる部分が大きいと考えている。以後の注において適宜言及する。

Ⅲ 市場行動法等

きな意味合いがある。介護についても生活に密着している分，当事者双方にかかる属人的な要素も含めてニーズのバリエーションは大きい。

　これらは別の角度からみると，医療や介護サービス契約の中間的条項にあたる領域についてのバリエーションということができる。契約の主たる対象ないし目的自体は明確だとしても，それに隣接する領域（付随的な条項ではなく）がきわめて多様なのである(9)。そして利用者が，どこにウェイトを置いてサービスを選択・利用するかも区々であり，まさに契約の中間的な領域に着目した選択がおこなわれる。

2　その固有の性格や特徴

　このように中間的な領域の拡大という現代的な契約の特徴は，医療や介護サービス契約にも（他の諸契約類型と同様に）妥当するが，これに対してこれらの社会保険にかかるサービス契約が固有にもっている性格・特徴もある。

　それはいうまでもなく，サービス内容が人々の生活・生命・健康に直接関係する（ないしはそれらを維持・増進することを目的とする）契約だということであり，逆にいえば，そのような固有の性格・特徴があるからこそ，社会保障の領域に位置づけられているものといえる。

　そしてこれらは人々の生活・生命・健康等と直結するという意味で，公共的な性格を有しているものの，社会保険の給付は個々人に直接帰属し，受給者がいわば独占的に享受する。だからこそ個々人とのサービス契約によって提供されるわけでもあり，その点で典型的な公共財（灯台，信号，図書館等）とは異なる(10)。

　同時に，単に生活等に直結しているというだけではなく，その需要の発生にはリスクが介在し，偶発的・突発的に必要になるという大きな特徴がある。その点で衣食住のように，同じく生活等と直結しているものの，日常的に必要となり，繰り返し利用・消費される必需財とも性格が異なる(11)。

---

(9)　そもそもサービス契約においては，契約の中心的部分と付随的部分を明確には分けられないことがつとに指摘されている。松本恒雄「サービス契約の法理と課題」『法学教室』181号（1995年）65-73頁，河上正二「サービス取引の研究(7) 商品のサービス化と役務の欠陥・瑕疵（下）」『NBL』595号（1996年）16-22頁。

(10)　経済学では教育などとともにメリット財といわれることがあるが，受給者が独占的に享受するという意味では，電気やガスの供給に近いところもある。

624

3 価格と安全性をめぐって

　これらの諸要因があるために，その価格と安全性については，やや複雑な様相を呈する。

　すなわちまず医療や介護サービスはきわめて幅広く分布しているので，その「値段」もさまざまとなりうる。利用者にとっても，価格との組み合わせでの選択の余地はあっていいはずであり，いいかえれば市場メカニズム（ないしは比較購買）に期待しうるといえる。しかし無形の対人サービスで，しかも日常的に繰り返して利用するものでもないことから，多様なサービス分布のなかで，消費者が価格を適正に評価することはなかなか難しい。

　他方，いくらサービスが多様だとはいえ，一定の安全性は必要となる。とくに生活・生命・健康に直接かかわるサービスであるため，サービスの提供過程で深刻な人身事故も発生することから，安全性の確保は重要である。もっともこれらの安全性の「程度」についても，サービスの価格自体と同様に，一般の消費者には対価関係を認識・評価するのは困難である[12]。いいかえればこれらについては市場メカニズムの役割（ないしは比較購買）にも期待しづらいといえる。

　あわせて社会全体のあらゆる医療や介護に対して，一律の安全性を要求するのは難しい。たとえば「素人」である家族による介護を——多少「危ない」ところがあるとしても——禁止することはできないし，医療については前述したように（Ⅱ3），安全性とのトレードオフで高い効用を希求することも時には容認せざるをえない。

　先回りしていえば，これらの幅広く分布する医療や介護サービス契約について，仮に消費者の需要に合致するとしても，そのすべてが社会保障の一環として，社会保険による給付（費用のファイナンス）に値するものとは考えづらい。価格や安全性という消費者法的な観点からもそうであるし，社会保障政策という観点からもそのことはいえる。

---

[11] なお公的年金についても，一度その裁定がされれば以後は定期的に支給され，その意味では「繰り返し利用・消費される」ことになるが，支給の始期は障害年金や在職老齢年金等を含めて不確定だといえる。

[12] 「はじめに」や前注(6)の事例を参照。

Ⅳ 保険契約における中間的な条項

1 保険契約の特性

　社会保険は，サービスを提供する契約と，保険による費用ファイナンスとのアマルガムであるとして，そのうちサービス契約について，中間的条項にあたる部分との関係を中心にみてきたので，以降ではその保険による費用ファイナンスの部分をみていく。社会保険は法制度（法律で定められた制度）であるが，これを一種の契約関係とみると，やはりその中間的条項にあたる部分に注目することで，浮かび上がってくる事柄がある。

　しかしその前に，一般的な（民間保険会社による）保険契約について，同様の角度からみておきたい[13]。

　保険は契約の形をとっているが，リスクを契約の対象とする点で，特殊なものといえる。「大数の法則」が働くような，多数の契約者の参加を制度的な前提としているからである。

　そしてこれは廣瀬教授が中間的条項の代表例として挙げる保証条項が，独立してそのまま本体契約になったようなものでもある。むしろ保証条項の規定が，事故率との関係で本体契約に付加されている小さな保険契約だという理解も可能であろう[14]。

　もっともこのように保険契約はそれ自体（その全体）が「中間的条項的」だといっても，そのなかでもさらにその中心的条項や付随的条項にあたる部分を見出すことは可能である。たとえば死亡保険の契約であれば，保険事故が被保険者の死亡であることや，主たる死亡保険金額などは契約の中心的条項といえるだろうし，逆に裁判管轄条項などは付随的条項といえる。

　しかしいわゆる免責条項は，通常のサービス契約であれば付随的な条項である（すなわち効用をもたらす「商品性」自体ではない）としても，保険契約においては，主たる保険金が給付されるか，されないかという中心的な部分に直結

---

[13] そもそも社会保険については，民間保険とは切断してみることも多いが，本稿では連続的にみており，そのこと自体の議論は別途必要であろう。拙稿「社会保険とキリスト教」『週刊社会保障』2764号（2014年）48-53頁。

[14] このように保険契約は，契約としては特殊なものだといえるが，このことは逆説的に廣瀬教授の中間的条項にかかる議論の意味合いを浮き立たせるものでもある。

するものだといえる。たとえば自殺免責は給付の有無に直結する重要な規定であり，その期間は保険会社によっても異なる。もっとも契約時には通常その内容は意識されづらい。

また，いわゆる不慮の事故（死）に対して保障をおこなう一群の保険商品がある（損害保険会社の傷害保険や生命保険会社の災害特約等）。これらの商品では疾病（病死）の場合ではなく事故（死）の場合にだけ支払われることから，「不慮の事故」に該当するかどうかは，保険契約の中心的な部分に直結する事柄だといえる。ただ，それに該当するかどうかは約款の細かな文言にかかる複雑な判断であり（保険法分野のもっとも大きな争点のひとつでもある），また契約時にも通常それらの規定内容が意識されるとはいいがたい。

このように保険契約においては，かなり細かい条項を含む約款が全体として，主たる給付の有無を定めているものといえる[15]。いいかえれば保険契約の構造は，全体が「中間的条項的」であるとしても，そのなかでも「とりわけ中間的」な内容が多く，いわば契約全体が中間的条項の「塊」のようになっていて，それらが給付に際して重要な役割を担っているといえる。しかしその具体的な内容は，契約時には意識されることは少ない。

民間保険会社による医療保険や介護保険などでは，死亡保険と比べても，さらにそのことがあてはまる。主たる保険事故や給付自体が細かく分岐していて，いわば八岐大蛇（やまたのおろち）のようになっているからである[16]（先取りしていえば，社会保険でも同様のことがいえる）。

2　価格と安全性をめぐって

このとき保険契約においては，価格と安全性に関しても，特殊な面があらわれる。

すなわちまず一般の消費者にとって，保険の「値段」というのは非常に分かりづらいところがある。将来のリスクの実現を想定して，その対価を評価するのが難しいからである。そもそも物事に保険をかけるかどうか，またその保険金額をいくらにするか等は，まさに個々人の「好み」ないし価値観によるとこ

---

[15] 前注(9)の文献参照。
[16] 拙稿「消費者契約立法と生命保険契約——実効的な消費者保護に向けた基礎的検討」『生命保険経営』66巻4号（1998年）886-901頁。

Ⅲ　市場行動法等

ろがあるが、価格評価の困難さから、その価値観の形成自体も容易ではない。

しかしながら他方では、保険数理に裏付けられている限りにおいて、その価格自体は正当性を担保される。価格（保険料）が安ければ、保険金額が低かったり、保障範囲が狭かったり、保障期間が短かったりするのは当然のことである[17]（「給付・反対給付均等の原則」そのものである。なおここでの議論は、いわゆる純保険料だけを念頭においている）。

次に安全性に関していえば、保険契約は、まさにそれ自体を契約対象として、いわば価格で安全性を買うものだといえる。通常、安全性はその商品の効用をもたらす「商品性」自体ではないことから、その意味でも保険契約は特殊である。そこでは上記のとおり、価格の高低により、保険という商品の内実（商品性）である安全性の「程度」が異なるのは当然でもある。

それでも保険契約においても、一定の安全性の確保（いわば安全性の安全性）は問題となる。保障範囲なり、保険金額や保障期間なりが、事前の想定や期待と異なっていて、「こんなはずではなかった」、「肝心なときに役に立たなかった」ということが起こりうるからである。同じことは給付をいわば裏側から画する免責条項に関してもしばしば起こりうる[18]。

前述したように、保険約款の免責条項や特約をめぐっては多くの法的紛争が起きている。それはそれらの内容が契約時にはあまり意識されないからであり、また将来のリスク想定が消費者にはしばしば困難であるからである。

これらのことから保険契約には、典型的な約款取引であることとあわせて、伝統的に強く消費者保護が求められてきたところでもある。

Ⅴ　社会保険における中間的な領域

1　民間保険と社会保険の対比

社会保険では、このような保険の仕組みを中心に据えて医療や介護、年金、失業保障などをおこなっており、これが日本の社会保障の体系において大きな位置を占めている[19]。これとここまでの議論はどのように組み合わされるだろうか。

---

[17]　いわゆる価格論拠論が、ここではそのまま妥当することになる。前注[16]拙稿。
[18]　廣瀬・前掲注[1] 45 頁は中間的条項についても「顧客の最小限の保護」を強調する。
[19]　前注[8]参照。

社会保険を民間保険と対比するとき，通常は制度への全員加入という点が強調され，それを公的な主体が運営していることが特徴とされる。また保険料に関して，とりわけ「給付・反対給付均等の原則」の修正（リスクに応じた保険料ではなく，応能保険料）が指摘される[20]。

　加えて民間保険と比較したときに，給付面において，少なくとも日本では給付水準や内容が一律に（つまり任意に選べない形で）設計されており，それがしばしば現物給付と結び付けられていることも社会保険の大きな特徴である。しかもこの２つ（給付の一律性と，現物給付とのリンク）は表裏一体なのである。

　なぜそうなっているのか。本稿に即していえば，それは前述（Ⅲ）してきたようなサービス契約（あるいはその債務）が「先にある」からだといえる。その代金を事前に準備する（ないしはその債務を決済する）ために——リスクが介在し，その債務の発生，決済の要否が確実ではないことから——保険という仕組みが必要になるという関係があるからである。

　もちろんこれは通常とは異なる（チャレンジングな）説明の仕方である。普通はまず保険があり，その給付をどのような形でおこなうか——現物か金銭か——という思考方法がとられることが多い。あるいは少なくとも実定法的には，日本の医療保険については現物給付が原則になっている。

　しかし，たとえばビスマルクが社会保険（疾病保険）を創設するはるか昔から，医者という職業はあって，医療サービス自体は提供されていたといえる。スローガン的にいえば，「ビスマルクよりもヒポクラテスの方が先にいた」のである。あるいは日本では，介護保険が創設される前から，介護自体はおこなわれていたといえる[21]。

---

[20]　たとえば新田秀樹「介護保険の「保険性」」菊池馨実編『社会保険の法原理』（法律文化社，2012年）169-185頁，河合塁「社会保険と民間保険（私保険）」久塚純一・山田昭三編『社会保障解体新書〔第4版〕』（法律文化社，2015年）46頁，菊池馨実『社会保障法〔第2版〕』（有斐閣，2018年）24頁など。

[21]　社会保険における「債務の先行」については，拙著『社会保険の基礎』（弘文堂，2015年）で簡単に述べたことがある。なお年金についても，企業が従業員に支払う退職金債務を同様に位置づけることが可能であろう。定評のある入門書である椋野美智子・田中耕太郎『はじめての社会保障』（有斐閣，2001年）17-18頁が医療保険に関して，医療機関と患者の契約関係を起点に置いた説明をおこなっているのも注目される。

　もっとも公的な保険制度の創設を契機として（つまり費用がファイナンスされるようになることで），サービスの供給体制が整備されるということは別途あり，最近の日本

Ⅲ　市場行動法等

そこでは保険給付がそのサービス契約にかかる債務に「符合・適合」していなければ，意味に乏しい。保険事故（要保障事故）の発生を受けて，「何らかの給付（金銭）」を受け取るだけでは十分ではないことが多い。したがって，単に全員に保険に加入してもらうだけではなく，各人が加入する保険契約の内容をどうしてもそれに符合・適合するように，一律に設計する必要があるといえる[22]。

ちなみにこの点で興味深いのは，自賠責保険の仕組みである。ここでは保険給付の可否や金額は基本的には外在的に——つまり法的な賠償責任の存否や内容により——決まるところが大きいので，わざわざ社会保険化しなくとも，いずれかの保険会社と契約するように加入強制さえすればよかったといえる[23]。

2　中間的条項の共通化

このように債務に符合・適合するように，保険によって適切に費用をファイナンスするためには，その制度設計は，かなり細かくおこなう必要がある。つまり単に「給付が一律」というだけではなく，いかなる場合にいかなる給付をおこなうか，その具体的な内容に立ち入って詳細に規定を要する。

たとえば医療保険なら「傷病に際して，療養の給付をおこなう」というのが基本線だが，その内実については健康保険法をはじめとする法令や療養担当規則等で膨大な定めがある。介護保険であれば，介護保険法やその政省令等のなかで，要介護認定や給付内容について膨大な定めがある。これらは多様な保険事故と保険給付に対応して，保険契約における中間的条項にあたる部分にまで踏み込んで，内容を法令等で規定しているものといえる[24]。

　　では介護保険についてとくにそのことがいえる。
[22]　その意味ではこの局面で大切なのは，強制加入というよりは，むしろその契約内容の共通化の方であるともいえる。つまり必ずしも全員が契約する必要はなく，契約をする人について，その契約内容が共通になっていればいいのであり，認可約款——約款への行政的規制が必要となる局面に近い。
　　また逆にこの共通化に収まらない保険契約も容認され，民間保険会社により提供される。すなわち（後述するサービス契約と同様に）これに符合・適合しない保険契約が二分法によって市場から駆逐されるわけではない。
[23]　加入を強制するだけで，保障範囲や保障水準等を一律の内容で共通化しないと，通常は「しり抜け」になりかねない。
[24]　なお年金についても，保険事故や給付のあり方には無数のバリエーションがありうる。

630

もちろん前述したように（Ⅳ1），保険契約はその全体が「中間的条項的」であり，あるいは中間的条項の「塊」とみることができる。それでも一般の（民間保険会社による）保険契約においては，とりわけ主たる保険金額や保険給付要件（保険事故）がそのなかでも中心的部分と目されるのに対して，前述したように社会保険では，医療保険にせよ介護保険にせよ，そもそも主たる給付部分自体が多様に――八岐大蛇（やまたのおろち）のように――分岐していることから，それらの部分に踏み込んで法令等で規定を置いているものといえる。

　このように保険契約の中間的条項にあたる部分にまで踏み込んで一律に共通化をはかっていることが，日本における社会保険というスキームの注目すべき点であるといえ，このことは次に述べるように，そこまでの共通化をおこなわない場合（金銭給付）と比べると明らかになる。

　なおこのことは同時に，適正な価格と安全性の確保でもある。前述したように（Ⅳ2），保険契約においては適正な価格と安全性の実現が消費者法的に大きな課題である。一般の消費者にはそれらが分かりづらく，評価しづらく，市場メカニズム（ないしは比較購買）にも期待しづらいためである。しかし社会保険においては，その契約内容を制度的に一律に共通化することで，適正な価格と安全性の実現が同時に可能となる（もっとも実際にそれが実現できているかどうかは別の問題である）。

　ただしそれに尽きるものではない。社会保障政策の内容がそこには反映するし，むしろそのことが中間的条項にあたる部分を共通化することの主眼といえる。そもそも保険事故に加えて保険給付の種類やその他のもろもろの事項は，政策的に法令等で決められるものであり，たとえば医療サービスでは医療費をはじめとする医療政策や健康政策の観点が反映したり，介護サービスでは自立支援や地域福祉政策の観点が反映したりする[25]。

　　たとえば同一のキャッシュバリューであっても受け取り方法は終身年金とは限らないし，一時金での受け取りの可否などについても設計選択肢がある。これらを公的年金の関係法令等が細かく規定しているものといえる。

[25]　なお公的年金についても同様であり，たとえば在職老齢年金や支給開始年齢にしても，給付要件を定める法制度に，年金政策そのものが反映する。

　　これらはいわば集団的に事前交渉がされて，給付や価格面からも法制度の内容が定められるものといえる。交渉の位置づけは，廣瀬・前掲注(1)でも重要なテーマとなっている。

Ⅲ 市場行動法等

3 いわゆる金銭給付の場合との比較

このような仕組みの実際的な意味合いは，いわゆる金銭給付の場合と比べると分かる。保険給付が（単に）金銭で給付される場合は，それがどのように用いられても構わない——トレースできない——ことになる。

たとえば傷病や要介護状態に際して一定の金銭を給付して，あとは市場において適切なサービスを購入してもらうという仕組みも十分ありうる。実際に，民間保険会社による医療保険や介護保険では基本的にそうなっている[26]。そのうえで消費者保護の観点から，医療や介護サービスについて，市場における供給への規制をおこなうというのも当然ひとつの方法ではある。

しかしそうすると，給付された金銭がどこで使われるかはトレースできない以上，市場においては一律に規制がおこなわれることになり，その規制に合致しないサービスは市場で存続できなくなる。いいかえれば保険給付の対象となるサービスと，市場において提供が許されないサービスという二分法で峻別されることになってしまう[27]。

前述したように（Ⅲ1），医療や介護サービスはきわめて多様な形で分布している。社会保険による給付（費用のファイナンス）に適するものが，そのうちで一部だけだとしても，ひるがえってそれ以外のものが，社会的に存続自体が許されない——放逐されるべきだ——というものではない。たとえば一般的に漢方薬や美容整形，家族による介護，見守りサービス等々が，保険給付とならないだけでなく，そもそも禁止されるというのはおかしい[28]。

そこで保険給付という別の枠のなかで，別の基準を設けることで，「そもそも市場で許容されるか，まったく許容されないか」という硬直的な二分法よりも柔軟な対応の余地が生じる。具体的には市場で許容されるなかでも，「保険給付に相応しいカテゴリー」と，「保険給付はされないが，市場で許容される

---

[26] その場合は支払われた金額を諸機会費用にあてることもありうるし，まったく別の事柄に使われることもありえよう。

[27] 電気やガスなどは市場に対して二分法で供給規制をおこなっているものといえ，そこでは規制に合致しないサービスは市場で存立を許されない。他方，契約としては供給側への締約強制（供給義務）だけが課されて，別にすべての国民に契約してもらう必要もなく，一元的な提供主体とする必要もない。なお前注(10)，(22)。

[28] なお年金についても，たとえば公的年金の給付は終身年金が基本となっているが，これ以外の年金種類が市場（民間保険会社による年金商品）において許されないというものではない（実態はむしろ逆で，終身年金は少ない）。

カテゴリー」の2つのカテゴリーにより，きめ細かな政策的対応が可能となる[29]。

4　中間的な領域を通じた契約と保険の結節

このように社会保険においては，保険契約における中間的条項にあたる部分の共通化が図られているとみることができる。このことにより社会保険からの給付が，社会保障の役割を担い，適切なサービス契約の費用をファイナンスするように設計されているのである。

保険契約については本来，無数のバリエーションがありうる。保険金額にしても，保障範囲や保障期間等にしても，その設計可能性はきわめて幅広く分布している。このときそれらの中間的条項にあたる部分に着目して，政策的に一律の内容で，制度的な共通化をはかっているわけである。

そして同時に保険給付の諸要件は，実にそのファイナンス対象であるサービス契約の中間的条項にあたる領域に着目して，絞り込んで設計されている。

つまり医療や介護サービス契約には，やはり無数のバリエーションがあり，これまたきわめて幅広く分布している。このときサービス契約の中心的部分をみると，保険事故や保険給付については法律で概括的に規定されているものの，しかしそれだけではあまりにも広すぎる[30]。前述したように（Ⅲ3，Ⅴ2），適正な価格と安全性を確保すべき消費者法的観点に加えて，社会保障政策的な観点が重要であることから，ここではどうしてもサービス契約の中間的条項にかかる領域に踏み込んで対象を絞り込む必要がある。

これらからすると日本の社会保険では，二重の意味で——つまりサービス契約（医療や介護サービス契約）と，保険契約の両方の——中間的条項にあたる領域に着目して，保険と契約という2つのスキームが結節されているものといえ

---

[29] これは保険給付の対象という括りで，いわゆるスタンダード・パッケージを設定するものともいえ，それは消費者からもサービスの識別指標となる。スタンダード・パッケージについては，神田秀樹・藤田友敬「株式会社法の特質，多様性，変化」三輪芳朗・神田秀樹・柳川範之編『会社法の経済学』（東大出版会，1998年）462-469頁。

　もっともこのような仕組みは，社会保険でなければ出来ないわけではなく，たとえばいわゆる準市場の仕組み（支援費方式）や税制適格型によっても可能である。ただ，ここではいわば「両すくみ」（ダブル・コンティンジェンシー）で，同時に保険契約の側も規定している点に大きな特徴がある。

[30] 逆に契約の相手方については，利用者側に選択の余地がある。それがいわゆる「措置から契約へ」という社会福祉基礎構造改革の眼目でもあった。

る。しかもその際に，その結節の要件に符合・適合する以外のサービス契約や，（民間）保険契約についても，市場から放逐することはせずに，市場と政策との調整・調和を図っていることが指摘できる。

　このように日本では，サービス契約と保険契約とを互いの中間的条項にあたる領域に着目して重ね合わせることで，社会保険というアマルガムを形成している。大げさな喩えではあるが，サービス契約と保険契約という2つの大きな「天の川」が流れているとき，そのそれぞれの中間的な条項にあたる領域をいわば組み木細工のようにX字型にかみ合わせることで，ふたつの「天の川」を結節させているのである。

Ⅵ　いわゆる牧人＝司祭型権力のもとでの社会保険

　ところで社会保険を契約関係になぞらえてみてきたものの，社会保険はなんといっても全員加入の法制度なので，その点で一般の（民間保険会社による）保険契約とは懸隔がある。

　そのためこれを「個々の保険契約を全員加入としたもの」というよりは，社会保障の給付をおこなうに際して，保険契約の仕組みを（単に）借りたもの，という見方が出てくるのは当然でもある。社会保険においては，契約の本質的な要素（契約の成立や，その相手方や内容を決める自由など，いわゆる契約自由の原則の内実）がおよそなくなっているからであり，それはたとえば締約強制（利用者が契約するかどうかは自由だが，利用者側から契約の申し出があれば，事業者側は契約を拒否できない）や，自賠責保険のような加入強制（どの保険会社でも構わないが，いずれかの保険会社と契約しなければならない）にとどまるものではない。

　ただこの点，法律的な議論というよりは，あくまで比喩的な議論（あるいはほとんど法螺話）というべきではあるが，この社会保険は実は全体として別の「もっと大きな契約」の一部なのであり，ちょうどその保証条項のようなものだと考える余地があるように思われる。つまり「もっと大きな契約」が背後にあって，それに全員が加入しているため，それとセットとなっている社会保険が結果的に全員加入になっているということである。

　しかるにその「もっと大きな契約」とは何か。ここで想定されるのは，いわゆる福祉国家における国家と国民の関係である。すなわちミシェル・フーコー

の表現を借りれば，福祉国家は「牧人＝司祭型権力」として，国民を救済する責務を負っている。そこで両者の関係を，その国家が果たすべき責務を中核とするある種の社会契約になぞらえて，「牧人＝司祭契約」というべきものとして考えることもあながち的外れではないだろう[31]。

　そして社会保険は，そのようにうまく救済が発動しないときのための，まさに保証条項のようなものとして位置づけられるのではなかろうか。社会保険による給付自体が救済の「本体」として，国民に幸せをもたらすわけではないが，その救済の基本的な条件ないし前提を整備するものであろう。

　一般的に商品やサービスを購入した時に，その実際的な効用をもたらすのは，保証条項などではなく，その商品やサービスの「商品性」そのものである。しかしそれがうまくいかないときに発動されるのが保証条項であり，これとちょうどパラレルに位置づけられるのではなかろうか。

　贔屓の引き倒しになることをおそれつつ，あくまで中間的条項論に寄りかかっていえば，このように社会保険とは，福祉国家において人々に提供される中間的条項としての保証条項規定だとみることができる。このときその内容を一律に共通化しないと意味がなくなってしまうことは，これまで述べてきたとおりである。そのようにみれば，社会保険は全員加入の法制度になっているために，「契約らしさ」が失われてしまっているものの，なお契約のモメントを確認できるものといえる。

Ⅶ　むすびに代えて

　廣瀬教授による中間的条項論は，民法的には契約構造にかかる議論だが，より幅広く，いわゆる公私分担に関わる視角を提供するものでもある。すなわち一方には政策的に定められるべき公的な領域があり，他方には個々人により決められるべき私的な領域がある。しかしその中間に両者がせめぎあう部分がある，という構図になる。

　契約の中間的条項（ないしはこれにあたる領域）は，そのように公私の接点で

---

[31]　「牧人＝司祭型権力」については，たとえばフーコー＋渡辺守章「政治の分析哲学」『ミシェル・フーコー思考集成Ⅶ　1978　知／身体』（筑摩書房，2000年）140-154頁。なお淵源にかかる用例として，マタイ福音書2章6節「汝からひとりの指導者が出る。その者が我が民イスラエルを牧する」（田川建三訳）。

Ⅲ　市場行動法等

あり，市場と非市場の境界領域であり，法と政策とが合流する地点でもある。そのことからそこは，法律学と他の社会諸科学とが協働する場所としての意義も大きいはずである。

だからそこでは微細な分析が必要になるし，その点に自覚的になれば，たとえば商品やサービスの安全性をどう確保するかというような法政策的な課題についても，より多角的な検討の手がかりを得られるように思える[32]。

もっともこのように「第三のカテゴリー」を導入することで，いわゆる二分法や二項対立を一挙に乗り越えられる，ないしは解体できると考えるのは幻想であろう。二分法に対して「第三のカテゴリー」というのは，よくある思考形態ともいえる[33]。そして二分法自体は──契約の「中心的／付随的部分」にせよ，より大きく「公／私」にせよ，さらにはカント的な「法／不法」にせよ──，西洋文明の論理と表裏一体であり，手放すことは容易ではない。

しかしそれでもこの二分法に覆われた世界を時代に合わせて更新していくために，その媒介として「第三のカテゴリー」は有用であろう。中間的条項論は，なお大きな潜勢力を有しているというべきである[34]。

付　記

あれは時間割に載っている正規の授業だったのだろうか，廣瀬先生を囲んで，民法の比較法的な検討をおこなうゼミのようなものに何回か参加したことがある。

参加者は廣瀬先生と，たしか学部の4年生が2人，それに私を入れても全部で4人だけで，東大駒場の薄暗い廊下のソファーで，そのゼミのような，勉強会のような時間を過ごした。私は本郷（法学部）で留年していて，その時間帯に別の授業をとっていたため，それが休講のときだけ，そちらに混ぜてもらっていたのだ。

日本法を前提に，錯誤，詐欺というようにテーマを決めて，誰かがフランス法ではこうなっているといい，誰かがドイツ法ではこうなっているという。私も乏しい英米法の知識をもとに，少しでも議論に参画しようとした記憶がある。

そこで何を学び得たというものでもない。ただ私にとっては，あの薄暗い廊下の冷たいソファーで過ごした時間が，大学の，あるいは学問の「原風景」である。

ちなみにあのときに集っていたほかの学生2人は，のちに研究者になった。そ

---

[32] 筆者自身では，拙著『介護事故の法政策と保険政策』（法律文化社，2011年）や『個人年金保険の研究』（法律文化社，2015年）でその一端を試みたことがある。

[33] 柄谷行人編『近代日本の批評 Ⅲ 明治・大正篇』（講談社，1992年）299-301頁。

[34] 廣瀬教授自身，この点についての問題意識を持ち続けている。廣瀬久和「民法改正案「定型約款」規定についての覚書(1)」『青山法務研究論集』13号（2017年）159-179頁。

れも民法や消費者法とはまったく異なる領域で，それぞれ活躍している。

　遅れて私も研究者になり，しかもやはり民法や消費者法とはまったく異なる領域を専門としてやってきた――つもりでいた。しかしあれから四半世紀以上，まるでお釈迦様の掌中のように，実は廣瀬先生の中間的条項論の周囲をぐるぐる歩き回っているだけであったことに，今回気がついた。

27 医療安全に向けた医療事故調査制度の創設
──医と法の協働──

畑 中 綾 子

Ⅰ 日本における医療事故調査制度の発足
Ⅱ 医療事故調査制度の運用
Ⅲ 刑事責任に対する医療者の反応
Ⅳ 行政処分の強化
Ⅴ 医療事故調査の資料の訴訟利用
Ⅵ ま と め

Ⅰ 日本における医療事故調査制度の発足

2015年10月に日本において「医療事故調査制度」が開始された。およそ15年の議論と政治的な経緯を経ての法制化であった。2018年3月に,日本医療安全調査機構は「医療事故調査・支援センター平成29年（2017）年報〈事業報告〉」を発行し,開始から2年3か月での活動と運用実績を公表した。それによれば,医療事故調査・支援センターは,相談の実績は累計4,261件,医療事故発生報告が857件,そのうち6割で院内調査が終了し,547件の報告書がセンターへ集積された。

また,病院等の管理者又は遺族からの依頼によりセンターが行うセンター調査は58件となり,うち2件でセンター調査報告書が交付された。

制度開始当初は,年間1,300から2,000件の報告件数を予測していたことに比べると,その数は3分の1程度に留まり,制度の認知度や運用状況に対する課題はある。本稿では,医療事故調査制度の創設過程での議論や開始2年間の実施状況をもとに,今後の制度の発展につながるような医療と司法の協働を模索することを目的とする。

II 医療事故調査制度の運用

1 概　要

2013年5月に「『医療事故に係る調査の仕組み等に関する基本的なあり方』について」が取りまとめられ，これに沿って2014年6月18日に医療事故調査制度の創設を含む医療介護総合確保法が成立した。医療事故調査制度は，改正医療法6条の11において「病院等の管理者は，医療事故が発生した場合には，厚生労働省令で定めるところにより，速やかにその原因を明らかにするために必要な調査を行わなければならない」として規定される。

調査の流れは次のとおりである。
① 医療機関の管理者が，患者の死亡事例が発生した場合に調査の対象とすべき「医療事故」に該当するかの判断を行う。
② 「医療事故」に該当すると判断された場合には，遺族へ説明するとともに，医療事故調査・支援センターに報告する。

図1　医療事故調査制度の流れ

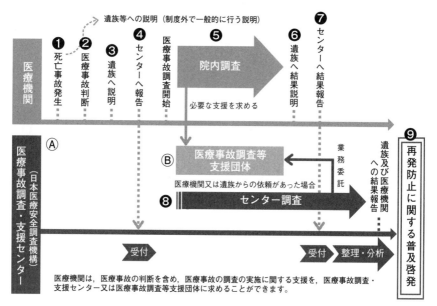

（医療安全調査機構（医療事故調査・支援センター）HPより）

③ 院内で医療事故調査を行い，その結果を遺族に説明し，センターへ報告する。

また，医療機関が「医療事故」としてセンターに報告した場合には，医療機関又は遺族からの依頼によってセンターが調査を実施することができ，センターが調査した場合には，センターは医療機関及び遺族へ調査結果を報告する。

本制度では，医療事故が発生した医療機関にて院内調査を基本とし，センターはその調査報告を収集・分析することで再発防止につなげる役割を持つ。

医療事故の発生報告から，院内調査を終了し最終報告までにかかった期間は2016年は中央値146日（平均145.2日），2017年中央値209日（平均222.1日）と長期化の傾向にある（報告書17頁，図14）。事故発生報告から院内調査結果報告までに12か月以上を要した理由（対象件数94件）では，「遺族への調査結果の説明やその後の対応に時間を要した」（26件），次いで「外部委員の派遣までに時間を要した」（25件）となり，手続的な課題も見える（報告書18頁，図16）。

センター調査は院内調査報告の累計件数547件のうち，1割程度となる58件であった（内訳：2016年19件，2017年39件）。うち遺族からの依頼は2016年13件（68.4％），2017年32件（82.1％）となっている。遺族がセンター調査を依頼する理由はほぼ院内調査結果に納得できないとするものである（報告書22頁，図24）。

2 報告対象

報告対象は，「医療従事者が提供した医療に起因し，又は起因すると疑われる死亡又は死産」であり，かつ「当該管理者が当該死亡又は死産を予期しなかったもの」とされる（医療法第6条の10）。

図2 医療事故報告制度の対象（厚生労働省）

	医療に起因し，又は起因すると疑われる死亡又は死産	先に該当しない死亡又は死産
管理者が予期しなかったもの	制度の対象事案	
管理者が予期したもの		

Ⅲ 市場行動法等

　この「予期しなかった」事例の解釈については，管理者が想定もしていなかったことを指すとすれば，合併症や副作用はある程度は予期されるために対象外とも解釈できること，何を想定するかは医療者の経験や技量によりその範囲や解釈が異なるといった問題を含むとして批判もある。

　本制度ができる以前に検討されていた平成 20 年「医療安全調査委員会設置法案（仮称）大綱案」（以下，大綱案）では，①「誤った医療行為による死亡」と，②「予期しなかった死亡」の 2 つが挙げられており，一部の医療関係者からは，大綱案で対象となった過誤類型が明確に削除されたという意見や，「予期しない」事例を解釈すると医療機関内部で起こったことは大抵のことは管理者が予期できるものであるとして，対象範囲を狭く解することができるとする議論もみられた。

　たしかに「予期しない」事故とはどういうものが含まれるか不明確であるという指摘はもっともであるが，「予期しない」範囲が狭く，誤った医療が明確に報告対象から外れたとの指摘は，これまでの医療事故調査の経緯，法解釈，あるいは医療事故調査制度の趣旨からしても見当違いのように思われる。「予期しない」事例の中に医療関係者に過失があった事例も当然に含むものであり，また，管理者の恣意的な解釈を許すものでは当然ないからである。

　むしろ課題は医療事故には，回復可能であったが場合によっては死に至るような重要な事例や，死には至らなくとも重大な後遺症が残るような事例もあるが，本制度では死亡事例に限っているため，これら事例が対象外となることである。どのような事例を報告するかを管理者が迷うケースも多く存在していることも予測できる。患者死亡から医療事故の発生報告までの期間が，2016 年の中央値 21 日（平均 36.2 日）に対し，2017 年の中央値 28 日（平均 57.2 日）で，6 カ月以上かかった事例が 2016 年 2.5 ％に対し 2017 年 6.5 ％（報告書 16 頁，図 11）と期間が延長している傾向がある。このことは管理者が報告すべきケースかどうかの判断に迷っていることが推測される。また，医療事故の発生報告から院内事故調査報告書の提出までの期間が 1 カ月未満を切るケースは，2016 年 26 件，2017 年 19 件（報告書 17 頁，図 14）あった。極めて短期間で報告書が提出されたケースもあると思われるが，最短が 0 日といったケースもあり，これらは報告すべきか迷いながらも院内事故調査が進められ，その結果，発生報告とほぼ同時に院内調査結果が出されたものといえる。

制度対象の拡大，すなわち管理者が「予期した死」，医療に関連した死亡以外の死，あるいは死亡に至らなかったケースまでを対象にするかは，運用にかかる人材や予算，現場との協調と理解もあり，今後の課題である。また，報告すべきかどうかについて管理者が判断に迷うという点は，医療事故調査報告書がその後どのように利用されるか，の懸念について考える必要がある。

III 刑事責任に対する医療者の反応

1 刑事免責の要求

医療事故や医療安全への注目は1999年に相次いで起きた大病院での医療事故の報道が大きなターニングポイントとなった[1]。1999年1月に横浜市立大学病院で肺と心臓の患者を取り違えて手術する事件が起き，同年2月に東京都立広尾病院で看護師が消毒液とヘパリン加生理食塩水を取り違えて静脈内に投与した患者が死亡する事件が起きた。両事件を契機に，医療安全神話の崩壊ととりあげるメディア報道が激増し，医療事故や医療安全に対する社会的関心が集まった。両事件では，事件に関与した医療関係者が業務上過失致死罪で刑事起訴されるとともに，都立広尾病院事件では，医師法21条の異状死届出義務違反により，医師が逮捕・起訴された。これを機に，医師法21条に基づく警察への異状死届出が増加するとともに，医療事故への警察介入に対する様々な議論がなされるようになった。

さらに2006年福島県立大野病院事件において，胎盤剥離の手術中に妊婦が死亡した事件で，医師が逮捕・起訴された事件を受けて，医療事故の刑事事件化が医療者にとって大きな脅威であり，司法と分離されなければ医療の委縮が起き，社会全体に負の影響を与えるとの議論が起きた。例えば，小松秀樹医師の『医療崩壊』[2]では，「裁判官や検察官を含めた司法の論理と活動が，医療を危機的状況に追い込んでいることは間違いない。このままずるずると医療が崩壊していくとなると，司法が医療に悪い影響を与えたことになる。」とし，刑事責任が医療者にとって過剰，不当な攻撃として捉えられた。そして過失によ

---

[1] 同時期の1999年にアメリカのInstitute of Medicineが発表した報告書 "To Err Is Human" は，人の注意力に依存した安全管理の限界を指摘し，その後の医療安全の考え方に大きな影響を与えた。

[2] 小松秀樹『医療崩壊――「立ち去り型サボタージュ」とは何か』(朝日新聞社，2006年)。

る医療行為については，刑事責任を問わない刑事免責導入をすべきとの主張がなされた。

　刑法210条は業務上過失致死傷罪を規定する。この規定は社会生活において他人に危害を加えるおそれのある行為を反復しておこなう場合に，過失致死罪よりも重く処罰される規定であり，医療事故など医療者の過失により患者が死亡した場合にも適用される。しかし，医療には救急医療など常に死と隣り合わせの分野もある。先の福島県立大野病院事件を契機に，刑事責任が課されることに医療界から大きな反発が巻き起こった。その内容は，高度な専門技術が要求される治療の中には，結果から振り返ってみれば，他のなしうる方法などがあったかもしれないが，その時点で最善を尽くした医療者に対して，結果的な過失論を持ち込み，刑事責任の対象とすることは不当であるとの点である。そして，医療分野に限っては，重過失に相当するものに業務上過失致死罪の適用は限定されるべきであるという主張が医療者からなされ，また法律家からもそのような可能性に言及するものもみられる。例えば，「医療事故の再発防止の観点から医療事故における軽過失を刑事免責し，故意・重過失のみを刑事責任の対象とすることが考えられてよいのではないか」との意見である[3]。立法政策上はもちろん可能である。但し，ここでなぜ医療事故だけが特別なのか，という点での疑問もある。米国では業務上過失致死に相当する刑事責任の適用は，重過失の場合に限定されるが，その適用分野が医療に限定されてはいない。社会生活における専門技術の中で，医療だけが特別高度な技術とは必ずしもいえないだろうし，医療の隣接領域があることも考えると，医療事故に限定せず，業務上過失致死罪そのものの存在意義を検討すべきともいえる。

2　異状死届出

　医師法21条では医療機関による異状死届出が規定される。1999年の都立広尾病院事件では，この医師法21条違反で医師らが起訴された。しかし，この届出が刑事捜査の端緒ともなることから，自己負罪拒否特権を定めた憲法に反するのではないかが問題となった。この点，最高裁平成16年4月13日判決は，憲法違反を否定した。

---

(3)　宮澤潤「医療事故調は紛争の解決ツールとなりうるか」法律のひろば2014. 11, 22頁。

広尾病院事件および上記判決以降，警察届出は急増し，事件と判決の影響を示す結果となった一方で，この結論に対する医療界からの反発も根強かった。そこで，大綱案では医師法21条を廃止し，それに代わり，事故調査組織から刑事責任にあたる可能性があるものについては，警察に通知する制度を考えていた。しかしながら，それでは事故原因究明を行う組織が刑事責任追及の判断も同時に行うことになり，真の原因究明を行うことができないとして反対の声があがった。そこで医療法改正では，第三者機関からは警察への通知は行わず，従来どおり，医師法21条は存置されることで決着した。

　現行では，医師法21条は存置され，医療機関から異状死届出はなされることを原則とする。医療事故調査機関からは警察への通知等はなんら行わない。ただし，患者遺族から被害届が出されるなどで，警察が介入する場合もあるから，警察との関係が絶たれるわけではない。もちろん，警察への通知がなされて何らかの捜査が開始されても，それがすぐに刑事責任につながるわけではない。司法関係者からすると，警察による捜査が開始されたところで，刑事訴訟にまで発展するとは限らないのであり，それほど恐れることではないと考えていたのではないか。一方で医療者にとって，医療現場に警察官がやってきて事情を問うこと，それ自体がもうすでに相当な負担であり，介入と捉えている節がある。司法関係者からすれば恐れず淡々と警察に異状死を届け出ればよいという感覚があったのに対し，医療者にとっては警察に届け出ることにより起こりうる次の事態を司法関係者よりも，敏感に感じていた。この感覚の違いが異状死届出に関する，あるいは医療事故調査制度の創設をめぐる医療と司法の対話におけるすれ違いを生んだと考える。

　医師法21条については，もともとの立法経緯として明治期の行政警察機能と保健所機能が未分化のままの時代に創設され，広汎な死因調査と捜査の端緒という2つの機能を同時に背負っており時代にそぐわない制度として捉えることもできること[4]，また警察の人員や専門的知識という資源の点[5]から，法解釈上届出範囲をかなり限定することも可能である。現時点では，医師法21条

---

[4]　児玉安司「医療安全・医療紛争の10年をふりかえって」岩田太編『患者の権利と医療の安全』（ミネルヴァ書房，2011年）355-356頁。

[5]　詳細は，畔柳達雄『医療と法の交錯――医療倫理・医療紛争の解決』（商事法務，2012年）290-293頁。

は存置され，医療機関との関係も従来どおりとされたが，今後の事故調査制度の行方次第では，医師法21条の法改正あるいは運用上での変更がなされていく可能性もありうる。

3 届出・立件数の推移

警察庁のまとめによれば，1999年に41件であった医療事故関係の警察届出の件数は，年々増加し，2007年には246件となった。その後は減少傾向となり，2015年に65件，2016年に68件と2けた台にとどまった。立件送致数は，1999年に10件から増加傾向となり2006年に98件となった。その後いったん横ばいあるいは減少傾向となり，2011年には54件となった。2012年に93件と再び増加に転じたが，再び減少傾向となり，2015年および2016年の2年間では43件となった[6]。

警察報告や立件数の減少傾向には，医療事故報告制度に向けた議論の過程で，患者や患者遺族との対話の重要性や院内事故調査の整備などすすめられたことがあるのではないかと考えられる。また，2014年，2015年において立件数が抑えられている背景に，2015年10月からの医療事故調査制度の開始により，刑事捜査によって原因究明や責任追及を行うことの必要性が薄くなってきたことが反映された結果とも捉えられる。

立件後の起訴数，さらに刑事処罰の件数となるとより限定される。立件後の起訴率は，10～20％で，大部分は不起訴処分となっている。医師・看護師に対する医療行為を問題とする刑事処罰の件数は2005年43件をピークにその後激減し，2009年3件，2010年4件，2011年1件であった[7]。起訴裁量をもつ検察が医療事故の起訴に慎重になっていると考えられる。

---

(6) https://www.m3.com/open/iryoIshin/article/510721/
(7) 飯田英男『刑事医療過誤Ⅲ』（信山社，2012年）24頁。

図3 医療関係の警察届出数と立件数の推移

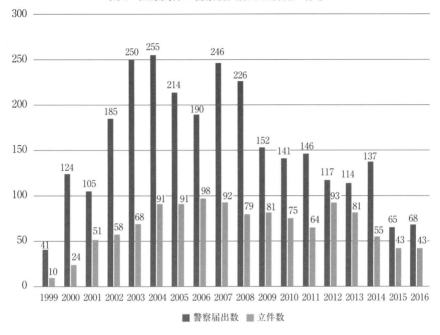

IV 行政処分の強化

　一方，法学関係者からは，刑事訴訟手続が，医療の専門家による責任追及のプロセスではないとの批判は受け止めるとしても，医療事故における他の原因究明・制裁システムの機能不全があり，そのことにより日本において医療事故の解決を刑事捜査に依存する体制がつくられたとの主張がある[8]。

　医師の免許に関する行政処分の数は，日本全体で年間100件に満たない。その内訳も，殺人やわいせつ，薬物などの刑事事件を起こした医師に対する医師免許の剥奪や，その多くは保険診療の詐欺によるもので，医療過誤などの医師の手技や能力に起因する処分はほとんどなかった。

　これに対し，米国では医師免許は州ごとに管理され，処分数にも大きな違いがある。例えば，ニューヨーク州では保健省のOPMC（Office of Professional

---

[8] ロバート・B・レフラー（三瀬朋子訳）「医療安全と法の日米比較」ジュリスト1323号（2006年）8-19頁。

Ⅲ　市場行動法等

Medical Conduct）という部局により医師免許が管理されている。この OPMC には年間 7,000 件ほどの訴え（complaints）がなされ[9]，うち約 50％は患者や家族からを含む一般（Public）から寄せられる。ニューヨーク州内だけで年間約 380 件（2011 年から 2013 年の 3 年間の平均）の最終的な処分が医師に下され，うち 75％にあたる平均 287 件が，免許取消や停止を含む処分の対象となる。

そこで，日本において行政処分をより充実させることで，刑事事件化を回避するための制度改革がなされた。例えば，医道審議会医道分科会は，2002 年に「医師及び歯科医師に対する行政処分の考え方について」に基づき，「国民の医療に対する信頼確保に資するため，刑事事件とならなかった医療過誤についても，医療を提供する体制や行為時点における医療の水準などに照らして，明白な注意義務違反が認められる場合などについては，処分の対象として取り扱う」として，必要な場合は行政処分の対象にする方針を打ち出した[10]。但し，刑事事件とならなかった医療過誤について，処分を行った事例は現時点で極めて限られている。

医道審議会で行政処分がなされた件数および，そのうち医療過誤などの事案にあたるケースについての推移は以下のようになっている。

図 4　医師・歯科医師の行政処分数と業務上過失致死傷（主に医療）での処分数

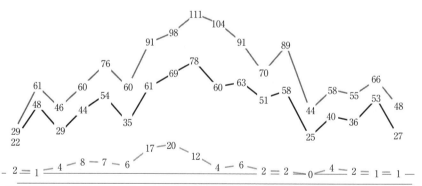

（厚生労働省医道審議会 2004 年資料[11]，2010 年資料，および医道審議会の議事要旨をもとに筆者が作成

※ 1999年から2004年，2006年から2010年までについては，業務上過失致死傷罪のうち医療に関するものだけを明示したデータが出されていたが，2005年および2011年から2016年までの数は，医道審議会の報告のうち，業務過失致死傷罪の件数を抜き出したものである。2015年以降から交通事故に関する過失致死傷は，危険運転致死傷罪に独立して規定されるため，基本的には医療関係の事案数と推測できる。

　医師および歯科医師の行政処分数は，2005年から2007年にかけて一気に数が増え，2007年は111件（うち医師78名）となり，それを境に，2011年に少し揺り戻しもあるが，全体として減少してきている。医療に関する業務上過失致死傷罪を理由とする処分とみられる数[12]は，同じく2005年に一気に増え，2006年に20件と最大となったが，それ以降減少し，2008年には2004年以前と同様の一桁台となっている。また，2015年，2016年では，いずれも1件となっている。

　行政処分を刑事処分の後追いとせずに，個別に運用することで，医療者の自浄作用としての仕組みを実現し，これにより刑事手続と医療行為を切り離すことを目指すとされていた。しかし，現在，数字からみると，行政処分の機能強化が実現しているようには見えない。ある事案について，処分が下されるまでは1年以上かかるケースもあり，医療事故調査制度との関連は現時点でははっきりしないが，少なくとも現在の医道審議会における行政処分は，医療事故や医療安全に関する事案について単独で行政処分を行うとする体制はない。

　むしろ，刑事責任が問われた事案についての後追いとしての姿勢が見られる。平成27年9月30日改正として出された医道審議会医道分科会『医師及び歯科医師に対する行政処分の考え方について』[13]で，以下のように示されてい

---

(9) 直近の2011年から2013年の3年間での年間の訴え（complaints）数の平均は，7,395件であった。（New York State Department of Health, "Board for Professional Medical Conduct 2011 - 2013 REPORT" による。）

(10) 処分の内容としても，医師の再教育により技術の向上と復帰を目指す取り組みも導入されている。

(11) http://www.mhlw.go.jp/shingi/2005/08/s0811-2f.html　http://www.wam.go.jp/wamappl/bb13GS40.nsf/0/edd55fa0a27d07d24925705b00244aa7/$FILE/betten.pdf

(12) この業務上過失致死傷罪による処分件数は，医師・歯科医師を含む数であるが，歯科医師の業務上過失致死傷罪による処分件数は，毎年ほぼゼロであり，基本的には医師の処分数が主である。

Ⅲ 市場行動法等

る。医療過誤に関する,「行政処分の程度は,基本的には司法処分の量刑などを参考に決定するが,明らかな過失による医療過誤や繰り返し行われた過失など,医師,歯科医師として通常求められる注意義務が欠けているという事案については,重めの処分とする。」この「行政処分の程度は,基本的には司法処分の量刑などを参考に決定する」との方針は,医療過誤により刑事責任が追及されたケースについて,行政処分が後から医師免許に関する処分を決めるという態度を示している。

　日本において行政処分が拡充できないという点は,組織の規模や仕組みの違いという点が大きい。現在,日本における医道審議会の開催は年2,3回であり,ニューヨーク州のOPMCが月2回の調査委員会を開催していることに比べると頻度に大きな違いがある。また,OPMCのもとに置かれる委員会:BPMC (Board of Professional Medical Conduct) の委員は200名で,うち35領域にまたがる医師120名で構成されるのに対し,日本の医道審議会は30人以内で構成されるなど,組織的規模の違いもある[14]。また,法的な面での決定的な違いは調査権限の行使が認められているかの点もある。日本の医道審議会は,現在,医師法第7条の3により法律上は調査権限があり,刑事訴訟と並行して調査を行うことが可能である。しかしながら,医道審議会による事実認定と刑事での事実認定の内容に違いが生じることが好ましくないとの判断から,重大な刑事責任が問われた医師について後追い的に行政処分を行うことが多く,行政庁が独自に調査権限を行使することはなかった。そもそも,2006年の医師法改正までは,罰則により担保された調査の権限(間接調査権限)は医師法に存在していなかった[15]。日本の行政法規において,行政庁が一定の行政分野において監督処分を行う権限を有する場合,その前提として,間接強制調査権限を行政庁に付与するのが一般的であることからすると,2006年まで医師法に間接調査権限の規定がなかったことはきわめて異例[16]とされる。

---

[13]　医道審議会医道分科会「医師及び歯科医師に対する行政処分の考え方について」。http://www.mhlw.go.jp/file/05-Shingikai-10803000-Iseikyoku-Ijika/0000099469.pdf

[14]　畑中綾子「医療事故情報システムの機能要件——米国の不法行為改革との連関に着目して」社会技術研究論文集 Vol. 2, 203-302 (2004年)。

[15]　これらの経緯については,宇賀克也「行政処分の現況」樋口範雄・岩田太編『生命倫理と法Ⅱ』(弘文堂,2007年) 253頁以下。

[16]　宇賀克也「医療事故の原因究明・再発防止と行政処分」ジュリスト1396号18頁

V 医療事故調査の資料の訴訟利用

1 刑事訴訟における利用

　医療事故調査により得られた資料を訴訟で利用できるかの点につき，医療関係者からは「医療事故調査で得られた資料のうち，とくに関係者の証言部分については，刑事裁判の証拠にできないことを刑事訴訟法等に定める」ことも提案される。

　すでに我が国において事故調査と刑事捜査の関係が議論されてきた航空事故調査の取り扱いをみてみると，事故調査過程での関係者の証言と刑事捜査と運用上切り離されている。すなわち，航空鉄道事故調査法第15条4項には，事故調査は「犯罪捜査のために認められたものと解釈してはならない」とされ，これら規定などから事故調査組織は，報告書の範疇までしか捜査機関および検察には情報を提供しないのが実情であるというのである。すなわち，個別の証言などを捜査機関に提供することはない[17]。

　また，事故報告書を刑事手続きで利用できるかの点で，憲法38条の自己負罪拒否特権に抵触する可能性があり刑事政策上利用できるとすべきではないとの見解や，伝聞証拠の禁止にあたりそのまま証拠採用はできないとする見解もあるが，実務上は，その客観的証拠能力の高さや成立の真正が確保されていることから鑑定書に準ずるものとして証拠採用を認めているようである。

　但し，これは運輸局の行う航空事故調査報告書が高度な専門性と第三者性を兼ね備えているからであり，医療事故で問題となる院内事故調査報告書については，先の刑事政策上の理由および伝聞証拠の禁止の議論にあてはまり証拠採用はできないという判断も可能である。この場合，刑事捜査機関には別途に捜査が求められることとなる。

　事故調査制度が整っても，刑事捜査がなくなるわけではないとすると，事故調査と刑事捜査のどちらが優先するかの点も問題となる。例えば，事故調査で集めた資料を，刑事捜査の目的ですべて取り上げられるとすれば，事故調査が十分できず真相解明に時間がかかるだけではなく，責任追及を恐れて関係者が

(2010年)。

[17] 服部健吾「事故調査における情報の取り扱いをめぐって～日米の航空事故調査を素材に」社会技術研究論文集 Vol.1（社会技術研究会，2003年）188-197頁。

Ⅲ 市場行動法等

事故に関係する情報を出さなくなるおそれがあるからである。

この点、一部の医療関係者から、「刑事訴訟法を改正し、事故調査が刑事捜査に優先することを明記すべき。または事故調査を刑事捜査に先行させる（事故調調査中の刑事介入の原則見合わせ）との合意を検察庁・法務省などと文書で取り付ける」という提案もなされている。この点、別の医療団体からは「他分野の事故調査委員会においても、事故調査中の刑事介入の原則見合わせを合意している例はない」「警察・検察が自主的に捜査訴追をすることを法的に規制することは難しい」との回答がなされてり、刑事捜査への一定の理解はみられる。一方で、そのような試みがなされることは望ましいとの意見や、むしろ事故調査が刑事捜査に優先させることは当然との意見もある。

航空鉄道事故調査の分野では、事故調査と捜査機関の捜査が競合する場合について、委員会はあらかじめ捜査機関の意見をきき、捜査に支障をきたさないとする覚書があり、実際の運用でも捜査の実施が優先される。しかし、この覚書では、調査委員会から捜査機関に対し協力の要請があった場合には、捜査機関は支障のない限りそれに協力するものとされている。そして犯罪捜査が行われる場合にも、委員会の調査に時間的、手続き的な配慮が十分なされており、調査に支障を生じたことはないとの回答もなされているようである[18]。

現在のところ、医療事故調査報告書に関し、刑事訴訟の証拠として利用されることを制限することはできず、また、事故調査と刑事捜査が競合した場合には、刑事捜査が優先される。しかし、医療事故調査制度が社会における公益的な位置づけで行われることが認知されれば航空鉄道事故調査で行われるような刑事捜査と事故調査の間の調整を行うことも十分考えられる。

2　民事訴訟

制度創設に向けた議論の当初、事故調査報告書は遺族に書面で提供することを予定していた。しかし、最終的に改正医療法では、病院等の管理者は、遺族に対し厚生労働省令で定める事項を説明しなければならない（第6条の11）とし、その中身を定めた通知で、「遺族への説明については、口頭（説明内容をカルテに記載）又は書面（報告書又は説明用の資料）若しくはその双方の適切な方

---

[18]　詳細は、川出敏裕「事故調査と法的責任の追及」ジュリスト1245号（2003年）59頁。

法により行う」こと,「調査の目的・結果について,遺族が希望する方法で説明するよう努めなければならない」とした。すなわち,報告書を書面で遺族に渡さない可能性も残し,遺族の希望する方法での提供も努力義務にとどめた。これは一部の医療関係者から報告書が民事訴訟で利用される可能性があることを懸念する声に配慮したものである。

この点,事故調査制度は原因究明と再発防止を目的とし,医療従事者のみならず,医療行為の一方当事者である患者や患者遺族のためにも行われていることを忘れてはならず,報告書そのものを交付すべき,と強く主張される[19]。また調査を行った結果,それが医療機関にとって大きな失敗が背後にあったとすれば,なおさらその事実はわかりやすく書面の形で遺族に渡されるべきであると思われる。

さらに,すでに係争中となった事案について,センター調査が行われるべきか,係争中となった時点で,センター調査は控えるべきであるかが問題となった。2017年1月末までにセンター調査の対象となったのは21例[20]あり,そのうち2件が係争中の事案となったからである。

この点,全国医学部長病院長会議が2016年9月に,日本医療安全調査機構に対し,「係争の手段として行われる事象は全て,今回の法の埒外にて処理すべき」と申し入れるなど,民事裁判などで,医療事故調査制度で作成された報告書が活用される懸念が表明された。

これに対し,2017年1月末の医療事故調査・支援事業運営委員会でセンター調査は民事訴訟などの係争中の事案についても対応することが決定された。また,民事訴訟で裁判所などから意見や調査報告書の提出などを求められた場合,事例によって医療事故調査・支援センターとして応じることも決定された。

では,院内調査報告書やセンター調査の報告書が作成された場合で,遺族により民事訴訟が提起された場合の訴訟資料として調査報告書および内部資料が利用されるか。この点,米国連邦法である患者の安全と質向上のための法律(Patient Safety and Quality Improvement Act of 2005)は,病院内で収集した事故情報を,刑事・民事・行政などいかなる責任追及の場にも利用できない旨規定する。そこで,日本においても事故報告書の訴訟利用を制限すべきではない

---

[19] 宮澤前掲論文21頁。
[20] 2017年1月3日第2回医療事故調査・支援事業運営委員会での報告。

Ⅲ 市場行動法等

かとの議論が医療者を中心に展開された。

事故調査報告書が民事訴訟で利用されるかについては，事故報告書が証拠保全（民事訴訟法234条），文書提出命令（民事訴訟法220-225条）の対象になるかの問題となる。

証拠保全は，証拠調べが必要となる証拠について，改ざんなどでその証拠の使用が後に困難になるおそれがあるとき，証拠資料を保全する申立てを裁判所になすことができる（民事訴訟法234条）。医療機関の事故報告書・インシデント情報について，原告弁護士の証拠保全手続によって，提出されたケースもまれではあるが存在するようである[21]。ただ，証拠保全決定自体が文書の提出について強制力をもつわけではない。そこで，被告である医療機関が任意に提出しなければ，文書提出命令の申立てをなすことを要する。

そこで，事故調査報告書を，訴訟で患者が入手できるかについては，これら

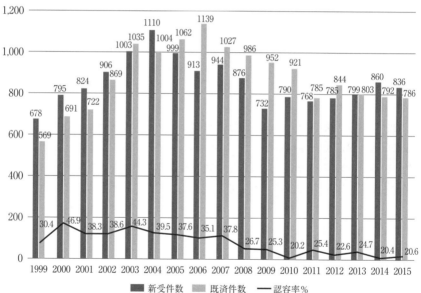

図5　医療関係訴訟数と認容率の推移

（最高裁HP「医事関係訴訟に関する統計」より筆者作成[22]）

[21] ロバート・B・レフラー（三瀬朋子訳）「医療事故に対する日米の対応　患者の安全と公的責任の相克」判例タイムズ1133号（2003年）24頁。

事故報告書が，文書提出義務の対象たる文書にあたるか，が問題となる。

民事訴訟上の事故調査報告書の証拠制限については，客観的な事実経過を前提とし委員会の議論を経て最終的な提言となった最終報告提言部分と，関係者の事情聴取などの含まれる部分を分けて，前者は民事訴訟手続き上の文書提出命令の対象となるが，後者については自己文書にあたり提出の対象とならないとした判決（東京高判平成15年7月15日判決判時1842号57頁）もある。

日米の訴訟利用制限に関する規定の違いは，日米間の訴訟数や訴訟運用の違いが背景にある。

日本では年間の医療過誤訴訟数は700〜800件程度である。これに対し，米国では，50,000-160,000件との推計がある[23]。さらに米国の民事裁判において陪審員が極めて高額な賠償金を認容する場合があること，弁護士の出来高払い制により，賠償額が高額になりやすいことがある。米国の医療過誤訴訟の1件あたりの平均賠償額は2009〜2014年には35万3,000ドル（約3,883万円）との報告がある[24]。日本では医療過誤訴訟全体の平均は2000万円を下回るとの報告がある[25]。米国においても現在は賠償額制限の州法が置かれ，最終的な

---

[22] http://www.courts.go.jp/saikosai/iinkai/izikankei/index.html#iji06

[23] J. Mark Ramseyer "Second-Best Justice", The University of Chicago Press (2015) 73頁では，少ない方の見積もりで年間50,000〜60,000件で支払額は総額58億ドル (Mello and Studdert, "The Medical Malpractice System :Structure and Performance." In Sage and Kersh "Medical Malpractice and the U.S. Health Care System." Cambridge University Press (2006))，多い方の見積もりで年間156,000件総額287億ドル (AON, "AON: Hospital Professional Liability and Physician Liability Benchmark Study Predicts Continued Loss Cost Increases in 2004" (2004)) とのデータを紹介する。
　また，1996年次の日米の医療過誤訴訟数を比較したものとして，日本の新受件数581件，判決および裁判上の和解を含む既済事件432件であるのに対し，米国連邦最高裁判所での新受件数1,330件，既済事件1,344件および米国の大規模75群の州第一審裁判所で事実審理を経て終了したものが1,201件であった。州裁判所の既済事件の全統計はないものの，通常，事実審理を経ることなく終結することを考え合わせると15,000件は下らないとの調査がある（伊澤純「医療過誤訴訟における医師の説明義務違反（5・完）」成蹊法学68号（2002年）137頁）。

[24] Adam C. Schaffer, et al,. "Rates and Characteristics of Paid Malpractice Claims Among US Physicians by Specialty, 1992-2014" JAMA Intern Med. Published online March 27, 2017. doi: 10. 1001/jamainternmed. 2017. 0311
　http://jamanetwork.com/journals/jamainternalmedicine/article-abstract/2612118

[25] 越後純子「損害賠償額からみた医療訴訟の動向」日本医療・病院管理学会誌 vol. 50 (2013 Supplement)。

Ⅲ 市場行動法等

賠償額はそれほど高額ではないとの研究もある[26]。しかしながら，日本をはるかに上回る訴訟数にあって，少数でも高額の賠償金支払いの可能性をもっている米国では，事故報告した情報が外部に漏れることに対し，医療機関から反対する要素が強かったという事情がある。

日本では，報告内容の利用制限について，制定法により明確に規定されているわけではなく，現場での運用と裁判所の判断により個別の対応がなされているのが現状である。しかし，米国の陪審制に比較し，日本の訴訟は，職業裁判官のもと賠償額の予見可能性がたつという特徴がある。訴訟上の取り扱いについては，裁判官の裁量事項であるが，裁判官も事故調査制度の原因究明活動の重要性は十分に認識しているはずである。それ以前に，患者に文書での回答を行わないことや，文書の証拠制限契約をしておくなどの対応を行い，十分な情報の提供を行わないほうが，事故調査制度の意義を低減させてしまうのではないかと考える。

3 報告書のガイドライン整備

医療者中心に取りまとめられた報告書はどのような特徴をもつのか。一般的には，院内報告書は同僚をかばうような報告書が書かれるようなイメージがあるが，むしろ，担当の医師や看護師に対し，「もっとこうすべきではなかったか」「なぜこうしなかったのか」などの事後的な指摘を伴う傾向が強いものがある[27]。それは，医療現場が普段から批判的な議論や考察を行う中で方針を決

---

[26] Kara M. McCarthy, Doing Time for Clinical Crime: The Prosecution of Incompetent Physicians as an Additional Mechanism to Assure Quality Health Care, 28 Seton Hall L. Rev. 581 (1997).

[27] 医療事故調査制度の前身ともいえる死因究明モデル事業の中で，2007年に筆者らが調査報告書の評価と表現に関し，調査したところ，死亡結果を回避できる別の手段が存在したかどうかという事実評価の問題について，その手段をとるべきであったか否かという規範的評価が行われているような表現を用いているものがあった。例えば，止血不良による出血性ショックの事例では，「（依頼医療機関の特別症例検討委員会が）縫合すべきであったかもしれないと述べるが同意見である」とし，縫合という別の選択肢をとるべきとするものである。また，別の出血性ショックの事例では，手術の中断や，集中的な輸血・輸液，昇圧薬投与の増量など別の手段をとるべきであったのではないかと述べるものもあった。城山英明・武市尚子・畑中綾子・川出敏裕『厚生労働科学研究費補助金（厚生労働科学特別研究事業）分担研究報告書・医療関連死の調査分析に係る研究——（H18-医療-）』「医療行為に関連した死亡の調査分析モデル事業の法制度と運

656

めていく文化にさらされているからであると考えられる。福島県立大野病院事件においても事故報告書[28]が作成され,「出血は,子宮摘出に進むべきところを,癒着胎盤を剥離し止血に進んだためである。胎盤剥離操作は十分な血液の到着を待ってから行うべきであった。」との記載が,司法サイドに法的な意味での単純な過失が認められると捉えられた可能性がある。

事故調査および調査報告書の作成は,医療機関が日常的に行うものではなく,医療者は,調査報告書にどこまでの内容を書き込むべきなのか,苦慮している状況がある。そこで,司法の役割として,医学的評価としての報告書が訴訟という法的判断枠組みにおいてどのように扱われるかという医療者の疑問に応えるべく,ガイドラインの整備や統一化に積極的に参加していく必要がある。

実際には,医学的評価と法的評価は部分的に重なり合うことは避けられない。しかし,医療事故調査あくまでも医学的評価としてできるだけ客観的な記述にとどめるべきであり,安易に別の手段をとるべきであったなどの記述になることがないよう努めるべきである。

但し,事故調査報告書等が裁判等で利用されることは,必ずしも医療機関にとって不利な材料になることを示すものではない。むしろ,医療の正当性を示す根拠ともなりうる。また,第三者機関にも報告された上で行われる事故調査,およびこの結果について記述された調査報告書は,訴訟において鑑定結果に準ずる位置づけを与えられるものと考えられる。このことは,当事者が最初から鑑定人を探すという時間的手間を省き,また,訴訟において大切なポイントを整理する争点整理としての役割を果たすとも考えられる。

4 過失責任主義との調和

医療事故調査制度の創設の過程で,医療者の個人の責任を問わないことが強調されてきた。医療行為は高度かつ複雑な技術であること,医療事故が起きるまでの過程は医師の個人の責任には帰責できない組織やシステムの問題に起因するというのが大きな理由である。

しかし,この主張が事故調査は個人の責任を追及しないとの姿勢を超えて,

用に関する研究」)(2007年3月)。
[28] 県立大野病院医療事故調査委員会「報告書県立大野病院医療事故について」(平成17年3月22日)。

Ⅲ　市場行動法等

医療者の主張が我が国の民事責任および刑事責任の定める過失責任主義への批判にも結びついているようにもみえ，そのような態度は過失責任主義との対立がある。

　まず，刑事責任の関係では，医療過誤事件からの刑事責任が撤退することにつき，他の業務上過失致死傷罪との関係で，合理的な説明ができるのかの点である。現実に医療過誤事件で起訴された事例の大部分は，単純明白なミス（患者の取り違え，薬剤の取り違えなど）によるものであり，このようなケースまで，一律に刑事責任を問わないことが現時点で果たして正当化できるか，が問題となる．

　民事責任との関係では，米国での証拠利用制限は，米国での訴訟件数の多さや証拠開示手続きが非常に強力であることとのバランスであり，日本の訴訟件数が米国に比較してもかなり少数にとどまること，患者側の情報収集能力が極めて限られている状況を鑑みると，報告書の訴訟利用による迅速な訴訟運営によるメリットがもう少し強調されてもよいのではないか。

　さらに，責任追及を恐れて当事者からの真の情報が出てこないという論調に対しては，1つの疑問もある。責任追及ではなく，原因究明のためであるとすれば，当事者から正直な情報は本当に出てくるのであろうか。人は自分にとって都合の悪いこと，決まりの悪いことは言いたくないと考える方が自然ではないか。医療者の責任を問うことを放棄し，責任の所在をあいまいにし過ぎれば，最後は強制捜査によって情報をもぎとる刑事捜査しか情報を得る方法がないという場合や，民事訴訟の対立構造の中でしか，患者側が納得できる情報が得られなくなるということも十分に想定できる。

Ⅵ　ま　と　め

　事故調査と司法との関係において，今後の課題として残されてはいるものの，事故調査の社会的意義を明らかにすれば，刑事捜査や民事訴訟を通じた原因究明活動は自ずから減ってくることが期待される。もちろん，事故報告書が開示されることで，それが訴訟での一つの証拠として利用されることもあるかもしれないが，そうだとしても，専門的な事故調査が行われた報告書があれば，その後の進行がスムーズにいくことが期待され，医療者，患者遺族双方にとってのメリットもある。

現時点では，医師法21条や業務上過失致死傷罪の医療への適用が残されている点では，医療者の不安や不満を残す形にはなっている。しかしながら，刑事事件としての立件数は現状，かなり抑えられており，さらに起訴まで至るケースは年間数件程度とみられる。

　刑事処罰の対象が実際にはかなり限定されていることから，刑事手続を過度に恐れる必要はない。但し，刑事司法は恐れることはないと一方的に言われても医療者は必ずしも納得しないだろう。なぜなら，医療関係者は立件されるなどの具体的な法的な手続以前の，警察による任意の取り調べや，立ち入り調査の段階ですでに負担のある刑事介入と捉えている節があるからである。医療事故調査制度が十分に社会的な認知を受け，院内事故調査が進められることで，患者側からの刑事告訴は減少すると思われ，また，行政処分の運用により刑事責任の活用の必要性が低減していくことが望まれる。

　医療事故調査制度の活用により，民事訴訟も判決以前の和解などで早期に事件を終局させることができるなど，社会における医療者，患者双方にメリットのある制度運用が目指されること，そのゴールに向けて医療と司法が協力的な関係を築いていくことが望まれる。

「これまで」と「ここから」

廣瀬久和

(1) 6年前の65歳の時，亡くなられた恩師を偲ぶ『星野英一先生の想い出』という本に，「星野先生との思い出（にかこつけた自慢と言い訳）話」と，少し失礼な題をつけた一文を載せていただいた[1]。その未公表の草稿で，字数制限を超えたため活字にはならなかったものが出てきた。当時の思いがストレートに現われている。後の話にも繋がるので，以下に一部を引用させていただきたい。

「大学4年になると相続問題に捲き込まれ，母と住んでいた処からも出てゆかざるを得ない事態になった。大学からも足が遠のき留年が現実になってゆく状況の中で，私は，それまで，星野ゼミ等の活動を通じ，もしかしたら……と，淡い憧れを抱いていた学問への道はもはや遠のいたと自覚し，ゼミや星野先生の民法講義の講義録つくりなどを通じ指導していただいた先生にご挨拶に伺った。先生は，ご自分は健康上の理由で数年遅れた経験がある，1年くらい大したことではない，むしろこの機会に勉強をしたらよいと言ってくださった。この一言に力を得て翌年意を決して助手に応募して口述試験を受け，民法の助手として残れることになった。その採用が決まった後だったが，先生がふと，研究者になられた頃の思い出話をされたことがある。学問の道に進みたいと考え，私淑していた我妻栄教授にその旨打ち明けられたところ同教授は，『新制高校の教師になっても学問を続ける覚悟があるか。』と問い返され，『そのつもりです。』とお答えになったという逸話である。どうも先生は，私にも研究への覚悟を問うておられたようである。しかしこの話を聞いて，一方では先生の研究への厳しい姿勢に襟を正される思いがしたものの，同時に何とも言えない違和感をも禁じ得なかった。

当時から私は，教育というもの，特に人生の初期の教育に特別の意義を感

---

[1] 内田貴・大村敦志・星野美賀子編『星野英一先生の想い出』（有斐閣，2013年）175-178頁。

「これまで」と「ここから」

じていた。大学よりも高校，高校よりも中学や小学校の時期の方が一人一人の人間的成長にとって教育の意味は重い。だが，日本では伝える内容の知的レベルだけで教育の重要性も量るような風潮がある。先生が言わんとされたのはもちろんその点ではないが，どうも，前提としての教育の位置づけが気になった。また，研究は，基本的には自己主張の営みである。これに対し，教育は他人を育て，或いは育つのをサポートする，あくまで他人本位の地味な活動である。究極は，本人が，自力で身につけ成長すること，或いはそのような結果へとそっと導くことに意義があり，誰か他人の助けで成し遂げた，という思いが本人に残るのでは本当の教育ではない。ある尊敬する教育者がこう言っているのを聞き同感であった。真の教育は研究に劣らぬ尊い営みだ。第一，自分が高校の教師になったら，研究などほっぽり投げて生徒たちとともに，自らの信ずる，自発性を重んずる教育に没頭することだろう。

つまり，自分はこの我妻テストに恐らくは不合格なのである。我妻先生も星野先生も，たぶん教育よりも研究重視の前提を確信されていたのだと思う。それだから平然とこう問いうるに違いない。他面，わたしだって学問への思いは負けていられない。教師の話はさておいて，今はやれるだけやってみよう。……こうして人生であれほど勉強したことが無い助手の3年間が始まった。

しかし，思えばこのテストをもう少し冷静に受け止めるべきだったのかもしれない。助手を終えたのち，3年ほど上智大学に，またその後は東大の教養学部と法学部に長年奉職し，現在青山学院大学で民法を教えている。この間，最も思い出に残っているのは，——自分なりに努力してきた研究の中でのささやかな発見の喜びも忘れ得ないことではあったが，——何と言っても学生たちと過ごせた珠玉の日々である。今では元ゼミ生や当時のクラスの受講者らが，社会の様々なところで活躍するに至っている。そして，私が何かやれたことがあったとすれば，接することができた学生一人一人の，人間としての良さを，（別の言葉でいえば，個性ある生命体としての素晴らしさを，）本気で認めることができたことであった。今や大学生も高校生とあまり変わらないと言われることがある。本当に高校生の旺盛な吸収力があるなら，むしろ大学生が高校生並みであって一向に構わない。そして今も私は若者を相手に，一教師稼業を天職と思いながら教壇に立っている。同時に，細々ながら

〔廣瀬久和〕 「これまで」と「ここから」

自分なりの研究も続けているつもりである。『高校教師をしながらも学問を続ける覚悟があるか』という問いかけは，私の場合，研究者としての覚悟を見るテストというよりも，その後の私の人生そのものの在り様を予言するものであったとも言えるわけである。そしてその道程は，特別の景観に心躍らせる，というような幸運にも時には巡りあえたけれども，むしろ，行き交う人々に感謝することの多い穏やかで味わい深い道のりであった。この道筋へのきっかけを作ってくださり，学生時代から何かとお世話になった星野先生には誠に感謝しつくせない思いである。」

そしてその6年後の今，古稀を過ぎた私が手にしたのは，研究会やゼミなどを通じて数々のご縁があった皆さんたちからの，このかけがえのない論文集である。『教師』冥利に尽きる思いで，この宝物を，それぞれの著者や，寄稿はされていないけれども一緒に議論した仲間の皆さんとの思い出などとともにゆっくりと味わわせていただきたい。また，遅ればせながら，執筆とともに企画と編集にあたり大変なご苦労をおかけした河上正二，大澤　彩両教授，および，出版事情の厳しい中で引き受けてくださった信山社の稲葉文子様，袖山貴様に，この場を借りて心からの御礼を申し上げたい。

(2)　ところで，上記の「思い出」の一文の後に，「今後は，もう少し学問の本道，つまり『研究』の方にも一層精進し，天の先生にご報告申し上げられる日が来ることを願う。」と，真摯な気持ちで書き加えた。「誓う」と書かなくてよかったと思っているが，それでも少しでも実現したい。あれから6年，多少時間に余裕ができ始めた私は，今回の古稀の企画のお話にも促され，助手時代（もっと言えば学生時代）から試みてきた自分なりの学問の跡を振り返り，やり残したことの多さに今更ながら驚くとともに，ここでもう一度心新たに出発する覚悟で，利用させてもらえる図書館[2]に通いながら，七十の手習いさながらの勉強を再開している。

---

[2]　勤務した東大，青山学院大ばかりでなく，それら以外の図書館でも大変お世話になってきた。大学の図書館の中には，一般の人にも閲覧を許している所があるが，定年後も研究を続けたい者にとって，このような開かれた図書館は，大変ありがたい，貴重な情報のオアシスである。高齢でも研究を続ける者が日本中で増えている現状に鑑み，多くの大学でそのような場を提供していただけるようになることを切に希望する。

「これまで」と「ここから」

(a) 今取り組んでいる勉強の第1は，地球規模で進展しつつある現代契約法が，そもそも何処から来て，どこに向かうのか，またそれはなぜか，を問う試みである。私のこれまでの研究は，たとえば約款論，場屋営業主のレセプトゥム責任論，消費者契約論（市場型契約法論），インド契約法，ユニドロワ原則などの国際契約法，製品安全法，そして私なりの法の実証的，あるいは学際的研究，最近では行動科学や脳科学など，一見バラバラに，気の向くままに取り組んで来たように受け取られがちのものである。しかし，河上教授がはしがきで引用してくださったように，私自身としてはそれらのすべてが（実は家族法における離婚法などの研究までもが）新しい現代契約法体系のあるべき姿を構想するための貴重な糧となっていると実感している[3]。そして今の私は，この領域では，次の三つの観点からこれまでの成果をまとめながら，さらに先に進めてゆきたい，と考えているが，これは見果てぬ夢に終わるかもしれない。

(i) 一つは，契約制度を市場メカニズムで捉える「法と経済学」あるいは「経済学」の基礎理論について，経済学ではなく法律学の視点から，今一度検討しなおす試みである。これは既に故平井宜雄先生が『法政策学』[4]の中で挑戦されてきたところでもあるし，かつて浜田宏一教授の書かれた『損害賠償の

---

[3] 青山法学論集57巻4号（2016年）499頁，注4。なお，家族法に関して思い出深いのは，拙稿「『子』の視点から見た『家族法改正』」蓮見重彦編『東京大学公開講座56・家族』（東大出版会，1998年）183-204頁，および第57回私法学会報告「離婚原因」私法56号（1994年）12-27頁である。ともに講演乃至学会報告が元になっている未熟な小稿であるが，助手の1年目に取り組んでみた夫婦財産制の研究や，1986年から2年間のフランス留学でキリスト教，特にカトリシズムにおける家族法の意味について考えたところが一つの基礎になっている。留学1年目のエックス-マルセイユ大学では特に，Allain Sériaux 教授の家族法の大学院ゼミで，またより一般的な生活や研究交流を通じて受入教官の Michel Borysewicz 教授のほか，Pierre Bonassies, Jacques Mestre 等の信心深い教授たちからも多くを教えられた。また，2年目のパリ第2大学では受入教官 Bruno Oppetit 教授のほか Denis Tallon 教授夫妻などとも宗教問題の議論をも含め親しく交流でき，さらに，パリ郊外のヴォークレソン市にある学際研究センター（Centre de recherche interdisciplinaire）では家族法社会学の権威 Jacques Commaille 所長および当時新進気鋭の研究者であった Irène Théry 氏との意義深い交流を継続的に行った。かなり意見の開きもあるこれらの研究者との交流は，そう簡単には答えが出せない難しい問題群の中に私をいざなってくれたが，家族法と宗教の関係のほか，今思えば財産法を含めてより広く「人間の尊厳と法の役割」を考える貴重なきっかけをも提供してくれた。

[4] 平井宜雄『法政策学――法制度設計の理論と技法――〔第2版〕』（有斐閣，1995年）。

経済分析』(東京大学出版会, 1977 年) でも長期的市場均衡に至るまでの公的観点からの配慮の必要性などにおいて現れていたところだが, 自分としては特に約款論[5]における約款条項 (特に免責条項) の価格への転嫁論[6], および, 私法

---

[5] 約款論は, 1976 年法学部に提出した助手論文「ドイツにおける約款法理論の基礎的考察」に遡る。これは, (A)ドイツ約款法論の歴史的研究, (B)そのほかの国々の比較法的研究, (C)約款条項の価格への影響に関する分析の 3 部に分かれていた。そのうち, 本稿上記本文で採り上げたのは(C)だけである。(B)のドイツを含む比較法的な研究成果は, (i)拙稿「附合契約と普通契約約款」(『岩波講座 基本法学 4』 1983 年所収), (ii)同「普通契約約款等条項規制とその根拠」民事研修 411 号 (1990 年), (iii)同「内容規制の諸問題」私法 54 号 (1992 年) と, 次第に視野を広げつつ補正してきたが, 今回の民法改正が日程に上ってからは, 恐らくは詳しい比較法の検討作業も法制審等でなされるものと期待し, この領域から距離を置いていた。ところが, 長らく条文化が明らかではなかった「定型約款」規定の改正民法法案が国会で審議されることを知り, それまでの審議過程や内容を議事録等で調べてみると, 制定過程に現れる多くの議論の基本的な部分において認識にある種の偏りがあり, 法案自体にも未だ論じられるべき問題があるように感じられた。これらを客観的に示すには独仏米などの約款法制の進展状況とを対比するのがよいと考え, (iv)拙稿「民法改正案『定型約款』規定についての覚書(1)」青山法務研究論集 13 号 (2017 年 3 月 159-179 頁) を, 前半までであったが大急ぎで脱稿し, 参議院法務委員会の審議直前にこの拙稿公表が実現した。光栄にも読んでくださった方々が現われ感謝していると, その後, 同委員会の審議では比較的詳しい内容にわたる議論が戦わされ, 結局, 条文文言自体の問題はほぼそのまま残ったものの, 法務省民事局長とのやり取りなどを通じ施行後の実質的な解釈論で問題点が緩和される可能性が見えてきた。その後, 若干の補足を加えたものを, (v)拙稿「『定型約款』規定についての覚書を再び掲載するに当たって」消費者法研究 3 号 (2017 年 7 月) 207-246 頁に載せていただいた。
ところで, 助手論文の内(A)の部分「ドイツにおける約款法理論の基礎的考察」については, その一部の概要を, 私法学会での報告原稿に補筆し, 「免責特約に関する基礎的考察」私法 40 号 (1978 年) 180-187 頁として公表した。これは, 第 1 に, ドイツの約款法の著しい発展の原動力となったルートヴィヒ・ライザー (Ludwig Raiser) の『普通取引約款法論』(Das Recht der allgemeinen Geschäfts-Bedingungen) (1935 年) がかつて日本学説によって輸入されるにあたり, その前半部分 (特に約款の個別契約への緩やかな採用及び, 特殊な解釈の部分) のみが紹介, 輸入され, ドイツにおいてその後顧客保護の法理として著しく発展してゆくライザー学説の後半部分 (約款条項内容への特別な規制法理を説く部分) は殆んど省みられていなかったこと (これにより, 我が国の約款法論は, 偏頗な形で展開するに至ったこと) を指摘するとともに, 第 2 に, 具体的な約款条項として免責条項を取り上げ, ライザー学説の前提となった 20 世紀初頭以降の判例から報告時に至るドイツにおける約款関係判例の発展をトレースして整理・分析し, 自分なりの評価を加えたものである。この後の展開も含めた詳細は, (B)及び(C)と合わせ, 新民法の定型約款規定の評価も加えて, 何とかあまり遅くならない時期に世に問いたいと願っている。

「これまで」と「ここから」

(6) これは，元来，租税の価格転嫁分析に近い性格のものであった。拙稿「約款規制への一視点——対価との関連性」ジュリスト828号（1985年1月），831号（1985年3月）参照。この連載は(上)，(中)の2回でストップしているが，内容的には，ドイツのヘルムート・クリーゲ（Helmut Kliege）の学説（約款の内容を顧客は見ないし，見ても理解しないで契約しているという事態——需要曲線の変化を考慮しないということ——を前提して，免責約款の価格転嫁をグラフで論じたもの。H. Kliege, Rechtsprobleme der Allgemeinen Geschäftsbedingungen in wirtschaftswissenschaftlicher Analyse, 1966.）を，より一般的に捉え直し，数式での説明を試みており，本連載によるこの問題の分析は，拙稿 'Validity of Exculpatory Clauses' 私法40号（1978年）236-237頁が先ず存在したが，同ジュリスト論文が本格的な試みである。近年，アメリカの法と経済学の論文において，インターネット上の約款条項はほとんど読まれていないという実験結果が公表され，米国等の学界で大きな反響を呼んでいる。拙稿における，需要曲線が変化しないという前提での上記(中)までの分析も，約款条項を顧客が全く読まない場合を想定しており，上記実験のような現実に近い市場の実態には適合した検討だったことになる。そうはいっても，この連載の(中)の後に，需要曲線の変化も加えた検討課題が残されていたわけで，この点も含め，顧客の中には，約款条項を認識し，理解したうえであえて購入している人たちも一部は存在する——たとえば時計を買うのに，保証期間［条項］の有る無しは考慮しつつ買う人もいる——という前提で検討を試みたのが，拙稿 'L'argument du prix dans les discussions sur les conditions générales des contrats', *Revue de la recherche juridique - DROIT PROSPECTIF*, no. XII-29 (1986) 497-522 である。これは，留学先南フランス，エックス・マルセイユ大学で開催された，同国における最初の「法と経済学」をテーマとするシンポジウムで筆者が行った報告原稿に加筆したものである。ここでは，「すべての顧客が全く免責条項を読まない」という前提を外し，「何割の顧客が免責条項を認識したうえで契約したか」という割合 a〔$a<1$〕を変数として加え，それによりどのように需要曲線が変化（形の上では下方にシフト）するのか，を私なりに試みてみたわけである。実は，このシンポジウムにアメリカから呼ばれていたブルース・アッカーマンおよびスーザン・アッカーマン教授夫妻と雑談した折に示唆を受けたのが，当時アメリカで注目されていた，シュワルツとウィルデなどによる比較購買者（Comparison shoppers）理論〔A. Schwartz and L. Wilde, 'Intervening in markets on the basis of imperfect information: a legal and economic analysis' *Univ. of Pennsylvania Law Review*, vol. 127 (1979) 630-682 など。より詳しくは，上記仏語拙稿517頁注(2)。さらに，次の注も参照〕であり，それを南フランスで読んで，自分なりに重要曲線問題に採り入れてみた結果が，上記の仏論文となった。

2016年の第14回「法と経済学会」（特別セッション）で，東大社会科学研究所の田中亘教授，同大学院総合文化研究科の清水剛准教授とともに，民法改正と定型約款問題を題材としたコロキウムを設けてもらい，私については上記のテーマを中心に，民法改正の関係でも定型約款規定が——特に産業や消費者全体への影響から見た同規定の（例えば免責約款条項の）影響を見通すことが——重要であるとの問題提起をさせてもらった（『「定型約款」規定の民法への導入を考える：法と経済学からの問題提起』法と経済学研究12巻1号（2017年5月）41頁以下，特に廣瀬報告部分41頁〜47頁）。しかし，この「法と経済学会」でも，「経済学」の発想にのみ立脚した議論が優勢で，「法律学」とのより基本的な視座の食い違いの問題，たとえば，個々の契約における対価性と市場

学会の報告でも採り上げたことのある比較購買者の理論[7]，その後の行動経済学が示唆する，市場における価格形成メカニズムと現実の人間行動とのかかわり[8]，およびそれらと法学上の意思表示論，有償・双務契約論，損害賠償責任論[9]，さらに今回の民法改正で導入された「定型約款」法論[10]などとの相互関係を見直すあたりから再出発したいと考えている。ゆくゆくは契約法から団体法[11]にも及びたい。

　全体で決まる価格（均衡価格）との関係，あるいは個々の取引主体にとっての利益と市場のもたらす消費者余剰や社会的余剰との関係などには，時間の関係もあり残念ながら議論が及ばないまま終了してしまった。

[7] 拙稿「内容規制の諸問題」私法54号（1992年）44-45頁。前注も参照。なお，当該顧客が全く契約条項（たとえば保証期間についての条項）に気付かないで契約しても，市場の例えば3分の1の顧客がその条項をよく吟味したうえで判断し，購入していた場合（比較購買者たち comparison shoppers のケース）には，市場全体が競争的になり，その条項を考慮に入れた，低減化した市場価格が実現するために，全くその条項を知らずに購入した顧客も，比較購買者たちの活動の恩恵を受け，低減化した価格で買えることになる。これは，市場メカニズムがもたらすある種の恩恵である。（一対多数の顧客からなる大量契約においては，契約内容を定型化することにより事業者側がコストダウンできるし顧客にもその恩恵が及ぶ，ということが，定型約款規定の導入に際して言われたが，この話は，（商品の数量に比例してかかる）可変費用のコストダウンが価格にどれだけ反映するか，にかかわるものであり，上記の比較購買者の理論とは注目点がやや異なる。また，例えば，利潤の最大化を目指す独占事業者が，商品の数量には関わらない（保管設備の欠陥があっても責任は負わないことにするような，数量には関係しない）固定費用の低減化に資する免責条項を取引約款に挿入しても，事業者側の固定費用部分のコスト削減には資するが，顧客の直面する市場価格にはこれは反映せず，顧客は前と同じ価格で購入することになる可能性がある。これなども，市場メカニズムによる結果が，「免責条項の定型約款への組み入れ＝価格の低減化」という常識と食い違い得る他の一例である。民法改正における定型約款規定の導入にあたって，（大量定型契約によるコストダウンばかりが議論され，）こうした議論が，十分戦わされなかったのは残念であった。

[8] 拙稿「法と人間行動──必ずしも合理的でなく，画一的でもない人間観からの再出発──」LAW AND PRACTICE 4号（2010年）163-183頁。なお，拙稿「民法の諸原則と人間行動」文明（東海大学文明研究所）11・12合併号（2007年）3-19頁も，民法の基本原則とその現代化を生きた人間行動への関心をもとに比較的自由に論じたものである。

[9] 拙稿「法と経済学における『懲罰的損害賠償』論(1)」青山法学論集52巻4号（2011年）25-34頁。ここでは，「損害」の捉え方が，法律学と経済学とで違いがあることあたりまで指摘している。

[10] 前注(6)，(7)および，拙稿『「定型約款」規定についての覚書を再び掲載するに当たって」消費者法研究3（2017年7月）（補注b）243-246頁参照。

「これまで」と「ここから」

(ⅱ) 現在進行中の二つ目の試みは，日本契約法の歴史的，特に世界史的観点からの研究である。江戸期以前の在り様も大変興味深いが，少なくとも，明治期およびそれ以降における日本民商法典および判例学説における欧米契約法理の継受とわが国におけるその独自の変容のプロセスを，もう一度精査してみたいと，少しずつ取り組んでいる。かつて私は，客の持ち込んだ物についての場屋営業主のわが国独特の責任（商法594条以下）を取り上げ，その制定過程を，古代ローマ以来のヨーロッパのレセプトゥム（receptum）厳格責任が日本ではどのような変容を受けたうえで継受されたか，3つの動きに注目してトレースしたことがある[12]。第1は，ロエスレル草案→旧商法典→明治商法典という流れ，第2は，これと微妙に交錯しながら展開した，ボワソナード草案→旧民法典→明治民法典という流れ，そして第3に，それら政府側での動きに決定的な影響を与えた全国の場屋営業主たちによる大請願運動の展開の流れである。結局，欧米由来の場屋店主の厳格責任（無過失責任）は，我が国では顧客が特別に店主に預けた場合に限って採り入れられ（商法594条1項）[13]，客が各自の部

---

[11] 第67回私法学会（2003年10月）の民法分野でのシンポジウム「団体論・法人論の現代的課題」において筆者は，敢て株式会社形態をとらず産業協同組合として日本でマーケットシェア第一位の業績をあげて来た兵庫県産業協同組合「揖保乃糸」の調査結果を報告した。この成果の一部が「団体・法人とマーケット（上）：兵庫県手延べ素麺協同組合『揖保乃糸』考」NBL806号（2005年4月）として公表されている（なお，同シンポジウムでの瀬川信久氏からの的を射た質問と，これに対する筆者の応答が私法66号（2004年）51-55頁に記載されている）。しかし，さらなる実態調査が必要と痛感し，再訪問するとともに，比較の意味を込めて徳島県の「半田手延べそうめん」の調査にも赴いたが，両方につき十分納得できる情報が把握できず，未完のままとなっている。その後，2005年3月，米国Cornell大学ロースクールでEast Asian Law and Culture Clarke Program Lectureの一環として揖保乃糸についての講演（'Why might a cooperative be stronger?: A case study from the hand-pulled noodle industry in Japan'）を行ったところ，アメリカでも，サンキストやシュウェップスは農業協同組合形態であり，比較研究を，と勧めてくださった。しかし，未だ実現できていない。可能ならいつの日か自分で進めたいが，どなたかにさらに現実の実態調査を含めた研究を進めていただければありがたい。

[12] 拙稿「レセプトゥム（receptum）責任の現代的展開を求めて(1)～(4)」上智法学論集21巻1号（1977年10月）75-122頁，2・3合併号（1978年3月）23-70頁，23巻3号（1980年3月）17-101頁，26巻1号（1983年1月）83-133頁。

[13] 当時の全国旅人宿営業者代表31名による明治30年2月の「商法修正意見書」の冒頭でも，「旅店ハ社会交通ノ用具ニシテ公共的営業タル性質ヲ備ヘツテ店主ノ責任モ亦通常一般ナル過失懈怠ノ結果ニ止マルヘキモノニアラサルハ生等ノ素ヨリ熟知スル所又

〔廣瀬久和〕　　　　　　　　　　　　　　　　　　「これまで」と「ここから」

屋に持ち込んだ物が滅失毀損した場合の責任については,——この場合こそがヨーロッパ法制では店主の厳格責任とされてきたものだったのだが,——結局日本式の旅館や銭湯など,当時鍵もない所での保管責任が厳しく問われてはたまらないという事業者側のもっともな意見が受け入れられ,店主の「不注意」責任という,過失責任に類する（特殊ではあるが,それ程）重くない責任が採用される結果になったのであった（商法594条2項）。場屋責任ばかりではない,古代ローマ法には,レセプトゥム責任よりも,より広く一般的な物の保管にかかわるクストディア（custodia）責任,売買にかかわる「買主注意せよ（caveat emptor）」の原則とその修正法理の発展など,現代の主要な契約類型に適用される法の構造的基礎をなす諸法理の原型が多く存在していた。そしてそれらもまた,中世から近世の西欧における法発展を経て,明治の日本に継受されそうになったわけであるが,その導入への最初の検討が加えられたのが,ロェスレル商法草案においてであったように私は捉えている。また,より一般的な,契約［債務不履行］責任体系も,日本では,ロェスレル商法草案以降の民商法典の形成過程で,古代ローマ法由来の複雑な構造が解消され,特にボワソナード民法草案および梅謙次郎や穂積陳重らによる法典調査会での議論を通じ,明治民法典においては,結局原則としての過失責任へと収斂していったという事実がすでにかなり詳しく知られている（しかし,実はまだ未解明の部分がある）。他方,梅など明治民法典起草者も参加していた明治商法典の編纂において,上記の場屋責任ばかりか,物品運送における契約責任の規定等に関して,より複雑な,いわば複線型の責任体系が残されている点はあまり検討されていない。これはいかなる背景によるのか。民法の契約責任との関係はどうなのか。また,今回の民法改正で入った「定型約款」法理の条文化された原型の一つもここに認められると思うのであるが,こうした経緯を,商法典の前提となっている契約法体系にも対象を広げて検討しつつある。

　(iii)　三つ目は,（大風呂敷とは分かってはいるものの,）グローバルな契約法の動きを,各地域の歴史を踏まえて考察し,今後の行方を見とおすとともに,そ

生等ノ敢テ辞スル所ニアラス」と,必要なら無過失責任でも敢て受けて立つ覚悟と意気込みを見せていた。これは具体的には店主に特に預けたものについては無過失責任を引き受ける提案という形で表れている。（拙稿「レセプトーム（receptum）責任の現代的展開を求めて(3)」上智法学論集23巻3号46頁,49頁。資料は56-59頁）。

の意味を再検討することである。実は，明治時代のこの時期，つまり 19 世紀後半のアジアでは，日本ばかりでなく，たとえば 1872 年のインド契約法典の制定が象徴しているように，西欧法の継受が様々な地域で起きていた。そして，そこで生成した法制度には，その継受の時点やその後において，アジア各国独自の変容や発展が認められる。例えば，日本では，今回の民法改正での条文化は見送られた暴利行為の法理が，民法 90 条の解釈として（ドイツ民法 138 条 2 項（Wucher）の判断枠組が参考にされつつ）戦前から判例・通説により認められてきているが，これと類似の機能を営みうる不当威圧（undue influence）による契約取消の制度が，1872 年のインド契約法，同年のミャンマー契約法，1950 年のマレーシア契約法にも，又シンガポールの契約法においても，それぞれイギリス法の強い影響のもとに受け継がれている。これらは様々な観点から興味深い検討素材を提供している。一例を挙げれば，不当威圧の規定内容自体はイギリス本国の制度と同一かほぼ近いものであるにもかかわらず，その制度の裁判所による解釈運用にはこれらの国の間でかなりの開きが出ていることが分かる⑭。これはどのように評価すべきであろうか。(3)において言及するほか，なお，比較法的，国際法的な観点からの契約法の研究をさらに進めて行きたい。

(b)　さて，私が今勉強の対象としている 2 番目の大きなテーマは，まさにこの論文集のタイトルが示す「人間の尊厳と法の役割」に直接かかわるものである。ここでは，契約関係にかかわる問題と，家族等の人間関係における問題とを採り上げたい⑮。

①　人間の尊厳と契約関係——1872 年インド契約法と不当威迫制度

この論文集のテーマである「人間の尊厳」と聞いてまず頭に浮かぶのが，す

---

⑭　たとえばイギリスとシンガポール法の比較として Mindy Chen-Wishart, 'Legal Transplant and Undue Influence: Lost in Translation or a Working Misunderstanding' *International Comparative Law Quarterly* vol. 62 (2013) 1-30. なお，ミャンマーの契約法がインド契約法と近い内容になっている点などにつき，金子由芳「ミャンマー契約法に関する一考察」神戸法学雑誌 67 巻 1 号（2017 年）9 頁以下，特に不当威圧については 28-30 頁参照。

⑮　このほかに，筆者が取り組んできた中では製品安全等の消費者問題が大きいし重要であるが，いまは立ち入らないことにする。

ぐ上((2)(a)(iii))でも若干言及したインド契約法を検討した時のことである。しかし，当時公表した拙稿[16]は法律雑誌ではないやや特殊な専門雑誌に載ったこともあり，法学関係者の目に触れることは殆どなかった。筆者の契約法へのグローバルな展望を与えてくれた研究テーマであり，上述の日本の契約法史研究の拡大版としてのアジア契約法史にも，更には，契約法の西洋と東洋の交流史にも関わるものである。実は，現下の日本におけるパワハラやいじめの問題と直接つながる側面も持っている。以下，この機会に若干紹介させていただきたい[17]。先程も言及した通り，日本においては明治維新政府が開始したばかりの明治4年（1872年），英国植民地下のインドでは，イギリス本国でも実現し得なかった契約法の法典化が Indian Contract Act, 1872 として実現した。この策定には様々なイギリス人法律家が関わったが，特筆すべき関係者は，「身分から契約へ」で知られる *Ancient Law*（古代法）[18]の著者 Henry Maine[19] と，彼の親しい友人であり，また彼の直接の後継者としてインド政府の法律顧問に就任した J. Fitzjames Stephen[20] であった。判例法国イギリスでは，法情報が法律の専門家により独占され，一般国民にはアクセスしがたい状況が存在することに批判的であったこの二人は，法典化を推し進めるとともに，特に Stephen は，条文の後に，わかりやすい典型例を具体的事例で例示すること (illustrations) も提案している[21]（ただし，後に問題にする不当威圧規定に関して

---

[16] 拙稿 'Development of the Legal Principle of Undue Influence in India', *East Asian Cultural Studies*, vol. 25, nos. 1-4 (1980), 131-159.

[17] 上智大学での恵まれた研究・教育環境の中で，本文(2)(a)(ii)で言及した場屋営業責任論など随分自由に勉強させていただいた私は，後ろ髪を引かれる思いであったが，僅か3年余りで東大教養学部に移ることになった。その直後，国際関係論教室の中心的存在であった衞藤瀋吉教授から，駒場に来た以上は，（当時の）本郷とは一味違ったアジア研究を一緒にやりましょうと勧められ，平野健一郎，渡辺昭夫，石井明，白石隆，山影進などの諸先生方との，定期的な研究会に参加することになった。そこで私がテーマに選だのがインド法であり，特に，本国イギリスでもなし得なかった契約法の法典化を実現した1872年インド契約法の研究であった。

[18] Sir Henry Sumner Maine, *Ancient Law, its connection with the early history of society and its relation to modern ideas*, 1861.

[19] Sir Henry James Sumner Maine（1822年-1888年）。1847年 Cambridge において民法の教授になる。1862年から1869年まで法律顧問としてインドに滞在。彼の「身分から契約へ」というテーゼに関しては，様々な議論がある。後注[23]参照。

[20] 1829年-1894年。法律評議会メンバーとしてインドに1869年から1872年まで滞在。

[21] Maine と Stephen は以前から親交があり，二人は英国においても既にインド契約法

「これまで」と「ここから」

は，事例による例示部分は法律参事会で反対されて立法化されず，1899年改正で初めて規定に加えられた(22)。ただ，この法典の制定過程は，スムーズなものとはいえなかった。契約法の法典化は，1770年以来2度にわたる法律委員会（Law Commission）設置で試みられたが，法典の草案にも到達しえなかったところ，Maine就任中の1866年，第3次法律委員会により初めて草案が提出された(23)

典の準備に取り掛かっていたともいわれているが，遅くともMaineのインド在住の時期に策定された1866年草案が，既にわかりやすさを目ざすものであったこと，こうした動きと，判例法を徹底的に批判し全面的な法典化を提唱していたJeremy Bentham（1748年-1832年）などの功利主義（utilitarianism）との関係は否定できないが，両者を単純に結びつけるのは要注意であることなどにつき拙稿（前注(16)）本文131頁および同拙稿中の注4から6（151-152頁）参照。なお，後注(23)に引用した近時のWarren Swain論文も参考になる。

(22) 後注(29)の後半に「例示」として示した。

(23) 同草案では，「詐欺（deceit）」，「強迫（coercion）」と並べて「契約当事者の活動の自由（freedom of his agency）を妨げるような影響（influence）」により約束（engagement）がもたらされた場合にも，契約は，その当事者の選択により取り消し得ると定める簡単且つ（特に「影響（influence）」については）内容が極めて漠然としたものであった（原文は，拙稿・前注(16)，133）。しかし，ここに，インド不当威圧制度の原初的な姿が認められるわけである。なお，この1866年草案は，インドに着任する1年前の1861年に公にした『古代法』において「身分から契約へ」の変遷を説いたHenry Maineも，恐らくは重要な役割を担って策定したものと筆者は考え，インドでの彼の5年間の滞在を経て彼がどのような考えで「契約」法典の草案を策定したのかは興味深いところだと思われた。しかし，拙稿（前注(16)）においてはこの点を含む制定過程等の検討は（主としてロンドンに於けるインド史料館での判決例の調査に主眼を置かざるを得なかったため）とても満足のゆくものとはならなかった。近年，こうした点を補う研究が公表されている。例えば，Warren Swain, 'Contract codification and the English: some observations from the Indian Contract Act 1872' in James Devenny and Mel B. Kenny (ed,), *The Transformation of European Private Law: harmonisation, consolidation, codification or chaos?* 2013, 172-195; Katharina Isabel Schmidt, 'Henry Maine's "Modern Law": From Status to Contract and Back Again?', *American Journal of Comparative Law*, vol. 65 (2017), 145-186. など。又，これまでのわが国における先行研究として，例えば，松井透「インド支配の論理」思想489号（1965年）99-115頁；内田力蔵「サー・ヘンリー・メーンとイギリス法の『法典化』」(1)～(2)，社会科学研究16巻2号（1964年）1-44頁，20巻2号（1968年）1-48頁；同「コーディフィケーション（法典化）について──問題提起」及び「インドにおける法典化」比較法研究31号（1970年）121-179頁；堀部政男「1872年インド契約法」比較法研究31号（1970年）194-210頁；山崎利男「ポロックとインド法」下山瑛二・堀部政男編『現代イギリス法』（内田力蔵先生古稀記念）（1979年）567-588頁などが存在している。また近年の注目すべき研究として，木村雅昭「ヘンリー・メーンとインド──村落共同体像を中心として──」京都大学法学論叢156巻5・6号（2005年）1-21頁がある。インドとの交流が新たな段階を迎えつつ

（これを1866年草案と呼んでおく）。しかし，同委員会メンバー（Commissioners）とインド政府の間には意見の食い違いが生じ，メンバーたちはMaineの退任および帰国後の1870年に辞任。この後，同草案は，法律参事会（Council）に回されたが，ここでも大きな意見対立が生まれた。その一つが，不当威圧（undue influence）制度の導入をめぐってである。特に，イギリス本国において，コモンロー（common law）上の強迫（duress）が生命・身体への物理的圧迫あるいは威迫に限定されていたのに対し，エクイティ（equity）上の不当威圧は，強迫（duress）に該当しない，ある種の不当な圧力のもとに契約を締結した当事者に対しても取消権を付与してこの契約弱者を救済してきた経緯がある。不当威圧法理は，先程も触れたように日本でいえば暴利行為の法理と近い一般条項的性格を持つもので，契約の拘束力を強固で明確なものにしたいビジネス寄りの参事会メンバーの間では，導入反対の意見が強かった。これに対し，「ヒューマニスト（humanitarian）」[24]と呼ばれた参事会員たち[25]が正反対の方向の議論をして対立した。ヒューマニストたちは，そもそも，それまでインド各地の裁判所で行われてきた「正義，衡平，良心」による紛争解決（それが形成した判例法）も社会に適合的なものとして基本的に支持し，立法にあたってもその内容を規定化すべきだと考えていたようだ。不当威圧の草案については，1866年草案で例示されている2つのイラストレーション，即ち，①父親が未成年の息子に金を貸し付けておいて，成人するに及び自己に有利な再貸し付けを強要する契約を結ばせる事例や，②主治医が弱ってきている患者に不当な対価を要求する契約の事例は，ともにイギリス的であり，もっとインドの契約実態を反映する事例，たとえば(A)大地主（zamindar）による小作農（ryot）

ある今日，さらに研究を深めてゆきたい。それは，「身分から契約へ」の次を考えるとともに，「身分から契約へ」というときの「契約」の意味を再考するものともなるように思われる。

[24] この "humanitarian" の呼称は，A. C. Patra, *The Indian Contract Act, 1872*, 1966, vol. 1, 85 及び，V.G. Ramachandran, *The law of contract in India: a comparative study*, 2nd. ed. 1983, vol. 1, 13. による。

[25] この一人が，Sir George Campbell, (1824-1892) である。彼は，1871年～1874年インドのベンガルの副総督（Lieutenant-Governor）を務め，この参事会に加わり，本規定について本文で説明した(A)(B)の事例をイラストレーションとして追加する提案を行った。帰国後は1875年～1892年スコットランドのScottish Liberal Party 所属の英国議会庶民院（House of Commons）議員となった。

「これまで」と「ここから」

の搾取が小作契約の名のもとに頻繁に起きていることや，(B) 農作物の長期供給契約においても農民が不利な契約に悩まされていることなどの現実から農民たちを救い得る事例を例示すべきだと主張した[26]。この 2 者の対立の間にあって，Stephen など，法典化の推進自体に大きな意義を認め，それを通じた社会改革を目指す改革派（codificational reformers）は，英国本国の判例法主義に批判的であるとともにインドの裁量的な判例にも批判的であった。彼ら改革派の中でも厳格な契約法制を求める者たちは「何であれ，人が約束したことは履行しなければならない。契約法からこの厳格さが失われたら契約法はその有用性が傷つき，弱く効果のない手段となってしまう。」「法典化には，人々への教育的効果があってしかるべきである。」などと述べていた[27]。結局 Stephen は，ヒューマニストたちの要求する 2 事例はもちろん，例示はすべて規定上には載せない代わりに，法案だけは通すという妥協案で不当威圧規定を参会会で議決させ，立法化を実現した[28]。さらに，1899 年の改正により，より明確なルール化が施され，現在の 16 条と同様の規定になった[29]。なお，そこでは，例示

[26] その提案の原案などにつき拙稿・前注[16]，その注 16 参照。
[27] Patra・前注[25], vol. 1, 86.
[28] 1872 年制定時のインド契約法 16 条は不当威圧（undue influence）の適用が肯定される 2 つの場合を定める（1899 年改正後の現行法 16 条も，この 2 つの場合分け構造は維持。次注参照。）。第 1 は，威圧者が被威圧者により信頼を置かれているか，あるいは，威圧者が被威圧者に対して現実的なあるいは明白な権威（a real or apparent authority）を有しており，もしそのような信頼（関係）や権威が無ければ得られなかったであろう利益を威圧者が得る目的で，その信頼又は権威を利用する場合，第 2 は，高齢，病気，又は精神的もしくは身体的苦痛により精神が弱っている者が，威迫者の処遇（treatment）により，そうした処遇が無かったら同意しなかったようなことに同意させられた場合である（拙稿・前注[16], 133-134, 151）。
[29] 1899 年改正後の現行インド契約法 16 条〔不当威圧の定義〕：(1) 契約は，当事者間に存在する関係が，一方の当事者が他方の意思を支配する立場にあり，その一方の当事者が他方に対する不当な利益を得るためにこの立場を利用した場合には，不当威圧によってなされたものとされる。
(2) 特に，かつ，前項の一般原則を害しない限りにおいて，以下の者は，他方の意思を支配する立場にあるとみなされる。
 (a) その者が，他方に対して，現実的なあるいは明白な権威を有している場合，又は，そのものが相手方と信認関係にある場合，又は，
 (b) その者が，年齢，病気，又は精神的もしくは肉体的苦痛により精神的能力が一時的又は永続的に害されている者と契約を締結する場合。
(3) 他方の意思を支配する立場にある者が，その相手方と契約を締結するあたり，そ

部分が，1866年草案に存在していた①（息子への貸金契約）と②（患者に対する主治医の契約）につき復活し，新たに金融関係の事例が2つ加えられた。（これらの事例を以下に要約して挙げておく。③貸金業者からの再度の借金にあたり，非良心的（unconscionable）と見られる条件が付けられた場合，その契約が不当威圧によるものでないという立証責任は貸金業者が負う。④金融市場がひっ迫した状況下，銀行が異常に高い金利でのみ貸付を認めるという貸金契約を顧客と締結しても，この取引は通常の営業におけるものであり，不当威圧によるものではない。）

その後の判例の発展を見ると，この一連の動きは，最善ではなかったにしろ，意義のあるものだったといえる。たとえば，上記例示の③（および④）にかかわるが，高利貸による不当な契約条項を含む消費貸借契約に対しても，この制度は，「不当威圧」を推定することと，裁判所による契約内容の改訂を認めること[30]とを通じて，取引に慣れない顧客を保護する重要な機能を担ってき

の取引が，外見上または提示された証拠から，非良心的（unconscionable）であると認められる場合，その契約が不当威圧によってなされていないという旨の立証の負担は，他方の意思を支配する立場にあるものが負う。本項のいかなる規定も，1872年インド証拠法111条の規定に影響を及ぼすものではない。

　例示(a)Aは彼の息子Bに対して，Bが未成年の時期に金を貸していたが，Bが成年になると，親としての影響力を濫用し，貸金額に見合った額を超えた総額についての金銭捺印債務証書をBから取得した。Aは不当威圧を用いている。

(b) 病気又は年齢により衰弱したAは，主治医であるBから，主治医としてのAに対する影響力により，Bの医療上のサービスにつき，不合理な額をBに支払うことを同意するように促された。Bは不当威圧を用いている。

(c) 村の金貸しであるBに債務を負っているAは，非良心的であるように見える契約条件の下で新たな借金の契約を締結する。その契約が不当威圧によるものでないという立証責任はBが負う。

(d) Aは金融市場がひっ迫している時に，銀行に貸し付けを申し込む。銀行は異常に高い金利でなければ貸付はできないという。Aはその条件での借金を承諾する。これは，通常の営業における取引であり，その契約は，不当威圧によるものではない。

（原文については，拙稿・前注(16)，140-141にある。インターネットでは，https://indiacode.nic.in/acts/4.%20Indian%20Contract%20Act,%201872.pdf#search=%27indian+contract+act+1872%27．和訳にあたり，谷川久監修・安田信之訳『1872年インド契約法』〔経済協力調査資料34号〕（アジア経済研究所，1972年）8-9頁も参考にした。なお，同文献の末尾にも，1968年現在の同法の英語原文が掲載されている。）

(30) 不当威圧の効果を定める同法19A条は，被威圧者による取消を認めるとともに，その結果契約は全部無効となるか，あるいは，もし取消権を有する当事者（被威圧者）が何らかの利益を受けている場合には，裁判所が正当と認める条項・条件の下で契約が無効となる，と規定している。

た。また，結婚後世間との交渉を絶たれた形態で生活するヒンズー教徒の主婦（paradanishin woman）が，夫の死後，財産を不当な契約でかすめ取られる被害が続出した際にも，同制度は，これらの寡婦に対する「不当威圧」の推定を働かせたうえで契約取消を認め彼女たちを保護する大きな役割を果たしたのである。西洋の契約制度，特に取引における契約の拘束力が比較的強い英国契約法の制度が，アジアの社会に入るところで，このような調整的な経緯を経て立法として継受され，さらにその後の裁判所の運用において，一定の威圧的な契約関係における弱者保護を図るインド独自の発展を遂げてきたことは，アジア法制史上注目に値する事実であるとともに，筆者にとっては，日本における類似の威圧的契約関係がもたらす問題についても「人間の尊厳と契約法の役割」を考えさせてくれる貴重な素材を提供するものと思われた。

　なお，ヒューマニストたちの提起していた契約問題はどうなったであろうか。その一人，ベンガル副総督であった立法当時の参事会員 George Campbell（前注㉕参照）の地元では，契約法成立の翌年の1873年，作物の減収と飢饉などの起きる状況下，大地主による搾取に耐えかねた小作農たちが Pabna Peasant Uprising と呼ばれる反対運動を起こし，暴動にも発展する事態に至った。Campbell は，同年7月これを収めるべく声明を発表し，イギリス政府は大地主たち（"zamindars"）の過剰な要求に対して小作農たち（"ryots"）の立場を支持すること，大地主が小作料等の値上げ等の要求をする場合には法定の手段にのみ訴えるべきことを告示した。しかし，これは例外的対応で，大地主たちや力による制圧を旨とする他地域の行政官たちの反感を買うものとなったようである。（同混乱はさらにしばらく続いたが1876年ようやく収拾した。）大地主対小作農の契約問題は，不当威圧規定などの主として司法上の救済制度の導入だけではとても賄いきれない大きさと根の深さを持っていた。小作農たちの「人間の尊厳」はより大きな制度的改革と経済的発展を待たざるを得なかったのである（実は1857年のセポイの反乱以降，イギリス政府は，それまで試みてきたインド社会の近代化と改革への努力を基本的には放棄し，むしろカースト制を前提としつつ保守的階級と同盟して植民地支配を徹底する方向に大きく政策転換してゆく〔この点につき，例えば，ビハン・チャンドラ（粟屋利江訳）『近代インドの歴史』（山川出版社，2001年）160-199頁など参照〕。その結果，例えば大地主と小作人の間の力関係のアンバランスは固定化乃至増大化することとなった。こうした状況に対す

る変化として注目すべきは，農民層への保有権の賦与と農民保有地の処分を認めた1885年のベンガル借地法制定である。これにより農民保有地売買の市場が動き出し，土地を集積する富裕な農民と縮小する小規模農民への二極化が進んだ。こうしてインドの農地に関わる契約関係は少しずつ近代化を遂げてゆくことになる。不当威圧の関わる契約関係でもこうした構造的問題を孕むものの解決は難しい）。

詳細は別稿に譲らざるを得ないが，「身分から契約へ」という変化は，インドにおいて必ずしも正義が実現される過程とは言えなかった。むしろ，強者に対し，弱者を「契約」の名のもとに搾取する有効な手段を提供するものですらあったようである。「人間の尊厳」という理念は，こうした「契約」に対する様々なレベルにおける「法」が整備されることでようやく徐々に実現してゆくことになる。

さらに，イギリス本国では，このインド契約法制定の3年後，コモンローとエクイティの融合が行われ，不当威圧法理も通常の裁判所により適用されるようになり，1887年には，有名な Allcard v Skinner 事件判決が，修道院に入るにあたって重要な財産に関する贈与を行った若き修道女と修道院長との間には不当威圧関係が推定されるとして法理の適用を認め，同法理の明確化に寄与した。インド契約法16条（不当威圧）の1899年改正規定は，こうしたイギリス本国の判例の展開を踏まえて制定されたものである。さらに近年には，家族間の保証委託契約につき，同法理の適用を一定の要件のもとに肯定する判例が形成されるなど，同法理は，イギリス本国においても契約関係における弱者の保護に資する著しい役割を果たしてきている。これがドイツにも影響を及ぼしたことは有名である[31]が，そればかりではない。この法理やこれに類似する法理は近年世界的にも，また，国際取引規範にも広がりつつある[32]。他方，イギリス本国とほぼ同じ不当威圧の法理が適用されているシンガポールでは，特に家族間の保証委託契約に関して裁判所は同法理の適用を厳しく制限している。家

---

[31] 例えば，鹿野菜穂子「ドイツの判例における良俗違反」千葉企敏夫・伊藤進編『公序良俗違反の研究－民法における総合的検討』（日本評論社，1995年）143-144頁参照。

[32] ユニドロワ国際商事契約原則3.2.7（過大な不均衡），ヨーロッパ契約法原則4：109（過大な利益取得または不公正なつけ込み），共通参照枠草案Ⅱ-7：207（不公正なつけ込み），ヨーロッパ共通売買法（草案）51（不公正なつけ込み）など。拙稿「ユニドロワ原則における『Gross Disparity（過大な不均衡）』の法理(1)」青山ローフォーラム4巻1号（2015年）19-31頁はこうした動きを考察する一つの試みである。

「これまで」と「ここから」

族の結びつきが強く，特に不動産担保が普及しがたい地理的状況が存在する中で，家族間の信用供与の必要性が著しく高いことなどが背景にあるものと思われる。日本では今回の民法改正で保証に関する改革が行われたが，シンガポールと比べると，不動産等による物的信用供与は日本の方が比較的行われやすい状況があるように思われるが，家族関係の結びつきは——シンガポールほどではないかもしれないが——欧米よりも強いかもしれない。保証人の「人間の尊厳」は重要であるけれども，上記のような保証制度の経済的，社会的意義についての基礎的考察をも行ったうえで，そこにおける「法の役割」をもう一度考えてみる必要がありそうである。

② **人間の尊厳と人間関係**——法的判断の二つの種類と「法教育」

(ⅰ) さて，「人間の尊厳と法の役割」というテーマをめぐっては，近年「法と教育学会」に参加する中で，法的思考・判断方式の特徴とその評価に関わる問題とのかかわりを再認識しつつある。以下では，契約関係における紛争よりも，家族や学校における人間関係のトラブルを中心に見てゆきたい。

同学会では，今，模擬裁判をテーマとした法教育の議論が盛んである。高校以下，時には中学においても，身近に起きる犯罪や事故など，現実の事件を素材として法的議論を闘わせることで，学生の論理的な思考能力と，言語による自己主張能力を向上させることに役立っているようだ。学生が各人の人権の尊重や法治国家の意味を自覚し，自分の意見をしっかりと発信できるようになることは，特に場の空気を読む力の強いものに合わせながら集団としての成果を優先するような協調的な行為が尊ばれてきたわが国において，大切なことであり，結構なことだと思う。しかし，そこで行われる思考・判断プロセスの特徴にも注目しておくべきであろう。裁判では，一般に善し悪しを決定する，言葉による規範（模擬裁判では，しばしば実際の刑法や民法の規範が採り上げられるようである。）を前提とし，これに事実関係を当てはめて，三段論法で結論を導くという判断方式が用いられる。さらにその前提たる個々の規範は，要件と効果によって，当事者間の議論の争点がはじめからかなり狭く絞られている。（例えば，他人を欺罔して錯誤に陥れ，それにより相手方に意思表示をさせれば，民法上の詐欺になり，契約を取り消せるが，ここでは要件以外の事実や，被欺罔者に対する欺罔行為者の長年の恨み，そのまたそもそもの原因などは，特に詐欺にあたるかどう

かの判断では採り上げられない。）主たる争点は，要件にかかわる（通常は）過去の事実の有無であり，当事者はそこを争い，裁判官もそこに注意を集中して判断することになる[33]。これは裁判制度が恣意的に運用されることを防ぎ，法の下の平等を実現するうえで重要な取り扱いである。また訴訟指揮の面を除けば，裁判官は，基本的には独立したアンパイヤーとして，両当事者からは距離を置いて結論を下す。要件にかかわる事実がはっきりしない場合にも，通常は裁判官が主体的に真相を究明する活動に乗り出すというよりは，両当事者の立証活動の行方に注目し，要件事実の振り分け規範等により，結論を導くことになる。つまり，紛争の根源を見抜いたり，それとかかわりのある関係者の心の底のわだかまりを積極的に探り，理解するなどのことまでは制度的にも多くは期待されておらず，裁判官も，法律上の要件効果の範囲内で，公平な結論を出すことにその役割の重点が置かれているのである。言い換えれば，訴訟制度は，関係者たちの争いを，法定の要件をめぐる戦いに限定させることで訴訟手続きや思考の経済を図り，しかも紛争当事者の納得のゆく形で決着を付けられる仕組みとして，主としてヨーロッパの歴史の中で長年かかって作り出されたものといえよう。

しかし，こうした判断プロセスに長けることを目標とする模擬裁判のような思考および言語表現の訓練によって，果たして「教育と法」が問題となる重要な場面，特に，近時の深刻な問題であるいじめや子供の自殺（未遂）などに直面して，事態を良い方向に導く賢明な判断ができる人材が育成されるものであろうか[34]。むしろいじめられても自己主張できないでいる学生の心の底まで降り立って，悩みの原因を感じ取るとともに現在及び将来に向かって建設的で前向きな解決策を提示できるような能力や努力が今こそ教員やまわりの人間，そして生徒たちにも求められているのではないのだろうか。（いや，生徒にそこまで期待するのは無理であろうし，教員は教科を教え，担当する学内行政や課外活動

---

[33] ここでは，民事訴訟を念頭に置いている。刑事訴訟では，量刑の判断においては，被告人の犯行に至る個別事情等も斟酌される。しかし，後で述べる少年審判における非行原因や家族環境等の詳しい調査や教育的配慮などとは性格がかなり異なることは後に見る通りである。

[34] この点は，実はロースクール教育についても全く当てはまらないわけではない。拙稿「民法の諸原則と人間行動」文明（東海大学文明研究所）11・12合併号（2007年）3頁以下参照。

「これまで」と「ここから」

にも関わることで日々精一杯の生活であり，とても，生徒一人ひとりの深い内面の問題にまで立ち入って相談に乗れるような状況にはないのかもしれない。ではどうすればよいのだろうか。）

(ii) そうした人間の，無意識の領域にまで立ち入るような行為は，そもそも法律の良くするところではない，とも言われそうである。ところが，法律の中には，通常の模擬裁判に象徴されるような，公開の法廷における，意識のレベルでの自己主張対立型の訴訟制度に関する規範ばかりが存在するわけではない。たとえば，家庭裁判所での家事事件における審判制度や少年事件おける審判制度のように，裁判官が非公開の審判廷で，当事者の心理や家庭環境にまで深く立ち入った総合的な観察および配慮を実践し，過去よりもむしろ将来のその家庭の平和や少年の健全な育成の方に重点を置く制度も存在することに注意喚起したい[35]。ここで特に，家裁で少年事件を担当した経験のある友人の元裁判官[36]の話を紹介させてもらいたい。私にとっては大変学ぶところが多かった。それは，ある母子家庭の家に，その母親と内縁関係になった男性が同居し始めた頃から，10代の息子（Aと呼んでおく。）が家に居づらくなり，家出を繰り返し，窃盗などの非行に走るようになったという事件についてのことである。その元裁判官はある講演で次のように語っている。

「A君は，それまでにも窃盗などで少年院送致歴があり，仮退院したのに，数ヶ月でまたも窃盗を犯したのでした。A君は，当時母親の住む自宅に帰らず野宿するなどしており，捜査段階では，事件を犯した理由として，家庭に帰っても自分の居場所がなかったと言って実母に対する怒りを訴えるとともに，自分の将来なんかどうなってもいいなどとも言っていました。検察官は少年院送致相当の意見を付して家庭裁判所に事件を送致してきました。

記録や資料などを検討して，以下のことが分かりました。A君は，物心が付く前に両親が離婚し，父親を全く知りません。前回少年院へ行く前にも，母親と内縁の夫がA君を無視する態度をとったため，母親に迷惑を掛けようと思って事件を犯したと言っていました。仮退院後一度は母親の元に戻りましたが，内縁の夫との関係が悪く，保護観察所の指導で更生保護施設へ入所しました。ところが，A君は，半月でその施設を退去し，内縁の夫と会うのが嫌で家庭に

---

[35] なぜ，少年審判ではこのような特殊な手続きが認められているのかにつき後注[39]参照。
[36] 元東京高裁判事の原啓氏である。

〔廣瀬久和〕　　　　　　　　　　　　　　　　「これまで」と「ここから」

寄りつかず，転々として野宿などをしていました。A君は，窃盗の成功に達成感を感じ，盗んだお金で友人達に食事を振る舞ったということでした。

　私は，審判前日，調査官から母親は審判に出頭しない予定だとの報告を受け，そのつもりでいたところ，審判当日，母親が出頭してきました。審判廷で母親を見たA君は目に涙を浮かべていました。審判では，これまで述べた事情が明らかになったほか，A君は，自分に対して暴力を振るう内縁の夫を止めようとしない母親に対する不満を口にしたものの，今でも母親の愛情を求めていることがひしひしと伝わってきました。A君の問題点は，家庭に自分の居場所を見いだせず，母親への不満が強まると，家庭から飛び出して欲求に任せて場当たり的，短絡的に窃盗を繰り返すということでありますが，私は，A君の涙を見て，A君は母親が審判に出頭したこと自体で母親の愛情を実感することができたと思いました。」

　「A君は，以前少年院で料理係になったとき周りの人から『おいしい』と言われてうれしかったので料理の仕事に就きたい，以前アルバイトをしたとき店長さんが良い人で，この人なら付いていけると思い頑張って働いた，また，それまで世話になった保護司さんが少年鑑別所にまで会いに来てくれ，保護司さんの自分に対する気持ちに気付いたので，これからは期待を裏切らないよう必死で頑張りたいとも言っていました。私は，A君が信頼できるこのような人たちとの絆（つながり）を大切にして欲しいと思い，この日の審判ではA君を補導委託[37]に付しました。A君は，調査官や委託先の指導などで，委託先で居場所を見つけ，幸いにも就職して自活する道筋を描くことができるようになり，生活も安定し，母親との関係も好転し始めました。そこで，私は，その後第2回審判を開き，A君を保護観察[38]に付しました。この席にはもちろん母親も出席しました。」

---

[37]　補導委託付き試験観察である。第1回審判では，最終的な処分（例えば，保護観察，少年院送致など）を決めず，最終的な処分を保留した上で，一定の人にA君の指導を委ね，A君のその後の様子を見たうえで，後日の審判で，少年院送致や保護観察，不処分という最終的な処分を決めるもの。いわばA君に立ち直るチャンスを与えるものである。

[38]　少年審判事件で家裁が下す保護処分には，①保護観察（少年法24条1項1号），②児童自立支援施設又は児童養護施設送致（同項2号），③少年院送致（同項3号）があるが，少年Aが受けた①の保護観察とは，少年を家庭や職場等に置いたまま，保護観察所の行う指導監督および補導援護という社会内処遇によって——保護観察官や保護司から生活や交友関係などにつき指導を受けさせながら——少年の改善更生をはかろうとする保護処分であり，上記①～③の3つの処分のうち，最も軽いものである。

「これまで」と「ここから」

　　そして次のように結んでいる。「『人は，愛されていることで，はじめて自分を大切にすることができるようになり，自尊心を持つことができ，他人をも愛することができるようになります。』A君は，今回の事件を通して，母親に本当は愛されていることを心の底から確信することができたようです。私は，A君が脱皮して一人前の社会人に成長し，将来母親を赦し母親を愛することができる大人に成長してほしいと心から願っています。」

　訴訟の対立的ないわゆる「当事者主義的対審構造」とは違った，後見的で「職権主義的審問構造」を採用する[39]少年審判ならではの裁判官の（広い意味での教育者，もっと言えば精神分析医のような役割も担う）活動の様子が伝わってくる。具体的には，①少年の心の底の寂しさにまで踏み込んだ深い人間観察を前提に，②少年が信頼できる人間関係の絆づくりに手を差し伸べ（最善は，親との愛情の絆の修復であることが多いであろうが，それが無理であっても，あるいはそれと並行して，少年を受け入れてくれる，また少年も心を開ける人間関係を探し出し，その関係の構築とともに，現実の生活における居場所をも配慮すること），③さらにその少年に，自ら目標を見つけ（上の例では，料理の仕事）それに自発的に取り組むような働きかけを行い，④少年が，現在から将来に向かって前向きに生きてゆく経緯を継続的に見守りつつ，更に必要ならば新たな具体的対応を模索する，という取り組みである。私は，この少年審判法制で用いられている教育的な配慮とその仕組みとは，一つの有意義な教育の在り方として，今多くの問題を抱えている普通の小学校中学校等にも，参考にならないものかと考える[40]。

---

[39] 少年審判手続に職権主義的審問構造が採用されている理由としては，①少年審判の目的が，少年に対する非難や責任追及にあるのではなく，少年の非行性の除去と再非行の防止にあることから，刑事訴訟のような関係者が対立し合う手続は適当でなく，家庭裁判所を中心として，各関係者が少年の健全育成のために協力し合う手続が適切であること，②少年審判では，少年の性格，環境全般を対象として，その非行性を調べる必要があり，そのために行われる専門的機関による科学的調査においては，訴訟における弁論になじまず，かえって，職権的な手続の下における方が正確な判断が得られるといわれていること，③審判期日における審理それ自体に，教育的な意味をもたせるためには，関係者の協力の下に，裁判官が直接少年に語りかけ，処遇方針を理解，納得させ，その実現に向けて少年の努力と関係者の協力を促すことができる非形式的審問構造の方がふさわしいし，非公開の場における和やかさの中にも厳粛さを備え，内省を促すような手続が望ましいといえること，などの諸点が挙げられている。裁判所職員総合研修所〔監修〕『少年法実務講義案〔三訂補訂版〕』（司法協会，2018年）29頁以下参照。

(iii) ここでは，以上の取組みにつき，次の3点をコメントとして指摘しておきたい。

(a) 第1に，先程の①（第1段階）に関わる，人間観察と理解の重要性である。少年自身の内面への理解だけではなく，親や関係のある第三者を含めた人間関係の問題状況の把握が必要となる。「親が変われば，子供は変わる。」と述べるのは，小児精神科の医師で脳医学者の友田明美氏だ[41]。そこで言われているのは親と子の関係の重要性であり，誠にもっともな指摘であって，次でも取り上げるが，ここでは，もう少し法学的なアプローチから，子どもを取り巻く三者の人間関係（三角関係）の方に注目してみたい[42]。

近年，幼児虐待事件等でも，母親とその内縁関係にある男性（あるいは母親が再婚し，子供とは血縁のない養父・継父の場合や，その他の男性の場合もある）が家庭に入ってきて，幼児を虐待し，これを母親も放置し，あるいは加担するというケースがしばしば報道されている[43]。次の表は警察庁による，2018年度

---

[40] 例えば，①特に生徒が心の底に抱く深刻な問題を関係者が読み取れるように，生徒の心の悩みを理解する能力のある教員あるいは専門職員の人数を増やし（精神科の医師は勿論，家庭裁判所の調査官や少年審判の経験のある実務家などに一時的に担当してもらうか，退職後に担当をお願いするなど），一クラスの生徒の人数は思い切って減らし，問題の兆しを敏感に察知して迅速に対応をできる体制を準備すること，②生徒が心を開き得る具体的な人間関係の絆を何者かと構築できるように配慮し（1980年代アメリカに始まり，近時は日本企業も採り入れるところが現われている「メンター（mentor）」の制度も似た機能を果たし得る），③将来の具体的で明確な目標（ビジョン）を自発的，内発的に持てるように働きかけ，④その経過を見守って，また柔軟に対応してゆく，というようなきめ細かな人間教育の実践が可能となる環境を整えるべきであろう。初等中等教育を受ける子供の人口が減少しつつあるとともに，時間的に余裕のある高齢者人口が増加しつつある現在の日本は，上記のような仕組みを作り得る好機かもしれない。

[41] NHK総合テレビ「プロフェッショナル 仕事の流儀：子どもの"心"を診る医師・虐待を受けた少年・回復の記録」2018年11月5日放映（https://jcc.jp/news/14078769/）。

[42] 家裁の調査官として少年問題を扱ってきた藤川洋子氏は，少年非行のメカニズムを考える際に考慮されるべき3つの要因として，①生物的要因（脳の働き不具合も含めた生物，医学的レベルの問題，例えば，アスペルガー症候群など），②心理的要因（家族との離別や両親の不和，体罰，学校でのいじめなどが少年の心理や性格形成に及ぼす影響），③社会・文化的要因（遊び仲間・共犯者や先輩の影響力など）を挙げる。藤川洋子『少年犯罪の深層——家裁調査官の視点から』（筑摩書房，2005年）132頁以下）。本文(i)では，特に上の②について採り上げたことになる。①は本文の次の(ii)で触れる。

[43] たとえば2017年12月大阪府箕面市で4歳の男児が，母親と交際相手の男らに腹を殴られるなどして死亡した事件，（https://www.asahi.com/articles/ASL152QXFL15UBQU004.html）や，ごく最近でも，北海道北見市や神奈川県横浜市で類似の事件が

「これまで」と「ここから」

上半期の少年非行,児童虐待及び子供の性被害の状況である。

平成30年上半期における少年非行,児童虐待及び子供の性被害の状況

	実父	養父継父	内縁(男)	その他(男)	計	構成比	実母継母	養母	内縁(女)	その他(女)	計	構成比	計	構成比
身体的虐待	245	85	38	6	374	56.8%	147	3	1	3	154	23.4%	528	80.1%
性的虐待	26	42	17	8	93	14.1%	5	0	0	0	5	0.8%	98	14.9%

　この表を見ると,実父母による虐待数が一番多いが,養父母,継父母,内縁関係の男女およびその他の男女によるものも,相当数にのぼっていることが分かる。日本においては,前者（実親）と後者（養父母,継父母,内縁関係の男女等）とでは,母数に著しい開きがあることを勘案すれば,後者の事件数は極めて多いように思われる。又,性的虐待については,養父・継父および母親と内縁関係の男によるケースが,実父母によるケースの2倍近くに上っていることも注目されるべきである。上記の少年Aのケースも,（こどもがより大きくなってのことであったから,家出ができたことが,虐待死などのケースと比べれば,不幸中の幸いだったともいえようが）,そこにある基本的な三角関係は共通している。幼い子が,母親の愛情を,その男性と奪い合う形になり,その男性により排除され居場所を失う,あるいは虐待を受ける,という状況に陥っていたわけである[44]。これだけ豊かになった現代の日本においても,実はまだまだ人間の基本的な尊厳が脅かされる場面として,特にこのような困難な人間関係（特に,親子は契約関係のように解消することのできない関係にある）に絡む問題群が実在

報道されている。前者では再婚した妻の4歳の娘を叩いて重傷を負わせた再婚後の父親が,後者では同居する女性の2歳の長男に殴るなどして大けがをさせた男が,それぞれ逮捕された（https://www.fnn.jp/posts/2018101200000004UHB; https://www.fnn.jp/posts/00404812CXL）。なお,2018年3月東京都目黒区で「もうおねがいゆるしてください」などと悲痛な言葉を残して死亡した船戸結愛ちゃん（当時5歳）の家庭内虐待死事件も,虐待の中心は「養父」とされている（読売新聞2018年10月4日朝刊）。

[44] もちろん,家庭内の児童虐待問題はこのような三角関係に限ったことではない。実親による子への虐待も数多く存在することは,前注の表にも現れていたところである。しかし,その中で問題が起こりやすい類型を抽出して検討することの意義は存在するように思う。

するのであり，上で取り上げた未成年者の孤独も，そうした問題が類型的に発生するケースの一つといえる。

　実は，ここまで深刻ではないが，これに類する，子供の人間関係が類型的に起きる問題として，2人目の子供ができた後の，第1子（長男長女）の心的問題状況がある。ここでも，親と第1子，および第2子という三角関係の問題が起きている。かつて以下のような一節を引用したことがある。「弟／妹が生まれるまでは親に1（全部）の愛情を注いでもらっていた長男／長女は，弟／妹が生まれることによって，自分への愛情の半分を次の子に奪われているのだ。親は二人に半分ずつにしたら公平だと考えるが，同じ半分でも下の子は零から増えた半分で，上の子は1から半分取られて減った半分である。外見は公平に見えても，感受性の面からいうと公平ではない。同じ裸になっても，沢山着ていた人が裸になるのと，シャツ一枚だった人が裸になるのとでは感じ方が違う。これと同じで，親が形式的に注意の向け方を半分ずつにしたら，必ず上の子に不平が起こる。だから，二人目の子供が生まれた親はできるだけ最初の子供に配慮して長男・長女側に対して十分な（少なくとも半分以上の）愛情を振り分けてやる必要がある。」[45]親の死後の兄弟姉妹間の相続争いの火種が，存外何十年も前のこんなところに発している場合があることに遭遇し驚いたことがある[46]。さらに近年は，老親とその面倒を看る子（及び，その配偶者）との間での問題も，特に認知症が出てきた高齢者に対する扶養に関して深刻なケースが起きているが，ここではこれ以上立ち入らない。

　このような状況に対し，未だ名案があるわけではない。直ちに家族介入型の法制度を提案しようなどとも考えていないが，このような三角関係が子どもについて把握できたら，そこには要注意な人間関係が発生していることを認知し，子どもの状況をよく観察する必要があることだけは最小限指摘しておきたい[47]。

---

[45] 野口晴哉『躾の時期〔第4版〕』（全生社，1978年）4頁より引用。

[46] 拙稿「法と人間行動──必ずしも合理的でなく，画一的でもない人間観からの再出発──」LAW AND PRACTICE 4号（2010年）164-165頁。

[47] 友田明美『子どもの脳を傷つける親たち』（NHK出版，2018年）46頁によると，アメリカの多くの州では，一定の年齢に達していない（主に小学生以下の）子供を一人で留守番させておくと，ネグレクトとして法律上処罰の対象とされ，場合により逮捕されるという。アメリカにおける家族関係の法制度には特殊なものもあり，慎重な検討を要するが，本文のような動きについての冷静な研究は日本でももっと行われてよいように思う。

(β) 第2は，上記の②の，信頼できる人間関係の構築に関することである。特に，先ほど若干紹介した小児精神科医，友田明美氏の話を採り上げておきたい。同医師は，ハーバード大学に留学し，精神科学教室のタイチャー（M. H. Teicher）教授の下で，虐待が脳に影響を与えることを脳の画像分析を含む実証研究で初めて明らかにした。そして，生後5歳くらいまでに，子どもは，親や養育者との間に愛着（強い絆）を形成し，これによって得られた安心感や信頼感を足掛かりにしながら，周囲の世界へと関心を拡げ，認知力や豊かな感情を育んでいくこと[48]，したがって，子ども時代に「愛着（attachment）」をいかに築くかが，その後の人生に——特に精神面において——大きな影響を与えることを，指摘する。次のようにも言う。

> 「仕事や家事で忙しく奮闘する両親の姿を見て，子どもは自立を覚え，親への尊敬を深めていきます。しかし，子供にとって欠かせないのは，親に甘える時間です。親としっかり目と目を合わせ，そのぬくもりを肌に感じながら，笑顔を交わす——そんな時間が何よりも必要なのです。……たとえ短くとも，子どもとこういうコミュニケーションをとる時間を作ってください。……こうしたスキンシップ，コミュニケーションは科学的見地から考えても，子どもの心や，脳の発達に大きく影響を与えるものです。……親に愛されているという自信と安心感さえあれば，健全に心の成長を遂げていきます。たとえ困難にぶつかっても，ぼく／わたしは安全な場所の戻ることができる。いつでもそばに，安心できる人がいる——このような「こころ」の安定がひいては子供の社会性を生むのです。」[49]

なお，その後の親や養育者などとの人間関係の改善やケアなどにより，傷ついた脳が回復した実例も友田氏により報告されている[50]。そもそも脳細胞は壊れたら取り換えがきかないといわれてきたが，この常識自体が近年の研究で，成人の脳でも海馬の近くに神経幹細胞が存在し必要に応じて新しい細胞へと分化していることがわかるなど，少なくとも部分的には覆されつつあるようであ

---

[48] 友田・前注(47) 158-159頁。
[49] 友田・前注(47) 48-49頁。
[50] 友田・前注(47) 110-155頁などに，回復のための様々な手立てと，その実例が示されている。また，友田・前注(41)（NHK総合テレビ「プロフェッショナル　仕事の流儀：子どもの"心"を診る医師……」）でも回復事例が紹介された。

る[51]。こうした小児医療領域の発展は，現在脳科学の進展とともに世界規模で進んできており，今後少年問題や学校教育，さらには大人を含めた，より広い意味での教育全般に，そして，法の領域にも影響を与えるものとなろう。

(γ) 第3に，先程の③に述べた，前向きな自発的目標（ビジョン）設定に関しても，一言付け加えておきたい。前述のA君は，以前少年院で料理係になったとき周りの人から『おいしい』と言われた嬉しい思い出があり，料理の仕事に就きたい，という具体的な将来の希望を心に描いていた。しかもこれは内発的なものであった。ここに，彼の更生がうまくいった一つの重要な鍵があったように思う。

そこで注目すべき第1点は，興味のある物事に集中できる心の働きそのものである。こうした心の自発的な集中に重きを置いた教育方法を考案し，実践した人にイタリアのマリア・モンテッソーリ[52]がいる。彼女によれば，6歳ころの幼児期までに，自分の内発的な興味から遊びや作業に心を集中させ熱中する喜びを体得した子どもは，その後も能動的な心の姿勢を失わずに伸びてゆくことが多い[53]，という。そこで親や養育者として大切なのは，子ども自身の中で何かにふと興味を懐き集中し始めた時には，これを静かに見守りつつ，子ども

---

[51] 友田明美・藤澤玲子『虐待が脳を変える――脳科学者からのメッセージ』（新曜社，2018年）154頁。

[52] Maria Montessori (1870年-1952年)。

[53] モンテッソーリはゼロ歳から6歳ころまでを吸収精神が旺盛な発達の第1期（幼児期）とし，このうち前半の3歳頃までは吸収は無意識的に行われ，後半の3歳から6歳になると，意識的なものになるといっている。子どもに吸収精神が旺盛な，この時期の中においても〔そしてその時期を過ぎた後でも〕，注意の集中度が高まる敏感期というものが，集中対象の種類によって時期を異にしながら現れる。個人差はあるが，例えば「言葉」については4か月頃から興味を示し，6か月になると実際に音を出すようになるとか，物が置かれている配置などの「秩序」に対して敏感になる時期は2歳から2年間ほど続くというように，異なる時期に敏感期が訪れる。その時期を捕まえること，しかも子供の自発的な集中を大切に見守りつつサポーすることが重要という。以上につき，たとえば，E. M. スタンディング（佐藤幸江訳）『モンテッソーリの発見』（エンデルレ書店，1994年）138-162頁。近年の脳科学でも，脳のダメージが起きやすい「感受性期」があり，記憶と感情をつかさどる「海馬」の感受性期は3歳から5歳といわれている（友田・前注[45] 85-86頁）。この辺りは，モンテッソーリの指摘と合致する部分がかなりある。現在は，様々な脳の部位の感受性期が異なる時期にやってくることも解り出しており，虐待が及ぼす影響の強弱についてもこうした時期との関係が指摘されつつあるようである（友田・前注[45] 71-107頁）。

「これまで」と「ここから」

が自ら目的を達成するのに必要な支援を補足的に行うことである[54]。モンテソーリ教育を数年にわたり身近に経験したことがあるが，ここではその教育内容に立ち入るのはやめ，彼女の著書で挙げられている具体的事例を取り出してその特徴を垣間見ることにしよう。

一つ目は，ミラノの町でのあるイタリア人の母親の話。この母親が子どもを連れて歩いていた時，鐘の音が響き渡ってきた。子どもはその鐘の音を聞いていたかったので，立ち止まったのだが，その母親は，子の楽しむのを妨げ，叱りつけながら，無理やり歩かせた。このこと自体，せっかくの子供の伸びる機会を失わせたわけだが，モンテソーリによれば，この母親のやり方には大人が子どもに常に受動的な態度をとるように仕向ける悪しき教育観が認められる点でも問題があり，その前提には親が子どもの人格の形成者だという思い上がりが潜んでいるという。

これに対し，日本人の父親の例が2つ出てくる。ある父親が2歳の息子を連れて散歩していた折のこと，急にその子が歩道の上にぺったりと坐った。「こら，汚いよ。埃だらけになるじゃないか。さあ，立って歩きなさい！」などと言うかと思ったら，子どもが自分で立ち上がって歩き出すまで我慢しながら，黙って待っていたというのである。別の日本の父親は，子どもが股の間をくぐって遊ぶのを，歩道で両脚を開いてつらそうな姿勢のまま立っていた，という。日本の父親たちは，自分たち以上に子どもへの深い理解をもっている，とも語っている[55]。両国の違いを比較するにはサンプルが少な過ぎるが，それを意図した叙述ではない。モンテソーリが言いたかった，子どもの懐く集中への親の配慮は理解できよう。そして，先ほどのA君があのように，積極的なビジョンを持ちえたのは，前提として――少年院や，そのほかの場での教育や経験が支えていたかもしれないし，更にそれ以前の幼児期において，A君の母親により育まれていた可能性も充分あるわけだが――A君の基本的な心の働き（興味へ集中する力）が正常に育てられていた，ということをも示しているように思われる。

ところで，ここで注目しておきたい第2の点は，幼児期を過ぎた子どもの教

---

[54] 拙稿「モンテソーリの教育論」東京大学学内広報1208号（2001年）28頁。
[55] いずれも，マリア・モンテッソーリ〔鷹觜達衛訳〕『幼児と家庭』（エンデルレ書店，1990年）42-44頁。

育においてA君のように，将来の具体的で明確なビジョンを持てるように働きかけることの意義である。この重要性を指摘するのが，少年院における矯正教育に詳しい広田照幸教授である。同教授が，働きかけの対象となる少年の「心」に関して強く推奨するのは，少年のパーソナリティや性格レベルへの働きかけではなく，少年自身が「自分の未来に対する肯定的なビジョン」を持てるように促す働きかけである。「これからの自分にはどういう進路の選択肢があり，何をがんばったらどういうふうになれるのかについて，十分な情報を与えて困難さも自覚させつつ，前向きな展望をちゃんと持たせたい。未来への希望は人間を真っ直ぐ立たせる，と私は思う。」と述べている[56]。私には，この言葉が，A君の立ち直りはじめた前向きの姿と重なって見える。

(3) 副題「民法，消費者法を超えて」

「人間の尊厳」に対する「法の役割」を検討しているうちに，話は随分遠くまで来てしまった。しかし，私がいくら実定法を超えて飛んで行こうとも，法律学の研究・教育は，これからも，たとえば民法や消費者法など，個別の実定法領域における問題の把握が出発点となり，また，法律学上の提言は結局は各実定法領域における立法，あるいはその解釈という形で改善結果が定着することになるわけであろう。しかし，本論文集の副題が示唆する如く，時にはそれら実定法の地平を「超えた」視点からも，「人間の尊厳」に対する「法の役割」を考え直す機会を持つことは，特に時代が大きく変化する昨今，意味のある企てであると確信している。本論文集が，執筆者の皆さんにとってだけでなく，また，私自身にとってばかりでもなく，すべての読者の皆さんにとっても，もしそのような機会を提供する一助となり得るものだとすれば，献呈を受けた私としても，望外の幸せである。

本稿冒頭では，法学の「研究」と「教育」のうち，特に後者への思いを採り上げたが，ここまで来て，広い意味での「教育」を「研究」することに（も）法学上の意義を見出している自分に気づき，やや戸惑いを禁じ得ない。恩師による我妻テストのその後は，ここにおいてようやく自分なりに止揚（aufheben）されつつあるのかもしれない。

---

[56] 「心の問題」『刑政』117巻1号295頁，同　広田照幸・後藤弘子『少年院教育はどのように行われているか』（矯正協会，2013年）所収，193頁。

「これまで」と「ここから」

スケッチ（1987年）：廣瀬久和

カーディナル通りからサン・ジャン・ド・マルト教会
（南仏エックス・アン・プロヴァンス市）
教会の扉はいつも開いていて，キリスト教徒ではない
私も，時折，中で心を休めさせていただきました。
（これは不当利得になるのでしょうか？）

廣瀨久和先生　略歷

1947年8月5日	東京都に生まれる
1966年6月	米国カリフォルニア州サッチャースクール高校卒業
1967年3月	都立新宿高校卒業
1968年4月	東京大学文科一類入学
1973年3月	東京大学法学部第一類卒業
1973年4月〜1976年8月	東京大学法学部助手（民法）
1976年9月〜1977年3月	上智大学法学部専任講師
1977年4月〜1980年3月	上智大学法学部助教授
1980年4月〜1994年3月	東京大学大学院総合文化研究科（教養学部）助教授
1986年9月	フランス国エックス-マルセイユ第3大学大学院博士課程（DEA）入学
1988年3月	同上エックス-マルセイユ第3大学大学院博士課程（DEA）修了：Diplôme d'études approfondies（私法専攻）取得
1992年　〜1996年	ユニドロワ国際商事契約原則策定委員
1994年4月〜1995年3月	東京大学大学院総合文化研究科（教養学部）教授
1995年4月〜2009年3月	東京大学大学院法学政治学研究科（法学部）教授
2009年4月〜2016年3月	青山学院大学法学部教授
2009年6月〜	東京大学名誉教授
2012年7月〜9月	ドイツ国ケルン大学法学部客員教授
2014年4月〜2016年3月	青山学院大学判例研究所所長
2016年4月〜2018年3月	青山学院大学非常勤講師

　2018年現在，国土交通大学校（民法・契約法）及び筑波大学大学院ビジネス科学研究科（国際消費者法）の非常勤講師並びに慶應義塾大学大学院法務研究科グローバル法務専攻（LL. M.）（Japanese Law）のゲストスピーカーとして講義を担当している。

廣瀬久和先生　略歴

<学会>
　日本私法学会（理事：2011 年 10 月～ 2012 年 10 月）（1973 年 4 月～現在）
　日米法学会（『アメリカ法』編集委員：1999 年 4 月～ 2015 年 3 月）（1973 年 4 月
　　～ 2016 年 3 月）
　日仏法学会（1973 年 4 月～ 2016 年 3 月）
　日本消費者法学会（理事：2008 年 11 月～現在）（2008 年 11 月～ 2016 年 3 月）
　法と教育学会（理事：2013 年 9 月～現在）（2013 年 9 月～現在）

<社会的活動>
　法務省法制審議会民法部会幹事（1990 年 12 月～ 1998 年 12 月）
　UNIDROIT（私法統一国際協会）コレスポンデント（1992 年 1 月～現在）
　Diritto del commercio internazionale 在外コレスポンデント兼協力員（1993
　　年 1 月～現在）
　東京大学民事判例研究会幹事（1996 年 4 月～ 1998 年 7 月）
　日本育英会奨学生専攻委員会委員（1997 年 11 月～ 2002 年 3 月）
　通商産業省産業構造審議会／消費経済審議会臨時委員（1998 年 6 月～ 1999 年
　　6 月）
　法務省法制審議会民法部会委員（1998 年 12 月～ 2001 年 1 月）
　通商産業省（経済産業省）電気事業審議会専門委員（1999 年 8 月～ 2008 年）
　日本育英会奨学事業運営協議会委員（2000 年 5 月～ 2002 年 3 月）
　武蔵野市第 3 期長期計画策定委員会委員／大蔵省金融審議会ホールセール・
　　リーテイルに関するワーキンググループ委員（2000 年 4 月～ 6 月）
　通商産業省（経済産業省）総合資源エネルギー調査会臨時委員（2001 年 10 月
　　～ 2009 年 7 月）
　社団法人テレコム協会名誉毀損・プライバシー関係 WG アドバイザー（2002
　　年 2 月～ 2004 年 3 月）
　国土交通省「自動車リコール検討会」委員（2003 年 1 月～ 2009 年 3 月）
　日本学術会議「人間と工学研究連絡委員会安全工学専門委員会事故調査と免
　　責・補償小委員会」委員（2004 年 3 月～ 2006 年 10 月）
　民法改正研究会（「日本民法典改正を視野に入れた民法改正をめぐる国際的状況
　　の比較研究」）委員（2005 年 11 月～ 2009 年 3 月）

財団法人自賠責保険・共催紛争処理機構紛争処理委員（2004年4月〜2006年3月）

「民法（債権法）改正検討委員会」（法務省・商事法務研究会）全体会議委員（2006年10月〜2009年3月）

内閣府委託研究　財団法人家計経済研究所「経済学等から消費者政策へのインプリケーションについての研究会」委員（2006年12月〜2008年3月）

財団法人製品安全協会評議員（2007年4月〜2009年3月）

内閣府委託研究　株式会社日本総合研究所「消費者の意思決定行動に係る経済実験の実施及び分析調査」委員（2008年2月〜12月）

国民生活審議会消費者政策部会「消費者安全に関する検討委員会」委員（2008年9月〜2009年6月）

独立行政法人製品評価技術基盤機構「PC240及びPC243国内対策委員会」委員長〔ISO国際規格10377及び10393の策定準備〕（2009年4月〜2011年3月）

経済産業省委託研究　財団法人製品安全協会「リコールの推進に係る調査」委員長（2009年10月〜2010年3月）

青学消費者法研究会（青山学院大学大学院法務研究科）会員（2018年6月〜現在）

廣瀬久和先生　主要業績

◆論　文

「ドイツに於ける『約款法』理論の基礎的考察」東京大学法学部助手論文（同大学法学部図書室蔵）（1976 年 2 月）

「レセプトゥム責任の現代的展開をもとめて」(1)～(4)上智法学論集 21 巻 1 号（1977 年 10 月），2・3 合併号（1978 年 3 月），23 巻 3 号（1980 年 3 月），26 巻 1 号（1983 年 1 月）

「免責約款に関する基礎的考察」私法 40 号（1978 年 5 月）

「附合契約と普通契約約款」岩波講座『基本法学 4　契約』（岩波書店，1983 年 11 月）

「約款規制への一視点——対価との関連性」ジュリスト 828 号，831 号（1985 年 1 月，3 月）

"The Development of the Legal Principle of Undue Influence in India" East Asian Cultural Studies, vol. 25（1986 年 3 月）

"L'argument du prix dans les discussions sur les conditions générales des contrats" Revue de la recherche juridique-DROIT PROSPECTIF, no. XII-29（1986 年 9 月）

"Les législations européenes sur des conditions générales dans le contrat"（Mémoire pour le D. E. A de droit privé, Université de Droit, d'Économie et des Sciences d'Aix-Marseille）（Aix-Marseille 大学大学院 DEA〔私法専攻〕取得論文（1988 年 3 月）

「ある交通事件を読む——紛争と法」法学教室 115 号（1990 年 4 月）

「不当条項規制とその根拠」民事研修 401 号（1990 年 9 月）

「『内容規制』に関する一考察(1)」NBL 481 号（1991 年 9 月）

「現代契約法論——内容規制の諸問題」私法 54 号（1992 年 4 月）

「離婚原因」戸籍時報 428 号（1993 年 10 月）

「離婚原因」私法 56 号（1994 年 4 月）

「『子』の視点から見た『家族法改正』」蓮見重彦編『東京大学公開講座 66・

家族』（東京大学出版会，1998年4月）

「行政による製品安全規制と情報の開示・収集」廣瀬編著『製品安全に係る情報開示のあり方に関する調査』（商事法務研究会，2002年3月）

「消費者保護の国際的平準化と差別化」道垣内正人編『国際取引と消費者保護法調査』（商事法務研究会，2002年3月）

「『マイナスイオン』の理化学的検討」廣瀬編著『マイナスイオンの効果を標榜する商品の表示の実態等に関する調査報告書』（公正取引委員会，2003年7月）

「安全法システムの分野横断的比較の試み——安全法システムの制度設計手法の構築に向けて」（城山英明教授，山本隆二教授らとの共著）社会技術研究論文集1号（2003年10月）

「社会安全確保のための損害保険の予防的機能——その機能の条件に関する予備的考察」（城山英明教授，身崎成紀氏との共著）社会技術研究論文集1号（2003年10月）

「法的判断と真実の探求」日本機械学会『第34回安全工学シンポジウム講演予稿集』（2004年6月）

「団体・法人とマーケット（上）：兵庫県手延べ素麺協同組合『揖保乃糸』考」NBL806号（2005年4月）

「安全法制度設計における原情報収集に関する論点：選択肢と考慮時効」（城山英明教授，山本隆二教授らとの共著）社会技術研究論文集3号（2005年11月）

「民法の諸原則と人間行動」文明［東海大学文明研］11・12合併号（2008年3月）

「『ヨーロッパの民法典への動向』が語るもの」民法改正研究会編『民法改正と世界の民法典』（信山社，2009年6月）

「法と人間行動——必ずしも合理的でなく，画一的でもない人間観からの再出発——」Law & Practice 4号（2010年4月）

「消費者の意思決定——『即断』と『熟考』を比較したある購買行動実験」『消費者法判例百選』（2010年6月）

「リコールの法的取扱」日本学術会議総合工学委員会『安全工学シンポジウム2010年講演予稿集』（2010年7月）

廣瀬久和先生　主要業績

「法と経済学における『懲罰的損害賠償』論」(1)青山法学論集 52 巻 4 号（2011 年 3 月）

「『介護ベッド』考——ドイツ最高裁製品リコール判決を巡って」(1)青山法学論集 56 巻 2 号（2014 年 9 月）

「ユニドロワ原則における『Gross Disparity（過大な不均衡）』の法理」(1)青山ローフォーラム 4 巻 1 号（2015 年 6 月）

「『ISO 消費者用製品安全規格』が語るもの」『日本民法学の新たな時代』星野英一先生追悼論文集（有斐閣，2015 年 9 月）（高翔龍氏等との共著編）

「民法改正案『定型約款』規定についての覚書(1)」青山法務研究論集 13 号（2017 年 3 月）

「『定型約款』規定の民法への導入を考える：法と経済学からの問題提起」法と経済学研究 12 巻 1 号（2017 年 5 月）（パネリストの田中亘教授，清水剛准教授とともに，モデレーターとして報告）

「『定型約款』規定についての覚書を再び掲載するに当たって」消費者法研究 3 号（2017 年 7 月）

◆判 例 研 究

「交差点における信号機の設置に瑕疵があったとされた事例」（最判昭和 48 年 2 月 16 日民集 27 巻 1 号 99 頁）法協 92 巻 7 号（1975 年 7 月）

「ワルソー条約 25 条 1 項にいう「故意に相当すると認められる過失」の意義」（最判昭和 51 年 3 月 19 日民集 30 巻 2 号 128 頁）法協 94 巻 12 号（1977 年 12 月）

「買主において売主を知ることができない場合における民法 564 条所定の期間の起算点」（最判昭和 48 年 7 月 12 日民集 27 巻 7 号 785 頁）法協 93 巻 1 号（1976 年 1 月）

「民法 564 条の期間の起算点」別冊ジュリスト『民法判例百選Ⅱ（債権）〔第 4 版〕』（1996 年 3 月，同前〔第 5 版〕（2001 年 10 月）及び〔第 5 版補正版〕（2005 年 4 月））

◆編 著 書

『諸外国における土地・建物の欠陥被害とその法的救済』（能見善久教授等との共著）（財団法人日本住宅総合センター，1999 年 5 月）〔第 5 章イギリス法部

分を分担執筆〕

『製品安全に係る情報開示のあり方に関する調査』（委員長として編著）（商事法務研究会，2002年3月）〔「はじめに」，「第4章　行政による製品安全規制と情報の開示・収集」（前掲），及び「あとがき」を執筆〕

『事故情報の国際的な通報制度等調査報告書』（委員長として編著）（製品安全協会，2002年3月）

『消費生活用製品のリコールハンドブック』（委員長として編著）（経済産業省製品安全課編，2002年9月）〔すぐ上の調査報告書に纏められた成果を実践的手引書という形にして公表〕

『プロバイダ責任制限法：逐条解説とガイドライン』（共著）（総務省電気通信利用環境整備室／テレコムサービス協会，2002年8月）〔プロバイダ責任制限法ガイドライン検討協議会の名誉毀損・プライバシー関係ワーキンググループアドバイザーとして作成及び執筆に携わる〕

『マイナスイオンの効果を標榜する商品の表示の実態等に関する調査報告書』（委員長として編著）（校正取引委員会，2003年7月）〔「序」，「第2章『マイナスイオン』の理化学的検討」（前掲）及び「結語」を執筆。後に補足版を作成〕

『消費者安全のあり方に関する研究会報告書』（委員長として編著）（商事法務研究会，2003年11月）〔「はしがき」，「第1部（わが国における消費者安全法制のあり方）「第1章　わが国の法制度の概要」及び「第2章第1節　物（製品）と消費者の安全」，「総括と課題」を執筆〕

『ユニドロワ国際商事契約原則』（曽野和明教授らとの共著）（株式会社商事法務，2004年3月）

『安全安心のための社会技術』（堀井秀之編）（東京大学出版会，2006年）〔「安全安心のための法制度」の部分を分担執筆〕

『事故調査の在り方に関する提言』（日本学術会議，2006年）〔向殿政男教授等と共同執筆〕

『民法改正シンポジウム：日本・ヨーロッパ・アジアの改正動向比較研究』（加藤雅信氏等と共著）（民法改正研究会，2008年3月）

『消費者の意思決定行動に係わる経済実験の実施及び分析調査報告書』（編著）（株式会社日本総合研究所，2008年3月）〔内閣府委託研究の成果。この中の「振り込め詐欺委員会」の座長として脳科学者等とともに主として「第3章

振り込め詐欺に関する視点からの検討」を共同執筆しまとめた。同年12月発行の「平成20年版国民生活白書」第2章に採り入れられた〕

『消費者法判例百選』（河上正二氏と共編著）（有斐閣，2010年）

ISO10377: "Consumer product safety――Guideline for suppliers"（2013年4月 ISO策定作業部会委員として策定にかかわる）

ISO10393: "Consumer product recall――Guideline for suppliers"（2013年4月 ISO策定作業部会委員として策定にかかわる）

『日本民法学の新たな時代』星野英一先生追悼論文集（有斐閣，2015年9月）（高翔龍氏等との共編著）

◆教科書，授業用教材等

『法学（民事法）資料集』（改定版）（1991年9月）

"United States/Japanese Consumer Protection Law Ⅰ"（Readings）（Mary Pridgen 教授との共編）（東京大学法学部教材，1997年）

"United States/Japanese Consumer Protection Law Ⅱ"（Readings）（Mary Pridgen 教授との共編）（東京大学法学部教材，1997年）

『資料・消費者契約法』（東京大学法学部教材：初版2000年9月，改訂版2003年4月，再訂判2006年3月）

『民法Ⅰ・Ⅱ（契約法総論・各論）』（国土交通大学校教材：初版2007年，以後毎年改定）

◆翻　訳

「ユニドロワ（UNIDRIT）国際商事契約原則（仮訳）」『星野英一先生古稀祝賀・日本民法学の形成と課題（下巻）』（有斐閣，1996年6月）

「ユニドロワ国際商事契約原則（全訳）」ジュリスト1131号（1998年4月）

「ヨーロッパ民法典への動向）」（A, ハートカンプ教授講演訳）民法改正研究会編『民法改正と世界の民法典』（信山社，2009年6月）

『英和対訳版 ISO10377（消費者製品安全――供給者のためのガイドライン）』（日本規格協会，2013年4月）

『英和対訳版 ISO10393（消費者製品リコール――供給者のためのガイドライン）』（日本規格協会，2013年4月）

◆その他

「『日蘭法学シンポジウム』に学ぶ」The Japan-Netherlands Institute Newsletter, No, 60（1993年1月）

"Discussion over Protection of the Weaker Party in Contract Law"「Dutch and Japanese Laws Compared」（東京大学法学部 International Center for Law and Politics，（1993年3月））

"Some Thoughts on 'Japanese' Contract Law", Z. Kitagawa (ed.) Report Results of the EU-JAPAN LEAGAL DIALOGUE: CONTRACT, The Kyoto Comparative Law Center（1997年）

「ライデン大学『家族と法』セミナー印象記」松尾浩也編『斐歴十年』（社会科学江草基金，1997年）

「ユニドロワ国際商事契約原則：掲載にあたって」NBL754号（2003年2月）

「消費者被害を防ぐ法制度の現状と課題」国民生活36巻5号（2006年4月）

「モンテソーリの教育論」東京大学学内広報（淡青評論）1208号（2001年2月）

「『セカンドスクール』の意味」武蔵野市立第3小学校『シリーズ"武三の教育"』7号，8号（2004年3月，4月）

「事故に関する民事責任と行政の役割」コーポレートコンプライアンス　季刊6号（2006年3月）

「人と向き合う『消費者法』を——人間の尊厳見据えた法制度提唱——」日本消費者新聞（2007年12月1日）

「製品安全確保のためのシステム——リコール——」月刊国民生活1号（2008年5月）

「無題」『青山学院大学法学部創設50周年記念文集』（2009年11月）

「星野先生との思い出（にかこつけた自慢と言い訳）話」内田貴等編『星野英一先生の想い出』（有斐閣，2013年9月）

◆招待講演・学会発表

「免責特約に関する基礎的考察」〔日本私法学会第41回大会個別報告〕（1977年10月）

"L'argument du prix dans les discussions sur les conditions générales des contrats"〔フランス国エックス−マルセイユ大学法学部附属法哲学研究センター主催 "L'ANALYSE ÉCONOMIQUE DU DROIT" をテーマとするシンポジウムで報告〕(1986年5月)

「不当条項規制と附合契約論」〔日仏法学会第31回定例総会で報告〕(1991年3月)

「内容規制の諸問題」〔日本私法学会第55回大会〕(1991年10月)

「離婚原因」〔日本私法学会第57回大会シンポジウム報告〕(1993年10月)

"The Place of UNIDROIT PRINCIPLES in Non-Western Legal Traditions"〔米国 Tulane Univ. Law School における UNIDROIT 契約原則の策定会議後の "The Harmonization in Transnational Norms and Processes" をテーマとするシンポジウムで報告〕(1994年2月):〔オーストラリアの Melbourne 市で開催された国際法律家協会(IBA)第25回大会で報告。M. J. Bonell, An International Restatement of Contract Law, 2nd ed. 1997, p. 16 で一部引用〕(1994年10月)

「イギリスの建築責任論」〔東京大学法学部民法懇話会報告〕(1996年5月)

"Japanese Product Liability in Comparison"〔オランダの Utrecht 大学での日蘭法学会第2回大会で報告〕(1996年8月)

「消費法へのアプローチ」〔東京大学法学部第1回消費法セミナー:大村敦志教員と共同報告〕(1996年10月)

「『ユニドロワ国際契約原則』点描」〔東京大学法学部民法懇話会報告〕(1996年11月)

「『消費者契約法』をめぐる立法的課題」〔第63回日本私法学会シンポジウムにおけるコメンテーターとしての報告〕(1999年10月)私法62号(2000年4月)所収

"Deregulating Legislation on Product Safety"〔米国 California 大学 Berkley 校における第4回 Sho Sato Conference で報告〕(1999年11月)

「約款条項と市場」〔東京大学法学部・経済学部「法と経済学研究会」で報告〕(2000年3月)

「附合(型)契約と交渉(型)契約」〔東京大学法学部・経済学部「法と経済学研究会」で報告〕(2001年12月)

"Exemption Clauses"〔九州大学大学院法学研究科,外国人留学生対象の招

待講演〕(2002 年 3 月)

"International Trends of Consumer Law——Convergence or Divergence?"〔米国 Houston 大学 Houston Law Center スタッフセミナーで報告〕(2002 年 4 月)

「約定賠償ルールは望ましいのか」〔東京大学法学部・経済学部「法と経済学研究会」で報告〕(2002 年 5 月)

「規制緩和と消費者」〔東京大学法学部民法懇話会で報告〕(2002 年 6 月)

「製造物責任法施行後の判決例の検討」〔東京大学法学部消費法セミナーで報告〕(2003 年 3 月)

「製品安全問題への規範的, 市場的及び組織論的アプローチ」〔東京大学法学部民法懇話会・消費法セミナーで報告〕(2003 年 6 月)

「マイナスイオン広告と景表法」〔東京大学法学部民法懇話会・消費法セミナーで報告〕(2003 年 11 月)

「団体・法と人マーケット：兵庫県手延素麺協同組合『揖保乃糸』考」〔第 67 回日本私法学会大会シンポジウム報告。私法 66 号 (2004 年 4 月) に質疑応答が掲載されいる〕(2003 年 10 月)

"Some Thoughts on Economic Analysis of Product Safety", 及び "Comparative Analysis on Unfair Terms Regulations"〔米国テキサス州 Houston 大学 Houston Law Center 主催, 第 2 回 "Teaching Consumer Law Conference" で報告。概要は Journal of Texas Consumer Law, vol. 8 に掲載〕(2004 年 4 月)

「法的責任の現代化が意味するもの――『過失責任論』とその後――」〔日本学術会議第 19 期人間と工学研究連絡委員会安全工学専門委員会及び事故調査と免責・補償小委員会合同委員会で報告〕(2004 年 6 月)

「事故法・安全法の行方――事故調査, 自動車リコール, 製造物責任などの制度の再検討に際して」〔東京大学法学部民法懇話会・消費法セミナーで報告〕(2004 年 10 月)

"Why might a cooperative be stronger?: A case study from the hand-pulled noodle industry in Japan"〔米国 Cornell 大学 Law School, East Asian Law and Culture Clarke Program Lecture として講演〕(2005 年 3 月)

"Contract, Torts and Consumer Law in Japan", 及び "Product Liability

廣瀬久和先生　主要業績

Damages: A Japanese Perspective"〔米国ニューヨーク市 Columbia Law School で講演〕（2005 年 3 月～4 月）

「事故と法的環境——主として民事法の観点から——」〔日本学術会議第 35 回安全工学シンポジウムで報告〕（2005 年 7 月）

「契約法の国際的ハーモニゼーション」〔中央大学大学院法学研究科 "日本法制 2010 年" プログラム招待講演〕（2005 年 9 月）

"Product Liability Law in Japan"〔米国 Wyoming 大学 Law School 招待講演〕（2005 年 10 月）

"Consumer Safety and Product Liability Law in Japan"〔米国 Houston 大学法科大学院 Houston Law Center スタッフ・セミナー講演〕（2005 年 10 月）

「財団法人製品安全協会論：SG マークと二重の市場」〔東京大学法学部民法懇話会・消費法セミナーでの報告〕（2006 年 2 月）

"Japanese Consumer Product Safety Association and 'SG' Mark: A Case of Private Ordering"〔科学技術振興機構，社会技術研究開発センター，法システム研究グループによる，国際ワークショップ「事故調査・安全規制・賠償と補償」にて報告〕（2006 年 2 月）

「ユニドロワ国際商事契約原則の先進性と過度性」〔日本銀行金融研究所　法制度研究講演会招待講演〕（2007 年 11 月）

「抑止的損害賠償への一視点」〔東京大学法学部民法懇話会報告〕（2008 年 2 月）

「『ヨーロッパ民法典への動向』が語るもの」〔民法改正研究会主催民法改正国際シンポジウム「日本・ヨーロッパ・アジアの改正動向比較研究」A. S. Hartkamp 教授とペア報告〕（2008 年 3 月）

「債務不履行における帰責事由——特に故意・重過失の扱い」〔東京大学法学部民法懇話会報告〕（2009 年 2 月）

「行動科学と法 "Behavioral Sciences and Law"」〔東京大学法学部グローバル COE 研究会にて Iain Ramsay 英国 Kent 大学教授，坂上雅道玉川大学脳科学研究所教授を招き司会及び総括報告〕（2009 年 3 月）

「法行動学の試み——必ずしも合理的でなく，同じでもない人間像に戻る——」〔青山学院大学法学会研究会で講演〕（2009 年 11 月）

"Which factors should we consider with Risk?"〔オーストラリア国（シド

ニー市）Standards Australia（ISO10377 策定会議）で講演〕（2011 年 3 月）

「消費者用製品安全規制の国際化―― ISO 規格の策定に携わって――」〔北大グローバル COE 主催，大学院法学研究科 GCOE 研究会にて招待講演〕（2012 年 1 月）

「消費者安全法の基礎的研究――簡易ライター規制を素材として――」〔香川大学・愛媛大学連合法務研究科主催の講演会で招待講演〕（2012 年 3 月）

"Wucherverbot in japan Vertragsfreiheit und ihre Grenzen"〔ドイツ国 Köln 大学法学部で開催された，同学部と本学法学部との共催によるシンポジウム "150 Jahre Freundschaft Japan-Deutschland" での第 1 報告〕（2012 年 7 月）

"Aktuelle Entwicklungstendenzen im Sachenrecht-in Europa und Japan"〔同上第 2 報告〕（2012 年 7 月）

"Reflections on Regulation of Contractual Ferrdom: Interest Rate Ceilings and Other Controls over Money Lending in Japan"〔英国 Kent 大学大学院法学研究科セミナーでの招待講演〕（2012 年 9 月）

「製品安全に関する 2 つの ISO 国際規格とその評価」〔日本規格協会セミナー招待講演〕（2013 年 2 月）

「民法改正を考える」〔青山学院大学判例研究所研究会講演会〕（2013 年 5 月）

"Development of Specific Performance in Japan"〔シンガポール国立大学における "Colloquium on The Performance Interest in the Contract Laws of Asia" における報告〕（2013 年 7 月）

「定型約款『みなし合理』規定への危惧」〔東京大学法学部民法懇話会報告〕（2015 年 10 月）

「民法改正について――定型約款の問題を中心に」〔青山学院大学判例研究所研究会報告〕（2016 年 3 月）

"Standard Contract Legislation in Japan"〔米国サンタフェ市で開催された "Teaching Consumer Law" 国際学会で報告〕（2016 年 5 月）

「法的意思決定の意味と教育――法的判断枠組みの特徴をどう受けとめるか――」〔法と教育学会第 7 回学術大会分科会にて報告〕（2016 年 9 月）

「『定型約款』規定の民法への導入を考える：法と経済学からの問題提起」〔法と経済学会第 14 回全国大会でモデレーターとして報告〕（2016 年 11 月）

廣瀨久和先生　主要業績

「消費者契約と消費者安全——消費者行動の理解と法制度」〔専修大学生田キャンパスで開催された消費者行動研究学会シンポジウムで報告〕(2016年11月)

"Japanese National Report on Consumer Protection"〔香港市立大学で開催された, 同大学及びヘルシンキ大学主催の国際シンポジウム "Conference on Consumer Protection in Asia–Past, Present and Future" で日本法につき報告〕(2017年1月)

"Law of Torts in Japan"〔慶應義塾大学法科大学院グローバル法務専攻（LL. M.)(Japanese Law) のゲスト・スピーカーとして特別講義〕(2017年7月)

「改正民法における『定型約款』の諸問題」〔日本私法学会のワークショップにて河上正二教授の基調報告に対するコメントを報告〕(2017年10月)

"Legal Systems of 'Life Time Contracts' in Japan"〔香港市立大学 G. Howells 法学部長を中心に, U. Reifner (独), L. Noglar (伊), G. Low (シンガポール) 各教授らとともに開催された "Round Table on 'Life Time Contracts'" にて, 日本法につき報告〕(2018年3月)

「法と教育：人間行動への2つのアプローチ」〔法と教育学会第9回学術大会分科会にて報告〕(2018年9月)

「改正民法における『契約関係維持の原則（Favor contractus）』と消費者法」〔青学消費者法研究会で報告〕(2018年10月)

"Liability Rules in Japan —— Fundamental Torts and Contract Law"〔慶應義塾大学法科大学院グローバル法務専攻（LL. M.)(Japanese Law) のゲスト・スピーカーとして特別講義〕(2018年11月)

◆座　談　会
「座談会・民法の発展と新時代への課題」ジュリスト1126号 (1998年1月)
「座談会・21世紀の消費者法を展望する」ジュリスト1139号 (1998年8月)
「座談会・現代における安全問題と法システム（上）(下)」ジュリスト1245号 (2003年5月), 1248号 (2003年6月)
「座談会・世界で通用する外国語力と日本人の英語」英語展望109号 (2002年8月)
「座談会・星野英一先生を偲ぶ」論究ジュリスト7号 (2013年11月)

廣瀬久和先生古稀記念

人間の尊厳と法の役割
─民法・消費者法を超えて─

2018（平成30）年12月22日　第1版第1刷発行
1902:P744　¥16000E　030-500-100-N30

編者　河　上　正　二
　　　大　澤　　　彩
発行者　今井　貴　稲葉文子
発行所　株式会社　信　山　社
〒113-0033　東京都文京区本郷 6-2-9-102
Tel 03-3818-1019　Fax 03-3818-0344
info@shinzansha.co.jp
笠間才木支店　〒309-1611　茨城県笠間市笠間 515-3
Tel 0296-71-9081　Fax 0296-71-9082
笠間来栖支店　〒309-1625　茨城県笠間市来栖 2345-1
Tel 0296-71-0215　Fax 0296-72-5410
出版契約 2018-1902-9-01011　Printed in Japan

Ⓒ 著者, 2018　　印刷・製本／ワイズ書籍（Y）・牧製本
ISBN978-4-7972-1902-9 C3332　分類324.000

JCOPY　《(社)出版者著作権管理機構　委託出版物》
本書の無断複写は著作権法上での例外を除き禁じられています。複写される場合は、そのつど事前に、(社)出版者著作権管理機構（電話03-3513-6969、FAX03-3513-6979、e-mail: info@jcopy.or.jp）の許諾を得てください。また、本書を代行業者等の第三者に依頼してスキャニング等の行為によりデジタル化することは、個人の家庭内利用であっても、一切認められておりません。

◆ 法律学の未来を拓く研究雑誌 ◆

民法研究 第2集　大村敦志 責任編集

民法研究　広中俊雄 責任編集

消費者法研究　河上正二 責任編集

憲法研究　辻村みよ子 責任編集
〔編集委員〕山元一／只野雅人／愛敬浩二／毛利透

行政法研究　宇賀克也 責任編集

メディア法研究　鈴木秀美 責任編集

環境法研究　大塚 直 責任編集

社会保障法研究　岩村正彦・菊池馨実 責任編集

法と社会研究　太田勝造・佐藤岩夫 責任編集

法と哲学　井上達夫 責任編集

国際法研究　岩沢雄司・中谷和弘 責任編集

ＥＵ法研究　中西優美子 責任編集

ジェンダー法研究　浅倉むつ子 責任編集

法と経営研究　加賀山茂・金城亜紀 責任編集

――― 信山社 ―――

民商法の課題と展望
― 大塚龍児先生古稀記念

大塚龍児先生古稀記念論文集刊行委員会 編

代償請求権と履行不能
田中宏治

ブラジルと日本からみた比較法 近刊
― 二宮正人先生古稀記念

阿部博友・池田眞朗・大嶽達哉
柏木　昇・北村一郎・道垣内正人 編

H.S. メイン　古代法　信山社復刻

原著メイン古代法 F・ポロック 紹介文

緬氏古代法 鳩山和夫 訳

メイン・古代法 安西文夫 訳

メーン古代法律 小泉　鐵 訳

―― 信山社 ――

民法研究 第2集〔東アジア編〕
大村敦志 責任編集

消費者法研究
河上正二 責任編集

消費者委員会の挑戦
― 消費者の安全・安心への処方箋を求めて
河上正二

消費者契約法改正への論点整理
河上正二 編著

21世紀民事法学の挑戦
― 加藤雅信先生古稀記念 上・下
加藤新太郎・太田勝造・大塚直・田髙寛貴 編

フランス民法
大村敦志

――― 信山社 ―――